PHILIPP TILK

Die Quantifizierung des Vertrauens

D1674051

Untersuchungen über das Spar-, Giro- und Kreditwesen

Abteilung B: Rechtswissenschaft

Schriften des Instituts für deutsches und
internationales Recht des Spar-, Giro- und Kreditwesens
an der Johannes Gutenberg-Universität Mainz

Herausgegeben von

Prof. Dr. Peter O. Mülbert,
Prof. Dr. Dr. h. c. Uwe H. Schneider, Prof. Dr. Dirk A. Verse

Band 227

Die Quantifizierung des Vertrauens

Eine Untersuchung der Transparenzanforderungen
an das Kreditscoring vor dem Abschluss
von Allgemein-Verbraucherdarlehensverträgen am Maßstab
des Bankaufsichts- und Datenschutzrechts

Von

Philipp Tilk

Duncker & Humblot · Berlin

Der Fachbereich Rechtswissenschaft
der Johann Wolfgang Goethe-Universität Frankfurt am Main
hat diese Arbeit im Jahre 2023 als Dissertation angenommen.

Bibliografische Information der Deutschen Nationalbibliothek

Die Deutsche Nationalbibliothek verzeichnet diese Publikation in
der Deutschen Nationalbibliografie; detaillierte bibliografische Daten
sind im Internet über http://dnb.d-nb.de abrufbar.

D30
Alle Rechte vorbehalten
© 2024 Duncker & Humblot GmbH, Berlin
Satz: 3w+p GmbH, Rimpar
Druck: CPI books GmbH, Leck
Printed in Germany

ISSN 0720-7352
ISBN 978-3-428-19084-3 (Print)
ISBN 978-3-428-59084-1 (E-Book)

Gedruckt auf alterungsbeständigem (säurefreiem) Papier
entsprechend ISO 9706 ∞

Internet: http://www.duncker-humblot.de

Meiner Familie

Geleitwort

Den Abschluss eines Kreditvertrages kennzeichnet eine Informationsasymmetrie zwischen Kreditgeber und Kreditnehmer. Das Interesse des Kreditnehmers richtet sich auf die Offenlegung solcher Daten, die seine Kreditwürdigkeit stärken. Anreize, gegenläufige Daten bekannt zu machen, dürften eine Seltenheit sein. Genau umgekehrt verhält es sich mit dem Kreditgeber, der privat- und bankaufsichtsrechtlich gehalten ist, im Interesse der Finanzstabilität aber auch des Schutzes des potenziellen Kreditnehmers, dessen Bonität sorgfältig unter die Lupe zu nehmen. Scoring-Unternehmen, wie insbesondere die deutsche Schufa, bieten in dieser Situation Hilfestellung. Sie sammelt unterschiedliche Daten über potentielle Kreditnehmer und erstellt aus diesen eine Prognose über die individuelle Kreditwürdigkeit. Kreditgeber ziehen diese bei der Entscheidung über die Gewährung von Kredit sowie bei der Gestaltung von Konditionen heran.

Beim Kreditscoring handelt es sich zunächst einmal um eine seit langem diskutierte Problemstellung. Im Kontext der KI-gesteuerten und auf *big data* beruhenden Kreditwürdigkeitsbeurteilung ist das Thema, welches sich die mehrfach preisgekrönte Arbeit von Philipp Tilk vorgenommen hat, in den Fokus einer hoch aktuellen Debatte geraten. Diese wird global geführt und ist vom europäischen Gesetzgeber sowohl im Kontext des Verordnungsentwurfs für ein KI-Gesetz als auch bei der Novellierung der europäischen Verbraucherkreditrichtlinie aufgegriffen worden.

Die Arbeit konzeptualisiert den Kreditscore als eine Quantifizierung von Vertrauen und verbindet so die mathematische Tradition der Kreditwürdigkeitsbeurteilung mit einem der Zentralbegriffe des bürgerlichen Rechts. Vor diesem Hintergrund arbeitet Tilk die doppelte Funktion der Kreditwürdigkeitsprüfung heraus, die einerseits mit dem Geschäftsmodell der Bank und deren Eigenkapitalunterlegung und andererseits mit der verbraucherzentrierten Prüfung, ob eine Überschuldung droht, zu tun hat. Der Informationsasymmetrie zwischen Kreditgeber und Kreditnehmer nimmt sich die gut lesbare Arbeit ebenso an wie der Reduktion einer Person auf eine Zahl. Angemessen kann diese Reduktion nur sein, so lautet die Kernthese des Verfassers, wenn umfassende Transparenz mit Blick auf diejenigen Informationen hergestellt wird, die in diesen Score eingehen.

Obgleich damit ein Klassiker des Datenschutzrechts angeschnitten ist, konstatiert Tilk zu Recht eine überraschend dürre literarische Beschäftigung mit diesem Thema. Die Arbeit führt deshalb sowohl historisch als auch methodisch in Akteure und Methoden des Kreditscoring ein, der Bogen wird dabei von der Gründung der Auskunfteien im 19. Jahrhundert über die Schufa bis zu KI-basierten Fintech-Unternehmen geschlagen. Gerade mit Blick auf diese neuen Marktakteure liest sich die besonders sorgfältig recherchierte Arbeit spannend, zeigt alte und neue Probleme und legt eine gut verständliche Analyse der typischen Formen vor, in welcher KI derzeit beim Kreditscoring zum Einsatz kommt.

Hierbei lässt Tilk es allerdings nicht bewenden. Neben der gelungenen Einführung in die Welt des Fintech bietet der zweite Teil der Arbeit eine ebenso gründliche wie gut lesbare Aufarbeitung des komplexen Themengebiets bankaufsichtsrechtlicher Kreditwürdigkeitsbeurteilung unter Basel, CRR und KWG. In die erläuterten Kategorien kann Tilk sodann die alternativen Daten einordnen und erste Vorgaben mit Blick auf die zum Zeitpunkt der Erstellung der Arbeit erst im Entstehen begriffene Reform der Verbraucherkreditrichtlinie formulieren. Auch der Bogen zur eingangs eingeforderten Transparenz lässt sich an dieser Stelle schließen: Transparenz wird gleichsam im bankaufsichtsrechtlichen Korsett gefordert und geliefert.

Auf der Basis dieser schwergewichtigen Vorarbeit nimmt Tilk im abschließenden Teil des Werkes zu den datenschutzrechtlichen Fragen Stellung. Art. 6 Abs. 1 UAbs. 1 lit. b DSGVO hält er für eine geeignete Rechtsgrundlage der Datenverarbeitung, jedenfalls sofern diese erforderlich war, insbesondere also nicht „ins Blaue hinein" erfolgt. Ein wichtiges Spannungsfeld arbeitet Tilk klar heraus: im ersten Zugriff kann die Erhebung eines ganzen Datenuniversums nützlich sein, soweit Schlussfolgerungen mit Blick auf die Kreditwürdigkeit denkbar sind. Der Grundsatz der Datenminimierung ist deshalb ein zentrales Korrektiv. Weitere Überlegungen betreffen Art. 6 Abs. 1 UAbs. 1 lit. c und lit. a DSGVO. Gerade für die von FinTech-Unternehmen in den Blick genommenen „unscorables" anerkennt er in engen Grenzen die Freiwilligkeit einer Einwilligung in die Datenverarbeitung durch den Fintech-Scorer, betont aber das Autonomieproblem des Bewerbers, der ohne Preisgabe seiner Daten einen finanziellen Nachteil hinnehmen muss.

Die Arbeit zeichnet sich durch eine außerordentlich gelungene Kombination aus Detailtiefe und „rotem Faden" aus. Tilk ist tief in die Komplexität des Bankaufsichtsrechts, insbesondere die detaillierten Voraussetzungen des internen Rating, eingestiegen und hat die Behandlung des Scoring und der Kreditwürdigkeitsbeurteilung durch Gesetz und EBA-Guidelines sorgfältig herauspräpariert. Ebenso detailgenau setzt sich Tilk mit der DSGVO auseinander und erläutert nicht nur deren Anwendbarkeit, sondern gibt Hinweise de lege lata, die insbesondere im Kontext der KI-Verordnung und der Verbraucherkreditrichtlinie wertvolle Einsichten enthalten. Unabhängig vom gesetzgeberischen Tagewerk hat Tilk eine Grundlagenarbeit vorgelegt, die den Komplex Scoring und Transparenz, der die Forschung zweifellos in den folgenden Dekaden noch intensiv beschäftigen wird, auf breiter interdisziplinärer Grundlage bearbeitet und durchweg sorgfältig begründete Vorschläge abliefert. Wer sich in der Folge mit diesem Thema beschäftigt, hält mit der Tilk'schen Arbeit zugleich ein bis in die Detailtiefen hinabsteigendes Nachschlagewerk und einen Vorschlag in Händen, auf welche Weise rechtliche Regulierung Transparenz bewirken kann.

Frankfurt am Main, im Dezember 2023   *Prof. Dr. Katja Langenbucher*

Vorwort

Die vorliegende Untersuchung wurde vom Fachbereich Rechtswissenschaft der Johann Wolfgang Goethe-Universität Frankfurt am Main im Wintersemester 2022/2023 als Dissertation angenommen. Sie ist auf dem Bearbeitungsstand von März 2023.

Mein aufrichtiger Dank gilt meiner Doktormutter Prof. Dr. Katja Langenbucher. Nicht nur habe ich mich durch sie zu jeder Zeit bestens unterstützt und betreut gefühlt, sondern durfte während meiner Tätigkeit als studentischer und wissenschaftlicher Mitarbeiter überaus viel von ihr lernen. Prof. Dr. Roland Broemel habe ich für die Übernahme und die zügige Erstellung des Zweitgutachtens sehr zu danken. Prof. Dr. Tobias Tröger LL.M. (Harvard) danke ich für die Übernahme des Vorsitzes im Prüfungsausschuss. Weiterhin danke ich den Herausgebern Prof. Dr. Peter O. Mülbert, Prof. Dr. Dr. h.c. Uwe H. Schneider und Prof. Dr. Dirk A. Verse, M.Jur. (Oxford), für die Aufnahme in diese Schriftenreihe.

Bei der Stiftung für die Wissenschaft möchte ich mich für die Gewährung eines großzügigen Druckkostenzuschusses bedanken. Ferner bedanke ich mich für die Ehrung dieser Arbeit mit dem DKS Award durch den Deutsche Kreditmarkt-Standards e.V. sowie durch die Auszeichnung mit dem Baker & McKenzie-Preis 2023.

Herzlichst möchte ich mich zudem bei all meinen Lehrstuhlkollegen für die in jeder Hinsicht bereichernde Zeit bedanken, insbesondere bei Dr. Maximilian Beilner – auch für die gemeinsame Bewältigung aller Besonderheiten, die die COVID-19-Krise mit sich brachte, – sowie bei Felix-Julius Konow und Jan Sehorz.

Mein besonderer Dank gilt meiner ganzen Familie, insbesondere meinen Eltern Caroline und Peter Tilk. Sie unterstützt mich in jeder Lebenslage bedingungslos, weshalb ich ihr diese Arbeit gerne widmen möchte, damit sie von ihrem Beitrag weiß. Zuletzt will ich meiner lieben Verlobten Borbála Fazekas von Herzen danken. Sie stand mir in allen Lagen, die im Rahmen der Erstellung einer solchen Arbeit entstehen mögen, stets zur Seite und ermutigte mich.

Frankfurt am Main, im Dezember 2023   *Philipp Tilk*

Inhaltsverzeichnis

Abkürzungsverzeichnis

a. A.	andere Ansicht
ABl.	Amtsblatt
Abs.	Absatz
AEUV	Vertrag über die Arbeitsweise der Europäischen Union
a. F.	alte Fassung
AGB	Allgemeine Geschäftsbedingung(-en)
AGG	Allgemeines Gleichbehandlungsgesetz
Alt.	Alternative
Anm.	Anmerkung
AöR	Archiv des öffentlichen Rechts (Zeitschrift)
Art.	Artikel
Aufl.	Auflage
BaFin	Bundesanstalt für Finanzdienstleistungsaufsicht
BAG	Bundesarbeitsgericht
BB	Betriebs-Berater (Zeitschrift)
BBankG	Gesetz über die Deutsche Bundesbank
Bd.	Band
BDSG	Bundesdatenschutzgesetz
BeckRS	Beck-Rechtsprechung
Bewag	Berliner städtische Elektrizitäts-Aktiengesellschaft
BGB	Bürgerliches Gesetzbuch
BGBl.	Bundesgesetzblatt
BGH	Bundesgerichtshof
BGHZ	Entscheidungen des Bundesgerichtshofs in Zivilsachen
BIS	Bank für Internationalen Zahlungsausgleich (*Bank for International Settlements*)
BKR	Zeitschrift für Bank und Kapitalmarktrecht (Zeitschrift)
BRAO	Bundesrechtsanwaltsordnung
BRat	Bundesrat
BReg	Bundesregierung
BT-Drs.	Bundestagesdrucksache
BVerfG	Bundesverfassungsgericht
BVerfGE	Entscheidungen des Bundesverfassungsgerichts
BVerwG	Bundesverwaltungsgericht
BVerwGE	Entscheidungen des Bundesverwaltungsgerichts
ca.	circa
C&C	Competition & Change
CCD	Verbraucherkreditrichtlinie (*Consumer Credit Directive*)
CLJ	Cambridge Law Journal (Zeitschrift)
CR	Computer und Recht (Zeitschrift)

CRD	Kapitaladäquanzrichtlinie (Capital Requirements Directive)
CRi	Computer Law Review International (Zeitschrift)
CRR	Kapitaladäquanzverordnung (*Capital Requirements Regulation*)
c't	Magazin für Computertechnik (Zeitschrift)
DANA	Datenschutz-Nachrichten (Zeitschrift)
DelVO	Delegierte Verordnung
ders.	derselbe
d. h.	das heißt
dies.	dieselbe(-n)
DÖV	Die Öffentliche Verwaltung (Zeitschrift)
Drs.	Drucksache(-n)
DSAnpUG-EU	Datenschutz-Anpassungs- und -Umsetzungsgesetz EU
DS-GVO	Datenschutz-Grundverordnung
DSK	Datenschutzkonferenz
DSRITB	Tagungsband der Deutschen Stiftung für Recht und Informatik
DuD	Datenschutz und Datensicherheit (Zeitschrift)
ebd.	ebenda
EBJS	Ebenroth/Boujong/Joost/Strohn (Kommentar)
EBLR	European Business Law Review (Zeitschrift)
EDSA	Europäischer Datenschutzausschuss
EG	Europäische Gemeinschaft
EGBGB	Einführungsgesetz zum Bürgerlichen Gesetzbuche
EP-E	Entwurf des Europäischen Parlaments
Erwg.	Erwägungsgrund/Erwägungsgründe
ESA	European Supervisory Authorities
EU	Europäische Union
EuGH	Europäischer Gerichtshof
EUR	Euro
EuZW	Europäische Zeitschrift für Wirtschaftsrecht (Zeitschrift)
e. V.	eingetragener Verein
f.	folgende (Seite)
ff.	folgende (Seiten)
Fn.	Fußnote
FS	Festschrift
FSB	Financial Stability Board
gem.	gemäß
GeschGehG	Gesetz zum Schutz von Geschäftsgeheimnissen
GewO	Gewerbeordnung
ggf.	gegebenenfalls
GrCh	Charta der Grundrechte der Europäischen Union
GRUR	Gewerblicher Rechtsschutz und Urheberrecht (Zeitschrift)
GVBl.	Gesetz- und Verordnungsblatt
h. M.	herrschende Meinung
Hrsg.	Herausgeber
i. H. v.	in Höhe von
IIF	Institute of International Finance
ImmoKWPLV	Immobiliar-Kreditwürdigkeitsprüfungsleitlinien-Verordnung
ITRB	IT-Rechtsberater (Zeitschrift)

jurisPK-ERV	juris PraxisKommentar Elektronischer Rechtsverkehr
jurisPR-BKR	juris PraxisReport Bank- und Kapitalmarktrecht
JZ	Juristenzeitung (Zeitschrift)
Kap.	Kapitel
KAS	Konrad-Adenauer-Stiftung
KI	Künstliche Intelligenz
KI-VO	Verordnung zur Regulierung künstlicher Intelligenz
KNN	Künstliches neuronales Netz
Komm-E	Kommissionsentwurf
krit.	kritisch
KWG	Gesetz über das Kreditwesen
lat.	lateinisch
LG	Landgericht
lit.	littera (lat. für Buchstabe)
MaRisk	BaFin, Rundschreiben 10/2021 (BA) – Mindestanforderungen an das Risikomanagement
Mio.	Million(-en)
MMR	Multimedia und Recht (Zeitschrift)
MünchKomm	Münchener Kommentar
m. w. N.	mit weiteren Nachweisen
n. F.	neue Fassung
NJW	Neue Juristische Wochenschrift (Zeitschrift)
NJW-RR	Neue Juristische Wochenschrift Rechtsprechungs-Report Zivilrecht (Zeitschrift)
NK	NomosKommentar
Nr.	Nummer(-n)
NVwZ	Neue Zeitschrift für Verwaltungsrecht (Zeitschrift)
NZG	Neue Zeitschrift für Gesellschaftsrecht (Zeitschrift)
NZI	Neue Zeitschrift für Insolvenz- und Sanierungsrecht (Zeitschrift)
OECD	Organisation für wirtschaftliche Zusammenarbeit und Entwicklung
OLG	Oberlandesgericht
PD	Ausfallwahrscheinlichkeit (*Probability of Default*)
PinG	Privacy in Germany (Zeitschrift)
PNAS	Proceedings of the National Academy of Sciences of the United States of America
PSD	Zahlungsdiensterichtlinie
PSD2	Zweite Zahlungsdiensterichtlinie
RDi	Recht Digital (Zeitschrift)
RDV	Recht der Datenverarbeitung (Zeitschrift)
RegE	Regierungsentwurf
Rn.	Randnummer(-n)
S.	Seite(-n)
SCHUFA	„Schutzgemeinschaft für allgemeine Kreditsicherung", SCHUFA Holding AG
sog.	sogenannte(-r/-n)
SolvV	Solvabilitätsverordnung
SRP	Supervisory Review Process
StGB	Strafgesetzbuch
SVRV	Sachverständigenrat für Verbraucherfragen

u. a.	unter anderem
UAbs.	Unterabsatz
ULD	Unabhängiges Landeszentrum für Datenschutz Schleswig-Holstein
VG	Verwaltungsgericht
vgl.	vergleiche
VuR	Verbraucher und Recht (Zeitschrift)
WD	Wirtschaftsdienst (Zeitschrift)
WRP	Wettbewerb in Recht und Praxis (Zeitschrift)
ZAG	Zahlungsdiensteaufsichtsgesetz
z. B.	zum Beispiel
ZBB	Zeitschrift für Bankrecht und Bankwirtschaft (Zeitschrift)
ZD	Zeitschrift für Datenschutz (Zeitschrift)
zfm	Zeitschrift für das Forderungsmanagement (Zeitschrift)
ZIP	Zeitschrift für Wirtschaftsrecht (Zeitschrift)
ZRP	Zeitschrift für Rechtspolitik (Zeitschrift)

§ 1 Einleitung

> „We feel like all data is credit data,
> we just don't know how to use it yet."
>
> *Douglas Merrill*, 2012[1]

A. Der Verbraucher als Objekt des Kreditscorings

Schon aus der Schule wissen wir, dass eine Punktzahl in der Form einer Note darüber aufklären soll, ob man über „gute", „befriedigende" oder „mangelhafte" Kenntnisse in einem Unterrichtsfach verfügt.[2] Konsolidiert in einer Gesamtnote ist sie für den weiteren Lebensweg entscheidend, da diese Punktzahl gegenüber Bildungs- und Ausbildungseinrichtungen oder Arbeitgebern eine bestimmte Eignung signalisieren soll. Mithilfe dieser Note können vergleichbare Bewerber gruppiert und in Ranglisten aufgeteilt werden, die es den über die Bewerbungen entscheidenden Personen erleichtern soll, über Zu- und Absage zu urteilen.

Es gibt zahlreiche solche Punktwertverfahren, die unterschiedlich komplex sind, Ergebnisse nach unterschiedlicher Logik generieren und für unterschiedliche Anwendungsbeispiele konzipiert wurden: Seien es die besagten Schulnoten, der Nutri-Score für Lebensmittel, ein Score für die Integrationsfähigkeit in den Arbeitsmarkt[3], Scoring im Bewerbungsverfahren[4] oder ein Richterscore für Anwälte zur Optimie-

---

[1] *Hardy*, Just the Facts. Yes, All of Them, The New York Times, 24.03.2012, abrufbar unter https://www.nytimes.com/2012/03/25/business/factuals-gil-elbaz-wants-to-gather-the-data-universe.html.

[2] Siehe auch *Gigerenzer/Rebitschek/Wagner*, WD 2018, 860 (860); SVRV, Verbrauchergerechtes Scoring, S. 22.

[3] Zum letztlich nicht eingeführten AMS-Algorithmus in Österreich etwa *Szigetvari*, Datenschutzbehörde kippt umstrittenen AMS-Algorithmus, 20.8.2020, abrufbar unter https://www.derstandard.at/story/2000119486931/datenschutzbehoerde-kippt-umstrittenen-ams-algorithmus.

[4] Etwa das Bewerbungsverfahren der BaFin, BaFin, Informationen und Hinweise zum Bewerbungsverfahren („Direkteinstieg"), 29.06.2010, geändert am 14.12.2021, S. 4, abrufbar unter https://www.bafin.de/dok/7906442.

rung ihrer Prozessstrategie[5]. Sie alle haben gemeinsam, dass eine Punktzahl (engl. *score*), manchmal auch ein Buchstabe, einen mehr oder minder komplexen Sachverhalt für die Zwecke der Vergleichbarkeit auf das Wesentliche reduzieren soll. Aus Nutzersicht fungiert der Score daher regelmäßig als wesentliches oder gar alleiniges Entscheidungskriterium.

I. Risikobasierte Kreditentscheidung

Für die Entscheidung über die Kreditvergabe ist dies der Kreditscore. Hierbei werden für gewöhnlich Daten einer natürlichen Person zu Alter, Einkommen, Beruf und Kredithistorie in ein statistisches Modell eingegeben, welches vorab mit Daten zu vergleichbaren Kreditverträgen aus der Vergangenheit erstellt wurde, deren Rückzahlungsstatus jeweils bekannt ist.[6] Dieses Kreditscoringmodell generiert eine Zahl, welche die Wahrscheinlichkeit dafür ausdrücken soll, mit der der Kreditsuchende den Kreditvertrag in Zukunft ordnungsgemäß bedienen wird. Das Kreditscoringmodell quantifiziert also die Ausfallwahrscheinlichkeit einer Person auf der Basis von Erfahrungen zu vergleichbaren Kreditnehmern aus der Vergangenheit. Der Kreditscore ist daher aus Sicht des Kreditgebers eine wichtige Hilfe oder gar das alleinige Kriterium für die Entscheidung über die Kreditvergabe. Abhängig davon, ob der Kreditscore von dem Inhaber der Kreditentscheidung (Kreditgeber) oder von einem Dritten (z.B. Auskunftei, Kreditvermittler) berechnet wird, spricht man von internem oder externem Kreditscoring.[7]

Der Kreditscore hilft dem Kreditgeber, eine risikobasierte Kreditentscheidung zu treffen. Einerseits kann sich der Kreditgeber dadurch selbst vor ineffizienter Kapitalallokation schützen.[8] Andererseits ist der Kreditgeber auch gesetzlich verpflichtet, die Kreditwürdigkeit des Verbrauchers zu prüfen, §§ 505a ff. BGB, § 18a KWG. Der regulatorische Anreiz, risikobasierte Entscheidungshilfen für die Kreditvergabe zu berücksichtigen, ist darüber hinaus in Umsetzung des internationalen Rahmenwerkes Basel II[9] mit Einführung des sog. IRB-Ansatzes[10] gesetzt worden.[11] Hiernach

---

[5] *Kaufmann*, Richterscore bekommt nur wenige Daten, LTO, 19.11.2021, abrufbar unter https://www.lto.de/recht/justiz/j/vg-berlin-vg2k619-richterscore-daten-richter-berlin-herausgabe-einwilligung-handbuch-der-justiz/.

[6] Zur Erstellung eines Kreditscoringmodells siehe unten § 2, E., S. 128 ff.

[7] Zur Begriffserklärung siehe unten § 2, C.I., S. 62 ff., sowie § 2, C.II., S. 68.

[8] Zur ökonomischen Interessenlage siehe unten § 2, A.IV. und V., S. 40 ff.; *Füser*, Intelligentes Scoring und Rating, S. 52; *Langenbucher*, EuZW 2021, 691 (691): „kaufmännische Selbstverständlichkeit".

[9] BIS, International Convergence of Capital Measurement and Capital Standards – A Revised Framework.

[10] Auf internem Rating basierender Ansatz (engl. „*Internal Ratings Based Approach*"), Art. 142 ff. CRR.

[11] Zu Basel II unten § 3, A., S. 144 ff.; zum IRB-Ansatz unten § 3, C.II., S. 198 ff.

wird es einem Kreditinstitut ermöglicht, die Eigenkapitalunterlegung risikoabhängig zu gestalten. Das bedeutet, dass die Bank für risikoarme Kredite weniger, für risikoreichere mehr Eigenkapital als Sicherheit für den Eintritt des Schuldnerausfalles zurückbehalten muss. Umgekehrt führte diese Regelung dazu, dass das Kreditrisiko zum regulatorischen Bestandteil der Kreditkonditionen wurde und sich insbesondere in einem risikobasierten Kreditzins niederschlägt.[12]

Ohne Kreditscoring ist diese Form der individuellen Bonitätseinstufung heute gerade für den Massenverkehr nicht mehr effizient umzusetzen.[13] Der Kreditscore ist aber nicht nur für Darlehensverträge entscheidend. Auch vor Abschluss von Mobilfunk- oder Wohnraummietverträgen sowie bei „Ratenkäufen" oder Online-Käufen auf Rechnung kann die Punktzahl regelmäßig herangezogen werden.[14] Begründet eine Vertragsbeziehung kreditorische Elemente, kann der Kreditgeber ein Interesse an der Berechnung eines Kreditscore haben.[15] Damit kann die statistisch generierte Zahl für eine Vielzahl von alltäglichen Verträgen den wesentlichen Ausschlag für das Ob und Wie der Kreditvergabe geben. Die Kreditentscheidung droht damit auf den Kreditscore reduziert zu werden – oder anders gewendet: der kreditsuchende Verbraucher, der aus Sicht des Kreditgebers eine Investition darstellt, wird potenziell auf seinen Kreditscore reduziert und damit zum Objekt des Kreditscoring.[16]

II. Quantifizierung des Vertrauens

1912 sagte J. P. Morgan im Rahmen einer Befragung vor dem US-amerikanischen Repräsentantenhaus aus: „*The first thing [in credit] is character, before money or anything else. A man I do not trust could not get money from me on all the bonds in Christendom*".[17] Mit anderen Worten ist die Kreditvergabe aus Sicht des Kreditgebers immer auch eine Frage des Vertrauens.[18] Dies lässt sich auch etymologisch begründen, da der Begriff des Kredits von dem lateinischen Wort *credere* stammt,

---

[12] Siehe auch die Vorgabe der Aufsicht in EBA/GL/2020/06, Rn. 199; ökonomisch als „Risikoprämie", vgl. *Hartmann-Wendels/Pfingsten/Weber*, Bankbetriebslehre, S. 275.

[13] *Hoeren*, RDV 2007, 93 (95); ähnlich *Mackenthun*, WM 2004, 1713 (1714 f.); *Wuermeling*, NJW 2002, 3508 (3509); *ders.*, in: Sokol, Living by numbers, S. 98 (100); *Thomas/Crook/Edelman*, Credit Scoring and its Applications, S. 13.

[14] BaFin, BaFin Journal, März 2019, S. 22; *Gigerenzer/Rebitschek/Wagner*, WD 2018, 860 (860).

[15] Zu kreditierten Leistungen siehe unten § 2, A.I., S. 35 ff.

[16] Krit. *Citron/Pasquale*, 89 Washington Law Review (2014), 1 (3 f.).

[17] Testimony of J. P. Morgan, Before the Bank and Currency Committee of the House of Representatives, at Washington D. C., appointed for the purpose of investigating an alleged money trust in „Wall street.", 1912, Morgan Epigrams, siehe auch *ebd.* S. 49 f., abrufbar unter https://hdl.loc.gov/loc.gdc/gdclccn.13001206.

[18] *Borchert*, Geld und Kredit, S. 34; Ellenberger/Bunte/*Ganter*, Bankrechts-Hbd., § 69 Rn. 1; Staudinger/*Freitag*, BGB § 488 Rn. 387; *Terberger*, Kreditvertrag als Instrument zur Lösung von Anreizproblemen, S. 1.

welches mit „glauben" oder „vertrauen" übersetzt werden kann.[19] Schließlich kann sich der Kreditgeber nicht sicher sein, dass der Kreditnehmer seine Schuld vertragsgemäß tilgen wird. Lösten Kreditgeber diese Vertrauensfrage lange Zeit überwiegend intuitiv,[20] wich diese Entscheidungsmodalität mehr und mehr statistikbasierten und (vermeintlich) objektiveren Erwägungen wie dem Kreditscore.[21] Die Kreditwürdigkeit bzw. das Vertrauen seitens des Kreditgebers in die Rückzahlung des Kreditnehmers wird seitdem in einem Zahlenwert, mithin quantitativ, ausgedrückt.

Wenn der Kreditscore die Kreditausfallwahrscheinlichkeit quantifizieren und damit einen wesentlichen Beitrag zur Lösung der „Vertrauensfrage Kreditvergabe" beitragen soll, sind für das Kreditscoring diejenigen Daten zu berücksichtigen, die für die konkrete Kreditart ein hinreichendes Vertrauen in die Person des Kreditantragstellers indizieren mögen. Kurz gesagt ist das Kreditscoring damit eine Art und Weise, wie das Vertrauen in die Person des Kreditnehmers bewertet wird.[22] Der Kreditscore ist somit funktional betrachtet eine Methode zur Quantifizierung des Vertrauens.

Traditionell werden hierzu die oben beschriebenen Daten zu Alter, Einkommen, Beruf und Kredithistorie berücksichtigt. In Zeiten, in denen die meisten Menschen infolge der Verlagerung vieler Tätigkeiten in den Online-Bereich tagtäglich einen digitalen Schatten werfen,[23] entstehen neuartige Kreditscoringmodelle, die den Versuch unternehmen, „alternative Daten" wie die Marke eines Smartphone, die Anzahl an Tippfehlern im Kreditantrag oder Daten aus sozialen Netzwerken unter Verwendung komplexerer Modellierungsmethoden für die Kreditvergabe fruchtbar zu machen und so treffsicherer zwischen „guten" und „schlechten" Kreditnehmern unterscheiden zu können.[24] Dies ist die Entwicklung, die in Zeiten von Big Data plakativ auch mit dem Satz *„all data is credit data"* zusammengefasst werden kann.[25]

---

[19] *Borchert*, Geld und Kredit, S. 34; zum Begriff auch unten § 2, A.I., S. 35.

[20] Vgl. *Keysberg*, Die Anwendung der Diskriminanzanalyse zur statistischen Kreditwürdigkeitsprüfung im Konsumentenkreditgeschäft, S. 14; *Thomas/Crook/Edelman*, Credit Scoring and its Applications, S. 11.

[21] Zur historischen Betrachtung siehe unten § 2, B., S. 51 ff.; *Lauer*, Creditworthy, S. 5 ff.; *Kamp/Weichert*, Scoringsysteme zur Beurteilung der Kreditwürdigkeit, S. 15.

[22] *Ots/Liiv/Tur*, in: Robal et al., 14th International Baltic Conference, DB&IS 2020, S. 82 (84); auch umgekehrt wurden Verbindungen zwischen einem Kreditscore und der Vertrauenswürdigkeit einer Person hergestellt, siehe *Dokko/Li/Hayes*, Finance and Economics Discussion Series 2015–081, S. 34.

[23] Man spricht dabei auch von „Datafizierung", *Lorentz*, Profiling, S. 26 m.w.N.

[24] Der digitale Schatten wird daher teilweise auch als neuer Nachweis für den Charakter gesehen, so *Packin/Lev-Aretz*, Columbia Business Law Review 2016, 339 (343); zu diesem Phänomen *Aggarwal*, 80 CLJ (2021), 42; *Aitken*, C&C 2017, 274; *Hurley/Adebayo*, 18 Yale Journal of Law & Technology (2016), 148; *Langenbucher*, 31 EBLR (2020), 527.

[25] Siehe das Eingangszitat von Douglas Merrill; für eine ausführliche Darstellung dieses Phänomens siehe unten § 2, C.II.2., S. 74 ff.; zum Begriff „Big Data" siehe unten § 2, B.III., S. 60 f.

Die technischen Voraussetzungen hierfür bieten die Entwicklungen im Bereich der künstlichen Intelligenz (KI), insbesondere des maschinellen Lernens.[26] Diese erlauben es, innerhalb riesiger Datensätze Muster, Regeln und Zusammenhänge zu erkennen, die das menschliche Auge nicht oder mit nur unverhältnismäßig hohem Aufwand erforschen könnte.[27] Das Kreditscoring funktioniert zwar bereits seit Jahrzehnten nach diesem Grundprinzip, weshalb es auch als die „Großmutter' des Data Mining" bezeichnet wird.[28] Neu ist hingegen, dass auch die alternativen Daten in einen direkten Zusammenhang mit der Kreditwürdigkeit gestellt und mittels komplexerer Algorithmen ausgewertet werden. Zudem können Daten kostengünstiger und schneller verarbeitet werden. Muster, Regeln und Zusammenhänge können somit leichter in alternativen Datensätzen, die zunächst nicht bonitätsrelevant erscheinen mögen, erforscht und für die Kreditvergabe berücksichtigt werden. In Kombination mit alternativen Daten verspricht man sich einen profitsteigernden Einfluss auf die Kreditvergabe durch effizientere, genauere und schnellere Kreditentscheidungen[29] sowie die Chance auf eine finanzielle Inklusion bislang ausgeschlossener Zielgruppen[30]. Zu den Akteuren, die „alternative Kreditscoringmodelle" verwenden, zählen häufig FinTechs,[31] also Unternehmen, die sich darauf spezialisieren, Finanzdienstleistungen (*financial services*) unter Verwendung technologischer Innovationen (*technology*) anzubieten[32].

III. Transparenz als rechtliche und tatsächliche Herausforderung

Versteht man Kreditscoring als eine Reduktion eines Sachverhaltes zwecks Vergleichbarkeit auf das Wesentliche, nämlich das Vertrauen in die Rückzahlung,

---

[26] Näher zu den Begriffen unten § 2, B.III., S. 60 f. und § 2, D.I., S. 98 ff.

[27] Ein häufig zitiertes Beispiel ist in diesem Zusammenhang der Fall, dass eine KI eine unerkannte Schwangerschaft einer jungen Frau aufgrund ihres plötzlich geänderten Einkaufverhaltens „bemerkte". Die getätigten Einkäufe deckten sich mit denen von schwangeren Frauen in der Vergangenheit, weshalb jener Frau entsprechend Werbung zum Kauf von Baby-Produkten angezeigt wurde, dazu *Lorenzen*, Big Data schafft den Zufall ab, WirtschaftsWoche, 1.3.2013, abrufbar unter https://www.wiwo.de/unternehmen/it/algorithmen-big-data-schafft-den-zufall-ab/7865208-all.html.

[28] *Thomas/Crook/Edelman*, Credit Scoring and its Applications, S. 9.

[29] Vgl. *Aggarwal*, in: Aggarwal et al., Autonomous Systems and the Law, S. 37 (39); *B. Anderson*, in: Siddiqi, Intelligent Credit Scoring, S. 149; BITKOM, Big Data im Praxiseinsatz, S. 44; Everling/*Langen*, Social Credit Rating, 2020, S. 611 (615 f.).

[30] *Aggarwal*, in: Aggarwal et al., Autonomous Systems and the Law, S. 37 (39 f.); *Langenbucher*, EuZW 2021, 691 (691 f.); dazu genauer unten § 2, C.II.2.d), S. 92 ff.

[31] EZB, Leitfaden zur Beurteilung von Anträgen auf Zulassung als FinTech-Kreditinstitut, S. 10; das durch sie vergebene Kreditvolumen ist in den letzten Jahren stark gestiegen, siehe EBA, EBA/Rep/2022, Rn. 15 ff.

[32] Siehe die Definition bei BaFin, Fintechs: Adressatengerechte Kommunikation – Umgang der BaFin mit innovativen Unternehmen, 15.09.2016, abrufbar unter https://www.bafin.de/dok/8252876.

wirft dies unweigerlich die Fragen auf, wie Vertrauen gemessen werden kann, auf welcher Methodik diese Reduktion basiert, wer der Entscheidungsträger dieser Reduktion und/oder einer darauf beruhenden Kreditentscheidung ist, welche Personen miteinander verglichen und welche Informationen im Rahmen dessen berücksichtigt werden (dürfen).

Das Interesse des Kreditgebers, eine möglichst risikoadäquate Kreditentscheidung zu treffen, steht grundsätzlich im Konflikt mit dem Interesse des Verbrauchers auf informationelle Selbstbestimmung.[33] Daher ist schon das herkömmliche Kreditscoring – das vor allem durch den Kreditscore bekannt ist, den die Auskunftei SCHUFA berechnet[34] – regelmäßig Gegenstand groß angelegter Transparenzuntersuchungen[35] und -initiativen[36]. Nicht zuletzt hat sich auch die aktuelle Bundesregierung in ihrem Koalitionsvertrag das Ziel gesetzt, das Kreditscoring zugunsten des betroffenen Verbrauchers transparenter zu gestalten.[37]

Den Forderungen nach mehr Transparenz setzen ihre Verwender, zu denen neben Auskunfteien vor allem Banken gehören, regelmäßig den Schutz von Geschäftsgeheimnissen entgegen.[38] Neben diesen rechtlichen Hürden, die es im Laufe dieser Arbeit zu untersuchen gilt, sind den Erklärungsmöglichkeiten auch aufgrund technischer Gegebenheiten tatsächliche Grenzen gesetzt. Ist das herkömmliche Kre-

---

[33] Forgó/Helfrich/Schneider/*Kosmides*, Betrieblicher Datenschutz, Teil IX. Kap. 3 Rn. 69; zu kollidierenden Grundrechten *Kamp/Weichert*, Scoringsysteme zur Beurteilung der Kreditwürdigkeit, S. 65; auch *Weichert*, ZRP 2014, 168 (168).

[34] Zur Geschichte der SCHUFA unten § 2, B.I.2., S. 54; zu den Daten, die herkömmlich für das Kreditscoring berücksichtigt werden unten § 2, C.II.1., S. 69 ff.

[35] *Kamp/Weichert*, Scoringsysteme zur Beurteilung der Kreditwürdigkeit; *Korczak*, Verantwortungsvolle Kreditvergabe; *ders./Wilken*, Scoring im Praxistest; *dies.*, Verbraucherinformation Scoring; SVRV, Verbrauchergerechtes Scoring; ULD, Scoring nach der Datenschutz-Novelle 2009 und neue Entwicklungen, Abschlussbericht, 2014; auch die Auskunfteien, siehe Schröder/Taeger, Scoring im Fokus.

[36] Siehe etwa den Gesetzesentwurf einzelner Abgeordneter und der Fraktion BÜNDNIS 90/DIE GRÜNEN zu dem Entwurf eines Zweiten Gesetzes zur Änderung des Bundesdatenschutzgesetzes – Verbesserung der Transparenz und der Bedingungen beim Scoring (Scoringänderungsgesetz), BT-Drs. 18/4864; Antrag einzelner Abgeordneter und der Fraktion DIE LINKE, Schufa und anderen privaten Auskunfteien den Riegel vorschieben, BT-Drs. 19/24451; siehe auch das Projekt „OpenSCHUFA", abrufbar unter https://openschufa.de; zuletzt auch die Akteure selbst: SCHUFA, Score-Simulator erklärt, wie die SCHUFA Bonitäten berechnet, Pressemitteilung vom 13.10.2022, abrufbar unter https://www.schufa.de/ueber-uns/presse/pressemitteilungen/schufa-score-simulator/.

[37] Koalitionsvertrag 2021–2025 zwischen SPD, BÜNDNIS 90/DIE GRÜNEN und FDP, S. 170, abrufbar unter https://www.wiwo.de/downloads/27830022/8/koalitionsvertrag-2021-2025.pdf.

[38] Zuletzt bestätigt unter Geltung des BDSG a. F. in BGHZ 200, 38; die dagegen erhobene Verfassungsbeschwerde wurde nicht zur Entscheidung angenommen, siehe die Antwort der Bundesregierung auf eine kleine Anfrage einzelner Abgeordneter und der Fraktion DIE LINKE, BT-Drs. 19/18641, S. 5.

ditscoringverfahren bereits jetzt für Verbraucher schwer nachvollziehbar,[39] so befürchten Experten beim Einsatz komplexerer Algorithmen das Entstehen einer sog. „Black Box", die auch in Fachkreisen nicht hinreichend verstanden werden könnte[40].[41]

B. Kreditscoring am Maßstab funktionaler Transparenz

Die vorliegende Arbeit verfolgt daher die umgekehrte Fragestellung, welche Transparenzanforderungen das Recht an das Kreditscoring stellt. Rein tatsächlich tun sich bei den betroffenen Kreditnehmern sowie bei der zuständigen Aufsicht Informations- und Wissenslücken auf, die insbesondere, aber nicht abschließend, technische sowie finanzmarkt-, datenschutz- und neuerdings auch KI-rechtliche Dimensionen annehmen mögen. Aus Sicht der Verbraucher und der Aufsicht ergeben sich zwei Transparenzprobleme: Zum einen stellt sich die Frage, wie das Kreditscoringverfahren konkret ausgestaltet ist (Systemtransparenz). Zum anderen ist ungewiss, aufgrund welcher Daten der Scorewert berechnet wird (Datentransparenz).

Systemtransparenz oder auch algorithmische Transparenz bezeichnet für die Zwecke dieser Untersuchung die an algorithmische, algorithmendeterminierte oder algorithmenbasierte Entscheidungsprozesse zu stellenden Anforderungen, um hierauf basierende Kreditvergabeentscheidungen *ex ante* oder *ex post* erklären oder erläutern zu können. Die Erstellung eines transparenten, insgesamt nachvollziehbaren Modells, bei dem bereits vor der Einzelfallentscheidung Klarheit über Anzahl, Gewichtung und Auswirkung der einzelnen Variablen besteht, ist ein gängiger, nicht aber der einzige Weg, um erklärbare Entscheidungen zu fällen. Anstatt eine solche globale Erklärbarkeit herzustellen,[42] existieren weitere Möglichkeiten[43], mit deren Hilfe der generierte Output komplexer Algorithmen *ex post,* also nach der Modellentscheidung, interpretiert werden kann. Dies soll Einzelfallentscheidungen eines zunächst intransparenten Modells nachträglich nachvollziehbar und somit der

---

[39] Vgl. die Recherchen durch Spiegel Data und BR Data zum Projekt OpenSCHUFA, Spiegel, Verbraucher-Scoring, Blackbox Schufa, 28.11.2018, abrufbar unter https://www.spie gel.de/wirtschaft/schufa-so-funktioniert-deutschlands-einflussreichste-auskunftei-a-123 9214.html; krit. *Bizer*, DuD 2006, 396; *Gigerenzer/Rebitschek/Wagner*, WD 2018, 860; *Hurley/Adebayo*, 18 Yale Journal of Law & Technology (2016), 148 (178 f.); *Langenbucher*, 31 EBLR (2020), 527.

[40] Hierbei handelt es sich um Modelle, die aufgrund systemimmanenter Intransparenz nicht oder nur stark eingeschränkt verstanden werden können, BaFin, BDAI, S. 37; *Döbel et al.*, Maschinelles Lernen, S. 81.

[41] FSB, AI and ML in financial services, S. 13.

[42] Vgl. zum Begriff EBA, EBA/REP/2020/01, S. 36.

[43] Z.B. SHAP oder LIME *Provenzano et al.*, Machine Learning approach for Credit Scoring, WP 2020, S. 15 ff.

Interpretation zugänglich machen.[44] Man spricht hierbei von lokaler Erklärbarkeit.[45] Diese intransparenten Modelle werden infolge ihrer Opazität typischerweise als „Black Box " bezeichnet.[46] Systemtransparenz im Sinne von Erklärbarkeit setzt sich folglich aus den Elementen der Transparenz (*ex ante*) und der Interpretierbarkeit (*ex post*) zusammen.[47]

Datentransparenz legt dagegen den Fokus auf die in den Entscheidungsprozess einfließenden Daten. Sie bildet damit einen integralen Bestandteil der Systemtransparenz, da ein Modell nicht erklärt werden könnte oder nachvollziehbar wäre, wenn die einfließenden Daten unbekannt sind. Hieraus ergeben sich die Fragen, welche Daten im Modellierungsprozess sowie in der konkreten Einzelfallentscheidung verarbeitet werden, woher diese Daten stammen und wie diese erlangt werden (dürfen). Die Frage, aufgrund welcher Daten ein Kredit vergeben werden darf, kann bei modellbasierten Entscheidungen somit nicht von der Frage getrennt werden, welche Merkmale in das Kreditscoringmodell einfließen dürfen – und umgekehrt.

Ziel der Arbeit ist es, die Transparenzanforderungen an das Kreditscoring herauszuarbeiten. Dabei nimmt der der Arbeit zugrundeliegende Transparenzbegriff eine funktionale Stellung ein. Es wird adressatenbezogen untersucht, welche Anforderungen *de lege lata* für die System- und die Datentransparenz zugunsten des von der Kreditentscheidung betroffenen Verbrauchers (verbraucheradressierte Transparenz) und der zuständigen Aufsicht (aufsichtsadressierte Transparenz) bestehen. Zugleich wird untersucht, welche Anforderungen das Recht an den Kreditgeber stellt, der den Kreditscore für die Kreditentscheidung berücksichtigt (kreditgeberadressierte Transparenz). Damit geht auch die Frage einher, welche regulatorischen Vorgaben das Recht an das Kreditscoring stellt. Den Untersuchungsmaßstab bilden das Bankaufsichtsrecht und das Datenschutzrecht am Beispiel des Abschlusses von Allgemein-Verbraucherdarlehensverträgen im Sinne des § 18a Abs. 1 KWG.

C. Stand der Forschung

Spätestens seitdem die SCHUFA ihr Scoringverfahren ASS (Auskunft-Scoring-Service) im Jahre 1996[48] eingeführt hat, ist das Kreditscoring in den Rechtswis-

---

[44] Hierbei handelt es sich um das interdisziplinäre Forschungsfeld XAI (*explainable artificial intelligence*), *Waltl*, in: Mainzer, Philosophisches Hdb. KI, S. 1 (15).

[45] EBA, EBA/REP/2020/01, S. 36; *Waltl*, in: Mainzer, Philosophisches Hdb. KI, S. 1 (16 f.).

[46] BaFin, BDAI, S. 37; *Döbel et al.*, Maschinelles Lernen, S. 81.

[47] Siehe auch unten § 2, D.III.3.c), S. 124; vgl. mit leicht unterschiedlicher Terminologie: *Lipton*, The Mythos of Model Interpretability, S. 4 ff.; BaFin, BDAI, S. 37; *Waltl*, in: Mainzer, Philosophisches Hdb. KI, S. 1 (16).

[48] Dazu *Kamlah*, MMR 2003, Heft 2, V.

senschaften ein leidenschaftlich diskutiertes Thema.[49] Der Fokus hat sich in der Debatte, die nicht zuletzt mit Inkrafttreten der Datenschutz-Grundverordnung (DS-GVO)[50] erneut an Fahrt gewann,[51] meist auf datenschutzrechtliche Dimensionen gerichtet.[52] Insbesondere auf internationaler Bühne erfuhr das Kreditscoring durch die Entwicklung komplexerer Algorithmen und die Verfügbarkeit alternativer Daten auch mit Blick auf anti-diskriminierungsrechtliche Aspekte an Schwung.[53] Eine rechtliche Auseinandersetzung mit den bankaufsichtsrechtlichen Transparenzanforderungen hat zu dem Zeitpunkt der Entstehung dieser Arbeit, soweit ersichtlich, nicht stattgefunden.[54]

D. Gang der Untersuchung

In einem ersten Schritt sollen die Grundlagen für diese Arbeit durch eine interdisziplinäre Betrachtung des Kreditscorings in § 2 geschaffen werden. Dafür wird zuerst das ökonomische Interesse an einer effizienten Methode zur Überwindung von Informationsasymmetrien unter Einschaltung von Finanzintermediären herausgearbeitet (§ 2, A.). Hieran schließt eine historische Darstellung an, die diese Ent-

---

[49] Zu den Anfängen etwa *Abel*, RDV 2006, 108; *Hoeren*, in: SCHUFA Grundlagenschrift, S. 63; *ders.*, RDV 2007, 93; *Kamlah*, MMR 1999, 395; *ders.*, MMR 2003, Heft 2, V; *Koch*, MMR 1998, 458; *Möller/Florax*, MMR 2002, 806; *dies.*, NJW 2003, 2724; *Petri*, DuD 2003, 631; *Wolber*, CR 2003, 623; *Wuermeling*, NJW 2002, 3508; *ders.*, in: Sokol, Living by numbers, S. 98.

[50] Verordnung (EU) 2016/679 des Europäischen Parlaments und des Rates vom 27. April 2016 zum Schutz natürlicher Personen bei der Verarbeitung personenbezogener Daten, zum freien Datenverkehr und zur Aufhebung der Richtlinie 95/46/EG (Datenschutz-Grundverordnung), ABl. (EU) 2016 L 119, 1.

[51] Hierzu etwa *Abel*, ZD 2018, 103; *ders.*, ZD 2018, 304; *Ehrig/Glatzner*, PinG 2016, 211; *Eichler*, RDV 2017, 10; *Eschholz*, DuD 2017, 180; *Härting*, ITRB 2016, 209; *Helfrich*, ZD 2017, 97; *Krämer*, NJW 2018, 347; *ders.*, NJW 2020, 497; *Moos/Rothkegel*, ZD 2016, 561; *Schulz*, zfm 2017, 91; *Seiler*, jurisPR-BKR 8/2017 Anm. 1; *Taeger*, ZRP 2016, 72; *von Lewinski/Pohl*, ZD 2018, 17.

[52] Siehe allein monographisch etwa: *Becker*, Datenschutzrechtliche Fragen des SCHUFA-Auskunftsverfahrens; *Beckhusen*, Datenumgang innerhalb des Kreditinformationssystems der SCHUFA; *Giesswein*, Verfassungsmäßigkeit des Scoringverfahrens der Schufa; *Helfrich*, Kreditscoring und Scorewertbildung der SCHUFA; mit Blick auf die DS-GVO: Ansätze bei *Overbeck*, Datenschutz und Verbraucherschutz; *Rohrmoser*, Die Auswirkungen des neuen BDSG und der DSGVO auf das Verbraucherschutzniveau bei der Datenerhebung und dem Scoringverfahren der SCHUFA.

[53] Siehe nur *Aggarwal*, 80 CLJ (2021), 42; *Aitken*, C&C 2017, 274; *Langenbucher*, 31 EBLR (2020), 527; *dies.*, ECGI Law Working Paper N° 663/2022; *dies./Corcoran*, in: Avgouleas/Marjosola, 5 Digital Finance in Europe (2022), 141; *Maamar*, CR 2018, 820.

[54] Siehe aber die Aufsicht: BaFin, BDAI; Deutsche Bundesbank, Discussion paper, The Use of Artificial Intelligence and Machine Learning in the Financial Sector; *dies./BaFin*, Konsultation 11/2021; *dies.*, Maschinelles Lernen in Risikomodellen, Antworten; EBA, EBA/REP/2020/01; *dies.*, EBA/DP/2021/04.

wicklung unterstreicht (§ 2, B.). Danach wird aus tatsächlicher Sicht ausgewertet, welche Daten für das Kreditscoring im Zuge der Digitalisierung im Vergleich zur herkömmlichen Herangehensweise in Betracht kommen können (§ 2, C.). Anschließend werden die technischen Grundlagen, die Hintergründe sowie der Prozess des Kreditscorings beschrieben (§ 2, D., E.).

Die hieraus folgenden Erkenntnisse bieten die notwendige Grundlage für die anschließende rechtliche Würdigung in den §§ 3 und 4. Das Kreditscoring findet als Rechtsmaterie keine konkret-generelle Regelung in der Form eines spezifischen „Scoring-Gesetzes", sondern ist vielmehr ein auf EU- und nationaler Ebene geregeltes Querschnittsthema, welches durch diverse Rechtsgebiete tangiert wird.[55] Von diesen treten das Bankaufsichtsrecht und das Datenschutzrecht als die Hauptregelungskomplexe dieser Arbeit hervor. Infolgedessen bilden die Transparenzanforderungen des Bankaufsichts- und Datenschutzrechts den rechtlichen Schwerpunkt (§§ 3, 4).

Die Arbeit schließt mit einer Zusammenfassung der Ergebnisse in § 5 und bietet einen kurzen Ausblick auf die Umrisse eines geplanten KI-Rechts, welches sich als Regelungsmaterie spätestens seit dem Kommissionsvorschlag zur Regulierung der künstlichen Intelligenz im Entstehen befindet.[56]

---

[55] SVRV, Verbrauchergerechtes Scoring, S. 112; anders der sektorale Ansatz in den USA, siehe *Langenbucher*, 31 EBLR (2020), 527 (534 ff.).

[56] Vorschlag der Europäischen Kommission für eine Verordnung des Europäischen Parlamentes und des Rates zur Festlegung harmonisierter Vorschriften für künstliche Intelligenz (Gesetz über künstliche Intelligenz) und zur Änderung bestimmter Rechtsakte der Union, COM(2021) 206 final, 21.4.2021.

§ 2 Einführung in das Kreditscoring

A. Kreditscoring aus ökonomischer Perspektive

I. Kreditierte Leistungen

Tritt eine Partei eines gegenseitigen Vertrages in Vorleistung, ist sie Trägerin des Ausfalls- und Insolvenzrisikos der anderen Partei. Der risikotragende Gläubiger steht damit weitaus schutzloser da als sein befriedigter Schuldner, denn bei wirtschaftlicher Betrachtung gewährt jener dem Schuldner einen Kredit, indem er diesem zeitweilig einen Teil seines Kapitals bzw. seiner Kaufkraft im Vertrauen auf eine vertragsgemäße Rückgewähr überlässt.[1] Der Gläubiger wird sich zwar durch vertragliche Vereinbarungen zu seinen Gunsten vor Risiken absichern wollen, um Anreize für die Erbringung der schuldnerischen Leistung zu setzen. Doch selbst bei Einräumung einer Kreditsicherheit verbleibt ein gewisses Risiko der Vertragsverletzung oder einer unzureichenden Verwertungsmöglichkeit der Kreditsicherheit, weshalb ein Kreditgeber immer auch darauf vertrauen muss (lat. *credere*), dass der Kreditnehmer vertragsgemäß leisten wird.[2] Die Vergabe eines Kredites ist damit eine Frage des Vertrauens.[3]

1. Geldkredit

Ein typisches Beispiel ist der Darlehensvertrag. Hierbei verpflichtet sich der Darlehensgeber dem Darlehensnehmer einen bestimmten Geldbetrag zur Verfügung zu stellen. Der Darlehensnehmer verpflichtet sich den geschuldeten Zins zu zahlen und den Geldbetrag zu einem bestimmten Zeitpunkt zurückzuzahlen, § 488 Abs. 1 BGB. Der Darlehensgeber tritt durch Bereitstellung des Kapitals in Vorleistung.[4] Der Schuldner zahlt das Darlehen *zurück,* § 488 Abs. 1 Satz 2 BGB, und kann seine Hauptleistungspflicht damit nur zeitlich nach der Leistung des Kreditgebers er-

---

[1] Vgl. zum wirtschaftlichen Kreditbegriff Staudinger/*Freitag*, BGB § 488 Rn. 387; *Meincke/Hingst*, WM 2011, 633 (633 f.).

[2] *Borchert*, Geld und Kredit, S. 34; *Helfrich*, Kreditscoring und Scorewertbildung der SCHUFA, S. 21; *Terberger*, Kreditvertrag als Instrument zur Lösung von Anreizproblemen, S. 1.

[3] Staudinger/*Freitag*, BGB § 488 Rn. 387; Ellenberger/Bunte/*Ganter*, Bankrechts-Hbd., § 69 Rn. 1.

[4] Jauernig/*Berger*, BGB § 488 Rn. 3; Schulze/*Wiese*, BGB § 488 Rn. 1.

bringen.[5] Ob der Darlehensgeber im Vertrauen auf die vertragsgemäße Leistung des andern Teils in Anbetracht des konkreten Ausfallrisikos zur Vorleistung bereit sein wird, wird er sich daher bereits vor Abschluss des Darlehensvertrages sorgfältig überlegen müssen. Im Rahmen dieser Arbeit wird zwar allein diese Konstellation der kreditgebenden Bank und des kreditnehmenden Verbrauchers zugrunde gelegt. Aber auch die nachfolgend erörterten Fälle zeugen von kreditorischem Charakter und stellen damit potenzielle Anwendungsfelder des Kreditscorings dar.

2. Vorleistungskredit

Die vorvertragliche Vertrauensfrage stellt sich auch für den sog. Vorleistungs-kredit. Hierunter versteht man Fälle der Vorleistung, die mit Blick auf die kreditierte Leistung nicht in einem Geldkredit bestehen.[6] Dies meint z.B. den entgeltlichen Zahlungsaufschub zwischen einem Unternehmer und einem Verbraucher, etwa in der Form eines Teilzahlungsgeschäftes, § 506 Abs. 3 BGB. Obwohl der Vertragsge-genstand in der Lieferung einer Sache oder in der Erbringung einer Dienstleistung bestehen mag, finden bei der Vereinbarung von Teilzahlungen („Ratenzahlung") konsequenterweise die Vorschriften des Verbraucherdarlehensvertrags Anwendung. Grund hierfür ist, dass die Verbraucherkreditrichtlinie 2008 in Art. 3 lit. c für die Qualifikation als Kreditvertrag nicht zwischen Geld- und Vorleistungskredit unter-scheidet.[7]

Aber auch im Online-Handel räumt der Unternehmer dem Verbraucher bei wirtschaftlicher Betrachtung regelmäßig einen Kredit durch Vorleistung ein, ohne dass ein Ratenkauf vorliegen muss. Bei der häufig gewählten Zahlungsart „Kauf auf Rechnung" liefert der Unternehmer dem Verbraucher die Ware ebenfalls im Ver-trauen auf die Kaufpreiszahlung. Mag man die Frage der Erforderlichkeit der Gläubigervorleistung aufwerfen, ist anzuerkennen, dass es im Konkurrenzkampf mit anderen Marktteilnehmern einen Wettbewerbsvorteil darstellt, Waren aus Ver-brauchersicht schneller, einfacher und zunächst „kostenlos" zu liefern. Einen An-spruch auf die Vorleistung des Unternehmers hat der Verbraucher nicht. Die somit nicht selbstverständliche Einräumung eines Vorleistungskredits ist unabhängig von der eigentlichen Hauptleistungspflicht bereits eine eigene Dienstleistung, die aus Unternehmersicht einen entscheidenden Wettbewerbsvorteil begründen kann

---

[5] Kündigt der Darlehensnehmer das Darlehen außerordentlich, trifft ihn gem. § 490 Abs. 2 Satz 3 BGB die Pflicht zur Vorfälligkeitsentschädigung, also den Ersatz des infolge der Kündigung entstandenen Schadens; zur Berechnung MünchKomm-BGB/*K. P. Berger*, § 490 Rn. 33 ff.; das Gleiche kann im Falle eines Allgemein-Verbraucherdarlehens gelten, wenn der Kreditnehmer vorzeitig erfüllt, § 502 Abs. 1 BGB, siehe *Jungmann*, BKR 2020, 629.

[6] Ellenberger/Bunte/*Ganter*, Bankrechts-Hbd., § 69 Rn. 4.

[7] Sog. Einheitskonzeption des Kreditbegriffs, MünchKomm-BGB/*Weber*, § 506 Rn. 1; Schulze/*Wiese*, BGB § 506 Rn. 1.

(„*credit as a service*").[8] In diese Kategorie fallen auch Anbieter, die unentgeltlich eine spätere Zahlung ermöglichen (*buy now, pay later*). Auch hier muss der Kreditgeber vor Vertragsschluss überlegen, welche Zahlungsoption er dem Verbraucher eröffnet und ob er einen Vertrauensvorschuss gewährt.

3. Dauerschuldverhältnisse

Der Kreditbegriff kann bei vertrauensbezogener Betrachtungsweise noch weitergedacht werden. Im Rahmen eines Dauerschuldverhältnisses verpflichtet sich der Gläubiger, über einen längeren Zeitraum wiederkehrend Leistungen in dem Vertrauen zu erbringen, dass auch der Schuldner seine Vertragspflichten vereinbarungsgemäß erfüllen wird. Beispiele hierfür sind Wohnraummmiet-[9], Stromlieferungs- und Mobilfunkverträge.[10] Dass das Vertrauen in den wiederkehrenden Erhalt der Gegenleistung bei gleichzeitiger Verpflichtung zur Leistungserbringung auch hier eine zentrale Rolle spielt, wird insbesondere unter Einbezug der gesetzlichen Kündigungsfristen deutlich. So darf ein Vermieter das Mietverhältnis u. a. erst dann außerordentlich kündigen, wenn der Mieter für zwei aufeinander folgende Termine in Zahlungsverzug geraten ist, § 543 Abs. 2 Satz 1 Nr. 3 lit. a BGB. Dass eine vorvertragliche Bonitätsprüfung einhergehend mit einer SCHUFA-Auskunft auch in diesen Konstellationen die Regel ist, zeugt von der Notwendigkeit einer Vertrauensinvestition bei dem Abschluss von Dauerschuldverhältnissen. Auch in diesen Fällen stellt sich der risikotragende Gläubiger vor Vertragsschluss die Frage über das Vertrauen in die Person des Schuldners.[11]

II. Der kreditwürdige Verbraucher

Die Abwägung, ob und inwiefern sich die gewinnbringende Überlassung der Kaufkraft gegenüber dem Ausfallrisiko des Kreditnehmers lohnt, erfolgt durch die Prüfung der Kreditwürdigkeit. Was unter Kreditwürdigkeit zu verstehen ist, ist allerdings nicht klar umrissen.[12] Im Grundsatz wird hiermit die Wahrscheinlichkeit

---

[8] So wählten Verbraucher im Online-Handel 2020 in drei von zehn Fällen den „Kauf auf Rechnung" als Zahlungsart. Bei jedem zehnten Geschäft wurde mit Kreditkarte gezahlt und nur in 2 % der Fälle wurde Ratenzahlung vereinbart, EHI Retail Institute, Online-Payment 2021, S. 24.

[9] Mangels Erwerbsabsicht sind Mietverträge aber gerade nicht Gegenstand eines Kreditvertrages im Sinne der CCD, Art. 2 Abs. 2 lit. d, RegE, BT-Drs. 16/11643, S. 92.

[10] *Thomas*, Consumer Credit Models, S. 9 f.

[11] Ausnahmen bestehen bei Kontrahierungspflichten, siehe z. B. für die Energieversorgung § 17 Abs. 1 Satz 1 Energiewirtschaftsgesetz.

[12] *Barocas/Selbst*, 104 California Law Review 2016, 671 (679); *Hurley/Adebayo*, 18 Yale Journal of Law & Technology (2016), 148 (172).

bezeichnet, mit der ein Verbraucher seine Zahlungspflichten im Rahmen eines Vertrages mit kreditorischen Elementen erfüllen wird.[13]

Einigkeit besteht zumindest darin, welche Faktoren die Kreditwürdigkeit grundsätzlich bestimmen können: Einerseits setzt Kreditwürdigkeit voraus, dass der Kreditinteressent im Zeitpunkt des Kreditantrages wirtschaftlich dazu in der Lage ist und auch für die Dauer des Kreditvertrages sein wird, seine vertragliche Leistungspflicht zu erfüllen. Hierunter versteht man die Zahlungsfähigkeit.[14] Andererseits sind nichtfinanzielle Eigenschaften entscheidend, insbesondere ob der Kreditinteressent subjektiv tatsächlich seiner Rückzahlungsverpflichtung nachkommen will. Dies bezeichnet die Zahlungswilligkeit.[15] Der Kreditgeber wird daher in Erfahrung bringen wollen, ob der Kreditinteressent die Kreditsumme nicht nur zurückzahlen *kann*, sondern dies auch *wird*.[16]

Die Prognose über eine vertragsgemäße Rückzahlung basiert auf Umständen aus der Vergangenheit und der Gegenwart. In den USA hatte sich im 19. Jahrhundert in diesem Zusammenhang der Begriff der *three Cs* etabliert: *capital*, *capacity* und *character*.[17] Die Bewertung der aktuellen Vermögenslage (*capital*) sowie der Fähigkeit, in Zukunft Vermögen zu generieren (*capacity*), lässt sich bei Verbrauchern durch Bereitstellung der einschlägigen Finanzinformationen in Abhängigkeit zu den gewünschten Darlehenskonditionen und dem allgemeinen Marktniveau vergleichsweise leicht erfassen, denn der maximale Darlehnsbetrag kann anhand der Liquidität des Verbrauchers und des allgemeinen Marktzinsniveaus berechnet werden.[18]

Die Offenbarung des *character* gestaltet sich indes schwieriger.[19] Dies gilt umso mehr bei Entscheidungen, die schnell und ohne zusätzlichen Aufwand getroffen werden müssen, um die Abschlusskosten gering zu halten, z.B. Teilzahlungsgeschäfte, Kauf auf Rechnung oder im Falle einer unzureichenden Geschäftsbeziehung wie bei bankfremden Kunden oder Online-Krediten, bei denen überhaupt kein

---

[13] Vgl. RegE, BT-Drs. 16/11643, S. 96.

[14] *Groth*, Der Schweizer Treuhänder 1999, 945 (946): Kreditfähigkeit; *Hoeren*, in: SCHUFA Grundlagenschrift, S. 63 (66): sachliche Kreditwürdigkeit.

[15] Die Wohnimmobilienkreditrichtlinie RL 2014/17/EU spricht auch von der „Neigung" des Kreditnehmers, den Kredit zurückzuzahlen, Erwg. (55) Satz 1; vgl. *Groth*, Der Schweizer Treuhänder 1999, 945 (946): Kreditwürdigkeit; *Hoeren*, in: SCHUFA Grundlagenschrift, S. 63 (66): persönliche Kreditwürdigkeit.

[16] *Lauer*, Creditworthy, S. 19.

[17] *Lauer*, Creditworthy, S. 20; bereits *Durand*, Risk Elements in Consumer Instalment Financing, S. 44; teilweise wird dies um mögliche Kreditsicherheiten des Kreditnehmers (*collateral*) und die jeweiligen Marktbedingungen (*condition*) erweitert, *Dastile/Celik/Potsane*, 91 Applied Soft Computing Journal (2020), 106263, 1.

[18] *Gischer/Herz/Menkhoff*, Geld, Kredit und Banken, S. 143.

[19] *Adolff/Langenbucher*, in: FS Krieger 2020, S. 1 (3); *Rosenblatt*, Credit Data and Scoring, S. 1.

persönliches Gespräch stattfindet.[20] Obwohl ein integraler Bestandteil der Kreditwürdigkeit, konterkariert die Anonymität des Massengeschäfts die Bedeutung des *character* als Determinante für das Ausfallrisiko. Die Vertrauenswürdigkeit des Kreditnehmers ist aber ein wichtiges Signal für die Kreditgewährung.[21] Dort, wo *character* schwer zu erfassen ist, substituieren[22] all solche Informationen seine Beurteilung, die Rückschlüsse auf die Zahlungswilligkeit in der Vergangenheit zulassen.[23] Das prominenteste Beispiel ist die Kredithistorie.

III. Funktion des Kreditzinses am Beispiel des Darlehensvertrages

Eine kreditgebende Bank ist verpflichtet, dem Kreditnehmer den vertraglich vereinbarten Geldbetrag zur Verfügung zu stellen, § 488 Abs. 1 Satz 1 BGB. Da die kreditgebende Bank einen Teil ihrer Kaufkraft für die Dauer des Kreditvertrages an den Kreditnehmer überlässt, fordert sie im Gegenzug ein Entgelt, welches sich in dem Kreditzins niederschlägt.[24] Dieser Umstand entspricht der wirtschaftlichen Realität, die der Gesetzgeber seit der Schuldrechtsmodernisierung als den Regelfall anerkennt, § 488 Abs. 1 Satz 2 BGB.[25] Bei riskanteren Krediten, worunter solche mit höherem Ausfallrisiko gehören, hat die Bank, die den IRB-Ansatz anwendet, aufgrund der risikobasierten Vorgaben der CRR mehr Eigenkapital zu unterlegen, weshalb sich dieser Kredit im Verhältnis zu risikoärmeren Krediten verteuert und die Bank ein höheres Entgelt zur Finanzierung ihrer Risikobereitschaft einfordert.[26] Die Einstufung eines „guten" (risikoarmen) oder „schlechten" (risikoreichen) Darlehensnehmers spiegelt sich somit grundsätzlich in den angebotenen Vertragskonditionen, insbesondere in der Höhe des Zinses, wider[27].[28] Während die wirtschaftliche

---

[20] *Hoeren*, RDV 2007, 93 (97).

[21] *Mellerowicz/Jonas*, Bestimmungsfaktoren der Kreditfähigkeit, S. 15 ff.; World Bank Group, Credit Reporting Knowledge Guide 2019, S. 4: *„reputational collateral"*.

[22] *Lauer*, Creditworthy, S. 22: *„character has not been removed from credit evaluation; it has been displaced by the more palatable language of risk"*.

[23] Vgl. *Durand*, Risk Elements in Consumer Instalment Financing, S. 2; *Adolff/Langenbucher*, in: FS Krieger 2020, S. 1 (3); *Kamp/Weichert*, Scoringsysteme zur Beurteilung der Kreditwürdigkeit, S. 51; vgl. auch *Lauer*, Creditworthy, S. 20, der die Kreditwürdigkeitsprüfung als *„moral judgment"* betitelt; a. A. *Rosenblatt*, Credit Data and Scoring, S. 6: *„scores really do not care […] about character"*.

[24] *Borchert*, Geld und Kredit, S. 38; *Gischer/Herz/Menkhoff*, Geld, Kredit und Banken, S. 88.

[25] BT-Drs. 14/6040, S. 253.

[26] *Wohlschlägl-Aschberger*, Bankgeschäft und Finanzmarkt, S. 70 f.: Wegen des Erfordernisses der Eigenmittelunterlegung gilt grundsätzlich, dass der Kreditzins umso höher ist je geringer die Kreditwürdigkeit.

[27] Ist das Kreditausfallrisiko unbekannt, ist dagegen auch der Zins gehaltlos, *Schmidt/ Terberger*, Grundzüge der Investitions- und Finanzierungstheorie, S. 422.

[28] *Eschholz/Djabbarpour*, in: Hoeren/Kolany-Raiser, Big Data in Context, S. 63 (63); *Schmidt/Terberger*, Grundzüge der Investitions- und Finanzierungstheorie, S. 413.

Grenze in der persönlichen Risikobereitschaft des Kreditgebers zum Ausdruck kommt, liegt die zivilrechtliche Grenze für den Vertragsschluss bei Wucherzinsen (§ 138 BGB).[29]

IV. Interessen des Kreditgebers

Zu dem originären Interesse eines jeden Kreditgebers gehört es, dass der vergebene Kredit zurückgezahlt wird, vgl. § 488 Abs. 1 Satz 2 BGB.[30] Das Vertrauen in den Erhalt der Gegenleistung kann jedoch durch Kreditrisiken gestört werden. Diese bestehen darin, dass der Darlehensnehmer nicht rechtzeitig (Liquiditätsrisiko) oder nicht vollumfänglich (Verlustrisiko) leistet.[31] In beiden Fällen hat sich das Kreditausfallrisiko realisiert. Je geringer die Bonität, desto höhere Kosten können für den Kreditgeber entstehen.[32] Daher wird der Kreditgeber solche Informationen über den Kreditnehmer einholen wollen, die eine sachgerechte Einschätzung darüber zulassen, mit welcher Wahrscheinlichkeit und in welcher Höhe die Rückzahlungen ausfallen könnten.[33]

Der Kreditgeber wird mithin aus eigenem Interesse abwägen wollen, ob sich das Investitionsrisiko gegenüber dem Kreditausfallrisiko lohnt.[34] Diese Abwägung erfolgt durch die Prüfung der Kreditwürdigkeit des Kreditsuchenden, um dessen künftiges Zahlungsverhalten prognostizieren zu können. Selbstredend ist dabei, dass diese Prognose kein mit an Sicherheit grenzender Wahrscheinlichkeit eintretendes Ereignis zur Folge hat.[35] Das tatsächliche Zahlungsverhalten kann trotz noch so aufwendiger Kreditwürdigkeitsprüfung positiv wie negativ von der Vorhersage abweichen. Das Rückzahlungsverhalten des Kreditnehmers ist nur eine Erwartungshaltung des Kreditgebers.[36]

---

[29] Für gewöhnlich liegt ein „auffälliges Missverhältnis" gem. § 138 Abs. 2 BGB vor, wenn der Kreditzins doppelt so hoch wie der marktübliche Zins liegt, BGHZ 104, 102 (105); hierzu *Reifner*, BKR 2021, 409; in Zeiten von Niedrigzinsen siehe die Modelle bei *Neuberger*, VuR 2021, 403.

[30] In Abgrenzung zur Schenkung bezieht sich der kongruente Rechtsbindungswille bei einem Darlehensvertrag auch ohne Zinsvereinbarung auf die Rückzahlung des zur Verfügung gestellten Geldbetrages, vgl. MünchKomm-BGB/*K. P. Berger*, Vor § 488 Rn. 24.

[31] *Griesbeck*, Neue Kreditwürdigkeitsprüfung für eine Neue Welt, S. 31; *Keysberg*, Die Anwendung der Diskriminanzanalyse zur statistischen Kreditwürdigkeitsprüfung im Konsumentenkreditgeschäft, S. 10.

[32] Für Banken insbesondere durch Steigerung der Eigenkapital- und Risikokosten, vgl. Bankenfachverband, Jahresbericht 2004/2005, S. 15.

[33] *Schmidt/Terberger*, Grundzüge der Investitions- und Finanzierungstheorie, S. 413.

[34] *Gischer/Herz/Menkhoff*, Geld, Kredit und Banken, S. 131; Ellenberger/Bunte/*Fischer/Boegl*, Bankrechts-Hbd., § 115 Rn. 59.

[35] *Füser*, Intelligentes Scoring und Rating, S. 52.

[36] Vgl. *Gischer/Herz/Menkhoff*, Geld, Kredit und Banken, S. 130.

Bei der Anstellung dieser Prognose können dem Kreditgeber zwei wesentliche Fehler unterlaufen: Entweder schätzt er den Kreditinteressenten als kreditwürdig ein, der Kredit wird aber später nicht oder nicht vollständig zurückbezahlt („Alpha-Fehler"). Oder der Kreditgeber hält den Kreditinteressenten für nicht kreditwürdig, obwohl dieser tatsächlich in der Lage und bereit gewesen wäre, den Kredit zurückzuzahlen („Beta-Fehler").[37] Beide Fehler gilt es zu minimieren, damit möglichst trennscharf beurteilt werden kann, an wen ein Kredit vergeben wird.[38] Hieraus ergibt sich das Interesse des Kreditgebers an einer wirtschaftlich effizienten Kreditvergabe und damit an der risikoadäquaten Beurteilung einer Investitionsentscheidung. Je niedriger die Kredithöhe und die damit einhergehende Gewinn- oder Verlusterwartung, desto weniger Aufwand wird der Kreditgeber für die Kreditwürdigkeitsprüfung betreiben wollen.

V. Interessen des Kreditnehmers

Der Kreditnehmer möchte einen bestimmten Geldbetrag für einen bestimmten Zeitraum zur Verfügung gestellt bekommen, vgl. § 488 Abs. 1 Satz 1 BGB. Die kreditgebende Bank wird neben der Tilgung des Kredits als Gegenleistung Zinsen vereinbaren wollen.[39] Da die Zinsen nach der ökonomischen Risikonormierungshypothese[40] das Risiko der Investition zu einem gewissen Grade im Sinne einer „Risikoprämie" darstellen, möchte der Kreditnehmer diese anfallenden Kosten möglichst geringhalten. Der Kreditnehmer will daher kein schlechtes Bild über sich selbst abgeben, um höhere Zinsen vermeiden zu können. Infolgedessen würde er nicht über Mahnungen, Zahlungsausfälle, nicht beglichene Schulden oder eine Insolvenz informieren, da er sich mit höheren Kreditkosten selbst schaden würde. Der Kreditsuchende hat daher einen Anreiz, nur solche Informationen mit dem Kreditgeber zu teilen, die seine Kreditwürdigkeit in ein positives Licht setzen würden.[41] Insofern könnte der Kreditnehmer bestimmte Informationen zurückhalten wollen (*„hidden information"*).[42]

Andererseits besteht ein Interesse des Kreditnehmers darin, dass sachfremde Erwägungen zumindest keinen negativen Einfluss auf die Kreditvergabeentscheidung haben. Demzufolge hat der Kreditnehmer auch ein Interesse an einer Kreditvergabeentscheidung, die zumindest nicht ungerechtfertigt diskriminiert. Zuletzt

---

[37] *Habschick/Evers/Jung*, Auswirkungen von BASEL II für Verbraucher, S. 17; *Füser*, Intelligentes Scoring und Rating, S. 39 ff.; *Schröder et al.*, in: Schröder/Taeger, Scoring im Fokus, S. 8 (37).

[38] *Schröder et al.*, in: Schröder/Taeger, Scoring im Fokus, S. 8 (38).

[39] *Schmidt/Terberger*, Grundzüge der Investitions- und Finanzierungstheorie, S. 412.

[40] Dazu *Hartmann-Wendels/Pfingsten/Weber*, Bankbetriebslehre, S. 274 f.

[41] *Schmidt/Terberger*, Grundzüge der Investitions- und Finanzierungstheorie, S. 414; *Hartmann-Wendels/Pfingsten/Weber*, Bankbetriebslehre, S. 94.

[42] Hierzu § 2, A.VI.1., S. 43.

wird ein Kreditnehmer nur solche Kredite erhalten wollen, zu deren Tilgung er objektiv in der Lage sein wird, da eine Überschuldung aufgrund der sozialen und rechtlichen Folgen nicht in seinem Interesse ist. Hieraus folgen verbraucherschützende Elemente einer transparenten Gestaltung der Vertragskonditionen sowie ein Überschuldungsschutz.[43]

VI. Asymmetrische Informationsverteilung

Zu klären bleibt mithin die Grundsatzfrage, wie „gute" von „schlechten" Kreditnehmern zu unterscheiden sein sollen. Eine zentrale Rolle spielt hierbei die Verteilung von Informationen. Nach den modernen Finanzierungstheorien streben Wirtschaftssubjekte grundsätzlich das Ziel an, ihren eigenen Nutzen zu maximieren.[44] Kreditgeber und Kreditnehmer haben etwa mit Blick auf den Kreditzins unterschiedliche Interessen, die sie zu ihren Gunsten bestmöglich durchgesetzt sehen wollen. In einer idealen Situation, wie sie die neoklassische Finanzierungstheorie skizziert, ließen sich die genannten Interessen der Kreditvertragsparteien leicht ausgleichen, denn diese Theorie basiert auf dem Gedanken eines vollkommenen und vollständigen Marktes mit kostenlosem Informationszugang.[45] Hierunter versteht sie, dass die Preisgestaltung für alle Marktteilnehmer jederzeit gleich ausfällt und beliebige Zahlungsströme jederzeit durchführbar sind.[46] Die Kreditvertragsparteien hätten demnach von allen Umständen Kenntnis, sodass keine zusätzlichen Transaktionskosten entstünden. Der Kreditgeber würde die Kreditwürdigkeit des Kreditnehmers kennen und hätte bloß die Investitionsentscheidung zu treffen.[47] Dies ist die sog. First-Best-Lösung.[48]

Realiter sind die Informationen am Markt nicht symmetrisch verteilt und Transaktionen folglich nicht ohne zusätzliche Kosten zu vereinbaren und abzuwickeln.[49] Stattdessen, so der neoinstitutionelle Ansatz, herrscht eine asymmetrische Informationsverteilung am Markt. Dies bezeichnet einen Zustand, bei dem zumindest eine Vertragspartei einen Informationsvorsprung besitzt und die andere Vertragspartei hiermit rechnen muss.[50] Die in der Folge der asymmetrischen Informa-

---

[43] Vgl. *Aggarwal*, 80 CLJ (2021), 42 (49), wonach die Bezahlbarkeit (*affordability*) ein normatives Ziel der Kreditwürdigkeit ist.

[44] *Schmidt/Terberger*, Grundzüge der Investitions- und Finanzierungstheorie, S. 40, 390.

[45] *Perridon/Steiner/Rathgeber*, Finanzwirtschaft der Unternehmung, S. 636.

[46] *Schmidt/Terberger*, Grundzüge der Investitions- und Finanzierungstheorie, S. 57; vgl. *Stiglitz/Weiss*, 71 The American Economic Review (1981), 393 (393).

[47] *Stiglitz/Weiss*, 71 The American Economic Review (1981), 393 (393 f.).

[48] *Hartmann-Wendels/Pfingsten/Weber*, Bankbetriebslehre, S. 94.

[49] *Schmidt/Terberger*, Grundzüge der Investitions- und Finanzierungstheorie, S. 399.

[50] Im Gegensatz zur symmetrischen Informationsverteilung, bei der jede Vertragspartei über die Gegenleistung ebenso gut Bescheid weiß, wie über ihre eigene Leistung, *Schmidt/*

tionen entstehenden Verträge werden als sog. Second-Best-Lösungen bezeichnet.[51] Die Differenz zu den Kosten der First-Best-Lösungen sind die Kosten der asymmetrischen Information (*deadweight loss* – Wohlfahrtsverlust).[52]

1. Informationsvorsprung des Kreditnehmers

Da bei einem Kredit nicht fraglich sein wird, ob die Bank über das bereitzustellende Kapital verfügt, liegt der Informationsvorsprung bei dem Kreditnehmer[53]. Nicht nur kann dieser besser einschätzen, wie sich sein Gehalt künftig entwickeln wird. Er weiß auch mehr über seine Lebensumstände und sein persönliches Konsumverhalten. Diese asymmetrische Verteilung von Informationen gilt umso mehr bei unbekannten Kreditantragstellern, mit denen der Kreditgeber bislang keinerlei Geschäftsbeziehung führte und die für ihn ein „unbeschriebenes Blatt" darstellen.

Der Kreditgeber sieht sich daher vor dem Vertragsschluss der Unsicherheit über die Qualität des Kreditnehmers ausgesetzt, da er die Tatsachen, die die Kreditwürdigkeit des potenziellen Kreditnehmers begründen mögen, zunächst nicht vollumfänglich einschätzen kann. Der Kreditgeber könnte zwar pauschal Kredite vergeben und so das Risiko streuen. Dies wäre angesichts der Kapitalbereitstellung und der damit einhergehenden Risiken eines Totalverlustes jedoch irrational. Er könnte stattdessen ausschließlich in die durch den Kreditnehmer bereitgestellten Informationen vertrauen und auf dieser Grundlage eine Kreditentscheidung treffen. Aus dem Umstand, dass der Kreditnehmer mit dem Ziel eines für ihn günstigen Kredites ein bestmögliches Bild präsentieren möchte, resultiert indes, dass der Kreditgeber nicht ausschließlich auf die Informationen des Kreditantragstellers vertrauen kann.[54] Der Kreditnehmer wird zur Verbesserung seiner Verhandlungsposition nur an der Teilung der für ihn positiven Informationen interessiert sein. Die Glaubwürdigkeit seiner Angaben ist damit beeinträchtigt.[55] Der Kreditnehmer verfügt unter Umständen über zurückgehaltene Informationen (*hidden information*),[56] die einen Einfluss auf die Kreditentscheidung haben können und die der Kreditgeber für eine objektive bzw. seine Verhandlungsposition stützende Beurteilung der Kreditwürdigkeit benötigt. Die Beschaffung geeigneter Informationen verursacht aus Sicht des Kreditgebers

---

Terberger, Grundzüge der Investitions- und Finanzierungstheorie, S. 391; *Perridon/Steiner/ Rathgeber*, Finanzwirtschaft der Unternehmung, S. 636 ff.

[51] *Hartmann-Wendels/Pfingsten/Weber*, Bankbetriebslehre, S. 94.

[52] *Hartmann-Wendels/Pfingsten/Weber*, Bankbetriebslehre, S. 94.

[53] *Cosci*, Credit Rationing and Asymmetric Information, S. 3; *Hartmann-Wendels/Pfingsten/Weber*, Bankbetriebslehre, S. 84.

[54] Siehe oben § 2, A.V., S. 41.

[55] *Schmidt/Terberger*, Grundzüge der Investitions- und Finanzierungstheorie, S. 414; *Hartmann-Wendels/Pfingsten/Weber*, Bankbetriebslehre, S. 94.

[56] Vgl. *Hartmann-Wendels/Pfingsten/Weber*, Bankbetriebslehre, S. 95; *Perridon/Steiner/ Rathgeber*, Finanzwirtschaft der Unternehmung, S. 638.

Kosten, da er diese Informationen entweder selbst zu erforschen oder bei anderen Marktteilnehmern einzuholen hat.[57]

Wegen der Verursachung dieser Transaktionskosten und der aufgezeigten gegenläufigen Interessenlage der Kreditvertragsparteien sind die Merkmale einer Prinzipal-Agent-Beziehung erfüllt.[58] Eine solche liegt vor, wenn das Wohlergehen einer Partei (Prinzipal) von Handlungen einer anderen Partei (Agent) abhängig ist.[59] Zwar scheint es im Rahmen eines Kreditvertrages auf den ersten Blick an der typischen Delegation der Entscheidungsmacht durch den Kreditgeber (Prinzipal) an den Kreditnehmer (Agent) in der Form eines Auftragsverhältnisses zu fehlen.[60] Der Kreditgeber vergibt den Kredit aber nicht aus wohlwollendem Altruismus, sondern um das ihm vorhandene Kapital gewinnbringend einzusetzen. Zu diesem Zweck trifft er die Investitionsentscheidung in die Person des Kreditnehmers. Der Kreditnehmer soll entsprechend einen „Gewinnerzielungsauftrag" ausführen und die versprochenen Rückzahlungsansprüche zuzüglich Zinsen bedienen. Ökonomisch handelt der Kreditnehmer daher „auf Rechnung" des Kreditgebers.[61] Das Wohlergehen des Kreditgebers hängt nach der Kreditvergabe somit von den Handlungen des Kreditnehmers ab, denn sein Verhalten beeinflusst maßgeblich das Kreditausfallrisiko.[62]

2. Kreditrationierung infolge adverser Selektion

Eine ungleiche Informationsverteilung vor Vertragsschluss kann zu einer Negativauslese beitragen (*adverse selection*),[63] welche zur Verdrängung der qualitativ besseren Marktteilnehmer und damit letztlich zu einem Marktversagen führen kann.[64] Diese Idee beruht im Wesentlichen auf *Akerlofs „The Market for „Lemons' "*.[65] Am Beispiel des Gebrauchtwagenmarktes schilderte er, dass der Verkäufer die Qualität seines Autos kennt, der Käufer hingegen nur mit einer gewissen Wahr-

---

[57] *Hartmann-Wendels/Pfingsten/Weber*, Bankbetriebslehre, S. 106 f.

[58] Vgl. dazu *Perridon/Steiner/Rathgeber*, Finanzwirtschaft der Unternehmung, S. 637 f.

[59] *Armour/Hansmann/Kraakman*, in: Kraakman et al., The Anatomy of Corporate Law, S. 29 (29).

[60] Vgl. zur Konstellation *Perridon/Steiner/Rathgeber*, Finanzwirtschaft der Unternehmung, S. 637 f.; *Fleischer*, Informationsasymmetrie im Vertragsrecht, S. 138 ff.: alle entgeltlichen Geschäftsbesorgungsverträge.

[61] *Schmidt/Terberger*, Grundzüge der Investitions- und Finanzierungstheorie, S. 415.

[62] Zu dem hieraus folgenden Problem des „*moral hazard*" nach Vertragsschluss *Schmidt/ Terberger*, Grundzüge der Investitions- und Finanzierungstheorie, S. 415 ff.; *Perridon/Steiner/ Rathgeber*, Finanzwirtschaft der Unternehmung, S. 644.

[63] Instruktiv *Akerlof*, 84 The Quarterly Journal of Economics (1970), 488 (489 f.); auch Risiken nach Vertragsschluss (*moral hazard*), die hier nicht berücksichtigt werden, können zur Kreditrationierung führen, *Gontermann*, Die realwirtschaftliche Bedeutung von Banken, S. 84 ff., 87 ff.

[64] *Perridon/Steiner/Rathgeber*, Finanzwirtschaft der Unternehmung, S. 640 ff.; *Schmidt/ Terberger*, Grundzüge der Investitions- und Finanzierungstheorie, S. 68.

[65] *Akerlof*, 84 The Quarterly Journal of Economics (1970), 488.

scheinlichkeit die Qualität des Autos vermuten kann. Hierbei wird der Kaufpreis ein wichtiger Indikator für den Käufer sein. Wenn der Käufer den tatsächlichen Wert des Autos und infolgedessen auch den Kaufpreis aber nicht beurteilen kann, würden sog. *Lemons*[66] die qualitativ besseren Autos vom Markt verdrängen, da beide Kategorien zum gleichen Preis gehandelt werden würden.[67] Der rationale Käufer, der die tatsächliche Qualität nicht kennt, aber eine durchschnittliche vermutet, würde zu einem für diese Qualität durchschnittlichen Marktpreis kaufen. Der Verkäufer eines qualitativ besseren Autos würde hingegen nicht „unter Wert" verkaufen wollen. Er würde das Auto somit entweder teurer anbieten oder gar nicht erst verkaufen können und sich alsbald vom Markt zurückziehen.[68] So würden die qualitativ besseren Autos stückweise vom Markt verdrängt werden, was im Extremfall zu einem Marktversagen führen würde.

Auf die Kreditvergabe bezogen mag man aus Sicht eines Kreditgebers zunächst gleichfalls überlegen, den Kreditzins zur Bedienung der Nachfrage zu erhöhen, um die Kreditschuldner anzuziehen, die diese Konditionen erfüllen können. Der Kreditgeber, der zur Bedienung einer erhöhten Kreditnachfrage parallel eine Zinserhöhung vornimmt und damit scheinbar gewinnmaximierend handelt, würde aber ab einem gewissen Zinssatz nur schlechte Kreditnehmer anziehen. Die guten Kreditnehmer würden – so wie die Verkäufer der qualitativ besseren Autos – dem Angebot ab einer bestimmten Zinshöhe fernbleiben.[69] Eine Zinserhöhung zur Bedienung der erhöhten Nachfrage würde die guten Kreditnehmer mithin vom Markt räumen.[70] Höhere Zinsen ziehen somit riskantere Kreditnehmer an.[71] Die Folge wäre eine adverse Selektion. Daraufhin stiege das Portfoliorisiko des Kreditgebers durch eine Zunahme an riskanteren Kreditschuldnern, sodass gerade keine Gewinnmaximierung vorläge. Umgekehrt würde der rationale Kreditgeber sein Kapital zu niedrigeren Zinsen in Anbetracht des höheren Ausfallsrisikos nicht an riskante Kreditschuldner vergeben, da er effizientere Allokationen vornehmen könnte. Der Kreditgeber muss sich somit eine andere Methode überlegen, mit der er gute Kreditnehmer identifizieren kann.

---

[66] Unter „Lemons" versteht man in den USA Autos minderwertiger Qualität (zu deutsch „Montagsautos").

[67] *Akerlof*, 84 The Quarterly Journal of Economics (1970), 488 (489 f.)

[68] *Hartmann-Wendels/Pfingsten/Weber*, Bankbetriebslehre, S. 97.

[69] *Stiglitz/Weiss*, 71 The American Economic Review (1981), 393 (393); *Cosci*, Credit Rationing and Asymmetric Information, S. 29, 112 f.; *Schmidt/Terberger*, Grundzüge der Investitions- und Finanzierungstheorie, S. 423; vgl. auch die graphische Darstellung bei *Hartmann-Wendels/Pfingsten/Weber*, Bankbetriebslehre, S. 139.

[70] *Gontermann*, Die realwirtschaftliche Bedeutung von Banken, S. 78; *Schmidt/Terberger*, Grundzüge der Investitions- und Finanzierungstheorie, S. 423.

[71] *Stiglitz/Weiss*, 71 The American Economic Review (1981), 393 (393).

Dieser Grundproblematik wirkt das vorhandene Kreditvolumen als bestimmender Faktor für den Preis der Kreditvergabe entgegen.[72] Infolge asymmetrischer Informationsverteilung, also weil der Kreditgeber nicht zur Differenzierung zwischen „gut" und „schlecht" in der Lage ist, kann eine Kreditrationierung stattfinden.[73] Das bedeutet, dass entweder alle Antragsteller den Kredit nicht in gewünschter Höhe erhalten (Teilrationierung) oder dass manche Kreditanträge abgelehnt werden, obwohl der Kreditgeber mit vergleichbaren Kreditschuldnern kontrahiert und der Antragsteller sogar zur Zahlung eines höheren Zinses bereit wäre (Vollrationierung).[74] Gerade weil der Kreditgeber den „guten" Kreditnehmer infolge der Informationsasymmetrie nicht klar benennen kann, kann dies dazu führen, dass eine eigentlich kreditwürdige Person von der Rationierung betroffen ist (Beta-Fehler[75] oder sog. *invisible prime*[76]).[77]

3. Kreditscoring als Instrument zum standardisierten Abbau von Informationsasymmetrien

Die beschriebenen Kosten infolge asymmetrischer Informationsverteilung können durch den Abbau ebendieser verringert werden. Nicht nur mögen mehr Informationen über den Kreditantragsteller die Risiko- und Transaktionskosten vermindern. Auch können sie den Kredit für beide Parteien vergünstigen und dadurch die Effekte adverser Selektion reduzieren.[78] Informationen wirken damit als wirtschaftlicher Produktionsfaktor für den Kreditvertrag.[79]

Die Überwindung der Informationsasymmetrie kann gelingen, indem der Kreditnehmer selbst seine Geeignetheit als guten Schuldner aufzeigt (*Signaling*) oder der Kreditgeber geeignete Informationen über den Kreditnehmer einholt (*Screening*).[80] Ein Signal vorhandener Kreditwürdigkeit könnte beispielsweise das Anbieten einer

---

[72] Vgl. *Gischer/Herz/Menkhoff*, Geld, Kredit und Banken, S. 142; *Schmidt/Terberger*, Grundzüge der Investitions- und Finanzierungstheorie, S. 424 f.

[73] *Jaffee/Russel*, 90 The Quarterly Journal of Economics (1976), 651; *Stiglitz/Weiss*, 71 The American Economic Review (1981), 393; empirisch *Neuberger*, Kreditvergabe durch Banken, S. 151 ff.

[74] *Keeton*, Equilibrium Credit Rationing, S. 9; *Cosci*, Credit Rationing and Asymmetric Information, S. 8; *Gischer/Herz/Menkhoff*, Geld, Kredit und Banken, S. 141.

[75] Siehe oben § 2, A.IV., S. 41.

[76] *Di Maggio/Ratnadiwakara/Carmichael*, Invisible Primes, 2022.

[77] *Schmidt/Terberger*, Grundzüge der Investitions- und Finanzierungstheorie, S. 425.

[78] *Neuberger*, Kreditvergabe durch Banken, S. 55, 65.

[79] *Aigner/Sprenkle*, 23 Journal of Finance (1968), 151 (153); *Neuberger*, Kreditvergabe durch Banken, S. 65; siehe auch *Jentzsch*, Financial Privacy, S. 47 f.

[80] *Gischer/Herz/Menkhoff*, Geld, Kredit und Banken, S. 137.

Kreditsicherheit sein.[81] Gerade bei Kurzzeitkrediten mit geringen Kreditvolumina wird dies regelmäßig aber nicht relevant sein. Weitere Signale können Informationen sein, die der Kreditnehmer selbst hervorbringt. Da diese jedoch unter dem Vorbehalt eines positiven Selbstbildes stehen und nicht uneingeschränkt vertrauenswürdig sind,[82] kann dies zur Überwindung von Informationsasymmetrien nicht ausreichend sein.

Die im Rahmen der Kreditwürdigkeitsprüfung erfolgende Informationssuche durch den Kreditgeber stellt daher ein klassisches *Screening* dar[83] und dient der Überwindung vorvertraglicher Informationsasymmetrien und ihrer Effekte.[84] Entscheidend ist insofern, welche Informationen der Kreditgeber effizient einholen und verwerten kann, um die Kreditwürdigkeit des Kreditantragstellers adäquat beurteilen zu können. Neben der Reputation am Markt, die etwa eine Auskunftei offenbaren kann,[85] können die Signale darüber hinaus in glaubwürdigen Informationen bestehen, die einer objektiven Prüfung zugänglich und leicht verwertbar sind. Dementsprechend ist es von Vorteil, wenn der Kredit bei der Hausbank beantragt wird, weil in diesem Fall bereits wichtige, vertrauenswürdige Informationen vorliegen.[86] Zur weiteren Reduktion der Kosten ist ratsam, diese Informationen nicht individuell, sondern insbesondere für Massenverfahren wie bei Verbraucherkrediten standardisiert zu verarbeiten. Ein wichtiges Mittel zur effizienten Nutzung dieser Informationen stellt damit das hier zu untersuchende Kreditscoring dar, da es ein Instrument begründet, mithilfe dessen komplexe Sachverhalte auf das Wesentliche reduziert werden können.[87] Das Kreditscoring trägt damit dem Abbau von Informationsasymmetrien zwischen den Kreditvertragsparteien bei.[88]

---

[81] *Gischer/Herz/Menkhoff*, Geld, Kredit und Banken, S. 137 f.; *Fleischer*, Informationsasymmetrie im Vertragsrecht, S. 125; *Schmidt/Terberger*, Grundzüge der Investitions- und Finanzierungstheorie, S. 430.

[82] Siehe oben § 2, A.V., S. 41.

[83] *Fleischer*, Informationsasymmetrie im Vertragsrecht, S. 123 f.

[84] *Neuberger*, Kreditvergabe durch Banken, S. 65; empirisch am Beispiel Open Banking *Nam*, SAFE Working Paper No. 364.

[85] World Bank Group, Credit Reporting Knowledge Guide 2019, S. 4.

[86] *Hartmann-Wendels/Pfingsten/Weber*, Bankbetriebslehre, S. 145 ff.

[87] Siehe allgemein oben § 1, A.I., S. 26; *Schröder et al.*, in: Schröder/Taeger, Scoring im Fokus, S. 8 (11); daneben besteht als Möglichkeit der Selbstselektion (*self selection*) des Kreditnehmers. Hierbei bietet der Kreditgeber verschiedene Vertragsmodelle an, von denen sich der Kreditnehmer selbst einer Bonitätsklasse zuordnet und die entsprechende Vertragskonditionen wählt. Die Kosten für die Kreditwürdigkeitsprüfung werden damit auf den Kreditnehmer zugunsten seines Wissensvorsprungs um seine Bonität umverteilt, im Falle einer vertragsgemäßen Rückzahlung jedoch erstattet, *Fleischer*, Informationsasymmetrie im Vertragsrecht, S. 125; so wäre nur ein solcher Kreditnehmer zur Bereitstellung von mehreren Sicherheiten bereit, wenn er sicher ist, die Darlehnsschuld vertragsgemäß tilgen zu können, *Hartmann-Wendels/Pfingsten/Weber*, Bankbetriebslehre, S. 97 f.

[88] Da das Kreditscoring eine Berechnungsmethode ist, die auf einem mehr oder weniger komplexen statistischen Modell basiert, drohen insofern neue Informationsasymmetrien, wenn das Modell als Agent für den Kreditgeber Prognosen über die Ausfallwahrscheinlich-

4. Kostensenkung durch Delegation der Informationssuche

Erst mithilfe geeigneter Informationen kann Kreditscoring betrieben und über die Kreditvergabe entschieden werden. Zunächst hat daher ein Informationsaustausch stattzufinden, der dem Abbau der Informationsasymmetrie zwischen Kreditgeber und Kreditnehmer beiträgt. Da der Kreditgeber nicht ausschließlich auf die Informationen des Kreditnehmers vertrauen kann,[89] wird er selbst tätig werden und bestimmte Informationen eigenständig suchen wollen. Diese Suche kann je nach Intensität und Organisationsstruktur zeitaufwendig sein. Auf der Seite des Kreditgebers verursacht die Erlangung dieser Informationen Kosten (*search costs* – Informationskosten),[90] die infolge der Marktunvollkommenheit Teil der Transaktionskosten sind.[91] Dabei ergeben sich Unterschiede je nach Organisationsgrad der Kreditvergabe.

a) Einzelperson

Der als Einzelperson handelnde Kreditgeber würde persönlich recherchieren und möglichst viele geeignete Informationen über den Kreditnehmer in Erfahrung bringen. Er allein sucht die Informationen und bewertet diese. Er mag dazu Handelspartner oder andere private Gläubiger befragen, öffentliche Schuldnerverzeichnisse einsehen oder Empfehlungen einholen. Der Kreditgeber trifft zuletzt als Einzelperson nach Einholung und umfassender Prüfung der Informationen eine Kreditentscheidung.

b) Organisierte Kreditvergabe

Ist der Kreditgeber keine Einzelperson, sondern eine Bank, ist die Situation komplexer.[92] In Anlehnung an die herkömmliche bankinterne Trennung zwischen den Bereichen „Markt" und „Marktfolge" könnte der Prozess der Kreditentscheidung bankintern in einer Weise arbeitsteilig organisiert sein, dass Mitarbeiter A für die Informationssuche und die Abgabe einer Prognose über die Kreditausfallwahr-

---

keiten der Kreditnehmer anstellt. Je komplexer das Modell ausgestaltet ist, desto größer wird der Überwachungsaufwand für den Kreditgeber; siehe zu den Problemen in diesem Zusammenhang unten § 2, D. und E., S. 98 ff., 128 ff.

[89] Siehe zu den Interessen des Kreditnehmers oben § 2, A. V., S. 41.

[90] *Langenbucher*, ECGI Law Working Paper N° 663/2022; siehe auch sogleich historisch § 2, B.I., S. 52 ff.

[91] *Gischer/Herz/Menkhoff*, Geld, Kredit und Banken, S. 137.

[92] Zur Vereinfachung wird nicht auf die Thematik eingegangen, dass Banken selbst Intermediäre zur effizienten Kapitalallokation sind, *Hartmann-Wendels/Pfingsten/Weber*, Bankbetriebslehre, S. 10 ff.; Schwintowski/*Köhler*, Bankrecht, Kap. 5 Rn. 2 ff.

scheinlichkeit zuständig ist, während Mitarbeiter B auf dieser Grundlage über die Kreditvergabe entscheidet.[93]

Mitarbeiter A würde nur dann eine unmittelbare Entscheidung mit Außenwirkung treffen, wenn er solche Kreditnehmer, die er als „schlecht" einstuft, nicht an Mitarbeiter B weiterleitet. In diesen Fällen käme es auch ohne Beteiligung des B nicht zu einer Kreditvergabe. Liegt A mit seinen Prognosen korrekt und leitet er nur positive Anträge an B weiter, wäre diese Art der Organisation besonders effizient, weil A für B nicht nur Informationen am Markt besorgt, sondern bereits aktiv Negativauslese betreibt. Gibt A indes jeden einzelnen Kreditantrag verbunden mit einer Empfehlung an B weiter, so würde B allein die Kreditentscheidungen fällen.

c) Zwischenschaltung eines Finanzintermediärs

Das Tätigwerden des A erzeugt für die Bank Kosten, die in den anfallenden Personalkosten, dem Aufrechterhalten guter Beziehungen zu Handelspartnern oder in Gebühren für die Einsicht in Schuldnerverzeichnisse bestehen mögen. Diese bankinternen Informationskosten können durch die Zwischenschaltung eines Finanzintermediärs gesenkt werden.[94] Unter einem solchen versteht man einen Mittler zwischen Kapitalangebot und -nachfrage.[95] Im weiteren Sinne gehören hierzu auch jene Institutionen, die den Handel zwischen Kreditgeber und Kreditnehmer erleichtern, etwa indem sie wie z. B. eine Rating-Agentur Informationen bereitstellen (Finanzintermediär im weiteren Sinne).[96] Eine solche Funktion kann insbesondere eine Auskunftei einnehmen, deren Dienstleistung in der Zur-Verfügung-Stellung relevanter Informationen besteht. Das Interesse der Kapitalgeber an einer als Finanzintermediär dienenden Auskunftei steigt dabei, je mehr der Kreditgeber auf unbekannte Kreditsuchende trifft.[97]

In der Folge entsteht eine Situation, in der ein Teil der Tätigkeit, die Mitarbeiter A im obigen Beispiel u. a. erledigte, bankintern nicht mehr notwendig erscheint, da die Informationssuche an die Auskunftei teilweise delegiert bzw. ausgelagert wird und der Kreditgeber seine Informationskosten senkt.[98] Zwar verursacht die Delegation neue Kosten (Delegationskosten) und verschiebt den Prinzipal-Agent-Konflikt zwischen dem Kreditgeber und Kreditnehmer auf die Kreditgeber-Intermediär-Beziehung.[99] Aus Sicht des Kreditgebers können die Delegationskosten indes deutlich

---

[93] Vgl. für die Trennung der Bereiche „Markt" und „Marktfolge" § 25c Abs. 4a Nr. 3 lit. b KWG in Verbindung mit MaRisk BTO Rn. 2 lit. a, b.

[94] Erstmals *Diamond*, 51 The Review of Economic Studies (1984), 393, allerdings aus einer *ex post*-Betrachtung; *Hartmann-Wendels/Pfingsten/Weber*, Bankbetriebslehre, S. 110 ff.

[95] *Hartmann-Wendels/Pfingsten/Weber*, Bankbetriebslehre, S. 2 f.

[96] *Hartmann-Wendels/Pfingsten/Weber*, Bankbetriebslehre, S. 3, 106.

[97] *Pagano/Japelli*, 48 The Journal of Finance (1993), 1693 (1714).

[98] Vgl. *Hartmann-Wendels/Pfingsten/Weber*, Bankbetriebslehre, S. 119 f.

[99] Vgl. hierzu *Hartmann-Wendels/Pfingsten/Weber*, Bankbetriebslehre, S. 111, 121 ff.

günstiger sein, anstatt eine eigene Informationssuche zu betreiben, da die Auskunftei ihren Datenbestand ständig ergänzt und aktualisiert[100]. Während der Kreditgeber als Einzelperson selbst recherchiert und die Entscheidung trifft, übernimmt der Intermediär den ersten Teil des Kreditvergabeprozesses, nämlich die Informationssuche. Der Kreditgeber erhält als Leistung Informationen über den Kreditnehmer, die er womöglich selbst nicht oder nur mit wirtschaftlich unverhältnismäßig hohem Aufwand erhalten hätte. Dies betrifft zuvörderst *hidden information*.

Hinzutritt, dass der Kreditnehmer einen Anreiz zur Angabe wahrer Informationen gegenüber dem Kreditgeber hat und vertragsgemäß leisten wollen wird, da der Kreditgeber die Auskunftei andernfalls über Fehlverhalten informieren würde.[101] Zwar entsteht dem Kreditgeber hieraus *ex post* kein Vorteil, da der Schuldnerausfall bereits eingetreten ist. Der drohende Reputationsverlust des Kreditnehmers stellt jedoch eine nichtmonetäre Strafe dar, die der Kreditnehmer meiden möchte, sodass für den Kreditnehmer *ex ante* ein Anreiz zur Meidung dieser Schäden gesetzt wird.[102]

Zusätzlich zur Erbringung der Informationssuche kann der Intermediär eine eigene Bewertung über die Kreditwürdigkeit des Kreditnehmers abgeben. Der Intermediär würde in diesem Fall die Funktion des Mitarbeiters A im bankinternen Verfahren ausüben, der Informationssuche betreibt und eine Empfehlung über die Kreditvergabe abgibt. Der Kreditgeber (bzw. Mitarbeiter B) kann diese Empfehlung befolgen oder missachten. Besteht aber das Geschäftsmodell des Intermediärs gerade in der delegierten Informationssuche, mag dieser über einen reichen Erfahrungsschatz verfügen, der es ihm erlaubt, zuverlässigere Prognosen über die Kreditausfallwahrscheinlichkeit abzugeben als dies der Kreditgeber könnte.[103] Umgekehrt mag der Kreditgeber gerade aufgrund der Expertise in die Empfehlung des Dritten besonders vertrauen.

Der Finanzintermediär wird den Kreditnehmer aber nicht ablehnen, sondern ihn ungeachtet der prognostizierten Ausfallwahrscheinlichkeit stets an den Kreditgeber weiterleiten, da er die Kreditentscheidung nicht selbst trifft. Hierin liegt der wesentliche Unterschied zu Mitarbeiter A, der je nach bankinterner Organisation auch selbst negative Kreditentscheidungen treffen darf. Die Finanzintermediation hat nichtsdestotrotz zur Folge, dass der Empfehlung des Intermediärs ein derart großes Gewicht zukommen kann, dass sie die Entscheidung des Kreditgebers in erheblichem Maße beeinflusst. Dies ist insbesondere für die Negativauslese der Fall, da die Auskunftei als Intermediär einen Informationsvorsprung besitzt. So zeigt die Praxis, dass ein negativer Auskunftei-Score ein „K.o.-Kriterium" darstellen und zur direkten

---

[100] Dazu *Hoene*, Präventiver Kreditschutz und Zwangsvollstreckung durch Private, S. 24 ff.

[101] *Jentzsch*, Financial Privacy, S. 59.

[102] *Diamond*, 51 The Review of Economic Studies (1984), 393 (396); *Hartmann-Wendels/Pfingsten/Weber*, Bankbetriebslehre, S. 114; *Padilla/Pagano*, 44 European Economic Review (2000), 1951; empirisch *Behr/Sonnekalb*, 36 Journal of Banking & Finance (2012), 3017.

[103] Kooperationsprobleme und Fehlanreize infolge der Finanzintermediation werden hier nicht betrachtet, dazu *Hartmann-Wendels/Pfingsten/Weber*, Bankbetriebslehre, S. 113 ff.

Ablehnung des Kreditantrags führen kann.[104] Infolgedessen kommt der informierten Auskunftei durch das professionelle Betreiben der Negativauslese eine Gatekeeper-Funktion zu, die dem schlechten oder dem nur vermeintlich schlechten Kreditnehmer den Marktzutritt verwehren kann. Diese Erkenntnis ist insofern bedeutsam, als die Auskunftei ihre ökonomische Existenzberechtigung als Finanzintermediär im weiteren Sinne aus der informationellen Unvollkommenheit des Marktes zieht, mithin in einem vollkommen Markt nicht existieren würde, da der Kreditgeber selbst über die Informationen verfügen würde[105]. Aus rechtlicher Perspektive wirft dies die Frage auf, welcher Transparenzrahmen für die delegierte Informationssuche und die den Marktzugang beschränkende Empfehlungsmethodik eines solchen Intermediärs besteht.[106]

VII. Ergebnis

Der Kreditgeber hat ein originäres Interesse an einer risikoadäquaten Beurteilung der Kreditwürdigkeit des Kreditsuchenden. Die asymmetrische Informationsverteilung bedingt die Entstehung von Informationskosten, die durch die Delegation an einen Finanzintermediär gesenkt werden können. Auf diese externen Informationen ist der Kreditgeber angewiesen, da er mit Blick auf negative Informationen nicht allein auf die Angaben des Kreditnehmers vertrauen kann. Das Kreditscoring dient als geeignete Screening-Methode, um die erlangten Informationen standardisiert zu verarbeiten und für die massentaugliche Kreditentscheidungen auf das Wesentliche zu reduzieren.

B. Historische Entwicklung:
Von der Intuition zur Statistik – oder vom menschlichen zum maschinellen Lernen

Die Art und Weise der Kreditwürdigkeitsprüfung hat sich im Laufe der Jahrhunderte stark verändert. War die Vergabe von Privatkrediten bis zum Ende des 19. Jahrhunderts ein weitgehend informeller Prozess, bei dem persönliche Beziehungen und Vertrauen eine große Rolle spielten, entwickelte sich die Kreditwürdigkeitsprüfung mit zunehmender Anonymisierung des Geschäftsverkehrs immer mehr zu einer objektivierbaren Bewertung. Auch die Entstehung von Auskunfteien in der zweiten Hälfte des 19. Jahrhunderts trug hierzu bei. Doch erst gegen Ende des 20. Jahrhunderts bewirkte die regelmäßige Berücksichtigung des Kreditscorewertes,

---

[104] ULD, Scoring nach der Datenschutz-Novelle 2009 und neue Entwicklungen, S. 84.

[105] *Hartmann-Wendels/Pfingsten/Weber*, Bankbetriebslehre, S. 106.

[106] Dazu bankaufsichtsrechtlich unten § 3, B.V., C.II.4.a)cc)(1)(c) und C.III., S. 183 ff., 213, 244 f. sowie datenschutzrechtlich § 4, C.I.2.b)cc) und dd), S. 326 ff.

dass nicht mehr das „Bauchgefühl" oder diverse individuelle Erfahrungen der Kreditsachbearbeiter unmittelbar entscheidend waren.[107] Auch sachfremde Erwägungen, wie etwa die in einem Kreditgespräch getragene Kleidung, wurden durch eine statistisch generierte Punktzahl verdrängt.[108]

Die Rolle des Vertrauens in die Person des Kreditinteressenten verlor dadurch aber keineswegs an Gewicht. Vielmehr stellt diese Objektivierung den Versuch dar, das Vertrauen in den Kreditinteressenten zu quantifizieren, um eine massentaugliche Kreditwürdigkeitsprüfung anbieten zu können.[109] Zu den Antreibern dieser Entwicklung gehören die Entstehung kommerzieller Informationsquellen sowie die Computerisierung und Digitalisierung von Arbeitsprozessen.[110]

I. Auskunfteien als kommerzielle Informationsquelle

Der erste Nachweis einer organisierten Auskunftsstelle für Kaufleute entstand mit der Expansion des europäischen Handelsverkehrs in der Übergangszeit vom Spätmittelalter zur frühen Neuzeit, als der direkte Kontakt mit Geschäftspartnern geringer wurde und ein Kaufmann die Kreditwürdigkeit seiner Geschäftspartner zunehmend nicht mehr persönlich bewerten konnte.[111] Als der Ursprung der organisierten Auskunfterteilung wird die Aufstellung eines Schuldnerverzeichnisses durch den sog. Rat der Zehn im Jahre 1495 in Venedig angesehen.[112] Fortan begann die Entwicklung der allmählichen Ablösung des persönlichen „Bauchgefühls" eines kreditgebenden Kaufmanns durch zentral organisierte Auskunftsstellen. Bis sich europäische Kaufleute nicht mehr allein auf die persönliche Informationsbeschaffung verließen, sollten aber noch mindestens drei Jahrhunderte bis zur Gründung der ersten kommerziellen Kreditauskunfteien vergehen.[113] Erst mit dem Anstieg der kapitalistischen Massenproduktion im Zuge der Industrialisierung sowie infolge neuartiger Erfindungen, wie die des Autos oder elektronischer Küchengeräte, welche für die breite Bevölkerung nur durch Ratenzahlung erschwinglich waren, stieg die

---

[107] *Keysberg*, Die Anwendung der Diskriminanzanalyse zur statistischen Kreditwürdigkeitsprüfung im Konsumentenkreditgeschäft, S. 14; *Thomas/Crook/Edelman*, Credit Scoring and its Applications, S. 11.

[108] *Thomas/Crook/Edelman*, Credit Scoring and its Applications, S. 11.

[109] *Lauer*, Creditworthy, S. 6; *Kamp/Weichert*, Scoringsysteme zur Beurteilung der Kreditwürdigkeit, S. 15.

[110] *Lauer*, Creditworthy, S. 5 ff.

[111] *Peilert*, Das Recht des Auskunftei- und Detekteigewerbes, S. 75.

[112] *Peilert*, Das Recht des Auskunftei- und Detekteigewerbes, S. 74; *Hoene*, Präventiver Kreditschutz und Zwangsvollstreckung durch Private, S. 16, der allerdings 1494 nennt.

[113] *Peilert*, Das Recht des Auskunftei- und Detekteigewerbes, S. 74.

allgemeine Nachfrage nach Krediten und damit auch das Bedürfnis der Kreditgeber nach einer massentauglichen Kreditwürdigkeitsprüfung.[114]

Sofern nicht genügend eigene Informationen zu dem Kreditinteressenten vorlagen, entstammten die in die Kreditwürdigkeitsprüfung einfließenden externen Informationen vor dem Entstehen kommerzieller Auskunftsbüros noch den Nachfragen bei Geschäftspartnern des Kreditgebers (sog. geschäftsfreundliche Auskünfte) oder Referenzschreiben des Kreditinteressenten. Beides konnte aber nicht die notwendige Zuverlässigkeit und Objektivität der Informationen gewährleisten.[115] Vielmehr trat eine weitere Informationsquelle hinzu, auf die der Kreditgeber zusätzlich vertrauen musste oder die es zu überprüfen galt.[116] Die verstärkt überregional auftretenden Händler sahen sich immer mehr unbekannten Kunden gegenüber, sodass die personalisierte Informationsbeschaffung nicht mehr effizient war. In diese sich öffnende Wissenslücke traten die Auskunfteien.[117]

Im Zuge dessen gründeten sich im 19. Jahrhundert weltweit die ersten geschäftsmäßigen Kreditauskunftsbüros, zunächst für die Kreditwürdigkeitsprüfung von juristischen, gegen Ende des 19. Jahrhunderts auch von natürlichen Personen.[118] Eine wichtige Informationsquelle waren unter anderem Zeitungen.[119] Neben der Bekanntgabe von Geburten, Hochzeiten, Beförderungen und Sterbefällen wurde dort auch über Insolvenzverfahren informiert.[120]

---

[114] *Lauer*, Creditworthy, S. 12: „*Mass production required mass consumption*"; *Hoene*, Präventiver Kreditschutz und Zwangsvollstreckung durch Private, S. 16 f.; *Preußer*, in: Freytag, Gestern. Heute. Zukunft., S. 148 (148 f.); *Thomas/Crook/Edelman*, Credit Scoring and its Applications, S. 3.

[115] *Lauer*, Creditworthy, S. 30 f.; *Peilert*, Das Recht des Auskunftei- und Detekteigewerbes, S. 74 f.

[116] Vgl. ökonomisch zu diesem Problem *Hartmann-Wendels/Pfingsten/Weber*, Bankbetriebslehre, S. 109.

[117] *Adolff/Langenbucher*, in: FS Krieger 2020, S. 1 (3); *Hoene*, Präventiver Kreditschutz und Zwangsvollstreckung durch Private, S. 17; *Peilert*, Das Recht des Auskunftei- und Detekteigewerbes, S. 75.

[118] Überblick bei *Peilert*, Das Recht des Auskunftei- und Detekteigewerbes, S. 76 ff.; für die Entwicklung in Deutschland siehe *Hoene*, Präventiver Kreditschutz und Zwangsvollstreckung durch Private, S. 17 ff.; *Schröder et al.*, in: Schröder/Taeger, Scoring im Fokus, S. 8 (52 ff.).

[119] *Peilert*, Das Recht des Auskunftei- und Detekteigewerbes, S. 121.

[120] Vgl. bspw. in England die Zeitschrift *Perry's bankrupt and insolvent gazette*, die ab 1828 ein professionelles Register von englischen, schottischen und irischen Insolvenzschuldnern, Dividenden und Auflösungen von Personengesellschaften veröffentlichte, vgl. *Peilert*, Das Recht des Auskunftei- und Detekteigewerbes, S. 76, dazu The BNA, Perry's Bankrupt Gazette, abrufbar unter https://www.britishnewspaperarchive.co.uk/titles/perrys-bankrupt-gazette; auch die britische Tageszeitung *The Manchester Guardian*, siehe S. 3 und 4 der Ausgabe vom 5. Mai 1821 zu Eheschließungen und Insolvenzen, abrufbar unter https://www.theguardian.com/media/ng-interactive/2021/may/05/guardian-200-first-ever-edition-annotated; siehe auch Equifax, The History of Consumer Credit – 1826, abrufbar unter https://assets.equifax.com/assets/usis/Equifax_Credit_History.pdf.

1. Begriff der Auskunftei und erste Gründungen

Nachdem seit 1860 die ersten Auskunftsbüros in Deutschland entstanden, gründete *Wilhelm Schimmelpfeng* 1872 in Frankfurt am Main die erste größere Kreditauskunftsstelle unter dem Namen „Auskunfts- und Kontrollbüro für geschäftliche, insbesondere Kreditverhältnisse".[121] Auf ihn geht auch der Begriff der „Auskunftei" zurück, indem der von ihm 1888 beauftragte Germanist *Hermann von Pfister-Schwaighusen* aus den Wörtern „Auskunft" und „Kauffahrtei" den Neologismus „Auskunftei"[122] als Ausdruck einer gewerbsmäßigen zentralen Auskunftsstelle kreierte. Hierdurch entstand eine begriffliche Abgrenzung zu den bisher üblichen „geschäftsfreundlichen Auskünften".[123]

Das 19. Jahrhundert brachte einige noch heute bekannte Auskunfteien hervor. Im März 1879 gründete sich der „Verein Barzahlung Mainz", der sich zunächst das Ziel setzte, die Missstände in der Kreditwirtschaft durch Abschaffung des Kredits zu bekämpfen. Nach wenigen Monaten wurde das Ziel aber bereits korrigiert, indem der von 25 Kleingewerbetreibenden und Handwerkern neugegründete „Verein Creditreform zum Schutze gegen schädliches Creditgeben" statt der Beseitigung nunmehr den Schutz der Kreditwirtschaft verfolgte. Heute ist dieser Verein als die global agierende Kreditauskunftei Creditreform bekannt.[124] Im Jahr 1885 gründete sich schließlich in Berlin die heute unter CRIF Bürgel bekannte Kreditauskunftei „Martin Bürgel GmbH".[125]

2. Beispiel SCHUFA

Die größte und neben Creditreform in Deutschland bekannteste[126] Auskunftei ist die SCHUFA Holding AG (SCHUFA).[127] Sie wurde im Jahre 1927 von der BEWAG

---

[121] *Hoene*, Präventiver Kreditschutz und Zwangsvollstreckung durch Private, S. 17; *Peilert*, Das Recht des Auskunftei- und Detekteigewerbes, S. 77.

[122] Das Suffix „-ei" führt bei Substantiven zu einer Tätigkeitsbeschreibung oder einer Ortsangabe, vgl. z. B. Bäckerei, Metzgerei oder Detektei.

[123] *Peilert*, Das Recht des Auskunftei- und Detekteigewerbes, S. 77 f.; *Hoene*, Präventiver Kreditschutz und Zwangsvollstreckung durch Private, S. 17 Fn. 4; NK/*Ehmann*, DS-GVO Anh. 2 zu Art. 6 Rn. 63.

[124] Creditreform, 140-jähriges Jubiläum – 1879, 2002, abrufbar unter https://www.creditre form.de/neuer-look; *Peilert*, Das Recht des Auskunftei- und Detekteigewerbes, S. 78.

[125] CRIF Bürgel, Unsere Geschichte, abrufbar unter https://www.crif.de/ueber-uns/unsere-geschichte/; *Peilert*, Das Recht des Auskunftei- und Detekteigewerbes, S. 78 f.

[126] Vgl. ULD, Scoring nach der Datenschutz-Novelle 2009 und neue Entwicklungen, S. 97.

[127] Für die Einordnung als „Auskunftei" NK/*Ehmann*, DS-GVO, Anh. 2 zu Art. 6 Rn. 74 f.; Forgó/Helfrich/Schneider/*Kosmides*, Betrieblicher Datenschutz, Teil IX. Kap. 3 Rn. 68; a. A. noch *Peilert*, Das Recht des Auskunftei- und Detekteigewerbes, S. 67, der seinerzeit vor Gründung der Holding in der Auskunftserteilung der SCHUFA als Kreditschutzgemeinschaft keine Gewinnerzielungsabsicht erkannte und die SCHUFA infolgedessen nicht als Gewerbe auffasste. Heute kann das angesichts der erzielten Gewinne nicht mehr gelten, vgl. etwa den

(„Städtische Elektricitäts-Werke" Aktiengesellschaft zu Berlin)[128] unter dem Namen „Schutzgemeinschaft für Absatzfinanzierung" (seit 1933 „Schutzgemeinschaft für allgemeine Kreditfinanzierung")[129] als Gesellschaft bürgerlichen Rechts gegründet.[130] Neben der Stromversorgung gehörte es zu ihrem Geschäftsmodell, elektronische Haushaltsgeräte auf Raten zu verkaufen. Indem die Kaufpreisraten zeitgleich mit der regelmäßigen Stromabrechnung fällig waren, ermöglichte dies, das Zahlungsverhalten der Kunden zu erfassen, sodass vor Abschluss weiterer Verträge die Kreditwürdigkeit des jeweiligen Kunden anhand der bisherigen Zahlungshistorie beurteilt werden konnte.[131] Mit dem Handel dieser Informationen war die Idee der SCHUFA geboren: eine unabhängige Kreditauskunft, die dem Schutz der Kreditgeber dient und auf Neutralität, Vertraulichkeit und vor allem Gegenseitigkeit beruht.[132] Letzteres, d. h., dass eine Auskunft nur gegenüber denjenigen Vertragspartnern erteilt wird, die ihrerseits forderungsbezogene Informationen an die SCHUFA übermitteln,[133] ermöglichte die konstante Vergrößerung und Aktualisierung der SCHUFA-Datenbank.[134] Bereits zwei Jahre nach ihrer Gründung lagen der SCHUFA Daten zu circa anderthalb Millionen,[135] 1934 dann zu 2,5 Millionen Personen vor[136]. Durch ihr günstiges Angebot[137] und das Erreichen einer nahezu einhundertprozentigen Rückzahlungsquote[138] konnte die SCHUFA ihr Geschäftsmodell

---

2021 erzielten Jahresüberschuss nach Steuern i. H. v. ca. 48 Millionen Euro, SCHUFA, Jahresabschluss 2021; siehe auch *Schrader*, Schufa erwägt Datenbank zur EU-Taxonomie, Börsen-Zeitung, 5. 10. 2022, abrufbar unter https://www.boersen-zeitung.de/banken-finanzen/schufa-erwaegt-datenbank-zur-eu-taxonomie-e1d3f582-4480-11ed-bd81-04455f3627f1.

[128] Heute Vattenfall, Von 1884 bis heute, abrufbar unter https://group.vattenfall.com/de/siteassets/de/wer-wir-sind/uber-uns/unsere-geschichte/vattenfall-130-jahre-energie-fur-berlin.pdf.

[129] *Hoene*, Präventiver Kreditschutz und Zwangsvollstreckung durch Private, S. 73.

[130] Ausführlich *Beckhusen*, Datenumgang innerhalb des Kreditinformationssystems der SCHUFA, S. 23 ff.; *Preußer*, in: Freytag, Gestern. Heute. Zukunft., S. 148 (151 ff.).

[131] Ellenberger/Bunte/*Zahrte*, Bankrechts-Hbd., § 10 Rn. 56 ff.

[132] Zu den Grundsätzen der SCHUFA *Beckhusen*, Datenumgang innerhalb des Kreditinformationssystems der SCHUFA, S. 43 ff.

[133] *Beckhusen*, Datenumgang innerhalb des Kreditinformationssystems der SCHUFA, S. 43 f.: „conditio sine qua non des SCHUFA-Verfahrens"; *ders.*, BKR 2005, 335 (335).

[134] *Giesswein*, Verfassungsmäßigkeit des Scoringverfahrens der Schufa, S. 8 f.; *Helfrich*, Kreditscoring und Scorewertbildung der SCHUFA, S. 26; Ellenberger/Bunte/*Zahrte*, Bankrechts-Hbd., § 10 Rn. 55, 75.

[135] *Giesswein*, Verfassungsmäßigkeit des Scoringverfahrens der Schufa, S. 5.

[136] *Hoene*, Präventiver Kreditschutz und Zwangsvollstreckung durch Private, S. 73.

[137] Im Jahr 1929 lag der Preis pro Kreditauskunft bei 25 Pfennigen, siehe SCHUFA, Geschichte der SCHUFA – 1929, abrufbar unter https://web.archive.org/web/20140201174145/https://www.schufa.de/de/private/unternehmen/geschichtederschufa/geschichtederschufa.jsp.

[138] Im Jahr 1927 fielen bei 66.000 Ratenkreditverträgen 218 Schuldner aus, *Preußer*, in: Freytag, Gestern. Heute. Zukunft., S. 148 (153).

schnell über die Grenzen Berlins expandieren. So erteilte die SCHUFA 1965 die zehnmillionste Auskunft und zählte 13 GmbHs mit 34 Geschäftsstellen.[139]

Im Jahr 2000 wurden die bis dahin selbständigen SCHUFA-Regionalgesellschaften auf die neugegründete SCHUFA Holding AG verschmolzen, die nahezu ausschließlich im Eigentum von Banken und Sparkassen steht[140] und zum Verband „Die Wirtschaftsauskunfteien e. V." gehört.[141] Nach eigener Aussage betrug der Datenbestand der SCHUFA im Jahr 2018 ca. 943 Millionen Informationen zu 67,7 Millionen natürlichen Personen, wobei 90,8 % der Informationen lediglich positive Informationen seien. Auf die volljährigen Einwohner Deutschlands hochgerechnet entspricht dies einem Anteil von ca. 97,5 %.[142] 97,9 % der Verbraucher zahlten laut der SCHUFA im Jahr 2021 ihren Kredit ordnungsgemäß zurück.[143] Aufgrund dieser Marktpräsenz ist gerade die Scorewertbildung der SCHUFA regelmäßig Teil juristischer Diskussionen.

II. Computerisierung und Digitalisierung von Arbeitsprozessen

Wenn eine Person über keinen negativen Eintrag bei einer Auskunftei verfügt, erlaubt dies allein noch keine Aussage darüber, ob sie tatsächlich kreditwürdig ist. Zur Beantwortung dieser Frage wurden neben der Einholung eines Einkommensnachweises und anderer Informationen herkömmlich auch Gespräche von Kredit-

---

[139] SCHUFA, Geschichte der SCHUFA – 1965, abrufbar unter https://web.archive.org/web/20140201174145/https://www.schufa.de/de/private/unternehmen/geschichtederschufa/geschichtederschufa.jsp.

[140] Eigentümer waren im Jahr 2021 34,7 % Kreditbanken, 26,4 % Sparkassen, 17,9 % Privatbanken, 13,1 % Handel und andere sowie zu 7,9 % Genossenschaftsbanken, siehe SCHUFA, WEGBEREITER_2021/22, Die SCHUFA in Zahlen, abrufbar unter https://www.schufa.de/ueber-uns/wegbereiter; eine geplante Übernahme bzw. ein Einstieg durch den schwedischen Finanzinvestor EQT scheiterte, siehe die Berichterstattung: *Neubacher*, Finanzinvestor EQT strebt Übernahme der Schufa an, Börsen-Zeitung, 18.1.2022, abrufbar unter https://www.boersen-zeitung.de/finanzinvestor-eqtstrebt-uebernahme-der-schufa-an-a37fd31c-77cd-11ec-9355-5390a97c3bea; *Stoltenberg*, EQT kommt im zweiten Anlauf bei Schufa zum Zug, Börsen-Zeitung, 18.10.2022, abrufbar unter https://www.boersen-zeitung.de/eqt-kommt-im-zweiten-anlauf-bei-schufa-zum-zug-0f11730c-4ee1-11ed-b432-bc1e824307d7; *Kröner/Atzler*, Finanzinvestor EQT gibt Pläne für Einstieg bei Schufa auf, Handelsblatt, 19.1.2023, abrufbar unter https://www.handelsblatt.com/finanzen/banken-versicherungen/banken/wirtschaftsauskunftei-finanzinvestor-eqt-gibt-plaene-fuer-einstieg-bei-schufa-auf/28933538.html.

[141] Die Wirtschaftsauskunfteien e. V., Mitglieder des Verbandes Die Wirtschaftsauskunfteien e. V., abrufbar unter https://www.die-wirtschaftsauskunfteien.de/mitglieder.

[142] Im Jahr 2018 lebten 69.421.785 Menschen über 18 Jahre in Deutschland, Statistisches Bundesamt, Bevölkerung nach Altersgruppen 2011 bis 2020 Deutschland, abrufbar unter https://www.destatis.de/DE/Themen/Gesellschaft-Umwelt/Bevoelkerung/Bevoelkerungsstand/Tabellen/liste-altersgruppen.html.

[143] SCHUFA, Kredit-Kompass 2022, S. 9, abrufbar unter https://www.schufa.de/media/documents/risiko_und_kreditkompass/SCHUFA_Risiko-und-Kredit-Kompass-2022.pdf.

sachbearbeitern durchgeführt, um die Zahlungsfähigkeit und -willigkeit des Kreditantragstellers in Erfahrung zu bringen.[144] Die seit der zweiten Hälfte des 20. Jahrhunderts zunehmende Computerisierung und Digitalisierung von Arbeitsprozessen und die seit Beginn des 21. Jahrhunderts exponentiell steigende Zahl an verfügbaren Daten eröffnen durch statistische Auswertung neue Möglichkeiten, die Kreditgespräche in Effizienz und Objektivität übertreffen.[145] Dies bietet nicht nur eine enorme Beschleunigung des Kreditvergabeprozesses mit sekundenschneller Entscheidungsfindung,[146] sondern führt auch zu einem differenzierteren Bild über die Kreditinteressenten.

1. Erste Berechnung der Kreditausfallwahrscheinlichkeit

Die erste numerische Darstellung der Kreditwürdigkeit infolge quantitativer Datenanalyse stellte der US-amerikanische Mathematiker *David Durand* im Jahre 1941[147] an, indem er nach Auswertung tausender Kreditverträge die ersten Kreditscorewerte mithilfe der sog. Diskriminanzanalyse berechnete.[148] Unter der Diskriminanzanalyse, deren Begründung auf einen 1936 erschienenen Aufsatz[149] des britischen Statistikers *Sir Ronald A. Fisher* zurückgeht,[150] versteht man ein statistisches Verfahren zur Untersuchung von Gruppenunterschieden (Klassifizierung).[151] Sie wird der linearen Regression zugeordnet[152] und ist eine gut nachvollziehbare Methode[153].

---

[144] *Keysberg*, Die Anwendung der Diskriminanzanalyse zur statistischen Kreditwürdigkeitsprüfung im Konsumentenkreditgeschäft, S. 12 ff.

[145] Bereits mit Blick auf das herkömmliche Kreditscoring *Beckhusen*, Der Datenumgang innerhalb des Kreditinformationssystems der SCHUFA, S. 223 ff.; *Keysberg*, Die Anwendung der Diskriminanzanalyse zur statistischen Kreditwürdigkeitsprüfung im Konsumentenkreditgeschäft, S. 15.

[146] Vgl. *Holzner*, in: Freytag, Gestern. Heute. Zukunft., S. 126 (132).

[147] Hintergrund für diesen auf den ersten Blick ungewöhnlichen Zeitpunkt ist u. a., dass mit Ausbruch des Zweiten Weltkrieges auch Kreditsachbearbeiter in den Kriegsdienst eingezogen wurden, sodass der Verlust von Expertenwissen befürchtet wurde, *Thomas/Crook/Edelman*, Credit Scoring and its Applications, S. 4; Everling/*Sandica/Dudian*, Social Credit Rating, 2020, S. 657 (658).

[148] *Lauer*, Creditworthy, S. 202; SVRV, Verbrauchergerechtes Scoring, S. 22; *Crook/Edelman/Thomas*, 183 European Journal of Operational Research (2007), 1447 (1448).

[149] *Fisher*, 7 Annals of Eugenics (1936), 179.

[150] *R. Anderson*, Credit Scoring Toolkit, S. 39.

[151] *Braun/Allgeier/Cremers*, Frankfurt School – Working Paper Series, No. 179, S. 13; hierzu *Thomas/Crook/Edelman*, Credit Scoring and its Applications, S. 34 ff.; *Füser*, Intelligentes Scoring und Rating, S. 61 ff.

[152] Dazu unten § 2, D.III.1.a), S. 109; sog. *linear discriminant analysis, Finlay*, Credit Scoring, Response Modeling, and Insurance Rating, S. 169; *Thomas/Crook/Edelman*, Credit Scoring and its Applications, S. 25, 34.

[153] *Keysberg*, Die Anwendung der Diskriminanzanalyse zur statistischen Kreditwürdigkeitsprüfung im Konsumentenkreditgeschäft, S. 16.

Durand brachte damit erstmals die Rückzahlung bzw. den Ausfall bewilligter Kredite mit den persönlichen Eigenschaften des jeweiligen Kreditschuldners auf der Grundlage der Statistik in Verbindung und konnte so Beziehungen zwischen der Rückzahlung des Kredits und den Eigenschaften des Kreditschuldners herstellen und als Punktzahl darstellen.[154] Damit war die Kreditwürdigkeit für die Zwecke der Vergleichbarkeit erstmals auf das Wesentliche reduziert. Diese statistische Auswertung bestätigte etwa, dass eine stabile Berufs- und Wohnsituation sowie Bildung ein geringeres Ausfallrisiko bedeuten. Entgegen der gängigen Kreditvergabepraxis fand *Durand* zudem heraus, dass Frauen grundsätzlich ein geringeres Ausfallrisiko als Männer darstellen und dass auch der Familienstand die Kreditwürdigkeit nicht auf erhebliche Weise beeinflusst.[155] Die retroperspektivische Betrachtung echter Kreditverträge erlaubte es, die für die Kreditvergabe wichtigen Kriterien empirisch zu extrahieren und als mathematische Formel abzubilden.[156] Die Daten neuer Kreditantragsteller konnten sodann in diese Formel für die Berechnung einer Punktzahl eingesetzt werden. Damit war der Grundstein für das Kreditscoring gelegt.

2. Anfänge des kommerziellen Kreditscorings

Auch das erste kommerzielle Kreditscoringmodell, welches 1958 in den USA von der *Fair Isaac Corporation* (FICO) für amerikanische Investments entwickelt wurde,[157] basierte auf der Diskriminanzanalyse, konnte aber aufgrund der computergestützten Datenverarbeitung weitaus schneller berechnen.[158] Hieraus folgte nicht nur eine effizientere[159], sondern auch eine „objektivere", d.h. vom persönlichen Eindruck des Sachbearbeiters unabhängigere Kreditvergabepraxis (*personal bias*).[160] Die Einführung der Kreditkarte in den 1960er Jahren wirkte wie ein Katalysator für das Verlangen nach massentauglichen Kreditvergabeentscheidungen, wodurch das Bedürfnis nach einer schnellen Entscheidungshilfe begründet wurde.[161] Seit den 1980er Jahren wird der FICO-Score bei Kreditauskünften regelmäßig berücksichtigt.[162] Hiervon profitierten sowohl die Kreditnehmer, indem sie günstigere

---

[154] *Lauer*, Creditworthy, S. 202 f.; *Thomas/Crook/Edelman*, Credit Scoring and Its Applications, S. 4.

[155] *Durand*, Risk Elements in Consumer Instalment Financing, S. 3 f., 74.

[156] Formelbeispiele bei *Durand*, Risk Elements in Consumer Instalment Financing, S. 85 ff.

[157] *R. Anderson*, Credit Scoring Toolkit, S. 40; *Helfrich*, Kreditscoring und Scorewertbildung der SCHUFA, S. 22; *Hoeren*, in: SCHUFA Grundlagenschrift, S. 63 (65).

[158] *Durand* musste die unzähligen Berechnungen wohl noch manuell durchführen, vgl. *Lauer*, Creditworthy, S. 204 f.

[159] Die Ausfallraten reduzierten sich um 50 %, *Thomas/Crook/Edelman*, Credit Scoring and its Applications, S. 5.

[160] *Hurley/Adebayo*, 18 Yale Journal of Law & Technology (2016), 148 (155).

[161] *Thomas*, Consumer Credit Models, S. 5; *ders.*, 61 Journal of the Operational Research Society (2010), 41 (41); *ders./Crook/Edelman*, Credit Scoring and Its Applications, S. 4 f.

[162] *Rosenblatt*, Credit Data and Scoring, S. 6.

Kredite oder gar erstmalig einen Kredit erhielten[163], aber auch die Kreditgeber, da das Kreditscoring allgemein zu einer Zunahme der Kreditvergabe bei zugleich kürzerer Prüfzeit führte[164].[165] Scoringverfahren ermöglichen seither eine von der subjektiven Einschätzung des Sachbearbeiters unabhängigere Entscheidungsgrundlage, die zur Vermeidung von vorurteilsbehafteten und damit zur Förderung von objektiveren Kreditentscheidungen beiträgt.[166] Bis dahin beruhten die Kreditwürdigkeitsprüfungen weitgehend auf dem „Bauchgefühl" und den meist jahrelangen Erfahrungen des Kreditsachbearbeiters.[167]

In Deutschland wird das Scoring seit den 1980er Jahren in der Kredit-, Versicherungs- und Telekommunikationsbranche zur Risikobewertung angewendet.[168] Die SCHUFA bietet das Kreditscoring seit 1996 auf der Basis ihres eigenen Datenbestandes an.[169] Dieser Entwicklung ging die erste elektronische SCHUFA-Auskunft im Jahr 1972 sowie die seit 1983 vollständig elektronische Datenerfassung voraus.[170] Wurden Anfragen zuvor meist telefonisch bearbeitet, konnte im Wege der elektronischen Kommunikation bereits nach wenigen Minuten Auskunft erteilt werden.[171] Die Fortschritte der elektronischen Datenverwaltung führten seit den 1970er Jahren auch zum generellen Wandel des Geschäftsmodells vieler Auskunfteien: Es wurde nicht mehr erst auf Anfrage recherchiert, stattdessen ermöglichte die Einrichtung sog. Auskunftsarchive eine schnelle und automatisierte Auskunftserteilung.[172]

---

[163] *Langenbucher*, 31 EBLR (2020), 527 (528).

[164] So verkürzte sich laut einer Untersuchung einer kanadischen Bank die Kreditbewilligungszeit um zwei Drittel auf durchschnittlich drei Tage bei zugleich gestiegener Genauigkeit der Kreditausfallprognose, *Leonard*, 12 International Journal of Quality & Reliability Management (1995), 79 (81 f.).

[165] *Crook/Edelman/Thomas*, 183 European Journal of Operational Research (2007), 1447 (1447 f.); zu den Vorteilen der Kreditwürdigkeitsprüfung anhand mathematisch-statistischer Methoden *Beckhusen*, Datenumgang innerhalb des Kreditinformationssystems der SCHUFA, S. 223 ff.; *Habschick/Evers/Jung*, Auswirkungen von BASEL II für Verbraucher, S. 17 f.

[166] *Beckhusen*, Datenumgang innerhalb des Kreditinformationssystems der SCHUFA, S. 223 ff.; *Hoeren*, RDV 2007, 93 (97); *Wuermeling*, NJW 2002, 3508 (3510).

[167] *Thomas/Crook/Edelman*, Credit Scoring and its Applications, S. 11 f.

[168] *Hoeren*, in: SCHUFA Grundlagenschrift, S. 63 (66).

[169] Erstmals mit dem sog. „Auskunft-Scoring-Service (ASS)", *Beckhusen*, BKR 2005, 335 (335); *Helfrich*, Kreditscoring und Scorewertbildung der SCHUFA, S. 23; *Hoeren*, in: SCHUFA Grundlagenschrift, S. 63 (68); *Wuermeling*, NJW 2002, 3508 (3508).

[170] SCHUFA, Geschichte der SCHUFA – 1972 und 1983, abrufbar unter https://web.archi ve.org/web/20140201174145/https://www.schufa.de/de/private/unternehmen/geschichtederschu fa/geschichtederschufa.jsp.

[171] *Preußer*, in: Freytag, Gestern. Heute. Zukunft., S. 148 (153 ff.).

[172] *Peilert*, Das Recht des Auskunftei- und Detekteigewerbes, S. 84 f.

III. Künstliche Intelligenz und Big Data

Einen weiteren Schub erfuhr die Kreditwürdigkeitsprüfung durch „künstliche Intelligenz" und „Big Data". Hierbei handelt es sich um zwei essenzielle Entwicklungen der letzten Jahrzehnte, die eine effizientere Kreditvergabe versprechen.

Künstliche Intelligenz umschreibt ein Forschungsgebiet zu verschiedenen „familienähnlichen"[173] Technologien, die die menschliche Intelligenz in bestimmten Aufgaben simulieren oder übertreffen sollen.[174] Mit Blick auf Kreditscoring ermöglicht dieser Technologiefortschritt komplexere und genauere Algorithmen für die Berechnung von Ausfallwahrscheinlichkeiten. Künstliche Intelligenz wie auch ihr Teilbereich maschinelles Lernen haben ihren Ursprung in der Mitte des 20. Jahrhunderts. Doch erst das Aufkommen großer Datenmengen sowie die Entwicklung günstigerer und leistungsfähigerer Technologien zu Beginn der Jahrtausendwende ermöglichten die Konstruktion hochkomplexer lernfähiger Algorithmen.[175]

„Big Data" umfasst nicht nur die exponentiell gestiegene Verfügbarkeit an großen Datenmengen, sondern auch die Möglichkeit, diese Daten schnell automatisiert verarbeiten zu können.[176] Eine anerkannte Definition existiert ebenso wenig wie für den Begriff der künstlichen Intelligenz.[177] Anders als die schlichte Übersetzung nahelegen mag, versteht man unter Big Data über „große Datenmengen" hinaus auch den technischen Aspekt der Datenverarbeitung.[178] Daher wird auch konkreter von Big Data-Analytik (*big data analytics*) gesprochen.[179] Das Begriffsverständnis von Big Data wird häufig über das sog. „3-V-Modell" hergeleitet, welches seine Prägung durch den US-amerikanischen Analysten *Doug Laney* im Jahr 2001[180] fand und für die Menge (*volume*), Vielfalt (*variety*) und Geschwindigkeit der Datenverarbeitung (*velocity*) steht.[181]

---

[173] *Herberger*, NJW 2018, 2825 (2827).

[174] Kaulartz/Braegelmann/*Stiemerling*, Rechtshbd. AI und ML, Kap. 2.1 Rn. 2; *Martini*, Blackbox Algorithmus, S. 20; *Wagner*, Legal Tech und Legal Robots, S. 61.

[175] Häufig sog. tiefe Künstliche Neuronale Netze (*Deep Learning*), *Döbel et al.*, Maschinelles Lernen, S. 15 f., 21; dazu auch unten § 2, D.III.2.a)bb), S. 117.

[176] Artikel-29-Datenschutzgruppe, WP 203, S. 45; *Döbel et al.*, Maschinelles Lernen, S. 24.

[177] Zu den kreditscoringrelevanten Teilgebieten der künstlichen Intelligenz unten § 2, D.II., S. 100 ff.; Hoeren/Sieber/Holznagel/*Hackenberg*, Hdb. Multimedia-Recht, Teil. 15.2 Rn. 1; Auer-Reinsdorff/Conrad/*Sarre/Pruß*, Hdb. IT- und Datenschutzrecht, § 2 Rn. 186.

[178] Vgl. Artikel-29-Datenschutzgruppe, WP 203, S. 45; BITKOM, Big Data im Praxiseinsatz, S. 21; Auer-Reinsdorff/Conrad/*Sarre/Pruß*, Hdb. IT- und Datenschutzrecht, § 2 Rn. 186; *Jandt*, K&R 2015/2, 6 (6); *Steinebach et al.*, Begleitpapier Bürgerdialog, S. 21.

[179] BITKOM, Big Data im Praxiseinsatz, S. 21; *Zieger/Smirra*, MMR 2013, 418.

[180] DEK, Gutachten, S. 53; *Steinebach et al.*, Begleitpapier Bürgerdialog, S. 21.

[181] *Döbel et al.*, Maschinelles Lernen, S. 24; Hoeren/Sieber/Holznagel/*Hackenberg*, Hdb. Multimedia-Recht, Teil. 15.2 Rn. 1 ff.; in Erweiterung der „3 V" werden häufig noch die Glaubwürdigkeit bzw. Qualität der Daten (*validity/veracity*) sowie die Wertschöpfung (*value*)

Die Vielfalt zeichnet sich dadurch aus, dass die Daten einen unterschiedlichen Organisationsgrad aufweisen können, bei welchem herkömmliche Analyseverfahren an ihre Grenzen stoßen. Man unterteilt in strukturierte, semi-strukturierte und unstrukturierte Daten. Unter strukturierten Daten sind Daten zu verstehen, bei denen jeweils einem Datenobjekt ein Attribut zugeordnet ist.[182] Diese Daten sind für gewöhnlich in Datenbanken tabellenförmig gespeichert.[183] Während semi-strukturierte Daten bereits eine gewisse Struktur aufweisen,[184] haben unstrukturierte Daten, wie etwa Bilder, Videos oder Texte, dagegen keine zugeordneten Attribute[185]. Anders als klassische Methoden sind Big Data-Analyseverfahren in der Lage, unterschiedlich formatierte Daten aus unterschiedlichen Datenquellen in kürzester Zeit zu verarbeiten.[186] Diese Methoden eröffnen daher die Möglichkeit, semi-strukturierte oder unstrukturierte Daten zur automatisierten Kreditwürdigkeitsprüfung zu berücksichtigen.[187] „Big Data" wird damit als Begriff durch diese Analysefähigkeit komplettiert.[188] Big Data-Analyseverfahren offenbaren jedoch keine Kausalitäten, sondern Muster, Zusammenhänge und sonstige Korrelationen.[189] Hieraus folgt, dass zwei Umstände zwar miteinander im Zusammenhang stehen können. Allerdings ist die Änderung des einen Umstands nicht automatisch ursächlich für die Änderung eines anderen Umstandes.[190] Dies birgt somit die Gefahr vorschneller Schlussfolgerungen, eröffnet aber die Möglichkeit der tiefgehenden Analyse von Datensätzen. Ging mit der Computerisierung und Digitalisierung noch die Automatisierung einzelner Arbeitsprozesse einher, mündet die Datenverarbeitung selbstlernender Modelle in einer Autonomisierung statistischer Methoden.

---

als Anforderungen an Big Data hinzugefügt. Wie viele Vs genannt werden, ist dagegen unterschiedlich: „4 V" z.B. bei: *B. Anderson*, in: Siddiqi, Intelligent Credit Scoring, S. 149 (150 ff.); Hoeren/Sieber/Holznagel/*Hackenberg*, Hdb. Multimedia-Recht, Teil. 15.2 Rn. 5; „5 V" z.B. bei: *Döbel et al.*, Maschinelles Lernen, S. 24; *Hoffmann-Riem*, AöR 2017, 1 (7); „6 V" bei *Steinebach et al.*, Begleitpapier Bürgerdialog, S. 21.

[182] Auer-Reinsdorff/Conrad/*Sarre/Pruß*, Hdb. IT- und Datenschutzrecht, § 2 Rn. 44.

[183] *B. Anderson*, in: Siddiqi, Intelligent Credit Scoring, S. 149 (158); Hoeren/Sieber/Holznagel/*Hackenberg*, Hdb. Multimedia-Recht, Teil 15.2 Rn. 4.

[184] So z.B. die Kommunikation unter Maschinen oder Webserver, BITKOM, Big Data im Praxiseinsatz, S. 21 Fn. 14; BITKOM, Big-Data-Technologien, S. 95 Fn. 139; siehe auch die Beispiele bei *Thamm/Gramlich/Borek*, Data and AI Guide, S. 41 ff.

[185] Auer-Reinsdorff/Conrad/*Sarre/Pruß*, Hdb. IT- und Datenschutzrecht, § 2 Rn. 45; *Thamm/Gramlich/Borek*, Data and AI Guide, S. 41.

[186] Hoeren/Sieber/Holznagel/*Hackenberg*, Hdb. Multimedia-Recht, Teil. 15.2 Rn. 7.

[187] *B. Anderson*, in: Siddiqi, Intelligent Credit Scoring, S. 149 (155, 158).

[188] Vgl. das Schaubild bei BITKOM, Big Data im Praxiseinsatz, S. 19.

[189] DEK, Gutachten, S. 53; *Jandt*, K&R 2015/2, 6 (8); im Übrigen ein Grundproblem der Statistik, *Leonhart*, Lehrbuch Statistik, S. 271 ff.; *Stocker/Steinke*, Statistik, S. 201 ff.; *Stoetzer*, Regressionsanalyse in der empirischen Wirtschafts- und Sozialforschung, S. 3 ff.

[190] Man denke etwa an die Korrelation zwischen der Anzahl an verkaufter Eiscreme und Haiangriffen.

IV. Ergebnis

Auch die historische Perspektive zeigt das Bedürfnis des Kreditgebers nach einer Stelle, die das Vertrauen in den Kreditsuchenden offenbart. Der Beginn der Massenproduktion wirkte wie ein Katalysator für diese Entwicklung und begünstigte schließlich die Gründung der ersten Kreditauskunfteien. Ökonomisch wurde diese Stelle als Finanzintermediär identifiziert.[191] Die standardisierte Kreditwürdigkeitsprüfung, die seit ihrer Erfindung ständig weiterentwickelt wird und von neuartigen Analysemethoden aus dem Forschungsgebiet der künstlichen Intelligenz profitieren kann, kommt daher als ökonomisch sinnvolle Screening-Methode grundsätzlich dem beiderseitigen Interesse der Kreditvertragsparteien zugute.

C. Herkömmliches und alternatives Kreditscoring

I. Begriff

Scoring leitet sich von dem englischen Verb *to score* ab und bezeichnet das Erhalten oder die Vergabe einer Punktzahl zum Zwecke der Bewertung.[192] Spricht man im Deutschen von Scoring, Scoringverfahren oder auch Punktwertverfahren[193], versteht man hierunter eine numerische Bewertung auf der Grundlage mathematisch-statistischer Verfahren, um die Wahrscheinlichkeit eines bestimmten zukünftigen Verhaltens einer natürlichen Person zu prognostizieren.[194] Der errechnete Wahrscheinlichkeitswert wird als Score[195] oder Scorewert[196] bezeichnet.

1. Prognose der Kreditausfallwahrscheinlichkeit

Kreditscoring bezweckt die Einstufung der Zahlungsfähigkeit und Zahlungswilligkeit eines (potenziellen) Kreditnehmers durch die Bewertung der Kreditrückzahlungs- – oder negativ ausgedrückt – der Kreditausfallwahrscheinlichkeit.[197]

---

[191] Siehe oben § 2, A.VI.4.c), S. 49.

[192] „Scoren" ist zumindest im Sport in der deutschen Sprache geläufig, vgl. https://www.du den.de/rechtschreibung/scoren.

[193] RegE BDSG 2001, BT-Drs. 14/4329, S. 37; *Füser*, Intelligentes Scoring und Rating, S. 57: Punktbewertungsverfahren.

[194] Z.B. von Arbeitsleistungen, den Rückfall in die Kriminalität oder den Gesundheitszustand, ULD, Verbraucher-Scoring, 2010, S. 2; *Kamp/Weichert*, Scoringsysteme zur Beurteilung der Kreditwürdigkeit, S. 10; SVRV, Verbrauchergerechtes Scoring, S. 15.

[195] *Beckhusen*, Datenumgang innerhalb des Kreditinformationssystems der SCHUFA, S. 221.

[196] RegE-BDSG 2010, BT-Drs. 16/10529, S. 9.

[197] *Kamp/Weichert*, Scoringsysteme zur Beurteilung der Kreditwürdigkeit, S. 11; NK/*Ehmann*, DS-GVO Anh. 2 zu Art. 6 Rn. 32; für eine mathematisch Definition siehe *Thomas/Crook/Edelman*, Credit Scoring and its Applications, S. 10.

Es basiert auf mathematisch-statistischen Verfahren, bei denen die Eigenschaften des Kreditantragstellers mit ähnlichen Kreditverträgen aus der Vergangenheit in Zusammenschau mit ihrer Performance verglichen werden.[198] Die künftige Entscheidung über die Kreditwürdigkeit einer Person erfolgt somit anhand der Erfahrungen zu vergleichbaren Fällen aus der Vergangenheit.[199] Diese Vorgehensweise basiert auf der Grundannahme, dass das Vorhandensein bestimmter Merkmale in der Person des Kreditinteressenten, über die zugleich auch die Vergleichsgruppe verfügt, Aufschluss über die konkrete Rückzahlungswahrscheinlichkeit gibt und der Kreditinteressent sich ähnlich verhalten wird wie die Vergleichsgruppe.[200]

Kurz gesagt dienen Kreditscoringverfahren somit der numerischen Bewertung der Bonität einer Person.[201] Die Daten des Kreditantragstellers werden hierzu in eine mathematische Funktion eingegeben.[202] Kreditscoring bezeichnet mithin eine Form der Kreditwürdigkeitsprüfung, bei der die Ausfall- bzw. die Rückzahlungswahrscheinlichkeit einer natürlichen Person als ein zukünftiges Verhalten auf der Grundlage eines mathematisch-statistischen Bewertungsverfahrens berechnet und für den Abschluss eines Kreditvertrags herangezogen wird.[203] Die Kreditwürdigkeit bestimmt *idealiter* den Kreditscore, weshalb es sich in der Sprache der Statistik um eine exogene Variable handelt.[204] Der Scorewert kann beispielsweise zwischen 1 und 1000 Punkten liegen, prozentual dargestellt und einer bestimmten Bonitätsklasse zugeordnet werden.[205] Die Ergebniszahl ermöglicht einen direkten Abgleich mit einer Bewertungsskala, sodass schnell, einfach, standardisiert und automatisiert eine Bonitätseinstufung einer jeden antragstellenden Person erfolgen kann. Kreditscoringverfahren dienen damit der Prognose, nicht aber der Erklärung für die jeweilige Ausfallwahrscheinlichkeit.[206] Funktional betrachtet quantifiziert der Kreditscore das Vertrauen in die Rückzahlung und dient damit dem Abbau von Informationsasymmetrien zwischen den Kreditvertragsparteien.[207]

---

[198] *Thomas/Crook/Edelman*, Credit Scoring and its Applications, S. 6.

[199] *Schröder et al.*, in: Schröder/Taeger, Scoring im Fokus, S. 8 (26).

[200] *Hoeren*, in: SCHUFA Grundlagenschrift, S. 63 (65); *Kamp/Weichert*, Scoringsysteme zur Beurteilung der Kreditwürdigkeit, S. 10; *Abel*, RDV 2006, 108 (108 f.).

[201] *Kamp/Weichert*, Scoringsysteme zur Beurteilung der Kreditwürdigkeit, S. 11; NK/*Ehmann*, DS-GVO Anh. 2 zu Art. 6 Rn. 32; *Abel*, RDV 2006, 108 (109).

[202] Vgl. *Thomas*, 61 Journal of the Operational Research Society (2010), 41 (44).

[203] *Helfrich*, Kreditscoring und Scorewertbildung der SCHUFA, S. 22; *Hoeren*, in: SCHUFA Grundlagenschrift, S. 63 (65 f.); SVRV, Verbrauchergerechtes Scoring, S. 16.

[204] Zu den Problemen im Falle der Endogenität siehe *Róna-Tas/Hiss*, 33 Informatik Spektrum (2010), 241 (256 f.).

[205] Am Beispiel der SCHUFA *Hoeren*, RDV 2006, 93 (94).

[206] *Thomas/Crook/Edelman*, Credit Scoring and its Applications, S. 6.

[207] Oben zur „Vertrauensfrage Kreditvergabe" § 1, A.II., S. 27 ff., und zur Informationsasymmetrie § 2, A.VI., S. 42 ff.

2. Kontextspezifischer Kreditscoringbegriff

Bezieht sich das Scoring auf die Vorhersage der Ausfallwahrscheinlichkeit, um die Kreditwürdigkeit einer natürlichen Person einzuschätzen, handelt es sich um Kreditscoring. Häufig wird nur von Scoring gesprochen,[208] allerdings bestehen zahlreiche alltägliche Punktwertverfahren[209], weshalb zur klaren Abgrenzung wie auch im Englischen auf den Bewertungskontext abzustellen ist. So wird deutlich, dass Social Scoring nicht etwa nur die Berücksichtigung sozialer Medien meint,[210] sondern den Kreis der Bewertungsobjekte auf das (Sozial-)Verhalten des Bewertungssubjekts erweitert,[211] sich aber eben noch nicht auf die Bewertung der Kreditwürdigkeit beziehen muss. Social Scoring oder auch das Geo-Scoring, welches Standort- und Adressdaten berücksichtigt, bezeichnen mithin kontextabhängige Unterkategorien, die terminologisch erkennen lassen, welche Datentypen für eine Verhaltensbewertung oder -prognose herangezogen werden.

3. Technologiespezifischer Kreditscoringbegriff

Kreditscoring basiert auf mathematisch-statistischen Methoden, sodass theoretisch sowohl Mensch als auch Maschine einen Kreditscore berechnen könnten.[212] Trotz der unterschiedlichen Verarbeitungssubjekte wird es sich in jedem Fall aber um eine algorithmische Vorgehensweise handeln.[213] Algorithmen sind Verfahren zur Lösung von Problemen, die in einer klaren und definierten Handlungsanleitung bestehen und diese mit endlichem Aufwand in endlicher Zeit ausführen können.[214] Ein Algorithmus verfolgt Schritt für Schritt ein „Wenn-Dann-Schema" in den Grenzen vorher definierter Ergebnisbahnen.[215] Gleichwohl mit Algorithmen in der Regel Computeralgorithmen gemeint sind,[216] sind diese kein modernes Phänomen.[217] Sie reichen begriffshistorisch bis zu dem Jahr 800 n. Chr. auf den persischen Ma-

---

[208] Siehe nur *Helfrich*, Kreditscoring und Scorewertbildung der SCHUFA; *Wuermeling*, NJW 2002, 3508; auch die SCHUFA, Scoring bei der SCHUFA, abrufbar unter https://www. schufa.de/scoring-daten/scoring-schufa/.

[209] Siehe oben § 1, A., S. 25.

[210] So dennoch wohl das vorherrschende Begriffsverständnis, siehe etwa *Eschholz*, DuD 2017, 180 (181 f.).

[211] *Maamar*, CR 2018, 820 (821); Auer-Reinsdorff/*Conrad*, Hdb. IT- und Datenschutzrecht, § 34 Rn. 794.

[212] Siehe oben *Durand*, § 2, B.II.1., S. 57.

[213] *Reichwald/Pfisterer*, CR 2016, 208 (209); zu den Unterschieden von computeralgorithmischen und menschlichen Entscheidungsprozessen *Ernst*, JZ 2017, 1026 (1027 ff.).

[214] *Hoffmann-Riem*, AöR 2017, 1 (2 f.).

[215] *Martini*, Blackbox Algorithmus, S. 17 f.; *Steege*, MMR 2019, 715 (716).

[216] *Martini*, JZ 2017, 1017 (1017 Fn. 2); *ders.*, Blackbox Algorithmus, S. 18 Fn. 80 m. w. N.

[217] *Martini*, JZ 2017, 1017 (1017 Fn. 2); *ders.*, Blackbox Algorithmus, S. 18 Fn. 80 m. w. N.

thematiker *Muhammed al-Chwarizmi*[218] zurück und beschränken sich mithin nicht auf die Vorgehensweise maschineller (Computer-)Systeme[219].[220] Vielmehr geht auch der Mensch tagtäglich algorithmisch vor,[221] etwa in der Ausführung eines Kochrezeptes oder in der Befolgung einer Bedienungsanleitung.[222] Da die Berechnung der Kreditausfallwahrscheinlichkeit mathematischen Grundsätzen folgt, sind die jeweiligen stochastischen Formeln und mathematischen Rechenschritte klar definierte Handlungsanleitungen, die ungeachtet der iterativen Rechenprozesse sowohl ein Mensch als auch ein Computer ausführen könnte. Kreditscoring ist damit immer auch algorithmisch. Unabhängig davon, ob der Computer oder der Mensch den Wert der Ausfallwahrscheinlichkeit des Kreditinteressenten berechnet, liegt somit zumindest ein algorithmenbasierter Prozess vor.

In Abgrenzung zu „klassischen"[223] Kreditscoringverfahren liest man zuweilen Begriffe wie alternatives[224], algorithmisches[225] bzw. KI-basiertes Kreditscoring[226]. Sie alle haben gemein, dass sie die neuartigen Algorithmen in den Begriff des Kreditscorings integrieren wollen. Diese Scoringverfahren kennzeichnen sich in ihrer Herangehensweise darin, dass sie nichtstatistisch bzw. nichtparametrisch, nichtlinear oder hochdimensional sein können.[227] Nichtparametrisch bedeutet, dass den Daten, mit denen das Modell lernt, keine oder nur wenige Annahmen zugrunde liegen.[228] Von parametrischen Methoden, zu denen etwa die logistische Regression zählt,[229] spricht man dagegen, wenn die zugrundliegenden Annahmen eine sich mit Parametern abbildbare Struktur aufweisen, dass sich z.B. im Falle einer linearen Struktur ein Wert konstant zu einem anderen Wert verändert.[230] Methoden wie

---

[218] Latinisiert „Algorismi", DEK, Gutachten, S. 54.

[219] Algorithmen wurden erstmals durch die sog. Turing-Maschine in einem formalisierten Verfahren greifbar gemacht, *Reichwald/Pfisterer*, CR 2016, 208 (209).

[220] DEK, Gutachten, S. 54; *Ernst*, JZ 2017, 1026 (1026); Heesen/*Heise*, S. 202 (202); *Martini*, Blackbox Algorithmus, S. 17 f.

[221] *Barth*, Algorithmik für Einsteiger, S. 2; *Hoffmann-Riem*, AöR 2017, 1 (3).

[222] Beispielhaft *Barth*, Algorithmik für Einsteiger, S. 1 ff.; *Martini*, Blackbox Algorithmus, S. 18 Fn. 78; *Hurley/Adebayo*, 18 Yale Journal of Law & Technology (2016), 148 (160).

[223] SVRV, Verbrauchergerechtes Scoring, S. 20.

[224] *Hurley/Adebayo*, 18 Yale Journal of Law & Technology (2016), 148 (157 ff.); World Bank Group, How Regulators Respond to Fintech, S. IV; zu Anfang war auch die logistische Regression, die heute den Branchenstandard darstellt, „alternativ", *Wiginton*, 15 Journal of Financial and Quantitative Analysis (1980), 757 (757).

[225] *Aggarwal*, in: Aggarwal et al., Autonomous Systems and the Law, S. 37; *dies.*, 80 CLJ (2021), 42 (43); *Packin/Lev-Aretz*, Columbia Business Law Review 2016, 339 (343).

[226] *Langenbucher*, 31 EBLR (2020), 527; auch zwischenzeitlich die SCHUFA mit einem „SCHUFA-ML-Score für eCommerce".

[227] *Thomas/Crook/Edelman*, Credit Scoring and its Applications, S. 49.

[228] *R. Anderson*, Credit Scoring Toolkit, S. 172 f.

[229] *R. Anderson*, Credit Scoring Toolkit, S. 165 ff., 170 f.

[230] *R. Anderson*, Credit Scoring Toolkit, S. 165 f.; zum Unterschied in der Statistik siehe auch *Stocker/Steinke*, Statistik, S. 18 f.

künstliche neuronale Netzwerke können auch nichtlineare, also z. B. exponentielle Beziehungen innerhalb der Daten herstellen.[231] Auf die Erfassung ebendieser Fähigkeiten zielen die begrifflichen Abgrenzungen zu herkömmlichen Kreditscoringverfahren. Statistiker nehmen eine solche Differenzierung grundsätzlich nicht vor, sondern unterscheiden nach der jeweiligen Methode für die Modellerstellung.[232]

4. Verhaltensändernde Wirkung

Dem Scoring kann auch eine verhaltensändernde oder gar verhaltenssteuernde Wirkung zugeschrieben werden.[233] Als Anwendungsbeispiele kommen vor allem neuartige Scoringsysteme aus dem Versicherungssektor oder allgemein das Social Scoring[234] in Betracht. Bei solchen Systemen verbessert sich ein Scorewert für gewöhnlich unmittelbar, wenn die gescorte Person bestimmte Handlungen vornimmt oder unterlässt. Je nach Regelwerk können beim Social Scoring regelmäßige Besuche der Familie oder soziales Engagement den Scorewert steigen lassen. Demgegenüber kann das Überqueren einer Straße bei roter Ampel, die Äußerung regierungskritischer Meinungen in sozialen Medien oder das Begehen von Straftaten einen negativen Einfluss auf den Scorewert haben.[235] Anreize werden dadurch gesetzt, dass ein guter Scorewert Zugang zu exklusiven Angeboten ermöglicht, ein schlechter Score kann im äußerstem Fall pönalisierende Wirkung entfalten.[236] Wollte

---

[231] *Thomas/Crook/Edelman*, Credit Scoring and its Applications, S. 49.

[232] Vgl. *Thomas/Crook/Edelman*, Credit Scoring and its Applications, S. 25 ff., 49 ff.

[233] *Maamar*, CR 2018, 820 (Rn. 15); siehe auch die Definition bei SVRV, Verbrauchergerechtes Scoring, S. 15, unklar aber für das „klassische" Kreditscoring, S. 20; allgemein für Algorithmen krit. *Hoffmann-Riem*, AöR 2017, 1.

[234] Social Scoring bezeichnet ein Scoringverfahren, das zur Vorhersage eines bestimmten Verhaltens Daten aus allen Lebensbereichen berücksichtigt, *Maamar*, CR 2018, 820 (Rn. 3); Auer-Reinsdorff/*Conrad*, Hdb. IT- und Datenschutzrecht, § 34 Rn. 794; enger *Lorentz*, Profiling, S. 22.

[235] Vgl. *Benrath et al.*, Punktabzug für zu seltene Besuche bei den Eltern, FAZ.NET, 30. 11. 2018, abrufbar unter https://www.faz.net/aktuell/wirtschaft/infografik-chinas-sozialkredit-system-15913709.html.

[236] Das ursprünglich für 2020 geplante chinesische Staatsprojekt eines national einheitlichen und verpflichtenden *Social Credit System* stellt eine Form des Social Scoring dar und zielt auf die Quantifizierung des Vertrauens in den einzelnen Bürger, um das Vertrauen in der Gesellschaft als Ganzes zu erhöhen, indem schädigendes Verhalten bestraft wird. Eine sich insgesamt „besser" verhaltende Gesellschaft soll Kosten senken, die in einer nicht vertrauenswürdigen Gesellschaft anfielen. Der Begriff *credit* ist in diesem Zusammenhang daher richtigerweise mit *Vertrauen* zu übersetzen, vgl. *Fei Shen*, in: KAS, Digital Asia, S. 21 (26); etymologisch Everling/*Shi*, Social Credit Rating, S. 23. Dieses Sozialkredit-System basiert auf Anreizen und Strafen. Ein positiver Score kann bspw. leichteren Zugang zu Kreditangeboten begründen, das Benutzen von Mietfahrrädern ohne Sicherheitsleistung ermöglichen oder ein Visumverfahren beschleunigen. Dadurch hat sich ein guter Scorewert zu einem gesellschaftlichen Statussymbol etabliert. Das Projekt sieht andererseits auch teils erhebliche Freiheitseingriffe vor. So hat beispielsweise das Nichtbefolgen eines Gerichtsurteils die Aufnahme in eine Sperrliste zur Folge. Infolgedessen können Flug-, Zug- und Hotelbuchungen beschränkt,

man von den Vorzügen eines positiven Scorewertes profitieren, müsste man sein individuelles Verhalten nach den Regeln der Algorithmen ändern. Der Gescorte könnte es infolgedessen als Belohnung empfinden, wenn ein guter Score bestimmte privilegierte Angebote oder Dienstleistungen freischalten würde, ohne dabei die Fremdbestimmtheit seines Handelns zu bemerken.[237]

Mit Blick auf eine verhaltensändernde oder verhaltenssteuernde Wirkung beim Kreditscoring fällt zunächst auf, dass der betroffene Verbraucher die konkret in den Kreditscorewert einfließenden Merkmale regelmäßig nicht oder nur abstrakt kennt. Die Formel für die Scorewertberechnung und die Gewichtung der einzelnen Merkmale gelten als geschütztes Geschäftsgeheimnis[238] und es bestehen regelmäßig nur allgemeine Ratschläge zur Verbesserung des Bonitätsscore[239]. Solange der Verbraucher nicht weiß, welche konkreten Faktoren mit welcher Gewichtung Einfluss auf die Bonitätsbewertung haben, kann er sein Verhalten auch nicht nach den Regeln des Kreditscoringmodells richten.[240] Können die positive Bewertung von gesundheitsförderlichem Verhalten oder von risikoarmem Fahrverhalten im Rahmen des Versicherungsscoring in Verbindung mit einem Anreizsystem, welches sich etwa in einem günstigeren Versicherungstarif äußert, verhaltenssteuernde oder gar umerziehende Effekte zeigen, sind beim traditionellen Kreditscoring nur wenige solche wiederkehrenden Handlungen erkennbar.[241]

---

die Internetgeschwindigkeit gedrosselt oder die Wahl der Schule begrenzt werden, vgl. die Berichterstattungen *Botsman*, Big data meets Big Brother as China moves to rate its citizens, 21.10.2017, abrufbar unter https://www.wired.co.uk/article/chinese-government-social-credit-score-privacy-invasion; *Krempel*, Citizen Score: Chinas soziales Kreditsystem nicht mehr im Plan, 19.1.2021, abrufbar unter https://www.heise.de/news/Citizen-Score-Chinas-soziales-Kreditsystem-nicht-mehr-im-Plan-5028166.html; *Mackey Frayer*, A look inside China's social credit system, 5.6.2017, abrufbar unter https://www.nbcnews.com/now/video/a-look-inside-china-s-social-credit-system-61317701958; *Sun*, China's social credit system was due by 2020 but is far from ready, 12.1.2021, abrufbar unter https://algorithmwatch.org/en/chinas-social-credit-system-overdue/.

[237] *Maamar*, CR 2018, 820 (Rn. 15); ein Mittel ist das sog. *„nudging"*, hierzu *Orwat*, Diskriminierungsrisiken durch Verwendung von Algorithmen, S. 14.

[238] BGHZ 200, 38 (Ls. 2); *Hoeren*, RDV 2007, 93 (94); dazu unten § 4, D.I.5.a), S. 342 ff.

[239] *Thiem*, Wie kann ich meine Bonität steigern und meinen SCHUFA-Score verbessern?, abrufbar unter https://www.bonify.de/bonitaet-verbessern; smava, SCHUFA-Score verbessern, abrufbar unter https://www.smava.de/kredit/tipps-zum-score-verbessern/.

[240] Nach einer US-amerikanischen Studie kann die kostenlose vierteljährliche Bereitstellung des persönlichen Kreditscores via E-Mail zur Verringerung von Rückzahlungsverzügen beitragen und damit das Verhalten des vertragsgemäßen Zahlens beeinflussen. Ob die verbesserte Rückzahlung auch zu einer Veränderung der allgemeinen wirtschaftlichen Lebensweise der Studienteilnehmer führte, war dagegen nicht Forschungsgegenstand, *Homonoff/ O'Brien/Sussman*, 103 The Review of Economics and Statistics (2021), 236; vgl. auch *Rosenblatt*, Credit Data and Scoring, S. 65; krit., ob ein besserer Scorewert auch immer eine bessere Kreditwürdigkeit bedeutet, *Róna-Tas/Hiss*, 33 Informatik Spektrum (2010), 241 (250 ff.).

[241] Krit. z.B. für den Fall der Wohnortwahl *Mietzner*, in: Sokol, Living by numbers, S. 38 (52).

Entscheidend ist somit, ob unmittelbar verhaltensbezogene Daten in den Kreditscore einfließen.[242] Würde gesundheitsförderliches Verhalten, risikoarmes Autofahren[243] oder „Likes" in sozialen Netzwerken den Kreditscore beeinflussen, würde ein anpassbares wiederkehrendes Verhalten vorliegen, mit dessen Änderung die gescorte Person ihren Kreditscorewert verbessern oder verschlechtern könnte.[244] Demzufolge ist die verhaltensändernde oder -steuernde Wirkung davon abhängig, welche Daten verwendet werden und ob die gescorte Person von dem konkreten Einfluss dieser Daten Kenntnis hat.[245] Ist dies der Fall, würde der rationale Kreditnehmer sich bestmöglich verhalten wollen, um die besten Kreditkonditionen zu erhalten. Wenn nämlich jedes Verhalten bonitätsrelevant sein könnte, würde die gescorte Person sich bis zu einem gewissen Grad selbst präventiv in ihrer Freiheit beschränken, um nicht durch dieses Verhalten negativ aufzufallen.[246] Nicht das Kreditscoring im Sinne der statistischen Methode ist daher kausal für eine Verhaltensänderung, sondern das gezielte Handeln des Gescorten infolge einer zumindest unbewussten Erkenntnis, dass ein bestimmtes beherrschbares Verhalten den Kreditscore konkret beeinflussen kann. Das Potenzial der Verhaltensänderung bestimmt sich somit dadurch, wie intensiv die durch das Modell berücksichtigten Inputdaten in die Lebensführung des Gescorten eingreifen.

II. Typen des Kreditscorings

Kreditscoring kann durch den Kreditgeber selbst (internes Kreditscoring), durch Dienstleister wie Auskunfteien (externes Kreditscoring)[247] oder in Mischformen erfolgen.[248] Die Scoringmodelle variieren häufig anlassbezogen. So können Modelle auf die Art des Kredites abstellen,[249] einen branchen- oder anbieterspezifischen Score

---

[242] *Aggarwal*, 80 CLJ (2021), 42 (59).

[243] Ein schlechterer Gesundheitszustand oder häufigere Verletzungen der Straßenverkehrsvorschriften können auf eine höhere Ausfallwahrscheinlichkeit hindeuten, *Thomas/ Crook/Edelman*, Credit Scoring and its Applications, S. 7; BaFin, BDAI, S. 108.

[244] Für ein Beispiel siehe Lenddo, Patent US 8,694,401 B2, S. 8 f.; krit. *Wei et al.*, 35 Marketing Science (2014), 234 (235).

[245] Mangels Kenntnis von „richtigem" oder „falschem" Verhalten zurecht zweifelnd, *Hurley/Adebayo*, 18 Yale Journal of Law & Technology (2016), 148 (152); der Zusammenhang dieser Daten sei daher weniger „intuitiv" *Aggarwal*, 80 CLJ (2021), 42 (59).

[246] Vgl. bereits BVerfGE 65, 1 (41 ff.) (Volkszählung); *Aggarwal*, 80 CLJ (2021), 42 (59); *Berg et al.*, 33 The Review of Financial Studies (2020), 2845 (2886).

[247] *Overbeck*, Datenschutz und Verbraucherschutz, S. 3; *Kamp/Weichert*, Scoringsysteme zur Beurteilung der Kreditwürdigkeit, S. 11; vgl. auch *Helfrich*, Kreditscoring und Scorewertbildung der SCHUFA, S. 25.

[248] *Abel*, RVD 2007, 108 (109); *Giesswein*, Verfassungsmäßigkeit des Scoringverfahrens der Schufa, S. 25; *Nick*, in: FS Mailänder, 2006, S. 45 (50).

[249] *Jentzsch*, WD 2016, 644 (644); *Wuermeling*, NJW 2002, 3508 (3509).

mit variierenden Merkmalen und Gewichtungen der Merkmale darstellen,[250] konjunkturelle Schwankungen berücksichtigen[251] oder einen finalen Scorewert erzeugen, der sich aus mehreren Modellreihen zusammensetzt[252]. Der Basisscore (*generic score*) bezeichnet die generelle Risikoeigenschaft des Kreditnehmers.[253] Da die Berechnung des Kreditscorewertes erst durch den Kreditantrag des Kreditinteressenten angestoßen wird, versteht man unter Kreditscoring meist den Fall des sog. Antragsscoring.[254]

Sofern Big Data in der deutschsprachigen Rechtswissenschaft in Bezug auf Kreditscoring diskutiert wird,[255] erfolgt bislang, soweit ersichtlich, keine ausführliche Differenzierung der Scoringverfahren[256].[257] Mit dem zunehmenden Einfluss künstlicher Intelligenz und der Verfügbarkeit alternativer Daten entstehen neue Scoringverfahren, die im Folgenden dargestellt werden sollen und die sich in Komplexität, Effizienz und Datengetriebenheit stark von den Scoringverfahren im herkömmlichen Sinne unterscheiden.

1. Herkömmliches Kreditscoring

Unter Kreditscoring versteht man die Kreditwürdigkeitsprüfung unter Auswertung „herkömmlicher"[258] kreditrelevanter Daten auf der Grundlage von klassischen

---

[250] Siehe die Marktbefragung SVRV, Verbrauchergerechtes Scoring, S. 184; *Wuermeling*, NJW 2002, 3508 (3509).

[251] *Schröder et al.*, in: Schröder/Taeger, Scoring im Fokus, S. 8 (43); *Thomas/Crook/Edelman*, Credit Scoring and its Applications, S. 7.

[252] *Hurley/Adebayo*, 18 Yale Journal of Law & Technology (2016), 148 (181).

[253] *Rosenblatt*, Credit Data and Scoring, S. 67; *Schröder et al.*, in: Schröder/Taeger, Scoring im Fokus, Scoring im Fokus, S. 8 (58).

[254] Weitere Arten sind das Verhaltensscoring (*behavioral scoring*) zur Bewertung der Kontoführung oder des Rückzahlungsverhaltens nach Kreditvergabe oder allgemein bei Bestandskunden sowie das Inkassoscoring zur Risikoeinstufung in den Fällen der Zwangsvollstreckung, *Dittombée*, in: Sokol, Living by numbers, S. 86 (90). Auch gibt es das Werbescoring, *Urbatsch*, in: Sokol, Living by numbers, S. 68 (69); *Overbeck*, Datenschutz und Verbraucherschutz, S. 1; sowie Call-Center-Scoring und Versandhandel-Scoring, ULD, Verbraucher-Scoring, 2010, S. 5.

[255] Zum Beispiel *Eschholz*, DuD 2017, 180; *Jandt*, K&R 2015/2, 6; *Jentzsch*, WD 2016, 644; *Weichert*, ZRP 2014, 168.

[256] Anders in englischsprachiger Literatur, z. B.: *Aggarwal*, in: Aggarwal et al., Autonomous Systems and the Law, S. 37; *dies.*, 80 CLJ (2021), 42; *Aitken*, C&C 2017, 274; *Berg et al.*, 33 The Review of Financial Studies (2020), 2845; *Hurley/Adebayo*, 18 Yale Journal of Law & Technology (2016), 148 (157 ff.); *Langenbucher*, 31 EBLR (2020), 527.

[257] Den Begriff des Big Data-Scoring nennen: *Eschholz*, DuD 2017, 180; *Jandt*, K&R 2015/2, 6 (8).

[258] Vgl. auch SCHUFA, SCHUFA CheckNow erweitert Möglichkeiten der Bonitätsprüfung durch Kontodatenanalyse im Auftrag des Verbrauchers, Pressemitteilung vom 16. 11. 2020, abrufbar unter https://www.schufa.de/ueber-uns/presse/pressemitteilungen/schufa-checknow-erweitert-moeglichkeiten-bonitaetspruefung-kontodatenanalyse-auftrag-verbrauchers/.

mathematisch-statistischen Methoden.[259] Zu der vorherrschend verwendeten Methode zählt die logistische Regression[260] unter Berücksichtigung einer begrenzten Anzahl an Variablen.[261] Die Ergebnisse dieser Methode sind mit den entsprechenden Kenntnissen der Statistik sehr gut nachvollziehbar und erklärbar.[262]

Die beim Scoring verarbeiteten Daten entstammen unmittelbar dem Kreditantrag, sind bei Bestandskunden bereits bankintern hinterlegt oder werden von Auskunfteien übermittelt. Diese Daten setzen sich aus den soziodemographischen Daten des Kreditinteressenten, Angaben zu wirtschaftlichen Verhältnissen und externen Informationen, wie die SCHUFA-Auskunft, zusammen.[263] Hierbei fließen auch Daten aus öffentlichen Registern wie Schuldnerverzeichnissen oder Insolvenzbekanntmachungen in den Scorewert ein.[264] Welche Daten für die Zwecke der Scorewertbildung konkret verwendet werden, hängt davon ab, welches Scoringmodell verwendet wird und ob es sich um internes oder externes Kreditscoring handelt.

a) Soziodemographische Daten

Soziodemographische Daten beschreiben den Kreditantragsteller und seinen Lebensstil.[265] Zu den in Betracht kommenden soziodemographischen Daten können – unabhängig von ihrer rechtlichen Zulässigkeit – zählen: Alter, Geschlecht, Familienstand, Anzahl der Kinder, Gesundheitszustand, Nationalität, Religion, Arbeitgeber, Art und Dauer des ausgeübten Berufs, Einkommensklasse, Einkommen, Häufigkeit der Umzüge, Haushaltstyp, Besitz eines Kraftfahrzeugs, Netto-

---

[259] *Hoeren*, in: SCHUFA Grundlagenschrift, S. 63 (67); *Kamp/Weichert*, Scoringsysteme zur Beurteilung der Kreditwürdigkeit, S. 10 ff.

[260] *Hoeren*, in: SCHUFA Grundlagenschrift, S. 63 (67); SVRV, Verbrauchergerechtes Scoring, S. 185; ULD, Scoring nach der Datenschutz-Novelle 2009 und neue Entwicklungen, S. 85.

[261] Ca. zehn bis vierzig Merkmale in verschiedenen Ausprägungen, *Kamp/Weichert*, Scoringsysteme zur Beurteilung der Kreditwürdigkeit, S. 48, 50; sieben bis fünfzehn, Engelmann/Rauhmeier/*Porath*, The Basel II Risk Parameters, 25 (26); *Dittombée*, in: Sokol, Living by numbers, S. 86 (92 f.); *Urbatsch*, in: Sokol, Living by numbers, S. 68 (72 ff.); *Aggarwal*, 80 CLJ (2021), 42 (46); *Jentzsch*, WD 2016, 644 (644 f.); BITKOM, Big Data im Praxiseinsatz, S. 44; anders aber beim Verhaltensscoring, *Thomas*, Consumer Credit Models, S. 6 f.

[262] Vgl. zur statistischen Auswertung *Thomas/Crook/Edelman*, Credit Scoring and its Applications, S. 96; kein Charakter einer Black Box: *Kamp/Weichert*, Scoringsysteme zur Beurteilung der Kreditwürdigkeit, S. 48.

[263] *Beckhusen*, Datenumgang innerhalb des Kreditinformationssystems der SCHUFA, S. 220; *Dittombée*, in: Sokol, Living by numbers, S. 86 (91); ULD, Scoring nach der Datenschutz-Novelle 2009 und neue Entwicklungen, S. 82; *Hoeren*, in: SCHUFA Grundlagenschrift, S. 63 (67).

[264] *Beckhusen*, Datenumgang innerhalb des Kreditinformationssystems der SCHUFA, S. 59; *Krämer*, NJW 2012, 3201 (3203); *Overbeck*, Datenschutz und Verbraucherschutz, S. 43; SVRV, Verbrauchergerechtes Scoring, S. 78, 184.

[265] *Beckhusen*, Datenumgang innerhalb des Kreditinformationssystems der SCHUFA, S. 220; *Thomas/Crook/Edelman*, Credit Scoring and its Applications, S. 17.

kreditbetrag, Vorhandensein von Sicherheiten, Wohndauer sowie Dauer des Mietverhältnisses und die Zahl der Kredite.[266] Einige dieser Angaben, sofern überhaupt erhoben, teilt der Kreditinteressent unmittelbar durch den Kreditantrag mit. Die SCHUFA verwendet zum Beispiel nach eigenen Angaben keine Daten zu politischen und religiösen Eigenschaften oder solche, die auf die ethnische Herkunft oder Staatsbürgerschaft hindeuten.[267] Als soziodemographische Daten nennt sie dafür Namen, Geburtsdatum, Geburtsort und Anschriftendaten und, ob man eine Person des öffentlichen Lebens ist.[268]

Teilweise mit den soziodemographischen Daten überschneidend können die Angaben zu den finanziellen Verhältnissen des Kreditantragstellers eine umfassende Vermögensauskunft beinhalten, die u. a. Informationen zu dem Vorhandensein von Eigentum, der Höhe bestehender Verbindlichkeiten sowie Lebenskosten und Unterhaltspflichten umfasst.[269] Diese Informationen werden regelmäßig von Banken erhoben und berücksichtigt.[270]

b) Kredithistorie

Insbesondere bei online abgewickelten Verträgen mit kreditorischen Elementen, bei denen sich die Vertragsparteien nicht kennen, aber dennoch ein zügiger und sicherer Vertragsschluss eingefordert wird, sind die „auf Vorrat"[271] gespeicherten Daten der Auskunfteien von besonderer Relevanz zur Einschätzung der Kreditwürdigkeit des Kreditnehmers.[272] Die Datenbanken der Auskunfteien sollen der zwischen den Kreditvertragsparteien bestehenden Informationsasymmetrie entgegenwirken, indem die Auskunfteien Informationen mit der kreditgebenden Wirtschaft teilen. Neben den eigenen Angaben des Kreditantragstellers kommt den von Auskunfteien übermittelten Daten eine besonders hohe Bedeutung zu, da sie dem Kreditgeber die Kredithistorie des Kreditinteressenten, bzw. genauer ausgedrückt nur die von bisherigen Gläubigern eingemeldeten Informationen zu einem jeweiligen Schuldner, offenbaren.

---

[266] Vgl. *Urbatsch*, in: Sokol, Living by numbers, S. 68 (79); *Beckhusen*, Datenumgang innerhalb des Kreditinformationssystems der SCHUFA, S. 220 f.; ULD, Scoring nach der Datenschutz-Novelle 2009 und neue Entwicklungen, S. 70 ff. für Auskunfteien, S. 82 f. für Banken; zu den einzelnen Merkmalen und ihrer möglichen statistischen Bedeutung *Kamp/ Weichert*, Scoringsysteme zur Beurteilung der Kreditwürdigkeit, S. 51 ff.; für eine beispielhafte Selbstauskunft siehe *Hartmann-Wendels/Pfingsten/Weber*, Bankbetriebslehre, S. 453 f.

[267] SCHUFA, Scoring bei der SCHUFA, abrufbar unter https://www.schufa.de/scoring-da ten/scoring-schufa/; siehe bereits *Korczak/Wilken*, Scoring im Praxistest, S. 84.

[268] SCHUFA, Scoring bei der SCHUFA, abrufbar unter https://www.schufa.de/scoring-da ten/scoring-schufa/; SCHUFA, SCHUFA-Information, 2.4, März 2022, abrufbar unter https:// www.schufa.de/global/datenschutz-dsgvo/.

[269] *Kamp/Weichert*, Scoringsysteme zur Beurteilung der Kreditwürdigkeit, S. 54.

[270] ULD, Scoring nach der Datenschutz-Novelle 2009 und neue Entwicklungen, S. 82 f.

[271] Gola/Heckmann/*Schulz*, DS-GVO Art. 6 Rn. 99.

[272] Ökonomisch oben § 2, A.VI.4.c), S. 48.

Die Kredithistorie kann aus mehreren Elementen bestehen, die von Rahmeninformationen bis hin zu genauen Ereignissen reichen können. Beispielhaft besteht der US-amerikanische FICO-Score aus fünf Kategorien, die den individuellen Kreditscore bilden: Zahlungshistorie (35 %), geschuldete Beträge (30 %), Länge der Kredithistorie (15 %), neu aufgenommene Kredite (10 %) und bestehende Kreditprodukte (10 %).[273] Ohne eine Gewichtung zu nennen, berücksichtigt die SCHUFA nach eigenen Angaben das bisherige Zahlungsverhalten einer Person unter Berücksichtigung der Kreditnutzung und der Kredithistorie.[274] Unter letzterem versteht sie u. a. Informationen über Bankkonten, Kreditkarten, Leasingverträge, Versandhandelskonten, Ratenzahlungsgeschäfte und Anfragen hierzu sowie Kredite, Bürgschaften und Anfragen hierzu sowie Zahlungsausfälle.[275] Diese Informationen erhält die SCHUFA von bisherigen Gläubigern des Schuldners. Aufgrund des Gegenseitigkeitsprinzips sind Kreditgeber zur Einmeldung dieser Daten zu einer bestimmten Person vertraglich verpflichtet. Auf diese Weise lässt sich die bisherige Performance eines Kreditinteressenten durch eine zentrale Speicherung besonders gut nachvollziehen.[276]

c) Neutrale und negative Auskunfteidaten

Die an und von Auskunfteien übermittelten Daten werden in negative und neutrale Daten unterteilt.[277] Neutral sind Daten, die zunächst nicht negativ sind und denen somit nicht notwendigerweise ein Aussagewert zukommt.[278] Als neutrale oder auch „positive" Daten werden z. B. Informationen über die Aufnahme, vertragsgemäße Abwicklung oder Beendigung von Geschäftsbeziehungen angesehen.[279] Für einen positiven Score ist vor allem entscheidend, dass in einem bestimmten, überschaubaren Zeitraum kein negatives Merkmal bekannt wird.[280]

---

[273] FICO, What's in my FICO Scores?, abrufbar unter https://www.myfico.com/credit-education/whats-in-your-credit-score; ähnlich: TransUnion, How is my credit score calculated?, abrufbar unter https://www.transunion.com/credit-score; Equifax, What factors make up the scoring model of my Equifax credit score?, abrufbar unter https://www.equifax.com/personal/understanding-credit/.

[274] Vgl. SCHUFA, Scoring-Verfahren, abrufbar unter https://www.schufa.de/scoring-daten/scoring-schufa/#507757; SCHUFA, Was beeinflusst den Score?, abrufbar unter https://www.schufa.de/scoring-daten/scoring-schufa/#513950.

[275] SCHUFA, Was beeinflusst den Score?, abrufbar unter https://www.schufa.de/scoring-daten/scoring-schufa/#513950.

[276] Zur SCHUFA auch oben § 2, B.I.2., S. 54.

[277] Beckhusen, Datenumgang innerhalb des Kreditinformationssystems der SCHUFA, S. 62.

[278] Overbeck, Datenschutz und Verbraucherschutz, S. 34; Schröder/Taeger in: Schröder/Taeger, Scoring im Fokus, S. 8 (14).

[279] Beckhusen, BKR 2005, 335 (336).

[280] Siehe die Marktbefragung bei SVRV, Verbrauchergerechtes Scoring, S. 185; Everling/Langen, Social Credit Rating, S. 611 (623).

Negativ sind solche Daten, die Auskunft über ein vertragswidriges Verhalten des Kreditinteressenten geben.[281] Besonders deutlich wird die Negativbewertung an sog. K.o.-Kriterien oder „Killermerkmalen", die regelmäßig zu einer sofortigen Ablehnung des Kreditantrages führen. Hierzu zählen z. B. Arbeitslosigkeit oder das Fehlen eines eigenen Einkommens, Betrugsverdacht, ein (besonders) negativer SCHUFA-Eintrag, Minderjährigkeit oder das Vorliegen sog. harter Negativdaten.[282] Hierunter werden Merkmale verstanden, die die Zahlungsunfähigkeit und Zahlungsunwilligkeit einer Person unter staatlicher Mitwirkung, etwa durch Zwangsvollstreckung, Pfändung oder Insolvenzverfahren, nachweisen.[283] Negative Daten ohne staatliche Mitwirkung werden dagegen als „weiche" Negativmerkmale bezeichnet.[284] Liegen schwerwiegende Negativmerkmale wie ein kürzlich eingetretener Zahlungsausfall vor, kann dies dazu führen, dass die Auskunftei überhaupt erst keine Scorewertberechnung vornimmt, da sich das vorherzusagende Ereignis im Sinne des Zahlungsausfalls bereits realisiert hat.[285]

d) Zwischenfazit

Traditionelles Kreditscoring verwendet mithin vornehmlich finanzielle Daten, untersucht deren statistische Korrelation und berücksichtigt dabei wenige Variablen, wozu auch soziodemographische Daten gehören. Es handelt sich grundsätzlich um eine Dreieckskonstellation bestehend aus Kreditinteressent, Kreditinstitut und Auskunftei.[286] Die logistische Regression bildet den Branchenstandard und ist eine erklärbare und sehr gut nachvollziehbare Berechnungsmethode.

---

[281] *Beckhusen*, Datenumgang innerhalb des Kreditinformationssystems der SCHUFA, S. 65; *ders.*, BKR 2005, 335 (336); Forgó/Helfrich/Schneider/*Kosmides*, Betrieblicher Datenschutz, Teil IX. Kap. 3 Rn. 68; *Schröder/Taeger*, in: Schröder/Taeger, Scoring im Fokus, S. 8 (14).

[282] Weitere Beispiele bei ULD, Scoring nach der Datenschutz-Novelle 2009 und neue Entwicklungen, S. 84 f.; *Korczak/Wilken*, Scoring im Praxistest, S. 71 f.; *Koch*, MMR 1998, 458 (460); *Möller/Florax*, MMR 2002, 806 (809); a. A. *Nick*, in: FS Mailänder, S. 45 (49), der die Prüfung von „Killermerkmalen" als „vor die Klammer gezogen" und daher „datenschutzrechtlich schon per se unproblematisch" ansieht.

[283] *Beckhusen*, Datenumgang innerhalb des Kreditinformationssystems der SCHUFA, S. 67 f.; *Overbeck*, Datenschutz und Verbraucherschutz, S. 35 f.; Beispiele bei *Giesswein*, Verfassungsmäßigkeit des Scoringverfahrens der Schufa, S. 20 f.

[284] *Beckhusen*, Datenumgang innerhalb des Kreditinformationssystems der SCHUFA, S. 67 f.; *Overbeck*, Datenschutz und Verbraucherschutz, S. 36; Beispiele bei *Giesswein*, Verfassungsmäßigkeit des Scoringverfahrens der Schufa, S. 19 f.

[285] *Hoeren*, RDV 2007, 93 (94); *Wuermeling*, NJW 2002, 3508 (3509).

[286] *Helfrich*, Kreditscoring und Scorewertbildung der SCHUFA, S. 25 f.

2. Phänomenologische Betrachtung
des „*All Data is Credit Data*"-Ansatzes

Das bislang vornehmlich von FinTechs betriebene Kreditscoring verfolgt einen anderen Weg, welcher sich auf die zwei bereits beschriebenen Entwicklungen des frühen 21. Jahrhunderts stützt: Einerseits die explosionsartig gestiegene Menge an verfügbaren Daten und andererseits die Verarbeitungsmöglichkeit dieser großen Datensätze mithilfe komplexer, selbstlernender Algorithmen.[287] Zu den Akteuren zählen etwa Big Data Scoring, Branch, Kreditech[288], LenddoEFL, Underwrite.ai, Upstart und Zest AI.

Die neuartigen Kreditscoringverfahren basieren auf der Annahme, dass alle Daten bonitätsrelevant sein können („*all data is credit data*"[289]), sofern nur ein Zusammenhang zu den herkömmlichen Kreditinformationen hergestellt wird.[290] Anders als traditionelle Scoringverfahren ziehen die neuartigen Modelle einen Nutzen aus diversen Datenmengen, indem sie diese mittels künstlicher Intelligenz und Big Data-Analyseverfahren untersuchen und auswerten.[291] Dabei sollen pro Kreditantrag tausende Datenpunkte aus zahlreichen Datenquellen automatisch formatiert und Variablen zugeordnet werden.[292] Online-Kreditanträge können somit binnen weniger Minuten durch den Antragsteller ausgefüllt und sekundenschnell ohne menschliches Dazwischentreten bewilligt werden.

Anstelle eines verschärften Fokus auf Negativinformationen betrachten diese Kreditscoringmodelle zusätzlich unzählige andere Daten, die nicht notwendiger-

---

[287] *Aggarwal*, in: Aggarwal et al., Autonomous Systems and the Law, S. 37 (38 f.); *dies.*, 80 CLJ (2021), 42 (46 f.); *Adolff/Langenbucher*, in: FS Krieger, S. 1 (1); SVRV, Verbrauchergerechtes Scoring, S. 61 f.

[288] Das Hamburger Start-Up Kreditech stellte sein Geschäftsmodell nach nur wenigen Wochen in Deutschland nach eigenen Angaben „präventiv" ein und fokussierte sich auf andere Länder, DANA 03/2013, 118; *Schulz/Müller/Rosenbach*, Die Daten-Bank, Spiegel Online, 14.5.2013, abrufbar unter https://www.spiegel.de/netzwelt/netzpolitik/big-data-daten-bank-a-899538.html; zwischenzeitlich zu Monedo umfirmiert ist das Start Up 2020 in die Insolvenz gerutscht, *Hüsing*, Monedo – der Kreditech-Nachfolger – ist insolvent, deutsche Startups, 9.9.2020, abrufbar unter https://www.deutsche-startups.de/2020/09/09/monedo-kreditech-insolvent/.

[289] *Douglas Merril* bei *Hardy*, Just the Facts. Yes, All of Them, 24.3.2012, abrufbar unter https://www.nytimes.com/2012/03/25/business/factuals-gil-elbaz-wants-to-gather-the-data-universe.html.

[290] *Hurley/Adebayo*, 18 Yale Journal of Law & Technology (2016), 148 (151, 164); *B. Anderson*, in: Siddiqi, Intelligent Credit Scoring, S. 149 (164 f.); *Jentzsch*, WD 2016, 644 (646); siehe auch SVRV, Verbraucheres Scoring, S. 62.

[291] *Adolff/Langenbucher*, in: FS Krieger, S. 1 (1); *Aggarwal*, in: Aggarwal et al., Autonomous Systems and the Law, S. 37 (38 f.); *dies.*, 80 CLJ (2021), 42 (46 f.); *Hurley/Adebayo*, 18 Yale Journal of Law & Technology (2016), 148 (163).

[292] Zest AI, Patentantrag US 2016/0155194 A1, S. 4 (0025 f.); SVRV, Verbrauchergerechtes Scoring, S. 62; Big Data Scoring, What is it, abrufbar unter https://www.bigdatascoring.com/#whatis.

weise einen finanziellen Bezug aufzeigen müssen, sondern auch stellvertretende Bonitätsmerkmale (sog. *proxies*) sein können.[293] Diese besonders datengetriebenen Scoringmodelle profitieren von der allgemeinen Entwicklung einer exponentiell gestiegenen Datenverfügbarkeit sowie den zugleich gesunkenen Kosten für die Speicherung und Verarbeitung von Daten.[294] Ferner sind in einer digitalisierten Welt schlichtweg andere Datenarten und andere Datenquellen verfügbar, die das Leben einer jeden Person, insbesondere durch internetfähige, miteinander vernetzte Endgeräte (Internet der Dinge – IoT),[295] in bislang ungekannter Weise tagebuchartig festhalten und der akribischen Auswertung zugänglich machen können.[296] Hiervon für die Kreditwirtschaft einen wirtschaftlichen Nutzen zu ziehen, wurde daher auch als „Bank of Things" bezeichnet.[297]

a) Begriff der alternativen Daten

Wenn im Ausgangspunkt alle Daten als bonitätsrelevant erachtet werden, können die in die Kreditwürdigkeitsprüfung einfließenden Informationen grundsätzlich auch jeder Datenquelle entspringen. Aus diesen sowie aus den sich ableitbaren Meta-Daten, welche die Eigenschaften des Kreditantragstellers kategorisieren,[298] ergeben sich wiederum neue Daten. Solche Daten gelten grundsätzlich als „alternativ",[299] da sie herkömmlich typischerweise nicht berücksichtigt werden.[300]

---

[293] SVRV, Verbrauchergerechtes Scoring, S. 47 f., 62.

[294] *B. Anderson*, in: Siddiqi, Intelligent Credit Scoring, S. 149 (150); Hoeren/Sieber/Holznagel/*Bitter*, Hdb. Multimedia-Recht, Teil 15.4 Rn. 5.

[295] *Stiemerling*, CR 2015, 762 (764); zum Begriff siehe Auer-Reinsdorff/Conrad/*M. Schmidt/Pruß*, Hdb. IT- und Datenschutzrecht, § 3 Rn. 431 ff.; für weitere Anwendungsbeispiele siehe auch *Heydn*, MMR 2020, 503 (503 f.).

[296] *B. Anderson*, in: Siddiqi, Intelligent Credit Scoring, S. 149 (150); *Hurley/Adebayo*, 18 Yale Journal of Law & Technology (2016), 148 (151 f., 157 f.).

[297] *Del Giudice/Campanella/Dezi*, 22 Business Process Management Journal (2016), 324.

[298] Zest AI, Patentantrag US 2018/0260891 A1, S. 4 (0041).

[299] EBA, EBA/REP/2021/17, S. 67; *Aggarwal*, in: Aggarwal et al., Autonomous Systems and the Law, S. 37 (39); *dies.*, 80 CLJ (2021), 42 (46); *Aitken*, C&C 2017, 274 (275); *Djeundje et al.*, 163 Expert Systems with Applications (2021), 113766; Experian, The State of Alternative Credit Data; FICO, Can Alternative Data Expand Credit Access, White Paper No. 90; *Robinson+Yu*, Knowing the Score, S. 2; Möslein/Omlor/*Steinrötter/Stamenov*, Fin-Tech-Hdb., § 11 Rn. 29; *Truby/Brown/Dahl*, 14 Law and Financial Markets Review (2020), 110 (112); ähnlich SVRV, Verbrauchergerechtes Scoring, S. 61: „unkonventionell".

[300] Vgl. zu *credit rating agencies* in den USA *Turner et al.*, A New Pathway to Financial Inclusion, 2012, S. 7; FICO, Expanding credit access with alternative data, 4941WP 01/21, S. 6.

aa) Alternative Daten im weiteren Sinne

Alternative Daten können z. B. vertragsgemäß erbrachte Zahlungen aus einem Miet- oder Mobilfunkvertrag sein.[301] Diese Daten geben Auskunft über die finanziellen Verhältnisse des Kreditinteressenten und legen dessen Zahlungshistorie offen. Sie sind im weiteren Sinne alternativ, weil sie zwar finanzbezogen sind, aber herkömmlich nicht erhoben werden.

bb) Alternative Daten im engeren Sinne

Es können auch Daten verwendet werden, die scheinbar ohne jeglichen finanziellen Bezug in die Kreditwürdigkeitsprüfung einfließen, indem sie das Sozialverhalten und die Gewohnheiten des Kreditinteressenten wiedergeben.[302] Die sich hieraus ergebenden Informationen gehen deutlich über das Zahlungsverhalten des Kreditinteressenten hinaus.[303] Diese Daten sind somit im engeren Sinne alternativ. Von Bedeutung sind psychometrische Daten, Daten aus sozialen Netzwerken oder allgemein das Online-Verhalten und Handydaten.[304] Solche Daten spiegeln das Verhalten des Kreditinteressenten wider, bezwecken die Erfassung des Charakters des Kreditinteressenten und quantifizieren das früher in die Kreditvergabeentscheidung einfließende intuitive „Bauchgefühl" eines Kreditsachbearbeiters bzw. das Vertrauen in die Rückzahlung durch den Kreditnehmer. Die Berücksichtigung der Charaktereigenschaften ist zwar wie aufgezeigt nicht neu.[305] Neu ist dagegen, dass der *character* anstelle eines subjektiv-intuitiven Eindrucks des einzelnen Kreditsachbearbeiters nun durch komplexe Profilbildungen und im Wege mathematisch-statistischer Auswertungen unmittelbar erfasst und für die Zwecke der Kreditwürdigkeitsprüfung genutzt wird.

b) Stellvertretermerkmale (proxies)

Infolge der Berücksichtigung alternativer Daten steigt auch die Bedeutung sog. Stellvertretervariablen (Proxy-Variablen). Hierunter versteht man Variablen, die keine unmittelbare Auskunft über die Kreditwürdigkeit geben, sondern mittelbar

---

[301] *Aggarwal*, in: Aggarwal et al., Autonomous Systems and the Law, S. 37 (39): „*non-credit*, financial data"; FICO, Expanding credit access with alternative data, 4941WP 01/21, S. 4: „bill payment data".

[302] EBA, EBA/REP/2021/17, S. 67: „non-financial data"; *Aggarwal*, in: Aggarwal et al., Autonomous Systems and the Law, S. 37 (39): „*non-credit, non-financial* data"; FICO, 4941WP 01/21, S. 4: „non-financial data"; *Robinson+Yu*, Knowing the Score, S. 10: „fringe alternative data" anstelle von „mainstream alternative data".

[303] *Adolff/Langenbucher*, in: FS Krieger, S. 1 (1).

[304] *Aggarwal*, 80 CLJ (2021), 42 (47); *Thomas/Crook/Edelman*, Credit Scoring and its Applications, S. 18.

[305] Zu den sog. „*three Cs*", siehe oben § 2 A.II., S. 38.

bzw. indirekt über ein anderes Merkmal informieren.[306] Proxy-Variablen fungieren somit stellvertretend für die unmittelbar über die Kreditwürdigkeit Auskunft gebenden Daten. Fehlen Daten, die im Rahmen der traditionellen Scorewertbildung benötigt werden, können alternative Daten als Stellvertretermerkmale (*proxies*) verwendet werden und bestehende Informationslücken schließen.[307]

Die Berücksichtigung von Stellvertretermerkmalen ist ebenfalls nicht unbedingt eine neue Erscheinung, sondern wird auch bei traditionellen Scoringverfahren verwendet, etwa wenn soziodemographische Daten wie der Vorname einfließen, um Rückschlusse auf das Alter zu ziehen,[308] Anschriftendaten verwendet werden, um die Wirtschaftslage im Lebensumfeld des Kreditinteressenten einzuschätzen[309], oder wenn die Länge der Kredithistorie als Indiz für finanzielle Erfahrung angesehen wird[310]. Auch das Vorhandensein eines Festnetzanschlusses wurde z. B. in der Vergangenheit genutzt, um die wirtschaftliche Situation des Kreditschuldners zu beurteilen.[311] Die Verwendung von Stellvertretermerkmalen erreicht jedoch neue Dimensionen, wenn GPS-Daten über Smartphone-Aktivitäten erhoben werden, um auf das Lebensumfeld des Kreditinteressenten zu schließen, oder durch die Verwendung von *proxies* gar Verbraucherschutzvorschriften umgangen werden.[312]

c) Alternative Daten und ihre Quellen

Von der zusätzlichen Berücksichtigung alternativer Daten verspricht man sich eine Steigerung der Prognosefähigkeit der Scoringmodelle.[313] Schließlich können kostengünstigere und zuverlässigere Prognosen einen Marktvorteil gegenüber den herkömmlichen Scoringmodellen von Kreditauskunfteien und Banken bedeuten, wenn der Verwender solcher Modelle weniger Kreditausfälle zu beklagen hätte und höhere Erträge einzuholen wären.[314] Zwar berücksichtigen die Scoringmodelle der

---

[306] SVRV, Verbrauchergerechtes Scoring, S. 47.

[307] *Aitken*, C&C 2017, 274 (282); *Robinson+Yu*, Knowing the Score, S. 12.

[308] „Gertrud ist über 50, Chantal unter 30 Jahre alt", ULD, Scoring nach der Datenschutz-Novelle 2009 und neue Entwicklungen, S. 71, 135; *Kamp/Weichert*, Scoringsysteme zur Beurteilung der Kreditwürdigkeit, S. 52.

[309] SVRV, Verbrauchergerechtes Scoring, S. 47; *Kamp/Weichert*, Scoringsysteme zur Beurteilung der Kreditwürdigkeit, S. 51.

[310] SCHUFA, Was beeinflusst den Score?, Das sagt Ihre Kredithistorie aus, abrufbar unter https://www.schufa.de/scoring-daten/scoring-schufa/#513950.

[311] Vgl. Fischer/Schulte-Mattler/*Daun*, CRR Art. 179 Rn. 10.

[312] *Langenbucher*, 31 EBLR (2020), 527 (530).

[313] *Hurley/Adebayo*, 18 Yale Journal of Law & Technology (2016), 148 (174 f.).

[314] Möslein/Omlor/*Siering*, FinTech-Hdb., § 24 Rn. 38; *B. Anderson*, in: Siddiqi, Intelligent Credit Scoring, S. 149 (161); *Aggarwal*, Big Data and the Obsolescence of Consumer Credit Reports, 15.7.19, abrufbar unter https://www.law.ox.ac.uk/business-law-blog/blog/2019/07/big-data-and-obsolescence-consumer-credit-reports.

FinTechs auch klassische Scoringelemente,[315] wie etwa die Kreditauskünfte der Auskunfteien.[316] Der zusätzliche Nutzen infolge von Big Data-Analyseverfahren soll aber ein holistisches[317] Bild über den Kreditinteressenten erzeugen.[318] Infolgedessen bedeutet dies eine ungleich datengetriebenere Kreditwürdigkeitsprüfung.

Da sich die Ersteller von Scoringmodellen auf ihr Geschäftsgeheimnis berufen, existieren keine detaillierten Angaben darüber, welche Daten mit welchen Methoden verarbeitet und wie die einzelnen Variablen innerhalb der mathematischen Gleichung gewichtet werden.[319] Für Licht im Dunkel sorgen öffentliche Stellungnahmen, Patentanträge, unternehmenseigene Angaben sowie Fachbeiträge. Ob die zu beschreibenden Datenkategorien und ihre Quellen alle für die Zwecke des Kreditscorings einsetzbar sind oder die öffentlichkeitswirksame Verlautbarung ihrer Berücksichtigung teilweise nur Marketingzwecken dienen soll, kann hier nicht beurteilt werden. Im Folgenden sollen die genannten Datenarten zusammengetragen werden, um ein Verständnis für ein potenzielles Kreditscoring „in Zeiten von Big Data" zu vermitteln.

aa) Digitale Bankkontoprüfung

Im Grundsatz gilt, dass ein zu vergebender Kredit aus dem laufenden Einkommen finanzierbar sein muss.[320] Insofern ist es von besonderer Bedeutung, die finanzielle Lebensweise des Kreditinteressenten umfassend einschätzen zu können. Einen erkenntnisreichen Einblick bietet dabei das Kontoverhalten des Kreditinteressenten. Der Zugang zu dem Zahlungskonto des Kreditinteressenten[321] wird technisch über sog. API-Schnittstellenzugänge[322] hergestellt und rechtlich durch das *Open Banking*

---

[315] Zumindest anfangs aber nicht Kreditech, DANA 03/2013, 118; auch nicht: Big Data Scoring, *Erki*, Big Data Scoring, First Ever Generic European Social Media Scorecard Ready!, 9.4.2013, abrufbar unter https://www.bigdatascoring.com/first-ever-generic-european-social-media-scorecard-ready/; mit Verweis auf Lenddo *B. Anderson*, in: Siddiqi, Intelligent Credit Scoring, S. 149 (159).

[316] Zest AI, Patentantrag US 2018/0260891 A1, S. 2 (0011), S. 3 (0025), S. 4 f. (0038); Möslein/Omlor/*Tschörtner*, FinTech-Hdb., § 3 Rn. 65; Möslein/Omlor/*Siering*, FinTech-Hdb., § 24 Rn. 36.

[317] Zu diesem Ansatz siehe Experian, The State of Alternative Credit Data, S. 18; vgl. auch Bestrebungen eines 360°-Verbraucherprofils bei *Jentzsch*, WD 2016, 644 (644 ff.).

[318] *Aggarwal*, in: Aggarwal et al., Autonomous Systems and the Law, S. 37 (39); *B. Anderson*, in: Siddiqi, Intelligent Credit Scoring, S. 149 (161).

[319] *Hurley/Adebayo*, 18 Yale Journal of Law & Technology (2016), 148 (179).

[320] Siehe die Umfrage bei ULD, Scoring nach der Datenschutz-Novelle 2009 und neue Entwicklungen, S. 82.

[321] Auch *Access-to-Account* oder X2A.

[322] Kurz für „*Application Programming Interface*", hierzu Möslein/Omlor/*Tschörtner*, FinTech-Hdb., § 3 Rn. 51 ff.

mit Umsetzung[323] der Payment Services Directive (PSD2)[324] ermöglicht.[325] In der Folge gestattet dies eine vollautomatisierte Abfrage der Kundeninformationen in Echtzeit sowie deren Analyse und Übermittlung an Dritte.[326] Der Kontoführer kann damit auf Anhieb gegenüber dem Kreditgeber sämtliche Informationen über sich und seine Vertragspartner, gezahlte Entgelte, empfangene Leistungen sowie deren Zeitpunkte, Regelmäßigkeit und Verwendungszwecke, aber auch seinen Kontostand preisgeben. Statt einer womöglich unvollständigen Momentaufnahme der wirtschaftlichen Lebensweise des Kreditinteressenten offenbart sich somit das tatsächliche (Zahlungs-)Verhalten des Kreditantragstellers über einen festen Zeitraum. Während bislang nur die Hausbank schnell, unkompliziert und digital das Kontoverhalten auswerten konnte, eröffnet die PSD2 diese Möglichkeit auch gegenüber hausbankfremden Kreditgebern und fördert damit den Wettbewerb.

Infolgedessen kann das Kontoverhalten des Kontoführers in der Form einer strukturierten Haushaltsrechnung aufgearbeitet und alle Kontobewegungen und Salden aus einem bestimmten Zeitraum in Einnahmen- und Ausgabearten aufgelistet werden. So können Umsatzkategorien wie „Lebensmittel", „Gesundheit" oder „Shopping" gebildet werden oder Verhaltensprofile aufgrund der Anzahl, Häufigkeit und Höhe bestimmter Kontobewegungen erstellt werden.[327] Hierdurch entsteht ein umfangreiches Bild über den Kreditsuchenden, da Monat für Monat verglichen und auf Muster und Anomalien hin untersucht werden kann. Andererseits wird auch erkennbar, von wem der Kontoführer Buchungen erhält, insbesondere ob er Empfänger staatlicher Leistungen ist oder sonstigen Unterhalt bezieht. Ebenso könnte hervorgehen, zu wessen Gunsten der Kontoführer Zahlungen in Auftrag gibt, sodass immer auch personenbezogene Daten Dritter, die nicht am Kreditvertrag partizipieren, verarbeitet werden könnten (sog. *silent party data*).[328] Neben dem Namen der Empfängerperson lässt sich erkennen, ob der Zahlungsempfänger eine Gewerkschaft, eine politische Partei, eine Religionsgemeinschaft, ein Sportverein, ein Arzt oder Rechtsanwalt ist – und welche Höhe und Häufigkeit die Zahlungen haben.[329] Auch der Verwendungszweck kann delikate Informationen beinhalten. So kann eine

---

[323] Gesetz zur Umsetzung der Zweiten Zahlungsdiensterichtlinie vom. 17. Juli 2017, BGBl. I 2017 2446.

[324] Richtlinie (EU) 2015/2366 des Europäischen Parlaments und des Rates vom 25. November 2015 über Zahlungsdienste im Binnenmarkt, zur Änderung der Richtlinien 2002/65/ EG, 2009/110/EG und 2013/36/EU und der Verordnung (EU) Nr. 1093/2010 sowie zur Aufhebung der Richtlinie 2007/64/EG, ABl. (EU) 2015 L 337, 35.

[325] Dazu siehe unten § 4, B.IX., S. 305 ff.; *Söbbing*, BKR 2019, 443 (447); Hoeren/Sieber/ Holznagel/*Bitter*, Hdb. Multimedia-Recht, Teil 15.4 Rn. 16, 20.

[326] *Söbbing*, BKR 2019, 443 (447); *Weichert*, ZD 2021, 134 (135 f.); empirisch zu den Effekten *Nam*, SAFE Working Paper No. 364.

[327] So könnte ein Kontoinformationsdienstleister dem Kunden bspw. einen günstigeren Stromvertrag antragen und durch Provision bei Vertragsabschluss Gewinne erzielen, *Weichert*, ZD 2021, 134 (135).

[328] Datenschutzrechtlich regelmäßig unproblematisch, unten § 4, B.IX.3., S. 312.

[329] *Weichert*, ZD 2021, 134 (136).

Überweisung Auskunft über potenzielle Negativmerkmale geben, etwa wenn in dem Verwendungszweck auf Zahlungsrückstände hingewiesen wird.[330] Interessanter ist aber die Echtzeit-Offenlegung solcher Informationen des Kreditantragstellers, auf die der Kreditgeber, sofern er nicht gerade die Hausbank des Kreditinteressenten ist, für gewöhnlich weder durch die Selbstauskunft des Kreditinteressenten noch über Auskunfteien Zugriff hat. Hierzu können insbesondere Rückbuchungen von Lastschriften, Zahlungen an Inkassounternehmen, Kontopfändungen sowie das (überdurchschnittliche) Betreiben von Glücksspiel zählen.[331]

Die SCHUFA hat im Herbst 2020 eine Testphase eingeleitet, in der sie in Abweichung von „herkömmlichen Methoden" mit dem Projekt „SCHUFA CheckNow" die Durchführung einer Kontoanalyse in Partnerschaft mit ihrem Tochterunternehmen finAPI beabsichtigte. Hierbei handelte es sich nach SCHUFA-Angaben um eine freiwillige, zustimmungsbedürftige und für den Verbraucher kostenlose Auswertung, die Kunden angeboten werden soll, „denen [Unternehmen wie z. B. Telekommunikationsanbieter] nach herkömmlicher Risikoprüfung keinen Vertragsabschluss ermöglichen würden".[332] Die betreffenden Konten sollen einmalig gesichtet und bonitätsrelevante, nicht aber „besonders sensible" Daten für zwölf Monate gespeichert werden.[333] Infolge erheblicher öffentlicher Kritik[334] stellte die SCHUFA das Testprojekt ein.[335]

bb) Online-Zahlungshistorie

Zu den Datenquellen, die weiterhin Aufschluss über die Kreditwürdigkeit bieten können, gehören auch Online-Plattformen wie Amazon, eBay, Netflix oder Paypal.[336] Auch hieraus ergeben sich transaktionsbezogene Daten, die bisherige Ein-

---

[330] Everling/*Langen*, Social Credit Rating, S. 611 (623).

[331] *Weichert*, ZD 2021, 134 (136).

[332] SCHUFA, SCHUFA CheckNow erweitert Möglichkeiten der Bonitätsprüfung durch Kontodatenanalyse im Auftrag des Verbrauchers, Pressemitteilung vom 16. 11. 2020, abrufbar unter https://www.schufa.de/ueber-uns/presse/pressemitteilungen/schufa-checknow-erweitert-moeglichkeiten-bonitaetspruefung-kontodatenanalyse-auftrag-verbrauchers/.

[333] SCHUFA, Stellungnahme zur Berichterstattung von NDR, WDR und SZ zum Produkt-Test SCHUFA CheckNow, Pressemitteilung vom 27. 11. 2020, abrufbar unter https://www. schufa.de/ueber-uns/presse/pressemitteilungen/stellungnahme-berichterstattung-ndr-wdr-sz-pro dukt-test-schufa-checknow/.

[334] Beispielhaft: Nach den Worten des ehemaligen Bundesdatenschutzbeauftragten *Peter Schaar* würden sich Verbraucher durch Betätigung des Einwilligungsbuttons bei SCHUFA CheckNow „wirklich nackig" machen, *Bognanni/Busch/Hornung*, Bankgeheimnis: Schufa will Konten ausforschen, Das Erste, 26. 11. 2020, abrufbar unter https://daserste.ndr.de/panora ma/archiv/2020/Bankgeheimnis-Schufa-will-Konten-ausforschen,schufa166.html.

[335] *Wischmeyer*, Schufa stampft umstrittenes Projekt ein, Süddeutsche Zeitung, 24. 3. 2021, abrufbar unter https://www.sueddeutsche.de/wirtschaft/schufa-konto-1.5245443.

[336] BBVA, The digital footprint: a tool to increase and improve lending, 16. 6. 2017, abrufbar unter https://www.bbva.com/en/digital-footprint-tool-increase-improve-lending/; siehe

käufe positiv nachweisen und das individuelle Konsum- und Zahlungsverhalten offenlegen.[337] Hieraus ergibt sich zwar kein so vollumfängliches Bild wie durch Open Banking. Dennoch geben diese Quellen Eindrücke über die finanziellen Umstände des Kreditantragstellers, Zahlungsflüsse und das individuelle Konsumverhalten.

cc) Daten aus sozialen Medien

Social Media-Daten bieten gewaltige Mengen an strukturierten und unstrukturierten Daten,[338] weshalb ihr Einbezug infolge komplexer Interpretationsmöglichkeiten, Manipulierbarkeit und hohem Analyseaufwand kritisch betrachtet wird.[339] Während Auskunfteien betonen, keine Daten aus sozialen Medien zu verwenden,[340] bewerben FinTechs ihre Scoringverfahren mit der – teilweise sogar ausschließlichen[341] – Berücksichtigung dieser Daten[342].[343] Ein bekanntes Beispiel ist LenddoEFL, das nach eigenen Angaben im Jahr 2012 ein Kreditscoringmodell auf der Grundlage von über 1000 Variablen aus dem digitalen Fußabdruck erstellte.[344]

In der Regel verwenden FinTechs die Social Media-Daten nur als zusätzliche Quelle.[345] Die sich hieraus ergebenden Daten werden in erster Linie zur Prüfung der Glaubwürdigkeit und des Charakters des Kreditantragstellers herangezogen,[346]

Experian Boost, abrufbar unter https://www.experian.com/consumer-products/score-boost. html; *Langenbucher*, 31 EBLR (2020), 527 (528); SVRV, Verbrauchergerechtes Scoring, S. 62.

[337] *Hurley/Adebayo*, 18 Yale Journal of Law & Technology (2016), 148 (163, 174).

[338] *Eschholz*, DuD 2017, 180 (182).

[339] Hoeren/Sieber/Holznagel/*Bitter*, Hdb. Multimedia-Recht, Teil 15.4 Rn. 51; ULD, Scoring nach der Datenschutz-Novelle 2009 und neue Entwicklungen, S. 89 f.

[340] Siehe die Marktbefragungen: SVRV, Verbrauchergerechtes Scoring, S. 185; ULD, Scoring nach der Datenschutz-Novelle 2009 und neue Entwicklungen, S. 74.

[341] Z.B. Big Data Scoring, *Erki*, Big Data Scoring, First Ever Generic European Social Media Scorecard Ready!, 9.4.2013, abrufbar unter https://www.bigdatascoring.com/first-ever-generic-european-social-media-scorecard-ready/; auch Lenddo, vgl. *B. Anderson*, in: Siddiqi, Intelligent Credit Scoring, S. 149 (159).

[342] Auch bei der Vergabe von Unternehmenskrediten können Social Media-Daten wie Likes oder Nutzerkommentare von Interesse sein, hierzu: Everling/*Langen*, Social Credit Rating, S. 611 (619 f.); *B. Anderson*, in: Siddiqi, Intelligent Credit Scoring, S. 149 (153); Experian, The State of Alternative Credit Data, S. 7.

[343] *Aggarwal*, in: Aggarwal et al., Autonomous Systems and the Law, S. 37 (39); *dies.*, 80 CLJ (2021), 42 (43); *Hurley/Adebayo*, 18 Yale Journal of Law & Technology (2016), 148 (163); *Thomas/Crook/Edelman*, Credit Scoring and its Applications, S. 9.

[344] Lenddo, Patent US 8,694,401 B2, S. 14; *B. Anderson*, in: Siddiqi, Intelligent Credit Scoring, S. 149 (159).

[345] Vgl. SVRV, Verbrauchergerechtes Scoring, S. 62; Zest AI, Patentantrag US 2018/0260891 A1, S. 2 (0011).

[346] Lenddo, Patent US 8,694,401 B2, S. 9: *„to assess the character and credibility"*; Zest AI, Patentantrag US 2018/0260891 A1, S. 5 (0044).

sollen aber auch der Betrugsprävention dienen und Rückschlüsse auf die Kreditwürdigkeit zulassen. Quellen können sämtliche Daten aus sozialen Netzwerken wie
Twitter, Facebook, LinkedIn, oder Google+ sein.[347] Teilweise wird hier bereits von
„Social Scoring" gesprochen.[348] Näherliegend ist jedoch der Begriff eines netz-
werkbasierten Scoringverfahrens, da die Datenerhebung im Online-Kontext häufig
nur einen Ausschnitt der privaten Lebensführung darstellt.[349]

(1) Datenabgleich

Daten aus sozialen Netzwerken können direkt mit den Angaben des Kreditantrags
abgeglichen werden.[350] Dies kann von der Angabe des Berufs[351] oder eines Uni-
versitätsabschlusses[352] bis hin zur Prüfung des Verwendungszwecks[353] oder des
Sprachniveaus[354] reichen. Der Abgleich des Berufs erlaubt etwa eine Schätzung des
Einkommens. Das Einkommen selbst erlaubt wiederum einen Vergleich mit ähnli-
chen Berufsträgern.[355] Auch dies dient der Überprüfung der Glaubwürdigkeit.[356]
Stehen der Kreditantrag und Social Media-Daten im Widerspruch, schadet dies der
Glaubwürdigkeit und damit dem Erfolg des Kreditantrags.

---

[347] Lenddo, Patent US 8,694,401 B2, S. 9; Zest AI, Patentantrag US 2018/0260891 A1,
S. 3 (0027).

[348] *Eschholz*, DuD 2017, 180 (181); Taeger/Gabel/*Taeger*, BDSG § 31 Fn. 10.

[349] Zur Notwendigkeit einer kontextspezifischen Terminologie siehe oben § 2, C.I.2.,
S. 64; *Wei et al.*, 35 Marketing Science (2014), 234 (234).

[350] Lenddo, Patent US 8,694,401 B2, S. 7.

[351] „For instance, if the user indicates in his profile that he works as an engineer but the
messages in his social footprint within the past 48 hours of submitting a loan application
indicate that he works as a janitor, the data collected about him will not meet some credit
scoring criteria.", Lenddo, Patent US 8,694,401 B2, S. 9; *Siegrist*, Wer viele SMS bekommt,
ist kreditwürdiger, Tages-Anzeiger, 21.3.2016, abrufbar unter https://www.tagesanzeiger.ch/
wirtschaft/unternehmen-und-konjunktur/wer-viele-sms-bekommt-ist-kreditwuerdiger/story/2
5348702#mostPopularComment; *Wei et al.*, 35 Marketing Science (2014), 234 (234).

[352] *B. Anderson*, in: Siddiqi, Intelligent Credit Scoring, S. 149 (167).

[353] „For instance, if the user applies for a loan in the amount of 10,165 Php for the purpose
of textbooks for a class he is taking, but the system finds in the user's social footprint no
mention of his taking a class in any communications, comments, posts or personal information. Rather the system learns through his recent communications that the user wants to
accompany his friends at an upcoming three day music concert selling tickets for a price of
10,165 Php, this calls into question the credibility of the user and the probability of the loan
being approved is negatively impacted.", Lenddo, Patent US 8,694,401 B2, S. 10.

[354] „[I]f the borrower has indicated he is a physician however he writes at a level of a person
who is nearly illiterate as evidenced by his text in his social footprint, then his profile would
similarly be flagged as suspicious and undergo further scrutiny.", Lenddo, Patent US
8,694,401 B2, S. 14.

[355] Zest AI, Patentantrag US 2018/0260891 A1, S. 4 (0038, 0042); *Hurley/Adebayo*, 18
Yale Journal of Law & Technology (2016), 148 (176).

[356] Zest AI, Patentantrag US 2018/0260891 A1, S. 5 (0044).

(2) Social Graph

Eine weitere Grundlage bietet das soziale Umfeld des Kreditantragstellers. Durch einen sog. Social Graph können die Anzahl der sozialen Kontakte sowie deren Bindungsstärke visuell dargestellt und analysiert werden.[357] Wie eng der Kreditantragsteller mit einem Mitglied des sozialen Netzwerkes verbunden ist, zeigt sich durch die Art und Weise sowie die Regelmäßigkeit der Kommunikation.[358] Dadurch ergeben sich Informationen zu der Person des Kreditantragstellers selbst, aber auch zu Dritten.[359] So tritt etwa zutage, ob sich Familie, Freunde und Arbeitskollegen des Kreditantragstellers geographisch in der Nähe des im Kreditantrag genannten Wohn- und Arbeitsortes befinden und ob die Ortsangaben übereinstimmen,[360] und wie die Kreditwürdigkeit der mit dem Kreditantragsteller verbundenen Personen zu bewerten ist[361]. Letzteres basiert auf der Annahme, dass der Kreditantragsteller mit ähnlich kreditwürdigen Personen in Kontakt steht.[362]

(3) Identitätsprüfung

Daten aus sozialen Netzwerken können auch zur Überprüfung der Identität des Kreditantragstellers herangezogen werden.[363] Dies fördert die Betrugsprävention.[364] So kann überprüft werden, ob eine Person überhaupt existiert und nicht etwa ein sog. Bot ist[365] oder ob die GPS-Daten der regelmäßig hochgeladenen Statusmeldungen in den sozialen Netzwerken mit dem im Kreditantrag angegebenen Wohnort übereinstimmen[366].[367] Nur wenn die Kreditwürdigkeit der mit dem Kreditantragsteller verbundenen Personen einen bestimmten Mindest-Kreditscore erreichen, gilt

---

[357] Lenddo, Patent US 8,694,401 B2, S. 2; Zest AI, Patentantrag US 2018/0260891 A1, S. 3 (0027).

[358] *De Cnudde et al.*, 70 Journal of the Operational Research Society (2019), 353 (354).

[359] Zest AI, Patentantrag US 2018/0260891 A1, S. 3 (0027).

[360] Lenddo, Patent US 8,694,401 B2, S. 14.

[361] *Seibel*, Gegen Kreditech ist die Schufa ein Schuljunge, Welt, 17.4.2015, abrufbar unter https://www.welt.de/finanzen/verbraucher/article139671014/Gegen-Kreditech-ist-die-Schufa-ein-Schuljunge.html.

[362] Lenddo, Patent US 8,694,401 B2, S. 7; *De Cnudde et al.*, 70 Journal of the Operational Research Society (2019), 353 (354).

[363] Lenddo, Patent US 8,694,401 B2, S. 3; zumindest „Existenzprüfung" *B. Anderson*, in: Siddiqi, Intelligent Credit Scoring, S. 149 (153).

[364] Lenddo, Patent US 8,694,401 B2, S. 16; vgl. den Datenabgleich SVRV, Verbrauchergerechtes Scoring, S. 62, auch Auskunfteien haben ihr Interesse kundgetan, siehe die Marktbefragung, S. 187.

[365] *B. Anderson*, in: Siddiqi, Intelligent Credit Scoring, S. 149 (153).

[366] Weiterhin, ob bspw. mehrere Mitglieder innerhalb des Social Graph ihrer Arbeit am selben Ort nachgehen, Lenddo, Patent US 8,694,401 B2, S. 14.

[367] DANA 03/2013, 118; *Seibel*, Gegen Kreditech ist die Schufa ein Schuljunge, Welt, 17.4.2015, abrufbar unter https://www.welt.de/finanzen/verbraucher/article139671014/Gegen-Kreditech-ist-die-Schufa-ein-Schuljunge.html; SVRV, Verbrauchergerechtes Scoring, S. 62.

der Kreditantragsteller als echte Person authentifiziert.[368] Nicht zu vernachlässigen ist aber das Risiko eines Identitätsdiebstahls.[369]

(4) Profiling

Daten aus sozialen Netzwerken geben weiterhin Aufschluss über die Interessen des Kreditantragstellers. Diese lassen sich mit Blick darauf ermitteln, welche Unternehmens- und Personenprofile oder Kunst- und Musikrichtungen sowie Sportarten einem Nutzer gefallen („Likes"), welchen sozialen Gruppen er beigetreten ist, für welche Forumsbeiträge er sich interessiert und ob und wie er diese kommentiert. Auf diese Weise können Vergleichsgruppen auf der Grundlage von gemeinsamen Interessen gebildet werden.[370] Dies erlaubt Rückschlüsse auf den *character* des Kreditantragstellers und kann wiederum als *proxy* für Kreditwürdigkeit gemessen werden.

Soziale Netzwerke verlangen von ihren Nutzern in der Regel keine finanzielle Gegenleistung, sondern finanzieren sich durch die Anzeige zielgerichteter Werbung. Infolgedessen möchten sie ihre Nutzer bestmöglich kennen, um passende Werbung anzubieten. Insofern hat das soziale Netzwerk nicht nur ein Interesse zu wissen, wie sich der Nutzer auf den eigenen Seiten des sozialen Netzwerkes verhält, sondern auch, wie das Online-Verhalten des Nutzers auf dritten Internetseiten ausfällt. Dies erfolgt durch das sog. *Web Tracking.*[371] Mit der Hilfe von *Cookies,* insbesondere *Third Party Cookies,* die das Tracking über mehrere Internetseiten hinweg erlauben,[372] und *(Social) Plug-Ins,* kann erfasst werden, auf welcher Internetseite ein Nutzer wie lange verweilt, ob er über eine Werbeanzeige oder eigene Browsereingabe auf die Internetseite gelangte (sog. *Click Stream*) und welchen Inhalt er sich ansieht.[373] *Social Plug-Ins* sind Schnittstellen von sozialen Netzwerken, die auf externen Webseiten platziert werden und eine Verlinkung zu dem Nutzerprofil des sozialen Netzwerkes ermöglichen.[374] Über diese Plug-Ins kann das soziale Netzwerk den Nutzer sogar identifizieren, selbst wenn dieser über kein Konto bei dem sozialen Netzwerk verfügt (Schattenprofil).[375] Unter dem Deckmantel der Werbung entsteht so ein Profil, welches den digitalen Fußabdruck des Nutzers nachzeichnet.

Die Auswertung der „Likes" eröffnet Studien zufolge die Möglichkeit, mit hoher Wahrscheinlichkeit das Geschlecht, das Alter, die ethnische Zugehörigkeit, politi-

---

[368] Facebook Patent US9,798,777 B2, S. 2, 7.

[369] ULD, Scoring nach der Datenschutz-Novelle 2009 und neue Entwicklungen, S. 131.

[370] *De Cnudde et al.,* 70 Journal of the Operational Research Society (2019), 353 (356).

[371] *F. Hofmann/Freiling,* ZD 2020, 331 (331 f.).

[372] *Röttgen,* in: Hoeren/Kolany-Raiser, Big Data in Context, S. 73 (74).

[373] Mit sog. *App Tracking* auch über verschiedene Applikationen hinweg, *Röttgen,* in: Hoeren/Kolany-Raiser, Big Data in Context, S. 73 (73 f.).

[374] Z.B. der sog. „Like-Button" von Facebook, *Röttgen,* in: Hoeren/Kolany-Raiser, Big Data in Context, S. 73 (74), zum Like-Button auf S. 76–78.

[375] *Röttgen,* in: Hoeren/Kolany-Raiser, Big Data in Context, S. 73 (77).

sche Ansichten oder die sexuelle Orientierung einer Person zu ermitteln.[376] Nach einer jüngeren Studie kann ein Algorithmus die sexuelle Orientierung einer Person sogar allein anhand von Gesichtsmerkmalen zielsicher schätzen.[377] Sofern Social Media-Daten für die Zwecke des Kreditscorings verwendet werden sollten, eröffnen sich somit neue Risiken der Diskriminierung.[378] Auch unter diesen Aspekten sehen Auskunfteien von der Auswertung sozialer Medien ab,[379] obwohl Entwicklungs- potenzial erkannt wird.[380]

(5) Zwischenergebnis

Nach dem Motto „gleich und gleich gesellt sich gern",[381] welches ebenfalls das Leitmotiv zur Verwendung herkömmlicher Stellvertretermerkmale begründet,[382] kann die unzureichende Kreditwürdigkeit von Dritten innerhalb eines sozialen Netzwerkes einen negativen Einfluss auf den eigenen Kreditantrag zur Folge haben.[383] Andererseits können Social Media-Daten nicht nur dort zur Überwindung von Informationsasymmetrien beitragen, wo es an herkömmlichen vertrauenswür- digen Dokumenten fehlt. Durch die Preisgabe des Standortaufenthalts, des sozialen Online-Umfelds oder der persönlichen Interessen erhält der Kreditgeber ein Bild über den Kreditinteressenten, welches die Erkenntnisse aus persönlichen Kreditin- terviews weitaus übersteigen kann. Neben den daraus entstehenden Diskriminie- rungsrisiken kann zudem die mit Social Media-Daten einhergehende Manipula- tionsgefahr den versprochenen Mehrwert schmälern[384].

Mit dem Argument der fehlenden statistisch nachweisbaren Erheblichkeit sieht man den Einsatz von Social Media-Daten für die Zwecke der Bonitätsbewertung in Deutschland bislang als unzulässig an.[385] Studien wie etwa das Forschungsprojekt

---

[376] *Kosinski/Stillwell/Graepel*, 110 PNAS (2013), 5802.

[377] *Wang/Kosinski*, 114 Journal of Personality and Social Psychology (2018), 246; weitere Möglichkeiten algorithmischer Auswertung bei *Orwat*, Diskriminierungsrisiken durch Ver- wendung von Algorithmen, S. 11.

[378] *Wei et al.*, 35 Marketing Science (2014), 234 (251).

[379] Mit Verweis auf den US-amerikanischen Equal Credit Opportunity Act (ECOA) Ex- perian, The State of Alternative Credit Data, S. 7.

[380] SVRV, Verbrauchergerechtes Scoring, S. 87 f., 187.

[381] Statistisch gesprochen handelt es sich hierbei um analogistisches Denken, vgl. *Döbel et al.*, Maschinelles Lernen, S. 18 f.

[382] NK/*Ehmann*, DS-GVO Anh. 2 zu Art. 6 Rn. 51; *Kamp/Weichert*, Scoringsysteme zur Beurteilung der Kreditwürdigkeit, S. 51.

[383] *„[B]irds of a feather flock together"*, Lenddo, Patent US 8,694,401 B2, S. 7; *„look-a- likes"*, *De Cnudde et al.*, 70 Journal of the Operational Research Society (2019), 353 (354).

[384] Experian, The State of Alternative Credit Data, S. 7; FICO, Using Alternative Data in Credit Risk Modelling, 29.8.2017, abrufbar unter https://www.fico.com/blogs/using-alternati ve-data-credit-risk-modelling.

[385] Selbst im Falle einer Einwilligung für datenschutzrechtlich regelmäßig unzulässig hal- tend *Eschholz*, DuD 2017, 180 (182, 184); auch nach § 305c und § 307 Abs. 1, 2 Nr. 1 BGB unwirksam ULD, Scoring nach der Datenschutz-Novelle 2009 und neue Entwicklungen,

der SCHUFA „SCHUFALab@HPI" scheitern regelmäßig infolge vehementer öffentlicher Kritik nur kurz nach ihrer Verkündung.[386] Hieraus kann aber nicht geschlossen werden, dass die Kreditwürdigkeitsprüfung keinen Mehrwert aus solchen Daten ziehen kann.[387]

Das Potenzial zeigt sich grundsätzlich auch daran, dass soziale Netzwerke selbst auf FinTechs reagieren und den Zugang zu ihren Daten beschränken. Zeitgleich zu eigenen Patentierungen[388] untersagen sie ihren Vertragspartnern die Nutzung von Daten, die zwecks Entscheidung über eine Kreditvergabe über das soziale Netzwerk erhoben wurden.[389] Teilweise wurde hieraus gefolgt, dass netzwerkbasierte Scoringverfahren mangels verfügbarer Daten nicht mehr möglich wären.[390] Es kann zwar nicht ausgeschlossen werden, dass vertragliche Sondervereinbarungen mit dem sozialen Netzwerk getroffen werden. Jedenfalls erhöht dies die Transaktionskosten, sodass der Berücksichtigung von Social Media-Daten auch ein wirtschaftlicher Anreiz genommen wird, wenn andere alternative Daten signifikanter und günstiger sind.

dd) Gerätedaten

Weiterhin hat sich die Verwendung von Gerätedaten als nützlich erwiesen, zumal diese im Vergleich zu anderen Datenarten oft einfacher erhoben werden können.[391] So finden sich in Datenschutzbestimmungen regelmäßig Regelungen, die die Übermittlung gerätespezifischer Daten wie IP-Adresse, Browserversion oder die installierte Spracheinstellung umfassen. Solche gerätespezifischen Daten offenbaren mit Blick auf die finanziellen Umstände des Kreditantragstellers, ob der Online-

---

S. 124 ff.; mit Blick auf Art. 6 Abs. 1 lit. b–f DS-GVO unzulässig, Hessischer Beauftragter für Datenschutz und Informationsfreiheit, 45. Tätigkeitsbericht, Ziff. 4.2.1.3.

[386] Vgl. Hasso-Plattner-Institut, Schufa-Forschungsprojekt gekündigt, 8.6.2012, abrufbar unter https://hpi.de/pressemitteilungen/2012/schufa-forschungsprojekt-gekuendigt.html.

[387] Vgl. dazu *Dorfleitner/Hornung*, FinTech and Data Privacy in Germany, S. 95; siehe auch *Packin/Lev-Aretz*, Columbia Business Law Review 2016, 339 (344 f., Fn. 15) mit Verweis auf ein Interview mit dem FICO CEO Will Lansing *McLannahan*, Being ‚wasted' on Facebook may damage your credit score, Financial Times, 15.10.2015, abrufbar unter https://www.ft.com/content/d6daedee-706a-11e5-9b9e-690fdae72044.

[388] Siehe z.B. „Authorization and authentication based on an individual's social network", Facebook Patent US9,798,777 B2.

[389] Sog. „unzulässige Praktik" gem. Nr. 3.a.ii. Plattform-Nutzungsbedingungen von Facebook, abrufbar unter https://developers.facebook.com/terms/. Siehe auch bereits Nr. 3.15 Facebook-Plattform-Richtlinien, abrufbar unter https://developers.facebook.com/docs/development/terms-and-policies/legacy-facebook-platform-policy.

[390] *Erki*, Social media data not suitable for credit scoring, Big Data Scoring, 29.5.2017, abrufbar unter https://www.bigdatascoring.com/social-media-data-not-suitable-for-credit-scoring/.

[391] *Berg et al.*, 33 The Review of Financial Studies (2020), 2845 (2854 f.); *Ots/Liiv/Tur*, in: Robal et al., 14th International Baltic Conference, DB&IS 2020, S. 82.

Kreditantrag über ein teures oder ein günstiges Gerät ausgefüllt wurde.[392] Auch der ungefähre Standort wird durch die Preisgabe der IP-Adresse zwangsläufig mitgeteilt.[393] Ferner kann der Kreditantragsteller Zugriff auf die auf dem Gerät installierten Programme[394] sowie Gesprächsverläufe und Kontaktlisten gewähren.[395] Selbst der Batteriestatus eines Smartphones soll bonitätsrelevant sein.[396] Auch die Art und Weise wie man auf das Kreditangebot aufmerksam wurde, ob also über Werbung oder über eine Preisvergleichsseite, wird über den sog. Click Stream nachvollzogen und kann ein Proxy für *character* darstellen.[397] Mit zunehmender Verbreitung und Vernetzung digitaler Endgeräte (Internet der Dinge – IoT) dürfte die Bedeutung von Gerätedaten weiter zunehmen, da dies zur umfassenderen Nachverfolgung des digitalen Fußabdrucks beiträgt.

ee) *Web Crawling*

Weiterhin werben FinTechs damit, jedes online verfügbare Datum über die Person des Kreditantragstellers für die Zwecke des Kreditscorings, der Identitätsprüfung und der Betrugsprävention zu verwenden.[398] Diese automatisierte Online-Suche bezeichnet man als *Web Crawling* oder *Web Scraping*.[399] Neben technisch frei zugänglichen Daten aus den sozialen Medien ist dabei auch von Interesse, ob der Name des Kreditantragstellers laut einer Online-Recherche in Gerichtsverfahren auftaucht.[400] Die Erhebung solcher online verfügbaren Rohdaten erfolgt binnen Sekunden.[401]

---

[392] *Berg et al.*, 33 The Review of Financial Studies (2020), 2845 (2854); mit Verweis auf Kreditech, DANA 03/2013, 118.

[393] *Röttgen*, in: Hoeren/Kolany-Raiser, Big Data in Context, S. 73 (74 f.).

[394] Mit Verweis auf Kreditech, Datatilsynet, Big Data: Privacy principles under pressure, 2013, S. 21, abrufbar unter https://www.datatilsynet.no/globalassets/global/english/big-data-en gelsk-web.pdf.

[395] Branch, How it works, abrufbar unter https://branch.co/how-it-works.

[396] Mit Verweis auf LenddoEFL *King*, This startup uses battery life to determine credit scores, CNN, 24.8.2016, abrufbar unter https://money.cnn.com/2016/08/24/technology/lend do-smartphone-battery-loan/index.html; *Langenbucher*, 31 EBLR (2020), 527 (542).

[397] *Berg et al.*, 33 The Review of Financial Studies (2020), 2845 (2854 f.); *B. Anderson*, in: Siddiqi, Intelligent Credit Scoring, S. 149 (153).

[398] Mit Verweis auf Kreditech, Datatilsynet, Big Data: Privacy principles under pressure, S. 21, abrufbar unter https://www.datatilsynet.no/globalassets/global/english/big-data-engelsk-web.pdf; Zest AI, Patentantrag US 2018/0260891 A1, S. 3 (0026).

[399] *Hurley/Adebayo*, 18 Yale Journal of Law & Technology (2016), 148 (175); Zest AI, Patentantrag US 2018/0260891 A1, S. 3 (0026).

[400] Zest AI, Patentantrag US 2018/0260891 A1, S. 4 (0038).

[401] Zest AI, Patentantrag US 2016/0155194 A1, S. 2 (0017).

ff) Georeferenzierte Daten

Sofern georeferenzierte Daten verwendet werden, spricht man auch von Geo-Scoring. Im Rahmen des Kreditscorings umfasst dies herkömmlich die Berücksichtigung von Anschriftendaten[402] und findet seinen Extrempunkt im sog. Redlining.[403] Der Gesetzgeber hat die Nutzung solcher Daten in § 31 Abs. 1 Nr. 3 BDSG insoweit limitiert, als Anschriftendaten nicht ausschließlich zur Bonitätsprüfung genutzt werden dürfen. Der Grundgedanke des Geo-Scorings liegt darin, dass das durchschnittliche Ausfallrisiko in dem unmittelbaren geographischen Umfeld des Kreditantragstellers auf dessen persönliche Kreditwürdigkeit hinweisen soll.[404] Plakativ kommt dies in der Redewendung „gleich und gleich gesellt sich gern" zum Ausdruck,[405] also in dem gleichen Grundgedanken, der für die Heranziehung des Social Graph angestellt wird.[406] Von Relevanz ist etwa die Prozentzahl aktualisierter Auskunftei-Konten oder bisheriger Zahlungsverzüge,[407] aber auch Einkommens- und Kriminalitätsraten.[408] Statistiken zur lokalen Verteilung des Rückzahlungsverhaltens oder weicher und harter Negativmerkmale werden auch bisher traditionell durchaus erhoben.[409]

Infolge der Digitalisierung nimmt auch die Menge an georeferenzierten Daten zu. So teilt der Kreditantragsteller während einer Online-Transaktion seinen Standort mit,[410] Beiträge, die in sozialen Netzwerken veröffentlicht werden, geben häufig den aktuellen Standort preis und allein die Nutzung einer Smartphone-Wetter-App eröffnet die Möglichkeit der protokollierten und genauen Standortlokalisierung einer

---

[402] Plath/*Kamlah*, BDSG § 31 Rn. 39; Taeger/Gabel/*Taeger*, § 31 Rn. 67; ULD, Scoring nach der Datenschutz-Novelle 2009 und neue Entwicklungen, S. 21; *Wäßle/Heinemann*, CR 2010, 410 (415).

[403] Hierbei handelt es sich um eine Praxis, bei der Kreditantragsteller aufgrund ihrer Anschriftendaten keinen Kredit oder allenfalls zu schlechteren Konditionen erhalten, weil davon ausgegangen wird, dass die Wohngegend als solche für mangelnde Kreditwürdigkeit stehe, NK/*Ehmann*, DS-GVO Anh. 2 zu Art. 6 Rn. 50; *Korczak/Wilken*, Scoring im Praxistest, S. 26; SVRV, Verbrauchergerechtes Scoring, S. 37 f.

[404] *Kamp/Weichert*, Scoringsysteme zur Beurteilung der Kreditwürdigkeit, S. 51; *Mietzner*, in: Sokol, Living by numbers, S. 31 (51 f.).

[405] *Mietzner*, in: Sokol, Living by numbers, S. 31 (46); NK/*Ehmann*, DS-GVO Anh. 2 zu Art. 6 Rn. 51; *Kamp/Weichert*, Scoringsysteme zur Beurteilung der Kreditwürdigkeit, S. 51.

[406] Siehe oben § 2, C.II.2.c)cc)(2), S. 83.

[407] *Thomas/Crook/Edelman*, Credit Scoring and its Applications, S. 127.

[408] *Seibel*, Gegen Kreditech ist die Schufa ein Schuljunge, Welt, 17.4.2015, abrufbar unter https://www.welt.de/finanzen/verbraucher/article139671014/Gegen-Kreditech-ist-die-Schufa-ein-Schuljunge.html.

[409] Vgl. SCHUFA, Risiko- und Kreditkompass 2021, S. 10, 22 ff., abrufbar unter https://www.schufa.de/media/documents/risiko_und_kreditkompass/SCHUFA_Risiko-und-Kredit-Kompass-2021.pdf.

[410] *Thomas/Crook/Edelman*, Credit Scoring and its Applications, S. 9.

einzelnen Person[411]. Anstatt auf die Wohnadresse des Kreditantragstellers abzustellen, könnte so der tägliche Weg zur Arbeit, der regelmäßige Standortaufenthalt,
der Besuch einer Spielhalle oder eines Gotteshauses und das regelmäßige Ein-
kaufverhalten systematisch daraufhin analysiert werden. Insofern eröffnet sich infolge der Verwendung alternativer georeferenzierter Daten die Gefahr des digitalen
Redlining.[412]

gg) Psychometrische Daten

Da *character* zu dem integralen Bestandteil der Kreditwürdigkeit zählt,[413] können
auch psychologische Daten für die Kreditwürdigkeitsprüfung fruchtbar gemacht
werden. Man spricht hier auch von psychometrischem Kreditscoring.[414] Bei der
Psychometrie handelt es sich um eine Disziplin der Psychologiewissenschaften, die
sich mit der Messung von Personeneigenschaften durch Tests beschäftigt.[415] Auch
diese Herangehensweise beruht auf dem Gedanken, dass die Eigenschaften von
Kreditnehmern aus der Vergangenheit als Vergleichsgrundlage für die Charaktereigenschaften künftiger Kreditantragssteller gelten sollen.[416] Es soll mithin nachgewiesen werden, dass der Kreditantragsteller auch subjektiv zur Rückzahlung des
Kredits bereit ist. Insofern ist dies mit einem persönlichen Kreditgespräch vergleichbar und in gewisser Weise eine Rückkehr des Bauchgefühls, da unmittelbar auf
Charaktereigenschaften abgestellt wird.[417] Im Unterschied zu den persönlichen
Vorlieben des Bankmitarbeiters, die im Kreditgespräch personen- und kontextab-
hängig unterschiedlich angesprochen sein mögen, fließen die Eigenschaften eines
Kreditantragstellers beim psychometrischen Kreditscoring als numerische Werte in
die Scoreformel ein und werden in statistische Relation zu den Charaktereigenschaften der Vergleichsgruppe gesetzt. Diese Eigenschaften hat allerdings zunächst
der menschliche Ersteller des Kreditscoringmodells ausgewählt, sodass auch diese
Methode keineswegs frei von menschlichen Entscheidungsschwächen ist.

---

[411] Hierzu *Thompson/Warzel*, Twelve Million Phones, One Dataset, Zero Privacy, The New
York Times, 19.12.2019, abrufbar unter https://www.nytimes.com/interactive/2019/12/19/opi
nion/location-tracking-cell-phone.html.

[412] *Hurley/Adebayo*, 18 Yale Journal of Law & Technology (2016), 148, (167); *Langenbucher*, 31 EBLR (2020), 527 (530).

[413] Siehe oben § 2, A.II., S. 38.

[414] *Arráiz/Bruhn/Stucchi*, IDB-WP-625 (2015), 1 (4).

[415] *Buntins*, Psychologische Tests und mehrwertige Logik, S. 15; *Raykov/Marcoulides*,
Introduction to Psychometric Theory, S. 8 f.

[416] *Aitken*, C&C 2017, 274 (286).

[417] Vgl. die Einstiegsfrage des Persönlichkeitstests *„How do you feel today"* bei *Scott*, A
New Way to Score Credit Risk – Psychometric Assessments, FICO Blog, 27.4.2017, abrufbar
unter https://www.fico.com/blogs/new-way-score-credit-risk-psychometric-assessments.

Erhoben werden psychometrische Daten durch einen ca. 15–30-minütigen Persönlichkeitstest.[418] Hierdurch sollen Werte wie Ehrlichkeit, Gewissenhaftigkeit und Pflichtbewusstsein in Erfahrung gebracht werden. Studien zufolge kann die zusätzliche Verwendung von psychometrischen Tests neben demographischen Daten zu günstigeren Kreditkonditionen bzw. erstmaligem Zugang beitragen.[419] Auch Auskunfteien anerkennen den Wert solcher Tests.[420]

Unter Umständen wird aber nicht jeder Kreditnehmer bereit sein, einen halbstündigen Persönlichkeitstest durchzuführen, insbesondere wenn ein geringes Kreditvolumen in Rede steht. Will ein Kreditgeber dennoch psychometrische Daten verwenden, muss daher auf andere Datenquellen zurückgegriffen werden. Zu diesen gehören wiederum soziale Medien,[421] da sie mit ihren zahlreichen unstrukturierten Daten Einblicke in Interessen, Lifestyle und Gewohnheiten des Kreditantragstellers geben können.[422] Dazu kann der emotionale Inhalt der Posts in sozialen Netzwerken durch eine semantische und themenorientierte Analyse mithilfe von Natural Language Processing-Technologien gemessen werden.[423] Auch hier zeigt sich, dass die Zugriffsmöglichkeit auf Social Media-Daten einen tiefgründigen Einblick in die persönlichen Lebensumstände eines Kreditantragstellers eröffnen kann.

hh) Erweiterte Analyse

Alternative Scoringmodelle ziehen auch einen Nutzen aus einer erweiterten Datenauswertung. So soll die Art und Weise, wie der Kreditantrag ausgefüllt wird, von aussagekräftiger Bedeutung sein. Auswertungen durch das FinTech Zest AI ergaben, dass Kreditanträge, die ausschließlich in Großbuchstaben ausgefüllt wurden, ein erhöhtes Ausfallrisiko implizieren.[424] Weiterhin können die Dauer des

---

[418] *Aitken*, C&C 2017, 274 (285); *Rosamond*, 25 Paragrana (2016), 112 (118); vgl. *Scott*, Psychometrics and FICO Scores – An Odd Match?, 28.9.2017, FICO Blog, abrufbar unter https://www.fico.com/blogs/psychometrics-and-fico-scores-odd-match.

[419] Am Beispiel von kleinen und mittleren Unternehmen in Peru in Kooperation mit EFL *Arráiz/Bruhn/Stucchi*, IDB-WP-625 (2015); für Indonesien *Rabecca/Dwi Atmaja/Safitri*, International Conference on Manufacturing Engineering and Materials 2018, 620.

[420] CRIF, Setting The Credit Score With Psychometric Assessment, 31.10.2018, abrufbar unter https://www.crif.in/news-and-events/news/2018/october/setting-the-credit-score-with-psy chometric-assessment.

[421] Für Beispiele zur Identifizierung von Persönlichkeitsmerkmalen siehe *Orwat*, Diskriminierungsrisiken durch Verwendung von Algorithmen, S. 11.

[422] *B. Anderson*, in: Siddiqi, Intelligent Credit Scoring, S. 149 (153, 167); Zest AI, Patentantrag US 2018/0260891 A1, S. 4 (0038).

[423] Das FinTech *Pentaquark* stellte bspw. fest, dass sehr spirituelle Beiträge ein höheres Ausfallrisiko darstellen würden, BBVA, The digital footprint: a tool to increase and improve lending, 16.6.2017, abrufbar unter https://www.bbva.com/en/digital-footprint-tool-increase-im prove-lending/; Everling/*Ackermann/Krauß/Nann*, Social Credit Rating, S. 595 (608 f.); Zest AI, Patentantrag US 2018/0260891 A1, S. 4 (0038).

[424] *Lippert*, ZestFinance issues small, high-rate loans, uses big data to weed out deadbeats, The Washington Post, 11.10.2014, abrufbar unter https://www.washingtonpost.com/business/

Ausfüllprozesses als Proxy für Sorgfalt,[425] sowie der Einsatz der Löschtaste und allgemein die Fehlerhäufigkeiten in negativer Hinsicht ausschlaggebend sein.[426] Aber auch die auf Computern gespeicherte Schriftart kann ein erhöhtes Ausfallrisiko darstellen, beispielsweise weil diese Schriftart auf die Nutzung von Online-Casinos zurückführt und das Betreiben von Glücksspiel potenzielle Ausfallrisiken impliziere.[427] Erhalte man mehr SMS-Nachrichten als man selbst verschickt, sei auch dies ein Zeichen für ein geringeres Ausfallrisiko.[428] Besonders hier wird deutlich, dass die Einbeziehung alternativer Daten die Gefahr von *„gaming the system"*, also der bewussten Ausnutzung der Algorithmusregeln, deutlich steigert.[429]

Diese Beispiele zeigen aber auch auf, dass das Vorliegen einzelner Begebenheiten nicht bedeuten muss, dass der Antragsteller, der einen oder mehrere dieser Umstände erfüllt, nicht kreditwürdig ist. Big Data-Analyseverfahren offenbaren nur Korrelationen, begründen keine Kausalitäten.[430] Die Schlussfolgerung, dass jemand nicht kreditwürdig sei, allein weil die auf seinem Computer hinterlegte Schriftart auf das Betreiben von Glücksspiel hinweise, wäre irreführend und falsch. Es kann aber ein Frühwarnzeichen sein. Schließlich würde sich das übermäßige Betreiben von Glücksspiel mit der Zeit auch in den finanziellen Verhältnissen des Kreditantragstellers offenbaren, wodurch spätestens mit der Einmeldung von Negativmerkmalen in sein Auskunfteiprofil letztlich eine Kausalität zwischen den Eigenschaften des Kreditantragstellers und seiner Kreditwürdigkeit begründet würde.

ii) Zwischenfazit

„All data is credit data" umschreibt die Herangehensweise, dass jedes Datum für die Bonitätsprüfung herangezogen werden kann. Kein Kreditscoringmodell wird alle

---

zestfinance-issues-small-high-rate-loans-uses-big-data-to-weed-out-deadbeats/2014/10/10/e34 986b6-4d71-11e4-aa5e-7153e466a02d_story.html; *B. Anderson*, in: Siddiqi, Intelligent Credit Scoring, S. 149 (155).

[425] Vgl. Zest AI, Patentantrag US 2018/0260891 A1, S. 4 (0039–0042), wonach die Bearbeitungsdauer numerisch zwischen 0 und 2 eingestuft würde, wobei jede Stufe die Sorgfältigkeit des Kreditantragstellers bewertet: „0 indicates little or no care during the application process and 2 indicates meticulous attention to detail during the application process". Je höher die Zahl, desto mehr indiziere dies Kreditwürdigkeit, S. 5 (0044); *Hurley/Adebayo*, 18 Yale Journal of Law & Technology (2016), 148 (175).

[426] DANA 03/2013, 118; SVRV, Verbrauchergerechtes Scoring, S. 62.

[427] *Seibel*, Gegen Kreditech ist die Schufa ein Schuljunge, Welt, 17.4.2015, abrufbar unter https://www.welt.de/finanzen/verbraucher/article139671014/Gegen-Kreditech-ist-die-Schufa-ein-Schuljunge.html; SVRV, Verbrauchergerechtes Scoring, S. 62.

[428] *Siegrist*, Wer viele SMS bekommt, ist kreditwürdiger, Tages-Anzeiger, 21.3.2016, abrufbar unter https://www.tagesanzeiger.ch/wirtschaft/unternehmen-und-konjunktur/wer-viele-sms-bekommt-ist-kreditwuerdiger/story/25348702#mostPopularComment.

[429] Experian, The State of Alternative Credit Data, S. 7; vgl. allgemein zu alternativen Daten EBA, EBA/REP/2020/01, S. 20 f.

[430] *Jandt*, K&R 2015/2, 6 (7); *Eschholz*, DuD 2017, 180 (182).

oben genannten Datenquellen verwenden, sondern über eigene Schwerpunkte verfügen. Es wurde gezeigt, dass derart datengetriebene Scoringmodelle aus allen
Lebensbereichen und vor allem aus dem digitalen Schatten eines Kreditantragstellers
speisen und dass Kreditwürdigkeitsprüfungen auf der Grundlage alternativer Daten
angestellt werden. Alternative Daten und ihre Quellen können bonitätsrelevant sein.

Von dieser Entwicklung können sowohl Kreditnehmer als auch Kreditgeber
profitieren, da dies zum Abbau der natürlichen Informationsasymmetrie zwischen
den Parteien beiträgt. Der Preis hierfür erscheint zulasten des Kreditnehmers jedoch
hoch, zumal einem durchschnittlichen Kreditantragsteller nicht bewusst sein dürfte,
welche Auswertungsmöglichkeiten sich durch die Zugriffsgewährung auf sein
Bankkonto, seinen Social Media-Account oder sein Gerät, mit dem er den Kreditantrag ausgefüllt hat, eröffnen. Insbesondere anhand von Social Media-Daten wird
deutlich: Sämtliche Informationen, die zu dem Zweck gezielter Werbung erhoben
wurden, sowie auch Standortdaten und das soziale Umfeld können theoretisch
Auskunft über die Kreditwürdigkeit geben. Daten, die zuvor noch einen anderen
Zweck erfüllten, würden nun über den Kreditscore mitentscheiden.

d) Erweiterung der Zielgruppe

Wenn in Deutschland bereits mithilfe der herkömmlichen Scoringmethode seit
Jahrzehnten erfolgreich Kredite vergeben werden,[431] stellt sich unweigerlich die
Frage, wieso alternativen Daten ein zusätzliches Gewicht im Rahmen der Bonitätsprüfung zukommen soll, denn einerseits bedeutet die rechtmäßige Implementierung eines technisch komplexen Kreditscoringmodells für den Kreditgeber zusätzlichen Aufwand. Andererseits hat der Kreditantragsteller einen wesentlich tieferen Blick in seine private Lebensführung zu gestatten.

aa) Die Rolle der Unscorables

Die traditionelle Herangehensweise beruht darauf, dass Auskunfteien als zentrale
Auskunftsstellen die Kredithistorie von nahezu jedem Kreditnehmer speichern. So
können sie dem Kreditgeber zur Überwindung von Informationsasymmetrien signalisieren, ob der Kreditantragsteller bereits Kredite aufgenommen hat oder in der
Vergangenheit nicht vertragsgemäß geleistet hat. Es ist somit eine Grundvoraussetzung der herkömmlichen Herangehensweise, dass einerseits eine zentrale Auskunftsstelle existiert, die eine wahrheitsgemäße, aktuelle und vollständige Auskunft
geben kann. Andererseits muss der einzelne Kreditantragsteller eine Kredithistorie
bei dieser Auskunftsstelle vorweisen können.

---

[431] 97,9 % aller abgeschlossen Ratenkreditverträge wurden im Jahr 2021 vertragsgemäß
erfüllt, SCHUFA, Kredit-Kompass 2022, S. 9, abrufbar unter https://www.schufa.de/media/
documents/risiko_und_kreditkompass/SCHUFA_Risiko-und-Kredit-Kompass-2022.pdf.

Insbesondere in Entwicklungs- und Schwellenländern fehlt diese Infrastruktur oder ist mit Blick auf aufsteigende Unter- und Mittelschichten jedenfalls unvollkommen.[432] Auch in der EU waren 2019 nur für ca. 50 % aller Volljährigen Informationen in Kreditauskunfteien vorhanden.[433] Ein Kreditantragsteller, der über keinen Eintrag verfügt, könnte selbst bei Vorliegen einer positiven Kredithistorie daher nur schwerlich das Signal der Kreditwürdigkeit mithilfe eines vertrauenswürdigen Dritten bieten. Andere verfügen nicht über ein Bankkonto, beziehen Kredite eher von Verwandten und Freunden anstatt von einer Bank und sind so nicht in den traditionellen Finanzstrukturen inkludiert. Sie sorgen somit nicht für Ereignisse, die zum Aufbau einer formalen Kredithistorie beitragen. Weil sie entweder keine (*no file*) oder eine unzureichende Kredithistorie (*thin-file*) aufweisen, kann für diese Menschen kein traditioneller Kreditscore gebildet werden.[434] Diese Gruppe kann daher von alternativen Kreditscoringmodellen profitieren.

Auch in Industrieländern besteht nicht immer ein vollumfänglicher Zugang zum Kreditmarkt. So schätzt FICO die Zahl an *thin* und *no-files* in den USA auf 53 Millionen Menschen,[435] Experian in dem UK auf 10 % der Bevölkerung[436], weltweit sollen es 1,7 Milliarden Menschen, davon mehrheitlich Frauen,[437] sein[438]. In der EU sollen ca. 37 Millionen Erwachsene ohne Bankkonto sein, davon nach Schätzungen ca. 1 % der Haushalte in Deutschland.[439] Da diese Menschen nicht oder nicht hinreichend in den herkömmlichen Bankensystemen erfasst sind, bezeichnet man diese als *un-* bzw. *underbanked*.[440] Auch sie können nach den herkömmlichen Methoden *unscorable* sein.[441]

---

[432] Lenddo, Patent US 8,694,401 B2, S. 1 f.; *B. Anderson*, in: Siddiqi, Intelligent Credit Scoring, S. 149 (159); SVRV, Verbrauchergerechtes Scoring, S. 61.

[433] World Bank Group, Private credit bureau coverage (% of adults), abrufbar unter https://data.worldbank.org/indicator/IC.CRD.PRVT.ZS; Überblick über die europäische Kreditauskunfteienlandschaft bei *Rothemund/Gerhardt*, The European Credit Information Landscape.

[434] *Hurley/Adebayo*, 18 Yale Journal of Law & Technology (2016), 148 (155); *Robinson+Yu*, Knowing the Score, S. 10; Zest AI, Patentantrag US 2018/0260891 A1, S. 1 (0006).

[435] FICO, Expanding credit access with alternative data, 4941WP 01/21, S. 3; 9 % der US-Einwohner über 18 Jahre seien gänzlich unsichtbar, Experian, The State of Alternative Credit Data, S. 11.

[436] Mit Verweis auf Schätzungen von Experian *Aggarwal*, 80 CLJ (2021), 42 (54).

[437] Global 56 % (980 Millionen Frauen), in manchen Ländern jedoch über 60 %, *Demirgüç-Kunt et al.*, The Global Findex Database 2017, 2018, S. 36, abrufbar unter https://openknowledge.worldbank.org/handle/10986/29510.

[438] 2014 waren es dagegen schätzungsweise noch 2 Milliarden Menschen, *Demirgüç-Kunt et al.*, The Global Findex Database 2017, 2018, S. 35, abrufbar unter https://openknowledge.worldbank.org/handle/10986/29510.

[439] *Ampudia/Ehrmann*, ECB WP 1990, 2017, S. 21.

[440] *Arráiz/Bruhn/Stucchi*, IDB-WP-625 (2015), 3; SVRV, Verbrauchergerechtes Scoring, S. 62.

[441] *Hurley/Adebayo*, 18 Yale Journal of Law & Technology (2016), 148 (155).

bb) Adverse Selektion

Diese Gruppen erhalten entweder keinen oder nur einen teureren Kredit, sodass soziale Teilhabe mangels finanzieller Inklusion zusätzlich erschwert wird. Es droht die Entstehung eines „Teufelskreises finanzieller Schwierigkeiten"[442], dass einen Kredit nämlich nur bekommt, wer eine Kredithistorie nachweisen kann.[443] Es wäre eine selbsterfüllende Prophezeiung, wenn ein schlechter Kreditscore trotz vorhandener Bonität zu schlechten Kreditkonditionen führt und sich diese Effekte in gesellschaftlicher Hinsicht infolge adverser Selektion selbstverstärken würden.[444] Der Kreditscore droht dann zur endogenen Variable zu werden, wovon insbesondere gesellschaftliche Minderheiten betroffen wären.[445] Das würde entgegen der weiter oben aufgestellten Prämisse der Exogenität bedeuten, dass der Kreditscore die Kreditwürdigkeit einer Person bestimmt – und nicht umgekehrt.[446]

cc) Finanzielle Inklusion vs. *Privacy*

Mit dem Status der *underbanked person,* damit auch die ökonomischen Folgen adverser Selektion betreffend, korreliert häufig soziale Benachteiligung.[447] Migranten oder junge Menschen sind regelmäßig ohne Kredithistorie,[448] heterogene Gruppen, wie etwa Frauen und Männer, bauen gesellschaftshistorisch bedingt häufig unterschiedliche Kredithistorien auf. Die zusätzliche Berücksichtigung alternativer Daten hat das Potenzial, zur finanziellen Inklusion beizutragen und bei dem Aufbau einer Kredithistorie zu helfen.[449] So wurde gezeigt, dass hierdurch die Kreditannahmequote um bis zu 60 % steigen kann, ohne dass dabei die Risikoeinstufung des Kreditportfolios zunimmt.[450]

---

[442] *Róna-Tas/Hiss*, 33 Informatik Spektrum (2010), 241 (257).

[443] „Catch-22", FICO, Expanding credit access with alternative data, 4941WP 01/21, S. 6.

[444] *Korczak/Wilken*, Scoring im Praxistest, S. 26; SVRV, Verbrauchergerechtes Scoring, S. 38.

[445] Zu den Problemen der Endogenität *Róna-Tas/Hiss*, 33 Informatik Spektrum (2010), 241 (256 f.).

[446] Zum Begriff des Exogenität oben § 2, C.I.1., S. 63.

[447] *Aggarwal*, 80 CLJ (2021), 42 (56 ff.).

[448] *Wei et al.*, 35 Marketing Science (2014), 234 (251).

[449] *Aitken*, C&C 2017, 274; *B. Anderson*, in: Siddiqi, Intelligent Credit Scoring, S. 149 (165); *Berg et al.*, 33 The Review of Financial Studies (2020), 2845 (2849); *Djeundje et al.*, 163 Expert Systems with Applications (2021), 113766 (7); FSB, AI and ML in financial services, S. 12; *Langenbucher*, EuZW 2021, 691; *dies.*, ECGI Law Working Paper N° 663/ 2022; *Wei et al.*, 35 Marketing Science (2014), 234 (235).

[450] Experian, The State of Alternative Credit Data, S. 18 f.; mit Blick auf einen psychometrischen Kreditscore waren es 15 – 35 %, *Scott*, Psychometrics and FICO Scores – An Odd Match?, 28.9.2017, FICO Blog, abrufbar unter https://www.fico.com/blogs/psychometrics-and-fico-scores-odd-match.

Alternative Daten tragen mithin zur Schließung von Wissenslücken bei, indem sie als Stellvertretermerkmale für nicht vorliegende traditionelle Daten Licht ins Dunkle bringen oder selbst durch ihre Finanzbezogenheit Auskunft über generelles Zahlungsverhalten sowie Zahlungsfähigkeit und -willigkeit geben. Die Gegenleistung für eine finanzielle Inklusion fordert von der *underbanked person* aber einen deutlichen tieferen Einblick in die Privatsphäre.

dd) Proxy für Stabilität

Im Grundsatz ist die Stabilität eines der wichtigsten Merkmale für einen guten Kreditnehmer.[451] Insofern ist es nicht verwunderlich, dass bei *underbanked people* Indizien in alternativen Daten gesucht werden, die eine stabile Lebenslage widerspiegeln. Auch herkömmliches Kreditscoring kennt derartige Stellvertretermerkmale, etwa wenn berücksichtigt wird, wie lange eine Person an ihrer aktuellen Wohnadresse wohnt und wie oft die Person ihre Wohnadresse wechselt.[452] Dagegen können beispielsweise Gruppen wie Künstler oder Journalisten, die häufiger ihren Wohnort wechseln mögen, durchaus in stabiler Lebenslage sein, wenngleich sich dies nicht unbedingt in der Stabilität der Anschriftendaten niederschlägt. So können weitere berücksichtigungswürdige *proxies* für eine instabile Lebenslage sein, wie häufig eine Person die Handynummer, Kreditkartenanbieter oder Arbeitgeber wechselt.[453] Folglich kann das Hinzuziehen zusätzlicher Merkmale, die ein „holistisches"[454] Bild von der Stabilitätslage des Kreditantragstellers zeichnen, Informationsasymmetrien überwinden, finanzielle Inklusion fördern und Diskriminierung in Einzelfällen vermeiden.

e) Traditionelle Kreditscoring-Akteure

Zum Zwecke des Kreditscorings werden alternative Daten in westlichen Ländern bislang vor allem von FinTechs verwendet. Dies könnte zum einen daran liegen, dass diese mit innovativen Geschäftsmodellen den Versuch anstellen, tradierte Usancen neu zu denken und in Effizienz zu übertreffen („Disruption"). Zum anderen gehen mit diesem Weg auch neue wirtschaftliche sowie rechtliche Risiken einher, weshalb etablierte Marktteilnehmer diesen Schritt wegen ihrer Vertrauensposition in der

---

[451] Vgl. bereits *Durand*, Risk Elements in Consumer Instalment Financing, S. 3 f.; Experian, The State of Alternative Credit Data, S. 19.

[452] Vgl. *Korczak/Wilken*, Scoring im Praxistest, S. 76; ULD, Scoring nach der Datenschutz-Novelle 2009 und neue Entwicklungen, S. 72.

[453] Experian, The State of Alternative Credit Data, S. 19; vgl. auch *Korczak/Wilken*, Scoring im Praxistest, S. 76 f.: Wohndauer, Beschäftigungsdauer, Umzugshäufigkeit, Dauer der Bankverbindung.

[454] Experian, The State of Alternative Credit Data, S. 18; Lenddo, Patent US 8,694,401 B2, S. 13.

Gesellschaft nur vorsichtig nehmen möchten.[455] Um die Genauigkeit ihrer Scoringmodelle durch eine zusätzliche Berücksichtigung alternativer Daten zu verbessern, haben traditionelle Auskunfteien solche Versuche aber unternommen.[456] Während in den USA etablierte Credit Rating Agencies Pilotprojekte ausführen oder alternative Modelle bereits implementieren,[457] sind Auskunfteien in Deutschland passiver, wenn es um die Auswertung alternativer Daten geht. Dies liegt für Deutschland zuletzt auch daran, dass Testprojekte regelmäßig aufgrund der öffentlichen Kritik nicht durchgeführt werden.[458] Auch Kreditinstitute in der EU vermeiden die Berücksichtigung sozialer Medien aus Angst vor Reputationsschäden oder befürchteter mangelnder Akzeptanz seitens der Kreditnehmer.[459]

In Ländern wie Frankreich, in denen keine etablierte Auskunfteienlandschaft existiert, bietet Open Banking hingegen eine verlässliche Quelle für alternative Daten. So werden erstmals zuverlässige und aktuelle Positivdaten zum Zwecke der Kreditwürdigkeitsprüfung zugänglich gemacht.[460] Das ist nicht nur wettbewerbsfördernd, indem ein Kreditnehmer weniger auf die eigene Hausbank angewiesen ist. Es erleichtert auch den generellen Zugang zum (Online-)Kreditmarkt. In Bezug auf *unscorables* setzen sich traditionelle Scoringanbieter sogar das Ziel, alternative Daten zur Inklusion in den Mainstream-Bereich verwenden zu wollen.[461]

f) Zwischenfazit

Alternative Daten haben eine Vielzahl an Quellen, wobei der Kreditantragsteller als zentrale Auskunftsstelle dient, da er diese Daten selbst zur Verfügung stellt („*first party data*"). Dies macht ihre Nutzung nicht nur, aber gerade in solchen Situationen lohnenswert, in denen kein Rückgriff auf etablierte Auskunfteienlandschaften

---

[455] Z. B. ob der Bedenken unzureichender Zuverlässigkeit oder Genauigkeit alternativer Daten, ESA, ESA 2022 01, Rn. 44; EBA, EBA/REP/2021/17, S. 68.

[456] Siehe etwa Experian Boost, abrufbar unter https://www.experian.com/consumer-pro ducts/score-boost.html; Berücksichtigung von Nebenkostenabrechnungen (utility payments) und Mietzahlungen, *Robinson+Yu*, Knowing the Score, S. 11; *B. Anderson*, in: Siddiqi, Intelligent Credit Scoring, S. 149 (160).

[457] Mit Verweis auf Experians „*universal customer profile*" oder den „FICO Score XD", *Hurley/Adebayo*, 18 Yale Journal of Law & Technology (2016), 148 (157 f.); *Robinson+Yu*, Knowing the Score, S. 11.

[458] *Wischmeyer*, Schufa stampft umstrittenes Projekt ein, SZ, 24.3.2021, abrufbar unter https://www.sueddeutsche.de/wirtschaft/schufa-konto-1.5245443; siehe schon für die Berücksichtigung von sozialen Medien: SCHUFALab@HPI, Hasso-Plattner-Institut, Schufa-Forschungsprojekt gekündigt, 8.6.2012, abrufbar unter https://hpi.de/pressemitteilungen/2012/schufa-forschungsprojekt-gekuendigt.html.

[459] EBA, EBA/REP/2021/17, S. 68.

[460] Algoan, Open Banking is a great opportunity for the credit industry in France and elsewhere, 15.12.2020, abrufbar unter https://www.algoan.com/articles/open-banking-credit-in dustry/.

[461] FICO, Expanding credit access with alternative data, 4941WP 01/21, S. 14.

existiert. Die für das Kreditscoring typische Dreieckskonstellation, die aus Kredit-nehmer, Kreditgeber und Auskunftei besteht,[462] wird um alternative Datenquellen erweitert.

Es wurde gezeigt, dass aus alternativen Daten in unterschiedlicher Weise Er-kenntnis gezogen werden kann. Diese Erkenntnis erfüllt dabei im Wesentlichen drei Funktionen: Zunächst können alternative Daten dazu verwendet werden, die An-gaben aus dem Kreditantrag auf ihre Übereinstimmung zu überprüfen (Validie-rungsfunktion). Beispiele sind die Analyse des Wohnortes anhand georeferenzierter Daten oder ein Einkommensvergleich innerhalb der Berufsgruppe des Kreditan-tragstellers[463]. Weiterhin können Positivdaten umfassende Auskunft über die kon-kret-individuelle Lebenssituation des Kreditantragstellers geben und zu einem ho-listischen Bild beitragen (Informationsfunktion). Hier können exemplarisch die Auswertung des Einkommen-Ausgaben-Verhältnisses bei digitaler Bankkontoprü-fung oder die Simulation eines Kreditgesprächs durch einen psychometrischen Test genannt werden. Ferner können alternative Daten mittels komplexer Algorithmen ausgewertet und statistisch mit der Performance ähnlicher Altverträge verglichen werden (erweiterte Analysefunktion). Dies wurde an den Beispielen deutlich, in denen Kreditanträge mit einem höheren Ausfallrisiko korrelierten, die ausschließlich in Großbuchstaben ausgefüllt wurden, oder bei denen bestimmte Schriftarten auf dem Gerät abgespeichert sind, mit dem der Online-Kreditantrag ausgefüllt wurde.

Die Informationsfunktion ist essenziell für Online-Kreditverträge und Klein-kreditverträge, in denen kein Kreditinterview geführt werden würde bzw. eine Kreditwürdigkeitsprüfung durch einen Menschen ineffizient wäre sowie für *un-derbanked people,* da für diese Gruppe faktisch kein traditioneller Kreditscore be-rechnet werden kann. Mithilfe alternativer Daten kann der *character* automatisiert aus dem digitalen Schatten analysiert und Merkmale wie die Stabilität der Le-bensgrundlage umfassend erfasst werden. Hierbei handelt es sich um neue Methoden zur Quantifizierung des Vertrauens.[464] Alternative Daten können damit die ge-winnbringende Kapitalallokation durch kostengünstigere und schnellere Überwin-dung von Informationsasymmetrien effizienter gestalten sowie finanzielle Inklusion fördern.[465]

Auch eine Qualitätssteigerung des Kreditscoringmodells durch die zusätzliche Berücksichtigung alternativer Daten ist nicht zu unterschätzen.[466] Schließlich ent-spricht es dem Sinn und Zweck der Kreditscoringalgorithmen, zwischen „guten" und „schlechten" Kreditsuchenden trennscharf unterscheiden zu können. Eine genaue

---

[462] Siehe *Helfrich*, Kreditscoring und Scorewertbildung der SCHUFA, S. 25 f.

[463] Siehe den *„veracity check"* Zest AI, Patentantrag US 2018/0260891 A1, S. 5 (0044).

[464] Zur Bedeutung siehe oben § 1, A.II., S. 27.

[465] *Aggarwal*, 80 CLJ (2021), 42 (53); *Langenbucher*, EuZW 2021, 691.

[466] Vgl. den gesteigerten AUC-Wert bei *Berg et al.*, 33 The Review of Financial Studies (2020), 2845 (2864); Experian, The State of Alternative Credit Data, S. 18 f.; FICO, Expan-ding credit access with alternative data, 4941WP 01/21, S. 14.

Diskriminierung im eigentlichen Wortsinne[467] liegt diesen Modellen damit zwangsläufig zugrunde. Diese Vorteile gehen aber mit *privacy*-Kosten des Kreditantragstellers einher, da dieser einen wesentlich tieferen Einblick in seine private Lebensführung gibt. Infolgedessen droht ein doppeltes Autonomieproblem[468]: Wer an finanzieller Autonomie durch Abschluss eines Kreditvertrages hinzugewinnen möchte, muss dafür an informationeller Autonomie durch Preisgabe seiner Daten einbüßen – und umgekehrt. Diese Entwicklung droht auch für *scorables* zutage zu treten, sofern alternative Daten einen niedrigeren Kreditzins oder andere vorteilhafte Vertragskonditionen zur Folge hätten oder gar zum Standardprüfgegenstand einer herkömmlichen Kreditwürdigkeitsprüfung würden.

3. Ergebnis

Es wurde gezeigt, auf welche Daten das Kreditscoring herkömmlich zurückgreift und dass dieser Vorgehensweise infolge der Digitalisierung ein neuer Ansatz gegenübersteht, der alle Daten als bonitätsrelevant anerkennen will. Zwar mag es Gemeinsamkeiten geben, etwa wenn auch das herkömmliche Kreditscoring Stellvertretermerkmale für die Stabilität der Lebenslage anerkennt. Besonders der Einsatz alternativer Daten im engeren Sinne zeigt jedoch, dass solche Kreditscoringmodelle ungleich datengetriebener sind und zusätzliche *privacy*-Kosten erzeugen.

D. Kreditscoring aus technischer Perspektive

Im Folgenden sollen die technischen Grundlagen des Kreditscorings untersucht werden. Dabei wird zunächst der Begriff der künstlichen Intelligenz sowie die kreditscoringrelevanten Teilbereiche dargestellt, um sodann ausgewählte Methoden für die Erstellung von Kreditscoringmodellen zu erläutern.

I. Begriff der künstlichen Intelligenz

Besonders im Zusammenhang mit der Verarbeitung riesiger Datenmengen wird der Einsatz künstlicher Intelligenz (KI) häufig als zweiseitige Medaille beschrieben: KI sei revolutionierend und zukunftsträchtig, aber insbesondere aufgrund datenschutz- und antidiskriminierungsrechtlicher Bedenken zum Schutz der widerstrei-

---

[467] Aus dem Lateinischen *discriminare*: trennen, absondern, unterscheiden; vgl. schon den *terminus technicus* aus der Statistik: Diskriminanzanalyse.

[468] *Aggarwal*, 80 CLJ (2021), 42 (58 ff.); ähnlich BaFin, BDAI, S. 83; *Kamp/Weichert*, Scoringsysteme zur Beurteilung der Kreditwürdigkeit, S. 72: „Offenbarungsdruck".

tenden Interessen problematisch.[469] Das ambivalente Verständnis geht auf die sich eröffnenden Einsatzmöglichkeiten, die man sich von „der künstlichen Intelligenz" verspricht, und zeitgleich auf das Spannungsverhältnis der daraus entstehenden Konflikte für die kollidierenden Rechtspositionen zurück. Nicht zuletzt ist dieses Streitpotenzial auch eine Folge schillernder Begriffsrezeption.[470] Künstliche Intelligenz ist nämlich kein Terminus, der sich in klar umrissene Technologien einordnen lässt.[471] Auch ist nicht ausgemacht, wann etwas „intelligent" ist.[472] Vielmehr gibt es verschiedene Definitionsansätze, die das Phänomen der künstlichen Intelligenz zu umschreiben versuchen.[473]

Der deutsche Begriff leitet sich von der englischen Bezeichnung „artificial intelligence" ab,[474] die erstmals in dem Förderungsantrag einer Gruppe US-amerikanischer Wissenschaftler um den Informatiker *John McCarthy* für die im Jahr 1956 gehaltene Dartmouth-Konferenz auftauchte.[475] Unter dieser Bezeichnung wird seither das Ziel verfolgt, Intelligenz in Maschinensprache zu formulieren. Im Kern stellt künstliche Intelligenz nach heutigem Verständnis eine Akkumulation aus verschiedenen „familienähnlichen"[476] Technologien dar, die der Wahrnehmung, des Verstehens, des Handelns oder des Lernens fähig sind[477] und die menschliche Intelligenz in bestimmten Aufgaben nachahmen oder gar übertreffen.[478] Zielt die Technologie auf eine Unterstützung des Menschen ab, so spricht man von „schwacher", zielt sie auf eine Ersetzung des Menschen ab, so spricht man von

---

[469] Vgl. *Aggarwal*, 80 CLJ (2021), 42; *Langenbucher*, 31 EBLR (2020), 527; allgemein *Ernst*, JZ 2017, 1026; *Martini*, JZ 2017, 1017; *Steege*, MMR 2019, 715; für Bewerbungsverfahren *Dzida/Groh*, NJW 2018, 1917; zum sog. *„personalized pricing" Wagner/Eidenmüller*, 86 The University of Chicago Law Review (2019), 581.

[470] Vgl. die Assoziationen mit Science-Fiction, *Jakl*, MMR 2019, 711 (711); Mystik, *Käde/von Maltzan*, CR 2020, 66; Dystopie, *Maamar*, CR 2020, 820 (Rn. 2); Weltuntergangsvorstellungen, *Stiemerling*, CR 2015, 762 (762) mit Verweis auf Warnungen führender Persönlichkeiten aus Wissenschaft und Wirtschaft, abrufbar unter https://www.observer.com/2015/08/stephen-hawking-elon-musk-and-bill-gates-warn-about-artificial-intelligence/.

[471] *Herberger*, NJW 2018, 2825 (2825 f.); *Wagner*, Legal Tech und Legal Robots, S. 60.

[472] *Döbel et al.*, Maschinelles Lernen, S. 9; jurisPK-ERV/*Biallaß*, Bd. 1, Kap. 8, Rn. 327.

[473] Daher stattdessen für die Begriffsverwendung von Techniken maschinellen Lernens *Hacker*, NJW 2020, 2142 (Rn. 6); Überblick bei Kaulartz/Braegelmann/*Kaulartz/Braegelmann*, Rechtshbd. AI und ML, Kap. 1 Rn. 2 ff.; jurisPK-ERV/*Biallaß*, Bd. 1, Kap. 8, Rn. 320 ff.

[474] Kritisch ob der deutschen Übersetzung des Begriffs *„intelligence"*, *Herberger*, NJW 2018, 2825 (2826 f.).

[475] Görz/Schmid/Braun/*Görz/Bran/Schmid*, Hdb. KI, S. 4 f.; *Pallay*, in: Mainzer, Philosophisches Hdb. KI, S. 1 (13).

[476] *Herberger*, NJW 2018, 2825 (2827).

[477] *Herberger*, NJW 2018, 2825 (2827); Kaulartz/Braegelmann/*Kaulartz/Braegelmann*, Rechtshbd. AI und ML, Kap. 1 Rn. 8 f.; anschaulich *Hao*, What is AI?, We drew you a flowchart to work it out, MIT Technology Review, 10. 11. 2018, abrufbar unter https://www.technologyreview.com/2018/11/10/139137/is-this-ai-we-drew-you-a-flowchart-to-work-it-out.

[478] Kaulartz/Braegelmann/*Stiemerling*, Rechtshbd. AI und ML, Kap. 2.1 Rn. 2.

„starker" KI.[479] Der Zusatz „künstlich" bezeichnet einerseits die begriffliche Abgrenzung, aber auch gleichzeitig die funktionelle Nachbildung der menschlichen Leistungsfähigkeiten. Als Meilensteine werden häufig die Programme Deep Blue und AlphaGo genannt, die 1997 im Schach bzw. 2016/2017 im Brettspiel Go die jeweils amtierenden Weltmeister besiegten.[480] Ein jüngeres Beispiel ist der Ende 2022 veröffentlichte Chatbot ChatGPT des US-amerikanischen Unternehmens OpenAI.

II. Kreditscoringrelevante Teilbereiche der künstlichen Intelligenz

Von den vier Kerndisziplinen der künstlichen Intelligenz profitiert das Kreditscoring von der Mustererkennung (*pattern recognition*), dem maschinellen Lernen (*machine learning*) sowie Expertensystemen (*expert systems*).[481] Daher sollen diese Verfahren in ihren Grundzügen und für die hier notwendigen Zwecke dargestellt und auf das Kreditscoring bezogen werden.

1. Mustererkennung (*pattern recognition*)

Ein wichtiger Anwendungsfall ist die Mustererkennung. Hierunter versteht man die Erkennung und Extrahierung von Regelmäßigkeiten aus umfangreichen und unstrukturierten Datensätzen, welche aus Text-, Bild- oder Toninformationen bestehen können.[482] Das Programm kann aus dem bereitgestellten Datensatz erkennen, ob sich Wiederholungen, Ähnlichkeiten, Vergleichbarkeiten oder Regeln aufgrund bestimmter Merkmale ergeben. So ermöglicht die Mustererkennung die Gesichts- oder Stimmerkennung von Personen anhand von Fotos bzw. Audioaufnahmen und verringert den Bearbeitungsaufwand für den Menschen, indem sachrelevante Informationen herausgefiltert werden.[483] Letztlich meint die Fähigkeit zur Mustererkennung damit das Aufdecken von Korrelationen in den Daten. Technisch kann die Mustererkennung explizit dazu programmiert sein oder die Muster wie etwa bei

---

[479] Eine starke KI, die mehrere Lösungsansätze in sich vereint und damit wie ein menschliches Gehirn über eine generelle Intelligenz verfügt, wird wohl erst in einigen Jahrzehnten möglich sein, Kaulartz/Braegelmann/*Kaulartz/Braegelmann*, Rechtshbd. AI und ML, Kap. 1 Rn. 10; *Martini*, Blackbox Algorithmus, S. 25; *Wagner*, Legal Tech und Legal Robots, S. 61.

[480] *Döbel et al.*, Maschinelles Lernen, S. 11, historischer Überblick auf den S. 14 ff.; *Teich*, 43 Informatik Spektrum (2020), 276 (278 ff.).

[481] Daneben gibt es das z.B. im Bereich der Robotik zum Einsatz kommende maschinelle Planen bzw. Handeln (*planning*, *motion*, *manipulation*), Kaulartz/Braegelmann/*Stiemerling*, Rechtshbd. AI und ML, Kap. 2.1 Rn. 6.

[482] Kaulartz/Braegelmann/*Stiemerling*, Rechtshbd. AI und ML, Kap. 2.1 Rn. 7 f.

[483] *Stiemerling*, CR 2015, 762 (762); jurisPK-ERV/*Biallaß*, Bd. 1, Kap. 8, Rn. 348.

künstlichen neuronalen Netzwerken anhand zahlreicher Beispiele selbstständig erlernt haben.[484] Menschliche Arbeitsprozesse werden durch Mustererkennung unterstützt, indem Teilaufgaben durch den Computer automatisiert übernommen
werden.[485]

Kreditscoring profitiert von der Mustererkennung in zweierlei Hinsicht. Einer-
seits treten Regelmäßigkeiten im Rahmen der Analyse der Kreditaltverträge zutage.
Dies zeigt dem Anwender, ob und wie einzelne Merkmale mit Kreditausfällen in der
Vergangenheit korrelierten und welche Zusammenhänge der Programmierer im
Lernverfahren manuell herstellen kann. Im Sinne von *„all data is credit data"*
können hierbei die zahlreichen bonitätsrelevanten Proxies zutage treten, zu denen der
Kreditgeber in der Vergangenheit bei Abschluss von Kreditverträgen Daten ge-
sammelt hat, etwa wenn bestimmte, auf dem Gerät des Kreditnehmers hinterlegte
Schriftarten,[486] das Ausfüllen des Kreditantrags ausschließlich in Großbuchstaben[487]
oder die Art und Weise des Ausfüllprozesses[488] auf ein höheres Ausfallsrisiko hindeuten. Die sich durch die Auswertung des Datensatzes ergebenden Regelmäßigkeiten können so als Erfahrungswerte in das Kreditscoringmodell implementiert
werden.

Andererseits kann die Mustererkennung dabei unterstützen, unstrukturierte Daten
des Kreditantragstellers zu extrahieren, aufzubereiten, nach Labeln zu kategorisieren
und in die Kreditscoringformel einzusetzen. Dies würde zum Beispiel bei der Da-
tenerkennung unterstützen, wenn der Kreditantragsteller Zugriff auf sein Girokonto,
die Online-Zahlungshistorie oder ein soziales Netzwerk gewährt oder der Scorer
Web Crawling betreibt.

2. Maschinelles Lernen (*machine learning*)

Bei maschinellem Lernen handelt es sich um Verfahren, bei denen ein System
selbstständig Wissen aus Datenmengen beispielsweise in Form von Kategorisie-
rungen und der Herstellung von Zusammenhängen extrahiert und generiert, sei es
mit, teilweise mit oder ohne menschliche Überwachung (*supervised/semi-super-*

---

[484] *Stiemerling*, CR 2015, 762 (763); jurisPK-ERV/*Biallaß*, Bd. 1, Kap. 8, Rn. 348.

[485] *Stiemerling*, CR 2015, 762 (763).

[486] Vgl. *Seibel*, Gegen Kreditech ist die Schufa ein Schuljunge, Welt, 17. 4. 2015, abrufbar unter https://www.welt.de/finanzen/verbraucher/article139671014/Gegen-Kreditech-ist-die-
Schufa-ein-Schuljunge.html; SVRV, Verbrauchergerechtes Scoring, S. 62.

[487] *Lippert*, ZestFinance issues small, high-rate loans, uses big data to weed out deadbeats,
The Washington Post, 11. 10. 2014, abrufbar unter https://www.washingtonpost.com/business/
zestfinance-issues-small-high-rate-loans-uses-big-data-to-weed-out-deadbeats/2014/10/10/e34
986b6-4d71-11e4-aa5e-7153e466a02d_story.html; *B. Anderson*, in: Siddiqi, Intelligent Credit
Scoring, S. 149 (155).

[488] Vgl. Zest AI, Patentantrag US 2018/0260891 A1, S. 4 (0039–0042); *Hurley/Adebayo*,
18 Yale Journal of Law & Technology (2016), 148 (175); SVRV, Verbrauchergerechtes Scoring, S. 62.

vised/unsupervised learning) oder infolge autonomer Verhaltensanpassungen durch Feedback aus der Umwelt (bestärkendes Lernen – *reinforcement learning*).[489] Die Generierung von Wissen erfolgt durch Generalisierung.[490]

Wie für die künstliche Intelligenz existiert auch für das maschinelle Lernen keine einheitliche Definition. Der Begriff wird häufig anhand von vier zentralen Merkmalen beschrieben:[491] (i) maschinelle Lernverfahren zielen auf die Optimierung der Prognosefähigkeit zu Aussagen über unbekannte Daten ab, (ii) die Modellerstellung erfolgt in wesentlichen Teilen automatisiert, (iii) der für das Lernverfahren verwendete Datensatz wird in Unter-Datensätze (sog. Trainings-, Validierungs- und Testdaten) unterteilt und (iv) maschinelle Lernverfahren können auf sehr große Datenmengen Anwendung finden.

Von einem lernfähigen System spricht man, wenn sich der Algorithmus infolge der Verarbeitung neuer Daten verbessert und mithin einmal gelerntes, generalisiertes Wissen auf ähnliche, unbekannte Datensätze erfolgreich anwenden kann.[492] Die Einsatzmöglichkeiten des maschinellen Lernens liegen beispielsweise bei der Erkennung von Bildern, Sprache und Schrift, z. B. bei sog. Spam-Nachrichten, oder bei Vorhersagen, wie Produktempfehlungen oder Aktienpreisen.[493]

Wie der Mensch muss auch der Algorithmus „Erfahrungen" sammeln. Diese Erfahrungen erfolgen durch die Zufuhr großer Datenmengen in einen Lernalgorithmus, der anhand der eingegebenen Beispiele eine Funktion (Modell) erstellt.[494] Basiert ein Programm auf maschinellem Lernen, kann es ähnliche Probleme lösen, ohne dafür genau programmiert zu sein.[495] Man unterscheidet drei Lernstile:

a) Überwachtes Lernen (supervised learning)

Beim überwachten Lernen stellt der Anwender eine Beziehung zwischen Eingabe- und Ausgabedatum her, indem er jedem Datum die richtige Antwort (*Label*) hinzufügt. Hierdurch kann der Algorithmus nach Abschluss der Lernphase ähnliche Daten klassifizieren.[496] Überwachtes Lernen wird daher auch als „Lernen aus Bei-

---

[489] Kaulartz/Braegelmann/*Stiemerling*, Rechtshdb. AI und ML, Kap. 2.1 Rn. 14; Schacht/Lanquillon/*Lanquillon*, Blockchain und ML, S. 96 ff.; mit weiteren Unterteilungen *Ertel*, Grundkurs KI, S. 258.

[490] *Ertel*, Grundkurs KI, S. 192; jurisPK-ERV/*Biallaß*, Bd. 1, Kap. 8, Rn. 336 f.; Schacht/Lanquillon/*Lanquillon*, Blockchain und ML, S. 96.

[491] Nach IIF, ML in Credit Risk Report, 2019, S. 10.

[492] *Ertel*, Grundkurs KI, S. 195; *Martini*, Blackbox Algorithmus, S. 20; *Wagner*, Legal Tech und Legal Robots, S. 63.

[493] Schacht/Lanquillon/*Lanquillon*, Blockchain und ML, S. 89; *Richter*, Statistisches und maschinelles Lernen, S. 1.

[494] *Döbel et al.*, Maschinelles Lernen, S. 89; Schacht/Lanquillon/*Lanquillon*, Blockchain und ML, S. 91.

[495] Schacht/Lanquillon/*Lanquillon*, Blockchain und ML, S. 90.

[496] *Döbel et al.*, Maschinelles Lernen, S. 25; *Wagner*, Legal Tech und Legal Robots, S. 63.

spielen" bezeichnet.[497] Der Mensch nimmt hierbei eine wesentliche Rolle ein, denn die KI „lernt", indem sie die Parameter einer Funktion in der Weise anpasst, dass sie sich der vom Menschen vorgegebenen Input-Output-Beziehung nähert[498].

In der Praxis werden Algorithmen bislang meist mittels überwachten Lernens trainiert.[499] Man unterscheidet zwei Problemtypen, für die beide das überwachte Lernverfahren gut geeignet ist[500]: Handelt es sich um eine Schätzung oder Vorhersage, spricht man von einem Regressionsproblem, wird ein Merkmal einer Kategorie oder Gruppe zugeordnet, handelt es sich um ein Klassifikationsproblem.[501] Obwohl die Ausfallwahrscheinlichkeit prognostiziert wird, zählt das Kreditscoring wegen der Zuordnung zu „guten" und „schlechten" Kreditnehmern zu den Klassifizierungsproblemen[502].

Aufgrund des manuellen *Labeling* ist der Lernprozess im überwachten Verfahren gut nachvollziehbar.[503] Es kommt als Lernverfahren zur Anwendung, wenn die Zielvariable bekannt ist, aber die genauen Korrelationen der Zielvariable mit anderen Eingabedaten unklar sind.[504] Ein solcher Algorithmus wird nach Abschluss der Lernphase grundsätzlich keine Verhaltensänderung mehr vollziehen.[505] Daher ist hier besonders entscheidend, welche Daten der Anwender in den Algorithmus eingibt und wie er diese zuordnet, da der Algorithmus das in der Trainingsphase Erlernte unabhängig von seiner tatsächlichen Richtigkeit in der Anwendungsphase konsequent befolgen wird.[506] So erfolgt das *Labeling* durch die Eingabe existenter Kreditverträge unter Zuordnung der konkreten Performance des Kreditnehmers. Das Kreditscoring wird regelmäßig dieser Lernform zugeordnet.[507]

b) Unüberwachtes Lernen (unsupervised learning)

Bei unüberwachtem Lernverfahren, auch *Data Mining*,[508] gibt es keine Labels in den Trainingsdaten.[509] Das System stellt infolge eigener Beobachtungen selbständig

---

[497] Schacht/Lanquillon/*Lanquillon*, Blockchain und ML, S. 96.

[498] *Milkau*, Banken am digitalen Scheideweg, S. 105.

[499] DEK, Gutachten, S. 57.

[500] *Döbel et al.*, Maschinelles Lernen, S. 26.

[501] *Döbel et al.*, Maschinelles Lernen, S. 26; *Wagner*, Legal Tech und Legal Robots, S. 63.

[502] *Dastile/Celik/Potsane*, 91 Applied Soft Computing Journal (2020), 106263, 1 (6); *Thomas*, Consumer Credit Models, S. 6.

[503] *Döbel et al.*, Maschinelles Lernen, S. 26.

[504] *Hurley/Adebayo*, 18 Yale Journal of Law & Technology (2016), 148 (161); Schacht/Lanquillon/*Lanquillon*, Blockchain und ML, S. 96.

[505] Kaulartz/Braegelmann/*Stiemerling*, Rechtshbd. AI und ML, Kap. 2.1 Rn. 63.

[506] Vgl. die Beispiele *Döbel et al.*, Maschinelles Lernen, S. 26; *Milkau*, Banken am digitalen Scheideweg, S. 109.

[507] *Dastile/Celik/Potsane*, 91 Applied Soft Computing Journal (2020), 106263, 1 (6).

[508] DEK, Gutachten, S. 58.

Zusammenhänge her und bildet Kategorien aus meist komplexen, unstrukturierten Datensätzen.[510] Hierzu gehört die Gruppierung vergleichbarer Daten zu sog. Clustern[511], um Strukturen in den Datensätzen darzustellen (*Clustering*),[512] einzelne Ausreißer zu visualisieren (Anomalieerkennung)[513] und Korrelationen zu bilden, die ein Mensch nicht ohne Weiteres oder nicht direkt erkannt hätte (Assoziationsanalyse)[514]. Je größer und differenzierter der Datensatz desto mehr Kategorien lassen sich beim unüberwachten Lernen bilden.[515] Unüberwachtes Lernen wird daher auch als „Lernen aus Beobachtungen" bezeichnet.[516] Eine Beispielmethode zur Gruppierung von ähnlichen und unähnlichen Merkmalen ist das sog. k-means-Clustering.[517]

Unüberwachtes Lernen kann auch in der Phase der explorativen Datenaufbereitung zur Anwendung kommen, wenn die Datensätze für den Menschen noch zu komplex sind und die Zielvariable noch nicht bekannt ist, um Strukturen, Zusammenhänge und Gruppierungen innerhalb des Datensatzes aufzudecken und die Komplexität der Rohdaten auf wenige Merkmal zu reduzieren (Dimensionsreduktion).[518]

c) Halbüberwachtes Lernen (semi-supervised learning)

Eine Mischform, und deswegen keinen eigenen Lernstil, stellt das sog. halb- oder semi-überwachte Lernen (*semi-supervised learning*) dar. Aufgrund des zeit- und kostenintensiven Aufwands des *supervised learning* werden hierbei nur für einen Teil des Datensatzes Labels zugeordnet werden.[519]

---

[509] *Döbel et al.*, Maschinelles Lernen, S. 26.

[510] Schacht/Lanquillon/*Lanquillon*, Blockchain und ML, S. 97; Kaulartz/Braegelmann/*Stiemerling*, Rechtshbd. AI und ML, Kap. 2.1 Rn. 14.

[511] Der Unterschied zu einer Klassifikation, wie sie bei überwachten Lernverfahren erfolgen kann, liegt darin, dass das Merkmal, welches zur Gruppierung führt, beim Clustering noch nicht bekannt ist. Eine Klassifikation geht dagegen der Frage nach, wie signifikant ein bestimmtes Merkmal für die Gruppierung ist, *Döbel et al.*, Maschinelles Lernen, S. 27.

[512] *Ertel*, Grundkurs KI, S. 245; Schacht/Lanquillon/*Lanquillon*, Blockchain und ML, S. 97.

[513] *Martini*, Blackbox Algorithmus, S. 23 Fn. 100.

[514] Schacht/Lanquillon/*Lanquillon*, Blockchain und ML, S. 110; *Stiemerling*, CR 2015, 762 (764).

[515] *Stiemerling*, CR 2015, 762 (764).

[516] Schacht/Lanquillon/*Lanquillon*, Blockchain und ML, S. 97.

[517] *Döbel et al.*, Maschinelles Lernen, S. 32; BaFin, BDAI, S. 195 f.

[518] Zur Explorationsphase unten § 2, E.I.2., S. 130 ff.; *Döbel et al.*, Maschinelles Lernen, S. 27; *Hurley/Adebayo*, 18 Yale Journal of Law & Technology (2016), 148 (162); Schacht/Lanquillon/*Lanquillon*, Blockchain und ML, S. 110; *Wagner*, Legal Tech und Legal Robots, S. 64.

[519] *Döbel et al.*, Maschinelles Lernen, S. 28; Schacht/Lanquillon/*Lanquillon*, Blockchain und ML, S. 97 f.

d) Bestärkendes Lernen (reinforcement learning)

Anders als bei den bisherigen Lernverfahren, liegen beim Lernen durch Bestärken (*reinforcement learning*) keine Trainingsdaten vor.[520] Als bestärkendes Lernen bezeichnet man Verfahren, die Informationen aus ihrer Umwelt nutzen.[521] Diese Informationen dienen als „belohnendes" oder „bestrafendes" Feedback.[522] Das System versucht sodann, das belohnende Feedback zu maximieren, und so den optimalen Output zu geben.[523] Bestärkendes Lernen dient der Lösung von Optimierungsproblemen.[524] Man bezeichnet diese Methode daher auch als „Lernen durch Interaktion".[525]

Lernen durch Bestärken kommt vor allem bei Chatbots, Spielen und in der Robotik zum Einsatz.[526] Gerade bei Spielen wird deutlich, dass das Feedback häufig zeitlich erst nach dem entscheidenden Spielzug signalisiert wird, sodass die Schwierigkeit in der korrekten Zuordnung des Signals zum jeweiligen Spielzug besteht.[527] Dieses sog. *Credit Assignment Problem* hat primär nichts mit Kreditscoring zu tun, sondern ist eine Folge des z. B. für Spiele typischen sequenziellen Entscheidens[528]. Bestärkendes Lernen hat aber bereits in Inkassofällen Anwendung gefunden.[529] Kreditscoringrelevant scheint dieses Verfahren bislang nicht zu sein.[530]

---

[520] *Ertel*, Grundkurs KI, S. 313; Schacht/Lanquillon/*Lanquillon*, Blockchain und ML, S. 98.

[521] World Bank Group, Credit Scoring Approaches Guidelines, 2019, S. 19.

[522] *Döbel et al.*, Maschinelles Lernen, S. 28; Schacht/Lanquillon/*Lanquillon*, Blockchain und ML, S. 98.

[523] *Döbel et al.*, Maschinelles Lernen, S. 28; Schacht/Lanquillon/*Lanquillon*, Blockchain und ML, S. 98.

[524] *Herasymovych/Märka/Lukason*, 84 Applied Soft Computing Journal (2019), 105697, 1 (2).

[525] Schacht/Lanquillon/*Lanquillon*, Blockchain und ML, S. 98; vgl. auch *Ertel*, Grundkurs KI, S. 313.

[526] BaFin, BDAI, S. 28; *Döbel et al.*, Maschinelles Lernen, S. 25, 28; *Ertel*, Grundkurs KI, S. 313; *Richter*, Statistisches und maschinelles Lernen, S. 255; Schacht/Lanquillon/*Lanquillon*, Blockchain und ML, S. 98.

[527] Schacht/Lanquillon/*Lanquillon*, Blockchain und ML, S. 99.

[528] Dieses Entscheidungsverfahren ist typisch für das bestärkende Lernen, *Döbel et al.*, Maschinelles Lernen, S. 28; *Wagner*, Legal Tech und Legal Robots, S. 64.

[529] World Bank Group, Credit Scoring Approaches Guidelines, 2019, S. 19.

[530] Bislang nur *Herasymovych/Märka/Lukason*, 84 Applied Soft Computing Journal (2019), 105697, die eine Möglichkeit zur dynamischen Bestimmung des Cut-Off-Score anhand von Live-Daten anbieten; herkömmlich wird der Cut-Off-Score statisch mit dem sog. Kolmogorov-Smirnov-Test bestimmt, *Dastile/Celik/Potsane*, 91 Applied Soft Computing Journal (2020), 106263, 1 (1).

3. Expertensysteme (*expert systems*)

Unter Expertensystemen versteht man Programme, die vom Menschen vorgegebenes oder vom Computer generiertes Wissen über Korrelationen, Schlussfolgerungen und Regelmäßigkeiten anwenden, um eine Bewertung, Schlussfolgerung oder Entscheidung in einem konkreten Sachverhalt zu treffen.[531] Es handelt sich um eine heuristische Modellmethode.[532] Expertensysteme sind wissensbasierte Systeme.[533] Sie entscheiden deduktiv, bewerten einen Sachverhalt also aufgrund logischer Schlüsse und Regeln („Wenn-Dann").[534] Hierbei kommen vor allem Entscheidungsbäume[535] zum Einsatz, die schrittweise Daten verarbeiten und so bei der Entscheidungsfindung unterstützen.[536] Expertensysteme können automatisierte Entscheidungen durch Anwendung dieses Expertenwissens im Wege logischer Schlussfolgerungen fallbasiert treffen.[537] Ihren Ursprung haben sie bereits in den ersten Faustregeln von Kreditanalysten während des Zweiten Weltkrieges.[538]

Die Qualität eines Expertensystems hängt wesentlich von den eingegeben Regeln ab.[539] Solche Modelle sind gut nachvollziehbar, verständlich und erklärbar, da die Regeln des Systems bekannt sind.[540] Das Programm kann so genau mitteilen, aufgrund welcher Frage der Antrag abgelehnt wird. Dies kann jedoch nur gelingen, sofern die zugrundeliegenden Gesetzmäßigkeiten und Muster verstanden wurden. Ihr Nachteil ist, dass sie sich nicht für komplexe Sachverhalte eignen und ihre Aktualisierung sehr aufwendig ausfällt.[541] Ferner können sie abhängig von (subjektiven) Expertenmeinungen sein.[542] Daher sollten Expertensysteme nur bei

---

[531] Kaulartz/Braegelmann/*Stiemerling*, Rechtshbd. AI und ML, Kap. 2.1 Rn. 34 f.; *Martini*, Blackbox Algorithmus, S. 22 Fn. 96; mangels eigener Lernfähigkeit nicht als KI einstufend, jurisPK-ERV/*Biallaß*, Bd. 1, Kap. 8, Rn. 335.

[532] Fischer/Schulte-Mattler/*Daun*, CRR Art. 180 Rn. 7 ff.

[533] jurisPK-ERV/*Biallaß*, Bd. 1, Kap. 8, Rn. 333; *Döbel et al.*, Maschinelles Lernen, S. 21 f.; *Füser*, Intelligentes Scoring und Rating, S. 65

[534] jurisPK-ERV/*Biallaß*, Bd. 1, Kap. 8, Rn. 333; *Füser*, Intelligentes Scoring und Rating, S. 65.

[535] Sie können ebenfalls als Scorekarte dargestellt werden, *R. Anderson*, Credit Scoring Toolkit, S. 106.

[536] *Döbel et al.*, Maschinelles Lernen, S. 22; Schacht/Lanquillon/*Lanquillon*, Blockchain und ML, S. 90.

[537] Kaulartz/Braegelmann/*Stiemerling*, Rechtshbd. AI und ML, Kap. 2.1 Rn. 34 f.

[538] *Edelman/Lawrence*, Credit Scorecard Development and Maintenance, S. 41; *Thomas/Crook/Edelman*, Credit Scoring and Its Application, S. 4; *Jentzsch*, Financial Privacy, S. 175.

[539] Mit Verweis auf subjektive Bewertungen *R. Anderson*, Credit Scoring Toolkit, S. 107; *Füser*, Intelligentes Scoring und Rating, S. 65.

[540] *Döbel et al.*, Maschinelles Lernen, S. 22; vgl. *Füser*, Intelligentes Scoring und Rating, S. 87.

[541] jurisPK-ERV/*Biallaß*, Bd. 1, Kap. 8, Rn. 335.

[542] *Füser*, Intelligentes Scoring und Rating, S. 65; *R. Anderson*, Credit Scoring Toolkit, S. 107.

Merkmalen verwendet werden, die das Ziehen eindeutiger Schlüsse zulassen, wie etwa bei Betrugsprävention, Erreichen des Cut-Off-Score oder K.o.-Kriterien.[543]

4. Zwischenfazit

KI bricht mit dem für Algorithmen typischen, vom Menschen vorgegebenen „Wenn-Dann-Schema" und kann stattdessen eigenständig ohne dahingehende Programmierung Modelle erstellen und weiterentwickeln.[544] KI ist aber keineswegs ein „Selbstläufer". Im Zentrum steht weiterhin der Mensch, denn er wählt das Programm, gibt zumindest im überwachten Lernverfahren die Input-Output-Beziehungen vor und wählt den Datensatz, anhand dessen gelernt werden soll.[545] Maschinelles Lernen ist eine Unterkategorie des Gebietes der künstlichen Intelligenz und kann Korrelationen, Gruppierungen und Klassen in den Daten erkennen, die für den Menschen im Einzelnen nicht mehr nachvollziehbar sein können.

Kreditscoring ist regelmäßig ein Problem des überwachten maschinellen Lernens[546] und ein Klassifizierungsproblem[547]. Die genannten Teilbereiche der künstlichen Intelligenz können das Kreditscoring unterschiedlich beeinflussen. So kommen Expertensysteme vor allem bei dem Entscheidungsprozess zur Anwendung, während Clustering-Methoden im unüberwachten Lernverfahren zur Exploration der Daten und zur Erkennung und Segmentierung von Gruppen verwendet werden können. Manche Verfahren des maschinellen Lernens haben den Vorteil, schnell und effizient auch nonlineare Merkmalsbeziehungen erkennen zu können.[548] Aktuelle Forschungsthemen im Bereich des maschinellen Lernens konzentrieren sich unter anderem auf Echtzeit-Lernen mit Online-Datenströmen, die automatische Label-Erkennung oder das automatische Trainieren eines Modells sowie das lebenslange maschinelle Lernen.[549]

Grundsätzlich gilt, dass die Qualität des überwachten Lernens mit der Menge an Daten steigt, die des unüberwachten Lernens hingegen mit der Kategorienvielfalt.[550] Zu beachten ist aber, dass zu viele Korrelation das Modell beeinträchtigen können, etwa weil die Merkmale redundant, also voneinander abhängig sind.[551] Möglichst viele oder gar alle vorhandenen Merkmale berücksichtigen zu wollen, führt zu einem

---

[543] *Edelman/Lawrence*, Credit Scorecard Development and Maintenance, S. 41; *Füser*, Intelligentes Scoring und Rating, S. 65.

[544] *Steege*, MMR 2019, 715 (716).

[545] *Milkau*, Banken am digitalen Scheideweg, S. 105, 114.

[546] *Dastile/Celik/Potsane*, 91 Applied Soft Computing Journal (2020), 106263, 1 (6).

[547] *Dastile/Celik/Potsane*, 91 Applied Soft Computing Journal (2020), 106263, 1 (6); *Thomas*, Consumer Credit Models, S. 6.

[548] *Provenzano et al.*, Machine Learning approach for Credit Scoring, WP 2020, S. 2.

[549] *Döbel et al.*, Maschinelles Lernen, S. 55 ff.

[550] Kaulartz/Braegelmann/*Stiemerling*, Rechtshb. AI und ML, Kap. 2.1 Rn. 15.

[551] *Döbel et al.*, Maschinelles Lernen, S. 27.

exponentiellen Anstieg der Trainingszeiten sowie der Anzahl an erforderlichen Trainingsbeispielen.[552] Wegen dieses sog. Fluches der Dimensionalität (*curse of dimensionality*) ist es ratsam, die Dimensionen und damit die Merkmale zu reduzieren.[553] Auch deshalb ist es nicht ratsam, dass ein Kreditscoringmodell möglichst alle der oben genannten alternativen Datenkategorien berücksichtigt, sondern einen Fokus setzt.

III. Kreditscoringrelevante Methoden

Maschinelles Lernen basiert darauf, dass Wahrscheinlichkeitswerte genutzt werden, um einen bestimmten Output zu generieren.[554] Insofern ist es nicht verwunderlich, dass die meisten Methoden im Bereich des maschinellen Lernens letztlich auf Methoden der Statistik beruhen.[555] Aus diesem Grund sollen im Folgenden einige Methoden dargestellt werden, die für die Erstellung eines Kreditscoringmodells relevant sein können.[556]

Die folgenden Methoden dienen dazu, unwichtige Merkmale herauszufiltern, damit nur die wichtigen Merkmale berücksichtigt werden.[557] Im Grundsatz wird versucht, die „abhängige Variable y" zu schätzen. Hierbei handelt es sich um die Variable, die das Ergebnis infolge der Manipulation der „unabhängigen Variablen" darstellt.[558] Wird im Folgenden von y gesprochen, so ist hiermit das Merkmal[559] „Kreditausfall" gemeint. Die unabhängigen Variablen x, die zur Vorhersage von y herangezogen werden, sind Merkmale wie Alter, Arbeitsverhältnis oder Wohnsituation, die also für die Bestimmung des Kreditausfalls berücksichtigt werden. Diese Variablen werden angepasst (manipuliert) und wirken somit auf die abhängige Variable y. Nehmen diese unabhängigen Variablen x einen bestimmten Wert an, ist also z. B. das Merkmal „Geschlecht" = „weiblich", so spricht man von Attributen.[560]

---

[552] *Döbel et al.*, Maschinelles Lernen, S. 58; *Ertel*, Grundkurs KI, S. 300.

[553] *Ertel*, Grundkurs KI, S. 300; *Provenzano et al.*, Machine Learning approach for Credit Scoring, WP 2020, 1 (4).

[554] *Döbel et al.*, Maschinelles Lernen, S. 16.

[555] Vgl. *Döbel et al.*, Maschinelles Lernen, S. 16; *Milkau*, Banken am digitalen Scheideweg, S. 105; *Wagner*, Legal Tech und Legal Robots, S. 64.

[556] Die folgende Darstellung orientiert sich in ihrer Einordnung als herkömmliche und fortgeschrittene Methoden im Wesentlichen nach *Thomas/Crook/Edelman*, Credit Scoring and Its Application, S. 25 ff., 49 ff.

[557] *Thomas/Crook/Edelman*, Credit Scoring and its Applications, S. 25.

[558] *Leonhart*, Lehrbuch Statistik, S. 163.

[559] Variable (Statistik) oder Merkmal (maschinelles Lernen) sind Begriffe, die eine Eigenschaftskategorie bezeichnen, BaFin, BDAI, S. 27 Fn. 28.

[560] *Thomas/Crook/Edelman*, Credit Scoring and its Applications, S. 27.

Es handelt sich um sog. „multivariate" Modelle, weil mehrere unabhängige Variablen x zur Beurteilung von y herangezogen werden.[561] Da der Kreditausfall in den konkreten Beobachtungsfällen aus der Vergangenheit entweder vorliegt oder nicht, handelt es sich um ein binäres Klassifikationsproblem,[562] weshalb die folgenden Methoden auch als Klassifikatoren (classifier) bezeichnet werden. Mathematisch lässt sich dies kategorisch beschreiben: dem Kreditausfall y wird die Zahl 1 und dem Nicht-Ausfall eine 0 zugeordnet.[563] Ziel ist es, eine Kreditscoringformel mit solchen Parametern zu schätzen, die für die beobachteten Kreditverträge bestmöglich die korrekte Binärziffer zuordnet.[564]

1. Herkömmliche Methoden

Die herkömmlichen Methoden werden als parametrisch bezeichnet, weil sie die Schätzung von Parametern zum Gegenstand haben.[565]

a) Lineare Regression

Die lineare Regression ist die einfachste Methode. Graphisch stellt sie eine Geradenfunktion dar.[566] Man bezeichnet diese Methode als linear, da sich der abhängige Wert y konstant zu dem unabhängigen Wert x verhält.[567] Die Werte x und y sollten daher in einem linearen Zusammenhang stehen.[568] Werden bis zu k unabhängige Variablen x zur Erklärung von y berücksichtigt (sog. multiple Regression),[569] lässt sich dies mit der folgenden Formel beschreiben:[570]

$$y = a + b_1 x_1 + b_2 x_2 + \ldots + b_k x_k$$

---

[561] Im Gegensatz zu einem univariaten Modell, vgl. *Urban/Mayerl*, Angewandte Regressionsanalyse, S. 75; vgl. auch *Handl/Kuhlenkasper*, Multivariate Analysemethoden, S. 3, 16.

[562] *R. Anderson*, Credit Scoring Toolkit, S. 170; *Dastile/Celik/Potsane*, 91 Applied Soft Computing Journal (2020), 106263, 1 (6); *Mays/Lynas*, Credit Scoring for Risk Managers, S. 64; *Thomas*, Consumer Credit Models, S. 6.

[563] *Schulte-Mattler/Daun*, RATINGaktuell 2004, 66 (68).

[564] Vgl. *Schulte-Mattler/Daun*, RATINGaktuell 2004, 66 (67).

[565] Engelmann/Rauhmeier/*Porath*, The Basel II Risk Parameters, S. 25 (27).

[566] *Stocker/Steinke*, Statistik, S. 165 ff.

[567] *R. Anderson*, Credit Scoring Toolkit, S. 166.

[568] *Leonhart*, Lehrbuch Statistik, S. 314; *Mays/Lynas*, Credit Scoring for Risk Managers, S. 63.

[569] *R. Anderson*, Credit Scoring Toolkit, S. 166; *Edelman/Lawrence*, Credit Scorecard Development and Maintenance, S. 39; *Handl/Kuhlenkasper*, Multivariate Analysemethoden, S. 220.

[570] Nach *Finlay*, Credit Scoring, Response Modeling, and Insurance Rating, S. 167; *Mays/Lynas*, Credit Scoring for Risk Managers, S. 64, siehe auch Engelmann/Rauhmeier/*Porath*, The Basel II Risk Parameters, S. 25 (27).

Y bezeichnet die abhängige Variable, also den Kreditscore zur Klassifikation als „gut" oder „schlecht".[571] Der Buchstabe a steht für eine feste (negative oder positive) Konstante.[572] Die unabhängigen Variablen x_1 ... x_k stellen Merkmale wie Einkommen, Alter oder die Dauer des Arbeitsverhältnisses dar, die das Kreditscoringmodell berücksichtigen soll. Die Buchstaben b_1 ... b_k sind die Parameter dieser Variablen.[573] Als Steigungskoeffizient bestimmen sie die Gewichtung der jeweiligen Variable. Ziel ist es, die Parameter mit der sog. Kleinste-Quadrate-Methode derart zu schätzen, dass der Abstand zwischen der geschätzten Geraden und den gesamten Beobachtungsfällen in y-Richtung minimiert wird.[574] Die Beobachtungsfälle werden im Koordinatensystem als Punktewolke abgebildet. Durch diese soll die Geradenfunktion mit dem optimalen Abstand verlaufen.[575] Die finale Funktion soll also den geringsten Abstand zu den gelernten Trainingsbeispielen annehmen.[576] Es handelt sich um eine Lernaufgabe des überwachten maschinellen Lernens.[577]

Die Diskriminanzanalyse, die *Durand* bereits 1941 zur erstmaligen Berechnung einer Scoringformel verwendete, stellt eine Form der linearen Regression dar.[578] Nichtsdestotrotz ist die lineare Regression noch heute ein probates Mittel, um die relevanten Merkmalskombinationen schnell zu finden.[579] Ihr Nachteil besteht allerdings darin, dass auch Werte berechnet werden können, die größer oder kleiner 0 und 1 sind, wodurch sie für Vorhersagen wenig praktikabel ist.[580] Außerdem berücksichtigen lineare Regressionsmodelle regelmäßig nur fünf bis sieben Merkmalsvariablen.[581]

---

[571] *Finlay*, Credit Scoring, Response Modeling, and Insurance Rating, S. 167.

[572] Meist rein kosmetischer Natur, damit das Scorespektrum bspw. statt von -27 bis 73, von 0 bis 100 reicht, *Mays/Lynas*, Credit Scoring for Risk Managers, S. 67.

[573] *Finlay*, Credit Scoring, Response Modeling, and Insurance Rating, S. 167.

[574] *Edelman/Lawrence*, Credit Scorecard Development and Maintenance, S. 38; *Finlay*, Credit Scoring, Response Modeling, and Insurance Rating, S. 168; *Stocker/Steinke*, Statistik, S. 167 f.

[575] Vgl. *Leonhart*, Lehrbuch Statistik, S. 314.

[576] *Döbel et al.*, Maschinelles Lernen, S. 29.

[577] *Döbel et al.*, Maschinelles Lernen, S. 29.

[578] Vgl. die Einordnung bei *Thomas/Crook/Edelman*, Credit Scoring and its Applications, S. 34.

[579] *Thomas/Crook/Edelman*, Credit Scoring and its Applications, S. 30.

[580] *Finlay*, Credit Scoring, Response Modeling, and Insurance Rating, S. 169; *Mays/Lynas*, Credit Scoring for Risk Managers, S. 65; *Thomas/Crook/Edelman*, Credit Scoring and its Applications, S. 36.

[581] *Füser*, Intelligentes Scoring und Rating, S. 88.

b) Logistische Regression

Die logistische Regression gilt gemeinhin als Branchenstandard für das Kreditscoring.[582] Seit den 1980er Jahren wird diese Methode für die Zwecke des Kreditscorings untersucht und verwendet.[583] Der Grund für die im Vergleich zur linearen Regression jahrzehntelange Verzögerung liegt u. a. darin, dass die Parameter der Funktion mit einer komplexeren mathematischen Methode geschätzt werden, die iterative Berechnungen erfordert,[584] deren Rechenintensität erst die Leistungen modernerer Computertechnologien Ende der 1970er Jahre bewältigen konnten.[585]

Die logistische Regression stellt eine Lernaufgabe des überwachten maschinellen Lernens dar.[586] Bei dieser Methode wird die Wahrscheinlichkeit berechnet, dass ein kategoriales Ereignis eintritt.[587] Es wird also nicht das Ereignis selbst einer Zahl zugeordnet (so die lineare Regression), sondern dessen Eintrittswahrscheinlichkeit prognostiziert. Im Kontext des Kreditscorings bedeutet dies die Schätzung, wie wahrscheinlich es ist, dass ein Kreditantragsteller „gut" oder „schlecht" sein wird.[588] Die logistische Regression basiert auf einem linearen Modell.[589] Die abhängige Variable y wird in eine Logarithmusfunktion transformiert.[590] In einer Formel wird dies wie folgt beschrieben:[591]

$$\ln\left(\frac{p(Good)}{1 - p(Good)}\right) = a + b_1\,x_1 + b_2\,x_2 + \ldots + b_k\,x_k$$

---

[582] Das „Herz einer Rating-Maschine", *Schulte-Mattler/Daun*, RATINGaktuell 2004, 66; *Dastile/Celik/Potsane*, 91 Applied Soft Computing Journal (2020), 106263, 1 (1 f.); *Mays/Lynas*, Credit Scoring for Risk Managers, S. 63; *Finlay*, Credit Scoring, Response Modeling, and Insurance Rating, S. 179; SVRV, Verbrauchergerechtes Scoring, S. 20; *Thomas*, Consumer Credit Models, S. 79; auch außerhalb der Kreditscoringbranche ist die logistische Regression die am häufigsten eingesetzte Methode maschinellen Lernens, vgl. mit Verweis auf eine Online-Umfrage, *Döbel et al.*, Maschinelles Lernen, S. 36.

[583] Erstmals *Wiginton*, 15 Journal of Financial and Quantitative Analysis (1980), 757; *R. Anderson*, Credit Scoring Toolkit, S. 172; *Thomas/Crook/Edelman*, Credit Scoring and its Applications, S. 5, 36.

[584] Sog. Maximum-Likelihood-Methode *R. Anderson*, Credit Scoring Toolkit, S. 170; *Finlay*, Credit Scoring, Response Modeling, and Insurance Rating, S. 180 f.

[585] *Thomas*, Consumer Credit Models, S. 79 f.; *Thomas/Crook/Edelman*, Credit Scoring and its Applications, S. 37; *R. Anderson*, Credit Scoring Toolkit, S. 171 f.

[586] *Dastile/Celik/Potsane*, 91 Applied Soft Computing Journal (2020), 106263, 1 (6); *Döbel et al.*, Maschinelles Lernen, S. 30.

[587] *Leonhart*, Lehrbuch Statistik, S. 374; *Stocker/Steinke*, Statistik, S. 190.

[588] *Finlay*, Credit Scoring, Response Modeling, and Insurance Rating, S. 180.

[589] *Finlay*, Credit Scoring, Response Modeling, and Insurance Rating, S. 179.

[590] *R. Anderson*, Credit Scoring Toolkit, S. 170; *Edelman/Lawrence*, Credit Scorecard Development and Maintenance, S. 39.

[591] *R. Anderson*, Credit Scoring Toolkit, S. 170; *Mays/Lynas*, Credit Scoring for Risk Managers, S. 65.

Bezüglich der rechten Seite der Gleichung kann auf die Erläuterungen zur linearen Regression verwiesen werden. Auf der linken Seite steht $(p(Good))$ für die Wahrscheinlichkeit (p für *probability*), dass kein Kreditausfall erfolgen wird.[592] $\frac{p(Good)}{1 - p(Good)}$ bildet das sog. Chancenverhältnis der Wahrscheinlichkeit, dass kein Kreditausfall erfolgt, gegenüber der Wahrscheinlichkeit, dass ein Kreditausfall erfolgt (engl. *odds*).[593] Im Lernverfahren erfolgt eine Angleichung des Logarithmus des Chancenverhältnisses (links der Gleichung) mit der linearen Funktion (rechts der Gleichung).[594] Der Wert aus der Logarithmusfunktion wird sodann rücktransformiert, sodass:[595]

$$p\ (good) = \frac{e^{a + b_1\ x_1 + b_2\ x_2 + ... + b_k\ x_k}}{1 + e^{a + b_1\ x_1 + b_2\ x_2 + ... + b_k\ x_k}}$$

Wird bei der linearen Regression die Wahrscheinlichkeit von y durch eine lineare Merkmalskombination geschätzt und metrisch dargestellt, versucht die logistische Regression den Logarithmus des Chancenverhältnisses durch eine lineare Merkmalskombination zu schätzen.[596] Damit dient die logistische Regression unmittelbar der Schätzung der Ausfallwahrscheinlichkeit (*probability of default*).[597] In einem Graphen abgebildet, ergibt sich für diese Funktion eine in positive und negative x-Richtung gestreckte S-Kurve, die eine Trennlinie zwischen den zwei Klassen zieht.[598] Im Vergleich zur linearen Regression besteht der Vorteil dieser Methode darin, dass sie gerade in den Randbereichen, also für sehr hohe bzw. sehr geringe Ausfallwahrscheinlichkeiten, genauere Prognosen als die lineare Regression erlaubt.[599] Bei mittlerem Risiko, also um den Wert 0,5, prognostizieren beide Methoden dagegen sehr ähnliche Ergebnisse.[600]

---

[592] *R. Anderson*, Credit Scoring Toolkit, S. 170; *Mays/Lynas*, Credit Scoring for Risk Managers, S. 65.

[593] „Logarithmiert" entsprechend engl. *log odds*, *Henking/Bluhm/Fahrmeir*, Kreditrisikomessung, S. 294; *Leonhart*, Lehrbuch Statistik, S. 374; *Mays/Lynas*, Credit Scoring for Risk Managers, S. 65.

[594] *Thomas/Crook/Edelman*, Credit Scoring and its Applications, S. 36 f.

[595] *Finlay*, Credit Scoring, Response Modeling, and Insurance Rating, S. 181; *Thomas/Crook/Edelman*, Credit Scoring and its Applications, S. 37; *R. Anderson*, Credit Scoring Toolkit, S. 170; siehe auch *Leonhart*, Lehrbuch Statistik, S. 377.

[596] *Thomas/Crook/Edelman*, Credit Scoring and its Applications, S. 38.

[597] *Finlay*, Credit Scoring, Response Modeling, and Insurance Rating, S. 181; *Edelman/Lawrence*, Credit Scorecard Development and Maintenance, S. 39.

[598] Siehe *Döbel et al.*, Maschinelles Lernen, S. 30.

[599] *Thomas/Crook/Edelman*, Credit Scoring and its Applications, S. 38.

[600] *Thomas/Crook/Edelman*, Credit Scoring and its Applications, S. 38.

Ferner ist die logistische Regression gerade für binäre Klassifikationen bestimmt.[601] Das berechnete Ergebnis liegt aufgrund des Bruchs anders als bei der linearen Regression immer zwischen 0 und 1.[602] Dies macht die logistische Regression sehr praktikabel. Zudem führt sie zu einem robusten Modell.[603] Auch deshalb gilt sie als Branchenstandard, weil sie gut nachvollziehbar und transparent ist.[604] Ihre Schwäche liegt bei nichtlinearen Merkmalsbeziehungen.[605]

c) Klassifikationsbäume (classification trees)

Bei Klassifikationsbäumen ist das Modell einer Baumstruktur nachempfunden. Hierbei wird an der ersten Abzweigung (Wurzel) ein Merkmalswert abgefragt, welcher so lange zum jeweils nächsten Entscheidungsknoten führt, bis bei dem letzten Knoten (Blatt) eine Entscheidung in der Form einer Klassifikation vorgenommen wird.[606]

Finden mehrere Entscheidungsbäume nebeneinander Anwendung, spricht man von einem Zufallswald (Random Forest). Hierbei wird der Output als Entscheidung angenommen, der von der Mehrheit der Entscheidungsbäume generiert wurde (majority vote). Stimmen mithin drei von fünf Bäumen dafür, dass der Kreditnehmer als „gut" einzustufen ist, wäre der Output, dass der Kreditnehmer in der Zukunft vertragsgemäß leisten würde. Vom sog. Boosting spricht man, wenn die einzelnen Entscheidungsbäume nacheinander angelernt werden, sodass sie von den Fehlern des vorigen Entscheidungsbaums lernen.[607] Bei den genannten Methoden handelt es sich jeweils um überwachte Lernverfahren.[608]

Kleinere Entscheidungsbäume können sehr transparent sein und besonders hohe bzw. niedrige Risiken identifizieren. Größere Bäume werden schnell komplex und können ggf. zu sehr an den erlernten Datensatz angepasst sein (Overfitting).[609] Der Nachteil von Klassifikationsbäumen besteht zudem darin, dass etwa die Trennungs- und Stoppregel unklar sind.[610] Außerdem kann ein Kreditgeber bei dieser Methode

---

[601] R. Anderson, Credit Scoring Toolkit, S. 170 f.; Dastile/Celik/Potsane, 91 Applied Soft Computing Journal (2020), 106263, 1 (6); Finlay, Credit Scoring, Response Modeling, and Insurance Rating, S. 180; Mays/Lynas, Credit Scoring for Risk Managers, S. 64.

[602] R. Anderson, Credit Scoring Toolkit, S. 171; Edelman/Lawrence, Credit Scorecard Development and Maintenance, S. 39; Mays/Lynas, Credit Scoring for Risk Managers, S. 64 f.; Thomas/Crook/Edelman, Credit Scoring and its Applications, S. 36.

[603] R. Anderson, Credit Scoring Toolkit, S. 171.

[604] Dastile/Celik/Potsane, 91 Applied Soft Computing Journal (2020), 106263, 1 (1 f.).

[605] Dastile/Celik/Potsane, 91 Applied Soft Computing Journal (2020), 106263, 1 (11).

[606] Döbel et al., Maschinelles Lernen, S. 30; R. Anderson, Credit Scoring Toolkit, S. 172.

[607] Siehe gleich unten § 2, D.III.2.e)cc), S. 121.

[608] Döbel et al., Maschinelles Lernen, S. 30 f.

[609] R. Anderson, Credit Scoring Toolkit, S. 174; Mays/Lynas, Credit Scoring for Risk Managers, S. 159.

[610] Edelman/Lawrence, Credit Scorecard Development and Maintenance, S. 40.

seine Annahmestrategie nicht flexibel ändern und keine dem Entscheidungsbaum unbekannten Informationen berücksichtigen.[611]

d) Naiver Bayes-Klassifikator

Im Gegensatz zur logistischen Regression geht der Naive Bayes-Klassifikator davon aus, dass alle Variablen unabhängig voneinander sind, weshalb dieses Verfahren grundsätzlich weniger praxisgeeignet ist.[612] Es wird aber als geeignete Methode angesehen, um fehlende Daten des einzelnen Kreditantragstellers zu schätzen.[613] Mathematisch basiert diese Herangehensweise auf dem Satz von *Bayes,* mit dem die unbekannte Wahrscheinlichkeit eines Ereignisses A (Kreditausfall) unter der Bedingung B (z. B. Geschlecht, Wohnort, oder Arbeitsverhältnis etc.) bestimmt werden kann, sofern die Wahrscheinlichkeiten für A und B sowie die Wahrscheinlichkeit von B bei Vorliegen von A bekannt sind.[614] Hierbei handelt es sich um eine einfache Methode, mit der sich schnell eine Scorekarte erstellen lässt.[615]

2. Fortgeschrittene Methoden

Anders als etwa die Regressionsanalysen sind die folgenden fortgeschrittenen Methoden nichtparametrisch.[616] Ihnen liegt der Gedanke zugrunde, dass sie keiner oder nur weniger Annahmen über die Merkmalsbeziehungen innerhalb des Datensatzes bedürfen.[617] Eine solche Annahme wäre etwa das Vorliegen einer linearen Merkmalsbeziehung,[618] also dass die unabhängigen Variablen wie etwa bei der logistischen Regression addiert werden und hierdurch die abhängige Variable steigt[619]. Im Folgenden sollen ausgewählte fortgeschrittene Methoden dargestellt werden.

---

[611] *Edelman/Lawrence*, Credit Scorecard Development and Maintenance, S. 40; *Mays/ Lynas*, Credit Scoring for Risk Managers, S. 159.

[612] *Thomas/Crook/Edelman*, Credit Scoring and its Applications, S. 26; *Dastile/Celik/Potsane*, 91 Applied Soft Computing Journal (2020), 106263, 1 (7).

[613] Zest AI, Patentantrag US 2016/0155194 A1, S. 3 (0019).

[614] *Anderson*, Credit Scoring Toolkit, S. 666; *Döbel et al.*, Maschinelles Lernen, S. 17; *Leonhart*, Lehrbuch Statistik, S. 135.

[615] Vgl. *Thomas/Crook/Edelman*, Credit Scoring and its Applications, S. 29.

[616] *Thomas/Crook/Edelman*, Credit Scoring and Its Application, S. 49; *R. Anderson*, Credit Scoring Toolkit, S. 165 ff., 172 ff.

[617] *R. Anderson*, Credit Scoring Toolkit, S. 172, zu den Annahmen der parametrischen Methoden, S. 165 ff.

[618] *R. Anderson*, Credit Scoring Toolkit, S. XXXVI.

[619] So hängt das Gewicht einer Person z. B. hauptsächlich von der Körpergröße ab, *Stocker/ Steinke*, Statistik, S. 17.

a) Künstliche Neuronale Netzwerke (artificial neural networks)

Ein wichtiges Beispiel sind künstliche neuronale Netzwerke (KNN). Diese lernen anhand von Beispielen,[620] sodass es sich um überwachte Lernverfahren handelt[621]. Diese Methode wurde Mitte der 1980er Jahre populär und ist in der Lage, nichtlineare Merkmalsbeziehungen in Datensätzen zu beschreiben.[622] Ein solches Netzwerk lässt sich mit einer hochkomplexen Baumstruktur ähnlich der eines Entscheidungsbaumes vergleichen.[623] Viele assoziieren mit einem KNN auch die Nachbildung des menschlichen Gehirns.[624] Dass die Terminologie neurologische Züge aufweist, hängt wohl auch damit zusammen, dass KNN zunächst für die Nachbildung der Informationsverarbeitung innerhalb des menschlichen Gehirns entwickelt wurden[625].

aa) Grundstruktur

Ein KNN unterteilt sich in verschiedene Schichten, die jeweils aus einzelnen Neuronen bestehen und über Synapsen mit einem oder mehreren Neuronen anderer Schichten verbunden sein können.[626] Der Prozess beginnt durch Dateneingabe und damit der Aktivierung der Neuronen in der ersten Schicht (Eingabeschicht – *input layer*). Er endet mit der Aussage über die Zielvariable bei der letzten sog. Ausgabeschicht (*output layer*).[627] Jedes Neuron der Eingabeschicht stellt eine bestimmte Variable, also eine Eigenschaft des Kreditnehmers wie Alter, Geschlecht oder Einkommen dar, deren Wert als Signal weitergegeben wird.[628] Je mehr Neuronen auf der ersten Stufe stehen, desto mehr Merkmale werden untersucht. Auf dem Weg zur Ausgabeschicht werden die Neuronen in den sog. Zwischenschichten (*hidden layers*) aktiviert, die mit den Neuronen der Eingabeschicht über Synapsen verbundenen sind.[629] Der Output des einen Layer wird so der Input des nachkommenden Layer.[630]

---

[620] *R. Anderson*, Credit Scoring Toolkit, S. 175.

[621] *Döbel et al.*, Maschinelles Lernen, S. 34; Schacht/Lanquillon/*Lanquillon*, Blockchain und ML, S. 126 ff., 128.

[622] *Finlay*, Credit Scoring, Response Modeling, and Insurance Rating, S. 185.

[623] *R. Anderson*, Credit Scoring Toolkit, S. 175; *Käde/von Maltzan*, CR 2020, 66 (Rn. 19); vgl. auch die Darstellungen bei *Döbel et al.*, Maschinelles Lernen, S. 34, 37.

[624] jurisPK-ERV/*Biallaß*, Bd. 1, Kap. 8, Rn. 354; *Edelman/Lawrence*, Credit Scorecard Development and Maintenance, S. 41; Schacht/Lanquillon/*Lanquillon*, Blockchain und ML, S. 125; *Wagner*, Legal Tech und Legal Robots, S. 66.

[625] *Thomas/Crook/Edelman*, Credit Scoring and its Applications, S. 57.

[626] Kaulartz/Braegelmann/*Stiemerling*, Rechtshdb. AI und ML, Kap. 2.1 Rn. 22; *Wagner*, Legal Tech und Legal Robots, S. 66.

[627] Kaulartz/Braegelmann/*Stiemerling*, Rechtshdb. AI und ML, Kap. 2.1 Rn. 22; *Thomas/ Crook/Edelman*, Credit Scoring and its Applications, S. 59.

[628] *Thomas/Crook/Edelman*, Credit Scoring and its Applications, S. 57.

[629] Kaulartz/Braegelmann/*Stiemerling*, Rechtshdb. AI und ML, Kap. 2.1 Rn. 22 f.; *Thomas/Crook/Edelman*, Credit Scoring and its Applications, S. 59. Ohne diese *hidden layer* wäre

Wenn die Signalweitergabe nur in die Richtung der Ausgabeschicht weitergeleitet wird, spricht man von einem Feed-forward Network.[631]

Ob und wie der Aktivierungsimpuls weitergegeben wird, hängt von der Gewichtung der einzelnen Synapsen ab, die im Einzelfall signalhemmender oder -erregender Art sein können.[632] Die unterschiedlichen Gewichtungen werden addiert und bei Überschreiten eines Grenzwertes wird das Signal über die Synapsen weitergegeben.[633] Die Signalweitergabe erfolgt nach diesem Prinzip so lange, bis die Ausgabeschicht des KNN erreicht ist. Der Endwert der Ausgabeschicht wird schließlich mit dem Cut-Off-Score abgeglichen.[634] Liegt der Scorewert darüber, hat das Modell für eine Kreditvergabe gestimmt.

Das KNN lernt, indem es jene Verbindungen stärkt, die nach den Trainingsbeispielen zur richtigen Ausgabe führen.[635] Aus zahlreichen Beispielsfällen zu guten und schlechten Kreditnehmern passt das KNN die Synapsengewichtungen an und erlernt, wann jemand als kreditwürdig zu klassifizieren ist.[636] Dieses Lernen erfolgt selbständig anhand von Beispielen im Wege der Mustererkennung ohne dahingehende Programmierung.[637] Eine Methode zur selbständigen Anpassung der Synapsengewichtungen ist die sog. Fehlerrückführung (*back propagation*). Hierbei rechnet das KNN von der Ausgabeschicht beginnend an den Synapsen entlang die falschen Gewichtungen zurück und korrigiert diese.[638] Dies geschieht stufenweise, indem sog. „Kosten" minimiert werden. Hierzu werden Fehler als ein Zahlenwert ausgedrückt, den es möglichst gering zu halten gilt.[639] Trotz bestehender Interpretationsmöglichkeiten sind KNN wegen ihrer Komplexität und Hochdimensionalität schwer zu verstehen bzw. nachzuvollziehen.[640] Im Vergleich zu einfacheren Me-

---

ein KNN ebenfalls ein lineares Modell, *Finlay*, Credit Scoring, Response Modeling, and Insurance Rating, S. 185.

[630] *Thomas/Crook/Edelman*, Credit Scoring and its Applications, S. 59; jurisPK-ERV/*Biallaß*, Bd. 1, Kap. 8, Rn. 358.

[631] *Döbel et al.*, Maschinelles Lernen, S. 34; *Ertel*, Grundkurs KI, S. 301.

[632] Kaulartz/Braegelmann/*Stiemerling*, Rechtshbd. AI und ML, Kap. 2.1 Rn. 23; *Thomas/Crook/Edelman*, Credit Scoring and its Applications, S. 57.

[633] jurisPK-ERV/*Biallaß*, Bd. 1, Kap. 8, Rn. 358.

[634] *Thomas/Crook/Edelman*, Credit Scoring and its Applications, S. 58.

[635] *Wagner*, Legal Tech und Legal Robots, S. 66.

[636] *Füser*, Intelligentes Scoring und Rating, S. 72.

[637] Kaulartz/Braegelmann/*Stiemerling*, Rechtshbd. AI und ML, Kap. 2.1 Rn. 12.

[638] *Dastile/Celik/Potsane*, 91 Applied Soft Computing Journal (2020), 106263, 1 (7); *Döbel et al.*, Maschinelles Lernen, S. 39; hierzu *Ertel*, Grundkurs KI, S. 291 ff.

[639] *Finlay*, Credit Scoring, Response Modeling, and Insurance Rating, S. 188; *Milkau*, Banken am digitalen Scheideweg, S. 109.

[640] *Thomas/Crook/Edelman*, Credit Scoring and its Applications, S. 50; man spricht daher auch von „subsymbolischen Modellen", *Döbel et al.*, Maschinelles Lernen, S. 21.

thoden können KNN weitaus mehr Merkmale berücksichtigen und besser mit unvollständigen Datensätzen umgehen.[641]

bb) Tiefes Lernen (*deep learning*)

Verfügt ein KNN über mehr als zwei bis zu hunderte verdeckte Zwischenschichten mit ggf. Milliarden Gewichten spricht man von „tiefen" KNN[642].[643] Ihre Komplexität bewirkt eine systemimmanente Intransparenz, da die Berechnungen, bzw. der „Gedankengang", nicht direkt nachverfolgt werden können. So ist etwa nicht unmittelbar erkennbar, aufgrund welcher Merkmale das tiefe KNN klassifiziert.[644] Aufgrund dessen werden vor allem diese Lernmethoden regelmäßig als „Black Box" bezeichnet.[645] Kreditscoringspezifische Studien zu *deep learning* werden in der einschlägigen Literatur bislang nur selten vorgestellt, da solche Modelle infolge unzureichender Transparenz nur bedingt praxisrelevant seien.[646] Da im Einzelfall keine Gründe für die Entscheidung angegeben werden können, werden KNN für das Antragsscoring, nicht aber z. B. zur Betrugsprävention, als ungeeignet

---

[641] *Füser*, Intelligentes Scoring und Rating, S. 71.

[642] Theoretisch würde ein *hidden layer* genügen, allerdings zeigen Studien, dass das Training eines KNN bei mehreren Zwischenschichten besser funktioniert, *Döbel et al.*, Maschinelles Lernen, S. 37.

[643] BaFin, BDAI, S. 29; *Döbel et al.*, Maschinelles Lernen, S. 37.

[644] So hatte ein von der *US Army* trainiertes KNN, welches Tarnpanzer von Wäldern unterscheiden sollte, zwar anhand der Trainingsdaten korrekt differenzieren können, jedoch nicht in der späteren Testphase. Es stellte sich heraus, dass die Trainingsdaten einen *bias* enthielten, wonach die Bilder von Tarnpanzern einen bewölkten und die Bilder von Wäldern einen klaren Himmel enthielten. Das KNN lernte damit lediglich, diese beiden Wetterlagen zu unterscheiden, *Yudkowsky*, Artificial Intelligence as a Positive and Negative Factor in Global Risk, 2008, S. 15 f.; aber auch bei Verwendung der logistischen Regression können solche Probleme auftreten: ein Modell sollte Hunde der Rasse Husky von Wölfen unterscheiden und hat diese anhand des Bildhintergrundes klassifiziert (Gras oder Schnee), anstatt die phänotypischen Unterschiede des Tieres selbst zu erlernen, *Ribeiro/Singh/Guestrin*, arXiv:1602. 04938, S. 8 f.

[645] BaFin, BDAI, S. 37; *Döbel et al.*, Maschinelles Lernen, S. 81; *Füser*, Intelligentes Scoring und Rating, S. 87; *Thomas/Crook/Edelman*, Credit Scoring and its Applications, S. 70.

[646] Siehe aber unten zum neuen Ansatz der Aufsicht § 3, B.III., S. 155 ff., § 3, C.II.4.b) cc)(4)(a), S. 238; *Dastile/Celik/Potsane*, 91 Applied Soft Computing Journal (2020), 106263, 1 (14); die Forschung ist hier im Entstehen, allgemein: *Shi et al.*, 34 Neural Computing and Applications (2022), 14327; siehe etwa *Gunnarsson et al.*, 295 European Journal of Operational Research (2021), 292; *Tài/Huyền*, 7 Journal of Economics, Business and Management (2019), 93; *Wang/Xiao*, 12 Applied Sciences (2022), 10995; für Open Banking *Hjelkrem/de Lange/Nesset*, 15 Journal of Risk and Financial Management (2022), 597; mit Fokus auf Erklärbarkeit *Dastile/Celik*, 9 Institute of Electrical and Electronics Engineers (2021), 50426.

angesehen.[647] Einer Untersuchung zufolge sollen *deep learning*-Methoden allerdings bis zu 15 % genauere Prognosen gezeigt haben.[648]

Dennoch gelten *deep learning*-Verfahren wegen der Erkennung nichtlinearer Merkmalsbeziehungen allgemein als sehr vielversprechend bei der Analyse hochkomplexer und unstrukturierter Datensätze.[649] Ihre Besonderheit besteht u. a. darin, dass im Gegensatz zu herkömmlichen Methoden der gesamte Modellierungsprozess als Lernverfahren erfolgen kann, also von dem Input der Rohdaten bis hin zur Output-Generierung (*end to end machine learning*).[650] Damit kann der Modellierungsprozess zunehmend automatisiert und autonomisiert werden.

Deep learning-Verfahren lernen aber ebenfalls nicht von selbst weiter, sondern nur durch erneutes Training.[651] Bei diesem rechenintensiven Prozess werden sehr viele Trainingsdaten benötigt, da ansonsten ein Auswendiglernen der Beispielsfälle droht und das Modell zu sehr an die Trainingsdaten angepasst wäre (*Overfitting*).[652] An diesem Erfordernis zeigt sich, dass diese Lernverfahren gerade ihr Potenzial erst mit steigender Datenverfügbarkeit entfalten können.[653]

b) Stützvektormaschine (support vector machines)

Eine Stützvektormaschine (SVM) eignet sich ebenfalls zur Lösung von Klassifikationsproblemen.[654] Es handelt sich um ein überwachtes Lernverfahren.[655] Hierbei wird eine sog. Hyperebene (*hyperplane*) zur Trennung von zwei oder mehreren Gruppen gebildet, die den Abstand zwischen den zu trennenden Gruppen maximiert.[656] Die Punkte, die am nächsten zur Hyperebene gelegen sind, werden als

---

[647] *R. Anderson*, Credit Scoring Toolkit, S. 175; *Thomas/Crook/Edelman*, Credit Scoring and its Applications, S. 50.

[648] Mit Verweis auf eine U.S.-amerikanische Auskunftei, OECD, KI in der Gesellschaft, S. 63.

[649] *R. Anderson*, Credit Scoring Toolkit, S. 175; *Aggarwal*, in: Aggarwal et al., Autonomous Systems and the Law, S. 37 (39); Beispiele sind: *Restricted Boltzmann Machine, Deep Belief Networks, Convolutional Neural Networks, Deep Multi-Layer Perceptron, Dastile/Celik/Potsane*, 91 Applied Soft Computing Journal (2020), 106263, 1 (8 f.).

[650] BaFin, BDAI, S. 29; *Döbel et al.*, Maschinelles Lernen, S. 39.

[651] *Milkau*, Banken am digitalen Scheideweg, S. 109.

[652] *Dastile/Celik/Potsane*, 91 Applied Soft Computing Journal (2020), 106263, 1 (12); *Döbel et al.*, Maschinelles Lernen, S. 58; *R. Anderson*, Credit Scoring Toolkit, S. 175.

[653] In diesem Zusammenhang wird auch von der „Renaissance" der KNN gesprochen, *Döbel et al.*, Maschinelles Lernen, S. 36.

[654] BaFin, BDAI, S. 191; *Döbel et al.*, Maschinelles Lernen, S. 33; hierzu *Ertel*, Grundkurs KI, S. 298 f.

[655] *Döbel et al.*, Maschinelles Lernen, S. 33; Schacht/Lanquillon/*Lanquillon*, Blockchain und ML, S. 126 ff., 127 f.

[656] BaFin, BDAI, S. 191; *Döbel et al.*, Maschinelles Lernen, S. 33; *Thomas/Crook/Edelman*, Credit Scoring and its Applications, S. 67.

Stützvektor (*support vector*) bezeichnet.[657] Vereinfacht ausgedrückt dienen SVM der Feststellung des maximalen Abstands zwischen den Gruppen der „guten" und „schlechten" Kreditnehmer.[658] Auch eine nichtlineare Trennung dieser Gruppen in einem hochdimensionalen Merkmalsraum ist möglich.[659] Wie auch die KNN sind SVM wegen ihrer Komplexität und Hochdimensionalität nur schwer zu verstehen,[660] eignen sich aber gut für die Identifizierung von Hochrisiko-Kreditnehmern[661].

c) Genetische Algorithmen (genetic algorithms)

Genetische Methoden wurden in den 1960er Jahren vorgestellt und werden auch als evolutionäre Berechnungsmethode bezeichnet, weil sie auf dem Gedanken des natürlichen Ausleseprozesses nach *Charles Darwin* beruhen (*survival of the fittest*).[662] „Fit" bedeutet im Bereich des Kreditscorings, dass das Modell trennscharf zwischen „guten" und „schlechten" Kreditnehmern klassifizieren kann.[663] Es handelt sich um ein Optimierungsverfahren, bei dem eine Ausgangspopulation in eine neue Population überführt wird.[664] Dazu werden verschiedene Algorithmen oder Merkmale auf ihre jeweilige Fitness getestet. Sofern sie „fit" sind, werden sie in der nachfolgenden „Generation" mit anderen Algorithmen oder Merkmalen der „fitten" Population gekreuzt (Kreuzung – *cross over*) oder randomisiert geändert (Mutation – *mutation*) und sodann erneut auf ihre Trennschärfe getestet.[665] „Nicht-fitte" werden aussortiert. Dabei werden so viele Generationen gebildet, bis keine spürbaren Verbesserungen der Trennschärfe möglich sind. Am Ende kann so eine optimierte Entscheidungslogik entstehen.[666] Wie andere heuristische Herangehensweisen sind genetische Algorithmen wenig transparent.[667] Sie gelten zudem als kompliziert und sehr rechenintensiv, können sich aber beispielsweise gut für eine parallele Berech-

---

[657] *Ertel*, Grundkurs KI, S. 298; *Thomas/Crook/Edelman*, Credit Scoring and its Applications, S. 67.

[658] Beispiel bei *Thomas/Crook/Edelman*, Credit Scoring and its Applications, S. 66 f.

[659] *Dastile/Celik/Potsane*, 91 Applied Soft Computing Journal (2020), 106263, 1 (7); *Schacht/Lanquillon/Lanquillon*, Blockchain und ML, S. 128; *Thomas/Crook/Edelman*, Credit Scoring and its Applications, S. 68.

[660] *Thomas/Crook/Edelman*, Credit Scoring and its Applications, S. 50.

[661] Zest AI, Patentantrag US 2016/0155194 A1, S. 3 (0019).

[662] *R. Anderson*, Credit Scoring Toolkit, S. 176; *Füser*, Intelligentes Scoring und Rating, S. 85; *Thomas/Crook/Edelman*, Credit Scoring and its Applications, S. 74.

[663] *Thomas/Crook/Edelman*, Credit Scoring and its Applications, S. 75.

[664] *Dastile/Celik/Potsane*, 91 Applied Soft Computing Journal (2020), 106263, 1 (4).

[665] *R. Anderson*, Credit Scoring Toolkit, S. 176; *Dastile/Celik/Potsane*, 91 Applied Soft Computing Journal (2020), 106263, 1 (4 f.).

[666] Z. B. werden mehrere neuronale Netzwerke trainiert, wovon am Ende ein optimiertes übrig bleibt, *Füser*, Intelligentes Scoring und Rating, S. 85.

[667] *R. Anderson*, Credit Scoring Toolkit, S. 177.

nung von Kreditrisiko, Umsatz und Kundenbeziehung[668] oder für die Merkmalsauswahl im Rahmen der Datenanalyse eignen[669].

d) Nächste-Nachbarn-Verfahren (nearest neighbours techniques)

Unter Nächste-Nachbarn-Verfahren wird eine Methode des fallbasierten
Schließens verstanden, die unbekannte Fälle anhand von nächstvergleichbaren
Fällen klassifiziert.[670] Dabei wird davon ausgegangen, dass ein Kreditantrag, der sehr
nahe an den Merkmalen der „guten" Vergleichsfälle liegt, ebenfalls als „gut" einzustufen wäre.[671] Mit dieser Methode wird kein Kreditscore berechnet, sondern eine
Klassifizierung nach Gruppen vorgenommen.[672] Der Vorteil dieser Methode liegt
darin, dass sich die Vergleichsfälle dynamisch aktualisieren lassen.[673] Aufgrund ihrer
Rechenintensität wird diese Methode dagegen teilweise als kostenintensiv eingestuft.[674] Außerdem ist sie intransparent.[675]

e) Ensemble-Methoden

Werden verschiedene Klassifikatoren kombiniert, spricht man von Ensemble-
Methoden.[676] Sinn und Zweck dieser Zusammenführung liegen darin, dass der generierte Output gegen zufällige Abweichungen in den einzelnen Trainingsdaten-
sätzen resistenter sein oder einen Bias ausgleichen kann.[677] Bei den folgenden drei
Ensemble-Methoden handelt es sich um Methoden, die dasselbe Grundlernverfahren
verwenden. Werden dagegen mehrere Modelltypen kombiniert, z. B. eine logistische
Regression, ein Entscheidungsbaum und ein neuronales Netzwerk, spricht man von
stacking.[678]

---

[668] *R. Anderson*, Credit Scoring Toolkit, S. 177.

[669] *Dastile/Celik/Potsane*, 91 Applied Soft Computing Journal (2020), 106263, 1 (5).

[670] Konkret häufig *k-nearest-neighbour*, *Thomas/Crook/Edelman*, Credit Scoring and its
Applications, S. 50, 80 f.; *Füser*, Intelligentes Scoring und Rating, S. 65.

[671] *Edelman/Lawrence*, Credit Scorecard Development and Maintenance, S. 40.

[672] *R. Anderson*, Credit Scoring Toolkit, S. 177; *Thomas/Crook/Edelman*, Credit Scoring
and its Applications, S. 82.

[673] *Thomas/Crook/Edelman*, Credit Scoring and its Applications, S. 81; *R. Anderson*, Credit Scoring Toolkit, S. 177.

[674] *Dastile/Celik/Potsane*, 91 Applied Soft Computing Journal (2020), 106263, 1 (11); a. A.
Thomas/Crook/Edelman, Credit Scoring and its Applications, S. 82.

[675] *R. Anderson*, Credit Scoring Toolkit, S. 177; auch in Bezug auf die Performance-Kon-
trolle, *Thomas/Crook/Edelman*, Credit Scoring and its Applications, S. 82.

[676] *Thomas/Crook/Edelman*, Credit Scoring and its Applications, S. 88.

[677] *Thomas/Crook/Edelman*, Credit Scoring and its Applications, S. 88.

[678] Schacht/Lanquillon/*Lanquillon*, Blockchain und ML, S. 129; siehe das Beispiel bei
Zest AI, Patentantrag US 2018/0260891 A1, S. 5 (0049 f.).

aa) *Boosting*

Boosting bezeichnet ein Verfahren, bei dem mehrere Modelle nacheinander sequenziell erstellt werden, wobei jeweils die Fehler des vorigen Modells berücksichtigt und im folgenden Modell die Gewichtungen angepasst werden.[679] Der jeweils nachfolgende Klassifikator wird damit mit Blick auf seine Trennschärfe verstärkt („geboostet"). Mit dieser Methode können unter der Gefahr des Overfitting sowohl Varianz als auch der Bias reduziert werden.[680]

bb) *Bagging*

Bagging steht als Kofferwort für *bootstrap aggregating* und bezeichnet eine Methode, bei der aus einem immer leicht abgewandelten, aber gleich großen Datensatz dutzende Modelle parallel trainiert und kombiniert werden.[681] Das Ergebnis wird bei einer Klassifikation im Wege des Mehrheitsentscheids (*majority vote*) der einzelnen Modelle generiert.[682] Hierdurch kann sich die Varianz der Vorhersagen, aber ggf. auch die Modellperformance verringern.[683]

cc) *Random Forest*

Random Forest-Methoden sind ein Ensemble von Entscheidungsbäumen.[684] Hierbei stehen mehrere Entscheidungsbäume, die ebenfalls mit jeweils leicht abgewandelten Datensätzen trainiert wurden, auf gleicher Stufe nebeneinander und die Klassifizierung einer Beobachtung erfolgt im Wege der Mehrheitsentscheidung der Entscheidungsbäume.[685] Klassifiziert die Mehrheit einen Kreditnehmer als „gut", wäre dies der Output des Random Forest-Modells. Der Mehrheitsentscheid kom-

---

[679] *Dastile/Celik/Potsane*, 91 Applied Soft Computing Journal (2020), 106263, 1 (8); Schacht/Lanquillon/*Lanquillon*, Blockchain und ML, S. 129.

[680] *Thomas/Crook/Edelman*, Credit Scoring and its Applications, S. 89; Schacht/Lanquillon/*Lanquillon*, Blockchain und ML, S. 129.

[681] Der Datensatz (sog. *bootstrap sample*) wird dabei ca. 25–200 Mal abgewandelt und jeweils ein neues Modell berechnet, *Finlay*, Credit Scoring, Response Modeling, and Insurance Rating, S. 265; *Thomas/Crook/Edelman*, Credit Scoring and its Applications, S. 88 f.; *Dastile/Celik/Potsane*, 91 Applied Soft Computing Journal (2020), 106263, 1 (8).

[682] Schacht/Lanquillon/*Lanquillon*, Blockchain und ML, S. 128; *Thomas/Crook/Edelman*, Credit Scoring and its Applications, S. 88.

[683] *Thomas/Crook/Edelman*, Credit Scoring and its Applications, S. 89.

[684] *Dastile/Celik/Potsane*, 91 Applied Soft Computing Journal (2020), 106263, 1 (7); *Edelman/Lawrence*, Credit Scorecard Development and Maintenance, S. 43.

[685] *Dastile/Celik/Potsane*, 91 Applied Soft Computing Journal (2020), 106263, 1 (7); dies können je nach Umfang z.B. 25–1000 Entscheidungsbäume sein, *Finlay*, Credit Scoring, Response Modeling, and Insurance Rating, S. 266.

pensiert dadurch die Schwächen einzelner Entscheidungsbäume.[686] Hierdurch wird also die Schwarmintelligenz der Methoden verwendet.

3. Bewertung der Methoden

a) Zuordnung zu machine learning

Zusammenfassend ist festzustellen, dass viele der genannten Methoden bereits vor mehreren Jahrzehnten entwickelt wurden und seit den 1980er Jahren mit stärkerer Rechenleistung und steigenden Datenmengen an Popularität gewinnen. Ob die Methoden jeweils zum Bereich des maschinellen Lernens gehören, ist mangels einheitlichen Begriffsverständnisses nicht klar zu benennen. So werden die Regressionsanalysen und das Naive Bayes-Verfahren teils als statistische Methoden[687] oder zumindest als einfache Verfahren des maschinellen Lernens eingestuft[688]. SVM und KNN werden dagegen durchweg als *machine learning*-Methoden bezeichnet.[689] Aufgrund der Ausführungen zu den einzelnen Verfahren scheint die Differenzierung darauf zurück zu führen zu sein, dass es sich bei letzteren um komplexe, hochdimensionale, nichtparametrische, nichtlineare und intransparentere Methoden handelt. Nichtsdestotrotz „lernt" auch die logistische Regression eine mathematische Funktion, die zwischen guten und schlechten Kreditnehmern klassifiziert, weshalb man auch von „statistischem Lernen" spricht.[690]

b) Performance

Im Sinne der wirtschaftlichen Leistungsfähigkeit maximiert ein guter Klassifikator grundsätzlich den Gewinn des Kreditgebers, indem Alpha- und Beta-Fehler minimiert werden.[691] Hiervon ausgehend zeigt die Auswertung verschiedener Studien, dass unterschiedliche Algorithmen anhand *desselben*[692] Datensatzes zu teils

---

[686] *Edelman/Lawrence*, Credit Scorecard Development and Maintenance, S. 43; Praxisbeispiel bei Zest AI, Patentantrag US 2018/0260891 A1, S. 2 (0010), S. 5 (0049 f.).

[687] *Dastile/Celik/Potsane*, 91 Applied Soft Computing Journal (2020), 106263, 1 (6 f.).

[688] *Aggarwal*, 80 CLJ (2021), 42 (46); SVRV, Verbrauchergerechtes Scoring, S. 20.

[689] *R. Anderson*, Credit Scoring Toolkit, S. 58; *Dastile/Celik/Potsane*, 91 Applied Soft Computing Journal (2020), 106263, 1 (7 ff.); *Shi et al.*, 34 Neural Computing and Applications (2022), 14327 (14330 f.).

[690] *Dastile/Celik/Potsane*, 91 Applied Soft Computing Journal (2020), 106263, 1 (6); *Shi et al.*, 34 Neural Computing and Applications (2022), 14327 (14330).

[691] Zu diesen Fehlern oben § 2, A.IV., S. 40; *Henking/Bluhm/Fahrmeir*, Kreditrisikomessung, S. 217; *Thomas/Crook/Edelman*, Credit Scoring and its Applications, S. 92.

[692] Häufig ein bestimmter deutscher und/oder australischer Datensatz, *Thomas/Crook/Edelman*, Credit Scoring and its Applications, S. 92, 95; Datensätze abrufbar unter: https://archive.ics.uci.edu/ml/datasets/statlog+(german+credit+data) sowie http://archive.ics.uci.edu/ml/datasets/statlog+(australian+credit+approval). Beachte aber die Kritik bei *Grömping*, South German Credit Data, 2019.

erheblichen Performance-Abweichungen führen.[693] Hierbei ist festzustellen, dass keine Methode grundsätzlich immer besser ist, sich aber dennoch ein gewisses Lagebild ergibt. Am genausten sind die fortgeschrittenen Methoden,[694] aber auch die logistische Regression erzielt solide Prognosegenauigkeiten. Die Kombination mehrerer Methoden zu einem Ensemble kann die Performance nochmal deutlich steigern.[695]

Dass die logistische Regression als lineare Methode immer noch eine gute Performance darbietet, hängt auch damit zusammen, dass die herkömmlichen Trainingsdatensätze zur Erstellung von Kreditscoringmodellen meist lineare Merkmalsbeziehungen enthalten.[696] Bei nichtlinearen Merkmalsbeziehen dürften die nichtparametrischen Modelle daher im Vorteil sein. Dennoch oder gerade wegen der herkömmlichen Datensätze dient die logistische Regression als Benchmark für komplexere Modelle.[697]

Trifft ein Algorithmus in 90 % der Fälle korrekte Klassifizierungen, stellt dies bereits besonders überdurchschnittliche Ergebnisse dar.[698] Im Umkehrschluss bedeutet dies, dass einer von zehn Kreditantragstellern falsch klassifiziert wird. Dass kein Modell fehlerfreie Vorhersagen generiert, ist eine allseits anerkannte Begebenheit: *„all models are wrong, but some are useful“*.[699]

Unbeschadet der jeweiligen Performance ist aber nicht nur die angewandte Methodik von entscheidender Bedeutung. Insbesondere welchen Datensatz die Modellersteller dem Modell vorgeben, welche Modellauswahlmöglichkeiten sie innerhalb des Modellierungsprozesses treffen und das Vorhandensein ausreichender Fachkenntnisse zu Daten, Methoden und Geschäftsfeld beeinflussen die Leistungsfähigkeit des Scoringmodells.[700] Die Methodik als solche ist damit noch kein Automatismus für ein solides Modell.[701]

---

[693] Vgl. den Überblick bei *Thomas/Crook/Edelman*, Credit Scoring and its Applications, S. 94; siehe auch *Alonso/Carbó*, BDE Documentos de Trabajo N.° 2032, 2020, S. 9, die eine Verbesserung bis zu 20 % gegenüber der logistischen Regression erkennen.

[694] Nach *Shi et al.* sind KNN genauer als SVM, *dies.*, 34 Neural Computing and Applications (2022), 14327 (14334); umgekehrt aber *Thomas/Crook/Edelman*, Credit Scoring and its Applications, S. 93.

[695] *Thomas/Crook/Edelman*, Credit Scoring and its Applications, S. 93.

[696] *Baesens et al.*, 54 Journal of the Operational Research Society (2003), 627 (635).

[697] *Finlay*, Credit Scoring, Response Modeling, and Insurance Rating, S. 180; krit. *Lessmann et al.*, 247 European Journal of Operational Research (2015), 124 (134).

[698] Viele Klassifikatoren zählen dagegen ca. 80 % oder weniger korrekt klassifizierte Fälle, vgl. die Studienauswertung bei *Thomas/Crook/Edelman*, Credit Scoring and its Applications, S. 93 f.

[699] *George Box*, britischer Statistiker, zitiert nach *Siddiqi*, in: Siddiqi, Intelligent Credit Scoring, S. 173 (174).

[700] *Thomas/Crook/Edelman*, Credit Scoring and its Applications, S. 92 f.; *Edelman/Lawrence*, Credit Scorecard Development and Maintenance, S. 42.

[701] *Gigerenzer/Rebitschek/Wagner*, WD 2018, 860 (864).

c) Transparenz und Interpretierbarkeit

Nicht nur die Trennschärfe zwischen „gut" und „schlecht" ist ein wichtiger Aspekt für die Modellauswahl. Auch die Frage, wie gut das Modell verstanden und ob spezifische Entscheidungsgründe gegeben werden können, ist von grundlegender Bedeutung. Dies kann sowohl im Eigeninteresse des Kreditgebers liegen, etwa weil dem Kreditnehmer, dem Management oder Auditoren Entscheidungen erläutert werden wollen. Aber auch mit Blick auf regulatorische Anforderungen kann ein gewisses Mindestmaß an Erklärbarkeit gefordert sein.

Was aus datenwissenschaftlicher Sicht unter Erklärbarkeit zu verstehen ist, ist nicht einheitlich definiert.[702] Unterteilt wird in (anfängliche) Transparenz und (nachträgliche) Interpretierbarkeit. Während ersteres bei verständlichen Methoden intrinsisch vorliegt, bezeichnet letzteres, dass nur der Output *ex post* erklärt wird.[703] Zu den Säulen der Transparenz gehören das Verstehen des Modells als Ganzes (*simulatability*), der einzelnen Modellelemente wie Input, Parameter und Gewichtung (*decomposability*) und der Lernmethode (*algorithmic transparency*).[704] Interpretierungen eines Modells werden hingegen nur nachträglich durch Visualisierung, lokale Erklärungen und Erklärungen durch Beispiele möglich.[705] Die hier als kreditscoringrelevant beschriebenen Lernalgorithmen divergieren in ihrer Erklärbarkeit, wobei mehr Erklärbarkeit in der Regel zulasten der Prognosefähigkeit geht.[706]

aa) Herkömmliche Methoden

Die Regressionsanalysen, die wegen ihrer Branchenbedeutung an dieser Stelle allein aufgeführt werden soll, basieren als lineare, parametrische Verfahren auf mathematisch-statistischen Methoden. Ob ein Merkmal signifikant ist und damit einen Mehrwert für den Algorithmus bietet, ist gut zu verstehen. Dadurch kann auch gut nachvollzogen werden, welche Merkmale für das Modell verwendet werden sollen und welche aus statistischen Gründen irrelevant sind.[707] Somit ließe sich im Falle einer Ablehnungsentscheidung erklären, welche Eigenschaften des Kredit-

---

[702] Vgl. *Guidotti et al.*, A Survey Of Methods For Explaining Black Box Models, S. 37; *Hacker et al.*, 28 Artificial Intelligence and Law (2020), 415 (431); IIF, Explainability in Predictive Modeling, S. 7; für interdisziplinäre Ansätze: Kaulartz/Braegelmann/*Körner*, Rechtshdb. AI und ML, Kap. 2.4 Rn. 12 ff.; *Miller*, 267 Artificial Intelligence (2019), 1.

[703] Zur Einordnung auch oben § 1, B., S. 31; *Lipton*, The Mythos of Model Interpretability, S. 4 ff.; *Hacker et al.*, 28 Artificial Intelligence and Law (2020), 415 (431).

[704] *Lipton*, The Mythos of Model Interpretability, S. 4 f.; IIF, Explainability in Predictive Modeling, S. 7.

[705] *Lipton*, The Mythos of Model Interpretability, S. 5 ff.; *Hacker et al.*, 28 Artificial Intelligence and Law (2020), 415 (431).

[706] Vgl. die Abbildung bei *Hacker et al.*, 28 Artificial Intelligence and Law (2020), 415 (431); Kaulartz/Braegelmann/*Körner*, Rechtshdb. AI und ML, Kap. 2.4 Rn. 3.

[707] *Thomas/Crook/Edelman*, Credit Scoring and its Applications, S. 96; dazu *Finlay*, Credit Scoring, Response Modeling, and Insurance Rating, S. 173 ff., 182 ff.

nehmers ausschlaggebend für den niedrigen Kreditscore waren. Herkömmliche Lernmethoden sind mithin grundsätzlich transparent. Obwohl nichtlineare Methoden regelmäßig komplexer sind, können auch multivariate lineare Modelle schwer zu verstehen sein.[708]

bb) Fortgeschrittene Methoden

Nichtparametrische, nichtlineare oder hochdimensionale Methoden wie tiefe KNN sind undurchsichtig und intransparent, weshalb diese Verfahren häufig als „Black Box"[709] bezeichnet werden.[710] Aus diesem Grund werden solche Methoden etwa zum Zwecke der Betrugsprävention eingesetzt, wenn gerade keine Einzelfallbegründung gegeben werden muss.[711]

Zunehmend werden aber neuere Methoden vorgestellt, die nachträglich die Regeln eines intransparenten Modells extrahieren, simulieren und damit Interpretationsmöglichkeiten eröffnen wollen.[712] Diese versuchen, ein Modell als Ganzes (*global interpretability*) oder die einzelne Modellentscheidung verständlicher zu gestalten (*local interpretability*).[713] Im ersten Fall sollen die globalen Merkmalszusammenhänge zur Bestimmung der Zielvariable erkennbar werden, was durch Schätzungen und die Bildung von Durchschnittswerten gelingt.[714] Für den zweiten Fall wird ein nach und nach leicht abgewandelter Input in das Modell eingegeben und anhand des jeweiligen Outputs die Änderung des Prognoseverhaltens nachmodelliert.[715] Somit erklärt ein zweites Modell (*surrogate model*) die Entscheidungsfindung des Hauptmodells. Hierdurch kann nachträglich nachvollzogen werden, welche Merkmale jeweils für die durch das Hauptmodell getroffene Entscheidung wichtig

---

[708] *Lipton*, The Mythos of Model Interpretability, S. 5, 7; IIF, Explainability in Predictive Modeling, S. 11 f.: „*Linear models are not necessarily more interpretable than Machine Learning models*".

[709] Je nach Transparenz spricht man ansonsten auch von „White Box" oder „Grey Box", *R. Anderson*, Credit Scoring Toolkit, S. 251.

[710] *Thomas/Crook/Edelman*, Credit Scoring and its Applications, S. 70 ff., 97; *Dastile/ Celik/Potsane*, 91 Applied Soft Computing Journal (2020), 106263, 1 (11); *Provenzano et al.*, Machine Learning approach for Credit Scoring, WP 2020, S. 15; kritisch zu diesem Begriff Kaulartz/Braegelmann/*Körner*, Rechtshdb. AI und ML, Kap. 2.4 Rn. 7.

[711] *Thomas/Crook/Edelman*, Credit Scoring and its Applications, S. 49 f.

[712] BaFin, BDAI, S. 37 f.; *Thomas/Crook/Edelman*, Credit Scoring and its Applications, S. 70 ff., 96; *Guidotti et al.*, A Survey Of Methods For Explaining Black Box Models, S. 25 ff.; *Provenzano et al.*, Machine Learning approach for Credit Scoring, WP 2020, S. 15 ff.

[713] *Guidotti et al.*, A Survey Of Methods For Explaining Black Box Models, S. 6; *Provenzano et al.*, Machine Learning approach for Credit Scoring, WP 2020, S. 15; IIF, Explainability in Predictive Modeling, S. 15.

[714] IIF, Explainability in Predictive Modeling, S. 15.

[715] So etwa für LIME, *Provenzano et al.*, Machine Learning approach for Credit Scoring, WP 2020, S. 15.

waren. Diese Interpretierungsmethoden erhöhen die Erklärbarkeit dieser Modelle bislang aber nur in beschränktem Umfang.[716]

cc) Zwischenfazit

Zusammenfassend begründet die Wahl des Modells zur Erreichung der sog. *explainable AI* (*XAI*) bislang eine Kompromissfrage, die in dem Konflikt zwischen einer möglichst genauen Klassifizierung der Kreditnehmer und der Möglichkeit einer begründbaren Entscheidung sowie eines erklärbaren Modells besteht. Die Modellauswahl ist damit eine Abwägung zwischen Trennschärfe und Erklärbarkeit. Festzuhalten bleibt, dass die vorgenannten Aspekte weitgehend nur auf die Erklärbarkeit der Modellmethode oder der individuellen Entscheidungsfindung abzielen. Daneben begründet aber auch die konkrete Beschaffenheit des Datensatzes, mit dem das Modell trainiert wird, einen entscheidenden Faktor für die Erklärbarkeit.[717]

d) Datenmenge

Ferner unterscheiden sich die Methoden in den Anforderungen an die Datenmengen, die für das Trainieren des Modells benötigt werden. Während bereits herkömmliche Methoden mehrere tausend Daten benötigen, um solide Ergebnisse zu erzielen,[718] gelten die fortgeschrittenen Methoden, insbesondere *deep learning*-Methoden, als besonders datenintensive Methoden.[719] Fortgeschrittene Methoden haben zwar den Vorteil, dass viele Arbeitsschritte automatisiert werden können, die zuvor noch manuell durch den Datenwissenschaftler anzustellen waren. Sind die erforderlichen Datenmengen aber nicht vorhanden, können herkömmliche Methoden wiederum im Vorteil sein, da dann nur diese ausreichend trainiert werden können.[720] Es gilt ebenso nicht immer, dass mehr Daten bessere Ergebnisse bedeuten. Stattdessen ist die Qualität der Daten ein entscheidender Faktor für die Güte eines

---

[716] IIF, Explainability in Predictive Modeling, S. 16; siehe etwa *Dastile/Celik*, 9 Institute of Electrical and Electronics Engineers (2021), 50426.

[717] Kaulartz/Braegelmann/*Körner*, Rechtshbd. AI und ML, Kap. 2.4 Rn. 19 ff., 23; zum *feature engineering* weiter unten § 2, E.I.2.b), S. 135.

[718] Vgl. die Analyse von über 170.000 Konten bei *Urbatsch*, in: Sokol, Living by numbers, S. 68 (75), mit wie vielen das Modell erstellt wurde, bleibt jedoch offen; mindestens 4.500 Fälle genügen aber, *R. Anderson*, Credit Scoring Toolkit, S. 260; *Edelman/Lawrence*, Credit Scorecard Development and Maintenance, S. 27: 3.000; der in der Literatur häufig verwendete „deutsche Datensatz" verfügt dagegen nur über 1.000 Fälle (700 „gute", und „300" schlechte Kreditnehmer) aus den Jahren 1973–1975, *Grömping*, South German Credit Data, 2019, S. 4.

[719] *„[D]ata-hungry"* R. Anderson, Credit Scoring Toolkit, S. 175; *Döbel et al.*, Maschinelles Lernen, S. 58.

[720] BaFin, BDAI, S. 29.

Modells.[721] In Fachkreisen spricht man in diesem Zusammenhang von *„garbage in, garbage out".*[722]

4. Traditionelle Kreditscoring-Akteure

Die logistische Regression gilt weiterhin als Branchenstandard. Zwar beginnen die Adaption und Testung maschineller Lernverfahren auch bei den Finanzinstituten zuzunehmen.[723] Zur Beurteilung von Kreditrisiken werden zugunsten der Erklärbarkeit aber regelmäßig weiterhin einfachere Modelle eingesetzt.[724] Die aufgezeigte Abwägungsentscheidung wird damit aktuell zulasten höherer Trennschärfe, aber zugunsten der Transparenz entschieden.

Anders fällt diese Abwägung im Bereich des Online-Handels aus.[725] Hier bot die SCHUFA zeitweise einen „SCHUFA-ML-Score für eCommerce" an. Dieses Projekt ist offenbar eingestellt worden.[726] Dabei handelte es sich um eine Methode der Zahlartensteuerung im Check-Out-Prozess, ob der Kunde also einen Kauf auf Rechnung tätigen darf oder Vorkasse zu leisten hat.[727] Ein Grund, in diesen Fällen zugunsten der Intransparenz zu entscheiden, wird sein, dass bei Versagung einer Zahloption mit kreditorischem Ausfallrisiko zulasten des Käufers noch keine Versagung des Vertragsabschlusses einhergeht. Der Käufer kann stattdessen in Vorleistung treten und den Vertragsschluss trotz eines intransparenten Scoringmodells herbeiführen. Damit ist der Käufer weniger beeinträchtigt als ein Kreditantragsteller, dessen Antrag aufgrund des Outputs eines intransparenten Modells abgelehnt wird.[728] Die gleiche Argumentation gilt auch im Rahmen der Betrugsprävention, weshalb dort Black Box-Modelle wegen ihrer höheren Trennschärfe daher regelmäßig in Verwendung sein können. Schließlich kann der vermeintliche Betrüger in Vorleistung treten.

---

[721] *„More data beats clever algorithms, but better data beats more data"*, *Peter Norvig*, US-amerikanischer Informatiker, zitiert nach Schacht/Lanquillon/*Lanquillon*, Blockchain und ML, S. 137.

[722] *R. Anderson*, Credit Scoring Toolkit, S. 262; Schacht/Lanquillon/*Lanquillon*, Blockchain und ML, S. 138; *B. Anderson*, in: Siddiqi, Intelligent Credit Scoring, S. 149 (170).

[723] Vgl. EBA, EBA/REP/2020/01, S. 8, 20; IIF, ML in Credit Risk Report, S. 4; vgl. auch die Marktbefragung bei SVRV, Verbrauchergerechtes Scoring, S. 185.

[724] EBA, EBA/REP/2020/01, S. 16; *Alonso/Carbó*, BDE Documentos de Trabajo N.° 2032, 2020, S. 10 f.

[725] Zum bankaufsichtsrechtlichen Anwendungsbereich des § 18a KWG, insbesondere *„buy now, pay later"* und Bagatellkredite, siehe unten § 3, B.IV.1., S. 161 ff.

[726] Das Projekt wird auf der Internetseite der SCHUFA nicht mehr genannt und auch das dazugehörige Fact Sheet ist nicht mehr abrufbar.

[727] Zu *„credit as a service"* oben § 2, A.I.2., S. 36.

[728] Zur datenschutzrechtlichen Konsequenz einer solchen Entscheidung siehe unten § 4, C.I.2.b)bb), S. 326.

IV. Zwischenfazit

Neben der festgestellten Datenerweiterung[729] führt das alternative Kreditscoring zu einer Algorithmenerweiterung. So können die fortgeschrittenen Methoden zur Erstellung von Kreditscoringmodellen mit erhöhter Trennschärfe beitragen, die auch nichtlineare Merkmalsbeziehungen verarbeiten können und damit erhöhtes Potenzial gerade bei der Berücksichtigung alternativer Daten aufzeigen. Dies erlaubt eine schnellere, günstigere, umfassendere und genauere Bewertung des Kreditantrags.[730] Die Algorithmen unterscheiden sich jeweils in Performance, Komplexität, Robustheit, Transparenz und Interpretierbarkeit. Einen Königsweg für die Wahl des „richtigen" Algorithmus gibt es nach wie vor nicht.[731] Die grundsätzliche Abwägungsfrage lautet weiterhin, ob das Modell über mehr Trennschärfe oder mehr Transparenz verfügen soll.

Es gibt auch kein universales Kreditscoringmodell. Stattdessen werden in der Literatur zahlreiche Modelle diskutiert bzw. in der Praxis implementiert, die alle mit unterschiedlichen Daten, Methoden, Algorithmen, Experten und Herangehensweisen arbeiten und in unterschiedlichen Branchen eingesetzt werden. Mit steigender Rechenkapazität und zunehmender Nachfrage nach online abzuwickelnden Kreditverträgen ist eine Zunahme an fortgeschrittenen Kreditscoringmethoden oder komplexeren Modellen zu erwarten.[732] Der Trend geht in der Kreditpraxis derweil noch dahin, statt fortgeschrittene, intransparentere Methoden zu verwenden, das Blickfeld auf alternative Daten zu fokussieren. Dies zeigen zuletzt die Bemühungen um das SCHUFA CheckNow-Verfahren oder das „SCHUFALab@HPI"-Projekt.

E. Prozess des Kreditscorings

Nachdem beschrieben wurde, welche Daten in ein Kreditscoringmodell einfließen und welche Algorithmen zur Berechnung des Modells verwendet werden können, soll im Folgenden der Prozess des Kreditscorings erläutert werden. Dieser unterteilt sich in die Modellierung und die individuelle Scorewertberechnung.

I. Erstellung des Modells

Eine Modellerstellung besteht aus mehreren Schritten. Ziel eines Modells ist, das Wissen aus der Umwelt bestmöglich zu repräsentieren, indem die Informationen aus

---

[729] Zu dem Ansatz *„all data is credit data"* siehe oben § 2, C.II.2.c), S. 77 ff.

[730] FSB, AI and ML in financial services, S. 12.

[731] Vgl. *Thomas*, 61 Journal of the Operational Research Society (2010), 41 (45); *Lessmann et al.*, 247 European Journal of Operational Research (2015), 124 (134).

[732] *Lessmann et al.*, 247 European Journal of Operational Research (2015), 124 (134).

Beispielsdaten generalisiert werden, um das so erlangte Wissen auf unbekannte Fälle anwenden zu können. Ein Modell ist damit optimal eine „Abstraktion der Wirklichkeit".[733]

1. Festlegung der Zielvariable

Grundlegende Voraussetzung ist zunächst die exakte Festlegung der Zielvariable *y*. Dies ist deshalb so wichtig, da mithilfe der Zielvariable „gute" und „schlechte" Kreditnehmer klassifiziert werden sollen.[734] Somit ist der Begriff der Kreditwürdigkeit zu definieren und in seinen jeweiligen Merkmalsausprägungen zu beschreiben sowie ein fester Beobachtungszeitraum *(outcome period/performance window)* festzulegen. Bereits hier besteht das Problem, dass keine allgemeingültige Definition existiert.[735] Abhilfe leistet in negativer Abgrenzung eine genaue Definition des Zahlungsausfalls,[736] da schließlich dessen Eintrittswahrscheinlichkeit prognostiziert werden soll, vgl. auch Art. 178 CRR.

Ein Zahlungsausfall liegt grundsätzlich vor, wenn der Kreditschuldner gar nicht, nur teilweise oder verspätet erfüllt.[737] So kann dies etwa die Nichtzahlung trotz Fälligkeit und Mahnung sein.[738] Als „schlecht" wäre demnach zu qualifizieren, wenn dieses Ereignis innerhalb eines konkreten Beobachtungszeitraum vorlag.[739] Der Beobachtungszeitraum für die Anstellung der Klassifizierung beträgt regelmäßig zwölf Monate.[740] Wie viele Zahlungen, über welchen Zeitraum und in welcher Höhe der Kreditnehmer im Rückstand sein muss, um als „schlecht" eingestuft zu werden, ist eine subjektive Entscheidung.[741] Eine universale Definition für den Zahlungs-

---

[733] *Döbel et al.*, Maschinelles Lernen, S. 13.

[734] *Füser*, Intelligentes Scoring und Rating, S. 49.

[735] *Barocas/Selbst*, 104 California Law Review (2016), 671 (679); *Hurley/Adebayo*, 18 Yale Journal of Law & Technology (2016), 148 (172).

[736] Vgl. *Schröder et al.*, in: Schröder/Taeger, Scoring im Fokus, S. 8 (27).

[737] Zum Schuldnerausfall nach Art. 178 CRR unten § 3, C.II.4.b)bb), S. 228 ff.; RegE, BT-Drs. 18/5922, S. 103; MünchKomm-BGB/*Weber*, § 505d Rn. 14.

[738] *Schröder et al.*, in: Schröder/Taeger, Scoring im Fokus, S. 8 (27).

[739] *Thomas*, 61 Journal of the Operational Research Society (2010), 41 (42); anders als bei einer „*ever*"-Definition, kann alternativ auch die Betrachtung angestellt werden, ob allein zum Antragszeitpunkt ein schlechtes Ereignis vorliegt („*current*"-Definition), *Thomas/Crook/ Edelman*, Credit Scoring and its Applications, S. 122.

[740] *Finlay*, Credit Scoring, Response Modeling, and Insurance Rating, S. 66; *Henking/ Bluhm/Fahrmeir*, Kreditrisikomessung, S. 212; *Thomas*, 61 Journal of the Operational Research Society (2010), 41 (42).

[741] Bis zu 30 oder 60 Tage, auch einzelfallabhängig, in der Mehrheit aber 90 Tage, *Rothemund/Gerhardt*, The European Credit Information Landscape, S. 13; für gewöhnlich 90 Tage innerhalb von zwölf Monaten, *Thomas*, Consumer Credit Models, S. 6; *ders.*, 61 Journal of the Operational Research Society (2010), 41 (42); zu möglichen Methoden *R. Anderson*, Credit Scoring Toolkit, S. 340 ff.

ausfall existiert ebenso wenig wie für die Kreditwürdigkeit, da diese Faktoren grundsätzlich kreditgeber-, produkt- und branchenabhängig sind.[742]

Abseits von „gut" und „schlecht" kann es auch „unklare" Fälle, wie z. B. partielle Zahlungsrückstände geben. Diese könnten je nach Definition des Zahlungsausfalls zunächst weder gut noch schlecht sein, da sie die Voraussetzungen der Definition nicht erfüllen. Das Modell droht diesen Fall daher zu „übersehen" oder nicht richtig zu kategorisieren. Auch existieren „unzureichende Fälle", in den der Kreditsuchende nicht genügend Daten für das Modell vorweisen kann.[743] Dies sind die *unscorables*, für die nach herkömmlichem Ansatz kein Kreditscore gebildet werden kann.

2. Datenaufbereitung

Einen weiteren sehr wichtigen und zeitintensiven Schritt stellt die Aufbereitung der Daten für den Modellierungsprozess dar.[744] Diese Datensätze bestehen aus Kreditverträgen aus der Vergangenheit, zu denen die Performance bekannt ist.

a) Datenauswahl (sample selection)

Der Modellersteller hat zunächst die historischen Daten auszuwählen, mit denen das Modell trainiert werden soll. Hier kommen die beschriebenen herkömmlichen und alternativen Daten in Betracht.[745] Diese Daten entstammen etwa aus der bisherigen Kreditvergabepraxis des Kreditgebers oder wurden Datenhändlern abgekauft. Auskunfteien können regelmäßig von ihren eingemeldeten Daten profitieren. FinTechs vergeben in einer Testphase zuweilen Mini-Kredite, um erstmalig eine hinreichende Datenbank aufzubauen. Diese historischen Beispielsfälle bilden die Vergleichsgruppen für künftige Kreditantragsteller. Deshalb müssen die Daten für die zukünftige Zielgruppe repräsentativ sein und verschiedenartige Rückzahlungsverhalten enthalten.[746] Daneben müssen die Daten auch robust gegenüber saisonabhängigen Entwicklungen, konjunkturellen Schwankungen oder Krisen sein.[747] Schließlich sollen gleiche Merkmale auch künftig zu gleichen Prognosen führen.

---

[742] *Henking/Bluhm/Fahrmeir*, Kreditrisikomessung, S. 213.

[743] *Thomas/Crook/Edelman*, Credit Scoring and its Applications, S. 120; *R. Anderson*, Credit Scoring Toolkit, S. 335; diese sollten auch nicht aus dem Datensatz entfernt werden, *Mays/Lynas*, Credit Scoring for Risk Managers, S. 70 f.

[744] Vor allem die Vorbereitung und Bereinigung der Daten kann zeitlich gesehen die meiste Arbeit bei der Modellerstellung darstellen, *Thomas*, Consumer Credit Models, S. 69; siehe auch *Hacker*, GRUR 2020, 1025 (1026 f.).

[745] Siehe oben § 2, C.II., S. 68 ff.

[746] *Thomas/Crook/Edelman*, Credit Scoring and its Applications, S. 117 f.

[747] *Future is like the past*-Prinzip, *Siddiqi*, in: Siddiqi, Intelligent Credit Scoring, S. 73 (86 ff.).

aa) Stichprobenfenster

Das Stichprobenfenster (*sample window*), in welchem die Beispielsfälle berücksichtigt werden, beträgt regelmäßig zwischen 12 und 24 Monaten.[748] Nicht nur der Umstand, dass der Datensatz, der für die Risikoanalyse zukünftiger Kreditverträge verwendet werden soll, bis zu zwei Jahre oder älter ist, begründet einen inhärenten *historical bias*. Auch gesellschaftlich fest verankerte Strukturen wie der Gender Pay Gap können sich in dem Datensatz widerspiegeln, sei es direkt durch Berücksichtigung des Merkmals „Geschlecht" oder indirekt durch eine Korrelation der Stellvertretermerkmal „Einkommen" und „Teilzeit". Da Big Data besonders viele Stellvertretermerkmale bereithält, liegt die Möglichkeit der Vertiefung dieses Problems auf der Hand, denn das Grundprinzip, dass gleiche Daten zu gleichen Prognosen führen sollen, begründet ein Reproduktionsrisiko gesellschaftlicher Strukturen zulasten bislang zahlungsschwacher Minderheiten im Sinne einer selbsterfüllenden Prophezeiung.[749] Aber auch die Veränderung der potenziellen Zielgruppe (*population drift*) kann einen solchen *bias* darstellen.

bb) Stichprobengröße

Als Daumenregel hat sich für die herkömmlichen Methoden eine Stichprobengröße (*sample size*) von mindestens 1.500 Beispielen je Beobachtungskategorie („gute", „schlechte", „abgelehnte"[750]) etabliert.[751] Mehr als 10.000 Beispielsfälle sollen keinen großen Mehrwert erbringen.[752] In Zeiten von Big Data ist die Verarbeitung von Millionen von Beispielsfällen weniger das Problem, sondern eher, ob genügend „schlechte" Beispielsfälle in den Datensätzen vorhanden sind.[753] Kredit-

---

[748] Längerer Zeitraum etwa bei Hypotheken, *Thomas/Crook/Edelman*, Credit Scoring and its Applications, S. 118; *Siddiqi*, in: Siddiqi, Intelligent Credit Scoring, S. 73 (81); *Urbatsch*, in: Sokol, Living by numbers, S. 68 (74).

[749] Häufig wird die Objektivität der Verfahren betont, siehe bereits *Durand*, Risk Elements in Consumer Instalment Financing, S. 84; auch die Auskunfteien, siehe die Marktbefragung bei SVRV, Verbrauchergerechtes Scoring, S. 86: „Mathematische, statistische Verfahren diskriminieren nicht". Zur Debatte *Barocas/Selbst*, 104 California Law Review (2016), 671; *Gillis/Spiess*, 86 The University of Chicago Law Review (2019), 459; *Langenbucher*, 31 EBLR (2020), 527; *dies.*, ECGI Law Working Paper N° 663/2022; SVRV, Verbrauchergerechtes Scoring, S. 34 ff.

[750] Zur Erforderlichkeit dieser Fälle sogleich im nächsten Absatz.

[751] *R. Anderson*, Credit Scoring Toolkit, S. 260, 350; *Finlay*, Credit Scoring, Response Modeling, and Insurance Rating, S. 68; mindestens 1.000: *Edelman/Lawrence*, Credit Scorecard Development and Maintenance, S. 27; *Mays/Lynas*, Credit Scoring for Risk Managers, S. 75.

[752] *Finlay*, Credit Scoring, Response Modeling, and Insurance Rating, S. 88, eine höhere Zahl an Beispielsfällen (ab ca. 6.000 Fällen) kann sogar nur geringen Mehrwert bringen, S. 68 ff.

[753] *Siddiqi*, in: Siddiqi, Intelligent Credit Scoring, S. 73 (75); vgl. auch *Mays/Lynas*, Credit Scoring for Risk Managers, S. 75; *Thomas/Crook/Edelman*, Credit Scoring and its Applications, S. 119.

auskunfteien sind hier im Vorteil, da sie kontinuierlich und branchenübergreifend negative Beispielsfälle zentral speichern. Kreditgeber verfügen dagegen durch den Kreditantrag über mehr Eigenschaften zu den jeweiligen Beispielen. Für die Forschung stellen Auskunfteien und Banken daher häufig ihre Datensätze zur Verfügung. Meistens werden aber öffentlich verfügbare Datensätze[754] oder Daten aus der Open Source-Community[755] verwendet.

Neben der Stichprobengröße stellt die Gewichtung eine weitere Auswahl der historischen Beispiele dar. Obwohl in der Praxis meist mehr gute als schlechte Beispiele vorhanden sind, werden sie zur Modellierung in gleichen Teilen berücksichtigt. Auf diese Weise kann der Algorithmus die negativen Eigenschaften besser lernen.[756] Würde man nur ausschließlich gute und schlechte Kreditnehmer berücksichtigen, würde dies dagegen einen *sampling bias* erzeugen.[757] Denn ansonsten würde das Modell nur anhand derjenigen Kreditantragsteller trainiert werden, die tatsächlich einen Kredit erhalten haben. Die eigentliche Zielgruppe wäre aber nicht abgedeckt, da zu den abgelehnten Kreditanträgen, sei es eine Ablehnung durch den Kreditnehmer oder den Kreditgeber, keine Performance-Daten vorhanden sind. Potenzielle Alpha-Fehler würden bei dieser Vorgehensweise nicht reduziert werden können. Zur Vermeidung einer derartigen Vorselektion im Sinne eines *sampling bias* werden daher auch abgelehnte Kreditanträge als Beispielsfälle berücksichtigt (sog. *reject inference*[758]).[759] Weil diese Methode letztlich eine Schätzung der hypothetischen Performance abgelehnter Kreditanträge darstellt, hat sich das Kunstwort „*guesstimation*" etabliert.[760]

Im Einzelfall kann ein *sampling bias* zur Erreichung eines repräsentativen Datensatzes aber auch erforderlich sein.[761] Grundsätzlich ist zwar eine zufällige Auswahl an Trainingsbeispielen sicherzustellen. Ein Scoringmodell sollte aber stets zukünftige potenzielle Kreditnehmer zugrunde legen (sog. „*through-the-door-po-*

---

[754] In der Regel ein bestimmter deutscher oder ein australischer Datensatz, *Dastile/Celik/Potsane*, 91 Applied Soft Computing Journal (2020), 106263, 1 (2, 15); *Thomas/Crook/Edelman*, Credit Scoring and its Applications, S. 92, 94; beachte aber die Kritik bei *Grömping*, South German Credit Data, 2019.

[755] Z.B. www.kaggle.com, *Alonso/Carbó*, BDE Documentos de Trabajo N.° 2032, 2020, S. 9.

[756] *Thomas/Crook/Edelman*, Credit Scoring and its Applications, S. 118.

[757] *Siddiqi*, in: Siddiqi, Intelligent Credit Scoring, S. 173 (215).

[758] Hierbei handelt es sich um Methoden, bei denen die hypothetische Performance der abgelehnten Kreditnehmer statistisch geschätzt wird, z.B. durch Extrapolation oder Augmentation, *Edelman/Lawrence*, Credit Scorecard Development and Maintenance, S. 46; *Thomas/Crook/Edelman*, Credit Scoring and its Applications, S. 141 ff.; *Siddiqi*, in: Siddiqi, Intelligent Credit Scoring, S. 173 (215 ff.).

[759] Und zwar sowohl vom Kreditgeber als auch vom Kreditnehmer abgelehnte Kreditanträge, *Thomas/Crook/Edelman*, Credit Scoring and its Applications, S. 122.

[760] Vgl. *Siddiqi*, in: Siddiqi, Intelligent Credit Scoring, S. 173 (219).

[761] *Siddiqi*, in: Siddiqi, Intelligent Credit Scoring, S. 73 (78 ff.).

pulation").[762] Je nach Produkt, Kreditgeber und Zielgruppe sind bestimmte Daten für geographische und soziale Bedingungen sowie saisonale Besonderheiten einzufügen.[763] Die Auswahl des Datensatzes ist auch für produktspezifische Modelle wichtig, da Risiken anders gewichtet sind und eigene Daten erfordern.[764] Im Wege einer sog. Segmentierung können so unterschiedliche Scorekarten oder Cut-Off-Werte für Subpopulationen erstellt werden.[765] So kann es sich anbieten, eine eigene Scorekarte mit unterschiedlichen Parametern für unter und über 25jährige Kreditnehmer, Groß- und Geringverdiener oder für *thin* und *thick files* zu erstellen.[766] Andere Beispiele wie Minderjährige oder Insolvenzfälle werden erst gar nicht in den Datensatz aufgenommen, da nur solche Beispiele gelernt werden wollen, die der Kreditgeber auch tatsächlich im Rahmen der Kreditvergabe in Betracht ziehen möchte.[767]

cc) Datenqualität

Ferner ist die Qualität der zu erlernenden Beispielsfälle entscheidend. Allgemein spricht man hier auch von *„garbage in – garbage out".*[768] Mangelhafte Qualität der Trainingsdaten führt zu einem mangelhaften Modell. Neben der Repräsentanz der Daten setzt dies fehlerfreie, vollständige, unveränderbare sowie für die Zielvariable und den späteren Datensatz geeignete Daten voraus.[769] In diesem Arbeitsschritt kann etwa darauf zu achten sein, dass Adressdaten und Geburtstage einheitlich formatiert und fehlerfrei sind sowie nur vollständig ausgefüllte Kreditanträge berücksichtigt werden.[770] Insbesondere ist darauf zu achten, dass das Modell in dieser Phase auch Fehler erlernen könnte und diese Fälle später als „richtig" erkennen würde.[771] Einmal erlernte Fehler würden in der Anwendungsphase somit reproduziert werden.

---

[762] *Thomas/Crook/Edelman*, Credit Scoring and its Applications, S. 120.

[763] Ist die Zielgruppe des Produkts an junge Menschen gerichtet, müssen diese auch entsprechend in dem Datensatz repräsentiert sein, *Thomas/Crook/Edelman*, Credit Scoring and its Applications, S. 119 f.

[764] *Thomas/Crook/Edelman*, Credit Scoring and its Applications, S. 119 f.

[765] *Mays/Lynas*, Credit Scoring for Risk Managers, S. 71; *Siddiqi*, in: Siddiqi, Intelligent Credit Scoring, S. 73 (103 ff.); *Thomas/Crook/Edelman*, Credit Scoring and its Applications, S. 129 f.

[766] *Thomas*, Consumer Credit Models, S. 69; *Finlay*, Credit Scoring, Response Modeling, and Insurance Rating, S. 76 ff.

[767] *Thomas/Crook/Edelman*, Credit Scoring and its Applications, S. 120.

[768] *Döbel et al.*, Maschinelles Lernen, S. 47.

[769] *Henking/Bluhm/Fahrmeir*, Kreditrisikomessung, S. 214 f.

[770] Oder dass das Alter eines Kreditnehmers nicht geringer als die Lebenszeit seines Bankkontos ist, *Thomas*, Consumer Credit Models, S. 69.

[771] *Döbel et al.*, Maschinelles Lernen, S. 14.

b) Merkmalsaufbereitung

Nachdem der fehlerbereinigte Datensatz aufbereitet und ggf. zielgruppenabhängige Subpopulationen gebildet wurden, sind diejenigen Merkmale und ihre Attribute festzulegen, mit denen gelernt werden soll. Die Auswahl und Verwerfung voneinander abhängiger Merkmale wird als die „Kunst" des Kreditscorings bezeichnet.[772] Auch die „Intuition" des Modellerstellers, mithin eine heuristische Entscheidungsfindung, kann hierbei eine Rolle spielen, weshalb der Modellersteller nicht nur mit Blick auf die Daten, sondern auch für deren Gebrauch ein solides Grundverständnis mitzubringen hat.[773] Zur Exploration des Datensatzes können diverse Data-Mining-Methoden, also unüberwachte maschinelle Lernmethoden, zum Einsatz kommen, die die Merkmalsbeziehungen aufzeigen.[774]

Nicht alle vorhandenen Merkmale können für ein Modell verwendet werden. Würde man bei Anwendung der logistischen Regression etwa zu viele Merkmalsausprägungen berücksichtigen, könnte das Modell dies infolge der Rechenintensität nicht bewältigen und auch die Erklärbarkeit würde darunter leiden.[775] Zentrale Aspekte bei der Merkmalsauswahl sind, ob ein Merkmal aus rechtlicher Sicht verwendet werden darf, ob das Merkmal für die Zeit der Anwendungsphase stabil bleiben wird, ob sich soziale, ökonomische oder rechtliche Wandel vollziehen könnten und ob das Merkmal in der Praxis leicht, wiederkehrend und kostengünstig verfügbar sein wird.[776] Auch zu sehr voneinander abhängige[777] oder kollineare Merkmale sollten entfernt werden.[778] Sind zwei Merkmale kollinear, enthalten sie dieselbe Information, sodass eines verworfen werden sollte.[779] Der Grund liegt in dem Problem der sog. Multikollinearität: Korrelieren Merkmale zu stark miteinander, kann der Beitrag des einzelnen Merkmals für die Prognosefähigkeit des

---

[772] *Thomas/Crook/Edelman*, Credit Scoring and its Applications, S. 125; *Thomas*, Consumer Credit Models, S. 72; ähnlich *Mays/Lynas*, Credit Scoring for Risk Managers, S. 75.

[773] *Thomas/Crook/Edelman*, Credit Scoring and its Applications, S. 138 f.; *Mays/Lynas*, Credit Scoring for Risk Managers, S. 77.

[774] *Yang et al.*, 113 Applied Soft Computing (2021), 107871, 1 (3).

[775] Eine verständliche Scorekarte sollte nicht mehr als 20 Variablen beinhalten, *Thomas/ Crook/Edelman*, Credit Scoring and its Applications, S. 138; *R. Anderson*, Credit Scoring Toolkit, S. 379.

[776] *Thomas/Crook/Edelman*, Credit Scoring and its Applications, S. 138 f.; *Mays/Lynas*, Credit Scoring for Risk Managers, S. 78.

[777] Wann eine zu hohe Korrelation vorliegt, ist nicht allgemein festgelegt, *Finlay*, Credit Scoring, Response Modeling, and Insurance Rating, S. 134 f.

[778] Dies kann auch automatisiert durch eine Modellierungssoftware erfolgen, *Finlay*, Credit Scoring, Response Modeling, and Insurance Rating, S. 132. 134; *Thomas*, Consumer Credit Models, S. 70 f.

[779] Z. B. „Alter" und „Geburtsdatum", *Finlay*, Credit Scoring, Response Modeling, and Insurance Rating, S. 132, 134; dies muss aber nicht derart offensichtlich sein: auch die Anzahl der Girokonten und die Verschuldensrate, sofern ein Verbraucher mit vielen Girokonten regelmäßig auch verschuldet ist, SVRV, Verbrauchergerechtes Scoring, S. 44.

Modells schwerer erfasst werden. Im Extremfall kann sich dadurch ein eigentlich positiver Einfluss eines Merkmals in einen negativen Effekt umkehren.[780]

Die Merkmalsauswahl kann auch weitgehend automatisiert ablaufen.[781] Regelmäßig erfolgt zunächst eine Grobklassifizierung, indem verschiedene ähnliche Eigenschaften zu einer Eigenschaft zusammengelegt werden (*coarse classification*).[782] Die Merkmale können sodann entweder direkt ausgewählt (*feature selection*) oder aus bestehenden Merkmalen konstruiert werden (*feature engineering*).[783] Unter letzteres fallen auch sog. Metadaten, also Merkmalsausprägungen einzelner Variablen, die neu abgeleitete Variablen bilden.[784] Hierdurch können sich die Merkmalsdimensionen vergrößern, weshalb auf den sog. *curse of dimensionality* zu achten ist, da bereits 40 Variablen mit je vier Attributen zu 2.560.000 möglichen Einzelfällen führen[785].[786]

Können so zu Beginn hunderte Variablen in dem Datensatz vorhanden sein, werden gegen Ende herkömmlich nicht mehr als 25 Merkmale in das Modell einfließen.[787] Dabei werden alle Merkmale im Wege einer univariaten oder multivariaten Analyse auf ihre statistische Signifikanz für die Bestimmung der Zielvariable untersucht.[788] Merkmale, die geringe Signifikanz aufweisen, werden in diesem Stadium zur Verkürzung der Modelberechnung, zur Vereinfachung des Modells oder zur Verringerung des Performanceverlustes durch Rauschen (*noise*) verworfen.[789] Anschließend werden die in Betracht kommenden Merkmale sowie ihre Ausprägung transformiert, indem den Datenpunkten einzelne alphanumerische Werte zugewiesen werden, um sie für den Modellierungsprozess verwenden zu können.[790] Bereits in

---

[780] *Schröder et al.*, in: Schröder/Taeger, Scoring im Fokus, S. 8 (28 f.).

[781] *R. Anderson*, Credit Scoring Toolkit, S. 183 f.

[782] Etwa „Mieter – möbiliert" und „Mieter – unmöbiliert" zu „Mieter", *Thomas/Crook/Edelman*, Credit Scoring and its Applications, S. 130; *Thomas*, Consumer Credit Models, S. 71 f.

[783] Zu den Methoden *Dastile/Celik/Potsane*, 91 Applied Soft Computing Journal (2020), 106263, 1 (3 ff.); *Provenzano et al.*, Machine Learning approach for Credit Scoring, WP 2020, S. 3 ff.

[784] *Hurley/Adebayo*, 18 Yale Journal of Law & Technology (2016), 148 (176); vgl. *Finlay*, Credit Scoring, Response Modeling, and Insurance Rating, S. 104 ff.

[785] Zest AI, Patentantrag US 2018/0260891 A1, S. 4 (0041).

[786] *Provenzano et al.*, Machine Learning approach for Credit Scoring, WP 2020, S. 4; *Dastile/Celik/Potsane*, 91 Applied Soft Computing Journal (2020), 106263, 1 (5).

[787] *R. Anderson*, Credit Scoring Toolkit, S. 260.

[788] Entweder durch Analyse nur eines Merkmals (univariat) oder mehrerer Merkmale (multivariat) in Abhängigkeit zur Zielvariable, *Finlay*, Credit Scoring, Response Modeling, and Insurance Rating, S. 114 f.

[789] *Finlay*, Credit Scoring, Response Modeling, and Insurance Rating, S. 139.

[790] Z. B. mithilfe sog. *dummy variables*, also Zahlen- und Buchstabenkombinationen, die bestimmten Eigenschaften zugeordnet werden. So wäre „M1" im Gegensatz zu „M0" eine Person, die zur Miete wohnt, vgl. *Finlay*, Credit Scoring, Response Modeling, and Insurance Rating, S. 145 f.; oder aber die Zuordnung zwischen 0 und 2 mit Blick darauf, wie sorgfältig

diesem Schritt der explorativen Merkmalsanalyse ist die Erklärbarkeit des späteren Modells angelegt.[791]

c) Trainings-, Validierungs- und Testdatensatz

Nach Aufbereitung des Datensatzes wird der Gesamtdatensatz in zwei Datensätze aufgeteilt. Hierbei ist darauf zu achten, dass die Teilmengen weiterhin repräsentativ für die Gesamtpopulation bleiben.[792] Dabei stellt der größere Datensatz mit ca. 70 % den sog. Trainingsdatensatz dar, anhand dessen das Modell lernen soll.[793] Der übrige sog. Testdatensatz ist zwingend unabhängig von dem Trainingsdatensatz zu halten und wird ausschließlich zur Überprüfung der Modellergebnisse verwendet.[794]

Um das Modell noch während der Modellierungsphase zu prüfen, ist es sinnvoll, von dem Trainingsdatensatz bis zu 30 % der Daten abzutrennen (sog. Validierungsdatensatz).[795] Auch dieser Datensatz wird nicht für die Lernphase verwendet. Insbesondere bei kleineren Datensätzen wird geraten, die Trainingsdaten in z. B. fünf Untergruppen aufzuspalten, wobei eine dieser Gruppen als Validierungsdatensatz fungiert. Anstatt ein Modell mit nur einem Validierungsdatensatz zu prüfen, werden fünf unterschiedliche Modelle erstellt. Jedes dieser Modelle wird sodann anhand derjenigen Untergruppe validiert, die nicht Bestandteil der Trainingsdaten war. Für die anschließende Testphase wird sodann das Modell mit der geringsten Fehlerrate gewählt. (sog. Kreuzvalidierung – *cross validation*).[796]

Mithilfe der Testdaten, die teilweise auch Validierungsdaten genannt werden,[797] wird zuletzt geprüft, ob das Modell gut genug an den Trainingsdatensatz angepasst

---

der Kreditantrag ausgefüllt wird, Zest AI, Patentantrag US 2018/0260891 A1, S. 4 (0042); zu den Transformationsmethoden siehe auch *R. Anderson*, Credit Scoring Toolkit, S. 357 ff.

[791] Kaulartz/Braegelmann/*Körner*, Rechtshdb. AI und ML, Kap. 2.4 Rn. 23.

[792] Zu den Methoden hierfür *Finlay*, Credit Scoring, Response Modeling, and Insurance Rating, S. 70 ff.

[793] *Thomas*, Consumer Credit Models, S. 70; *Finlay*, Credit Scoring, Response Modeling, and Insurance Rating, S. 73.

[794] Schacht/Lanquillon/*Lanquillon*, Blockchain und ML, S. 118 f.; *Thomas*, Consumer Credit Models, S. 70.

[795] Schacht/Lanquillon/*Lanquillon*, Blockchain und ML, S. 118 ff.; *Thamm/Gramlich/Borek*, Data and AI Guide, S. 237 f.; siehe auch *Alonso/Carbó*, BDE Documentos de Trabajo N.° 2032, 2020, S. 21; *Djeundje et al.*, 163 Expert Systems with Applications (2021), 113766, 1 (5).

[796] Neben der Bildung von Untergruppen (*rotation*) können hunderte Scorekarten erstellt werden, wobei immer nur ein Kreditvertrag aus dem Trainingsdatensatz entfernt wird, der sodann zur Testung der Leistungsfähigkeit des Modells herangezogen wird (*leave one out*), *Thomas/Crook/Edelman*, Credit Scoring and its Applications, S. 181 f.; siehe auch die Abbildung bei Schacht/Lanquillon/*Lanquillon*, Blockchain und ML, S. 119, 120 f.; *Richter*, Statistisches und maschinelles Lernen, S. 19.

[797] Auch *hold-out sample*, vgl. *Thomas/Crook/Edelman*, Credit Scoring and its Applications, S. 180 f.; gemeint ist damit aber immer ein Datensatz, der nach Beendigung des Mo-

ist, ähnlich gute Prognosen für unbekannte Daten anstellen kann (Vermeidung des Underfitting) und ob es nicht zu sehr an den Trainingsdatensatz angepasst ist, sondern vielmehr die Merkmalsbeziehungen der Trainingsdaten auswendig gelernt hat (Vermeidung des Overfitting).[798]

3. Modellierung

Sobald die Zielvariable bestimmt ist, die Daten bereinigt, aufbereitet, transformiert und die Merkmale ausgewählt wurden, können die obengenannten Kreditscoringmethoden angewendet werden. Hier beginnt nun der Prozess des maschinellen Lernens.[799] Als Software dient z. B. SAS oder SSPS.[800] Dazu wird der aufbereitete Datensatz in eine oder mehrere der beschriebenen Methoden zur Parameterschätzung eingegeben. Hierdurch wird die spätere Scoreformel berechnet bzw. ihre Parameter geschätzt und mit dem Ziel optimiert, die Merkmalsbeziehungen in Bezug auf die vorgegebene Zielvariable bestmöglich darzustellen.[801] Für gewöhnlich schließt die Modellierung den Lernprozess ab, sodass ein einmal trainiertes Modell grundsätzlich für mehrere Jahre verwendet wird.[802] Würde das Modell auch nach Abschluss der Trainingsphase in der Anwendungsphase weiterlernen, würden etwa die Gewichtung oder die Auswahl der einzelnen Merkmale kontinuierlich angepasst werden.[803]

Wurde ein Validierungsdatensatz zurückgehalten, kommt es nach Abschluss der Trainingsphase zur Bewertung und Optimierung der Parameter anhand der Validierungsdaten.[804] Dies erfolgt in einem iterativen Berechnungsprozess, wobei so lange neue Modelle trainiert und validiert werden bis sich die Modellergebnisse nicht mehr wesentlich verbessern.[805]

---

dellierungsprozesses zur Performance-Bewertung mittels dem Modell unbekannten Daten herangezogen wird, Schacht/Lanquillon/*Lanquillon*, Blockchain und ML, S. 118 f.

[798] Schacht/Lanquillon/*Lanquillon*, Blockchain und ML, S. 118 ff.

[799] *Hurley/Adebayo*, 18 Yale Journal of Law & Technology (2016), 148 (180).

[800] *R. Anderson*, Credit Scoring Toolkit, S. 250; *Finlay*, Credit Scoring, Response Modeling, and Insurance Rating, S. 166.

[801] Im Fachjargon des maschinellen Lernens wird dies als Suche nach der sog. *mapping function* bezeichnet, *Thamm/Gramlich/Borek*, Data and AI Guide, S. 206.

[802] *Edelman/Lawrence*, Credit Scorecard Development and Maintenance, S. 101.

[803] Siehe etwa der Vorschlag für eine automatisierte Kreditscoringstrategie bei *Yang et al.*, 113 Applied Soft Computing (2021), 107871, 1.

[804] Schacht/Lanquillon/*Lanquillon*, Blockchain und ML, S. 118.

[805] *Thamm/Gramlich/Borek*, Data and AI Guide, S. 227 ff.

4. Erstellung der Scorekarte

Aus der berechneten Funktion lässt sich schließlich die Scorekarte ableiten.[806] Diese fasst tabellarisch leicht verständlich zusammen, welche Punktzahl dem jeweiligen Merkmal zugeordnet ist.[807] Vereinfachend kann das sich ergebende Spektrum an Scorewerten in risikobasierte Bonitätsklassen oder Ratingstufen eingeteilt werden.[808] Mit einer solchen Scorekarte ließe sich für den Laien genau aufzeigen, welche Merkmale besonders ausschlaggebend für den Kreditscore sind und wie hoch das Risiko eingestuft wird. Die Kausalität des Merkmalseinflusses oder seine Korrelationen gehen hieraus aber nicht hervor.

5. Festlegung des Cut-Off-Score

Ab welchem Scorewert der Kreditgeber nicht mehr bereit sein wird, einen Kredit zu vergeben (Cut-Off-Score), hängt von mehreren Überlegungen ab. Zu berücksichtigen sind geplante Rückzahlungen, anfallende Kosten durch Verzug, Zahlungsausfall oder Vorfälligkeitszahlungen, operative Kosten, das Verhältnis von „guten" und „schlechten" Kreditnehmern sowie Unternehmensziele und -grundsätze.[809] Aus der unterschiedlichen Risikobereitschaft ergibt sich somit die Notwendigkeit branchenspezifischer Modelle. So kann es in der einen Branche lukrativ sein, eine zehnprozentige Ausfallquote einzukalkulieren, während in einer anderen Branche nur jeder hundertste Schuldner ausfallen sollte. Kreditscoring erfüllt damit die Funktion der risikobasierten Produktbepreisung (*risk-based pricing*). Je niedriger der Cut-Off-Score, desto höher die Kreditannahmequote. Damit einhergehend steigt die statistische Kreditausfallquote, sodass ein niedriger Cut-Off-Score ein risikoreicheres Kreditportfolio bedeutet.[810] Aus Sicht des Kreditsuchenden wirkt der Cut-Off-Score wie ein *numerus clausus* für die Kreditvergabe.

Sollten bei der Kreditwürdigkeitsprüfung wichtige Informationen hinzutreten, die das Modell nicht verarbeiten kann und die auf eine andere Empfehlung als die Scorewertberechnung schließen lassen, kann in Ausnahmefällen dennoch eine konträre Entscheidung erfolgen: Obwohl das Modell einen Scorewert unterhalb des Cut-Off-Wertes berechnet, entscheidet sich der Kreditgeber entgegen des statistisch

---

[806] *Dittombée*, in: Sokol, Living by numbers, S. 86 (92).

[807] Siehe z.B. *Füser*, Intelligentes Scoring und Rating, S. 58 f.: hiernach bringt von 760 möglichen Punkten das männliche Geschlecht 0, das weibliche 40 Punkte, eine Beschäftigungsdauer von weniger als 11 Monaten -130, ab 61 Monaten 80 Punkte.

[808] Siehe die Tabelle bei *Korczak/Wilken*, Verbraucherinformation Scoring, S. 9; ULD, Scoring nach der Datenschutz-Novelle 2009 und neue Entwicklungen, S. 105.

[809] *Thomas/Crook/Edelman*, Credit Scoring and its Applications, S. 152; *Mays/Lynas*, Credit Scoring for Risk Managers, S. 181 ff.

[810] ULD, Scoring nach der Datenschutz-Novelle 2009 und neue Entwicklungen, S. 86.

generierten Outputs für eine Kreditvergabe (sog. *low-side override*).[811] Diese Ent-scheidungen öffnen damit wieder Raum für subjektive Entscheidungen, weshalb sie restriktiv behandelt und nur in begründeten Ausnahmefällen durchgeführt werden sollten.[812]

6. Testung

Anders als nach der Validierung folgt auf die Testung keine weitere Lernphase.[813] In der Testphase wird die Modell-Performance anhand der zurückgehaltenen Test-daten, welche für das Modell bislang noch unbekannt sind, final bewertet. Hierbei wird u. a. geprüft, ob das Modell zu sehr an die Trainings- und Validierungsdaten angepasst und damit ein Fall des Overfitting eingetreten ist. Häufig werden auch sog. *out-of-time samples* verwendet, also im Vergleich zu dem Trainingsdatensatz aktuellere oder ältere Stichproben.[814]

Die Messung der Performance kann mithilfe diverser statistischer Methoden angestellt werden und durch einen Abgleich der Prognose mit der tatsächlichen Performance laut Trainingsdatensatz erfolgen.[815] Zur Bewertung gehören etwa die Prozentzahl der korrekt klassifizierten Fälle und die Trennschärfe.[816] Ob korrekt klassifiziert wird, hängt u. a. auch von dem jeweiligen Cut-Off-Wert der Scorekarte ab.[817] Die Trennschärfe ist ein wichtiges Bewertungsinstrument und beschreibt, wie gut das Modell zwischen guten und schlechten Kreditnehmern unterscheidet.[818] Fehler stellen die bereits erwähnten Alpha- und Beta-Fehler dar.[819] Messwerte für die Trennschärfe sind insbesondere die ROC-Kurve, der AUC-Wert oder der Gini-Ko-effizient. Die ROC-Kurve ist eine bauchige Kurve in einem Lorenz-Diagramm, die die Klassifizierungseigenschaft des Modells beschreibt.[820] Sie verbildlicht das

---

[811] Der umgekehrte Fall ist ein *high-side override*, *Thomas/Crook/Edelman*, Credit Scoring and its Applications, S. 149 f.; *Mays/Lynas*, Credit Scoring for Risk Managers, S. 180 f.; *Siddiqi*, in: Siddiqi, Intelligent Credit Scoring, S. 275 (315 ff.).

[812] *Mays/Lynas*, Credit Scoring for Risk Managers, S. 181; *Thomas/Crook/Edelman*, Credit Scoring and its Applications, S. 150; *Siddiqi*, in: Siddiqi, Intelligent Credit Scoring, S. 275 (316); *Finlay*, Credit Scoring, Response Modeling, and Insurance Rating, S. 261 f.

[813] *Thamm/Gramlich/Borek*, Data and AI Guide, S. 232.

[814] *Finlay*, Credit Scoring, Response Modeling, and Insurance Rating, S. 222 ff.; *Henking/Bluhm/Fahrmeir*, Kreditrisikomessung, S. 215 f.

[815] *Mays/Lynas*, Credit Scoring for Risk Managers, S. 103 ff.; *Thomas/Crook/Edelman*, Credit Scoring and its Applications, S. 179 ff.

[816] *Finlay*, Credit Scoring, Response Modeling, and Insurance Rating, S. 218, 220; *Thomas/Crook/Edelman*, Credit Scoring and its Applications, S. 179.

[817] *Thomas/Crook/Edelman*, Credit Scoring and its Applications, S. 179.

[818] Vgl. *Schröder et al.*, in: Schröder/Taeger, Scoring im Fokus, S. 8 (34).

[819] Siehe oben § 2, A.IV., S. 41.

[820] Instruktiv *Schröder et al.*, in: Schröder/Taeger, Scoring im Fokus, S. 8 (35); *Henking/Bluhm/Fahrmeir*, Kreditrisikomessung, S. 220.

Verhältnis der Falsch-Positiv- zur Richtig-Positiv-Rate.[821] AUC und Gini beschreiben das Verhältnis zu dieser Kurve.[822] Grundsätzlich gilt, je größer die Fläche unter der Kurve (*area under the curve* – „AUC") bzw. je größer der Gini-Koeffizient, desto trennschärfer klassifiziert das Modell.[823] Der Gini-Koeffizient gilt als Standardmesswert und beschreibt die Trennschärfe des Modells auf einer Skala zwischen 0 und 1, wobei ein Wert von 1 perfekt wäre.[824] Bei Kreditinstituten liegt dieser etwa bei 0,7 und 0,8, bei Bestandskunden sogar regelmäßig höher,[825] und bei Auskunfteien zwischen 0,6 und 0,8[826]. Eine der ersten Scorekarten auf der Basis von sozialen Medien verfügte über einen Gini-Koeffizienten von 0,34,[827] und eine Scorekarte mit Daten zu Open Banking über 0,72[828]. Obwohl naheliegend, dürfen Gini-Koeffizienten anderer Modelle aber nicht direkt miteinander verglichen werden, sofern die Modelle nicht anhand desselben Datensatzes erstellt wurden.[829] In jedem Fall kann die Prognosegüte aber einen entscheidenden Wettbewerbsvorteil bedeuten.[830]

II. Scorewertbildung

In der Anwendungsphase findet die individuelle Scorewertbildung statt. Hierzu wird dem Kreditantragsteller in Abhängigkeit seiner Daten eine Punktzahl zugeordnet. Nur die Merkmale, die für die Modellerstellung ausgewählt wurden, können für die Scorewertbildung berücksichtigt werden.[831] Die Daten werden dazu dem Kreditantrag oder externen Quellen entnommen und den Variablen der Scoreformel bzw. der Scorekarte zugeordnet. Auch hierbei kann künstliche Intelligenz zum Einsatz kommen, etwa wenn es um die Erkennung von Informationen und die Zuordnung zu den jeweiligen Variablen geht. Die Punktzahl eines jeden Merkmals wird mit der jeweiligen Gewichtung multipliziert und die sich ergebenden Produkte zu

---

[821] *Alonso/Carbó*, BDE Documentos de Trabajo N.° 2032, 2020, S. 11.

[822] *Henking/Bluhm/Fahrmeir*, Kreditrisikomessung, S. 221 f.

[823] *Thomas/Crook/Edelman*, Credit Scoring and its Applications, S. 189; *Schröder et al.*, in: Schröder/Taeger, Scoring im Fokus, S. 8 (36); krit. *Finlay*, Credit Scoring, Response Modeling, and Insurance Rating, S. 222: „For some problems a GINI coefficient of 0.4 or less might be considered good, while for others a GINI coefficient of 0.8 or more may be achievable."

[824] SVRV, Verbrauchergerechtes Scoring, S. 81 Fn. 74.

[825] ULD, Scoring nach der Datenschutz-Novelle 2009 und neue Entwicklungen, S. 86.

[826] SVRV, Verbrauchergerechtes Scoring, S. 81, 185.

[827] *Erki*, Big Data Scoring, First Ever Generic European Social Media Scorecard Ready!, 9. 4. 2013, abrufbar unter https://www.bigdatascoring.com/first-ever-generic-european-social-media-scorecard-ready/.

[828] Algoan, Credit Bureaus and the situation in France, abrufbar unter https://www.algoan.com/articles/open-banking-credit-industry/.

[829] *Finlay*, Credit Scoring, Response Modeling, and Insurance Rating, S. 222.

[830] BaFin, BDAI, S. 83 ff.

[831] Zu den Ausnahmefällen der Overrides siehe oben § 2, E.I.5., S. 139.

dem finalen Kreditscore summiert.[832] Der auf diese Weise berechnete Kreditscore soll die Kreditausfallwahrscheinlichkeit des Kreditantragstellers prognostizieren.[833] Er dient als Grundlage für die Entscheidung über die Kreditvergabe.[834]

III. Kalibrierung

Mithilfe des Kreditscorings können die Kreditnehmer in Abhängigkeit ihres Ausfallrisikos sortiert werden. Für die logistische Regression lässt sich der Scorewert direkt in die Ausfallwahrscheinlichkeit umwandeln.[835] Der Kreditscore wird dann zur quantifizierten Ausfallwahrscheinlichkeit (PD).[836] Wird eine Methode verwendet, die keine solche direkte Übersetzung zulässt, ist anhand historischer Daten zu bewerten, welches Risiko in der Vergangenheit für welche Ausfallwahrscheinlichkeit stand. Hierzu werden die Schuldner in Risikoklassen eingestuft, denen jeweils eine Ausfallwahrscheinlichkeit zugeordnet wird.[837] Die Neuzuordnung eines Scorewertes zu einer Ausfallwahrscheinlichkeit zwecks Aktualisierung des Modells wird als Kalibrierung bezeichnet.

IV. Zwischenfazit

Beschrieben wurden die Grundzüge eines Modellierungsprozesses, wie er herkömmlich zur Erstellung eines Kreditscoringmodells angestellt werden könnte. Hierbei zeigte sich die Komplexität und Individualität eines solchen Unterfangens. Die Modellerstellung weist einige zentrale Richtungsentscheidungen auf, die bewusst getroffene menschliche Entscheidungen darstellen. Dies offenbart sich nicht zuletzt dadurch, dass selbst die Verwendung *derselben* Datensätze zu unterschiedlichen Modell-Performances führt.[838] Der Modellersteller nimmt somit eine essenzielle Rolle für die Qualität des Modells ein. Dazu gehören vor allem die Definition der Zielvariable, die Aufbereitung der Daten und die Auswahl der Merkmale.

Obwohl der Mensch eine bedeutende Funktion bei der Modellierung von Kreditscoringmodellen wahrnimmt, werden zunehmend automatisierte Verfahren bis hin zu sog. Ende-zu-Ende-lernenden Modellen erforscht. Letzteres bezeichnet

---

[832] Vgl. die Regressionsformeln oben § 2, D.III.1.a), S. 109 ff.

[833] *Schröder et al.*, in: Schröder/Taeger, Scoring im Fokus, S. 8 (30); *Siddiqi*, in: Siddiqi, Intelligent Credit Scoring, S. 1 (11); *Thomas/Crook/Edelman*, Credit Scoring and its Applications, S. 14 f.

[834] *Hartmann-Wendels/Pfingsten/Weber*, Bankbetriebslehre, S. 449.

[835] *Thomas/Crook/Edelman*, Credit Scoring and its Applications, S. 195.

[836] *Thomas/Crook/Edelman*, Credit Scoring and its Applications, S. 195.

[837] *Thomas/Crook/Edelman*, Credit Scoring and its Applications, S. 195.

[838] Vgl. den Studienüberblick bei *Thomas/Crook/Edelman*, Credit Scoring and its Applications, S. 94 f.

Modelle, die von der Eingabe der unaufbereiteten Rohdaten bis hin zur Output-Generierung trainiert werden.[839] Als Beispiel kann hier der Vorschlag für eine automatische Kreditscoringstrategie genannt werden, wonach ein Modell selbständig die Merkmale reduziert und auswählt, den Klassifikator bestimmt und die Modelloptimierung vornimmt.[840] Mit zunehmender Forschung und Entwicklung solcher Ende-zu-Ende-Modelle wird ein noch höherer Grad an Automatisierung oder gar Autonomisierung zu erwarten sein. Dies gilt umso mehr, je kosteneffizienter, schneller und prognosestärker diese Modelle für den Kreditgeber sind. Zu beachten ist dennoch, dass es sich bei solchen Ende-zu-Ende-Lernverfahren um *deep learning*-Methoden handelt und damit die Konsequenzen der Intransparenz dieser Verfahren zu bedenken sind.[841]

F. Zusammenfassung der Einführung

Die obige Darstellung verfolgte das Ziel einer umfassenden interdisziplinären Einführung in das Kreditscoring. Aufgezeigt wurde das ökonomische Verlangen nach einer objektivierbaren, standardisierten Kreditwürdigkeitsprüfung im Lichte eines vertrauensbasierten Kreditbegriffs sowie die ökonomische Effizienz der delegierten Informationssuche. Das Verhältnis zwischen Kreditgeber und Kreditnehmer wurde in die Prinzipal-Agent-Konstellation eingeordnet. Das Kreditscoring bietet als mathematisch-statistische Methode ein geeignetes Screening-Mittel zum Abbau der natürlichen Informationsasymmetrie zwischen den Kreditvertragsparteien. Es verhilft zur Reduktion der adversen Selektion im Allgemeinen und der Kreditrationierung im Besonderen. Mit den Schlagworten „Big Data" und „künstliche Intelligenz" wurden zwei wesentliche Entwicklungen identifiziert, die das Kreditscoring erweitern können.

Hierzu wurden die herkömmlichen Methoden einer neuen Herangehensweise gegenübergestellt. „*All data is credit data*" bezeichnet den Ansatz, der jedwedes Datum zur Prüfung der Kreditwürdigkeit heranzuziehen versucht und wonach der Kreditnehmer mithilfe seines digitalen Schattens als zentrale Auskunftsstelle fungiert. Es wurde festgestellt, dass nicht alle Daten einen direkten Informationsgehalt für die Kreditwürdigkeit beinhalten müssen, sondern insbesondere ein automatisierter Kreditvergabeprozess von der Validierungsfunktion profitieren kann, um das Vertrauen in die Person des Kreditsuchenden zu bestätigen.

Ferner wurde gezeigt, dass die Einbeziehung alternativer Daten in einer Erweiterung der Zielgruppe resultieren kann. Dies bedeutet, dass Menschen, die bisher durch traditionelle Strukturen nicht erreicht werden, unter Tragung zusätzlicher

---

[839] BaFin, BDAI, S. 29; *Döbel et al.*, Maschinelles Lernen, S. 39.

[840] Vgl. auch *Yang et al.*, 113 Applied Soft Computing (2021), 107871, 1.

[841] Dazu oben § 2, D.III.2.a)bb), S. 117; BaFin, BDAI, S. 29; *Döbel et al.*, Maschinelles Lernen, S. 39.

privacy-Kosten finanziell inkludiert werden können. Hieraus folgt die als doppeltes Autonomieproblem bezeichnete dilemmatische Abwägungsentscheidung des Betroffenen zwischen Privatsphäre und finanzieller Teilhabe. Sollten sich alternative Daten für die Zwecke des Kreditscorings als eine Methode der risikobasierten Bepreisung etablieren, werden auch *scorables* vor diesem Problem stehen.

Daneben sieht sich das Kreditscoring durch Effizienzsteigerungen im Bereich der künstlichen Intelligenz erweitert. Kreditscoring wird als Klassifikationsproblem des überwachten maschinellen Lernens verstanden. Neben dem Aufzeigen kreditscoringrelevanter Lernmethoden wurden verschiedene Verfahren zur Modellerstellung dargestellt. Dabei offenbarte sich, dass sich die Modellerstellung weder als „Selbstläufer" gestaltet noch ein bestimmter „Königsweg" existiert. Alle Verfahren verfügen über ihre eigenen Vor- und Nachteile. Als ein zentrales Entscheidungskriterium mit Blick auf die Wahl der Modellmethode wurde die Abwägung zwischen Performance und Transparenz identifiziert. Bei der Modellerstellung selbst sind die Bestimmung der Zielvariable, die Datenqualität und die Merkmalsauswahl entscheidende Einflussfaktoren. Während der Mensch in der Modellierungsphase derzeit noch eine zentrale Rolle spielt, kann die Scorewertbildung – und damit auch die Kreditvergabeentscheidung – vollkommen automatisiert erfolgen.

§ 3 Transparenz durch Bankaufsichtsrecht

Das Bankaufsichtsrecht erschließt sich aus verschiedenen Rechtsquellen wie insbesondere der Kapitaladäquanzverordnung (CRR), der Eigenkapitalrichtlinie (CRD IV), dem Kreditwesengesetz (KWG), der Solvabilitätsverordnung (SolvV) sowie darauf basierenden Aufsichtspraktiken wie Leitlinien der EBA oder das Rundschreiben der BaFin zu den Mindestanforderungen an das Risikomanagement (MaRisk). Diese Rechtsquellen sind alle maßgeblich durch das Baseler Rahmenwerk beeinflusst, das daher zunächst als Grundlage erläutert wird. Hierauf aufbauend werden sodann die bankaufsichtsrechtlichen Anforderungen mit Blick auf die System- und Datentransparenz bei dem Einsatz von Kreditscoringmodellen dargestellt, wobei zwischen den qualitativen Vorgaben an das Risikomanagement und der Beurteilung des Kreditrisikos zu unterscheiden ist.

A. Vorgaben des Baseler Rahmenwerkes

Die heutige Rechtslage geht im Wesentlichen auf über Jahrzehnte hinweg entwickelte und durch mehrere Finanzkrisen angestoßene Reformbewegungen zurück, deren Ergebnisse im supranationalen Baseler Rahmenwerk festgehalten sind.[1] Hierbei handelt es sich um einen internationalen Standardisierungsprozess zur globalen Bankenregulierung, zu dem ein kurzer historischer Überblick mit Fokus auf das Kreditrisiko bei Verbraucherkrediten gegeben werden soll.

Den ersten Schritt hin zu einem Baseler Rahmenwerk stellt der Baseler Akkord aus dem Jahr 1988 dar (Basel I).[2] In Reaktion auf mehrere Bankeninsolvenzen seit den 1970er Jahren verabschiedete der 1979 gegründete Baseler Ausschuss[3] erstmals Empfehlungen mit den Zielen, das internationale Bankensystem durch die Schaffung konsistenter Standards zu stärken und einheitliche Wettbewerbsvoraussetzungen zur Vermeidung von Regulierungsarbitrage festzulegen.[4] Das Herzstück des Baseler Akkords stellt die Einigung auf eine verbindliche Eigenkapitalquote dar, die ein Verhältnis des Eigenkapitals zu den risikogewichteten Kreditposition in Höhe von

---

[1] BIS, The Basel Framework.

[2] BIS, International Convergence of Capital Measurement and Capital Standards.

[3] Bestehend aus den G-10-Staaten (Belgien, Kanada, Frankreich, Deutschland, Italien, Japan, Niederlande, Schweden, Schweiz, Großbritannien, USA) und Luxemburg, BIS, Basel I, Fn. 1.

[4] BIS, Basel I, Rn. 3; *Griesbeck*, Neue Kreditwürdigkeitsprüfung für eine Neue Welt, S. 21; Hofmann/*Paul*, Basel III und MaRisk, S. 9 (12).

mindestens 8 % vorsah (Mindestkapitalkoeffizient).[5] Die Ermittlung des benötigten Eigenkapitals erfolgt hiernach durch die Multiplikation von 8 % des Aktivwertes mit der durch den Baseler Akkord vorgegebenen pauschalen Risikogewichtung.[6] Da sich die Risikogewichtung am Schuldner orientiert und diese für Kredite an Private bei 100 % der Forderungshöhe lag, war keinerlei bonitätsbedingte Risikogewichtung für die Eigenmittelausstattung möglich.[7] Die Einführung eines regulatorischen Eigenkapitals führte stattdessen zur pauschalen Beschränkung der Kreditvergabe auf das 12,5fache des haftenden Eigenkapitals.[8] In Deutschland fanden die neuen Eigenmittelanforderungen ab 1993 infolge der 4. KWG-Novelle in Umsetzung der Eigenmittelrichtlinie[9] und der Solvabilitätsrichtlinie[10] der Europäischen Wirtschaftsgemeinschaft (EWG) Anwendung.[11]

Die pauschale Risikogewichtung bedeutete eine unzureichende Risikosensitivität, die nicht den fortschrittlicher werdenden internen Risikomessverfahren der Kreditinstitute entsprach, und setzte für die Kreditinstitute Anreize, aufgrund der höheren Renditeaussichten in risikoreichere Geschäfte bei gleichbleibender Eigenkapitalunterlegung zu investieren.[12] Nach der Veröffentlichung mehrerer Studien und Stellungnahmen beschloss der Baseler Ausschuss 2004 ein grundsätzlich überarbeitetes und wesentlich umfangreicheres Rahmenwerk (Basel II)[13].[14] An den Grundelementen aus Basel I hielt der Ausschuss fest. Die Rahmenvereinbarung war nun aber insgesamt risikosensitiver, indem sie u.a. die Möglichkeit eröffnete, bankinterne Risikomessverfahren stärker für die Eigenkapitalbestimmung einbeziehen zu können.[15] Um die „Solidität und Stabilität des internationalen Banken-

---

[5] BIS, Basel I, Rn. 44, Anlage 2; Deutsche Bundesbank, Monatsbericht April 2001, S. 17.

[6] S. Berg, Zur aufsichtsrechtlichen Berücksichtigung des Kreditrisikos, S. 22 f.; Griesbeck, Neue Kreditwürdigkeitsprüfung für eine Neue Welt, S. 21.

[7] BIS, Basel I, Anlage 2 S. 2; Habschick/Evers/Jung, Auswirkungen von BASEL II für Verbraucher, S. 7.

[8] Derleder/Knops/Bamberger/Schneck, Deutsches und europäisches Bank- und Kapitalmarktrecht, § 5 Rn. 13.

[9] Richtlinie 89/299/EWG des Rates vom 17. April 1989 über die Eigenmittel von Kreditinstituten, ABl. (EWG) 1989 L 124, 16.

[10] Richtlinie 89/647/EWG des Rates vom 18. Dezember 1989 über einen Solvabilitätskoeffizienten für Kreditinstitute, ABl. (EWG) 1989 L 386, 14.

[11] Zuvor galt nach dem 1969 erlassenen Grundsatz I eine Eigenkapitalquote von ca. 5,5 %, S. Berg, Zur aufsichtsrechtlichen Berücksichtigung des Kreditrisikos, S. 21; Hofmann/Paul, Basel III und MaRisk, S. 9 (12).

[12] S. Berg, Zur aufsichtsrechtlichen Berücksichtigung des Kreditrisikos, S. 23; andere sprachen auch von einer Quersubventionierung schlechter Kreditnehmer: Langenbucher, Bankrechtstag 2004, 63 (64 f.).

[13] Zur parallelen Überarbeitung der EG-rechtlichen Eigenmittelanforderungen: Hofmann/Paul, Basel III und MaRisk, S. 9 (14 f.).

[14] BIS, International Convergence of Capital Measurement and Capital Standards – A Revised Framework.

[15] BIS, Basel II, Rn. 5 f., 10.

systems weiter [zu] stärken" und Wettbewerbsverzerrungen bei Kapitalanforderungen zu vermeiden, basiert das Rahmenwerk auf drei sich ergänzenden Säulen, die für die Finanzaufsicht einen Paradigmenwechsel hin zu einer mehr qualitativ orientierten Finanzaufsicht bedeuteten:[16] Mindestkapitalanforderungen (I), aufsichtliche Überprüfungsverfahren (II) und Marktdisziplin (III).[17]

Die Säule I (Mindestkapitalanforderungen) legt für die Bemessung des Kreditrisikos[18] fest, dass diese Beurteilung entweder mit einem gesetzlich vorgegebenen pauschalen Kreditrisikostandardansatz (KSA) oder mit einem auf interner Risikoeinstufung basierenden Ansatz (*internal rating based approach* – IRB-Ansatz) beurteilt werden kann.[19] Während der Standardansatz für das Mengengeschäft (*retail portfolio*), zu dem Verbraucherkredite gehören,[20] eine pauschale Risikogewichtung von 75 % vorsieht, soll nach dem internen Ansatz eine eigene Risikosteuerung durch das Institut stattfinden.[21] In letzterem liegt der regulatorische Ursprung für eine risikoadäquate, d. h. bonitätsabhängige, Zinssatzberechnung im Verhältnis zum Risiko des kreditgebenden Instituts.[22] Der IRB-Ansatz hat aus Sicht der Aufsicht den Vorteil, dass die Bank sich mit ihrem konkreten Kreditrisiko auseinandersetzt, bedeutet für die Bank aber zugleich einen hohen finanziellen und organisatorischen Aufwand.[23] Die auf internen Ratings basierende Risikosteuerung kann dazu führen, dass im Vergleich zum Standardansatz weniger Eigenkapital zu unterlegen wäre, sodass die Säule I des Rahmenwerks durch ihr Einsparungspotenzial einen Anreiz zur möglichst trennscharfen Risikobeurteilung setzt.[24] Obwohl der IRB-Ansatz nach den Überlegungen der Regulatoren gerade auch für kleinere Banken attraktiv sein sollte,[25] verwendeten 2020 nur 41 von 1679 der in Deutschland zugelassenen Kre-

---

[16] Deutsche Bundesbank, Monatsbericht April 2001, S. 17; Überblick bei BaFin, Die internationale Aufsichtsstruktur im Wandel, 2. 10. 2012, abrufbar unter https://www.bafin.de/SharedDocs/Veroeffentlichungen/DE/Fachartikel/2012/fa_bj_2012_10_wandel_internationale_aufsicht.html.

[17] BIS, Basel II, Rn. 4; zur Übersicht der Säulen siehe *ebd.*, S. 6; Deutsche Bundesbank, Monatsbericht April 2001, S. 17.

[18] Die Eigenmittelanforderungen bestimmten sich seit 1996 daneben noch nach dem Markt- und mit Basel II auch nach dem operationellen Risiko, *Griesbeck*, Neue Kreditwürdigkeitsprüfung für eine Neue Welt, S. 23.

[19] Deutsche Bundesbank, Monatsbericht April 2001, S. 18.

[20] Vgl. BIS, Basel II, Rn. 69; *Habschick/Evers/Jung*, Auswirkungen von BASEL II für Verbraucher, S. 11.

[21] Deutsche Bundesbank, Monatsbericht April 2001, S. 18, 23 f.

[22] *Habschick/Evers/Jung*, Auswirkungen von BASEL II für Verbraucher, S. 14.

[23] *Braun/Allgeier/Cremers*, Frankfurt School – Working Paper Series, No. 179, S. 12.

[24] *Braun/Allgeier/Cremers*, Frankfurt School – Working Paper Series, No. 179, S. 12; *Habschick/Evers/Jung*, Auswirkungen von BASEL II für Verbraucher, S. 15.

[25] Deutsche Bundesbank, Monatsbericht April 2001, S. 24; eine flächendeckende Umsetzung war damals erwartet worden, vgl. *Habschick/Evers/Jung*, Auswirkungen von BASEL II für Verbraucher, S. 15.

ditinstitute den bankinternen Ansatz für das Kreditrisiko[26].[27] Der Grund mag darin liegen, dass die Anwendung des IRB-Ansatzes häufig an unzureichenden Datenmengen scheitert.[28] Dass über 97 % der Kreditinstitute ihr Kreditrisiko weiterhin pauschalgewichtet beurteilen, setzt die Anreizfehler aus Basel I für das Retail-Portfolio fort, da Kreditinstitute, die den Standardansatz verwenden, für eine möglichst trennscharfe Risikobeurteilung von Verbraucherkrediten nicht mit einer geringeren Eigenmittelausstattung belohnt werden.[29] Ein dahingehender Anreiz zur Risikosensitivität wird nur für in Verzug geratene Kredite hergestellt, da sich das Risikogewicht in diesem Fall auf 150 % verdoppeln kann.[30]

Die Säule II beschreibt die bankaufsichtliche Überprüfung. Zu diesem *supervisory review process* (SRP) gehört die laufende Überprüfung der Risikosteuerung durch die Aufsicht.[31] Dies bedeutet mit Blick auf das Kreditrisiko, dass Banken über Verfahren und Strategien zur Beurteilung der risikoadäquaten Eigenmittelausstattung (Risikomanagement) verfügen sollen und dass die Aufsicht diese bankinternen Prozesse überprüfen und bewerten kann.[32]

Die Säule III soll schließlich Marktdisziplin durch die Einführung umfassender Offenlegungspflichten herstellen. Durch Bereitstellung von Informationen über den Anwendungsbereich der Eigenkapitalvorschriften, die Ausstattung und Struktur des Eigenkapitals und eingegangene Risiken und ihre Beurteilung sollen Marktteilnehmer die Kapitaladäquanz einer Bank beurteilen können.[33] Die kapitalmarktorientierte Offenlegung soll die Risikoneigung der Geschäftsleitung auf ein angemessenes Niveau beschränken und damit zur Einhaltung der regulatorischen Anforderungen disziplinieren.[34] Die nach Basel II aufgestellten Offenlegungspflichten

---

[26] Zur Anzahl der zugelassenen Institute siehe Deutsche Bundesbank, Bankstellenbericht 2020, S. 2, abrufbar unter https://www.bundesbank.de/resource/blob/868508/1f9e4293f8e1 786eda026c0e8cd40514/mL/bankstellenbericht-2020-data.pdf.

[27] BaFin, Übersicht der deutschen IRB-Ansatz-Institute, 31.01.2017, geändert am 12.05. 2020, abrufbar unter https://www.bafin.de/dok/7852174; schon vor Einführung des IRB-Ansatzes zum 1.1.2007 beantragten nur 30 Kreditinstitute die bankinterne Risikobewertung, Hofmann/*Paul*, Basel II und MaRisk, S. 5 (29).

[28] *Wunderlich*, WM 2019, 1585 (1585).

[29] Anders kann dies aber sein, wenn externe Ratings von Rating-Agenturen über Unternehmen berücksichtigt werden, da deren Einschätzung die Bonitätsgewichte ändern kann, siehe Deutsche Bundesbank, Kreditrisikostandardansatz, abrufbar unter https://www.bundes bank.de/de/aufgaben/bankenaufsicht/einzelaspekte/eigenmittelanforderungen/kreditrisiko/kre ditrisikostandardansatz-598430.

[30] BIS, Basel II, Rn. 75 ff.

[31] *Griesbeck*, Neue Kreditwürdigkeitsprüfung für eine Neue Welt, S. 23; Hofmann/*Paul*, Basel III und MaRisk, S. 9 (19 ff.).

[32] Vgl. Grundsatz 1 und 2 der Säule II, BIS, Basel II, S. 147, 150.

[33] BIS, Basel II, Rn. 809.

[34] Hofmann/*Paul*, Basel III und MaRisk, S. 9 (24 f.).

beanspruchen für sich dabei den angemessenen Ausgleich zwischen dem Informationsbedürfnis und dem Schutz vertraulicher und geschützter Informationen.[35]

Basel II wurde zum 1. Januar 2007 in Umsetzung der Bankenrichtlinie[36] und der Kapitaladäquanzrichtlinie[37] vollständig in das KWG transformiert[38] und durch die Solvabilitätsverordnung (SolvV) des Bundesministerium der Finanzen sowie durch das Rundschreiben 18/2005 „Mindestanforderungen an das Risikomanagement" (MaRisk) der BaFin konkretisiert.[39]

In Reaktion auf die 2007 ausgelöste Finanzkrise einigten sich die G20-Staaten in den sog. Pittsburgh-Statements darauf,[40] eine das globale Wirtschaftssystem gefährdende Krise künftig unbedingt verhindern zu wollen.[41] Das 2010 verabschiedete überarbeitete Rahmenwerk Basel III[42] sieht hierfür insbesondere strengere Anforderungen an und eine diversere Zusammensetzung des Eigenkapitals sowie die Schaffung von Kapitalpuffern vor.[43] Der EU-Gesetzgeber folgte den in dem De-Larosière-Bericht[44] dargelegten Empfehlungen der Hochrangigen Expertengruppe für Finanzaufsicht für eine stärkere Harmonisierung der Finanzmärkte mit der Verabschiedung der Kapitaladäquanzverordnung (CRR)[45] und der Eigenkapitalrichtlinie (CRD IV)[46],[47] die durch zahlreiche Level II- und III-Maßnahmen ergänzt

---

[35] BIS, Basel II, Rn. 819.

[36] Richtlinie 2006/48/EG des Europäischen Parlaments und des Rates vom 14. Juni 2006 über die Aufnahme und Ausübung der Tätigkeit der Kreditinstitute, ABl. (EU) 2006 L 177, 1.

[37] Richtlinie 2006/49/EG des Europäischen Parlaments und des Rates vom 14. Juni 2006 über die angemessene Eigenkapitalausstattung von Wertpapierfirmen und Kreditinstituten, ABl. (EU) 2006 L 177, 201.

[38] Gesetz zur Umsetzung der neugefassten Bankenrichtlinie und der neugefassten Kapitaladäquanzrichtlinie vom 17. November 2006, BGBl. I 2006 2606.

[39] Derleder/Knops/Bamberger/*Schneck*, Deutsches und europäisches Bank- und Kapitalmarktrecht, § 5 Rn. 14.

[40] Abrufbar unter https://www.oecd.org/g20/summits/pittsburgh/G20-Pittsburgh-Leaders-Declaration.pdf.

[41] Derleder/Knops/Bamberger/*Schneck*, Deutsches und europäisches Bank- und Kapitalmarktrecht, § 5 Rn. 15.

[42] BIS, Basel III: A global regulatory framework for more resilient banks and banking systems.

[43] Deutsche Bundesbank, Monatsbericht Januar 2018, S. 79; Hofmann/*Paul*, Basel III und MaRisk, S. 9 (50 ff.).

[44] Abrufbar unter https://www.esrb.europa.eu/shared/pdf/de_larosiere_report_de.pdf?27ac2 5e3e0132be567ddc3fa2590d579.

[45] Verordnung (EU) Nr. 575/2013 des Europäischen Parlaments und des Rates vom 26. Juni 2013 über die Aufsichtsanforderungen an Kreditinstitute und Wertpapierfirmen und zur Änderung der Verordnung (EU) Nr. 646/2012, ABl. (EU) 2013 L 176, 1.

[46] Richtlinie 2013/36/EU des Europäischen Parlaments und des Rates vom 26. Juni 2013 über den Zugang zur Tätigkeit von Kreditinstituten und die Beaufsichtigung von Kreditinstituten und Wertpapierfirmen, zur Änderung der Richtlinie 2002/87/EG und zur Aufhebung der Richtlinien 2006/48/EG und 2006/49/EG Text von Bedeutung für den EWR, ABl. (EU) 2013 L 176, 338.

werden und auch zur Reform der nationalen Bankrechtsvorschriften führten. Dieses sog. CRD IV-Maßnahmenpaket führte schließlich zur Harmonisierung des Bankaufsichtsrechts auf europäischer Ebene.[48] Die heute gültigen Standards sind daneben in dem unverbindlichen Baseler Rahmenwerk (*Basel Framework*) konsolidiert.[49] Zwar sieht das Rahmenwerk selbst nur Regelungen für international tätige Banken vor.[50] Die Bestimmungen gelten aber als genereller Bankenstandard.[51] Die Umsetzung von Basel IV, wie die Fertigstellung von Basel III auch genannt wird,[52] ist im Gange und erfolgt auf europäische Ebene insbesondere durch das sog. Bankenpaket (CRR II[53] und CRD V[54]).[55] Aktuell liegen in diesem Zusammenhang auch Vorschläge für eine CRR III[56] und CRD VI[57] vor.

B. Kreditrisikomanagement als Ausfluss qualitativer Organisationspflichten

Nach der Säule II hat ein Institut über ein Verfahren zur Beurteilung der Eigenmittelausstattung zu verfügen, welches im Verhältnis zu seinem Risikoprofil steht. Hierbei handelt es sich um eines der Grundprinzipien des SRP.[58] Dieses Verfahren beinhaltet die Einrichtung eines umfassenden Risikomanagements, dessen Ausgestaltung sich gemäß dem Proportionalitätsgrundsatz nach Größe und Geschäftsak-

---

[47] Erwg. (2 f.) CRR.

[48] Schwintowski/*Köhler*, Bankrecht, Kap. 5 Rn. 321.

[49] BIS, The Basel Framework.

[50] Vgl. BIS, The Basel Framework, Rn. 10.1.

[51] Deutsche Bundesbank, Monatsbericht April 2001, S. 16.

[52] Derleder/Knops/Bamberger/*Bülow*, Deutsches und europäisches Bank- und Kapitalmarktrecht, § 2, Rn. 49.

[53] Verordnung (EU) 2019/876 des Europäischen Parlaments und des Rates vom 20. Mai 2019 zur Änderung der Verordnung (EU) Nr. 575/2013 in Bezug auf die Verschuldungsquote, die strukturelle Liquiditätsquote, Anforderungen an Eigenmittel und berücksichtigungsfähige Verbindlichkeiten, das Gegenparteiausfallrisiko, das Marktrisiko, Risikopositionen gegenüber zentralen Gegenparteien, Risikopositionen gegenüber Organismen für gemeinsame Anlagen, Großkredite, Melde- und Offenlegungspflichten und der Verordnung (EU) Nr. 648/2012, ABl. (EU) 2019 L 150, 1.

[54] Richtlinie (EU) 2019/878 des Europäischen Parlaments und des Rates vom 20. Mai 2019 zur Änderung der Richtlinie 2013/36/EU im Hinblick auf von der Anwendung ausgenommene Unternehmen, Finanzholdinggesellschaften, gemischte Finanzholdinggesellschaften, Vergütung, Aufsichtsmaßnahmen und -befugnisse und Kapitalerhaltungsmaßnahmen, ABl. (EU) 2019 L 150, 253.

[55] Schwintowski/*Köhler*, Bankrecht, Kap. 5 Rn. 321.

[56] Europäische Kommission, COM(2021) 664 final.

[57] Europäische Kommission, COM(2021) 663 final.

[58] BIS, Basel II, Teil 3: Säule 2, Grundsatz 1; *Loeper*, in: Hofmann, Basel II und MaRisk, S. 317 (318 f.)

tivität des Instituts zu richten hat. Dieser Grundsatz gilt ebenso bei der Beaufsichtigung des jeweiligen Instituts, weshalb man auch von doppelter Proportionalität spricht.[59] Die Säule II stellt qualitative, prinzipienorientierte Anforderungen für bankinterne Prozesse und die Bankenaufsicht auf.[60]

I. Adressat

Zuerst ist zu klären, wer Adressat dieser bankaufsichtsrechtlichen Anforderungen ist. Anknüpfungspunkt ist hierfür § 32 Abs. 1 Satz 1 KWG. Danach bedarf es der schriftlichen Erlaubnis der zuständigen Aufsichtsbehörde, wenn ein Unternehmen in Deutschland Bankgeschäfte gewerbsmäßig oder in einem Umfang betreibt, der einen in kaufmännischer Weise eingerichteten Geschäftsbetrieb erfordert.

1. Kreditinstitut

Solche Unternehmen bezeichnet das KWG als Kreditinstitute, § 1 Abs. 1 Satz 1 KWG. Wann ein Bankgeschäft vorliegt, ist in § 1 Abs. 1 Satz 2 KWG aufgelistet. Das Kreditgeschäft unterfällt dem Begriff des Bankgeschäfts und wird definiert als die Gewährung von Gelddarlehen, § 1 Abs. 1 Satz 2 Nr. 2 Alt. 1 KWG. Der Gegenstand jener Geschäfte ist damit auf Geld gerichtet.[61] In sachlicher Hinsicht sind dies Darlehensverträge im Sinne des § 488 BGB.[62] Gewährt ein Unternehmen in dem genannten Umfang Gelddarlehen, liegt das Betreiben eines erlaubnispflichtigen Bankgeschäfts vor und es wird Adressat des Bankaufsichtsrechts. Die Rechtsform des Unternehmens ist für die Qualifikation als Bankgeschäft irrelevant. Es können also auch natürliche Personen die Eigenschaft eines Kreditinstituts annehmen.[63] Umgekehrt bedeutet das aber nicht, dass die Rechtsform für die Erteilung der Erlaubnis nach § 32 Abs. 1 KWG ohne Bedeutung ist. Als Einzelkaufmann oder -frau darf ein Kreditinstitut nicht betrieben werden, § 2b Abs. 1 KWG.[64]

---

[59] Fischer/Schulte-Mattler/*Braun*, KWG § 25a Rn. 88; Deloitte/*Schauff/Stellmacher*, Basel II, S. 567 (568).

[60] Deutsche Bundesbank, Discussion paper, The Use of Artificial Intelligence and Machine Learning in the Financial Sector, S. 3; Fischer/Schulte-Mattler/*Braun*, KWG § 25a Rn. 63 ff.; *Loeper*, in: Hofmann, Basel II und MaRisk, S. 317 (318); Deloitte/*Schauff/Stellmacher*, Basel II, S. 567 (567 f.).

[61] Fischer/Schulte-Mattler/*Schäfer*, KWG § 1 Rn. 55.

[62] Zu den Einzelheiten eines Allgemein-Verbraucherdarlehensvertrages siehe unten § 3, B.IV., S. 160 ff.; Kümpel/Mülbert/Früh/Seyfried/*Freis-Janik*, Bankrecht und Kapitalmarktrecht, Rn. 2.85; Beck/Samm/Kokemoor/*Reschke*, KWG § 1 Rn. 202; Fischer/Schulte-Mattler/*Schäfer*, KWG § 1 Rn. 55.

[63] Fischer/Schulte-Mattler/*Schäfer*, KWG § 1 Rn. 19.

[64] Fischer/Schulte-Mattler/*Schäfer*, KWG § 1 Rn. 20.

Ob die Gewährung eines einzelnen Gelddarlehens gegen Entgelt erfolgt, ist für das Betreiben eines Kreditgeschäfts zunächst unerheblich.[65] Unabhängig von der Höhe der gewährten Gelddarlehen ist nur entscheidend, dass diese Tätigkeit gewerbsmäßig oder in einem Umfang erfolgt, der einen in kaufmännischer Weise eingerichteten Geschäftsbetrieb erfordert. Eine Sonderbehandlung für Kleinkredite existiert nicht. Diese erfüllen somit ebenso den Tatbestand des § 1 Abs. 1 Satz 2 Nr. 2 KWG und sind erlaubnispflichtig.[66]

Ferner ist der Begriff des Kreditinstituts europarechtlich in der CRR geregelt.[67] Gem. Art. 1 Abs. 1 Nr. 1 lit. a CRR sind dies Unternehmen, die kumulativ Einlagen oder andere rückzahlbare Gelder des Publikums entgegennehmen und Kredite für eigene Rechnung gewähren. Der europarechtliche Begriff des Kreditinstituts kombiniert damit das Einlagen- und Kreditgeschäft und ist daher mit Blick auf die Tätigkeit des Kreditgeschäfts enger als der des KWG.[68] Diese sog. CRR-Kreditinstitute, § 1 Abs. 3d KWG, unterfallen dem einheitlichen Aufsichtsmechanismus und werden, wenn sie sog. weniger bedeutende Kreditinstitute sind,[69] von der Deutschen Bundesbank und der BaFin und, wenn sie sog. bedeutende Kreditinstitute sind, von der EZB beaufsichtigt.[70] Die meisten in Deutschland zugelassenen Kreditinstitute sind auch CRR-Kreditinstitute.[71] Ohnehin werden Nicht-CRR-Institute jenen vorbehaltlich der Ausnahmen nach § 2 Abs. 7–9 f KWG grundsätzlich gleichgestellt, § 1a Abs. 1 Nr. 1 KWG.[72] Da diese Ausnahmen für Institute, die Kreditgewährung betreiben, grundsätzlich nicht einschlägig sind,[73] kann im Folgenden unterschiedslos nur von Kreditinstituten gesprochen werden.

---

[65] VG Berlin NJW-RR 1997, 808 (810); Kümpel/Mülbert/Früh/Seyfried/*Freis-Janik*, Bankrecht und Kapitalmarktrecht, Rn. 2.85; Beck/Samm/Kokemoor/*Reschke*, KWG § 1 Rn. 213; Fischer/Schulte-Mattler/*Schäfer*, KWG § 1 Rn. 58.

[66] Beck/Samm/Kokemoor/*Reschke*, KWG § 1 Rn. 257.

[67] Siehe auch unten § 3, C., S. 195.

[68] Beck/Samm/Kokemoor/*Reschke*, KWG § 1 Rn. 61 ff.

[69] Zur Frage, ob ein Kreditinstitut bedeutend ist, siehe die Kriterien in Art. 6 Abs. 4 SSM-Verordnung.

[70] Siehe die Aufsichtsrichtlinie zur Durchführung und Qualitätssicherung der laufenden Überwachung der Kredit- und Finanzdienstleistungsinstitute durch die Deutsche Bundesbank, 19.12.2016, abrufbar unter https://www.bundesbank.de/resource/blob/597830/dff524802 a575d18b754991cb39221ef/mL/aufsichtsrichtlinie-data.pdf.

[71] Vgl. BaFin, Kreditinstitute unter BaFin – bzw. EZB-Aufsicht, abrufbar unter https://www.bafin.de/dok/9140360.

[72] Schwennicke/Auerbach/*Auerbach*, KWG § 1a Rn. 4, 4a, 17; Beck/Samm/Kokemoor/ *Reschke*, KWG § 1a Rn. 5 ff.; Fischer/Schulte-Mattler/*Schäfer*, KWG § 1a Rn. 2.

[73] Vgl. Schwennicke/Auerbach/*Auerbach*, KWG § 1a Rn. 14; Beck/Samm/Kokemoor/ *Reschke*, KWG § 1a Rn. 5 ff.

2. Abgrenzungen zum Kreditgeschäft

Die Stundung bzw. Aufschiebung einer Kaufpreisforderung stellt noch keine Gewährung von Gelddarlehen dar.[74] Obwohl bei ökonomischer Betrachtung eine kreditierte Leistung vorliegt,[75] handelt es sich dabei um einen atypisch ausgestalteten Kaufvertrag.[76] Auch das Leasing ist in Ermangelung der Gewährung eines Gelddarlehens begrifflich kein Kreditgeschäft, sondern eine Finanzdienstleistung nach § 1 Abs. 1a Satz 2 Nr. 10 KWG.[77] Kein Kreditgeschäft liegt auch beim echten Factoring vor. Hierbei erwirbt der Zessionar im Wege der Abtretung eine Darlehensforderung von einem Kreditinstitut, welches ursprünglich den Kredit gewährt hat. Der den Kredit nicht selbst gewährende Forderungskäufer (Zessionar) betreibt kein Kreditgeschäft.[78] Erfolgen die Forderungskäufe regelmäßig, auf der Grundlage von Rahmenverträgen und gewerbsmäßig, kann dies aber eine Erlaubnispflicht wegen des Betreibens einer Finanzdienstleistung nach § 1 Abs. 1a Satz 2 Nr. 9 KWG begründen.[79] Übernimmt der Zessionar nicht das Ausfallrisiko des Darlehnsschuldners (sog. unechtes Factoring), sondern behält er sich einen Rückgriff auf das veräußernde Kreditinstitut (Zedenten) vor, liegt hierin aufgrund des fehlenden Delkredererisikos kein Forderungskauf, sondern ein Darlehnsvertrag zwischen dem Factoringunternehmen (Zessionar) und dem Kreditinstitut im Sinne des § 488 BGB.[80] Dennoch ist auch das unechte Factoring nach dem Wortlaut des § 1 Abs. 1a Satz 2 Nr. 9 Alt. 1 KWG eine Finanzdienstleistung. In der Folge wäre das unechte Factoring sowohl als Bankgeschäft (Kreditgeschäft) als auch als Finanzdienstleistung (Factoring) zu klassifizieren.[81] Entgegen des grundsätzlichen Vorrangs des Bankgeschäfts in § 1 Abs. 1a Satz 1 KWG,[82] will der Gesetzgeber das Factoring aber abschließend als Finanzdienstleistung geregelt haben.[83] Factoringunternehmen sind

---

[74] Beck/Samm/Kokemoor/*Reschke*, KWG § 1 Rn. 212; Fischer/Schulte-Mattler/*Schäfer*, KWG § 1 Rn. 57.

[75] Siehe oben § 2, A.I.2., S. 36; Beck/Samm/Kokemoor/*Reschke*, KWG § 1 Rn. 212.

[76] BaFin, Merkblatt Kreditgeschäft, 2.5.2016, 1.a)bb)(1).

[77] Fischer/Schulte-Mattler/*Schäfer*, KWG § 1 Rn. 62.

[78] BaFin, Merkblatt Kreditgeschäft, 2.5.2016, 1.a)bb)(4); Kümpel/Mülbert/Früh/Seyfried/*Freis-Janik*, Bankrecht und Kapitalmarktrecht, Rn. 2.85; Beck/Samm/Kokemoor/*Reschke*, KWG § 1 Rn. 222.

[79] Beck/Samm/Kokemoor/*Reschke*, KWG § 1 Rn. 225; siehe dazu auch BaFin, Merkblatt Factoring, 5.1.2009.

[80] Bericht des Finanzausschusses (7. Ausschuss) zum Entwurf eines Jahressteuergesetzes 2009 (JStG 2009), BT-Drs. 16/11108, S. 55; BaFin, Merkblatt Factoring, 5.1.2009, unter II.; a.A. Fischer/Schulte-Mattler/*Schäfer*, KWG § 1 Rn. 62; Schwennicke/Auerbach/*Schwennicke*, KWG § 1 Rn. 39.

[81] BaFin, Merkblatt Factoring, 5.1.2009, unter V.

[82] „Finanzdienstleistungsinstitute sind Unternehmen, die [...] keine Kreditinstitute sind".

[83] Bericht des Finanzausschusses (7. Ausschuss) zum Entwurf eines Jahressteuergesetzes 2009 (JStG 2009), BT-Drs. 16/11108, S. 55; BaFin, Merkblatt Factoring, 5.1.2009, unter V.

damit grundsätzlich keine Kreditinstitute.[84] Umgekehrt aber bedeutet das wiederum, dass ein Factoringunternehmen Kreditgeschäfte betreiben kann, wenn für das unechte Factoring kein Rahmenvertrag besteht, vgl. § 1 Abs. 1a Satz 2 Nr. 9 KWG.[85]

Keine Gewährung eines Gelddarlehens und damit kein Kreditgeschäft begründet die Vermittlung eines Kredites durch einen Intermediär.[86] Stattdessen wird in diesen Fällen nur eine gewerberechtliche Erlaubnis gem. § 34c Abs. 1 Satz 1 Nr. 2 GewO erforderlich sein.[87] Zu diesen Akteuren gehören Online-Kreditplattformen.[88] Zivilrechtrechtlich kann es sich um einen Darlehensvermittlungsvertrag gem. § 655a BGB handeln.[89] Für solche Online-Kreditplattformen besteht regelmäßig neben der gewerberechtlichen zusätzlich eine zahlungsdienstrechtliche Erlaubnispflicht aufgrund des Betreibens von Finanztransfergeschäften, § 1 Abs. 1 Satz 2 Nr. 6 ZAG.[90] Die Nutznießer der Kreditvermittlung können hingegen Adressat des KWG sein, wenn sie Kreditgeschäfte im Sinne des § 1 Abs. 1 Satz 2 Nr. 2 KWG betreiben – und zwar sowohl Kreditnehmer als auch Kreditgeber.[91] Kreditvermittler sind damit nicht unmittelbarer Adressat des Bankaufsichtsrecht. Sie unterliegen aber der Prüfpflicht, ob ihre Nutzer Bankgeschäfte tätigen, da die Aufsicht auch gegenüber dem Vermittler von Bankgeschäften einschreiten kann, § 37 Abs. 1 Satz 4 KWG.[92] Auch Auskunfteien betreiben kein Kreditgeschäft und bedürfen nur einer gewerberechtlichen Erlaubnis, § 38 Abs. 1 Satz 1 Nr. 2 GewO. In der Folge sind Kreditvermittler und Auskunfteien keine direkten Adressaten des bankaufsichtsrechtlichen Kreditrisikomanagements, selbst wenn sie Kreditscoringverfahren anwenden.[93]

---

[84] BaFin, Merkblatt Factoring, 5. 1. 2009, unter V.

[85] BaFin, Merkblatt Factoring, 5. 1. 2009, unter III.2.; Fischer/Schulte-Mattler/*Schäfer*, KWG § 1 Rn. 62; a. A. Schwennicke/Auerbach/Schwennicke, KWG § 1 Rn. 39 (Finanzunternehmen, § 1 Abs. 3 Nr. 2 KWG)

[86] Fischer/Schulte-Mattler/*Schäfer*, KWG § 1 Rn. 62; anderes kann gelten, wenn der Kreditvermittler im eigenen Namen handelt oder nicht deutlich im fremden Namen auftritt, vgl. VGH Kassel NJW-RR 2008, 1011; Fischer/Schulte-Mattler/*Schäfer*, KWG § 1 Rn. 62.

[87] Kümpel/Mülbert/Früh/Seyfried/*Freis-Janik*, Bankrecht und Kapitalmarktrecht, Rn. 2.90; Beck/Samm/Kokemoor/*Reschke*, KWG § 1 Rn. 257.

[88] Zu den Geschäftsmodellen siehe *Rott*, BKR 2021, 453; auch *Söbbing*, BKR 2019, 443.

[89] *Söbbing*, BKR 2019, 443 (444 f.).

[90] *Scholz-Fröhlich*, BKR 2017, 133 (136).

[91] Fischer/Schulte-Mattler/*Schäfer*, KWG § 1 Rn. 62; siehe dazu die pauschalen Hinweise der BaFin zum Vorliegen eines in kaufmännischer Weise eingerichteten Geschäftsbetriebes, BaFin, Merkblatt Kreditgeschäft, 2. 5. 2016, unter 2.: z. B. Vorliegen eines Kreditgeschäfts bei mehr als 100 gewährten Darlehen. Die Entgegennahme von Gelddarlehen kann ab 25 Darlehen ein Einlagengeschäft darstellen (§ 1 Abs. 1 Satz 2 Nr. 1 KWG), BaFin, Merkblatt zur Erlaubnispflicht von Kreditvermittlungsplattformen, 14. 5. 2007; MünchKomm-HGB/*Fest*, N. Einlagengeschäft, Rn. 79.

[92] BaFin, Crowdfunding: Aufsichtsrechtliche Pflichten und Verantwortung des Anlegers, 2. 6. 2014.

[93] Siehe aber die Folgen der Auslagerung unten § 3, B.V. und C.III., S. 183 ff., 244 f.

II. ICAAP

Im Ausgangspunkt des bankinternen Risikomanagements steht gem. Art. 73 Abs. 1 CRD IV die Sicherstellung, dass Institute über „solide, wirksame und umfassende Strategien und Verfahren" verfügen, „mit denen sie die Höhe, die Arten und die Verteilung des internen Kapitals, das sie zur quantitativen und qualitativen Absicherung ihrer aktuellen und etwaigen künftigen Risiken für angemessen halten, kontinuierlich bewerten und auf einem ausreichend hohen Stand halten können" (Internal Capital Adequacy Assessment Process – ICAAP).[94] Ziel des ICAAP ist es, dass das Institut laufend über ausreichende Eigenmittel verfügt, um langfristig gegen alle wesentlichen Risiken abgesichert zu sein.[95] Die Überprüfung dessen ist regelmäßig durch die Aufsicht durchzuführen und richtet sich nach den Grundsätzen der Solidität, Wirksamkeit und Vollständigkeit.[96] Die EBA hat dazu konkretisierende Aufsichtspraktiken verfasst, die die deutsche Bankenaufsicht mit Überarbeitung ihres Leitfadens zur Risikotragfähigkeit übernommen hat.[97] Die BaFin übernimmt grundsätzlich jede Leitlinie der EBA, sofern nicht anders verlautbart.[98] Solche Aufsichtspraktiken – unabhängig, ob EBA-Leitlinien oder die MaRisk – sind zwar nicht rechtsverbindlich, sondern lediglich rechtskonkretisierend.[99] Allerdings befindet sich das Institut, welches sich an diese Verwaltungsvorschriften hält, in einem „sicheren Hafen".[100] Daher nehmen die Aufsichtspraktiken in der Praxis einen herausragenden Stellenwert ein.[101]

Der ICAAP ist gleichzusetzen mit dem internen Prozess zur Sicherstellung der Risikotragfähigkeit nach § 25a Abs. 1 Satz 3 Hs. 2 Nr. 2 KWG, der sich auch sys-

---

[94] Deutsche Bundesbank/BaFin, ICAAP-Leitfaden, Rn. 1; dazu *Loeper*, in: Hofmann, Basel II und MaRisk, S. 317 (319 ff.).

[95] Deutsche Bundesbank/BaFin, ICAAP-Leitfaden, Rn. 14 f.; Schwennicke/Auerbach/ *Langen/Donner*, KWG § 25a Rn. 60.

[96] BIS, Basel II, Teil 3: Säule 2, Grundsatz 2; Deutsche Bundesbank/BaFin, ICAAP-Leitfaden, Rn. 1, 9.

[97] EBA/GL/2014/13; BaFin, BaFin Journal, Juli 2018, S. 7 ff.; für EZB-beaufsichtigte Institute gilt der EZB-Leitfaden, ECB Guide to the internal capital adequacy assessment process (ICAAP), abrufbar unter https://www.bankingsupervision.europa.eu/ecb/pub/pdf/ssm.icaap_guide_201811.en.pdf.

[98] BaFin, Pressemitteilung vom 15.2.2018, abrufbar unter https://www.bafin.de/dok/10492 820; und die Negativliste, Bafin, Nicht übernommene Leitlinien der ESAs, 15.4.2022, abrufbar unter https://www.bafin.de/dok/10427764.

[99] Zu den EBA-Leitlinien als sog. Level-III-Maßnahme: Dauses/Ludwigs/*Burgard/Heimann*, Hdb. des EU-Wirtschaftsrechts, E. IV. Bankrecht, Rn. 55 und Fn. 64; Hopt/Binder/ Böcking/*Breuer*, Hdb. Corporate Governance von Banken und Versicherungen, § 12, Rn. 64; zur MaRisk: VGH Kassel WM 2007, 392 (393); Schwennicke/Auerbach/*Langen/Donner*, KWG § 25a Rn. 6

[100] *Frank*, ZBB 2015, 213; Schwintowski/*Köhler*, Bankrecht, Kap. 5 Rn. 110 ff., 114.

[101] „Soft Law", Hopt/Binder/Böcking/*Breuer*, Hdb. Corporate Governance von Banken und Versicherungen, § 12 Rn. 63; *Frank*, ZBB 2015, 213 (214) m.w.N.; zur MaRisk *Langenbucher*, ZBB 2013, 16 (16).

tematisch als das Bindeglied zwischen der Geschäftsstrategie (Nr. 1) und den Risikosteuerungs- und -controllingprozessen (Nr. 3) versteht.[102] Indem bei unzureichender Geschäftsorganisation im Sinne von § 25a Abs. 1 KWG die Erlaubnis zu versagen ist, § 33 Abs. 1 Nr. 7 KWG, ergibt sich im Umkehrschluss, dass das Institut die Anforderungen an das Risikomanagementsystem bereits im Zeitpunkt der Geschäftsaufnahme zu erfüllen hat.[103]

In die aufsichtliche Bewertung im Rahmen des ICAAP fließt die Ausfallwahrscheinlichkeit der Kreditnehmer des Instituts als Bestandteil des Kreditrisikos ein.[104] Das beinhaltet eine umfassende Überprüfung des Kreditportfolios in Bezug auf dessen Zusammensetzung und Qualität sowie spezifische Risiken.[105] Das Institut hat dabei über angemessene Methoden zur Beurteilung des Kreditrisikos auf Schuldner- und auf Transaktionsebene zu verfügen, um eine solide und umsichtige Einschätzung zu erzielen.[106] Bei der Auswahl der Verfahren zur Ermittlung der Risikotragfähigkeit besteht eine grundsätzliche Methodenfreiheit des Instituts.[107] Verwendet es hierfür statistische Modelle, prüft die Aufsicht mit Blick auf die Solidität des ICAAP, ob die verwendete Methode angemessen und risikosensitiv ist, das Modell auf empirischen Inputdaten basiert und die Parameter zuverlässig kalibriert sind.[108] Die Aufsicht bewertet die Sicherstellung der Risikotragfähigkeit mit dem Ziel der Fortführung des Instituts und des Gläubigerschutzes aus einer normativen Perspektive, die sich mit Blick auf das Kreditrisiko aus den regulatorischen Vorgaben der CRR speist.[109] Im Ausgangspunkt ist dabei zugunsten des aufsichtlichen Verständnisses volle aufsichtsadressierte Transparenz notwendig.[110] Diese wird auf Dokumentationspflichten des Instituts gestützt, die eine „lückenlose Überwachung" ermöglichen muss, § 25a Abs. 1 Satz 6 Nr. 2 KWG.

III. Internes Kontrollverfahren für das Kreditrisiko

Nationalrechtlich regelt vor allem § 25a KWG die Anforderungen an das Risikomanagement im Sinne der Säule II in Umsetzung der Art. 74 ff. CRD IV[111].[112]

---

[102] Vgl. Deutsche Bundesbank/BaFin, ICAAP-Leitfaden, Rn. 3, 16.

[103] Schwintowski/*Köhler*, Bankrecht, Kap. 5 Rn. 253.

[104] EBA/GL/2014/13, Rn. 133, 136.

[105] EBA/GL/2014/13, Rn. 142 ff., 163 ff.

[106] EBA/GL/2014/13, Rn. 186.

[107] MaRisk AT 4.1 Rn. 8; Schwennicke/Auerbach/*Langen/Donner*, KWG § 25a Rn. 40.

[108] EBA/GL/2014/13, Rn. 97 lit. a.

[109] Deutsche Bundesbank/BaFin, ICAAP-Leitfaden, Rn. 28, 20, 22 ff.; daneben tritt die ökonomische Perspektive, die sich mit der Risikoquantifizierung befasst, Rn. 37 ff.

[110] Deutsche Bundesbank/BaFin, ICAAP-Leitfaden, Rn. 24.

[111] *Lex generalis* für die Einrichtung eines Risikofrüherkennungssystems ist für aktienrechtlich organisierte Kreditinstitute § 91 Abs. 2 AktG. § 25a KWG, der generell ein proportional angemessenes internes Kontroll- und Risikomanagementsystem unabhängig von der

Hiernach ist zur Erzielung einer ordnungsgemäßen Geschäftsorganisation u. a. die Einrichtung eines wirksamen und angemessenen Risikomanagements gefordert, § 25a Abs. 1 Satz 3 Hs. 1 KWG.[113] § 25a Abs. 1 Satz 1 KWG stellt den Grundsatz auf, dass die Beachtung der „gesetzlichen Bestimmungen und der betriebswirtschaftlichen Notwendigkeiten" zu gewährleisten ist. Dies umfasst die Einrichtung eines internen Kontrollsystems, welches Prozesse zur Identifizierung, Beurteilung, Steuerung sowie Überwachung und Kommunikation nach den in den Art. 74 ff. CRD IV niedergelegten Kriterien vorsieht, § 25a Abs. 1 Satz 3 Hs. 2 Nr. 3 lit. b KWG.[114] Diese qualitativen Vorgaben gelten allgemein für jedes Institut unabhängig davon, ob dieses im Rahmen der Säule I den Kreditrisikostandardansatz oder interne Modelle zur Berechnung seiner Eigenmittelanforderungen anwendet.[115]

Ein solches Kriterium besteht gem. Art. 79 lit. a CRD IV darin, dass die Kreditvergabe nach „soliden, klar definierten Kriterien erfolgt" und das Kreditgenehmigungsverfahren klar geregelt ist. Das Institut hat dazu „interne Methoden" zu entwickeln, um das Kreditrisiko für einzelne Kreditnehmer sowie das gesamte Kreditportfolio bewerten zu können, Art. 79 lit. b Satz 2 CRD IV.

Die internen Methoden dürfen sich auf externe Bonitätsbeurteilungen stützen – jedoch nicht ausschließlich und nur soweit wie nötig.[116] Eine Mischverwendung interner und externer Beurteilungen kann nach Vorstellung des europäischen Verordnungsgebers ausdrücklich zu einer gesteigerten Risikosensitivität und aufsichtlichen Solidität führen, Erwg. (42) Satz 2 CRR. Insofern darf ein Kreditinstitut den externen Kreditscore einer Auskunftei oder eines Kreditvermittlers berücksichtigen, hat aber noch andere Informationen in die Bonitätsbeurteilung einfließen zu lassen.

1. Wirksames Risikomanagement

Die Anforderungen an ein solides und wirksames Risikomanagement sind weiter durch die EBA-Leitlinien zur internen Governance konkretisiert.[117] Hiernach ist ein detailliertes Risikomanagement-Rahmenwerk als Teil des internen Kontrollsystems einzuführen, welches auch die Kreditrisiken zu adressieren hat.[118] Verwendet ein

---

rechtlichen Organisation des Kreditinstituts einfordert, ist für Kreditinstitute auch gegenüber des im Zuge des Gesetzes zur Stärkung der Finanzmarktintegrität (FISG) eingeführten § 91 Abs. 3 AktG sektorspezifisch, *Fischer/Schuck*, NZG 2021, 534 (539).

[112] Fischer/Schulte-Mattler/*Braun*, KWG § 25a Rn. 19, erstmals durch die Sechste KWG-Novelle vom 22. 10. 1997, zur Entwicklung *ebd.*, Rn. 1 ff.

[113] Beck/Samm/Kokemoor/*Reppenthien*, KWG § 25a Rn. 64 ff.

[114] BIS, Basel II, Rn. 733.

[115] Zu diesen unten § 3, C., S. 194 ff.

[116] Erwg. (70) Satz 1, Art. 79 lit. b Satz 2 CRD IV.

[117] EBA/GL/2017/11; die BaFin hat die seit dem 30. 6. 2018 geltende Leitlinie mit hier nicht weiter relevanten Einschränkungen in ihre Verwaltungspraxis übernommen, BaFin, Merkblatt zu den Geschäftsleitern gemäß KWG, ZAG und KAGB.

[118] EBA/GL/2017/11, Rn. 136; siehe auch EBA/GL/2014/13, Rn. 91 ff.

Institut dabei statistische Modelle, soll es sich deren Grenzen „voll und ganz bewusst" sein.[119] Gleiches gilt mit Blick auf Umfang und Grenzen der externen Bonitätseinschätzungen, die das Institut berücksichtigt.[120] Das Institut bleibt stets in letzter Verantwortung, auch wenn es gekaufte Modelle verwendet.[121] Letzteres führt daher dazu, dass das Institut das externe Modell zu validieren und an das eigene Risiko anzupassen hat,[122] denn es soll stets sichergestellt sein, dass die Entscheidung über die Kreditvergabe tatsächlich durch das Institut getroffen und nicht faktisch auf externe Agenturen ausgelagert wird[123].

In Ergänzung hierzu hat die EBA in ihren Leitlinien zur Kreditvergabe und Überwachung den Inhalt der Strategien und Verfahren für das Kreditrisiko weiter fortgeführt.[124] Hiernach hat das Institut die Anforderungen an die Kreditwürdigkeitsprüfung sowie die Voraussetzungen für die automatisierte Kreditentscheidung zu regeln.[125] Die Vorgaben müssen der Größe, Art und Komplexität des Kredits angemessen sein.[126] Dadurch wird dem Gedanken des Proportionalitätsgrundsatzes Rechnung getragen.

a) Technologiegestützte Innovationen für die Kreditvergabe

Erfolgt die Kreditvergabe unter Zuhilfenahme technologiegestützter Innovationen (*technology-enabled innovations*), ist unter Berücksichtigung der damit einhergehenden Risiken ein umfassendes Verständnis über die Fähigkeiten und Begrenzungen des Modells, die Kenntnis über die Daten sowie die Überwachung der Modellperformance gefordert.[127] Im Zweifel ist bei unzureichender Nachvollziehbarkeit ein interpretierbares Modell zu erwägen.[128] Auch das Leitungsorgan hat die Innovation hinreichend zu verstehen.[129]

Was die EBA unter einer derartigen Innovation für die Kreditvergabe versteht, führt sie nicht aus. In Abgrenzung zur modellgestützten oder automatisierten Kreditentscheidung, für die eigene Anforderungen gelten,[130] ist der Begriff aber wohl

---

[119] Vgl. EBA/GL/2017/11, Rn. 143.

[120] EBA/GL/2017/11, Rn. 144.

[121] EBA/GL/2017/11, Rn. 144.

[122] EBA/GL/2017/11, Rn. 142.

[123] Vgl. Erwg. (72) CRD IV.

[124] EBA/GL/2020/06, Rn. 24, 34 ff.; die BaFin setzt diese derzeit im Rahmen der 7. MaRisk-Novelle um, siehe Bafin, Mindestanforderungen an das Risikomanagement, 26.9.2022, abrufbar unter https://www.bafin.de/dok/18645422.

[125] EBA/GL/2020/06, Rn. 38 lit d, g.

[126] EBA/GL/2020/06, Rn. 41.

[127] EBA/GL/2020/06, Rn. 53 lit. a, c, f.

[128] EBA/GL/2020/06, Rn. 53 lit. d Satz 2.

[129] EBA/GL/2020/06, Rn. 53 lit. b.

[130] Siehe sogleich § 3, B.III.1.b), S. 158.

weit zu verstehen und bezeichnet jede technologiegestützte Innovation im Sinne einer Neuerung für das Institut, welche im Rahmen der Kreditvergabe eingesetzt wird. Damit erstrecken sich diese Vorgaben nicht nur auf neuartige Kreditscoringmodelle, sondern auf alle technologiebasierten Lösungen, die im Rahmen der Kreditvergabe berücksichtigt werden.

b) Modellgestützte Kreditwürdigkeitsprüfung und automatisierte Kreditentscheidung

Im Falle der modellgestützten Kreditwürdigkeitsprüfung und automatisierten Kreditentscheidung hat das Institut – auch wenn es sich nicht um eine technologiegestützte Innovation handelt – das Modell insgesamt, darunter ausdrücklich die Methodik, Eingabedaten, Annahmen, Beschränkungen und Ergebnisse, zu verstehen.[131] Im direkten Vergleich bestehen somit bei modellgestützten Methoden höhere Anforderungen an das Kreditinstitut. Begleitet wird dies von einer umfassenden Modelldokumentation sowie von Qualitätskontrollen, die etwa in der Durchführung von Rückvergleichen der Modellperformance und der Möglichkeit menschlicher Kontrolle bestehen.[132] Hierin begründet sich das Erfordernis globaler Systemtransparenz.

Ferner hat das Institut Verfahren festzulegen, die der Vermeidung von Verzerrungen (bias) dienen und die Qualität der Eingabedaten sichern, sowie Maßnahmen einzuführen, die die Nachvollziehbarkeit, Belastbarkeit und Resilienz der Ein- und Ausgabedaten des Modells sicherstellen.[133] Dies impliziert nicht nur die vollumfängliche Kenntnis und Verständnis des Instituts über die dem Modell zugrunde liegenden Daten, sondern erfordert auch volle Datentransparenz. Das notwendige Modellverständnis gilt auch im Falle der Nutzung externer Scores.[134]

Dabei bewertet die Aufsicht im Rahmen der Beurteilung der Angemessenheit des Risikomanagements auch die Zweckdienlichkeit der Daten.[135] Verwendet das Institut alternative Daten für die Zwecke der Kreditwürdigkeitsprüfung, müssen diese somit geeignet und angemessen sein, um das Kreditrisiko risikosensitiv zu bemessen und eine risikoadäquate Bepreisung zu erzielen. Die regulatorischen Anforderung sind dabei rein qualitativer Natur. Allerdings nennt die Aufsicht für alternative Daten exemplarisch „die Begleichung von Arztrechnungen und Profile in soziale Medi-

---

[131] EBA/GL/2020/06, Rn. 54.

[132] EBA/GL/2020/06, Rn. 54 lit. c, d, 55.

[133] EBA/GL/2020/06, Rn. 54 lit. a, b.

[134] EZB, Leitfaden zur Beurteilung von Anträgen auf Zulassung als FinTech-Kreditinstitut, S. 11 f.

[135] EZB, Leitfaden zur Beurteilung von Anträgen auf Zulassung als FinTech-Kreditinstitut, S. 11.

en".[136] Offen bleibt, ob die Aufsicht damit bereits die Zweckdienlichkeit solcher Daten impliziert. Da die Aussage innerhalb des EZB-Leitfadens für Anträge auf Zulassung als FinTech-Kreditinstitut getroffen wird, scheint die Aufsicht zumindest keine grundsätzliche ablehnende Haltung einnehmen zu wollen. In der Praxis wird es daher auf eine Einzelfallprüfung unter Gesamtanschauung des Risikomanagements hinauslaufen. Wegen des aufsichtlichen Grundsatzes der „lückenlosen Überwachung" gem. § 25a Abs. 1 Satz 6 Nr. 2 KWG ergibt sich hieraus eine vollumfängliche aufsichtsadressierte Datentransparenz.

2. Ermessen des Instituts

Die qualitative Natur der Organisationspflichten gem. § 25a KWG erlaubt es dem Institut, die Ausgestaltung im Rahmen der vorgegebenen Prinzipien selbst zu bestimmen und wirksam umzusetzen.[137] Die konkreten Verfahren, Modelle und Methoden, die der Bewältigung des Risikomanagements dienen, sind grundsätzlich nicht genehmigungspflichtig.[138] Insbesondere besteht kein genereller Genehmigungsvorbehalt bei der Anwendung von Algorithmen.[139] Dies wäre auch praktisch nicht umsetzbar, innovationshemmend und entbehrt in dieser Generalität einer Rechtsgrundlage.[140] Vielmehr liegt die Wahl der Methoden und Verfahren im Ermessen des Instituts.[141] Gesonderte Vorgaben für die Verwendung alternativer Kreditscoringmethoden im Rahmen des Risikomanagements bestehen im Grundsatz nicht, denn die Aufsicht prüft allein, ob diese Methoden die qualitativen Vorgaben, die allgemein für interne Kreditscoringmodelle gelten, erfüllen.[142]

Gleiches gilt erst recht auch im Rahmen der Abschlussprüfung. Für das börsennotierte Kreditinstitut erfolgt gem. § 317 Abs. 4 HGB eine Prüfung durch den Abschlussprüfer dahingehend, ob der Vorstand ein Risikoüberwachungssystem im Sinne des § 91 Abs. 2 AktG eingerichtet hat und ob dieses seine Aufgaben erfüllen kann.[143] Inwiefern das Risikomanagementsystem wirtschaftlich sinnvoll oder gar

---

[136] EZB, Leitfaden zur Beurteilung von Anträgen auf Zulassung als FinTech-Kreditinstitut, S. 12 Fn. 16.

[137] Fischer/Schulte-Mattler/*Braun*, KWG § 25a Rn. 21; *Langenbucher*, ZBB 2013, 16 (16).

[138] BaFin, BaFin Journal, März 2020, S. 32 (32 f.).

[139] Auch nicht durch die Vorhaben der EU zur Regulierung künstlicher Intelligenz, das derzeit nur eine Registrierungspflicht vorsieht (vgl. Art. 51 KI-VO-Komm-E), dazu allgemein unten § 5, B., S. 360 ff.

[140] BaFin, BaFin Journal, März 2020, S. 32 (32 f.); Deutsche Bundesbank, Discussion paper, The Use of Artificial Intelligence and Machine Learning in the Financial Sector, S. 4.

[141] MaRisk, AT 4.1, Rn. 8.

[142] Vgl. insbesondere die Prüfungspunkte „Zweckdienlichkeit", „Umsetzbarkeit" und „Angemessenheit des Risikomanagements", EZB, Leitfaden zur Beurteilung von Anträgen auf Zulassung als FinTech-Kreditinstitut, S. 11 f.

[143] Siehe oben in Fn. 111 zum Verhältnis zwischen § 91 Abs. 2 AktG und § 25a KWG; Schwintowski/*Köhler*, Bankrecht, Kap. 5 Rn. 384.

risikomindernd ausgestaltet ist, beurteilt der Abschlussprüfer dagegen nicht.[144] Auch die besonderen Pflichten des Abschlussprüfers nach § 29 KWG beziehen sich lediglich darauf, *ob* das Kreditinstitut die Anforderungen an das Risikomanagement erfüllt, § 29 Abs. 1 Satz 2 KWG. Die nach § 29 Abs. 4 KWG erlassene Prüfungsberichtsverordnung statuiert in § 11 Abs. 1 Satz 1 eine qualitative Bewertung, indem der Abschlussprüfer die Angemessenheit und Wirksamkeit des Risikomanagementsystems zu beurteilen hat. Über dieses Mindestmaß hinaus bleibt die Ausgestaltung im Ermessen des Instituts.[145]

Somit bleibt es dem Institut überlassen, den Risikomanagementprozess auszugestalten. Infolgedessen können sowohl simple statistische Verfahren als auch Methoden des maschinellen Lernens zum Einsatz kommen; letzteres ist etwa bei der Betrugsprävention standardmäßig der Fall.[146] Existieren somit keine konkreten Regelungen für die Ausgestaltung des Risikomanagementsystems, gilt dies auch für das Kreditscoring. Das Institut hat aber die Einhaltung der qualitativen Vorgaben nachzuweisen.

IV. Mindestanforderungen an die Pflicht zur Kreditwürdigkeitsprüfung

§ 18a KWG begründet in Abs. 1 Satz 1 die bankaufsichtsrechtliche Pflicht des Kreditinstituts, die Kreditwürdigkeit des Darlehensnehmers vor Abschluss eines Allgemein-Verbraucherdarlehensvertrag zu prüfen. Dies gilt entsprechend für entgeltliche Finanzierungshilfen, § 18a Abs. 10 KWG. Die Pflicht zur Kreditwürdigkeitprüfung wurde in Umsetzung der Verbraucherkreditrichtlinie RL 2008/48/EG (CCD) nationalrechtlich eingeführt,[147] weshalb diese Inkorporation auch als „Verbraucherschutzaufsichtsrecht" bezeichnet wird[148]. Hieraus folgen insbesondere Vorgaben dazu, wie und auf welcher Grundlage das Institut die Kreditwürdigkeit des Verbrauchers zu prüfen hat. Somit ergeben sich unmittelbar auch kreditscoringrelevante Regelungen.

Historisch wurde diese gesetzliche Pflicht für den Abschluss von Verbraucherdarlehensverträgen und Finanzierungshilfen zunächst in § 18 KWG a. F. durch

---

[144] BeckBilanzKomm/*Justenhoven/Küster/Deicke*, HGB § 317 Rn. 120; MünchKomm-HGB/*Ebke*, § 317 Rn. 96.

[145] Schwintowski/*Köhler*, Bankrecht, Kap. 5 Rn. 384.

[146] Deutsche Bundesbank/BaFin, Maschinelles Lernen in Risikomodellen, Antworten, S. 3.

[147] Ellenberger/Bunte/*Fischer/Boegl*, Bankrechts-Hbd., § 115 Rn. 66; Taeger/Gabel/*Taeger*, BDSG § 31 Rn. 8.

[148] *Klöhn/Adam*, WM 2022, 1097 (1103).

Einfügung eines Abs. 2 hergestellt.[149] Später wurde diese Pflicht im Rahmen der Umsetzung der Wohnimmobilienkreditrichtlinie RL 2014/17/EU in den neuen § 18a Abs. 1 KWG überführt und begrifflich zwischen Allgemein- und den Immobiliar-Verbraucherdarlehensverträgen unterschieden.[150] Parallel hat der Gesetzgeber eine zivilrechtliche Pflicht zur Kreditwürdigkeitsprüfung in § 505a BGB eingeführt, um Individualschutz auch für den Fall herzustellen, in dem der Darlehnsgeber kein beaufsichtigtes Kreditinstitut im Sinne des § 1 KWG ist.[151]

Derzeit befindet sich die CCD infolge des Vorschlags der EU-Kommission vom 30.6.2021 in Überarbeitung (CCD 2021-Komm-E).[152] Auf die Folgen dieses Vorschlags[153], der die aktuelle CCD vollständig ersetzen soll,[154] wird im Folgenden an entsprechender Stelle eingegangen.

1. Anwendungsbereich der bankaufsichtsrechtlichen Pflicht

In Ermangelung einer Legaldefinition innerhalb des KWG bezeichnet der Allgemein-Verbraucherdarlehensvertrag einen entgeltlichen Darlehensvertrag im Sinne des § 491 Abs. 2 Satz 1 BGB zwischen einem Unternehmer als Darlehensgeber (§ 14 BGB), welches hier das Kreditinstitut im Sinne des § 1 Abs. 1 KWG ist, und einem Verbraucher als Darlehensnehmer (§ 13 BGB), der der Kreditnehmer ist. Der Begriff des entgeltlichen Darlehensvertrages richtet sich nach § 488 BGB.[155]

Kein Allgemein-Verbraucherdarlehensvertrag liegt vor, sofern einer der Ausnahmetatbestände des § 491 Abs. 2 Satz 2 BGB erfüllt ist.[156] Auch für entgeltliche Finanzierungshilfen, die Zahlungsaufschübe und sonstige Finanzierungshilfen im Sinne des § 506 BGB darstellen,[157] gilt dieser Anwendungsausschluss aufgrund

---

[149] Art. 7 des Gesetzes zur Umsetzung der Verbraucherkreditrichtlinie, des zivilrechtlichen Teils der Zahlungsdiensterichtlinie sowie zur Neuordnung der Vorschriften über das Widerrufs- und Rückgaberecht, BGBl. 2009 I 2355; siehe auch RegE, BT-Drs. 16/11643, S. 144.

[150] RegE, BT-Drs. 18/5922, S. 135.

[151] Aufgrund eines gewandelten Verständnisses im Lichte der EuGH-Entscheidung, EuGH 27.3.2014 – C-565/12, ECLI:EU:C:2014:190 (Le Crédit Lyonnais), RegE, BT-Drs. 18/5922, S. 96 f.; Langenbucher/Bliesener/Spindler/*Roth*, Bankrechtskommentar, Kap. 15 § 505a Rn. 3 ff.

[152] Vorschlag für eine Richtlinie des Europäischen Parlamentes und des Rates über Verbraucherkredite, COM(2021) 347 final; siehe bereits die „Allgemeine Ausrichtung" des Rates vom 9.6.2022, 10053/22; wie auch den Entwurf einer regulatorischen Entschließung des Europäisches Parlament, Bericht – A9–0212/2022.

[153] Die zu verabschiedende Neue Verbraucherkreditrichtlinie sieht derzeit für den nationalen Gesetzeber gem. Art. 48 Abs. 1 UAbs. 1 CCD 2021-Komm-E eine Umsetzungsfrist von zwei Jahren sowie eine Anwendung der nationalen Vorschriften spätestens sechs Monate nach Umsetzung vor.

[154] COM(2021) 347 final, S. 5.

[155] Zu den Erscheinungsformen: Staudinger/*Kessal-Wulf*, BGB § 491 Rn. 47, 54 ff.

[156] RegE, BT-Drs. 16/11643, S. 76, 144.

[157] Schwennicke/Auerbach/*Schwennicke*, KWG § 18a Rn. 58.

§ 18a Abs. 10 KWG, § 506 Abs. 4 Satz 1 BGB. In diesen Fällen ist das Kreditinstitut auch nicht zur Kreditwürdigkeitsprüfung gem. § 18a KWG verpflichtet.

a) Rein zivilrechtliche Pflicht bei Unentgeltlichkeit

Schon begrifflich keinen entgeltlichen Darlehensvertrag oder eine entgeltliche Finanzierungshilfe stellen unentgeltliche Kreditverträge dar. Beispiele hierfür sind die sog. „Nullprozent-Finanzierungen"[158] oder der als *„buy now, pay later"* bezeichnete Vorleistungskredit im Sinne eines unentgeltlichen Zahlungsaufschubs.[159] Ihnen fehlt der Entgeltcharakter gem. § 491 Abs. 2 Satz 1 BGB, sodass das Kreditinstitut in diesen Fällen grundsätzlich nicht zur Kreditwürdigkeitsprüfung verpflichtet ist und die Vorschriften des Verbraucherdarlehensrechts keine Anwendung finden.[160]

Eine Ausnahme hiervon bilden die §§ 514, 515 BGB. Hiernach ist die Kreditwürdigkeitsprüfung auch bei fehlendem Entgeltcharakter verpflichtend, sofern die kreditierte Leistung nicht in dem Umfang eines Kleinkredits nach § 491 Abs. 2 Satz 2 Nr. 1 BGB besteht, §§ 514 Abs. 1 Satz 2, 515 BGB.[161] Diese Ausnahme beruht nicht auf den europarechtlichen Vorgaben der CCD, da diese unentgeltliche Kreditverträge im Anwendungsbereich nicht erfasst, Art. 2 Abs. 2 lit. f Alt. 1.[162] Es tritt aber nur eine zivilrechtliche, keine aufsichtsrechtliche Verpflichtung zur Kreditwürdigkeitsprüfung gem. § 18a KWG ein, denn der Anwendungsbereich des § 18a KWG erstreckt sich weiterhin nur auf das Vorliegen eines entgeltlichen Allgemein-Verbraucherdarlehensvertrages im Sinne des § 491 BGB bzw. einer entgeltlichen Finanzierungshilfe nach § 506 BGB. Gem. §§ 514, 515 BGB findet nämlich nicht die Legaldefinitionen in den §§ 491, 506 BGB Anwendung. Stattdessen bestimmen die §§ 514, 515 BGB nur die entsprechende Anwendung einzelner Normen im Falle der unentgeltlichen Kreditvergabe. Mit Blick auf den zugrundeliegenden Vertrag handelt es sich somit nur um einen Verbrauchervertrag im Sinne des § 310 Abs. 3 BGB, auf den die in § 514 BGB genannten verbraucherschützenden Vorschriften entsprechend anzuwenden sind.[163] § 18a KWG knüpft aber an den Allgemein-Verbraucherdarlehensvertrag im Sinne des § 491 BGB an, sodass der Entgeltcharakter zwingende Voraussetzung für die aufsichtsrechtlich geforderte Kreditwürdigkeitsprüfung ist. Man könnte hier von einem Redaktionsversehen des Gesetzgebers ausgehen, da die §§ 514, 515 BGB im Laufe des Gesetzgebungsverfahren erst in der Beschluss-

---

[158] Vgl. für die Anwendung der §§ 358, 359 BGB BGHZ 202, 302.

[159] Zu dessen kreditorischen Charakter siehe oben § 2, A.I.2., S. 36.

[160] BGHZ 202, 302 (allerdings vor Einführung der §§ 514, 514 BGB).

[161] Zu den Voraussetzungen siehe gleich unten § 3, B.IV.1.b), S. 163.

[162] Der nationale Gesetzgeber hat die §§ 514, 515 BGB insofern unabhängig von der Umsetzung der Verbraucherkreditrichtlinie eingeführt, *Bülow/Artz*, ZIP 2016, 1204 (1204).

[163] *Bülow/Artz*, ZIP 2016, 1204 (1204); MünchKomm-BGB/*Weber*, BGB § 514 Rn. 2, 10 ff.

empfehlung des zuständigen Ausschusses aufgenommen wurden.[164] Auch die §§ 514, 515 BGB verfolgen zwar das Ziel, den Verbraucher vor Überschuldung und einem übereilten Vertragsschluss zu schützen,[165] wozu es nicht zusätzlich einer aufsichtlichen Vorschrift bedurft hätte. Andererseits sah § 18a Abs. 10 KWG schon vor der Einführung der §§ 514, 515 BGB vor, dass nur entgeltliche Finanzierungshilfen erfasst sind. Daher ist es im Sinne der Einheitlichkeit der Rechtsordnung nicht folgerichtig, die Unentgeltlichkeit nicht auch in § 18a KWG aufzunehmen.[166]

Nach dem aktuellen Kommissionsvorschlag für eine Neue Verbraucherkreditrichtlinie wird sich dieses Problem erübrigen, da der sachliche Anwendungsbereich auf unentgeltliche Allgemein-Verbraucherdarlehensverträge und Finanzierungshilfen ausgeweitet wird.[167] Damit wird es begrifflich nicht mehr auf den Entgeltcharakter ankommen, sodass diese Fälle wegen der zivilrechtlichen Legaldefinition des Allgemein-Verbraucherdarlehensvertrages in § 491 BGB bei entsprechender Umsetzung zum Tatbestandsmerkmal des § 18a KWG werden. § 18a Abs. 10 KWG wird indes wegen des ausdrücklichen Bezugs auf entgeltliche Finanzierungshilfen abzuändern sein.

b) Kleinkredit (Nr. 1)

Ferner besteht gem. § 491 Abs. 2 Satz 2 Nr. 1 BGB für solche Darlehensverträge ein Anwendungsausschluss, bei denen der Nettodarlehensbetrag weniger als 200 EUR beträgt (sog. Bagatellkredit).[168] Hierunter ist der Höchstbetrag zu verstehen, den der Darlehensnehmer nach dem Darlehensvertrag beanspruchen kann, Art. 247 § 3 Abs. 2 Satz 2 EGBG. Der Gesetzgeber begründet diesen Ausschluss mit dem unverhältnismäßig hohen Aufwand für die Einhaltung der Verbraucherschutzvorschriften durch den Kreditgeber mit Blick auf den geringen Darlehensbetrag und das niedrigere Schutzinteresse des Verbrauchers.[169] Angesichts der Bestrebungen, Darlehensverträge zunehmend auch online anzubieten und abzuschließen,[170] erscheint dies indes nicht mehr zeitgemäß, da die vorvertraglichen Informationspflichten des Darlehensgebers nach § 491a BGB in Verbindung mit

---

[164] Beschlussempfehlung und Bericht des Ausschusses für Recht und Verbraucherschutz (6. Ausschuss), BT-Drs. 18/7584, S. 24; zum Gesetzgebungsverfahren *Bülow/Artz*, ZIP 2016, 1204 (1204); MünchKomm-BGB/*Weber*, BGB § 514 Rn. 4 f.

[165] Beschlussempfehlung und Bericht des Ausschusses für Recht und Verbraucherschutz (6. Ausschuss), BT-Drs. 18/7584, S. 144.

[166] Ähnlich MünchKomm-BGB/*Weber*, BGB § 514 Rn. 1, 5; *Schürnbrand*, WM 2016, 1105 (1110).

[167] COM(2021) 347 final, S. 10; zu den Gründen siehe Europäische Kommission, Impact Assessment Report, SWD(2021) 170 final, S. 135 ff.; siehe auch EBA, EBA/Rep/2022, S. 6 f.; *J. Wittig/A. Wittig*, WM 2021, 2369 (2371).

[168] Ellenberger/Bunte/*Jungmann*, Bankrechts-Hdb., § 56 Rn. 35.

[169] RegE, BT-Drs. 16/11643, S. 76.

[170] *Freitag*, ZIP 2018, 1805 (1805).

Art. 247 EGBGB standardisiert bereitgestellt und durch Softwareprogramme kundenindividuell angepasst werden können. Darüber hinaus ist ein Schutzinteresse des Verbrauchers bei kleinen Krediten ebenso gegeben, etwa wenn der Verbraucher eine Vielzahl solcher Kleinkredite in Anspruch nimmt, eine besonders hohe Zinsbelastung besteht oder andere zusätzliche Kosten wie Bearbeitungsgebühren anfallen.[171] Der Aufwand auf Seiten des Kreditgebers ist angesichts standardisierbarer Verfahren damit derart gesunken, dass das Interesse des Verbrauchers an einer vorvertraglichen Informationen gem. Art. 247 EGBGB, inklusive einer Kostenaufstellung, und einer ihn schützenden Kreditwürdigkeitsprüfung, überwiegt. Andernfalls könnte sich der Verbraucher nur nach Vertragsschluss auf § 138 BGB berufen. Insofern ist es zu begrüßen, dass der Vorschlag der EU-Kommission einen Mindestnettodarlehensbetrag nicht mehr vorsieht.[172]

c) Kurzzeitkredit (Nr. 3)

Eine weitere Ausnahme liegt gem. § 491 Abs. 2 Satz 2 Nr. 3 BGB vor, wenn der Darlehensnehmer das Darlehen binnen drei Monaten zurückzuzahlen hat und nur geringe Kosten vereinbart sind. Kurzzeitkredite stellen somit begrifflich kein Verbraucherdarlehen dar. Als kumulatives Erfordernis dürfen für den Kurzzeitkredit auch keine unverhältnismäßigen Kosten vereinbart werden. Diese gilt es in einer Gesamtschau des Darlehensvertrages festzustellen und können auch in zu hohen Verzugskosten liegen.[173] Darunter fallen etwa kurzfristige Darlehen, die der Verbraucher vereinbarungsgemäß mit Erhalt des nächsten Arbeitsentgelts tilgen möchte, wobei die Schnelligkeit der Kreditvergabe typischerweise aber eine hohe Zinslast zur Folge hat (sog. *payday loans*).[174] Der Kreditgeber, der somit darauf wettet, dass der Kreditnehmer den Kurzzeitkredit nicht vertragsgemäß bedient, um anschließend hohe Vertragsstrafen zu beanspruchen, profitiert aufgrund der Unverhältnismäßigkeit der Gesamtkosten nicht von dem Anwendungsausschluss des § 491 Abs. 2 Satz 2 Nr. 3 BGB. Auch insofern ist wie für die Kleinkredite die in dem Kommissionsvorschlag vorgesehene Erweiterung auf unentgeltliche Darlehensverträge zu begrüßen.

d) Miet- und Leasingverträge

Ausgenommen sind ferner grundsätzlich Dauerschuldverhältnisse, darunter Miet- und Leasingverträge, bei denen lediglich eine entgeltliche Nutzung des Gegenstands vereinbart wurde, ohne dass der Verbraucher zum Erwerb des Gegenstands verpflichtet ist, der Unternehmer den Erwerb verlangen kann oder der Verbraucher nach

---

[171] Zu den Geschäftsmodellen mit Online-Kurzzeitkrediten *Rott*, BKR 2021, 453.

[172] Erwg. (15) COM(2021) 347 final, dafür aber Maximalbeträge, Art. 2 Abs. 2 lit. c, Abs. 3 COM(2021) 347 final.

[173] RegE, BT-Drs. 16/11643, S. 76 f.

[174] *J. Wittig/A. Wittig*, WM 2021, 2369 (2370).

Vertragsbeendigung für einen bestimmen Wert des Gegenstandes einzustehen hat, § 506 Abs. 2 Satz 1 BGB. Besteht mithin eine reine Gebrauchsüberlassung, besteht auch keine Pflicht zur Kreditwürdigkeitsprüfung.[175]

Der Kommissionsvorschlag für eine Neue Verbraucherkreditrichtlinie sieht vor, dass jede Form des Leasings von der Pflicht erfasst sein wird.[176] Damit wird eine entsprechende Anpassung des § 506 BGB erforderlich sein.[177] Sonstige Dauerschuldverhältnisse, deren Gegenstand die wiederkehrende Dienstleistungen oder Warenlieferungen sind, werden weiterhin nicht erfasst, Art. 3 Nr. 3 Satz 2 CCD 2021-Komm-E. Damit besteht zwar ein Interesse an der Kreditwürdigkeitsprüfung, allerdings keine gesetzliche Pflicht.[178]

e) Angebotsvorgelagerte Kreditwürdigkeitsprüfung

Nicht von dem Anwendungsbereich erfasst ist die angebotsvorgelagerte Kreditwürdigkeitsprüfung. Hierbei wird die Kreditwürdigkeit des Verbrauchers speziell im Online-Bereich im Hintergrund und ggf. ohne seine Kenntnis daraufhin geprüft, ob eine bestimmte Werbung für einen Kredit geschaltet wird. Berücksichtigte Merkmale sind etwa Art, Alter und Typ des vom Verbraucher genutzten Endgeräts sowie die Betriebssoftware, die Tageszeit, die E-Mailadresse und ob der Verbraucher gezielt über eine Suchmaschine oder aber eine andere Werbeschaltfläche auf das beworbene Produkt gelangt. Auch kann diese Prüfung nur auf die Auswahl der Zahlungsart abzielen und somit darüber entscheiden, ob dem Verbraucher der Kauf auf Rechnung oder nur Vorkasse angeboten wird.[179]

Da es sich um das „Ob" der Werbeschaltung handelt, ist der das „Wie" der Werbung regelnde § 17 Preisangabenverordnung nicht tangiert. Zwar findet theoretisch eine Kreditwürdigkeitsprüfung „vor Abschluss" eines Kreditvertrages im Sinne des § 18a KWG statt. Allerdings hat diese Kreditwürdigkeitsprüfung nur das Ziel, dem Verbraucher die Werbung zu schalten und ihm die Möglichkeit zu unterbreiten, einen Kreditantrag zu stellen. Damit bildet die dem Angebot vorgelagerte Kreditwürdigkeitsprüfung nur einen Zwischenschritt. Die Kreditwürdigkeit wird später vor Abschluss des Kreditvertrages erneut und mithilfe weiterer Daten geprüft. Damit muss sich eine solche Vorgehensweise nur an dem Verbot unlauterer geschäftlicher Handlungen nach § 3 UWG sowie datenschutzrechtlichen Maßstäben messen. Die Neue Verbraucherkreditrichtlinie sieht in diesen Fällen künftig einen Auskunftsanspruch des betroffenen Verbrauchers vor, Art. 13 CCD 2021-Komm-E, dessen Geltendmachung denklogisch aber die Kenntnis des Verbrauchers über das Stattfinden der Kreditwürdigkeitsprüfung voraussetzt.

---

[175] Vgl. MünchKomm-BGB/*Weber*, § 506 Rn. 25.

[176] *J. Wittig/A. Wittig*, WM 2021, 2369 (2373).

[177] *J. Wittig/A. Wittig*, WM 2021, 2369 (2373).

[178] Zum Interesse siehe oben § 2, A.I.3., S. 37.

[179] Zu einem solchen Modell *Berg et al.*, 33 The Review of Financial Studies (2020), 2845.

f) Zwischenfazit

Nicht für alle Verträge, denen ein kreditorisches Risiko innewohnt, besteht die aufsichtliche Pflicht zur Kreditwürdigkeitsprüfung. In Fällen wie der Auswahl der Zahlungsart oder des Vorleistungskredits ist dies offenkundig, da dies nicht Gegenstand des Kreditgeschäfts nach § 1 Abs. 1 Satz 2 Nr. 2 KWG ist. Insbesondere die Fälle der Unentgeltlichkeit und der Kleinkredite, die den Anwendungsausschluss nach § 491 Abs. 2 BGB betreffen, sind aufgrund der hohen Standardisierung durch Kreditscoring nicht mehr zeitgemäß und werden zu Recht reformiert.

2. Kontrahierungsverbot

Einen Allgemein-Verbraucherdarlehensvertrag darf das Kreditinstitut nur abschließen, wenn die Kreditwürdigkeitsprüfung ergibt, dass keine „erheblichen Zweifel" an der Kreditwürdigkeit des Darlehensnehmers bestehen, § 18a Abs. 1 Satz 2 KWG. Gleiches gilt auch für entgeltliche Finanzierungshilfen im Sinne des § 505 BGB, § 18a Abs. 10 KWG. Insofern handelt es sich um ein Abschlussverbot.[180] Damit wird auf den ersten Blick die Privatautonomie des Kreditinstituts in diesen Fällen eingeschränkt.[181]

a) Erhebliche Zweifel an der Kreditwürdigkeit

Mit der Einführung eines solchen Verbotes hat der nationale Gesetzgeber Art. 8 CCD bewusst überschießend umgesetzt, da dieser – anders als Art. 18 Abs. 5 lit. a Wohnimmobilienkreditrichtlinie RL 2014/17/EU – kein Kontrahierungsverbot bei unzureichender Bonität vorsieht.[182] Der Schutz des Verbrauchers vor Überschuldung wäre verfehlt, wenn Kreditinstitute Kredite an nicht kreditwürdige Verbraucher vergeben würden.[183] Die CCD sieht eine solche Ausnahmeregelung nicht vor, europarechtlich ist eine strengere Regelung jedoch unbedenklich.[184] Die negative Formulierung „Vertragsabschluss, wenn keine erheblichen Zweifel" begründet der Gesetzgeber damit, dass eine positive Feststellung der Kreditwürdigkeit bei Allgemein-Verbraucherdarlehen aufgrund der handelsüblich geringen Kreditsumme unverhältnismäßig sei.[185] Dem ist entgegenzusetzen, dass Kreditscoringmodelle standardmäßig eingesetzt werden, externe Bonitätsbeurteilung günstig einzuholen

---

[180] Zur Rechtsfolge siehe sogleich § 3, B.IV.2.c), S. 168; Bülow/Artz/*Artz*, Verbraucherkreditrecht § 505a Rn. 8.

[181] RegE, BRat-Drs. 359/15, S. 119; siehe auch zuvor EuGH, EuGH 18.12.2014 – C-449/13, ECLI:EU:C:2014:2464, Rn. 43 (Consumer Finance).

[182] Siehe aber unten zu § 505d BGB, § 3, B.IV.2.c), S. 168.

[183] RegE, BRat-Drs. 359/15, S. 119; siehe auch zuvor EuGH, EuGH 18.12.2014 – C-449/13, ECLI:EU:C:2014:2464, Rn. 43 (Consumer Finance).

[184] Siehe EuGH 6.6.2019 – C-58/18, ECLI:EU:C:2019:467, Rn. 42 ff.

[185] RegE, BT-Drs. 18/5922, S. 98.

sind und der Kreditgeber schon aus Eigeninteresse selbst im Falle des im Regierungsentwurf genannten Beispiels des Verkaufs eines Fernsehgeräts mit Ratenzahlung die Bonität prüft[186].

Wann „erhebliche Zweifel" vorliegen, ist darüber hinaus unklar. Die Auslegung solcher unbestimmten Rechtsbegriffe sowie deren volle gerichtliche Überprüfbarkeit im Einzelfall führen zu Rechtsunsicherheit.[187] Teilweise wurde daher gefordert, den Begriff zu streichen oder durch entsprechende Erläuterung Abhilfe zu schaffen, etwa indem eine bundeseinheitliche Rating-Skala für Allgemein-Verbraucherdarlehen geschaffen wird, die festlegen soll, ab welcher Bonitätsstufe nicht mehr kontrahiert werden darf.[188] Das Ausbleiben einer Konkretisierung der Erheblichkeit der Zweifel hatte die befürchtete restriktivere Kreditvergabe in Ansehung der verbrauchergünstigen Rechtsfolgen im Falle des Verstoßes gegen die Kreditwürdigkeitsprüfung (§ 505d BGB), soweit ersichtlich, jedoch nicht eintreten lassen.[189]

b) Wahrscheinlichkeit, Art. 18 Abs. 4 UAbs. 1 CCD 2021-Komm-E

Der Kommissionsvorschlag sieht ebenfalls ein Kontrahierungsverbot vor. Hiernach soll der Kreditgeber den Kredit nur bereitstellen, wenn aus der eingehenden Kreditwürdigkeitsprüfung hervorgeht, dass der Kreditnehmer seine Verpflichtungen „wahrscheinlich" vertragsgemäß erfüllen wird, Art. 18 Abs. 1 Satz 1, 4 UAbs. 1 CCD 2021-Komm-E. Der Entwurf einer Neuen Verbraucherkreditrichtlinie 2022 gleicht die Voraussetzung damit an Immobiliar-Verbraucherdarlehen an, vgl. § 18a Abs. 1 Satz 2 Alt. 2 KWG. Demnach hat der Kreditgeber die Kreditwürdigkeit auch bei Allgemein-Verbraucherdarlehen künftig positiv und im Wege einer Wahrscheinlichkeitsprognose festzustellen. Die Sorge vor Unverhältnismäßigkeit der Prüfpflicht ist damit obsolet.[190]

Nur in begründeten Ausnahmefällen erlaubt der Kommissionsentwurf die Kreditvergabe an Kreditnehmer, die den Verpflichtungen aus dem Kreditvertrag wahrscheinlich nicht erfüllen können, Art. 18 Abs. 4 UAbs. 2 CCD 2021-Komm-E. Dies könne bei langjähriger Vertragsbeziehung oder besonderen Gesundheitsausgaben, Studiendarlehen oder Darlehen für Verbraucher mit Behinderungen der Fall sein, Erwg. (47) Satz 6 CCD 2021-Komm-E. Hierbei kann es sich mithin ausdrücklich auch um *override*-Fälle handeln.

---

[186] RegE, BT-Drs. 18/5922, S. 98.

[187] Bankenfachverband, Stellungnahme zum Referentenentwurf eines Gesetzes zur Umsetzung der Wohnimmobilienkreditrichtlinie, S. 5.

[188] Bankenfachverband, Stellungnahme zum Referentenentwurf eines Gesetzes zur Umsetzung der Wohnimmobilienkreditrichtlinie, S. 5 f.

[189] So noch *Buck-Heeb*, NJW 2016, 2065 (2066); anders für die strengen Anforderung der Wohnimmobilienkreditrichtlinie Bundesregierung, Unterrichtung, BT-Drs. 19/32584, S. 1.

[190] Vgl. noch RegE, BT-Drs. 18/5922, S. 98.

Das Abstellen auf die Wahrscheinlichkeit des vertragsgemäßen Verhaltens statt auf das Fehlen erheblicher Zweifel ist auch mit Blick auf die bestehende Rechtsunsicherheit vorzugswürdig. Somit kann mithilfe der Scorekarte des Instituts festgestellt werden, in welchem Ratingbereich sich der Verbraucher auf der Basis der Erfahrungen des Kreditgebers und seiner individuellen Risikobereitschaft befindet. Bleibt der Kreditscore hinter dem Cut-Off-Score zurück, stellt dies ein für den Kreditgeber grundsätzlich nicht mehr tragbares Ausfallrisiko dar. In Fällen eines *override* ist die bewusste Abweichung zu begründen.[191]

Umgekehrt stellt sich für das Institut damit aber ein Anreizproblem: Je mehr Daten es über den Verbraucher für die Zwecke der Kreditwürdigkeitsprüfung zur Verfügung hat, desto eher wird das Institut Anhaltspunkte finden, die eine unzureichende Bonität offenbaren könnte. Mehr Daten könnten damit einen größeren Anlass für Bedenken bieten. Würde das Institut auch alternative Daten berücksichtigen, könnte sich ergeben, dass eine nach traditioneller Datenlage kreditwürdige Person unter Berücksichtigung alternativer Daten nicht kreditwürdig wäre. Die Person wäre damit erst infolge der alternativen Prüfung falsch positiv kreditwürdig. Zu wenige Daten würden wiederum ein unzureichendes Bild über die Person des Kreditnehmers zeichnen und damit die Aussagekraft der Kreditwürdigkeitsprüfung in Frage stellen. Der Kreditgeber muss somit einen Mittelweg finden. Demzufolge kann es aus Sicht des Instituts sinnvoll sein, zunächst nur wenige und traditionelle Daten des Verbrauchers auszuwerten. Erst wenn die traditionelle Prüfung ergibt, dass die Person den Kredit wahrscheinlich nicht zurückzahlen können wird oder – wie im Falle der *unscorables* – gar kein Kreditscore gebildet werden kann, kann es sinnvoll sein, alternative Daten zu berücksichtigen, um eine Kreditwürdigkeitsprüfung im Sinne einer „zweiten Chance" durchzuführen.[192] Das Institut hat damit insbesondere bei geringen Darlehensbeträgen einen Anreiz für eine datensparsame, traditionelle Kreditwürdigkeitsprüfung.

c) Wirksamkeit trotz Kontrahierungsverbot

Trotz des Wortlauts des § 18a Abs. 1 Satz 2 KWG, wonach der Darlehensvertrag bei unzureichender Bonität nicht abgeschlossen werden „darf", handelt es sich nicht um ein gesetzliches Verbot im Sinne des § 134 BGB, welches die Nichtigkeit des Darlehensvertrages zur Folge hätte.[193] Vielmehr dient die vorvertragliche Pflicht zur

---

[191] Siehe dazu § 2, E.I.5., S. 138 f.; auch im Rahmen des IRB-Ansatzes § 3, C.II.4.a)cc)(7), S. 223.

[192] In diesem Sinne war auch das SCHUFA CheckNow-Verfahren angedacht, vgl. SCHUFA, SCHUFA CheckNow erweitert Möglichkeiten der Bonitätsprüfung durch Kontodatenanalyse im Auftrag des Verbrauchers, Pressemitteilung vom 16.11.2020, abrufbar unter https://www.schufa.de/ueber-uns/presse/pressemitteilungen/schufa-checknow-erweitert-moeglichkeiten-bonitaetspruefung-kontodatenanalyse-auftrag-verbrauchers/.

[193] RegE, BT-Drs. 18/5922, S. 135 mit Verweis auf die zivilrechtliche Folge gem. § 505d BGB.

Kreditwürdigkeitsprüfung dem Schutze des Darlehensnehmers vor Überschuldung und Zahlungsunfähigkeit.[194] Zivilrechtlich wird dieser in die Selbstbestimmung des Verbrauchers eingreifende und daher auch als paternalistisch wahrgenommene Schutz[195] dadurch erkennbar, dass ein Verstoß gegen die Pflicht zur Kreditwürdigkeitsprüfung nicht zu einer bereicherungsrechtlichen Rückabwicklung führt. Stattdessen sichert § 505d BGB die Wirksamkeit der Vereinbarung, indem die Darlehensschuld durch Abstufung des Sollzinses auf einen marktüblichen Zinssatz ermäßigt und dem Darlehensnehmer ein außerordentliches Kündigungsrecht eingeräumt wird, § 505d Abs. 1, 2 BGB.[196] Insofern ergibt sich aus § 505d BGB „ein anderes" im Sinne des § 134 BGB. Das Darlehensgeschäft bleibt trotz des Verstoßes gegen die vorvertragliche Pflicht zur Kreditwürdigkeitsprüfung wirksam.

3. Grundlage für die Kreditwürdigkeitsprüfung, § 18a Abs. 3 KWG

Auskünfte des Darlehensnehmers und erforderlichenfalls von Stellen, die geschäftsmäßig personenbezogene Daten verarbeiten, die zur Bewertung der Kreditwürdigkeit von Verbrauchern genutzt werden dürfen, können nach § 18a Abs. 3 Satz 1 KWG die Grundlage für Kreditwürdigkeitsprüfung bilden. Der nationale Gesetzgeber setzt damit Art. 8 Abs. 1 CCD um, wonach die Kreditwürdigkeit „anhand ausreichender Informationen" zu bewerten ist.[197] Damit darf das Institut die Kreditwürdigkeitsprüfung in Ansehung des § 18a Abs. 3 Satz 1 KWG sowohl anhand von Selbstauskünften des Verbrauchers als auch mithilfe von Auskunfteiauskünften durchführen. Dies stellt mithin auch die Datengrundlage für das Kreditscoring dar.

a) Ermessen im Rahmen sachdienlicher und ausreichender Informationen

Gem. § 18a Abs. 3 Satz 2 KWG ist das Kreditinstitut dazu verpflichtet, die bereitgestellten Daten, d. h. sowohl die des Kreditnehmers als auch die der Auskunftei, in angemessener Weise zu prüfen. Eine daraus resultierende Pflicht, die Informationen systematisch auf ihre Richtigkeit zu untersuchen, hat der EuGH abgelehnt. Mit Blick auf die Selbstauskunft kann es dagegen bei beleglosen, nicht untermauerten Angaben des Verbrauchers an „ausreichenden" Informationen im Sinne des Art. 8 Abs. 1 CCD fehlen.[198] In diesen Fällen hat der Verbraucher zum Beispiel

---

[194] EuGH 27.3.2014 – C-565/12, ECLI:EU:C:2014:190, Rn. 42 (Le Crédit Lyonnais); EuGH 10.6.2021 – C-303/20, ECLI:EU:C:2021:479, Rn. 29 (Ultimo Portfolio Investment); jetzt auch ausdrücklich auf den Schutz des Verbrauchers abstellend Art. 18 Abs. 1 Satz 2 CCD 2021-Komm-E.

[195] *J. Wittig/A. Wittig*, WM 2021, 2369 (2379).

[196] *Buck-Heeb*, NJW 2016, 2065 (2067 f.).

[197] Schwennicke/Auerbach/*Schwennicke*, KWG § 18a Rn. 30.

[198] EuGH 18.12.2014 – C-449/13, ECLI:EU:C:2014:2464, Rn. 37 f. (Consumer Finance).

Gehaltsabrechnungen vorzulegen.[199] Der Überprüfungspflicht von Auskunfteiauskünften ist im Sinne des § 18a Abs. 3 Satz 2 KWG genüge getan, wenn die übermittelten Daten schlüssig sind und der Anbieter vertrauenswürdig ist.[200] Das Institut
darf somit regelmäßig auf die Richtigkeit der von Auskunfteien übermittelten Daten
vertrauen. Mit Blick auf den externen Kreditscore bestehen zur Qualitätssicherung
indes Informationseinholungspflichten des Instituts, um die eigene Ordnungsmäßigkeit der Geschäftsorganisation gem. § 25a Abs. 1 KWG sicherzustellen.[201]

Welche Informationen der Kreditgeber für die Selbstauskunft verlangt, liegt in
Ansehung des Erwg. (26) CCD im Ermessen des Instituts.[202] Die Informationen
müssen jedoch für die Zwecke der Kreditwürdigkeitsprüfung sachdienlich und
ausreichend sein.[203] Damit liegt für alternative Daten auf den ersten Blick eine
kontextabhängige Verwendungsmöglichkeit vor. Im Umkehrschluss folgt hieraus
aber lediglich, dass sachfremde Erwägungen nicht zu berücksichtigen sind. Die der
Kreditwürdigkeitsprüfung zugrunde liegenden Daten müssen also bonitätsrelevant
sein. Dass diese Voraussetzung nicht klar einzugrenzen ist und auch nicht unmittelbar
finanzbezogene Daten darunter fallen können, wurde im Rahmen der phänomeno-
logischen Betrachtung ausführlich dargestellt.[204] Die Sachdienlichkeit muss das
Institut aber im Einzelfall begründen können, wobei es auf die statischen Ergebnisse
zur Signifikanz einzelner Merkmale im Rahmen der Datenaufbereitung zurück-
greifen kann.[205] Somit statuiert das Bankaufsichtsrecht die Vorgabe, dass nicht
einfach alle Daten des Verbrauchers „ins Blaue hinein" geprüft werden dürfen. Dafür
hat das Institut aber auch spätestens mit Blick auf die positiv festzustellende
Wahrscheinlichkeit nach Art. 18 Abs. 4 UAbs. 1 CCD 2021-Komm-E grundsätzlich
keinen Anreiz.[206]

Das Kreditinstitut wird folglich abwägen wollen, ob das Risiko, welches in dem
Liquiditäts- und Verlustrisiko besteht[207], in einem angemessenen Verhältnis zur
Informationsgrundlage steht oder ob weitere Informationen einzuholen sind. Ob die
Verwendung dieser Daten datenschutzrechtlich zulässig ist, ist gesondert zu be-
trachten, § 18a Abs. 9 KWG.[208]

---

[199] MünchKomm-BGB/*Weber*, § 505b Rn. 2.

[200] MünchKomm-BGB/*Weber*, § 505b Rn. 4; Schwennicke/Auerbach/*Schwennicke*, KWG
§ 18a Rn. 37.

[201] Siehe dazu unten § 3, B.V.4., S. 191.

[202] Bezugnehmend auf die Business Judgment Rule Langenbucher/Bliesener/Spindler/
Roth, Bankrechtskommentar, Kap. 15 § 505b Rn. 7.

[203] EuGH 18.12.2014 – C-449/13, ECLI:EU:C:2014:2464, Rn. 36 f. (Consumer Finance);
siehe auch EBA/GL/2020/06, Rn. 193.

[204] Siehe oben § 2, C.II.2., S. 74 ff.

[205] Siehe oben § 2, E.I.2., S. 130 ff.

[206] Siehe oben § 3, B.IV.2.b), S. 167.

[207] Vgl. EuGH 27.3.2014 – C-565/12, ECLI:EU:C:2014:190, Rn. 42 (Le Crédit Lyonnais); zum Investitionsrisiko siehe oben § 2, A.IV., S. 40.

[208] Siehe unten zu den datenschutzrechtlichen Rechtsgrundlagen § 4, B., S. 263 ff.

Zugleich wird das Kreditinstitut abwägen wollen, ob die Anzahl an angeforderten Informationen im Verhältnis zu dem einzugehenden Kreditrisiko nicht eine ablehnende oder gar abschreckende Wirkung entfalten könnte, die den Verbraucher potenziell in die Arme solcher Konkurrenten bewegt, bei denen geringere *privacy*-Kosten anfallen. In diesen kollidierenden Interessen begründet sich das Spannungsverhältnis zwischen der berechtigten oder gebotenen Informationsbeschaffungspflicht des Kreditinstituts einerseits und dem Datenschutzinteresse des Verbrauchers andererseits.[209]

b) Keine Grundlage nach § 10 Abs. 2 KWG

Einen Anhaltspunkt für die Lösung dieses Konflikts könnte § 10 Abs. 2 KWG bieten. Dieser stellt eine datenschutzrechtliche *lex specialis* für die Datenverarbeitung von Kreditinstituten dar.[210] Nach dessen Satz 1 dürfen Kreditinstitute personenbezogene Daten ihrer (i) Kunden, (ii) von Personen, mit denen sie Vertragsverhandlungen über Adressenausfallrisiken begründende Geschäfte aufnehmen, sowie (iii) von Personen, die für die Adressenausfallrisiken einstehen sollen, für die Zwecke der CRR und der SolvV verarbeiten. Der Anwendungsbereich begrenzt sich damit auf solche Daten, die zur Ermittlung des Kreditrisikos genutzt werden.[211] Diese Daten dienen – wie auch die amtliche Überschrift des § 10 KWG aufzeigt („Ergänzende Anforderungen an die Eigenmittelausstattung von Instituten") – zur Beurteilung der Angemessenheit der Eigenmittel des Instituts. Damit bietet § 10 Abs. 2 KWG nur eine Grundlage für die Datenverarbeitung zu diesem Zweck, nicht aber für eine Kreditwürdigkeitsprüfung gem. § 18a Abs. 1, 3 KWG.[212] Wegen des datenschutzrechtlichen Grundsatzes der Zweckbindung, Art. 5 Abs. 1 lit. b DS-GVO, ergibt sich somit unmittelbar aus § 10 Abs. 2 KWG keine Datengrundlage für die Zwecke der Kreditwürdigkeitsprüfung.

Gleiches gilt auch mit Blick auf die Beurteilung des Kreditrisikos im Rahmen des Risikomanagements nach Säule II. § 10 Abs. 2 KWG bezieht sich nur auf zulassungspflichtige interne Risikomessverfahren.[213] Die Zulassungspflicht besteht aber nur für solche Verfahren des bankinternen Ansatzes gem. Art. 143 CRR (IRB-Ansatz). Institute, die nicht den IRB-Ansatz, sondern den nicht gesondert zulassungspflichtigen Kreditrisikostandardansatz (KSA) anwenden, schätzen keine Risikoparameter für das Adressenausfallrisikos wie es § 10 Abs. 2 Satz 1 KWG vor-

---

[209] Ähnlich *Buck-Heeb/Lang*, ZBB 2016 320 (324 f.); zur datenschutzrechtlichen Erforderlichkeit unten § 4, B.III.2., S. 269.

[210] Siehe dazu unten § 3, C.II.4.a)cc)(4), S. 215 ff., und § 4, B.IV.2., S. 274.

[211] Fischer/Schulte-Mattler/*Glaser*, KWG § 10 Rn. 10.

[212] Siehe bereits den Beschluss des Düsseldorfer Kreises vom 20.4.2007, Kreditscoring/Basel II, abrufbar unter https://www.datenschutz.rlp.de/fileadmin/lfdi/Konferenzdokumente/Datenschutz/Duesseldorfer_Kreis/Beschluesse/20070420_kreditscoring.html.

[213] RegE- BKRUG, BT-Drs. 16/1335, S. 48.

gibt, sondern verwenden die Pauschalvorgaben der CRR.[214] Die Einrichtung interner Verfahren zur Berechnung der Eigenmittelanforderung richtet sich stattdessen nach Art. 79 CRD IV. Damit liegt auch keine „Verarbeitung für die Zwecke der CRR" vor.[215] § 10 Abs. 2 KWG ist damit keine datenschutzrechtliche *lex specialis* für die Kreditwürdigkeitsprüfung nach Säule II.

c) EBA/GL/2020/06

Stattdessen hat die EBA in ihren „Leitlinien für die Kreditvergabe und Über-wachung" in Abschnitt 5 in Verbindung mit dem Anhang die Datengrundlage für die Kreditwürdigkeitsprüfung nach Art. 8 CCD dargestellt.[216] Diese Leitlinien stellen nach Ansicht der EBA die angemessenen Aufsichtspraktiken zur kohärenten An-wendung des Unionsrechts im Sinne des Art. 16 EBA-VO[217] dar. Adressaten sind u. a. Kreditinstitute im Sinne des Art. 4 Abs. 1 Nr. 1 CRR und die für sie zuständigen Behörden.[218] Als Level-III-Maßnahme entfalten die Leitlinien keine Rechtsver-bindlichkeit, sondern wirken lediglich normkonkretisierend.[219]

Abschnitt 5, dessen Gegenstand das Verfahren zur Kreditvergabe ist, gilt aus-drücklich auch für alle Kreditgeber im Sinne der CCD.[220] Damit sind auch Kredit-geber erfasst, die keine Kreditinstitute sind, aber in Ausübung ihrer gewerblichen oder beruflichen Tätigkeit Kredite im Sinne der CCD gewähren, Art. 3 lit. b CCD. Da die Verbraucherkreditrichtlinie nicht nach der Art des Instituts differenziert, sind auch Institute, die nicht CRR-Institut sind, von Abschnitt 5 adressiert. Im Rahmen des Allgemein-Verbraucherdarlehensrechts gilt Abschnitt 5 der EBA-Leitlinien

---

[214] Zum KSA unten § 3, C.I., S. 196 ff.

[215] Zum IRB-Ansatz unten § 3, C.II., S. 198 ff.; Fischer/Schulte-Mattler/*Glaser*, KWG § 10 Rn. 14 Ziff. iii.

[216] Unter Aufhebung der zuvor geltenden Leitlinie zur Kreditwürdigkeitsprüfung, EBA/GL/2015/11, EBA/GL/2020/06 Rn. 23, zum Gegenstand der Leitlinie siehe Rn. 5.

[217] Verordnung (EU) Nr. 1093/2010 des Europäischen Parlaments und des Rates vom 24. November 2010 zur Errichtung einer Europäischen Aufsichtsbehörde (Europäische Ban-kenaufsichtsbehörde), zur Änderung des Beschlusses Nr. 716/2009/EG und zur Aufhebung des Beschlusses 2009/78/EG der Kommission, ABl. (EU) 2010 L 331, 12.

[218] EBA/GL/2020/06, Rn. 2, 13; die Leitlinien verweisen an dieser Stelle über einen Umweg auf die CRR, indem sie auf den Begriff des „Finanzinstituts" nach Art. 4 Nr. 1 EBA-Verordnung verweisen. Dort wird wiederum auf den Begriff des Kreditinstituts im Sinne der Bankenrichtlinie 2006 verwiesen, in dessen Nachfolge die CRD IV tritt, Art. 163 CRD IV. Diese verweist schließlich für den Begriff des Kreditinstituts auf die CRR, Art. 3 Abs. 1 Nr. 1 CRD IV.

[219] Vgl. Dauses/Ludwigs/*Burgard/Heimann*, Hdb. des EU-Wirtschaftsrechts, E. IV. Bank-recht, Rn. 55 und Fn. 64; Hopt/Binder/Böcking/*Breuer*, Hdb. Corporate Governance von Banken und Versicherungen, § 12, Rn. 64.

[220] EBA/GL/2020/06, Rn. 6.

mithin bereits vor der 7. MaRisk-Novelle seit dem 30. 6. 2021 für alle Kreditgeber im Sinne der CCD.[221]

aa) Obligatorische Datenkategorien

Der Kreditgeber soll im Grundsatz vor Vertragsschluss über „ausreichende, genaue und aktuelle Informationen und Daten verfügen, um die Kreditwürdigkeit und das Risikoprofil des Kreditnehmers zu beurteilen".[222] Diese Grundvoraussetzung ist, wie auch der gesamte Abschnitt 5, im Sinne des Proportionalitätsgedankens zu verstehen, wonach Art, Umfang und Komplexität des Kredits verhältnismäßig zu berücksichtigen sind.[223] Seine Grenze findet dieses Verständnis in der Beeinträchtigung der Verbraucherschutzziele, also in dem Schutz vor Überschuldung und Zahlungsunfähigkeit.[224] Dabei sind nach dem Pflichtkatalog zumindest folgende Aspekte zu berücksichtigen: Darlehenszweck, Erwerbstätigkeit, Nachweis der Rückzahlungsfähigkeit, Mitglieder des Haushalts und Unterhaltsberechtigte, finanzielle Verpflichtungen und andere regelmäßige Ausgaben, Sicherheiten und sonstige Risikominderungsfaktoren wie Garantien.[225]

Um Härten zu vermeiden, sind einerseits die Quelle des Einkommens mit Blick auf die gegenwärtige und zukünftige Rückzahlungsfähigkeit, andererseits auch bestehende Verbindlichkeiten und Zahlungsausfälle sowie deren Begleitumstände zu bewerten.[226] Für die Rückzahlungsfähigkeit gibt der ausgeübte Beruf in der Regel die Stabilität des Einkommens wieder.[227] Dabei sind im Falle eines unregelmäßigen Einkommens „angemessene Erkundigungen" anzustellen, um die Rückzahlungsfähigkeit zu bewerten.[228] Keine Grundlage darf ein lediglich erwarteter deutlicher Einkommensanstieg bilden, sofern es hierfür keine Nachweise gibt.[229] Damit darf nur auf aktueller, aus den Kreditunterlagen erkennbarer Lage entschieden werden. Anderes würde auch dem Überschuldungsschutz widersprechen. Gerade bei langfristigeren Engagements ist dennoch die potenzielle Einkommensentwicklung zu berücksichtigen. Damit bieten objektiv erwartbare, nicht aber rein subjektiv versicherte Einkommensquellen eine taugliche Grundlage für die Kreditwürdigkeits-

---

[221] EBA/GL/2020/06, Rn. 18.

[222] EBA/GL/2020/06, Rn. 84.

[223] EBA/GL/2020/06, Rn. 16; Kümpel/Mülbert/Früh/Seyfried/*J. Wittig*, Bankrecht und Kapitalmarktrecht, Rn. 5.159e; ähnlich MaRisk BTO 1.2.1 Rn. 1: Risikogehalt des Engagements.

[224] EBA/GL/2020/06, Rn. 17; Kümpel/Mülbert/Früh/Seyfried/*J. Wittig*, Bankrecht und Kapitalmarktrecht, Rn. 5.159e.

[225] EBA/GL/2020/06, Rn. 85.

[226] EBA/GL/2020/06, Rn. 96, 98.

[227] Vgl. schon systematisch, dass saisonale Berufe unter „unbesicherte Verbraucherkredite" erörtert werden, EBA/GL/2020/06, Rn. 115.

[228] EBA/GL/2020/06, Rn. 115.

[229] EBA/GL/2020/06, Rn. 116.

prüfung. Mit Blick auf bestehende Verbindlichkeiten erweisen sich wiederum öffentliche Schuldnerverzeichnisse und private Auskunfteien als hilfreiche Informationsdienste. Fehlen dem Kreditgeber wichtige Informationen, hat er diese Quellen ausdrücklich zu konsultieren.[230]

bb) Optionale Datenkategorien

Weitere Informationen, die bei der Kreditwürdigkeitsprüfung in Betracht kommen können, sieht der optionale Katalog in Anhang 2 A der EBA-Leitlinien vor. Hiernach kommen im Einzelfall Nachweise über die Identität und den Wohnsitz, der Identitätsnachweis, über das Bestehen einer Beschäftigung, einschließlich Art, Sektor, Status und Dauer, sowie über Einkommen, aber auch Angaben über das Bestehen regelmäßiger finanzieller Verpflichtungen wie z. B. Unterhaltszahlungen in Betracht.[231] Da diese Daten optional zu berücksichtigen sind, wird das Institut im Rahmen des Proportionalitätsgrundsatzes abwägen, ob es diese Daten berücksichtigt.

cc) Datenschutzrecht als Schranke

Zusätzlich können „andere Arten und Quellen von wirtschaftlichen oder finanziellen Informationen und Daten" für die Kreditwürdigkeitsprüfung verwendet werden, sofern ihre Verarbeitung schlüssig (*relevant*), angemessener (*more appropriate*) und in Übereinstimmung mit der Verbraucherkreditrichtlinie und der Datenschutz-Grundverordnung erfolgt.[232] Dadurch wird der Gegenstand der Kreditwürdigkeitsprüfung nur scheinbar auf „wirtschaftliche und finanzielle" Daten eingegrenzt,[233] denn auch allgemeine Lebensrisiken, wie die Ehescheidung, Gesundheitsrisiken oder der plötzliche Verlust der dauerhaften Einkommensquelle, können eine Rolle dafür spielen, dass der Verbraucher seine Verpflichtungen aus dem Kreditvertrag wahrscheinlich nicht erfüllen können wird.[234] Insofern ist dies das Einfallstor für die oben beschriebenen alternativen Daten.[235] Können diese einen wirtschaftlichen oder finanziellen Bezug aufweisen, müssen sie sachdienlich sein und datenschutzkonform berücksichtigt werden. Damit entscheidet letztlich vor allem das Datenschutzrecht darüber, ob die alternativen Daten für die Zwecke der Kreditwürdigkeitsprüfung berücksichtigt werden können.[236]

---

[230] EBA/GL/2020/06, Rn. 88; siehe auch § 18a Abs. 3 Satz 1 KWG: „erforderlichenfalls".

[231] EBA/GL/2020/06, S. 66.

[232] EBA/GL/2020/06, S. 66.

[233] Siehe dazu auch unten § 3, B.IV.3.d), S. 176.

[234] *Buck-Heeb/Lang*, ZBB 2016 320 (324 f.).

[235] Hierzu oben § 2, C.II.2.c), S. 77 ff.

[236] Dazu unten das Kriterium das Erforderlichkeit der Datenverarbeitung § 4, B.III.2., S. 269.

dd) Nachweispflicht der Zahlungsfähigkeit

Der Nachweis der Zahlungsfähigkeit (*source of repayment capacity*) ist – im Gegensatz zur Kreditwürdigkeit oder Zahlungswilligkeit – in den EBA-Leitlinien definiert und beschreibt die bei dem Kreditgeber zum Zeitpunkt der Kreditvergabe vorhandenen Informationen, aus denen das Vermögen und das Zahlungsverhalten hervorgeht.[237] Da der Verbraucher selbst die zentrale Datenquelle darstellt, gelten auch beleglose Selbstangaben grundsätzlich als Nachweis. Eine Nachweispflicht im Sinne einer Beweispflicht existiert grundsätzlich nicht. Allerdings können Nachweise im Sinne von Beweisen (*evidence*) in Ansehung des Proportionalitätsgrundsatzes „notwendig und angemessen" sein (*supported by necessary and appropriate evidence*).[238] Das „Ob" der Nachweis- oder Beweiseinholung richtet sich in beiden Fällen danach, ob es unter Beachtung der betriebswirtschaftlichen Notwendigkeiten noch eine ordnungsgemäße Geschäftsorganisation im Sinne des § 25a KWG darstellen würde, die Nachweise nicht einzuholen.

Ergänzt wird dies durch den Verbraucherschutz. Könnte der Verbraucher nach Feststellung des Kreditgebers „wahrscheinlich" in finanzielle Schwierigkeiten geraten, sind „zuverlässige Unterlagen" einzuholen, die die Zahlungsfähigkeit begründen sollen.[239] Auch bei Zweifeln über die Genauigkeit oder Zuverlässigkeit der Angaben sind Nachweise einzuholen.[240] Der Kreditgeber darf somit im Grundsatz auf die Selbstauskunft des Verbrauchers vertrauen.[241] Bei steigendem Risiko wandelt sich die Nachweispflicht aber somit in eine Beweispflicht. Indem die Auskunfteidaten lediglich schlüssig sein müssen,[242] genießt der Verbraucher grundsätzlich ein geringeres Vertrauensniveau als die Auskunftei.

ee) Risikoadäquate Methode zur Kreditwürdigkeitsprüfung

Der Kreditgeber soll für die Beurteilung der Zahlungsfähigkeit des Verbrauchers eine geeignete Methode entwickeln. Diese kann in einem modellbasierten Ansatz bestehen.[243] Welche Modelle dies sein können, bleibt dem Kreditgeber überlassen. Wählt dieser aber eine modellbasierte Methode, hat sich diese nach dem Risikocharakter des Kredits zu orientieren und muss im Einklang mit der EBA-Leitlinie GL/2020/06 stehen.[244]

---

[237] EBA/GL/2020/06, S. 6; auch die BaFin stellt vorwiegend auf die Zahlungsfähigkeit ab, siehe MaRisk, BTO 1.2.1 Rn. 1.

[238] EBA/GL/2020/06, Rn. 85.

[239] EBA/GL/2020/06, Rn. 91.

[240] EBA/GL/2020/06, Rn. 89.

[241] Zu den Interessenkonflikten siehe oben § 2, A.V., S. 41.

[242] MünchKomm-BGB/*Weber*, § 505b Rn. 4; Schwennicke/Auerbach/*Schwennicke*, KWG § 18a Rn. 37.

[243] EBA/GL/2020/06, Rn. 101.

[244] EBA/GL/2020/06, Rn. 101.

Dieser Verweis auf die insgesamte Leitlinienkonformität[245] wirft die Frage auf, ob sich die Vorgaben des Abschnitts 4.3, der nur für Kreditinstitute gilt, auch auf Kreditgeber im Sinne der Verbraucherkreditrichtlinie erstreckt. Abschnitts 4.3 der Leitlinie fordert nämlich, dass ein Institut, welches automatisierte Modelle zur Kreditwürdigkeitsprüfung einsetzt, das Modell insgesamt verstehen muss. Das eingeforderte Verständnis bezieht sich wie bereits dargelegt ausdrücklich auf die Methodik, Eingabedaten, Annahmen, Beschränkungen und Ergebnisse des Modells.[246] Dann würde das eingeforderte Modellverständnis auch für solche Kreditgeber im Sinne der Verbraucherkreditrichtlinie gelten, die keine beaufsichtigten Kreditinstitute sind. Gegen diese Auslegung spricht aber, dass für diese Kreditgeber ausdrücklich nur der Anwendungsbereich des Abschnitts 5, nicht aber der des Abschnitts 4 eröffnet ist.[247] Das ist aus Sicht der Aufsicht auch interessengerecht, da jene Kreditgeber im Gegensatz zu Kreditinstituten keine Eigenmittelanforderungen treffen. Die Einhaltung dieser Anforderungen ist durch die Aufsicht nach dem Grundsatz der lückenlosen Überwachung gem. § 25a Abs. 1 Satz 6 Nr. 2 KWG umfassend nachzuvollziehen. Für Kreditgeber, die keine Institute sind, gelten mithin nur die Anforderungen nach Abschnitt 5, der keine modellspezifischen Transparenzanforderungen festlegt.

d) Andere finanzielle und wirtschaftliche Umstände, Art. 18 Abs. 2 UAbs. 1 Satz 1 CCD 2021-Komm-E

Der Kommissionsentwurf führt den genannten Konflikt zwischen dem Institutsermessen und dem datenschutzrechtlichen Interesse des Verbrauchers weiter fort. Gem. Art. 18 Abs. 2 UAbs. 1 Satz 1 CCD 2021-Komm-E müssen für die Kreditwürdigkeitsprüfung sachdienliche und genaue Informationen verwendet werden, die angemessen zu überprüfen sind und deren Nachweis nur erforderlichenfalls einzuholen ist, UAbs. 2. Als Prüfungsgegenstand erachtet der Gesetzgeber ebenso wie bereits de lege lata für Immobiliar-Verbraucherdarlehensverträge Informationen über „Einnahmen und Ausgaben des Verbrauchers sowie andere finanzielle und wirtschaftliche Umstände", vgl. § 18a Abs. 4 Satz 1 KWG. Beispielhaft werden Einnahmen oder andere Quellen für die Rückzahlung, Informationen über Forderungen und Verbindlichkeiten oder Informationen über andere finanzielle Verpflichtungen genannt, Art. 18 Abs. 2 UAbs. 1 Satz 1 CCD 2021-Komm-E. Damit ließe sich die Sachdienlichkeit infolge der Aufzählung womöglich auf solche Daten begrenzen, die einen konkreten finanziellen oder wirtschaftlichen Bezug aufweisen. Gerade alternative Daten im engeren Sinne, die nicht unter die genannten Beispiele

---

[245] EBA/GL/2020/06, Rn. 101: „Auch Modelle können herangezogen werden, solange die vorliegenden Leitlinien erfüllt werden".

[246] EBA/GL/2020/06, Rn. 54, siehe auch Rn. 53; zu den hierausfolgenden Anforderungen an das Risikomanagement siehe oben § 3, B.III.1.b), S. 158.

[247] Vgl. EBA/GL/2020/06, Rn. 6.

fallen, könnten dann nicht zur Kreditwürdigkeitsprüfung herangezogen werden.[248] Hierfür spricht, dass die „anderen finanziellen und wirtschaftlichen Umstände" als Auffangtatbestand hinter „Einnahmen" und „Ausgaben" stehen.

Gegen dieses enge Verständnis des Art. 18 Abs. 2 UAbs. 1 Satz 1 CCD 2021-Komm-E spricht, dass die EU-Kommission für die zu berücksichtigenden Daten-kategorien auf die EBA-Leitlinien (EBA/GL/2020/06) verweist, Erwg. (47) Satz 2. Mit dem Datenschutzrecht als Schranke können aber auch nach den Leitlinien selbst andere finanzielle oder wirtschaftliche Daten berücksichtigt werden, sofern diese schlüssig und angemessener sind. Demnach erstrecken sich die Datenarten im Sinne von Art. 18 Abs. 2 UAbs. 1 Satz 1 CCD 2021-Komm-E wiederum auf „andere fi-nanzielle und wirtschaftliche Informationen" im Sinne der EBA-Leitlinie.[249] Der Verweis auf die EBA-Leitlinien ist damit zirkulär und für die Auslegung dieser Voraussetzung nicht weiter hilfreich. Stattdessen ist der Verweis auf die Datenka-tegorien nach den EBA-Leitlinien derart zu verstehen, dass diese Kategorien grundsätzlich als zulässig erachtet werden können. Darüber hinaus hat sich die Zulässigkeit, wie auch die EBA feststellt,[250] nach datenschutz- und verbraucher-schutzrechtlichen Aspekten zu richten. Da das Verbraucherschutzrecht an dieser Stelle auf die EBA-Leitlinien verweist, bleibt nur die datenschutzrechtliche Prüfung übrig.[251]

Des Weiteren steht dem engen Verständnis entgegen, dass der Kommissions-entwurf in Erwg. (47) personenbezogene Daten, die aus sozialen Medien stammen oder die Gesundheitsdaten darstellen, gänzlich von der Datengrundlage ausschließen will. Dieses Ausschlusses hätte es aber nicht bedurft, wenn die Datengrundlage nach Art. 18 Abs. 2 UAbs. 1 Satz 1 CCD 2021-Komm-E nicht ohnehin einen konkreten finanziellen Bezug zum Einnahmen-Ausgabe-Verhältnis einfordert. Systematisch findet sich die Vorgabe zwar nur in den Erwägungsgründen und würde damit keinen rechtsverbindlichen Charakter entfalten. Die Erwägungsgründe dienen aber als Auslegungshilfe im Rahmen der teleologischen Auslegung.[252] Zwar weisen diese beiden Fälle (soziale Medien und Gesundheitsdaten) einen sachlichen Bezug zu alternativen Daten auf und sind insoweit ein Zugeständnis des Richtliniengebers für die mögliche Bonitätsrelevanz alternativer Daten. Anders gewendet handelt es sich bei sozialen Daten jedoch nur um die Datenquelle, die nicht herangezogen werden soll. Der Verbraucher soll sich in sozialen Medien somit in einem „sicheren Da-tenhafen" befinden, der nicht für die Zwecke der Kreditwürdigkeitsprüfung ange-tastet werden soll. Hierunter würden somit etwa Facebook, Twitter oder Linkedin fallen. Angesichts der verhaltensbeeinflussenden Wirkung und der zahlreichen

---

[248] Zum Begriff siehe oben § 2, C.II.2.a)bb), S. 76.

[249] EBA/GL/2020/06, S. 66; siehe dazu oben § 3, B.IV.3.c)cc), S. 174.

[250] EBA/GL/2020/06, S. 66.

[251] Zur datenschutzrechtlichen Erforderlichkeit unten § 4, B.III.2., S. 269.

[252] Dauses/Ludwigs/*Pieper*, Hdb. des EU-Wirtschaftsrechts, B. I. Rechtsquellen, Rn. 35; Langenbucher/*Langenbucher/Donath*, Europäisches Privat- und Wirtschaftsrecht, § 1 Rn. 21.

Analysemöglichkeiten ist dies zu begrüßen.[253] Es bieten aber noch zahlreiche andere Datenquellen alternative Daten, sodass sich hieraus noch kein Rückschluss auf ein gänzliches Verbot alternativer Daten ergibt. Zudem soll die Nichtberücksichtigung der Gesundheitsdaten wohl vor allem dem Umstand Rechnung tragen, dass das Institut keine Lebenszeitprognose auf der Grundlage von Gesundheitsdaten anstellt. Hierfür spricht das ausdrückliche Abstellen auf Krebsdaten in Erwg. (47) CCD 2021-Komm-E.[254] Demnach ist hierin noch keine grundsätzliche Intention des Gesetzgebers zu erkennen, alternative Daten von der Kreditwürdigkeitsprüfung auszuschließen.

Letztlich wird daher auf den „Umstand" finanzieller oder wirtschaftlicher Art abzustellen sein. Der Begriff ist jedoch sehr weit zu verstehen. So können bereits allgemeine Lebensrisiken in einem solchen Umstand bestehen.[255] Gerade die statistische Auswertung alternativer Daten kann einen solchen Umstand auch erstmalig begründen. Dies zeigt sich etwa am Beispiel der Groß- und Kleinschreibung im Kreditvertrag: die Tatsache allein hat zwar keine finanziellen oder wirtschaftlichen Auswirkungen; die statistische Auswertung der Erfahrungen aus der Vergangenheit mag aber die Bonitätsrelevanz dieses Umstands begründen.[256] Besonders bei einer statistischen Auswertung kann somit nahezu jede Korrelation einen finanziellen oder wirtschaftlichen Umstand darstellen. Kausalität fordert Art. 18 CCD 2021-Komm-E hingegen nicht ein. Insofern kann trotz der scheinbaren Begrenzung auf finanzielle und wirtschaftliche Daten hieraus noch nicht die gänzliche Unzulässigkeit der Verwendung alternativer Daten gefolgert werden. Der Auffangtatbestand ist vielmehr weit gefasst und trägt so dem Ermessen des Kreditgebers Rechnung. Das Institut wird daher begründen müssen, dass die Verwendung eines Datums einen sachdienlichen finanziellen oder wirtschaftlichen Umstand darstellt.

Anders wäre dies, wenn die Mitgliedstaaten von Erwg. 46 Satz 3 CCD 2021-Komm-E Gebrauch machen und Leitlinien für die Kreditwürdigkeitsprüfung anfertigen würden, in denen die Kriterien und Methoden spezifisch festgelegt werden. Diese könnten somit rechtsverbindliche Vorgaben im Wege einer nationalen Rechtsverordnung wie für Immobilien-Verbraucherdarlehensverträge die Immo-KWPLV[257] erlassen und würden damit Rechtssicherheit und auch verbraucheradressierte Transparenz fördern.

---

[253] Hierzu oben § 2, C.I.4., S. 66 und § 2, C.II.2.c)cc), S. 81 ff.

[254] Vgl. die Bedenken des EU-Parlaments angesichts der 12 Millionen Krebsgenesenen in der EU, Europäisches Parlament, Bericht – A9–0212/2022, Begründung, Prüfung der Kreditwürdigkeit.

[255] *Buck-Heeb/Lang*, ZBB 2016, 320 (324 f.)

[256] Siehe oben § 2, C.II.2.c)hh), S. 90.

[257] Verordnung zur Festlegung von Leitlinien zu den Kriterien und Methoden der Kreditwürdigkeitsprüfung bei Immobiliar-Verbraucherdarlehensverträgen, vom 24.4.2018, BGBl. 2018 I 529.

e) Unzulässige Input-Daten, Art. 6 CCD 2021-Komm-E

Art. 6 des Kommissionsentwurfs für eine Neue Verbraucherkreditrichtlinie sieht derzeit noch ein Diskriminierungsverbot vor.[258] Hiernach darf der Kreditgeber den Verbraucher weder im Zeitpunkt des Kreditantrags noch bei oder nach Vertragsabschluss aufgrund seiner Staatsangehörigkeit oder seines Wohnsitzes sowie aus einem in Art. 21 Grundrechte-Charta genannten Grunde diskriminieren, sofern dieser sich rechtmäßig in der EU aufhält. Dabei knüpft der Gegenstand des Diskriminierungsverbots an die Bedingungen an, die es für die Kreditgewährung zu erfüllen gilt. Eine dieser Bedingungen ist die eingehende Prüfung, ob der Verbraucher seine Verpflichtungen aus dem Kreditvertrag wahrscheinlich erfüllen können wird, Art. 18 Abs. 1 Satz 1, 4 UAbs. 1 CCD 2021-Komm-E. Bei dieser Kreditwürdigkeitsprüfung kommen Scoringverfahren standardmäßig zum Einsatz oder es erfolgt auf ihrer Grundlage sogar eine automatisierte Kreditentscheidung. Mithin wird das Diskriminierungsverbot aus Art. 6 CCD 2021-Komm-E bei der Entwicklung und Anwendung von Kreditscoringmodellen zu berücksichtigen sein.[259]

Unter den Katalog der unzulässigen Merkmale fallen gem. Art. 21 Abs. 1 Grundrechte-Charta Diskriminierungen „insbesondere wegen des Geschlechts, der Rasse, der Hautfarbe, der ethnischen oder sozialen Herkunft, der genetischen Merkmale, der Sprache, der Religion oder der Weltanschauung, der politischen oder sonstigen Anschauung, der Zugehörigkeit zu einer nationalen Minderheit, des Vermögens, der Geburt, einer Behinderung, des Alters oder der sexuellen Ausrichtung". Eine Diskriminierung aus Gründen der Staatsangehörigkeit ist in jedem Fall unzulässig, Art. 21 Abs. 2 Grundrechte-Charta. Infolgedessen schließt sich die Frage an, wann eine Diskriminierung „aufgrund" eines dieser Merkmale vorliegt. Den Diskriminierungsbegriff führt der Richtlinienentwurf dabei nicht weiter aus. Der Wortlaut lässt aber einerseits die enge Auslegung zu, dass ein unzulässiges Merkmal nicht explizit als Variable Einzug in das Scoringmodell finden darf. Demnach dürfte das Merkmal „Wohnsitz" nicht in dem Scoringmodell berücksichtigt werden oder zumindest in keinem Fall für eine Schlechterstellung des Verbrauchers sorgen. Eine Diskriminierung „aufgrund" eines unzulässigen Merkmals kann andererseits aber auch im Falle des Gebrauchs von Stellvertretermerkmalen vorliegen. Dementsprechend könnte das Scoringmodell statt des Wohnortes die GPS-Daten des Smartphones betrachten.[260]

---

[258] Der Rat der EU will dieses allerdings gestrichen sehen: Rat der Europäischen Union, General approach, 10053/22, S. 51.

[259] Auch *J. Wittig/A. Wittig*, WM 2021, 2369 (2376).

[260] Siehe dazu oben § 2, C.II.2.c)ff), S. 88.

aa) Unmittelbare Diskriminierung

Im Kern betrifft die Auslegung damit die Frage, ob Art. 6 CCD 2021-Komm-E nur die unmittelbare oder auch die mittelbare Diskriminierung erfasst. Der dem Diskriminierungsverbot nach Art. 6 CCD 2021-Komm-E zugehörige Erwg. (26) lässt keine nähere Deutung zu. Für eine weite Auslegung spricht, dass auch Art. 21 Grundrechte-Charta nach allgemeiner Meinung beide Diskriminierungsformen erfasst, obwohl dieser grammatikalisch nicht danach differenziert.[261] Andererseits verweist Art. 6 CCD 2021-Komm-E auf die Diskriminierungsgründe des Art. 21 Grundrechte-Charta. Würde man auch die Differenzierung der Diskriminierungs-formen aus dem Verweis auf Art. 21 Grundrechte-Charta entnehmen, würde diese Differenzierung jedenfalls nicht für die Merkmale Wohnsitz und Staatsangehörigkeit gelten, da diese direkt in Art. 6 CCD 2021-Komm-E enthalten sind. Demnach müssten dem Diskriminierungsbegriff in Art. 6 CCD 2021-Komm-E beide Diskri-minierungsformen inhärent sein. Gegen diese Lesart spricht, dass die bestehenden Anti-Diskriminierungsrichtlinien der EU eine Differenzierung zwischen mittelbarer und unmittelbarer Diskriminierung bewusst vornehmen.[262] Ferner sieht der CCD 2021-Komm-E für die Diskriminierung keine Rechtfertigungsmöglichkeit vor.[263] Im Anwendungsbereich des Art. 6 CCD 2021-Komm-E würde somit bei weiter Auslegung des Diskriminierungsbegriffs auch jede mittelbare Ungleichbe-handlung erfasst sein, die stellvertretend ein unzulässiges Merkmal verletzen *kann*. Damit wären die berücksichtigbaren Merkmale für ein Scoringmodell sehr begrenzt, da eine Rechtfertigungsmöglichkeit nicht vorgesehen ist.

Für eine weite Auslegung spricht damit allein der verfolgte Diskriminierungs-schutz. Wären nur die unmittelbare Diskriminierungen von Art. 6 CCD 2021-Komm-E erfasst, könnte der Kreditgeber auf Stellvertretermerkmale ausweichen, die zum Beispiel nicht das Alter, dafür aber Gesundheitsdaten erfassen. Da letztere aber wiederum nach dem Erwg. (47) CCD 2021-Komm-E gerade nicht Gegenstand der Kreditwürdigkeitsprüfung sein sollen, spricht auch dies dafür, dass Art. 6 CCD 2021-Komm-E nur den Schutz vor unmittelbarer Diskriminierung herstellt. Zuletzt identifiziert die dem Kommissionsentwurf beigefügte Auswirkungsstudie der EU-Kommission das den alternativen Daten innewohnende Diskriminierungs-potenzial.[264] Dass in Erkenntnis dessen keine ausdifferenzierte Regelung getroffen wurde, deutet darauf hin, dass Art. 6 CCD 2021-Komm-E nur die unmittelbare Diskriminierung erfasst. Insofern ist der Schutzbereich nur begrenzt.

---

[261] Franzen/Gallner/Oetker/*Mohr*, GRC Art. 21, Rn. 94; Jarass/*Jarass*, EU-Grundrechte-Charta Art. 21, Rn. 11; Calliess/Ruffert/*Rossi*, EU-GRCharta, Rn. 10.

[262] Vgl. Art. 2 RL 2000/43/EG (Antirassismus-Richtlinie); Art. 2 RL 2000/78/EG (Gleichbehandlung in Beschäftigung und Beruf); Art. 4 RL 2006/54/EG (Gleichbehandlung von Männern und Frauen); Art. 2 lit. a, b RL 2004/113/EG (Gleichbehandlung von Männern und Frauen beim Zugang zu und bei der Versorgung mit Gütern und Dienstleistungen).

[263] Dazu sogleich § 3, B.IV.3.e)cc), S. 182.

[264] Europäische Kommission, Impact Assessment Report, SWD(2021) 170 final, S. 27.

bb) Methodenneutralität

Unklar ist zusätzlich, wann die Schwelle der Diskriminierung „aufgrund" eines Merkmals bei modellbasierten Kreditentscheidungen erreicht ist. Typischerweise wird das Merkmal nämlich innerhalb des Scoringmodells eine Gewichtung annehmen, die sich in dem finalen Scorewert einer Person individuell niederschlägt. Damit ist das Merkmal letztlich nur ein mehr oder weniger berücksichtigter Faktor innerhalb des finalen Produkts. Zudem macht es einen Unterschied, ob das Modell auf linearen Merkmalsbeziehungen basiert oder nicht, da dann auch die verbotene Variable andere Effekte haben kann.

Dabei könnte man überlegen, die Daten einer fiktiven Person vergleichsweise in das Modell einzugeben und dabei nur das unzulässige Merkmal zwecks Output-Kontrolle zu verändern. Würde man so etwa ausschließlich die Eingabedaten zum Wohnsitz abwandeln, wäre zu bedenken, dass nicht nur die Ablehnung des Kreditantrages, sondern auch bereits dessen Abschluss zu schlechteren Konditionen eine Ungleichbehandlung im Sinne des Art. 6 CCD 2021-Komm-E darstellen würde. Insofern wird in der Praxis wohl schlichtweg darauf verzichtet werden, die genannten Merkmalstypen als Input-Variablen zu verwenden. Vor dem Hintergrund, dass der Kommissionsvorschlag für eine Verordnung zur Regulierung der künstlichen Intelligenz Kreditscoring als Hochrisiko-Anwendung einstuft,[265] die EU-Kommission die Digitalisierung der Kreditvergabe als wesentlichen Grund für den Reformvorschlag für eine neue CCD benennt[266] und auch die parallel veröffentliche Auswirkungsstudie der EU-Kommission alternative Daten und komplexe Kreditscoringmethoden in den Blick nimmt,[267] ist es dennoch verwunderlich, dass der Kommissionsentwurf für eine Neue Verbraucherkreditrichtlinie keine dahingehenden kreditscoringspezifischen Vorgaben enthält.[268] Insofern ergeben sich aber immerhin Datentransparenzanforderungen an das Kreditscoringsystem, da der Kreditgeber genau wissen muss, welche Merkmale das Modell berücksichtigt. Eine Black Box wäre demnach unzulässig.

Aus Gründen der Rechtssicherheit wäre es daher zu begrüßen, wenn der Gesetzgeber Rechtfertigungsmöglichkeiten in Art. 6 des Richtlinienvorschlags aufnimmt, die sich spezifisch auf modellgestützte Verfahren beziehen. Schon jetzt dürfen Anschriftendaten gem. § 31 Abs. 1 Nr. 3 BDSG nicht ausschließlich verwendet werden. Auch wenn die Ausschließlichkeit auslegungsbedürftig ist, gibt sie dennoch eine Merkmalsgewichtung vor. Nach hiesiger Lesart darf der Katalog in Art. 6 CCD 2021-Komm-E nicht als Merkmalsgrundlage für das Scoringmodell verwendet werden, da jede Ungleichbehandlung, die ein solches Merkmal tangiert,

---

[265] Siehe unten § 5, B., S. 360.
[266] Europäische Kommission, COM(2021) 347 final, S. 1 ff.
[267] Europäische Kommission, Impact Assessment Report, SWD(2021) 170 final, S. 26 f., 154 ff.
[268] Ähnlich *J. Wittig/A. Wittig*, WM 2021, 2369 (2375): traditionellen Methoden verhaftet.

gegen das Diskriminierungsverbot verstößt. Insofern wird auch § 31 Abs. 1 Nr. 3 BDSG abzuändern sein, da Angaben zum Wohnsitz gem. Art. 6 CCD 2021-Komm-E nicht zu einer Schlechterstellung führen dürfen. Dennoch vermeidet auch die Herausnahme bestimmter Input-Daten nicht zwangsläufig ungerechtfertigte Diskriminierungen.[269]

cc) Fehlende Rechtfertigungsmöglichkeit

Ferner sieht Art. 6 CCD 2021-Komm-E keine Rechtfertigungsmöglichkeit vor. Am Beispiel des Merkmals „Vermögen" zeigt sich, dass der Kommissionsentwurf einen Konflikt aufwirft, ohne diesen zu lösen: Im Grundsatz soll der Kreditgeber, insbesondere mit Blick auf den Schutz des Verbrauchers vor Überschuldung, eine eingehende Kreditwürdigkeitsprüfung vornehmen. Das Institut hat den Kredit risikoadäquat und anhand der individuellen Merkmale des Verbrauchers zu bepreisen.[270] Dieser verbraucherschutzrechtliche und aufsichtsrechtliche Auftrag steht dem Diskriminierungsschutz in Art. 6 CCD 2021-Komm-E jedoch diametral entgegen. Einerseits ist das Vermögen gem. Art. 21 Grundrechte-Charter ein unzulässiges Merkmal. Andererseits ist der Kreditgeber nach den Datenkategorien der EBA und der Intention des CCD 2021-Komm-E ausdrücklich dazu angehalten, finanzielle Informationen über Vermögenswerte zu berücksichtigen.[271] So hat zwar der Rat der EU in seiner Stellungnahme eine Rechtfertigungsmöglichkeit zumindest in den Erwg. (26) aufgenommen.[272] Ferner würde der Kreditgeber im Umkehrschluss im Zweifel einem Kontrahierungszwang unterliegen, sofern nicht noch andere Ablehnungsgründe existieren. Insofern sollte im weiteren Gesetzgebungsverfahren auch eine kreditscoringspezifische Rechtfertigungsmöglichkeit Einzug finden.

4. Dokumentationspflicht, § 18a Abs. 5 KWG

Das Institut ist gem. § 18a Abs. 5 KWG, wie auch schon nach § 25a Abs. 1 Satz 6 Nr. 2 KWG, dazu verpflichtet, die Verfahren und Angaben, auf die sich die Kreditwürdigkeitsprüfung stützt, zu dokumentieren und aufzubewahren.[273] Die für die Kreditwürdigkeitsprüfung verwendeten Daten sind mindestens für die Dauer des

---

[269] Vgl. die Studie der Student Borrower Protection Center, Educational Redlining, Februar 2020, abrufbar unter https://protectborrowers.org/wp-content/uploads/2020/02/Education-Redlining-Report.pdf; *Gillis*, 106 Minnesota Law Review (2022), 1175: „*input fallacy*"; *Langenbucher*, ECGI Law Working Paper N° 663/2022.

[270] EBA/GL/2020/06, Rn. 199.

[271] EBA/GL/2020/06, S. 66 Nr. 7; Erwg. (47) Kommissions-E.

[272] Art. 6 soll aber gestrichen werden, Rat der Europäischen Union, Allgemeine Ausrichtung, 10053/22, S. 18, 57; vgl. zur Streichung deutlicher die englische Fassung: Rat der Europäischen Union, General approach, 10053/22.

[273] Schwennicke/Auerbach/*Schwennicke*, KWG § 18a Rn. 48.

Darlehensvertrages zu speichern und für die Aufsicht zugänglich zu machen.[274] Die Dokumentation muss geeignet sein, die Kreditwürdigkeitsbeurteilung für Dritte zu begründen.[275] Nutzt das Institut ein Scoringmodell, hat es das Modell angemessen zu dokumentieren, woraus die Methodik, Annahmen und die Inputdaten sowie der Verwendung des Modelloutputs und die Überprüfung der automatisierten Kreditentscheidung hervorzugehen hat.[276] Damit ergibt sich aus Sicht der Aufsicht volle Daten- und Modelltransparenz.

Für Kreditgeber, die keine Institute sind, sieht auch Art. 18 Abs. 3 UAbs. 2 CCD 2021-Komm-E nun die Dokumentationspflicht zumindest für die Datengrundlage vor.

V. Delegation der Informationssuche als aufsichtsrelevante Auslagerung

Das Kreditinstitut soll und darf Auskunfteien bei der Suche nach geeigneten Informationen zum Zwecke der Kreditwürdigkeitsprüfung gem. § 18a Abs. 3 Satz 1 KWG und auch zur Beurteilung von Adressenausfallrisiken nach § 10 Abs. 2 Satz 5 Nr. 3 KWG konsultieren. Dabei berücksichtigt das Institut regelmäßig nicht nur die übermittelten Informationen zur Kredithistorie, sondern auch den externen Kreditscore direkt. Die Auskunftei trägt damit als Finanzintermediär zur Negativauslese bei. Ökonomisch betrachtet handelt es sich bei dieser delegierten Informationssuche um eine ausgelagerte Tätigkeiten zur Senkung der Informationskosten.[277] Auch die historische Betrachtung stützt den Gedanken der Finanzintermediation.[278] Infolgedessen stellt sich die Frage, welche rechtlichen Konsequenzen sich hieraus ergeben.

Bankaufsichtsrechtlich ist die Auslagerung gesondert in § 25b KWG geregelt,[279] ohne den Begriff legal zu definieren. Die EBA hat konkretisierend Leitlinien zur Auslagerung veröffentlicht,[280] die die BaFin mit der 6. MaRisk-Novelle zum 16. 8. 2021 in ihre Verwaltungspraxis übernommen hat. Die Auslagerung liegt hiernach vor, wenn ein anderes Unternehmen mit der Wahrnehmung solcher Aktivitäten und Prozesse im Zusammenhang mit der Durchführung von Bankgeschäften, Finanzdienstleistungen oder sonstigen institutstypischen Dienstleistungen beauftragt wird,

---

[274] EBA/GL/2020/06, Rn. 94.

[275] EBA/GL/2020/06, Rn. 194.

[276] EBA/GL/2020/06, Rn. 55.

[277] Siehe oben § 2, A.VI.4., S. 48 ff.

[278] Siehe oben § 2, B.I., S. 52 ff.

[279] Erstmals nach der 6. KWG-Novelle in § 25a Abs. 2 KWG a. F. (Gesetz zur Umsetzung von EG-Richtlinien zur Harmonisierung bank- und wertpapieraufsichtsrechtlicher Vorschriften, BGBl. 1997 I 2518, 2544); zur Entwicklung Fischer/Schulte-Mattler/*Braun/Siering*, KWG § 25b Rn. 3 ff.

[280] EBA/GL/2019/02.

die ansonsten vom Institut selbst erbracht würden.[281] Demnach könnten Auskunfteien oder Kreditvermittler als Auslagerungsunternehmen im Sinne des § 1 Abs. 10 KWG auftreten. Die besonderen Anforderungen an die Auslagerung gem. § 25b Abs. 1 Satz 1 KWG gelten allerdings nur, sofern die Auslagerung wesentlich ist. Andernfalls, also bei unwesentlicher Auslagerung bzw. sonstigem Fremdbezug, sind die allgemeinen Grundsätze der Ordnungsmäßigkeit der Geschäftsorganisation gem. § 25a KWG zu beachten.[282]

1. Aktivitäten und Prozesse im Zusammenhang mit der Durchführung des Kreditgeschäfts

Das Kreditgeschäft stellt gem. § 1 Abs. 1 Satz 2 Nr. 2 KWG ein Bankgeschäft dar. Im Zusammenhang mit der Gewährung von Gelddarlehen, worunter das KWG das Kreditgeschäft versteht, trifft das Institut gem. § 18a Abs. 1 KWG die Pflicht, die Kreditwürdigkeit des Verbrauchers zu prüfen. Gegen eine Auslagerung auf ein anderes Unternehmen scheint zunächst der Wortlaut des § 18a KWG zu sprechen, der das Institut selbst in der Pflicht sieht. Allerdings ist grundsätzlich jede Tätigkeit auslagerungsfähig, sofern nicht die Ordnungsmäßigkeit der Geschäftsorganisation im Sinne des § 25a KWG beeinträchtigt wird.[283] Die Grenze bildet das Delegationsverbot in § 25b Abs. 2 Satz 1 KWG, wonach das Institut nicht die Verantwortung der Geschäftsleiter an das Auslagerungsunternehmen übertragen darf.[284] Demzufolge sind Aktivitäten und Prozesse im Zusammenhang mit der Durchführung des Kreditgeschäfts grundsätzlich auslagerungsfähig, sofern die Geschäftsleiter die Verantwortung für die Kreditgeschäfte und damit die Kreditentscheidung tragen.

a) Informationssuche

Dabei kann das andere Unternehmen einerseits Informationen zur Verfügung stellen sowie andererseits diese Informationen in der Form eines institutsexternen Kreditscores statistisch auswerten. Beides kann sodann Teil der Datengrundlage für die Kreditwürdigkeitsprüfung des Instituts werden. Indem das Institut von der durch den Finanzintermediär betriebenen Informationssuche profitiert, trifft es grundsätzlich eine sog. „Make-or-Buy-Entscheidung" zugunsten der eigenen Rentabilität.[285]

---

[281] MaRisk AT 9 Rn. 1; schlanker EBA/GL/2019/02, Rn. 12.

[282] MaRisk AT 9 Rn. 3; Schwennicke/Auerbach/*Langen/Donner*, KWG § 25b Rn. 12.

[283] MaRisk AT 9 Rn. 4.

[284] MaRisk AT 9 Rn. 4; Beck/Samm/Kokemoor/*Ferstl*, KWG § 25b Rn. 18; *Hannemann/Weigl/Zaruk*, MaRisk Teil II AT 9, Rn. 50; Schwintowski/*Köhler*, Bankrecht, Kap. 5 Rn. 394.

[285] Zu den Motiven einer Auslagerung *Hannemann/Weigl/Zaruk*, MaRisk Teil II AT 9, Rn. 8.

aa) Öffentlich zugängliche Daten eines Marktinformationsdienstleisters

Um keine Auslagerung bzw. um einen „sonstigen Fremdbezug" würde es sich handeln, wenn die delegierte Informationssuche eine „Nutzung öffentlich zugänglicher (auch kostenpflichtiger) Daten von Marktinformationsdienstleistern" darstellt.[286] Der Begriff des Marktinformationsdienstleisters ist aufsichtsrechtlich nicht definiert. Die EBA zählt als Marktinformationsdienstleister beispielhaft Rating-Agenturen wie Moody's oder Standard & Poor auf.[287] Indem sie zur Überwindung von Informationsasymmetrien zwischen Marktteilnehmern beitragen, können Auskunfteien funktional betrachtet den Markt informieren und damit als Marktinformationsdienstleister angesehen werden.[288]

Die BaFin nennt in ihren Erläuterung beispielhaft auch solche Marktinformationsdienste, bei denen eine Ratingfirma die öffentlichen Daten gerade nicht zielgerichtet für das Institut bearbeitet.[289] Wenngleich die EBA-Leitlinien diesen Passus nicht enthalten, ist festzustellen, dass Auskunfteien die Verbraucherdaten zunächst „auf Vorrat" erheben und bearbeiten[290]. Damit werden die Daten nicht erst zielgerichtet für das jeweilige Institut erhoben. Der Kreditscore ist aber speziell für das Kreditinstitut berechnet und kann sogar branchen- oder institutsspezifisch sein. Selbst wenn man Auskunfteien als Marktinformationsdienstleister erachten will, unterfallen diese jedenfalls nicht den beispielhaft genannten Rating-Agenturen. Diese werden gesondert durch die Rating-Verordnung[291] geregelt, von deren Anwendungsbereich Auskunfteien gerade ausgenommen sind.[292] Insofern kann schon bezweifelt werden, ob eine Erweiterung des Anwendungsbereichs auf Auskunfteien intendiert ist.

Die Daten der Auskunfteien sind jedenfalls nicht für jedermann einsehbar und damit nicht öffentlich zugänglich. Zum einen hat die Auskunftei im Rahmen ihrer Privatautonomie die Wahl, ob sie die Daten an das Institut übermittelt, was sich z. B. im Gegenseitigkeitsprinzip der SCHUFA niederschlägt.[293] Da es sich um personenbezogene Daten handelt, begründet das Datenschutzrecht durch das grundsätzliche Verbot der Datenverarbeitung mit Erlaubnisvorbehalt nach Art. 6 Abs. 1 DS-GVO zusätzliche Hindernisse, die gegen die öffentliche Zugänglichkeit sprechen. § 18a Abs. 3 Satz 1 KWG bzw. § 10 Abs. 2 Satz 5 Nr. 3 KWG erlauben die Aus-

---

[286] BaFin, Erläuterungen zu den MaRisk in der Fassung vom 16. 8. 2021, S. 46; weiter EBA/GL/2019/02, Rn. 28 lit. b.

[287] EBA/GL/2019/02, Rn. 28 lit. b; auch BaFin, Erläuterungen zu den MaRisk in der Fassung vom 16. 8. 2021, S. 46.

[288] Siehe oben § 2, A.VI.4., S. 48 f.

[289] BaFin, Erläuterungen zu den MaRisk in der Fassung vom 16. 8. 2021, S. 46.

[290] Gola/Heckmann/*Schulz*, DS-GVO Art. 6 Rn. 99.

[291] Verordnung (EG) Nr. 1060/2009 des Europäischen Parlaments und des Rates vom 16. September 2009 über Ratingagenturen, ABl. (EU) 2009 L 302, 1.

[292] Art. 2 Abs. 1 lit. b Rating-Verordnung.

[293] Dazu oben § 2, B.I.2., S. 54.

kunftei vielmehr als zulässige Datenquelle. Insofern handelt es sich bei Auskunfteiauskünften nicht um öffentlich zugängliche Daten.

bb) „ansonsten vom Institut selbst erbracht"

Keine Auslagerung bzw. ein die Auslagerung ausschließender sonstiger Fremdbezug liegt ferner im Falle solcher Leistungen vor, die typischerweise von einem Institut bezogen und aufgrund tatsächlicher Begebenheiten oder rechtlicher Vorgaben regelmäßig weder zum Zeitpunkt des Fremdbezugs noch in der Zukunft vom Institut selbst erbracht werden können.[294] Demnach würde das Institut eine solche Leistung definitionsgemäß „ansonsten" nicht selbst erbringen.[295] Bei der Informationssuche handelt es sich in Abgrenzung zur Auslagerung nur dann um einen sonstigen Fremdbezug, wenn das Institut diese aufgrund rechtlicher Vorgaben oder tatsächlicher Gegebenheiten regelmäßig nicht selbst erbringen kann.

Zu ersterem gehören Fälle, in denen die Tätigkeit aufgrund von Rechtsvorschriften durch ein anderes Unternehmen wahrzunehmen ist. Die EBA nennt als Beispiel hierfür die Abschlussprüfung.[296] Anders als für diese in § 319 HGB oder etwa für die Know-your-customer-Pflichten gem. § 17 Abs. 5 GWG, sind Auskunfteien nur als optionale Datenquelle vorgesehen, vgl. § 18a Abs. 3 Satz 1 und § 10 Abs. 2 Satz 5 Nr. 3 KWG. Andere Normen, wonach nur Auskunfteien die Informationssuche als externe Dienstleister wahrzunehmen haben, bestehen nicht.

Auch tatsächliche Gegebenheiten, die dazu führen, dass das Institut die Leistung nicht selbst erbringen kann, sind nicht ersichtlich. Mag es dabei für das Institut mit Kosten verbunden sein, die Informationssuche selbst zu betreiben, begründet die potenzielle Unverhältnismäßigkeit des entstehenden Aufwandes aber noch keine tatsächliche Gegebenheit, aufgrund welcher das Institut die Leistung nicht selbst erbringen könnte. Stattdessen handelt es sich ökonomisch betrachtet um eine Finanzintermediation zur Kostensenkung,[297] bei der die Auskunftei „auf Vorrat" Informationen sammelt[298].

Andernfalls würde das Institut die Informationssuche anlassbezogen betreiben. Sei es auch weniger rentabel, könnte das Institut die Informationen somit selbst am Markt beschaffen. In diesem Fall würde es zunächst selbst die Informationskosten tragen und sehr wahrscheinlich an den Kreditnehmer weitergegeben, indem beispielsweise höhere Kreditzinsen anfallen würden. Auch denkbar wäre es, dass das Institut gar keine Informationssuche am Markt betreibt oder lediglich öffentliche

---

[294] BaFin, Erläuterungen zu den MaRisk in der Fassung vom 16.8.2021, S. 46; vgl. auch die Definition der EBA, EBA/GL/2019/02, Rn. 12 und Rn. 28 lit. g.

[295] *Hannemann/Weigl/Zaruk*, MaRisk Teil II AT 9, Rn. 98.

[296] EBA/GL/2019/02, Rn. 28 lit. a.

[297] Siehe oben am Beispiel der organisierten Kreditvergabe § 2, A.VI.4.b), S. 48; vgl. auch die historische Entwicklung, § 2, B.I., S. 52 ff.

[298] Gola/Heckmann/*Schulz*, DS-GVO Art. 6 Rn. 99.

Schuldnerverzeichnisse konsultiert und dafür in Abhängigkeit des Risikos den Kredit in Ermangelung negativer Informationen bewilligt, überwiegend Kreditsicherheiten einfordert oder aber nur mit bestehenden Bankkunden kontrahiert. Dass das Institut in diesem Fall die Leistung „ansonsten" gar nicht selbst erbringt, steht der Auslagerung der Informationssuche nicht entgegen, da der Auslagerungsbegriff nicht nur Pflichten, sondern alle Aktivitäten und Prozesse, die ein Institut im Zusammenhang mit der Durchführung des Kreditgeschäfts erbringen würde, umfasst.

cc) Institutstypische Leistung

Um den Begriff der Auslagerung einzuschränken, wird teilweise gefordert, dass die Tätigkeit einen Bezug zu erlaubnispflichtigen Geschäften aufweisen müsse.[299] Können Nichtbanken die Leistung erbringen, fehle dieser Bezug, sodass keine Auslagerung vorliege.[300] Hierfür wird die Systematik der Auslagerungsdefinition vorgebracht, wonach der Auffangtatbestand in der „sonstigen institutstypischen Dienstleistungen" besteht. Demzufolge falle auch noch nicht die Vermittlung von Darlehensverträgen unter den Begriff der Auslagerung.[301] Unter Zugrundelegung dieses Gedankens, wäre die Informationssuche sowie die Übermittlung des externen Kreditscores erst recht keine Auslagerung, da diese von Auskunfteien und damit von Nichtbanken betrieben wird.

Gegen diese Einschränkung spricht, dass nicht die Aktivitäten und Prozesse selbst institutstypisch sein müssen. So identifiziert § 1 Abs. 1 Satz 2 und Abs. 1a Satz 2 KWG Bankgeschäfte und Finanzdienstleistungen als die begriffsbildenden Haupttätigkeitsfelder eines Instituts. Insofern ist das Erfordernis der institutstypischen Leistung kein ungeschriebenes Tatbestandsmerkmal, sondern bereits unmittelbar mit dem Bezug zu Bankgeschäften enthalten. Es bezieht sich aber nicht auf die Aktivität als solche, sondern auf die Leistung in der Form des Bankgeschäfts bzw. der Finanzdienstleistung. Damit ist festzustellen, dass die institutstypische Leistung den Oberbegriff dieser Akkumulation bildet. Die Tätigkeit muss daher aber nicht erst recht einen institutstypischen Bezug aufweisen, denn der Bezug zum Bankgeschäft ist bereits hergestellt, auch wenn es sich bei der Tätigkeit nur um ein Glied in der Wertschöpfungskette des Bankgeschäfts handelt. Dass dies genügt wird daran deutlich, dass es sich nach der Definition lediglich um Aktivitäten und Prozesse handeln muss, die „im Rahmen der Durchführung" von Bankgeschäften getätigt werden. Der Auslagerungsbegriff ist daher sehr weit gefasst.

---

[299] *Hannemann/Weigl/Zaruk*, MaRisk Teil II AT 9, Rn. 116–119.

[300] *Hannemann/Weigl/Zaruk*, MaRisk Teil II AT 9, Rn. 119.

[301] *Hannemann/Weigl/Zaruk*, MaRisk Teil II AT 9, Rn. 119; a. A. Fischer/Schulte-Mattler/ *Braun/Siering*, KWG § 25b Rn. 38.

Ferner ist an dieser engen Auslegung problematisch, dass der Auslagerungsbegriff der EBA-Leitlinien, die an EZB-beaufsichtigte Institute adressiert sind,[302] die Erbringung von Bankgeschäften erst auf der Ebene der Wesentlichkeit der Auslagerung berücksichtigt.[303] Würde nach den MaRisk somit keine Auslagerung vorliegen, läge nach den EBA-Leitlinien zumindest eine unwesentliche Auslagerung vor. Das hätte zur Folge, dass EZB-beaufsichtigte Institute die Wesentlichkeit der Auslagerung im Angesicht der darauffolgenden Pflichten zu prüfen hätten, während Institute, die von der nationalen Behörde beaufsichtigt werden, nur die Ordnungsmäßigkeit der Geschäftsorganisation gewährleisten müssten, obwohl es sich *de facto* um die gleiche fremdbezogene Leistung handelt. Infolgedessen erscheint es auch aufgrund der gleichgelagerten Qualität der externen Dienstleistung vorzugswürdig, für alle Institute eine Auslagerung anzunehmen, um auf der Stufe der Wesentlichkeit der Auslagerung dem Proportionalitätsgrundsatz Rechnung zu tragen.[304]

b) Wesentliche oder vollständige Übernahme des externen Kreditscores

Als Prozess im Zusammenhang mit der Durchführung des Kreditgeschäfts ist weiterhin denkbar, dass der Finanzintermediär die Kreditwürdigkeitsprüfung für das Kreditinstitut erbringt. Dies wäre der Fall, wenn das Institut die Kreditwürdigkeit entweder selbst nicht mehr prüft oder den externen Kreditscore schlichtweg ganz oder in erheblichen Maße in die institutseigene Bonitätsbeurteilung übernimmt. Liegt bereits bei der delegierten Informationssuche eine Auslagerung vor, ist dies erst recht bei der wesentlichen oder vollständigen Übernahme der statistisch ausgewerteten Informationssuche in der Form des Kreditscores der Fall.

Der Bezug von Software ist nach Ansicht der BaFin grundsätzlich als Fremdbezug einzustufen. Einen Sonderfall stellt aber Software dar, die zur Identifizierung, Beurteilung, Steuerung, Überwachung und Kommunikation der Risiken eingesetzt wird. Dies betrifft Software, die im Rahmen des internen Risikomanagements nach § 25a Abs. 1 Satz 3 Nr. 3 lit. b KWG eingesetzt wird. Insofern handelt es sich hierbei um eine institutstypische Leistung, die auch nach dem engen Auslagerungsverständnis als Auslagerung einzustufen wäre.[305] Der Erwerb von und der Betrieb durch ein anderes Unternehmen sowie Unterstützungsleistungen stellen nach Ansicht der

---

[302] EBA/GL/2019/02, Rn. 7; zum Streitstand des Verhältnisses zwischen EBA-Leitlinien zu den MaRisk *Hannemann/Weigl/Zaruk*, MaRisk, Teil I Kap. 5.

[303] EBA/GL/2019/02, Rn. 26, 31 lit. a; auch *Hannemann/Weigel/Zaruk*, MaRisk Teil II AT 9, Rn. 121.

[304] Für den Vorrang der EZB-Verwaltungspraxis im Falle der Abweichung auch Schwennicke/Auerbach/*Langen/Donner*, KWG § 25a Rn. 6b; vgl. auch die EZB, die die Prüfung von Auslagerungsrisiken bei der Verwendung externer Kreditscores berücksichtigen will, EZB, Leitfaden zur Beurteilung von Anträgen auf Zulassung als FinTech-Kreditinstitut, S. 12. Zu diesem Prüfungspunkt gelangt man indes nur, wenn man nicht von einem sonstigen Fremdbezug ausgeht.

[305] So *Hannemann/Weigl/Zaruk*, MaRisk Teil II AT 9, Rn. 116–119.

BaFin stets eine Auslagerung dar.[306] Im Rahmen des internen Kontrollverfahrens für das Kreditrisiko können hierbei wie gezeigt auch Kreditscoringmodelle zum Einsatz gelangen.[307] Erwirbt ein Institut mithin ein Kreditscoringmodell von einem externen Anbieter, handelt es sich hierbei um eine Auslagerung. Die CRR sieht in diesen Fällen zusätzliche Pflichten des Instituts vor, vgl. Art. 144 Abs. 1 UAbs. 2, 175 Abs. 5 CRR. Ob nun aber das Modell als Ganzes erworben wird oder nur im Einzelfall der externe Kreditscore, der lediglich den punktuellen Output des externen Modells darstellt, wesentlich oder gar vollständig in die institutsinterne Bonitätsbeurteilung einfließt, ist im Ergebnis unterschiedslos. In beiden Fällen handelt es sich mithin um eine Auslagerung.

2. Auslagerungsfähigkeit

Ob die Tätigkeit auslagerungsfähig ist, hängt insbesondere von dem Delegationsverbot nach § 25b Abs. 2 Satz 1 KWG ab. Hiernach darf der Dienstleister nicht die Verantwortung der Geschäftsleitung an das Auslagerungsunternehmen übertragen. Das wäre der Fall, wenn der Intermediär faktisch die Entscheidung fällt. Bei der Zwischenschaltung einer Auskunftei ist das Institut daher stets dazu angehalten, eine eigene Entscheidung auf der Grundlage eigener Informationen zu treffen.[308] Schließlich würde die Auskunftei auch nicht über ausreichend aussagefähige Informationen über den Verbraucher verfügen, da ihr konkrete Informationen über das Zahlungsverhalten oder die Zahlungsfähigkeit des Verbrauchers fehlen. Mithin darf nur die Informationssuche, nicht aber die Entscheidung über die Kreditvergabe delegiert werden. Die Grenze ist infolgedessen grundsätzlich erreicht, wenn die Delegation der Informationssuche in eine Delegation der Entscheidung übergeht. Insofern kann das Kreditgeschäft nicht ausgelagert werden.[309] Anders wäre dies ausnahmsweise nur, wenn das Institut klare, objektive und nachprüfbare Kriterien vorgibt, auf welcher Grundlage der Finanzintermediär die Kreditentscheidung zu treffen hat, wie dies typischerweise für Scoringsysteme im Mengengeschäft der Fall ist.[310] Schließlich bleibt die Entscheidungsgewalt in dieser Ausgestaltung *de facto* bei dem Kreditinstitut.[311] Der Intermediär ist dann nur der Agent des Kreditinstituts, der

---

[306] BaFin, Erläuterungen zu den MaRisk in der Fassung vom 16.8.2021, S. 47.

[307] Siehe oben § 3, B.III., S. 156, sowie bei Anwendung des IRB-Ansatzes im Rahmen des Ratingsystems § 3, C.II.1.a), S. 199.

[308] Vgl. Erwg. (70) Satz 1, Art. 79 lit. b Satz 2 CRD IV; § 18a Abs. 3 Satz 1 KWG („erforderlichenfalls" Auskunfteien); MaRisk BTO 1.2 Rn. 6; EZB, ECB guide to internal models, S. 67, Rn. 38 lit. d; EBA/GL/2017/11, Rn. 144.

[309] Ellenberger/Bunte/*Fischer/Boegl*, Bankrechts-Hbd., § 113, Rn. 88.

[310] Vgl. bereits BaFin, Rundschreiben 11/2001, Rn. 15; Fischer/Schulte-Mattler/*Braun/Siering*, KWG § 25b Rn. 38; in Bezug auf Online-Kreditplattformen weiter Bräutigam/Rücker/*Kunz*, E-Commerce, 12. Teil E. Rn. 113.

[311] In Bezug auf Online-Kreditplattformen Möslein/Omlor/*Tschörtner*, FinTech-Hdb., § 3 Rn. 71.

die algorithmische Entscheidungsvorgabe im Einzelfall ausführt. Eine solche Ausgestaltung ist in der Praxis nicht in Kooperation mit Auskunfteien, sehr wohl aber mit Blick auf Kreditplattformen ersichtlich.[312]

3. Unwesentlichkeit der Informationssuche und ihrer statistischen Auswertung

Die Vorgaben des § 25b KWG finden nur bei der Auslagerung „wesentlicher" Aktivitäten und Prozessen Anwendung, Abs. 1 Satz 1. Das Institut hat die Wesentlichkeit der Auslagerung der Aktivitäten und Prozesse im Rahmen einer Risikoanalyse eigenverantwortlich zu beurteilen.[313] Nach der EBA ist die Schwelle zur Wesentlichkeit der Auslagerung u. a. erreicht, wenn die unzureichende oder unterlassene Wahrnehmung der ausgelagerten Aktivitäten und Prozesse die kontinuierliche Einhaltung der Zulassungsbedingungen und sonstiger Pflichten insbesondere nach CRR und CRD IV beeinträchtigen, wesentliche finanzielle Schäden hervorrufen oder die Solidität und Kontinuität der Bankgeschäfte gefährden würde.[314] Als unwesentlich werden dagegen solche Dienste angesehen, die zwar typischerweise von Instituten, aber auch von nichtbeaufsichtigten Dienstleistern getätigt werden können.[315]

Auf der Seite der Risiken ist insbesondere zu bedenken, dass die Auskunfteiauskunft schlichtweg falsch oder das Scoringsystem der Auskunftei handwerklich schlecht oder für den konkreten Darlehensvertrag unzureichend sein kann. Somit liegen die Risiken in der Datenqualität, insbesondere die Richtigkeit, Genauigkeit und Aktualität der Daten, sowie andererseits in kreditscoringspezifischen Fragen, etwa im Hinblick auf die Methode, die Wissenschaftlichkeit des Kreditscoringsystems, die Zielvariable, die Trainingsdaten sowie die ausgewählten Merkmale und ihre Gewichtungen. Diese Risiken bestehen für das Institut somit sowohl bei der Informationssuche als auch bei der Berücksichtigung des externen Kreditscores. Diese Risiken sind aber nicht geeignet, die oben beschriebene Wesentlichkeitsschwelle zu überschreiten. Zudem handelt es sich bei der Informationssuche und ihrer statistischen Auswertung in der Form eines externen Kreditscores um eine Tätigkeit, die auch von Nichtbanken ausgeführt werden kann. Insofern liegt regelmäßig eine unwesentliche Auslagerung vor. Dennoch ist die Wesentlichkeit im Einzelfall institutsindividuell und nicht pauschal zu bestimmen.[316]

---

[312] Siehe Bräutigam/Rücker/*Kunz*, E-Commerce, 12. Teil E. Rn. 113; Möslein/Omlor/*Tschörtner*, FinTech-Hdb., § 3 Rn. 69 ff.

[313] MaRisk AT 9 Rn. 2.

[314] EBA/GL/2019/02, Rn. 29.

[315] Ellenberger/Bunte/*Fischer/Boegl*, Bankrechts-Hbd., § 113, Rn. 87; siehe auch EBA/GL/2019/02, Rn. 29 lit. c.

[316] RegE-FISG, BT-Drs. 19/26966, S. 90.

4. Beachtung der Ordnungsmäßigkeit der Geschäftsorganisation

Die genannten Risiken sind dadurch aber nicht hinfällig, denn für unwesentliche Auslagerungen ist die Ordnungsmäßigkeit der Geschäftsorganisation gem. § 25a Abs. 1 KWG zu beachten[317]. Insofern ergäbe sich in der Rechtsfolge grundsätzlich kein Unterschied, sofern man in der Informationssuche und der Übermittlung des externen Kreditscores lediglich einen sonstigen Fremdbezug sehen würde. Auch in diesen Fällen gilt die Pflicht zur Ordnungsmäßigkeit der Geschäftsorganisation nach § 25a Abs. 1 KWG.[318]

Für das Auslagerungsunternehmen gelten in der Folge die gleichen qualitativen Anforderungen, die auch für das Institut gelten würden, wenn es die Aktivitäten und Prozesse selbst erbringen würde.[319] Der Finanzintermediär hat damit ebenso die aufsichtlichen qualitativen Anforderungen zu erfüllen. Hieraus folgt, dass die Auskunftei sich an die Daten- und Kreditscoringsystemanforderungen zu halten hat, die auch für das Institut gelten. Dies sind im Rahmen der Kreditwürdigkeitsprüfung insbesondere § 18a KWG sowie Abschnitt 5 der EBA-Leitlinien zur Kreditvergabe und Überwachung, EBA/GL/2020/06.

Für das Institut hat die Auslagerung zur Folge, dass es die mit der Auslagerung verbundenen Risiken zu steuern und die Aktivitäten und Prozesse des Auslagerungsunternehmens ordnungsgemäß zu überwachen hat.[320] Insofern begründen sich darin Monitoring-Pflichten des Instituts. Auch hat es den Finanzintermediär sorgfältig auszuwählen.[321] Das Institut hat damit den oben genannten Risiken entgegenzuwirken und ein fachlich geeignetes Auslagerungsunternehmen zu wählen.

5. Aufsichtlicher Auskunftsanspruch, § 44 Abs. 1 Satz 1 KWG

Als auslagerungsspezifische Rechtsfolge, die bei Annahme eines sonstigen Fremdbezugs nicht einträte, ist institutsintern ein Auslagerungsbeauftragter zu berufen oder je nach Umfang ein Auslagerungsmanagement einzurichten.[322] Auch für die unwesentliche Auslagerung ist eine Aufnahme in das institutsinterne Auslagerungsregister verpflichtend, § 25b Abs. 1 Satz 4 KWG.[323]

Der Aufsicht bleibt gegenüber Auskunfteien oder anderen Finanzintermediären, die die ausgelagerte Tätigkeit wahrnehmen, nur der Auskunftsanspruch gem. § 44 Abs. 1 Satz 1 KWG. Hiernach hat die Auskunftei als Auslagerungsunternehmen

---

[317] MaRisk AT 9 Rn. 3; Schwennicke/Auerbach/*Langen/Donner*, KWG § 25b Rn. 1.

[318] BaFin, Erläuterungen zu den MaRisk in der Fassung vom 16.8.2021, S. 46.

[319] Fischer/Schulte-Mattler/*Braun*, KWG § 25a Rn. 649; Fischer/Schulte-Mattler/*Braun/Siering*, KWG § 25b Rn. 51.

[320] MaRisk AT 9 Rn. 9.

[321] Vgl. Fischer/Schulte-Mattler/*Wolfgarten*, KWG § 25b Rn. 51.

[322] MaRisk AT 9 Rn. 12.

[323] MaRisk AT 9 Rn. 14.

Auskünfte über alle Geschäftsangelegenheiten zu erteilen, Unterlagen vorzulegen und erforderlichenfalls Kopien anzufertigen. Eine aufsichtliche Prüfung ist indes nur bei wesentlichen Auslagerungen vorgesehen, § 44 Abs. 1 Satz 2 KWG. Das Auskunftsverlangen ist dabei weit zu verstehen, aber verhältnismäßig auszuüben.[324] Damit sind die Kreditscoringsysteme der Auskunfteien auf Verlangen gegenüber der Aufsicht offenzulegen.[325] Die Betriebs- und Geschäftsgeheimnisse sind durch die Schweigepflicht der Aufsicht gem. § 9 KWG bzw. § 32 BBankG geschützt. Insofern stellt das Auskunftsrecht volle aufsichtsadressierte Transparenz sowohl mit Blick auf die Daten- als auch auf die Modelltransparenz der von Auskunfteien genutzten Kreditscoringsysteme und damit das externe Kreditscoring her.

Eine unmittelbare Anordnungsbefugnis der Aufsicht gegenüber dem Finanzintermediär besteht mangels Wesentlichkeit der Auslagerung gem. § 25b Abs. 4 KWG aber nicht. Sollten der Aufsicht bei der Durchsicht der von der Auskunftei oder sonstigen Finanzintermediären bereitgestellten Unterlagen rechtliche Bedenken aufkommen, kann sie gegenüber dieser Stelle keinerlei Anordnung treffen. Damit wird die Aufsicht nur gegenüber dem Institut solche Maßnahmen ergreifen können, die die Ordnungsmäßigkeit seiner Geschäftsorganisation betreffen. Mangels Zuständigkeit kann die Aufsicht aber nicht gegenüber dem Finanzintermediär selbst tätig werden. In der Folge beaufsichtigt die Aufsicht die Institute und die Institute „beaufsichtigen" die Auslagerungsunternehmen. Hierin liegt ein aufsichtliches Zuständigkeitsdefizit.

VI. Fazit

Das Aufsichtsrecht begründet nach der Säule II zahlreiche ausführliche qualitative Vorgaben gegenüber dem Institut bei der Prüfung der Kreditwürdigkeit von Verbrauchern im Allgemein-Verbraucherdarlehnsrecht. Trotz detaillierter Anforderungen wird dem Institut ein großer Ermessensspielraum eingeräumt. Die Dokumentationspflichten und das darauf basierende Prinzip der „lückenlosen Überwachung" begründen ein hohes Maß an aufsichtsadressierter Transparenz.

Hohe Anforderungen an die Datentransparenz bestehen sowohl für die Datengrundlage bei der Modellerstellung im Allgemeinen, als auch im konkreten Fall der Kreditwürdigkeitsprüfung, da das Institut die berücksichtigten Daten zu speichern und der Aufsicht zugänglich zu machen hat. Darüber hinaus besteht das Ermessen des Instituts unter Berücksichtigung des Proportionalitätsgrundsatzes auch bei der Auswahl der Methode zur Kreditwürdigkeitsprüfung, wobei auch bei modellba-

---

[324] Fischer/Schulte-Mattler/*Braun*, KWG § 44 Rn. 62, 67; Schwennicke/Auerbach/*Schwennicke*, KWG § 44 Rn. 7, 18.

[325] A. A. wohl BaFin, BaFin Journal, März 2019, S. 23; die Aufsicht wird die Informationssuche der Auskunfteien daher als sonstigen Fremdbezug mit der Folge einordnen, dass sie keinen Auskunftsanspruch innehat, sondern nur die Ordnungsmäßigkeit der Geschäftsorganisation des jeweiligen Instituts prüft.

sierten Systemen Methodenfreiheit gewährt wird. Ein genereller Erlaubnisvorbehalt für Algorithmen besteht nicht. Einschränkend werden aber hohe Governance-Anforderungen an das Institut mit Blick auf Verständnis und Risikobewusstsein für das jeweilige Modell eingefordert. Ohne dies genau zu benennen, impliziert das Aufsichtsrecht dadurch ein globales Systemverständnis. Umgekehrt schließt dies die Verwendung von Black Box-Methoden aus.

Das Aufsichtsrecht legt in den EBA-Leitlinien für die Kreditvergabe und Überwachung klare Datenkategorien dar, die das Institut für die Zwecke der Kreditwürdigkeitsprüfung berücksichtigen darf. Offen zeigt sich das Aufsichtsrecht dabei gegenüber der Verwendung alternativer Daten. Deren Berücksichtigung muss unter Beachtung des Daten- und Verbraucherschutzrechts allerdings schlüssig und angemessener sein. Einen starken Fokus legen die Datenkategorien auf die Zahlungsfähigkeit des Verbrauchers. Der *character* spielt augenscheinlich eine untergeordnete Rolle. Die Zahlungswilligkeit erscheint bei Vorhandensein der Zahlungsfähigkeit vielmehr als gegeben. Damit wird die Zahlungswilligkeit vor allem im Rahmen der Betrugsprävention zu berücksichtigen sein. Mittelbar kann die Zahlungswilligkeit aber auch als Spiegelbild der Kredithistorie verstanden werden und ist damit durch die Abfrage von Schuldnerregistern oder Auskunfteien in den Datenkategorien der EBA enthalten. Der dichte Informationsgehalt an Daten zur Zahlungswilligkeit und Zahlungsfähigkeit erübrigt die Beurteilung des *character*. Sofern sachdienlich, schlüssig und angemessener richtet sich eine dahingehende Auswertung nach datenschutzrechtlichen Aspekten.

Indem der Kommissionsentwurf für eine Neue Verbraucherkreditrichtlinie die Kreditvergabe nur für den Fall zulässt, dass der Verbraucher den Kredit „wahrscheinlich" zurückzahlen können wird, besteht im ersten Schritt ein Anreiz zugunsten des Instituts eine datensparsamere Prüfung vorzunehmen, um nicht zufällig auf Informationen zu stoßen, die gegen die Rückzahlungswahrscheinlichkeit sprechen. Der Schutz des Verbrauchers vor Überschuldung ist aber weiterhin aufrechtzuerhalten. Eine allzu datensparsame Prüfung ist aber ebenso wenig zielführend, da sonst keine aussagekräftige Bonitätsbeurteilung angestellt werden kann, sodass der Kreditgeber einen Mittelweg finden muss. Gerade bei risikoreichen Engagements oder unzureichender Kreditwürdigkeit kann damit eine stärker datengetriebene Kreditwürdigkeitsprüfung im beiderseitigen Interesse des Instituts liegen. Die beschriebenen Änderungen durch den Kommissionsentwurf werden nationalrechtlich neben der Änderung der zivilrechtlichen Regelungen auch in § 18a KWG umzusetzen sein.

Die durch Auskunfteien betriebene Informationssuche sowie ihre statistische Auswertung in der Form des externen Kreditscores stellt eine unwesentliche Auslagerung im Rahmen des Kreditgeschäfts dar. Hieraus ergibt sich ein Auskunftsanspruch der Aufsicht gegenüber dem als Auslagerungsunternehmen tätigen Finanzintermediär. Maßnahmen kann die Aufsicht indes nur direkt gegenüber dem Institut ergreifen, sofern sie in der Auslagerung eine unzureichende Ordnungsmäßigkeit der Geschäftsorganisation erkennt. Hieraus ergibt sich gegenüber den Auskunfteien oder sonstigen Intermediären ein aufsichtliches Zuständigkeitsdefizit. Für das Institut folgt hieraus, dass es die beschriebenen Auslagerungsrisiken im Rahmen der Ordnungsmäßigkeit der Geschäftsorganisation institutsintern zu berücksichtigen hat, die sich insbesondere in Monitoring-Pflichten gegenüber dem Finanzintermediär ausdrücken. Die Grenze der Auslagerungsfähigkeit ist erreicht, wenn die Delegation der Informationssuche in eine Delegation der Kreditentscheidung übergeht. Infolge der Auslagerung richten sich die qualitativen Vorgaben, die für Institute gelten, mit Blick auf das Kreditscoring auch an die Finanzintermediäre. Darin begründet sich eine Ausstrahlungswirkung der aufsichtsrechtlichen Transparenzanforderungen auf das externe Kreditscoring.

C. Anforderungen an die Beurteilung des Kreditrisikos zur Berechnung der Eigenmittelanforderungen

Neben dem Risikomanagement nach Säule II sieht die CRR eigene Vorschriften für die Beurteilung des Kreditrisikos bzw. in der KWG-Terminologie des Adressenausfallrisikos zur Berechnung der Eigenmittelanforderungen nach Säule I vor. Davon sind insbesondere die modellspezifischen Vorgaben bei Anwendung des IRB-Ansatzes kreditscoringrelevant.[326]

Die Eigenmittelanforderungen in Art. 92 CRR sehen für Institute eine Gesamtkapitalquote von 8 % vor, Abs. 1 lit. c.[327] Diese Kapitalquote berechnet sich aus den Eigenmitteln des Instituts, ausgedrückt in dem Prozentsatz des Gesamtrisikobetrages, Art. 92 Abs. 2 lit. c CRR. Der Gesamtrisikobetrag beinhaltet u. a. die risikogewichteten Positionsbeträge für das Kreditrisiko, wofür die CRR in Teil 3 Titel II (Art. 107 – 311 CRR) besondere Regelungen vorsieht. Jeden Aktivposten versteht die CRR im Rahmen der Eigenmittelanforderungen für das Kreditrisiko als eine Risikoposition, Art. 5 Nr. 1 CRR. Der Wert einer bilanziellen Risikoposition ist grundsätzlich der Buchwert der Forderung[328].[329] Die Risikoposition wird wiederum einer Risikoklasse und einem Risikogewicht zugeordnet, um den in den Gesamtrisikobetrag einfließenden risikogewichteten Positionsbetrag zu berechnen.[330] Je ge-

---

[326] Zum IRB-Ansatz unten § 3, C.II., S. 198 ff.

[327] Zur Zusammensetzung der Eigenmittel Fischer/Schulte-Mattler/*Ostendorf*, CRR Art. 92 Rn. 4 ff.

[328] Forderungen an (Privat-)Kunden werden bilanziell der Aktivseite als Aktivposten Nr. 4 zugeordnet, § 15 Kreditinstituts-Rechnungslegungsverordnung.

[329] Kreditrisikoanpassungen, Wertberichtigungen und Verringerungen der Eigenmittel werden hier nicht beachtet, siehe Art. 111 Abs. 1 CRR für den KSA und Art. 166 Abs. 1 UAbs. 1 CRR für den IRB-Ansatz.

[330] Das bedeutet vereinfacht ausgedrückt, dass bei einer Forderung in Höhe von 100 EUR mit einem Risikogewicht von 75 % bei 8 % Eigenkapitalquote des risikogewichteten Positionsbetrages (= 75 EUR) 6 EUR an Eigenmittel zu erfüllen wären.

ringer das Risikogewicht, desto geringer fällt somit grundsätzlich der Positionsbetrag aus. Die Eigenmittelanforderungen reduzieren sich folglich in Abhängigkeit des Kreditrisikos.

Die Pflicht zur Bewertung der Eigenmittelanforderung, und damit auch zur Beurteilung des Kreditrisikos, trifft gem. Art. 92 CRR jedes Institut im Sinne des Art. 4 Abs. 1 Nr. 3 CRR. Dies umfasst alle gem. Art. 8 CRD IV zugelassenen Kreditinstitute.[331] Nach der Legaldefinition sind dies gem. Art. 1 Abs. 1 Nr. 1 lit. a CRR Unternehmen, die kumulativ Einlagen oder andere rückzahlbare Gelder des Publikums entgegennehmen und Kredite für eigene Rechnung gewähren.[332] Nach Anhang I Nr. 2 CRD IV gehören dazu ausdrücklich Kreditgeschäfte wie die Vergabe von Konsumentenkrediten. Institute, die diese Voraussetzungen erfüllen, bezeichnet das KWG als CRR-Institut, § 1 Abs. 3d Satz 1 KWG. Ein Unternehmen, welches nur Kredite gewährt, ohne Einlagen entgegenzunehmen, ist *per definitionem* kein CRR-Institut, kann aber ein Kreditinstitut im Sinne des KWG sein, § 1 Abs. 1 Satz 1, 2 Nr. 2, Abs. 1b KWG. Damit unterfällt es nicht dem einheitlichen Aufsichtsmechanismus (*Single Supervisory Mechanism* – SSM).[333] Für die Pflicht zur Beurteilung des Kreditrisikos bedeutet dies jedoch keinen materiellen Unterschied, da Nicht-CRR-Institute jenen grundsätzlich gleichgestellt werden, § 1a Abs. 1 Nr. 1 KWG.[334] Damit gelten für Institute einheitlich die Bestimmungen der CRR sowie die auf ihrer Grundlage erlassene Rechtsakte, das KWG und die gem. § 10 Abs. 1 Satz 1 KWG erlassene SolvV. Im Folgenden wird daher grundsätzlich unterschiedslos von Kreditinstituten gesprochen.

Einen wichtigen Bestandteil des Kreditrisikos stellt die Schuldnerausfallwahrscheinlichkeit dar, die das Bankaufsichtsrecht häufig verkürzt als PD bezeichnet (engl. *probability of default*).[335] Ein Kreditinstitut kann das Kreditrisiko mit zwei Ansätzen beurteilen: nach dem Kreditrisikostandardansatz (KSA)[336] oder dem

---

[331] Für die Beurteilung von Zulassungsanträgen als CRR-Institut hat die EZB einen unverbindlichen Leitfaden veröffentlicht: EZB, Leitfaden zur Beurteilung von Zulassungsanträgen, Zweite Ausgabe, Januar 2019. Für „FinTech-Banken" ist ein ergänzender Leitfaden veröffentlicht worden, der entgegen dem Titel für alle Kreditinstitute im Sinne des Art. 4 Abs. 1 Nr. 1 CRR zu beachten ist: EZB, Leitfaden zur Beurteilung von Anträgen auf Zulassung als FinTech-Kreditinstitut, S. 5.

[332] Die CRD IV verweist für den Begriff des Kreditinstituts zurück auf die CRR, Art. 1 Abs. 1 Nr. 1 CRD IV.

[333] Kümpel/Mülbert/Früh/Seyfried/*Freis-Janik*, Bankrecht und Kapitalmarktrecht, Rn. 2.20.

[334] Die Ausnahmen nach § 2 Abs. 7–9f KWG sind für Institute, die Kreditgewährung betreiben, grundsätzlich nicht einschlägig; Schwennicke/Auerbach/*Auerbach*, KWG § 1a Rn. 4, 17. Die Ausnahme für Anstalten des öffentlichen Rechts gem. Art. 2 Abs. 5 Nr. 5 CRD IV bezüglich der Offenlegung gem. § 26a KWG und Art. 431 ff. CRR ist dennoch zu beachten.

[335] Art. 4 Abs. 1 Nr. 54 CRR; vgl. auch „Adressenausfallrisiko", § 10 Abs. 2 Satz 1 KWG.

[336] Art. 111–142 CRR.

erlaubnispflichtigen auf internen Ratings basierenden Ansatz (IRB-Ansatz)[337], Art. 107 Abs. 1 CRR.

I. Kreditrisikostandardansatz, Art. 111 ff. CRR

Nach dem Standardansatz verwenden Kreditinstitute die regulatorisch vorgegebenen Risikogewichtungen in Abhängigkeit der Risikoklasse, in die die Risikoposition einzuordnen ist.

1. Einordnung in das Mengengeschäft

Der Kreditrisikostandardansatz teilt die Risikopositionen zunächst in siebzehn Risikoklassen ein, Art. 112 CRR. Besteht die Risikoposition, sofern nicht durch Wohneigentum besichert, mit einer konzernweiten maximalen Kreditsumme bis zu 1 Mio. EUR gegenüber einer natürlichen Person, und ist sie eine von vielen Risikopositionen mit ähnlichen Merkmalen, so dass die Risiken dieser Darlehensgeschäfte erheblich reduziert werden, so ist die Risikoposition dem Mengengeschäft zuzuordnen, Art. 123 Satz 1 CRR.[338] Auch der Gegenwartswert von Mindestleasingzahlungen wird in der Risikoklasse Mengengeschäft anerkannt, Art. 123 Satz 4 CRR.[339] Andere Risikoklassen adressieren keine natürlichen Personen. Die hier betrachteten Verbraucherkredite fallen damit in das Mengengeschäft.

2. Bonitätsunabhängige Risikogewichtung

Die Berechnung des risikogewichteten Positionsbetrages erfolgt durch Multiplikation des regulatorisch zugewiesenen Risikogewichtes, Art. 113 Abs. 1 UAbs. 1, Abs. 2 CRR. Anders als für die übrigen Risikoklassen haben externe Bonitätsbeurteilungen einer Ratingagentur keine Auswirkungen auf das Risikogewicht für das Mengengeschäft, da Auskunfteien nicht als externe Ratingagentur im Sinne der CRR gelten. Denn „Kreditpunktebewertungen, Credit-Scoring-Systeme und vergleichbare Bewertungen" für die Bonitätsbeurteilung von Verbrauchern sind nicht von der Rating-Verordnung erfasst und damit keine Ratingagentur. Demzufolge nennt Art. 123 CRR für das Mengengeschäft auch keine Ratingagenturen im Sinne der CRR.[340]

Das Risikogewicht einer dem Mengengeschäft zugehörigen Forderung liegt stattdessen pauschal bei 75 %, Art. 123 CRR. Somit ist das Risikogewicht nach dem

---

[337] Art. 142–191 CRR.

[338] Binder/Glos/Riepe/*Kämmler/Kleppe*, Hdb. Bankenaufsichtsrecht, § 7 Rn. 107.

[339] Insofern deckt sich die Differenzierung auch mit § 18a Abs. 1 und Abs. 9 KWG.

[340] Vgl. Art. 4 Abs. 1 Nr. 98 CRR in Verbindung mit Art. 2 Abs. 2 lit. b, Erwg. (7) Rating-Verordnung.

Kreditrisikostandardansatz, den die überwiegende Zahl der Kreditinstitute in Deutschland verwenden,[341] für das Mengengeschäft unabhängig von der Kreditwürdigkeit des jeweiligen Kreditnehmers.[342] Für die Eigenmittelanforderungen hat das idiosynkratische Kreditrisiko des einzelnen Kreditnehmers im Mengengeschäft mithin keine Auswirkung auf die Eigenmittelausstattung, sofern der Kreditnehmer nicht ausgefallen ist. Stattdessen erfährt das Mengengeschäft als solches ein systematisches Risiko von durchschnittlich 75 %.[343]

3. Auswirkung des Schuldnerausfalls (Art. 178 CRR)

Fällt der Schuldner gem. Art. 178 CRR dagegen aus, sieht Art. 127 Abs. 1 CRR eine veränderte Risikogewichtung von 150 % oder 100 % für den unbesicherten Teil der Risikoposition in Abhängigkeit der hier nicht weiter untersuchten Kreditrisikoanpassung vor.[344] Es ist damit die Vermeidung der höheren Eigenkapitalunterlegung infolge der ausfallbedingten Änderung des regulatorischen Risikogewichtes, die den Anreiz zu einer möglichst trennscharfen Beurteilung der Ausfallwahrscheinlichkeit setzt. Welche Daten oder Methoden sowie einhergehende Transparenzanforderungen für diese Differenzierung zugrunde zu legen sind, ergeben sich aus den Regeln zum KSA nicht. Damit richtet sich dies allein nach den qualitativen Vorgaben der Säule II.

Systematisch gilt Art. 178 CRR nur für die Anforderungen an den IRB-Ansatz und damit nicht für den KSA. Wendet das Institut den KSA an, führt der materiellrechtliche Eintritt des Schuldnerausfall zu einer Neuzuweisung der Risikogewichtung, sodass es sich bei dem Verweis in Art. 127 CRR auf Art. 178 CRR rechtstechnisch um einen Rechtsgrundverweis handelt. Infolgedessen sind die Voraussetzungen des Art. 178 CRR auch für den KSA relevant, die hier weiter unten im Rahmen des IRB-Ansatzes zu diskutieren sein werden.[345]

4. Zwischenfazit

Die bonitätsunabhängige Risikogewichtung des Standardansatzes zeigt für das Mengengeschäft eine geringe Sensitivität zur Bestimmung des Kreditrisikos.[346] Eine genaue Auseinandersetzung mit der Kreditwürdigkeit des Schuldners wird regulatorisch erst durch den potenziellen Schuldnerausfall hergestellt, der das Risikoge-

---

[341] Siehe oben § 3, A., S. 146 f.

[342] Binder/Glos/Riepe/*Kämmler/Kleppe*, Hdb. Bankenaufsichtsrecht, § 7 Rn. 107.

[343] Auch die Vorhaben für eine CRR III halten daran fest, sehen aber diversifizierte Risikogewichtungen vor, vgl. die Änderungen zu Art. 123 Abs. 3 und 4 CRR in Art. 1 Nr. 42, Europäische Kommission, COM(2021) 664 final.

[344] Binder/Glos/Riepe/*Kämmler/Kleppe*, Hdb. Bankenaufsichtsrecht, § 7 Rn. 109.

[345] Siehe unten § 3, C.II.4.b)bb), S. 228 ff.

[346] Binder/Glos/Riepe/*Kämmler/Kleppe*, Hdb. Bankenaufsichtsrecht, § 7 Rn. 94.

wicht verdoppeln kann. Nichtsdestotrotz hat das Institut nach Säule II standardmäßig Risikoklassifizierungsmaßnahmen zur Beurteilung von Adressenausfallrisiken als Bestandteil des internen Risikokontrollsystems im Sinne von § 25a Abs. 1 Satz 3 Hs. 2 Nr. 3 KWG einzuführen.[347] Damit verfügen regelmäßig auch Kreditinstitute, die den KSA zur Beurteilung der Eigenmittelanforderungen anwenden, im Rahmen ihres Risikomanagements über ein Rankingverfahren wie das Kreditscoring, welches die Kreditschuldner nach ihrem Ausfallrisiko klassifiziert.[348]

II. IRB-Ansatz, Art. 142 ff. CRR

Für den IRB-Ansatz berechnet das Kreditinstitut zur Ermittlung der Eigenmittelanforderungen die risikogewichteten Positionsbeträge für das Kreditrisiko selbst mit bankinternen Parametern.[349] Das Ziel der internen Ratings ist die Entwicklung von Bonitätsstufen, denen jeweils ein fester Wert für die Ausfallwahrscheinlichkeit PD zugewiesen ist und zu denen die einzelnen Risikopositionen zugeordnet werden.[350] Dieser Ansatz unterteilt sich in den Basis-Ansatz und den fortgeschrittenen Ansatz.[351] Während das Kreditinstitut bei ersterem nur eigene Schätzungen für die Schuldnerausfallwahrscheinlichkeit PD anstellt, ansonsten aber den KSA verwendet,[352] werden bei dem fortgeschrittenen IRB-Ansatz darüber hinaus auch die Verlustquote bei Ausfall (*loss given default* – LGD) und die Umrechnungsfaktoren nach Art. 151 CRR geschätzt.[353] Für das Mengengeschäft gilt diese Differenzierung nicht, da hier grundsätzlich alle drei Parameter zu schätzen sind, Art 151 Abs. 6, 7 CRR.[354] Für das Mengengeschäft existiert damit nur der fortgeschrittene IRB-Ansatz.[355] Da für das Kreditscoring nur die Schuldnerausfallwahrscheinlichkeit von Interesse ist, werden die Verlustquote bei Ausfall und die Umrechnungsfaktoren im Folgenden nicht weiter berücksichtigt.

---

[347] MaRisk BTO 1.4 Rn. 1.

[348] Zu den materiellen Mindestanforderungen an die Kreditwürdigkeitsprüfung siehe unten § 3, B.IV., S. 160 ff.

[349] Binder/Glos/Riepe/*Kämmler/Kleppe*, Hdb. Bankenaufsichtsrecht, § 7 Rn. 114.

[350] Gendrisch/Hahn/Klement/*Klement*, Hdb. Solvabilität, S. 121 (121).

[351] Die Terminologie entstammt dem Baseler Rahmenwerk und findet sich so nicht in der CRR wieder, BIS, Basel II, Rn. 242 ff.

[352] Art. 108 Abs. 1 CRR.

[353] Art. 108 Abs. 2 CRR; Kümpel/Mülbert/Früh/Seyfried/*Freis-Janik*, Bankrecht und Kapitalmarktrecht, Rn. 2.238.

[354] Daher auch „Retail-Ansatz", Binder/Glos/Riepe/*Kämmler/Kleppe*, Hdb. Bankenaufsichtsrecht, § 7 Rn. 115; Gendrisch/Hahn/Klement/*Klement*, Hdb. Solvabilität, S. 121 (121).

[355] BIS, Basel III: Finalising post-crisis reforms, 2017, S. 60.

1. Erlaubnispflicht

Der IRB-Ansatz ist anders als der KSA gem. Art. 143 CRR erlaubnispflichtig, da die Verwendung interner Modelle die Risikoresistenz des Kreditinstituts beeinträchtigen und damit Auswirkungen auf seine Finanzmarktstabilität haben kann.[356] Die Genehmigung ist für jede Risikopositionsklasse und jedes Ratingsystem vor Verwendung einzeln einzuholen, Art. 143 Abs. 2 CRR, und im Falle der Genehmigung institutsweit einzuführen.[357] Zur Konkretisierung der aufsichtlichen Bewertung von Erst- und Änderungsanträgen sowie der laufenden Prüfung über die Einhaltung der Anforderungen an die Verwendung des IRB-Ansatzes hat der europäische Gesetzgeber die DelVO (EU) 2022/439 erlassen.[358]

a) Kreditscoring als risikodifferenzierendes Element eines Ratingsystems

Unter einem Ratingsystem sind für die Zwecke der Vorschriften zum IRB-Ansatz[359] alle Methoden, Prozesse, Kontrollen, Datenerhebungs- und IT-Systeme zu verstehen, die zur Beurteilung von Kreditrisiken, zur Zuordnung von Risikopositionen zu Bonitätsstufen sowie zur Quantifizierung von Ausfall- und Verlustschätzungen für eine bestimmte Risikopositionsart dienen, Art. 142 Abs. 1 Nr. 1 CRR. Der Begriff des Ratingsystems ist damit weit zu verstehen. Es ist demzufolge im Rahmen der regulatorischen Anforderungen dem Institut überlassen, das Ratingsystem in seiner Ausgestaltung zu definieren. Die jeweilige Risikopositionsart bezeichnet den Anwendungsbereich des Ratingsystems und damit die konkrete Gruppe an Risikopositionen, vgl. Art. 142 Abs. 1 Nr. 2 CRR. Ein Ratingsystem soll alle Risikopositionen erfassen, die mit Blick auf gemeinsame Risikotreiber, die Kreditwürdigkeit und die Verfügbarkeit an kreditrelevanten Informationen vergleichbar sind.[360] Das Ratingsystem ist das Kernstück des IRB-Ansatzes[361] und in den Kreditvergabeprozess zu integrieren[362].

Zu einem Ratingsystem gehören sog. PD-Modelle. Dies sind Modelle, die sich auf die Differenzierung und Quantifizierung eigener Schätzungen des Risikoparameters PD (*probability of default*) beziehen und die zur Bewertung des Ausfallrisikos für jeden Schuldner oder für jede Risikoposition, die von diesem Modell erfasst wird,

---

[356] BaFin, BaFin Journal, März 2020, S. 32 (33).

[357] Nur in Ausnahmefällen darf der KSA weiterverwendet oder zum KSA zurückgekehrt werden, sog. *permanent partial use* (Art. 149, 150 CRR) möglich, Kümpel/Mülbert/Früh/ Seyfried/*Freis-Janik*, Bankrecht und Kapitalmarktrecht, Rn. 2.252; zur Rückkehr zum KSA *Wunderlich*, WM 2019, 1585.

[358] Art. 1 DelVO (EU) 2022/439.

[359] Dies meint Titel II Kap. 3 der CRR: Art. 142–191 CRR.

[360] EBA/GL/2017/16, Rn. 12.

[361] Vgl. Erwg. (11) DelVO (EU) 2022/439.

[362] EZB, ECB guide to internal models, S. 36 Rn. 84 lit. a Ziff. i.

verwendet werden.[363] Ein PD-Modell wird in die Elemente der Risikodifferenzierung und Risikoquantifizierung unterteilt. Die Leitlinien der EBA bezeichnen ersteres als Modellentwicklung, während letzteres die Kalibrierung des Modells darstellt.[364] Dies soll die von der CRR vorgegebene Aufteilung in die Unterabschnitte für Ratingsysteme (Art. 169 ff.) und die Risikoquantifizierung (Art. 178 ff.) wiedergeben. Bei der Risikodifferenzierung handelt es sich um die Rankingmethode zwecks Zuordnung einer Risikoposition zu einer Bonitätsstufe, die bei modellgestützten Prozessen in der Verwendung eines Kreditscoringmodells besteht.[365]

Das Kreditscoring unterfällt zunächst der Phase der Modellentwicklung. Damit anerkennt die CRR, dass ein Kreditscoringmodell nicht zwingend unmittelbare Ausfallwahrscheinlichkeiten generiert, sondern zunächst eine Risikodifferenzierung vornimmt.[366] So erfolgt die Risikoquantifizierung erst durch die Kalibrierung, wobei der Kreditscore zur Ausfallwahrscheinlichkeit transformiert wird.[367] In dieser begrifflichen Unterscheidung manifestiert sich, dass ein Kreditscore nicht gleichbedeutend mit der Ausfallwahrscheinlichkeit PD sein muss.[368] Kreditscoring ist damit als Rankingmethode das risikodifferenzierende Element eines PD-Modells und grundsätzlich nicht mit der PD-Schätzung nach Art. 180 CRR gleichzusetzen.[369] Sofern der Kreditscore aber der Ausfallwahrscheinlichkeit PD gleichgestellt werden kann, bildet der Mittelwert der Ausfallwahrscheinlichkeiten aller Kreditschuldner einer Ratingstufe auch zugleich die PD dieser Ratingstufe.[370] In diesen Fällen sind Kreditscoringmethoden ausnahmsweise ein direktes Verfahren zur internen PD-Schätzung.[371] Ein Beispiel für solch ein direktes Verfahren ist etwa die logistische Regression.[372]

b) Modelladaptivität als potenzieller Auslöser der Erlaubnispflicht

Vor Anwendung des IRB-Ansatzes ist die Erlaubnis der Aufsicht einzuholen. Erlaubnispflichtig ist sowohl die Erstzulassung als auch jede wesentliche Änderung

---

[363] EBA/GL/2017/16, S. 4.

[364] Vgl. die Definitionen „Modellentwicklung" und „PD-Kalibrierung, EBA/GL/2017/16, S. 5, EBA/GL/2017/16, 2017, S. 10 ff.

[365] Vgl. die Definition „Scoringmethode eines PD-Modells", EBA/GL/2017/16, S. 4; Deutsche Bundesbank, Monatsbericht September 2003, S. 65.

[366] Siehe oben zur Kalibrierung, § 2, E.III., S. 141.

[367] Instruktiv *Rudakova/Ipatyev*, 7 Review of European Studies (2015), 25.

[368] Etwa bei indirekten Verfahren wie der Diskriminanzanalyse, siehe Deutsche Bundesbank, Monatsbericht September 2003, S. 65.

[369] Fischer/Schulte-Mattler/*Daun*, CRR Art. 180 Rn. 45 Fn. 12; Engelmann/Rauhmeier/ *Porath*, The Basel II Risk Parameters, S. 25 (30).

[370] Deutsche Bundesbank, Monatsbericht September 2003, S. 65.

[371] Fischer/Schulte-Mattler/*Daun*, CRR Art. 180 Rn. 11: Score kann direkt als PD interpretiert werden.

[372] Deutsche Bundesbank, Monatsbericht September 2003, S. 65.

im Sinne des Art. 143 Abs. 3 CRR. Alle Änderungen, also sowohl wesentlicher als auch unwesentlicher Art, sind gegenüber der Aufsicht anzuzeigen, Art. 143 Abs. 4 CRR.[373] Verfügt ein Ratingsystem über mehrere Versionen, hat das Institut diese in einem Register zu aufzulisten.[374]

Unklar ist der Einsatz dynamischer Modelle, die auf fortgeschrittenen Technologien künstlicher Intelligenz, insbesondere *deep learning*-Methoden, beruhen.[375] Die autonome Modelladaptivität könnte infolgedessen eine erneute Genehmigungspflicht auslösen. Nach Art. 143 CRR hängt dies allein davon ab, ob die Änderung des Ratingsystems oder dessen Anwendungsbereich wesentlich ist (*„material changes"*). Dies wird wiederum maßgeblich in Art. 4 f. DelVO 529/2014 in Verbindung mit Anhang I dieser Delegierten Verordnung konkretisiert. Sofern Modelle nach Abschluss der Trainingsphase weiter lernen und selbständig die Zielvariable oder Parameter und Gewichtungen anpassen, dürfen diese Änderungen nicht die Wesentlichkeitsschwelle überschreiten. Insbesondere für Änderung von Algorithmen und Verfahren für die Zuordnung von Schuldnern kann dies aber regelmäßig der Fall sein.

Eine Gesamtschau der Regelungen zu den *material changes* ergibt, dass sich die Wesentlichkeit einer Änderung technologieneutral bestimmt. So begründen die Änderung der Ratingmethode, wie etwa die grundlegende Änderung der PD-Schätzung[376], oder die Änderungen der Ausfalldefinition im Sinne des Art. 178 CRR[377] eine zu genehmigende wesentliche Systemänderung. Ob ein Mensch oder ein Modell eine Änderung vornimmt, ist unerheblich. Insofern führt die Verwendung dynamischer Modelle nicht *per se* zu einer erneuten Genehmigungspflicht. Entscheidend ist allein, ob die Modellanpassung durch das dynamische Modell den umfassenden Katalog von Art. 4 f. DelVO 529/2014 in Verbindung mit Anhang I tangiert.[378] Eine Ratingmethode, die autonom das Modell ändert und anpasst, kann zwar effizienter sein, droht aber wiederkehrende Genehmigungspflichten auszulö-

---

[373] Binder/Glos/Riepe/*Kämmler/Kleppe*, Hdb. Bankenaufsichtsrecht, § 7 Rn. 116.

[374] Art. 32 DelVO (EU) 2022/439.

[375] Siehe das gespaltene Meinungsbild in der Praxis nach den Rückmeldungen zur BDAI Studie der BaFin unter „Genehmigungspflichtige interne Modelle", BaFin, Big Data trifft auf künstliche Intelligenz – Ergebnisse der Konsultation zum BaFin-Bericht, 28. 2. 2019, abrufbar unter https://www.bafin.de/dok/12038522.

[376] Anhang I, Teil II Abschnitt 1 Nr. 2 lit. f DelVO 529/2014

[377] Anhang I, Teil II Abschnitt 1 Nr. 3 DelVO 529/2014.

[378] Zu beachten ist darüber hinaus die Annex-Lösung auf der regulatorischen Ebene. Anders als die Delegierte Verordnung selbst kann der Europäische Gesetzgeber ihren Anhang schnell ändern, ohne ein förmliches Gesetzgebungsverfahren anzustrengen, sodass das Institut im Ernstfall zügige Systemanpassungen vornehmen müsste, um einer Genehmigungspflicht zu entgehen.

sen. Auch aufgrund ungenügender Stabilität setzt die Praxis Techniken künstlicher Intelligenz bislang vorwiegend nur als unterstützende Anwendung ein.[379]

c) Aufsichtlicher Prüfungsmaßstab

Die Aufsicht erteilt die Genehmigung, wenn das Institut die Einhaltung der Art. 142–191 CRR sowie der Grundsätze des Art. 144 Abs. 1 UAbs. 1 lit. a–h CRR glaubhaft nachweisen kann. Ziel ist es dabei, die Aufsicht davon zu überzeugen, dass die Kreditrisikosteuerungs- und -einstufungssysteme des Instituts solide und unter Sicherstellung ihrer Integrität angewendet werden. Hieraus folgt, dass das Ratingsystem in qualitativer Hinsicht verlässlich, möglichst fehlerfrei und funktionsfähig sein soll.[380] Diese Grundsätze der Solidität und Integrität werden in Art. 144 CRR durch einen umfassenden Katalog an einzuhaltenden Standards konkretisiert. Hiernach sollen die Ratingsysteme eine aussagekräftige Beurteilung der schuldner- und geschäftsbezogenen Merkmale, eine aussagekräftige Risikodifferenzierung sowie genaue und einheitliche quantitative Risikoschätzungen liefern (lit. a), die Verwendung der internen Verfahren für das Risikomanagement für die Kreditbewilligung eine wesentliche Rolle einnehmen (lit. b), und das Institut eine Stelle für Kreditrisikoüberwachung (*credit risk control unit* – CRCU) einführen (lit. c). Letztere ist für die Analyse des Kreditportfolios zuständig.[381] Hieraus folgt ein für die Kreditvergabe wesentliches und von einer unabhängigen bankinternen Stelle überprüfbares Risikomessverfahren[382], welches eine aussagekräftige Risikobeurteilung auf der Basis definierter und risikoadressierter Merkmale erfordert.

Weiter sind alle relevanten Daten zur Unterstützung der Kreditrisikomessung und des -managements zu erfassen und zu speichern (lit. d), die Ratingsysteme zu dokumentieren und zu validieren sowie ihre Ausgestaltung zu begründen (lit. e)[383]. Das Institut hat jedes Ratingsystem zu validieren und auf seine Geeignetheit für den konkreten Anwendungsbereich hin zu prüfen (lit. f). Hieraus ergeben sich umfassende, zu dokumentierende Qualitätsüberprüfungs- und -sicherungspflichten, die die Güte des Ratingsystems sicherstellen und durch Dokumentation das Nachvollziehen der Aufsicht ermöglichen sollen. In der Folge soll das Institut seine Eigenmittelanforderungen berechnen (lit. g) und jede Risikoposition einer Risikoklasse zuordnen können (lit. h). Das Institut trägt die volle Verantwortung für die Einhaltung dieser Standards, auch wenn es ein Modell von einem Dritten erwirbt, Art. 144

---

[379] BaFin, Big Data trifft auf künstliche Intelligenz – Ergebnisse der Konsultation zum BaFin-Bericht, Genehmigungspflichtige Modelle, 28.2.2019, abrufbar unter https://www.bafin.de/dok/12038522.

[380] Fischer/Schulte-Mattler/*Loch*, CRR Art. 144 Rn. 9.

[381] EZB, ECB guide to internal models, S. 39 Rn. 88 lit. b Ziff. i.

[382] Intern durch eine Ausgliederung aus den Bereichen Markt und Marktfolge, vgl. § 25c Abs. 4a Nr. 3 lit. b KWG, Binder/Glos/Riepe/*Kämmler/Kleppe*, Hdb. Bankenaufsichtsrecht, § 7 Rn. 117.

[383] Art. 3 DelVO (EU) 2022/439.

Abs. 1 UAbs. 2 CRR. Auch die Nutzung eines gemeinsamen Modells durch mehrere Institute ist möglich.[384]

Zur Nachweispflicht gehört ferner, dass das Institut der Aufsicht eine ausreichende Erfahrung in dem Umgang mit IRB-Ansätzen belegt, bevor es das IRB-Modell zur Berechnung der Eigenkapitalanforderungen verwenden darf, Art. 145 Abs. 1 CRR (Erfahrungstest).[385] Hierzu hat es zuvor mindestens drei Jahre ein IRB-Modell für die Risikopositionsklasse Mengengeschäft einzusetzen, welches im Wesentlichen die Anforderungen des Abschnitts 6 (Art. 169–191 CRR) erfüllt.[386] Einzelne Verstöße können damit gerechtfertigt sein, grundlegende Fehler, die auf unzureichende Erfahrung schließen, dürfen dagegen nicht begangen werden. Sollten die Anforderungen der Art. 142–191 CRR nach Zulassung nicht mehr eingehalten werden, ist die Aufsicht darüber zu informieren und ihr ein Plan zur Wiedereinhaltung zu übergeben oder glaubhaft zu machen, dass die Nichteinhaltung keine wesentlichen Auswirkungen hat, Art. 146 CRR. In Ermangelung einer Konkretisierung ist für die Wesentlichkeit auf Art. 4 f. DelVO 529/2014 abzustellen.[387]

Die Prüfung der Einhaltung der Vorschriften zum IRB-Ansatz findet nach Genehmigung mindestens alle drei Jahre durch die BaFin (Eignungsprüfung) oder anlasslos statt und wird regelmäßig von der Deutschen Bundesbank durchgeführt, § 3 Abs. 1, 2 SolvV in Verbindung mit § 44 Abs. 1 Satz 2 KWG; bedeutende Institute im Sinne des § 1 Abs. 3c KWG werden im Rahmen des einheitlichen Aufsichtsmechanismus (*Single Supervisory Mechanism* – SSM) von der EZB beaufsichtigt, die die Ratingsysteme ebenfalls mindestens alle drei Jahre überprüft.[388] Die DelVO (EU) 2022/439 legt hierzu einen detaillierten Bewertungskatalog fest, wonach grundsätzlich jeder der folgenden Punkte der aufsichtlichen Überprüfung zugänglich sein muss.

2. Transparenz durch institutsinterne Governance

Die Einrichtung interner Governance-Strukturen sieht auch die Säule II vor, vgl. § 25a Abs. 1 Satz 3 Hs. 2 Nr. 3 KWG in Verbindung mit den MaRisk. Die CRR regelt darüber hinaus besondere qualitative Mindestanforderungen an die interne Unternehmensführung und Überwachung bei Anwendung des IRB-Ansatzes. Dabei ist das Ratingsystem in all seinen wesentlichen Aspekten von dem Leitungsorgan des Instituts (*management body*) und der Geschäftsleitung (*senior management*) zu billigen, Art. 189 Abs. 1 Satz 1 CRR. Hierzu gehört neben den Grundsätzen für die Gestaltung des Ratingsystems auch der Risikoparameter PD selbst, Art. 14 lit. b

---

[384] „*Pooled model*", EZB, ECB guide to internal models, S. 69 Rn. 42.

[385] Erwg. (14) DelVO (EU) 2022/439; Binder/Glos/Riepe/*Kämmler/Kleppe*, Hdb. Bankenaufsichtsrecht, § 7 Rn. 118.

[386] Vgl. Erwg. (14) DelVO (EU) 2022/439.

[387] Fischer/Schulte-Mattler/*Loch*, CRR Art. 146 Rn. 7.

[388] Erwg. (19) DelVO (EU) 2022/439.

Ziff. i, iii DelVO (EU) 2022/439. Zu diesem Zweck hat das Leitungsorgan über allgemeine Kenntnisse des konkreten Ratingsystems, die Geschäftsleitung hingegen über gute Kenntnisse über dessen Aufbau und Funktionsweise zu verfügen, Art. 189 Abs. 1, 2 UAbs. 1 lit. b CRR.

Der Begriff des Leitungsorgans basiert auf dem monistischen System, welches einen *board of directors* vorsieht, der dem dualistischen System nach deutschem Recht grundsätzlich fremd ist.[389] In dualistischen Systemen verteilen sich die Aufgaben des Leitungsorgans grundsätzlich auf den Vorstand und den Aufsichtsrat.[390] Unter der Geschäftsleitung sind alle zur Führung der Geschäfte und zur Vertretung eines Instituts berufenen Personen im Sinne von § 1 Abs. 2 KWG zu verstehen.[391] Kreditinstitute sind regelmäßig als Aktiengesellschaften organisiert,[392] sodass diese Aufgaben entsprechend zuzuteilen sind[393]. Damit müssen die betreffenden Führungskräfte mit dem Modell vertraut und sich seiner Leistungsfähigkeit und Modellschwächen bewusst sein.[394] Die in Art. 189 CRR („Unternehmensführung") geregelten Aufgaben treffen im dualistischen System grundsätzlich den Vorstand[395]. Die Geschäftsleitung (*senior management*), also die obere Leitungsebene, hat das Leitungsorgan (*management body*), hier der Vorstand, im Falle wesentlicher Änderungen, die die Funktionsweise des Modells beeinträchtigen, zu informieren und das ordnungsgemäße Funktionieren des Ratingsystems sicherzustellen, Art. 189 Abs. 2 UAbs. 1 lit. a, c CRR.[396] Auch die Pflicht zur Billigung nach Art. 189 Abs. 1 Satz 1 CRR obliegt damit dem Vorstand.[397]

Die Geschäftsleitung wird von dem Bereich der Kreditrisikoüberwachung über die Leistungsfähigkeit des Modells sowie Verbesserungsmöglichkeiten unterrichtet, Art. 189 Abs. 2 UAbs. 2 CRR. Diese Einheit zur Kreditrisikoüberwachung (*credit risk control unit* – CRCU) ist nach Art. 190 CRR eine von den Personal- und Managementfunktionen unabhängige Stelle und zuständig für die umfassende Überwachung und Überprüfung des Ratingsystems.[398] Die Kreditrisikoüberwachung ist es auch, die für die Gestaltung, Wahl und Leistungsfähigkeit des Ratingsystems verantwortlich ist, Art. 190 Abs. 1 Satz 2 CRR. Für die Validierung des PD-Modells gem. Art. 185 CRR ist eine eigene Validierungsfunktion zuständig, die unabhängig

---

[389] Zum Begriff siehe Art. 4 Nr. 9 CRR in Verbindung mit Art. 3 Abs. 3 Nr. 7 CRD IV; Fischer/Schulte-Mattler/*Loch*, CRR Art. 189 Rn. 6.

[390] Erwg. (56) CRD IV; Hopt/Binder/Böcking/*Langenbucher*, Hdb. Corporate Governance von Banken und Versicherungen, § 13 Rn. 23.

[391] Fischer/Schulte-Mattler/*Loch*, CRR Art. 189 Rn. 6.

[392] Vgl. Deutsche Bundesbank, Verzeichnis der Kreditinstitute, 2020, S. 51 ff.

[393] Fischer/Schulte-Mattler/*Loch*, CRR Art. 189 Rn. 6.

[394] Vgl. Erwg. (14) Satz 3 DelVO (EU) 2022/439.

[395] Fischer/Schulte-Mattler/*Daun*, CRR Art. 189 Rn. 6, 9, 11.

[396] Fischer/Schulte-Mattler/*Daun*, CRR Art. 189 Rn. 11 f.

[397] Fischer/Schulte-Mattler/*Daun*, CRR Art. 189 Rn. 6.

[398] Zum Aufgabenkatalog siehe Abs. 2 lit. a–h; Binder/Glos/Riepe/*Kämmler/Kleppe*, Hdb. Bankenaufsichtsrecht, § 7 Rn. 155.

von Personal- und Managementfunktionen zu sein hat, weder für die Modellentwicklung noch für die Kreditrisikoüberwachung gem. Art. 190 CRR zuständig ist und unmittelbar der Geschäftsleitung unterstellt ist.[399] Durch die funktionale Bereichstrennung der Modellvalidierung von der Modellentwicklung wird sichergestellt, dass Dritte das Modell nachvollziehen und einer kritischen internen Prüfung unterziehen.

Darüber hinaus ist das Ratingsystem, seine Funktionsweise sowie die Einhaltung aller Anforderungen an die Verwendung des IRB-Ansatzes mindestens jährlich durch die Innenrevision zu überprüfen, Art. 191 CRR.[400] Diese prüft grundsätzlich alle Tätigkeiten und Prozesse des Instituts und arbeitet selbständig und unabhängig.[401] Die Innenrevision soll einen schriftlichen Report über diese Prüfung erstellen sowie fortlaufend über wesentliche Mängel im Quartals- und über noch nicht behobene Mängel im Jahresbericht Auskunft geben.[402]

Damit wird regulatorisch eine besondere interne Governance-Struktur für die Anwendung des IRB-Ansatzes aufgestellt, die Kompetenzen und Arbeitsbereiche voneinander trennt und zugleich kontrollierende Prüf- und Billigungspflichten begründet. Bereits hieraus ergeben sich Transparenzbedingungen an das interne Modell, die eine Prüfung erst ermöglichen. Begleitet wird dies durch einen detaillierten aufsichtlichen Bewertungskatalog nach der Delegierten Verordnung (EU) 2022/439. Diese Transparenzbedingungen durch interne Governance gilt es bei den folgenden Ausführungen zur Entwicklung und Validierung eines PD-Modells zu berücksichtigen.

3. Einordnung in das Mengengeschäft

Auch für den IRB-Ansatz ist jede Risikoposition einer Risikopositionsklasse zuzuordnen. Das Institut hat dafür eine geeignete und dauerhaft kohärente Methode (*appropriate and consistent over time*) zu verwenden, Art. 147 Abs. 1 CRR. Hierfür gibt die CRR neben dem Mengengeschäft sechs weitere Risikopositionsklassen vor, Art. 147 Abs. 2 lit. d CRR. Wann eine Zuordnung in das Mengengeschäft möglich ist, definiert Art. 147 Abs. 5 CRR mit im Vergleich zum KSA leicht abgewandelten Kriterien. So gilt die Begrenzung der Forderungshöhe auf bis 1 Mio. EUR nicht für Risikopositionen an natürliche Personen.[403] Da ansonsten keine weiteren Risikoklassen für natürliche Personen vorgesehen sind, können Verbraucherkredite auch

---

[399] Art. 185 CRR in Verbindung mit Art. 10 ff. DelVO 2022/439.

[400] Siehe zum Erfordernis der Einrichtung auch § 25a Abs. 1 Satz 3 Hs. 2 Nr. 3 KWG.

[401] MaRisk BT 2.1 Rn. 1, BT 2.2 Rn. 1.

[402] MaRisk BT 2.4 Rn. 1, 4.

[403] *E contrario* aus Art. 147 Abs. 5 UAbs. 1 lit. a Ziff. ii CRR, wonach die Grenze nur für KMU oder eine Gruppe verbundener Kunden gilt.

hier nur in das Mengengeschäft fallen.[404] Auch für IRB-Ratingsysteme ist der Gegenwartswert von Mindestleasingzahlungen dem Mengengeschäft zuzuordnen, Art. 147 Abs. 5 UAbs. 2 CRR.

Weiterhin stellt Art. 147 Abs. 5 CRR Anforderungen an das bankinterne Risikomanagement (lit. b, c) sowie die Granularität des Portfolios (lit. d).[405] Für ersteres ist die Risikoposition vom Institut im Risikomanagement durchweg konsistent und in vergleichbarer Weise zu behandeln sowie weniger individuell wie eine Risikoposition gegenüber Unternehmen zu steuern.[406] Dieser sog. Use Test dient zuvörderst bei Krediten an kleine und mittlere Unternehmen (KMU) der Abgrenzung gegenüber der Risikopositionsklasse „Unternehmen", da jede Risikoposition einer der abschließend aufgezählten Risikopositionsklassen zuzuordnen ist.[407] Für Verbraucherkredite ist dies damit weniger relevant, weil natürliche Personen nur der Risikoklasse Mengengeschäft zugeordnet werden können. Nach dem in lit. d gefassten Granularitätskriterium hat die Risikoposition Teil einer größeren Zahl ähnlich gesteuerter Risikopositionen zu sein, Art. 147 Abs. 5 UAbs. 1 lit. d CRR.[408] Hierfür hat das Institut klare Kriterien aufzustellen, die gegenüber der Aufsicht offenzulegen sind.[409]

Die EBA geht davon aus, dass Institute mehrere Modelle für das Mengengeschäft verwenden.[410] Dies ergibt sich bereits daraus, dass das Mengengeschäft sowohl natürliche Personen als auch KMU erfasst, vgl. Art. 147 Abs. 5 CRR. Für natürliche Personen wird dagegen regelmäßig ein Modell für Kreditanträge (Antragsscoring – *application scoring*) und eines für lebende Konten (Verhaltensscoring – *behavioral scoring*) vorhanden sein. In solchen Fällen hat das Institut sicherzustellen, dass das PD-Modell nur für die Risikopositionsart angewendet wird, für die es die Erlaubnis der Aufsicht hat.[411]

4. Qualitative Anforderungen

Ein Institut, das für das Mengengeschäft den IRB-Ansatz anwendet, schätzt die Ausfallwahrscheinlichkeit PD selbst anhand eigener Modelle, Art. 151 Abs. 6

---

[404] Dies sind immobilienbesicherte, revolvierende und sonstige Darlehen, vgl. Art. 154 Abs. 3, 4 CRR, Kümpel/Mülbert/Früh/Seyfried/*Freis-Janik*, Bankrecht und Kapitalmarktrecht, Rn. 2.248; Hofmann/*Paul*, Basel III und MaRisk, S. 9 (36 f.).

[405] Fischer/Schulte-Mattler/*Loch*, CRR Art. 147 Rn. 35 ff., 40 ff.

[406] Dies bezieht sich auf die ebenfalls dem Mengengeschäft zugewiesenen kleine und mittelständige Unternehmen (KMU), Art. 147 Abs. 5 lit. a Ziff. ii CRR.

[407] Fischer/Schulte-Mattler/*Loch*, CRR Art. 147 Rn. 35 f.

[408] Fischer/Schulte-Mattler/*Loch*, CRR Art. 147 Rn. 40.

[409] Fischer/Schulte-Mattler/*Loch*, CRR Art. 147 Rn. 41.

[410] Vgl. EBA/GL/2017/16, Rn. 54.

[411] EBA/GL/2017/16, Rn. 54.

CRR.[412] Die qualitativen Anforderungen an diese Schätzung sind umfassend in den Art. 169 ff. CRR geregelt, die die Grundsätze aus Art. 144 Abs. 1 UAbs. 1 CRR konkretisieren. Diese Mindestanforderungen sind sowohl im Zeitpunkt der Erstgenehmigung als auch fortlaufend durch das Institut einzuhalten.[413] Die Unterabschnitte 1 und 2 des Abschnitts 6 unterscheiden dabei zwischen Regelungen für die Modellentwicklung der Ratingsysteme (Art. 169 ff. CRR) und die Risikoquantifizierung (Art. 178 ff. CRR).[414] Die EBA bezeichnet diese Unterabschnitte als Modellentwicklung und Modellkalibrierung.[415]

a) Qualitative Anforderungen an das Ratingsystem

Die Art. 169–177 CRR beschreiben die qualitativen Anforderungen an die Risikodifferenzierung, die mithilfe des Ratingsystems erfolgen soll. Zu diesem Zweck werden Anforderungen an das Ratingsystem sowie die Zuordnung von Risikopositionen zu Rating- bzw. Bonitätsstufen aufgestellt. Hierbei kommen typischerweise Kreditscoringmodelle zum Einsatz, die mit Art. 174 CRR eine gesonderte Regelung erfahren.

Der Risikodifferenzierung liegt grundsätzlich ein vierstufiges Verfahren zugrunde. Hiernach erhält jede Risikoposition einen Kreditscore, anhand dessen eine Zuordnung zu einer Bonitätsstufe erfolgt. Für jede Bonitätsstufe hat das Institut die Ausfallwahrscheinlichkeit PD geschätzt und ordnet sodann jeder einzelnen Risikoposition den PD-Wert der Bonitätsstufe zu, welcher die Risikoposition aufgrund des Kreditscores zugeordnet ist.[416] Vereinfachend kann auch ein zweistufiges Verfahren angewendet werden, wenn das Institut den Kreditscore als Ausfallwahrscheinlichkeit PD behandelt (direkte PD-Schätzung – „raw PD"[417]). In diesem Fall schreibt Art. 169 Abs. 3 CRR vor, dass die Vorschriften über die Stufenzuordnung analog anzuwenden sind.[418]

aa) Stufenbasierte Modellstruktur

Für Ratingsysteme für das Mengengeschäft sieht Art. 170 Abs. 3 CRR spezifische, im Vergleich zu den Risikopositionsklassen gegenüber Unternehmen, Instituten, Zentralstaaten und Zentralbanken vereinfachte Strukturanforderungen vor.[419] Dieses Ratingsystem soll das Schuldner- und das Geschäftsrisiko hinreichend zum

---

[412] Binder/Glos/Riepe/*Kämmler/Kleppe*, Hdb. Bankenaufsichtsrecht, § 7 Rn. 115, 133.

[413] Binder/Glos/Riepe/*Kämmler/Kleppe*, Hdb. Bankenaufsichtsrecht, § 7 Rn. 139.

[414] Beachte insofern auch die Legaldefinition in Art. 142 Abs. 1 Nr. 1 CRR.

[415] EBA/GL/2017/16, 2017, S. 10.

[416] Fischer/Schulte-Mattler/*Loch*, CRR Art. 169 Rn. 9.

[417] EBA, EBA Report on IRB modelling practices, Rn. 110.

[418] Fischer/Schulte-Mattler/*Loch*, CRR Art. 169 Rn. 10.

[419] Vgl. Art. 170 Abs. 1 CRR.

Ausdruck bringen und dafür alle relevanten Merkmale erfassen, lit. a, sowie für die konkrete Risikoposition geeignet sein[420]. Das Ratingsystem muss mithin risikosensitiv sein und trennscharf die Ausfallwahrscheinlichkeit anhand von Schuldner- und Geschäftsmerkmalen bestimmen können. Welche Merkmale relevant sind, wird nicht vorgegeben. Bei der Zuordnung zu einer Ratingstufe oder einem Risikopool[421] sind aber die Risikomerkmale des Schuldners und des konkreten Geschäfts einschließlich der Art des Produkts zu erwägen, Art. 170 Abs. 4 lit. a, b CRR.[422]

Um einer risikodifferenzierten Struktur gerecht zu werden, ist das Ratingsystem stufenbasiert zu konstruieren. Unter solchen Ratingstufen sind die verschiedenen Bonitätsklassen zu verstehen, denen ein Kreditschuldner in Abhängigkeit seiner Bonität zugeordnet werden kann. Während nach Abs. 1 lit. b für Unternehmen, Institute, Zentralstaaten und Zentralbanken mindestens sieben Bonitätsstufen für nichtausgefallene („lebende") und eine für ausgefallene Schuldner vorgesehen sind, besteht eine solche Vorgabe für das Mengengeschäft nicht. Das Institut kann damit eine eigene Anzahl bestimmen. Das Modell soll lediglich ausreichend risikodifferenziert sein und über eine ausreichende Zahl an Risikopositionen je Ratingstufe verfügen, ohne eine übermäßige Stufenkonzentration herzustellen, lit. b. Wie viele Kreditschuldner je Ratingstufe ausreichend sind, lässt das Gesetz offen. Die Zuordnung zu einer Bonitätsstufe soll jedoch auf der Basis einer aussagekräftigen Risikodifferenzierung zur Zusammenfassung vergleichbarer Risikopositionen erfolgen, die eine genaue und konsistente Kreditrisikobeurteilung erlaubt, lit. c. Die Stufen sollen homogene Risikopositionen enthalten, um ein hinreichendes Maß an vergleichbaren Schuldnerausfallrisiken zu erhalten.[423] Das Homogenitätsprinzip bezieht sich damit nicht auf die Daten, die zur Risikodifferenzierung verwendet werden, sondern auf das vergleichbare Ausfallrisiko. Dennoch bedarf es einer Risikodifferenzierung auf der Grundlage einer vergleichbaren Datenbasis, für die mehrere Vergleichsfälle existieren. Eine allzu sehr individualisierte Unterscheidung der Risikopositionen würde dem Homogenitätsprinzip widersprechen. Hieraus folgt, dass nur solche Daten für die Stufenzuordnung verwendet werden sollten, die von dem potenziellen Adressatenkreis an Verbrauchern generell und langfristig erhoben werden könnten. Die Daten müssen damit einen gewissen Durchschnittscharakter aufweisen.

---

[420] EBA/GL/2017/16, Rn. 54.

[421] Die CRR nennt neben der Ratingstufe alternativ auch Risikopools, siehe Art. 171 CRR. Im Folgenden wird jedoch der Einfachheit wegen nur die Ratingstufe aufgezählt. Die Begriffsbestimmungen für den IRB-Abschnitt sprechen dagegen von „Bonitätsstufen oder -pools", siehe Art 142 Abs. 1 Nr. 1 CRR.

[422] Bei besicherten Forderungen zusätzlich die Sicherheit, bei bestehenden Risikopositionen der Verzugsstatus, Art. 170 Abs. 4 lit. c CRR.

[423] EBA/GL/2017/16, Rn. 69.

bb) Die Zuordnung einer Risikoposition

Die Ratingzuordnung (*rating assignment*)[424] erfolgt im Kreditgenehmigungs-verfahren und hat zur Folge, dass die zugeordnete Risikoposition die Ausfallwahr-scheinlichkeit der jeweiligen Bonitätsstufe annimmt.[425] Für Risikopositionen aus dem Mengengeschäft gilt, dass jede Risikoposition einer Ratingstufe zuzuordnen ist, Art. 172 Abs. 2 CRR. Es wird damit nicht der Schuldner, sondern der Buchwert der Forderung als Risikoposition einer Ratingstufe zugeordnet. Je nach schuldner- und geschäftsspezifischen Merkmalen können damit zwei unterschiedliche Risikoposi-tionen gegenüber demselben Schuldner unterschiedlichen Ratingstufen einzuordnen sein. Materiell ist die Integrität des Zuordnungsprozesses mindestens einmal jährlich durch das Institut zu überprüfen. Dies beinhaltet die Schuldnerzuordnung, die Verlusteigenschaften und den Verzugsstatus eines jeden Risikopools sowie eine Statusprüfung anhand einer repräsentativen Stichprobe, ob die Zuordnung jeder einzelnen Risikopositionen aufrechtzuerhalten ist, Art. 173 Abs. 2 CRR. Das Kre-ditinstitut trifft damit nicht nur vor Abschluss eines Kreditvertrages, § 18a Abs. 1 Satz 1 KWG, sondern darüber hinaus mindestens jährlich für die Dauer des Ver-tragsverhältnisses die Pflicht zur Beurteilung des Kreditrisikos.[426] Demzufolge be-darf es solcher Informationen, die wiederkehrend erhoben werden können.

Nach dem Grundsatz in Art. 144 Abs. 1 lit. a CRR hat das Ratingsystem eine aussagekräftige Beurteilung der schuldner- und geschäftsspezifischen Merkmale zu liefern. Dies bedeutet, dass die Zuordnung der Risikoposition insbesondere auch nach unterschiedlichen Kunden- und Produktarten, Regionen, Kreditlaufzeiten sowie für eingetretene Zahlungsausfälle differenzieren kann.[427] Auch *unscorables* muss das PD-Modell einstufen können.[428] Das wirkt zunächst widersprüchlich, da für diese Personengruppe definitionsgemäß kein Kreditscore berechnet werden kann. Hierbei handelt es sich nach Vorstellungen der EZB jedoch um Positionen, für die kein Auskunftei-Kreditscore vorliegt. Nutzt das Institut diesen externen Kreditscore aber als Hauptvariable seines internen PD-Modells, fehlt ein wesentlicher Input, sodass das Institut womöglich keinen internen Kreditscore berechnen könnte. Indem das PD-Modell diese Positionen gem. Art. 172 Abs. 2 CRR dennoch einer Rating-stufe zuzuordnen hat, soll es nach der Vorstellung der EZB keine Kreditnehmer geben dürfen, die als „*unratables*" gelten. Damit muss noch nicht der Kreditan-tragsteller, wohl aber der Kreditschuldner *ratable* sein, denn erst mit Abschluss des Kreditvertrages entsteht eine Risikopositionen, die das Institut mit Eigenmitteln zu unterlegen hat.

---

[424] EBA/GL/2017/16, Rn. 66 (a).

[425] *Hartmann-Wendels/Pfingsten/Weber*, Bankbetriebslehre, S. 465.

[426] MaRisk BTO 1.2.1 Rn. 2; *Hartmann-Wendels/Pfingsten/Weber*, Bankbetriebslehre, S. 448; vgl. auch die laufenden Überwachungsmaßnahmen durch das Institut EBA/GL/2020/ 06, Rn. 251 ff., 257 ff.

[427] EZB, ECB guide to internal models, S. 74 Rn. 55 lit. b.

[428] Vgl. EZB, ECB guide to internal models, S. 74 Rn. 55 Fn. 34.

cc) Modellgestützte Ratingzuordnung, Art. 174 CRR

Die Zuordnung zu einer Ratingstufe hat anhand genau festgelegter Definitionen, Prozesse und mit den internen Kreditvergaberichtlinien übereinstimmenden Kriterien zu erfolgen, Art. 171 Abs. 1 lit. a, c CRR. Die modellgestützte Ratingzuordnung steht unter dem Ziel, Transparenz zugunsten des Kreditsachbearbeiters sowie Dritter herzustellen. So sind die Definitionen der Ratingstufe in so detaillierter Weise festzulegen, dass der zuständige Sachbearbeiter vergleichbare Risikopositionen konsistent derselben Stufe zuordnen kann (lit. a). Durch Dokumentation sollen Dritte in der Lage sein, den Ratingprozess nachvollziehen, reproduzieren und auf seine Angemessenheit beurteilen zu können (lit. b). Erfolgt die Zuordnung von Risikopositionen zu Ratingstufen durch „statistische Modelle oder andere algorithmisch[e] Verfahren"[429] des Kreditinstituts, gelten die besonderen qualitativen Anforderungen des Art. 174 CRR.[430] Dies umfasst die modellgestützte Ratingzuordnung wie sie typischerweise mithilfe eines Kreditscoringmodells ausgeführt wird.[431] Diese Ratingzuordnung bildet den Regelfall im Mengengeschäft,[432] weshalb mit Blick auf Kreditscoringmodelle die zusätzlichen Anforderungen nach Art. 174 CRR zu berücksichtigen sind.

Die modellgestützte Ratingzuordnung erfolgt auf der Grundlage einer festgelegten Ratingphilosophie.[433] Es ist ihr wesentlicher Inhalt, dass Institute die Merkmale und Veränderungen der Ratingzuordnung zu verstehen haben.[434] Damit wird unmittelbar System- und Datentransparenz eingefordert. Die Aufsicht muss insbesondere bewerten können, ob die zuständigen Mitarbeiter über ein vollumfängliches Verständnis über die Fähigkeiten und Grenzen des Modells verfügen.[435] Die Ratingphilosophie kann grundsätzlich in zwei unterschiedliche Herangehensweisen eingeteilt werden: Ein Modell kann einerseits konjunkturabhängig die aktuelle Wirtschaftslage einbeziehen (*point in time* – PIT).[436] Diese Philosophie berücksichtigt neben dem makroökonomischen auch das idiosynkratische Risiko einer einzelnen Risikoposition im Konjunkturverlauf. Während solche PIT-Modelle besser die jährliche Ausfallrate schätzen, sind andererseits sog. TTC-Modelle, die mit Blick auf wirtschaftliche Bedingungen weniger sensibel sind (*through the cycle*),

---

[429] Das Baseler Rahmenwerk spricht von „anderen mechanische[n] Verfahren", BIS, Basel II, Rn. 417, so auch die englische Fassung des Art. 174 CRR.

[430] Für einen Überblick der Modellierungstechniken zur Parameterschätzung in der Praxis siehe die Auswertung der EBA zu ihrer IRB-Umfrage, EBA Report on IRB modelling practices, 20.11.2017.

[431] BIS, Basel II, Rn. 417; *Thomas/Crook/Edelman*, Credit Scoring and its Applications, S. 279.

[432] Erwg. (15) DelVO (EU) 2022/439.

[433] EBA/GL/2017/16, Rn. 66.

[434] EBA/GL/2017/16, Rn. 66 (a).

[435] Art. 38 lit. d DelVO (EU) 2022/439.

[436] EBA/GL/2017/16, Rn. 66 (a); *Hartmann-Wendels/Pfingsten/Weber*, Bankbetriebslehre, S. 441.

besser darin, die durchschnittlichen Ausfallraten im gewöhnlichen Konjunkturverlauf zu schätzen.[437] Diese Ratingphilosophie konzentriert sich nur auf das idiosynkratische Risiko und ist nicht krisensensitiv.[438] Ändert sich somit drastisch die Wirtschaftslage, führt dies zu Abweichungen zwischen der geschätzten und der beobachteten Ausfallrate.[439] Umgekehrt führt ein PIT-Modell zu einer höheren Migration zwischen den einzelnen Ratingstufen.[440] Während Kreditinstitute in der Regel die konjunkturabhängigen PIT-Modelle verwenden, setzten Auskunfteien vorwiegend auf TTC-Modelle.[441]

(1) Modellqualität, Art. 174 lit. a CRR

Lit. a stellt unmittelbare Qualitätsanforderungen an das Kreditscoringmodell hinsichtlich der Modellgüte, der Datengrundlage und systematischer Fehler.

(a) Prognosefähigkeit

Nach Satz 1 muss das Modell über eine „gute" Prognosefähigkeit und damit über eine gewisse Güte verfügen. Die Eigenmittelanforderungen dürfen dabei nicht durch die Verwendung des Modells verzerrt werden. Hieraus folgt, dass das Modell bestmöglich und trennscharf zwischen den jeweiligen Ratingstufen zu differenzieren hat und eine genaue Bewertung des Kreditrisikos erlaubt. Die Trennschärfe kann etwa durch den AUC-Wert oder Gini-Koeffizienten nachgewiesen werden.[442]

(b) Modellinput

Die Grundlage für die Ratingzuordnung sollen alle relevanten Informationen bilden, Art. 171 Abs. 2 Satz 1 CRR. In qualitativer Hinsicht müssen diese Informationen aktuell sein und eine Prognose über die Entwicklung der jeweiligen Risikoposition erlauben, Art. 171 Abs. 2 Satz 2 CRR. Zur Erreichung eines risikosensitiven Modells sind qualitativ hochwertige und ausreichende Daten erforderlich.[443] Damit sind grundsätzlich alle bonitätsrelevanten Informationen als Datengrundlage zu berücksichtigen. Art. 171 Abs. 2 Satz 3 CRR wiederholt diesen Grundsatz der umfassenden Datenbeschaffung,[444] indem eine geringe Informationsdichte zu einer konservativen Stufenzuordnung führen soll.[445] Auch eine „nachlassende Verlässlichkeit" von Schuldnermerkmalen ist zu berücksichtigen,[446]

---

[437] EBA/GL/2017/16, Rn. 66 (a).

[438] *Thomas/Crook/Edelman*, Credit Scoring and its Applications, S. 279.

[439] EBA/GL/2017/16, Rn. 66 (a).

[440] EBA/GL/2017/16, Rn. 66 (a); Fischer/Schulte-Mattler/*Daun*, CRR Art. 179 Rn. 5.

[441] *Thomas/Crook/Edelman*, Credit Scoring and its Applications, S. 281 f.

[442] Dazu oben § 2, E.I.6., S. 139 f.

[443] Erwg. (42) Satz 7 CRR.

[444] Siehe auch Erwg. (32) DelVO (EU) 2022/439.

[445] Zur Einführung eines Rahmenkonzeptes EBA/GL/2017/16, Rn. 195 ff.

[446] EBA/GL/2017/16, Rn. 59.

wie dies etwa bei unvollständigen und veralteten Daten oder bei dem weiter oben diskutierten *population drift* der Fall ist[447]. Im Zweifel hat das Institut die Risikoposition einer schlechteren Ratingstufe zuzuordnen, sofern unzureichende Informationen vorliegen. Umgekehrt kann somit eine hohe Informationsdichte eine progressive Ratingzuordnung erlauben, sofern dies einer aussagekräftigen Risikodifferenzierung beiträgt. Auch dies bietet dem Institut aufgrund der günstigeren Eigenmittelanforderungen einen Anreiz, möglichst bonitätsrelevante schuldner- und geschäftsbezogene Informationen zu berücksichtigen[448].

Art. 174 lit. a Satz 2 spezifiziert den Modellinput, indem die Input-Variablen eine „vernünftige und effektive Grundlage" für die anzustellende Vorhersage bilden. Das Gesetz überlässt die Entscheidung dem Institut, welche Daten als vernünftig gelten mögen. Von besonderer Relevanz wird der Schuldnerausfall gem. Art. 178 CRR sein und damit Negativmerkmale wie der Eintritt eines Zahlungsverzugs oder die Eröffnung des Insolvenzverfahrens.[449] Solche Merkmale liegen jedoch für die Minderheit der Kreditschuldner vor, sodass auch andere Datenarten eine vernünftige und effektive Grundlage zur Risikodifferenzierung bilden müssen.

Nach der EBA sollen die Kreditinstitute umfassende Informationen berücksichtigen, die für die Beurteilung der konkreten Risikopositionsart relevant sind. Als Beispiele nennt sie Risikofaktoren im Zusammenhang mit Schuldnermerkmalen, finanz- und verhaltensbezogenen Informationen.[450] Alternative Daten sind zwar häufig verhaltensbezogene Informationen; die EBA nennt jedoch beispielhaft den Eintritt des Zahlungsverzugs.[451] Das Schuldnerverhalten muss somit bereits einen unmittelbaren, finanzbezogenen Zusammenhang zum Kreditrisiko aufweisen. Das Baseler Rahmenwerk nennt als Beispiele für relevante Daten etwa den Schuldnertyp, das Alter und den Beruf.[452] Unter Berücksichtigung des Telos, die Eigenmittelanforderungen mit Blick auf das institutseigene Kreditrisiko bestimmen zu können, vgl. Art. 92 CRR, richten sich die Vernunft und Effektivität einer Input-Variable nach deren Nutzen für ebendiese Beurteilung. Der Beurteilungshorizont richtet sich somit danach, ob die Variable einen bedeutenden Mehrwert für die Beurteilung des Kreditrisikos aufzeigt. Ob dies bloß traditionelle oder auch alternative Daten erfüllen, lässt die CRR an dieser Stelle somit offen. Alternative Daten können damit verwendbar sein, sofern belastbare Nachweise vorliegen, die alternative Daten als vernünftige und effektive Grundlage zur Risikodifferenzierung bestätigen. Dabei steht das Kreditinstitut in der Nachweispflicht.

---

[447] Siehe oben § 2, E.I.2.a)aa), S. 131.

[448] Siehe auch BIS, Basel III: Finalising post-crisis reforms, 2017, S. 84: „*Rating systems [...] must capture all relevant borrower and transaction characteristics*".

[449] Zum Begriff des Schuldnerausfalls unten § 3, C.II.4.b)bb), S. 228 ff.

[450] EBA/GL/2017/16, Rn. 57.

[451] EBA/GL/2017/16, Rn. 57 (d).

[452] BIS, Basel III: Finalising post-crisis reforms, 2017, S. 84.

(c) Externer Kreditscore als Inputvariable

Wenn die Ratingzuordnung auf der Grundlage aller relevanten, vernünftigen und effektiven Informationen zu bilden ist, Art. 171 Abs. 2 Satz 1, 174 lit. a Satz 2 CRR, gehören hierzu auch externe Bonitätseinschätzungen wie der von einer Auskunftei übermittelte Kreditscore. Dies impliziert auch Art. 171 Abs. 2 Satz 4 CRR. Nach dem Leitfaden der EZB für IRB-Modelle zur Beurteilung des Kreditrisikos darf das Institut den von einer Auskunftei übermittelten Kreditscore als wesentliche oder sogar als Hauptvariable in seinem eigenen Modell vorsehen.[453] In diesem Fall hat es aber die Datenquelle und die wesentlichen Datenverarbeitungsprozesse in Erfahrung zu bringen.[454] Letzteres bedeutet, dass das Institut Struktur, Wesen und Hauptrisikotreiber des externen Kreditscoringmodells zu kennen hat.[455] Dabei gilt, dass je gewichtiger der externe Kreditscore für das interne Modell, desto höhere Anforderungen sind an die Kenntnis zu stellen und desto häufiger ist der Einfluss auf das institutsinterne PD-Modell zu prüfen.[456] Da die Gefahr besteht, wichtige Informationen unberücksichtigt zu lassen, hat das Institut sicherzustellen, dass der externe Kreditscore regelmäßig aktualisiert und das externe Modell validiert wird.[457] Umgekehrt besteht aber auch die Gefahr, dass Informationen infolge der Implementierung des externen Scorewertes doppelt berücksichtigt und damit übergewichtet werden. Aus diesem Grund darf keine Ergebnisverzerrung durch die Berücksichtigung des Auskunftei-Scores eintreten, die den Output des institutseigenen PD-Modells beeinträchtigen würden.[458]

Auch wenn das Modell in der Hauptsache einen Auskunftei-Score als Input-Variable verwendet, muss das Kreditscoringmodell des Instituts dennoch alle wesentlichen bonitätsbezogenen Informationen erfassen.[459] Dazu gehört, dass das IRB-Modell nicht einfach den externen Kreditscore für die Beurteilung der Ausfallwahrscheinlichkeit einer Risikoposition übernimmt.[460] Das Institut hat damit sicherzustellen, dass es eine eigene Entscheidung über die Kreditwürdigkeit des Kreditnehmers fällt. Ein externer Kreditscore darf damit keine ausgelagerte, das interne Kreditscoring ersetzende Kreditwürdigkeitsprüfung darstellen. Sonst wäre auch grundsätzlich das Delegationsverbot nach § 25b Abs. 2 Satz 1 KWG verletzt. Insofern hat sich das Kreditinstitut auch nach der Säule I mit den Auslagerungsrisiken bei Verwendung eines externen Kreditscores intensiv auseinanderzusetzen, um

---

[453] Vgl. EZB, ECB guide to internal models, S. 67 Rn. 38; zu Besonderheiten siehe S. 77 f., Rn. 65.

[454] EZB, ECB guide to internal models, S. 67, Rn. 37.

[455] EZB, ECB guide to internal models, S. 67, Rn. 38 lit. b.

[456] EZB, ECB guide to internal models, S. 67, Rn. 38 lit. b.

[457] EZB, ECB guide to internal models, S. 67, Rn. 38 lit. a, c.

[458] EZB, ECB guide to internal models, S. 67, Rn. 38 lit. e.

[459] EZB, ECB guide to internal models, S. 67, Rn. 38 lit. d.

[460] EZB, ECB guide to internal models, S. 67, Rn. 38 lit. d.

die Anforderungen an die Gewährleistung der Ordnungsmäßigkeit der Geschäfts-organisation im Sinne des § 25a KWG nach Säule II sicherzustellen.

(d) Fehler und Verzerrungen (*bias*)

Darüber hinaus darf das Modell keine wesentlichen systematischen Fehler („*material biases*") enthalten, lit. a Satz 3. Das Modell ist damit als *state of the art* zu entwickeln, damit systembedingte Output-Verzerrungen vermieden werden. Hier-durch sollen reproduzierende Fehler ausbleiben, die wiederkehrend die „Richtigkeit" des ermittelten Outputs beeinträchtigen, etwa indem die Parametergewichtung nicht dem statistisch ermittelten Wert entspricht. Mit Blick auf das Telos des IRB-An-satzes, die Eigenmittel risikoadäquat zu berechnen, liegen wesentliche systematische Fehler vor, wenn diese Beurteilung beeinträchtigt würde. Dies wird systematisch auch durch die Sätze 1 und 2 des lit. a unterstützt. Für einen positivdiskriminierenden Einbezug eines *historic bias*,[461] bleibt im Rahmen des lit. a Satz 3 damit kein Raum, sofern dies nicht die angemessene Beurteilung der Eigenmittelausstattung hervor-bringt. Stattdessen nimmt lit. a Satz 3 den *sampling bias* in den Blick.[462]

(2) Überprüfung der Datenqualität, Art. 174 lit. b CRR

Das Institut hat über ein Verfahren zu verfügen, das die Überprüfung der Qualität der in das Modell einfließenden Daten gewährleistet, lit. b. Dies umfasst die Be-wertung der Genauigkeit, Vollständigkeit und Angemessenheit der Daten, für deren Bewertung das Institut ein Rahmenwerk verfassen soll[463]. Aus dem Erfordernis der Angemessenheit folgert die EZB, dass die Qualität der Daten auch deren Aktualität, Einzigartigkeit, Validität, Verfügbarkeit und Rückverfolgbarkeit erfordert.[464] Die Daten müssen hinreichend präzise sein, damit Verzerrungen in der Ratingzuordnung vermieden werden.[465] Demzufolge darf keine zu verallgemeinernde Gruppenbildung unternommen werden, womit dem Grundsatz „*garbage in – garbage out*" Rechnung getragen wird. Auch redundante, kollineare Merkmale sind somit zu vermeiden. Vielmehr erfordert die Validität der Daten und Merkmale, dass ein trennscharfes Klassifizierungssystem verwendet wird.[466] Dies betrifft somit die Auswahl der Input-Daten im Rahmen der Datenaufbereitung für den Trainings-, Validierungs- und Testdatensatz (*sample selection*) und dient der Verhinderung der Output-Verzerrung, da das Modell eine Abstraktion der Wirklichkeit werden soll.[467] Die zu abstrahie-rende Wirklichkeit besteht dabei in dem tatsächlichen Kreditrisiko des Instituts.

---

[461] Dazu oben § 2, E.I.2.a)aa), S. 131.

[462] Siehe insofern auch die Möglichkeit des Datenpooling, unten § 3, C.II.4.b)cc)(5), S. 241.

[463] EZB, ECB guide to internal models, S. 63 Rn. 21.

[464] EZB, ECB guide to internal models, S. 63 Rn. 21, Fn. 15.

[465] EBA/GL/2017/16, Rn. 16.

[466] EZB, ECB guide to internal models, S. 63 Rn. 21 lit. f.

[467] Siehe oben § 2, E.I., S. 128.

Insofern sind Genauigkeit, Vollständigkeit und Angemessenheit nicht nur qualitativ, sondern auch quantitativ zu verstehen, etwa mit Blick auf die Stichprobengröße, die Verteilung von „guten" und „schlechten" Kreditschuldnern innerhalb des Datensatzes und die Merkmalsvariablen selbst. Die Qualität und Zuverlässigkeit der Daten muss der aufsichtlichen Bewertung zugänglich sein.[468]

(3) Repräsentative Daten, Art. 174 lit. c CRR

Die Daten, die für die Modellentwicklung verwendet werden, müssen repräsentativ für die aktuelle Schuldner- und Risikopositionsstruktur des Instituts sein (*„representative population"*). Auch dieser Qualitätsaspekt ist durch die Aufsicht zu bewerten.[469] Maßstab der Repräsentativität der Daten sind der Anwendungsbereich des Modells, die Ausfalldefinition, die Verteilung der Risikomerkmale und die institutsinternen Kreditvergaberichtlinien.[470] Dies gilt für die zur Modellentwicklung verwendeten Daten, und damit für die Trainings-, Validierungs- und Testdaten. Dass die Daten weiterhin für den Anwendungsbereich des PD-Modells repräsentativ sind, soll mithilfe von statistischen Verfahren wie der Clusteranalyse nachgewiesen werden.[471] Das Institut hat die Repräsentativität mit fundierten Methoden zu beurteilen, auch wenn externe Daten wie Auskunfteidaten verwendet werden.[472]

Im Rahmen des Datenaufbereitungsprozesses ist ein aktuelles Stichprobenfenster auszuwählen, welches das institutseigene Risikoprofil widerspiegelt, was auch einen bewussten Ausschluss mancher Daten bedeuten kann.[473] Die spätere Modellperformance anhand des Anwendungsportfolios darf nicht durch unzureichende Repräsentativität des Trainingsdatensatzes beeinträchtigt werden.[474] Dem Problem geringer Kreditausfälle wird Rechnung getragen, indem ausgefallene Positionen nur ausreichend vorhanden sein müssen.[475] Darüber hinaus bereiten aus Sicht der Modellentwicklung die im Rahmen des Datenauswahlprozesses diskutierten Aspekte *population drift, historic bias* und *reject inference* praktische Probleme.[476]

(4) Aufsichtsspezifische Datenschutzvorgaben, § 10 Abs. 2 KWG

Spezielle Vorgaben zur Verwendung personenbezogener Daten bietet § 10 Abs. 2 KWG. Hiernach darf das Institut gem. § 10 Abs. 2 Satz 1 KWG personenbezogene Daten seiner (i) Kunden, (ii) von Personen, mit denen es Vertragsverhandlungen über

---

[468] Art. 37 Abs. 1 lit. a DelVO (EU) 2022/439.

[469] Art. 37 Abs. 2 DelVO (EU) 2022/439.

[470] EBA/GL/2017/16, Rn. 21.

[471] EBA/GL/2017/16, Rn. 22.

[472] EBA/GL/2017/16, Rn. 17 ff.

[473] EBA/GL/2017/16, 2017, S. 16.

[474] EBA/GL/2017/16, Rn. 20.

[475] EBA/GL/2017/16, Rn. 27.

[476] Zu diesen Problemen oben § 2, E.I.2.a)bb), S. 131 ff.

Adressenausfallrisiken begründende Geschäfte aufnehmen, sowie (iii) von Personen, die für die Adressenausfallrisiken einstehen sollen, für die Zwecke der CRR und der SolvV verarbeiten. § 10 Abs. 2 KWG bildet damit die datenschutzrechtliche Grundlage, auf welcher das Institut das Kreditrisiko bewerten darf.[477] Es handelt sich dabei um eine bereichsspezifische Sonderregelung zum Datenschutzrecht.[478]

Anders als § 18a Abs. 9 KWG lässt § 10 Abs. 2 KWG das Datenschutzrecht nicht unberührt, sodass die Norm mit den allgemeinen Regelungen der DS-GVO zu kollidieren droht. Allerdings handelt es sich bei § 10 Abs. 2 KWG um eine zulässige Präzisierung des Art. 176 Abs. 5 lit. a, c CRR, der eine rechtliche Verpflichtung im Sinne des Art. 6 Abs. 2, 3 DS-GVO darstellt.[479] Da es sich um eine datenschutzrechtliche Konkretisierungsregelung handelt, ist § 10 Abs. 2 KWG auch gegenüber der als Verordnung im Sinne des Art. 288 AEUV unmittelbar geltenden CRR europarechtlich unbedenklich. Im Anwendungsbereich dürfen die Institute personenbezogene Daten nur verarbeiten, „soweit" die kumulativ zu erfüllenden Anforderungen der Nr. 1–3 nicht entgegenstehen. Insofern formuliert § 10 Abs. 2 Satz 1 KWG Qualitätsprämissen für eine rechtmäßige Datenverarbeitung.

(a) Wissenschaftlich nachweisbare Erheblichkeit (Nr. 1)

Gem. § 10 Abs. 2 Satz 1 Nr. 1 KWG müssen die Daten unter Zugrundelegung eines wissenschaftlich anerkannten mathematisch-statistischen Verfahrens nachweisbar für die Bestimmung und Berücksichtigung von Adressenausfallrisiken erheblich sein. Nr. 1 unterfällt in drei Bestandteile:

Erstens muss es sich bei der Methode um ein wissenschaftlich anerkanntes mathematisch-statistisches Verfahren handeln. Dies meint die mannigfaltigen Möglichkeiten der oben beschriebenen Kreditscoringmethoden.[480] Damit setzt der Gesetzgeber voraus, dass das Ratingsystem auf wissenschaftlich fundierten Methoden basiert, ohne dass gewisse Methoden vornherein ausgeschlossen werden. Hierin zeigt sich die Methodenneutralität des Aufsichtsrecht und das dem Institut eingeräumte Ermessen in der Methodenauswahl. Die Beweislast für die wissenschaftliche Anerkennung des Verfahrens trifft das Institut.[481]

Zweitens müssen die Daten unter Zugrundelegung dieses Verfahrens „nachweisbar" für die Bestimmung von Adressenausfallrisiken bzw. im Sinne der „Bonitätsrelevanz"[482] erheblich sein. Hieraus folgt, dass die Daten für die Bestimmung des Kreditrisikos nicht nur relevant, sondern dass diese Relevanz auch auf der

---

[477] Fischer/Schulte-Mattler/*Glaser*, KWG § 10 Rn. 10 ff.

[478] Bereits nach BDSG a. F., siehe RegE- BKRUG, BT-Drs. 16/1335, S. 48; Fischer/Schulte-Mattler/*Glaser*, KWG § 10 Rn. 12; allerdings nicht unstrittig, siehe Forgó/Helfrich/Schneider/*Helfrich*, Betrieblicher Datenschutz, Teil IX, Kap. 3 Rn. 31 f.

[479] Im Einzelnen unten § 4, B.IV.2., S. 274.

[480] Siehe oben § 2, D.III., S. 108 ff.

[481] *Helfrich*, Kreditscoring und Scorewertbildung der SCHUFA, S. 66.

[482] RegE, BT-Drs., 16/1335, S. 48

Grundlage eines mathematisch-statistischen Verfahrens nachgewiesen werden kann. Wie transparent dieser Nachweis ausgestaltet sein muss, lässt das Gesetz offen. Allerdings gilt auch hier der Grundsatz der „lückenlosen Überwachung" durch die Aufsicht, § 25a Abs. 1 Satz 6 Nr. 2 KWG. Insofern muss die Relevanz für einen Dritten, hier die Aufsicht, vollumfänglich nachvollziehbar sein.[483]

Drittens müssen die Daten unter Zugrundelegung dieses Verfahrens nachweisbar für die Bestimmung von Adressenausfallrisiken „erheblich" sein. Zur Sicherung der Modellqualität sollen demnach nur solche Daten als Input-Variablen gelten, die erheblich zur Bestimmung des Kreditrisikos beitragen. Die Daten müssen somit gesteigerte Bonitätsrelevanz aufweisen. Das Modell soll nur ausgewählte Variablen berücksichtigen, die einen signifikanten Beitrag leisten, und nicht „überladen" werden. Welche Grenze für die Erheblichkeit gilt, wird wiederum nicht geregelt. Damit liegt die Begründungspflicht bei dem Kreditinstitut. Ausnahmsweise kann es im (Weiter-)Entwicklungsstadium gem. § 10 Abs. 2 Satz 3 KWG aber ausreichen, wenn die Daten bei wirtschaftlicher Betrachtungsweise für die Bestimmung und Berücksichtigung der Adressenausfallrisiken potenziell erheblich sein können. Dies trägt dem Umstand Rechnung, dass die Merkmalskorrelation erst durch statistische Tests im Rahmen der Merkmalsaufbereitung in Erfahrung gebracht wird und im Verarbeitungszeitpunkt noch nicht feststeht.[484]

(b) Interne Risikomessverfahren zur Bewertung der Eigenmittelausstattung (Nr. 2)

Gem. § 10 Abs. 2 Satz 1 Nr. 2 KWG dürfen die personenbezogenen Daten verarbeitet werden, soweit diese Daten zum Aufbau und Betrieb von internen Ratingsystemen für die Schätzung von Risikoparametern des Adressenausfallrisikos des Instituts erforderlich sind. Auch die Entwicklung und Weiterentwicklung eines solchen Ratingsystems ist vom Anwendungsbereich erfasst. Ferner begrenzt § 10 Abs. 2 Satz 1 Nr. 2 KWG die berücksichtigungsfähigen Daten auf solche, die für den Aufbau, Betrieb sowie (Weiter-)Entwicklung eines solchen Ratingsystems „erforderlich" sind.

Damit können sich einerseits nur Kreditinstitute auf § 10 Abs. 2 KWG berufen, die den IRB-Ansatz anwenden und im Rahmen dessen ein internes Ratingsystem aufbauen, betreiben oder (weiter-)entwickeln.[485] Aber auch ein Kreditinstitut, welches noch den KSA anwendet, kann sich zum Aufbau eines solchen Ratingsystems auf § 10 Abs. 2 KWG berufen. Ein Antrag auf Zulassung zur Anwendung des IRB-Ansatzes muss in diesem Zeitpunkt noch nicht gestellt sein. Das Institut hat

---

[483] Siehe auch zu den spezifischen Dokumentationsanforderungen unten § 3, C.II.4.a)dd), S. 223.

[484] Siehe oben zur Modellerstellung § 2, E.I., S. 128 ff.

[485] Fischer/Schulte-Mattler/*Glaser*, KWG § 10 Rn. 14 Ziff. iii; Schwennicke/Auerbach/*Auerbach*, KWG § 10 Rn. 43, 21.

schließlich die ausreichende Erfahrung von mindestens drei Jahren im Umgang mit dem Ratingsystem nachzuweisen, Art. 145 Abs. 1 CRR.[486]

Keine unmittelbare Grundlage bietet § 10 Abs. 2 KWG dagegen für interne Risikomessverfahren zur Eigenmittelberechnung nach Art. 79 CRD IV, da es sich insofern nicht um eine Verarbeitung für die Zwecke der CRR handelt.[487]

(c) Verbotene Input-Daten (Nr. 3)

Die letzte Prämisse zur Verarbeitung personenbezogener Daten besteht darin, dass es sich nach § 10 Abs. 2 Satz 1 Nr. 3 KWG nicht um Angaben zur Staatsangehörigkeit oder um besondere Kategorien personenbezogener Daten nach Art. 9 Abs. 1 DS-GVO handeln darf. Unter diesen Kategorienkatalog fallen Daten, aus denen die rassische und ethnische Herkunft, politische Meinungen, religiöse oder weltanschauliche Überzeugungen oder die Gewerkschaftszugehörigkeit hervorgehen, sowie genetische Daten, biometrische Daten zur eindeutigen Identifizierung, Gesundheitsdaten oder Daten zum Sexualleben oder der sexuellen Orientierung. Der Gesetzgeber wollte damit die Verwendung besonders sensibler Merkmale generell ausschließen.[488] Eine Rechtfertigungsmöglichkeit besteht nicht. Demnach regelt § 10 Abs. 2 KWG unzulässige Input-Daten für das Kreditscoringsystem.[489]

Da es nach Art. 9 Abs. 1 DS-GVO in den Fällen der rassischen und ethnischen Herkunft, der politischen Meinungen, der religiösen oder weltanschaulichen Überzeugungen oder der Gewerkschaftszugehörigkeit bereits ausreicht, wenn der Informationsgehalt aus den Daten „hervorgeht", sind die Input-Daten sehr genau daraufhin zu prüfen, ob die genannten Daten mittelbare Berücksichtigung finden.[490] Auch insofern ergibt sich, dass das Ratingsystem keine Black Box sein darf, da das Institut ansonsten nicht ausschließen könnte, ob das Ratingsystem diese Merkmale berücksichtigt.[491]

In Abgleich mit Art. 6 CCD 2021-Komm-E fällt auf, dass insbesondere die Merkmale Geschlecht, Alter und Wohnsitz nicht in § 10 Abs. 2 Satz 1 Nr. 3 KWG enthalten sind. Damit wäre grundsätzlich ein Zustand denkbar, in dem für die Beurteilung des Adressenausfallrisikos andere Merkmale verwendet werden dürfen als für die Kreditwürdigkeitsprüfung. Demzufolge könnte eine nach der eingehenden Prüfung gem. § 18a KWG kreditwürdige Person, bei zeitgleicher Prüfung des Adressenausfallrisikos plötzlich schlechter einzustufen sein – oder *vice versa*. Dies

---

[486] Fischer/Schulte-Mattler/*Glaser*, KWG § 10 Rn. 14 Ziff. iii; dazu siehe oben § 3, C.II.1.c), S. 203.

[487] Dazu oben § 3, B.IV.3.b), S. 171, und § 4, B.IV.2., S. 274; i.E. auch Fischer/Schulte-Mattler/*Glaser*, KWG § 10 Rn. 14 Ziff. iii; a.A. Forgó/Helfrich/Schneider/*Helfrich*, Betrieblicher Datenschutz, Teil IX, Kap. 3 Rn. 33 ff.

[488] RegE, BT Drs. 16/1335, S. 48.

[489] Fischer/Schulte-Mattler/*Glaser*, KWG § 10 Rn. 14 Ziff. iv.

[490] Zu Art. 9 DS-GVO unten § 4, B.VIII., S. 300 ff.

[491] Vgl. das Beispiel oben in § 2 Fn. 644.

kollidiert mit der Integration der Beurteilung des Kreditrisikos in den Kreditvergabeprozess.[492] Darin eröffnet sich für das Institut ein Interessenkonflikt. Schließlich
soll die Anwendung des IRB-Ansatzes gerade einen Anreiz bieten, durch eine risikoadäquate Beurteilung des Kreditrisikos weniger Eigenmittel als nach dem KSA
zurückhalten zu müssen. Umgekehrt gebietet das Ziel des Verbraucherschutzes aber
eine Kreditvergabe, die den Verbraucher vor Überschuldung und Zahlungsfähigkeit
schützt. Insofern lägen dem Institut zwei verschiedene Entscheidungsparameter vor,
die unterschiedlich zulässige und unzulässige Merkmale beinhalten. Würde das
Institut den Vertragsschluss aufgrund solcher Merkmale ablehnen, die nach § 10
Abs. 2 KWG zulässig sind, würde dennoch eine unzulässige Diskriminierung nach
Art. 6 CCD 2021-Komm-E vorliegen. Umgekehrt könnte das Institut einem Kontrahierungszwang aus Art. 6 CCD 2021-Komm-E unterliegen, da es die für die
Beurteilung des Adressenausfallrisikos zulässigen Merkmale nicht im Rahmen der
Kreditentscheidung berücksichtigen darf. Da sich das Adressenausfallrisiko in einer
risikosensitiven Einstufung der Rückzahlungswahrscheinlichkeit des Verbrauchers
und damit der risikoadäquaten Bepreisung des Darlehens ausdrückt, sollten die
Merkmale in § 10 Abs. 2 Satz 1 Nr. 3 KWG und Art. 6 CCD 2021-Komm-E durch
den Gesetzgeber angeglichen werden, um einen Gleichlauf des Prüfungsgegenstandes zu erreichen und Interessenkonflikte zu vermeiden. Falls dies nicht ge-
schehen wird, wäre Art. 6 CCD 2021-Komm-E ergänzend in § 10 Abs. 2 Nr. 3 KWG
zu beachten.

(d) Regelbeispiele, § 10 Abs. 2 Satz 4 KWG

In § 10 Abs. 2 Satz 4 Nr. 1–4 KWG sind beispielhaft Datenkategorien benannt,
die insbesondere erheblich und damit bonitätsrelevant sein können.[493] Damit ist § 10
Abs. 2 Satz 4 KWG nicht abschließend. Sofern datenschutzrechtlich erlaubt, kommen somit noch weitere Daten in Betracht. Da die Kreditrisikobewertung jährlich
stattzufinden hat,[494] gibt § 10 Abs. 2 KWG dem Institut rechtssichere Regelbeispiele
vor. Hierunter fallen (Nr. 1) Einkommens-, Vermögens- und Beschäftigungsver-
hältnisse sowie die sonstigen wirtschaftlichen Verhältnisse, insbesondere Art, Umfang und Wirtschaftlichkeit der Geschäftstätigkeit der betroffenen Person, (Nr. 2)
Zahlungsverhalten und Vertragstreue der betroffenen Person, (Nr. 3) vollstreckbare
Forderungen sowie Zwangsvollstreckungsverfahren und -maßnahmen gegen die
betroffene Person, und (Nr. 4) eröffnete sowie die beantragte Eröffnung von Insolvenzverfahren. Der Katalog ist damit wesentlich kürzer als die EBA-Leitlinien für
Kreditvergabe und Überwachung.[495] Allerdings darf es sich nach § 10 Abs. 2 Satz 4
KWG um Daten handeln, die der genannten Kategorien angehören oder die aus den
genannten Kategorien gewonnen werden können. Demzufolge sind auch Stellver-

---

[492] EZB, ECB guide to internal models, S. 36 Rn. 84 lit. a Ziff. i.
[493] RegE, BT-Drs. 16/1335, S. 48 zum damals gleichlautenden Satz 6.
[494] Siehe oben § 3, C.II.4.a)bb), S. 209.
[495] Zu diesen oben § 3, B.IV.3.c), S. 172 ff.

tretermerkmale grundsätzlich erfasst. So lässt sich das Zahlungsverhalten und die Vertragstreue (Nr. 2) zum Beispiel durch die Konsultation einer Auskunftei mit dem Ziel in Erfahrung bringen, ob der Verbraucher in der Vergangenheit einen Zahlungsausfall hatte. Durch die Nennung der Regelbeispiele ist die Aufzählung bewusst nicht abschließend.[496] Der Gesetzgeber spezifiziert damit die schuldner- und geschäftsspezifischen Merkmalen nach Art. 170 Abs. 3 lit. a CRR. Für darüber hinaus berücksichtigte Merkmale hat das Institut mithin nachzuweisen, dass diese nachweisbar erheblich für die Beurteilung von Adressenausfallrisiken sind. Zusätzlich ist zu beachten, dass die Datenverarbeitung nach Art. 6 Abs. 1 UAbs. 1 lit. c DS-GVO in Verbindung mit § 10 Abs. 2 KWG dem datenschutzrechtlichen Prinzip der Erforderlichkeit unterliegt. Hieraus folgt sowohl mit Blick auf die Regelbeispiele als auch für darüber hinaus berücksichtigte Datenkategorien eine Invasivitätsanalyse, die durch das Kreditinstitut anzustellen ist.[497]

(e) Datenquellen

Als Datenquellen erlaubt § 10 Abs. 2 Satz 5 KWG neben der betroffenen Person selbst (Nr. 1), Institute, die derselben Institutsgruppe angehören (Nr. 2), Auskunfteien (Nr. 3) und auch allgemein zugängliche Quellen (Nr. 4). Der Streit, ob unter allgemein zugängliche Quellen auch soziale Medien fallen, wird sich nach derzeitiger Lage mit der Reform der Verbraucherkreditrichtlinie erledigt haben, da soziale Medien hiernach einen sicheren Hafen mit Blick auf die Kreditwürdigkeitsprüfung darstellen sollen.[498] Ohnehin hat die öffentliche Zugänglichkeit schon jetzt noch nicht zur Folge, dass die Daten auch rechtmäßig verarbeitet werden dürfen.[499] Wie auch mit Blick auf die unzulässigen Input-Daten sollte hier aber zur Vermeidung von Interessenkonflikten ein Gleichlauf an zulässigen Datenkategorien und -quellen erreicht werden,[500] sodass soziale Medien mit Blick auf den Kommissionsentwurf für eine Neue Verbraucherkreditrichtlinie keine taugliche Datenquelle sein würden.

Da die Informationssuche der Auskunfteien nach hier vertretener Ansicht eine unwesentliche Auslagerung darstellt, erfordert es die Ordnungsmäßigkeit der Geschäftsorganisation gem. § 25a Abs. 1 KWG, dass die Auskunftei oder ein anderer Finanzintermediär nicht weitergehende Merkmale als das Institut verwenden darf. Würde nämlich der externe Kreditscore die Staatsangehörigkeit eines Verbrauchers zur Risikodifferenzierung berücksichtigen, so würde dieses Merkmal in das institutseigene Ratingsystems einfließen, wenn das Institut den externen Kreditscore als

---

[496] RegE, BT-Drs. 16/1335, S. 48 zum damals gleichlautenden Satz 6.

[497] Zu diesem Erfordernis allgemein unten im Rahmen des Art. 6 Abs. 1 UAbs. 1 lit. b DS-GVO, § 4, B.IV.2., S. 269.

[498] Erwg. (47) CCD 2021-Komm-E; zur Diskussion: *Eschholz*, DuD 2017, 180 (183); *Overbeck*, Datenschutz und Verbraucherschutz, S. 105 ff.; *Helfrich*, Kreditscoring und Scorewertbildung der SCHUFA, S. 82.

[499] Keine „Blankogenehmigung", Artikel-29-Datenschutzgruppe, Stellungnahme 06/2014, WP 217, S. 50.

[500] Dazu oben § 3, C.II.4.a)cc)(4)(c), S. 218.

Input-Variable berücksichtigt. Damit hätte das Institut eine Angabe zur Staatsangehörigkeit im Sinne des § 10 Abs. 2 Satz 1 Nr. 3 KWG und somit ein unzulässiges Merkmal verarbeitet. Insofern gelten die Regelbeispiele sowie die verbotenen Input-Merkmale auch für die Intermediäre, die den Kreditinstituten für die Zwecke der Beurteilung des Adressenausfallrisikos einen Kreditscore übermitteln. Infolge des Zuständigkeitsdefizits der Aufsicht kann sie dabei nur Maßnahmen gegenüber dem jeweiligen Institut ergreifen. Damit hat das Institut gegenüber der Aufsicht ein von den Regelbeispielen in § 10 Abs. 2 Satz 4 Nr. 1–4 KWG abweichendes Merkmal auch dann zu begründen, wenn das Kreditscoringsystem der Auskunftei ein solches beinhaltet. Nichts anderes würde sich ergeben, sofern man in der Informationssuche lediglich einen sonstigen Fremdbezug sieht, da das Institut auch für solche Leistungen die Ordnungsmäßigkeit der Geschäftsorganisation gem. § 25a Abs. 1 KWG sicherzustellen hat.[501]

(f) Privilegierte Datenübermittlung

Ähnlich wie das Datenpooling nach Art. 179 CRR[502] sieht § 10 Abs. 2 Satz 6 KWG vor, dass der Austausch von pseudonymisierten Daten innerhalb einer Institutsgruppe möglich sein soll, die für Aufbau, Betrieb und (Weiter-)Entwicklung des Ratingsystems erforderlich sind. Damit sollen kleinere Kreditinstitute innerhalb einer Institutsgruppe profitieren.[503]

(5) Initialvalidierung, Art. 174 lit. d CRR

Ferner hat das Kreditinstitut das Modell zu validieren (*„initial validation“*[504]). Dies umfasst die Überwachung der Leistung und der Stabilität des Models (*„monitoring of model performance and stability“*), die Überprüfung der Modellspezifikationen (*„review of model specification“*) und die Gegenüberstellung der Modellergebnisse mit den tatsächlichen Ergebnissen (*„testing of model outputs against outcome“*). Das Gesetz versteht unter Validierung somit ein umfassendes *monitoring*, *review* und *testing*-Verfahren, das die Güte des Modells mit Blick auf seine Performance, Stabilität, Parametergewichtung und Merkmalsauswahl gewährleisten und bestätigen soll. Der Inhalt der Initialvalidierung richtet sich nach Art. 185 CRR.[505]

(6) Individuelle Beurteilung und Kontrolle, Art. 174 lit. e CRR

Zur Modellüberprüfung und Gewährleistung der ordnungsgemäßen Verwendung hat das Institut das Modell durch individuelle Beurteilung und Kontrolle zu ergänzen

---

[501] Zur Auslagerung oben § 3, B.V.4., S. 191.

[502] Dazu unten § 3, C.II.4.b)cc)(5), S. 241.

[503] RegE-BKRUG, BT-Drs. 16/1335, S. 48.

[504] EZB, ECB Guide to internal models, October 2019, S. 10 Rn. 14.

[505] Fischer/Schulte-Mattler/*Loch*, CRR Art. 174 Rn. 22.

(*„human judgement and oversight"*).[506] Die individuelle Beurteilung beinhaltet die Bewertung der Modellannahmen sowie die Analyse und Dokumentation der Auswirkung der menschlichen Beurteilung auf die Modellperformance.[507] Der Grund liegt darin, dass Modelle nur begrenzte Kapazitäten zur Informationsverarbeitung aufweisen.[508] Insofern besteht die Möglichkeit, Expertenwissen einfließen zu lassen, um ökonomische Entwicklungen in den Modellannahmen widerzuspiegeln[509].[510] Im Ergebnis soll sich die Zuordnung einer Risikoposition zu einer Ratingstufe sowohl aus dem statistisch generierten Output als auch der menschlichen Beurteilung zusammensetzen.[511] Die modellgestützte Ratingzuordnung kann insofern automatisiert erfolgen, setzt aber die Möglichkeit der menschlichen Beurteilung voraus, denn das Überprüfungsverfahren verfolgt das Ziel, die Modellschwächen sowie hieraus folgende Fehler zu identifizieren und einzudämmen, Art. 174 lit. e Satz 2 CRR. Die Dokumentation muss dabei in einer Weise erfolgen, dass die Ratingzuordnung von einem Dritten verstanden und repliziert werden kann, vgl. Art. 171 Abs. 1 lit. b CRR.[512] Zur Erzielung dieser Transparenzanforderungen hat das Institut eine die Modellstruktur beschreibende Liste zu erstellen, die die abzufragenden Datenquellen, alle anerkannten Risikotreiber sowie deren Funktionszusammenhang zur konkreten Risikozuordnung beschreibt.[513]

In der Möglichkeit der vollständigen menschlichen Überprüfbarkeit des Modells und seiner Entscheidung begründet sich das Erfordernis globaler Systemtransparenz. Infolgedessen hat das Kreditscoringmodell insgesamt nachvollziehbar zu sein. Aus diesem Grund ist ein Black Box-Charakter unzulässig. Dies wird dadurch bekräftigt, dass die für die Überprüfung zuständigen Mitarbeiter auch all solchen Informationen Rechnung zu tragen haben, die nicht als Modell-Input gelten, Art. 174 lit. e Satz 3 CRR. Dies erfordert nicht nur genaues Wissen über die Input-Merkmale, sondern auch über die Gewichtung der Parameter. Anders könnte nicht die Zielrichtung des lit. e verfolgt werden, „die modellgestützten Zuordnungen zu überprüfen und zu gewährleisten, dass die Modelle ordnungsgemäß verwendet werden". Es wird mithin nicht fehler- oder modellspezifisch unterschieden, sondern generell auf das Ziel einer ordnungsgemäßen Verwendung abgestellt. Die Ratingzuordnung zur angemessenen Beurteilung des Kreditrisikos ist das Modellziel, das es global zu verstehen und nachzuvollziehen gilt. Würde das Modell hierbei undurchsichtig und nur lokal nachvollziehbar sein, wie dies etwa bei *deep learning*-Methoden derzeit noch der

---

[506] *„Development of a robust rating system cannot be a purely statistical process, but to some extent also has to involve human judgement"*, EBA/GL/2017/16, 2017, S. 16.

[507] EBA/GL/2017/16, Rn. 35.

[508] BIS, Basel II, Rn. 417.

[509] Im Mengengeschäft basiert das Modell aber im Wesentlichen auf quantitativen Daten, vgl. EBA, EBA Report on IRB modelling practices, 2017, S. 46.

[510] EBA/GL/2017/16, 2017, S. 16.

[511] *Hartmann-Wendels/Pfingsten/Weber*, Bankbetriebslehre, S. 464.

[512] ECB, ECB guide to internal models, S. 70 Rn. 45.

[513] ECB, ECB guide to internal models, S. 70 Rn. 45 lit. a Ziff. i–iii.

Fall ist, könnte dieses Ziel nach aktueller Forschung wohl nicht erreicht werden. Art. 174 lit. e CRR fordert damit transparente und nachvollziehbare Modelle ein, die global und lokal menschlich beurteilt und überwacht werden können.

(7) Overrides, Art. 172 Abs. 3 Satz 1 CRR

Darf die Ratingzuordnung infolge einer individuellen Beurteilung von den nach Art. 171 Abs. 1 CRR definierten Kriterien abweichen, so sind diese Fälle zu dokumentieren und die Personen zu benennen, die die Abänderung zu genehmigen haben, Art. 172 Abs. 3 Satz 1 CRR.[514] Dies kann *low-side* oder *high-side overrides* betreffen, für die abweichend von dem ermittelten Kreditscore eine subjektive Entscheidung hinzutritt, etwa weil zusätzliche Informationen verfügbar sind, die das Modell nicht berücksichtigt.[515] Aufgrund des Ausnahmecharakters solcher Entscheidungen sind diese Vorgänge gesondert zu dokumentieren, um den Kreditvergabeprozess transparent zu gestalten. Infolge der hohen Standardisierung des Kreditgenehmigungsverfahrens im Mengengeschäft treten *override*-Fälle selten ein.[516]

dd) Transparenz durch Dokumentation

Neben der menschlichen Überprüfbarkeit des Modells begründen die umfassenden Dokumentationspflichten nach Art. 175 CRR weitere Transparenzanforderungen. Hiernach sind die Gestaltung und die operationellen Einzelheiten des Ratingsystems zu dokumentieren, Abs. 1 Satz 1. Dies soll die Einhaltung der Art. 169 – 191 CRR und damit aller qualitativen Mindestanforderungen belegen.[517] Zusätzlich soll nach Abs. 1 Satz 2 über die Portfoliodifferenzierung, die Ratingkriterien, die Verantwortlichkeiten der für die Kreditwürdigkeitsprüfung zuständigen Stellen, die Zeitintervalle für die Überprüfung der Zuordnung und die Überwachung des Verfahrens durch das Management informiert werden. Diese sowie die folgenden Nachweispflichten treffen das Institut selbst dann, wenn es das Modell von einem Dritten erwirbt, vgl. Art. 175 Abs. 5 CRR. Die Dokumentationspflichten nach Art. 175 CRR stehen ebenfalls unter dem Prinzip der lückenlosen Überwachung nach § 25a Abs. 2 Satz 6 Nr. 2 KWG.

Nach Art. 175 Abs. 2 Satz 1 CRR sind die Gründe für die Auswahl der Kriterien für die Bonitätsbeurteilung (Ratingkriterien) zu dokumentieren und durch Analysen zu belegen. Hierdurch kann gegenüber der Aufsicht nachgewiesen werden, dass die Ratingkriterien des Instituts eine angemessene Beurteilung des Kreditrisikos zulassen, sodass die Dokumentationspflichten das wesentliche Fundament für eine behördenadressierte Transparenz bilden. Auch sind alle „größeren" Änderungen zu

---

[514] Optimal mithilfe einer Liste an definierten Rechtfertigungsgründen EBA/GL/2017/16, Rn. 203 f.; EZB, ECB guide to internal models, S. 42 Rn. 92 ff.

[515] EBA/GL/2017/16, 2017, S. 42; siehe auch dazu oben § 2, E.I.5., S. 138 f.

[516] EZB, ECB guide to internal models, S. 42 Rn. 94.

[517] Fischer/Schulte-Mattler/*Loch*, CRR Art. 175 Rn. 1.

dokumentieren, die seit der letzten aufsichtlichen Überprüfung erfolgten, Satz 2. Größere Änderungen werden aufgrund der Anzeigepflicht auch unwesentliche Änderungen im Sinne des Art. 143 CRR sein. Würden nur erlaubnispflichtige Änderungen zu dokumentieren sein, würde das Transparenzelement hingegen leerlaufen. Auch die verwendete Definition für den Eintritt des Kreditausfalls hat das Institut zu dokumentieren und darüber hinaus ihre Übereinstimmung mit Art. 178 CRR nachzuweisen, Art. 175 Abs. 3 CRR. Hierdurch erlangt die Aufsicht Kenntnis über die Zielvariable des Modells, was einen wesentlichen Aspekt für die Nachvollziehbarkeit eines Modells darstellt.[518]

Besondere modellspezifische Dokumentationspflichten sind in Art. 175 Abs. 4 CRR vorgesehen. Hiernach ist bei modellgestützten Ratingzuordnungen die Methodik des statistischen Modells oder des algorithmischen Verfahrens zu dokumentieren, Art. 175 Abs. 4 Satz 1 CRR. Hierunter ist ein umfassender Dokumentationsprozess der Modellentwicklung und -anwendung zu verstehen, der aufgrund seines Detailgrades hier im Wortlaut wiedergegeben wird: Die Dokumentation beinhaltet nach Satz 2 lit. a „eine detaillierte Beschreibung der Theorie, der Annahmen und der mathematischen und empirischen Basis für die Zuordnung von Schätzwerten zu Ratingstufen, einzelnen Schuldnern, Risikopositionen oder Risikopools sowie der Datenquelle(n), die für die Schätzung des Modells herangezogen werden". Darunter fällt auch die Dokumentation der Modellannahmen und der mathematischen Formel mit dem Ziel, dass Funktionsweise, Annahmen und Schwächen des Modells sowie die abstrakte und konkrete Ratingzuordnung durch Dritte verstanden werden können.[519] Die Dokumentation muss die Vollständigkeit, Richtigkeit, Konsistenz, Aktualität, Einzigartigkeit, Validität und Rückverfolgbarkeit der Daten erkennen lassen, sodass die Aufsicht diese Aspekte bewerten kann.[520] Nach Art. 175 Abs. 4 Satz 2 lit. b CRR beinhaltet die Dokumentation „einen strengen statistischen Prozess einschließlich Leistungsfähigkeitstests außerhalb des Beobachtungszeitraums (out-of-time) und außerhalb der Stichprobe (out-of-sample) zur Validierung des Modells". Dies beinhaltet Dokumentationspflichten bezüglich der Qualitätsüberprüfung des Modells. Durch Testung anhand von Daten außerhalb des Stichprobenfensters und der Stichprobe soll im Rahmen des Modellierungsprozesses die Stabilität des Modells sichergestellt, aber auch Overfitting vermieden werden.[521] Die Dokumentationspflicht statuiert damit einen Qualitätstest, dessen Strenge sich in der Aufrechterhaltung der Modellperformance zur genauen Beurteilung des institutseigenen Kreditrisikos begründet. Zuletzt sind Hinweise auf alle Umstände festzuhalten, unter denen das Modell nicht effizient arbeiten kann, Art. 175 Abs. 4 Satz 2 lit. c CRR. Das Institut hat somit zu untersuchen, unter welchen Bedingungen das Modell schlechter funktioniert. Hieraus kann die Aufsicht wiederum auf Modellschwächen schließen,

---

[518] Siehe dazu oben § 2, E.I.1., S. 129.

[519] Art. 3 Abs. 1 lit. d Ziff. i–iii DelVO (EU) 2022/439.

[520] Vgl. Art. 73 Abs. 1 DelVO (EU) 2022/439.

[521] Zum Overfitting siehe § 2, E.I.2.c), S. 137.

die sich insbesondere auch aus dem Vergleich mit der Dokumentation anderer Institute ergeben können.

Auffallend ist, dass die gesetzlichen Dokumentationspflichten derart ausführlich gehalten sind, dass nicht jedes einzelne Institut nach subjektivem Empfinden dokumentiert, sondern aus aufsichtlicher Sicht ein Mindestmaß an horizontaler Vergleichbarkeit hergestellt wird. Hierdurch kann die Aufsicht beurteilen, auf welchen theoretischen Grundlagen und Annahmen ein Modell erstellt wurde. Durch diese Screening-Methode erhält die Aufsicht einen genauen Blick auf das Modell des Instituts, wodurch Informationsasymmetrien zugunsten der Aufsicht überwunden werden.[522] Da die Mitarbeiter der Aufsicht zur Verschwiegenheit verpflichtet sind,[523] sind auch Geschäftsgeheimnisse des Instituts nicht von den Dokumentationspflichten ausgenommen. Aber auch institutsintern werden hierdurch Informationsasymmetrien überwunden, die durch die Verwendung des als Agenten fungierenden Modells gegenüber dem Kreditinstitut als Prinzipal entstehen, da die Dokumentation eine intensive Auseinandersetzung mit Input, Output, Aufbau und Annahmen des Modells erfordert.[524] Daher begründen die modellbezogenen Dokumentationspflichten die Erforderlichkeit globaler Systemtransparenz. Die Verwendung eines Black Box-Modells ist damit zur Einhaltung der Dokumentationspflichten ungeeignet, da insbesondere die Zuordnungsprozesse und -methoden sowie die hierfür verwendeten Daten nicht nur erklärbar, sondern auch für Dritte nachvollziehbar sein müssen.

ee) Datenpflege

Art. 176 Abs. 5 CRR konstituiert eine Erfassungs- und Speicherpflicht für bestimmte Daten zu den einzelnen Risikopositionen aus dem Mengengeschäft.[525] Das Institut hat danach alle bei der Ratingzuordnung verwendeten Daten (lit. a) und die Daten über die geschätzten Ausfallwahrscheinlichkeiten PD für Ratingstufen oder Pools von Risikopositionen zu speichern (lit. b). Dies betrifft somit alle für das Kreditscoring relevanten Daten, insbesondere die für das Zustandekommen des Kreditscores und die Zuordnung zur Bonitätsstufe erforderlich sind, sowie den Kreditscore selbst. Im Falle des Schuldnerausfalls sind auch die Identität der ausgefallenen Schuldner und die Risikoposition zu speichern (lit. c) sowie die Ratingstufen, denen die Risikopositionen während des Jahres vor Ausfall zugeordnet waren. Der Jahreszeitraum begründet sich dadurch, dass die Ausfallwahrscheinlichkeit PD stets für die kommenden zwölf Monate zu prognostizieren ist, Art. 4 Nr. 54 CRR. Das Ausfallereignis statuiert damit strenge Erfassungs- und Spei-

---

[522] Zum Prüfungsinhalt siehe auch Art. 35 Abs. 1, 37 ff. DelVO (EU) 2022/439.

[523] Nach § 9 Abs. 1 Satz 1 KWG unterliegen Geschäfts- und Betriebsgeheimnisse der Verschwiegenheitspflicht; für die Mitarbeiter der Bundesbank gilt § 32 BBankG.

[524] Zu dem Modell als „Agent" siehe oben § 2 Fn. 88.

[525] Zur datenschutzrechtlichen Konsequenz siehe unten § 4, IV.2., S. 274.

cherpflichten, da der Modelloutput nicht mit dem tatsächlichen Ergebnis übereinstimmte. Weil die prognostizierte Ausfallwahrscheinlichkeit aus zahlreichen Gründen nicht dem tatsächlichen Ergebnis entsprechen muss, ist eine Divergenz aber nicht mit der Fehlerhaftigkeit des Modells gleichzusetzen. Es resultiert hieraus für das Institut aber ein zusätzlicher Erfahrungswert, den es für die Modellvalidierung zu berücksichtigen gilt.

ff) Stresstests, Art. 177 CRR

Das Institut hat ferner über solide Stresstest-Verfahren zu verfügen, die für die konkrete Kreditrisikoposition nachteilige ökonomische Veränderungen bemessen sollen, Art. 177 Abs. 1 CRR. Ziel dieser Stresstests ist, dass das Institut die Angemessenheit seiner Eigenmittelausstattung auch in wirtschaftlich schwierigen oder gar Extremsituationen beurteilen kann. Zu diesen Stresstest-Verfahren gehören auch spezielle Kreditrisiko-Stresstests nach Art. 177 Abs. 2 CRR. Hierbei soll es sich um einen aussagekräftigen Test handeln, der grundsätzlich durch das Kreditinstitut bestimmt wird und der die Auswirkungen „schwerer, aber plausibler Rezessionsszenarios" auf die gesamten Eigenmittelanforderungen für das Kreditrisiko berücksichtigt, Satz 3. Unter dem Ziel der Angemessenheit der Eigenmittelausstattung soll das Institut das Kreditrisiko auch in wirtschaftlichen Krisenzeiten trennscharf und risikosensitiv beurteilen können.

gg) Zwischenfazit

Ein Kreditscoringmodell ist ein optionaler Bestandteil eines IRB-Ratingsystem, für das die CRR mit den Art. 174, 175 Abs. 4, 5 CRR besondere qualitative Mindestanforderungen für das Mengengeschäft vorsieht. Diese Vorschriften über die Modellentwicklung sind daher *leges speciales* zu den allgemeinen Regelungen für ein IRB-Ratingsystem nach Art. 169 ff. CRR.

Die Struktur eines Kreditscoringmodells ist stufen- oder poolbasiert und soll bezüglich des Schuldner- und des Geschäftsrisikos risikosensitiv und risikodifferenziert sein. Jede Risikoposition ist auf der Basis festgelegter Verfahren und Kriterien sowie schuldner- und geschäftsbezogenen Informationen einer Ratingstufe oder einem Risikopool zuzuordnen. *Unratables* darf es nicht geben. Sofern ein Kreditscoringmodell für den Zuordnungsprozess verwendet wird, stellt die CRR qualitative, nahezu lehrbuchartige Anforderungen, die eine Modellerstellung und -anwendung nach *lege artis* gewährleisten soll. Dabei hat das Kreditscoringmodell jederzeit der menschlichen Beurteilung und Überprüfung zugänglich zu sein. Black Box-Modelle erfüllen diese Voraussetzung mangels globaler Nachvollziehbarkeit nicht. Die CRR entscheidet sich an dieser Stelle trotz technologieneutraler Sprache zugunsten der Transparenz und zulasten der Performance.

Die Input-Daten sollen vernünftig, effektiv, genau, vollständig, aktuell, angemessen und repräsentativ sein, unabhängig davon, ob es sich dabei um interne, externe oder gepoolte Daten handelt[526]. Dies gilt auch, wenn ein externer Kreditscore als (wesentlicher) Modell-Input berücksichtigt wird. Auskunfteien unterliegen dabei den gleichen qualitativen Regelungen, unter die auch das Institut fällt.

Für die Erstellung, Verwendung und Validierung des Modells gelten umfangreiche, mit spezifischen Begründungen zu versehende Dokumentationspflichten bezüglich der Ratingstufen oder Risikopools, der Ausfalldefinition und der Modellmethodik. Die durch die menschliche Beurteilung und Überwachung geforderte Transparenz wird somit durch die Nachvollziehbarkeit des Modellierungs- und Anwendungsprozesses im Sinne eines *Signaling*-Elements ergänzt, um sowohl intern als auch gegenüber der Aufsicht Informationsasymmetrien abzubauen. Das Kreditscoringsystem ist schließlich mit der Validierung einem umfassenden *monitoring, review* und *testing*-Verfahren zu unterziehen, welches Performance, Stabilität, Modellspezifikationen und einen Ergebnisabgleich zwischen Prognose und tatsächlichem Ereignis gewährleisten soll. Die Erfüllung dieser strengen, aufsichtsadressierten Transparenzanforderungen erzeugt eine interinstitutionelle, horizontale Vergleichbarkeit von IRB-Modellen, die zum weiteren Abbau von Informationsasymmetrien zugunsten der Aufsicht beiträgt. Insgesamt ergibt sich dabei ein sehr hohes Maß an aufsichtsadressierter Transparenz.

b) Risikoquantifizierung

Für die Bemessung des institutseigenen Kreditrisikos nach dem IRB-Ansatz sieht die CRR in den Art. 178 ff. weitere Anforderungen vor, die sich auf die Ausfallwahrscheinlichkeit PD beziehen. In Gegenüberstellung zu den Art. 169 ff. CRR werden im Rahmen der Art. 178 ff. CRR nicht Struktur und Aufbau des Modells, sondern der Schuldnerausfall als Zielvariable sowie der Risikoparameter PD geregelt.

aa) PD und die Auswirkung auf den risikogewichteten Positionsbetrag

Für den IRB-Ansatz legt die CRR anzuwendende mathematische Formeln zugrunde. Mithilfe der Formel für das Mengengeschäft in Art. 154 Abs. 1 CRR wird der risikogewichtete Positionsbetrag einer Risikoposition ermittelt. Dies bezeichnet den Betrag, der sich aus der Multiplikation des Risikopositionswertes und des Risikogewichtes (*RW*) ergibt:[527]

$$risikogewichteter\ Positionsbetrag = RW \times Risikopositionswert$$

---

[526] Vgl. EZB, ECB guide to internal models, S. 66 Rn. 32.

[527] Für die Risikogewichtsfunktion ist die Art des Kredites (immobilienbesicherte, revolvierende oder sonstige Kreditforderung) entscheidend, vgl. die R-Werte in Art. 154 Abs. 1 Ziff. ii, Abs. 3, 4 CRR.

Da der Risikopositionswert als der den finalen Kreditbetrag bildende Vermögenswert bekannt ist, stellt allein das Risikogewicht (*RW*) den entscheidenden Faktor für den risikogewichteten Positionsbetrag dar, denn letzterer ist Bestandteil des institutseigenen Gesamtrisikobetrages. Dieser fließt wiederum in die Gesamtkapitalquote ein und ist damit für die von dem Institut jederzeit zu erfüllenden Eigenmittelanforderungen nach Art. 92 CRR von wesentlicher Bedeutung.

Elementarer Bestandteil des Risikogewichts (*RW*) ist die Ausfallwahrscheinlichkeit PD,[528] da das Risikogewicht (*RW*) in Abhängigkeit von PD einen unterschiedlichen Wert annimmt.[529] Der Faktor PD kann entweder für den Fall des Schuldnerausfalls im Sinne von Art. 178 CRR den Wert 1 annehmen, ansonsten grundsätzlich zwischen 0 und 1 liegen, Art. 154 Abs. 1 CRR. Für das Mengengeschäft bestimmt sich der genaue Wertebereich allein nach Art. 163 CRR. Hiernach beträgt die Ausfallwahrscheinlichkeit mindestens 0,03 % (sog. PD-Input-Floor).[530] Das zulässige Spektrum erstreckt sich damit von 0,03 % bis 100 % bzw. 0,0003 bis 1. Eine „perfekte" Bonität im Sinne eines nichtexistenten Ausfallrisikos sieht die CRR für das Mengengeschäft damit nicht vor.

Die Auswirkung des Risikoparameters PD als Multiplikator für den Risikopositionswert wird somit schnell erkennbar: Je geringer der Faktor PD, desto geringer fällt auch der risikogewichtete Positionsbetrag aus. Strenggenommen wird aber nicht der Risikoposition ein PD-Wert zugeordnet. Stattdessen wird im Rahmen des vierstufigen Verfahrens umgekehrt die Risikoposition einer Ratingstufe zugeordnet, deren PD-Wert die Risikoposition annimmt.[531] Eine risikoarme Risikoposition wäre somit einer Ratingstufe zuzuordnen, die eine niedrige Ausfallwahrscheinlichkeit ausdrückt.

bb) Der Begriff des Schuldnerausfalls, Art. 178 CRR

Der Begriff der Ausfallwahrscheinlichkeit oder PD (engl. *probability of default*) wird in Art. 4 Nr. 54 CRR festgelegt und bezeichnet die Wahrscheinlichkeit des Schuldnerausfalls im Laufe eines Jahres. Bankaufsichtsrechtlich wird mit diesem Beobachtungszeitraum in zeitlicher Hinsicht eine Anforderung an die Zielvariable des Modells statuiert.[532] Das hervorzusagende Ereignis wird in Art. 178 Abs. 1 UAbs. 1 CRR definiert, wonach der Schuldnerausfall in zwei Fällen abschließend fingiert wird. Ist einer der beiden Alternativen erfüllt, gilt der Schuldnerausfall als

---

[528] Binder/Glos/Riepe/*Kämmler/Kleppe*, Hdb. Bankenaufsichtsrecht, § 7 Rn. 114.

[529] Ein weiterer Faktor ist daneben auch etwa der hier nicht behandelte Parameter LGD, siehe ausdrücklich auch der Grundsatz in Art. 151 Abs. 3 CRR.

[530] Art. 163 Abs. 1 CRR; mit der Fertigstellung von Basel III wird dieser Wert auf 0,05 % geändert werden, BIS, Basel III: Finalising post-crisis reforms, 2017, S. 65.

[531] Eine Ausnahme bildet nur die direkte PD-Schätzung, dazu oben § 3, C.II.4.a), S. 207.

[532] Gleichwohl Institute auch längere Perioden und wirtschaftliche Schwankungen berücksichtigen sollen, ECB, ECB guide to internal models, S. 77 Rn. 64: „*a horizon of two to three years is considered to be appropriate for most portfolios*".

gegeben.[533] Zur Auslegung des Art. 178 CRR dienen die gem. Abs. 7 veröffent-lichten Leitlinien EBA/GL/2016/07, die die BaFin zum 1.1.2021 in ihre Verwal-tungspraxis übernommen hat.[534] Wegen des Rechtsgrundverweises in Art. 127 CRR gilt Art. 178 CRR und damit auch die Leitlinie der EBA ausnahmsweise auch für Institute, die den KSA anwenden.[535]

Für das Mengengeschäft dürfen Kreditinstitute die Ausfalldefinition auf der Ebene der einzelnen Kreditfazilität statt auf Schuldnerebene anwenden, Art. 178 Abs. 1 UAbs. 2 CRR.[536] Insofern handelt es sich zumindest für Risikopositionen aus dem Mengengeschäft entgegen der amtlichen Überschrift des Art. 178 CRR strenggenommen nicht mehr um einen Schuldner-, sondern um einen Risikoposi-tionsausfall, da die Fiktion des Ausfalls nicht sämtliche Schuldnerverbindlichkeiten infiziert.

Das Institut hat die aktuellen und ehemaligen Versionen der verwendeten Aus-falldefinitionen in einem Register zu dokumentieren.[537] Zudem trifft das Institut eine Informationseinholungspflicht zu den folgenden Umständen, um Ausfälle zeitnah auf der Basis aktueller Daten feststellen zu können.[538] Im Umkehrschluss lassen sich hieraus notwendige Datenarten ableiten, die das Institut als Modellinput zu ver-wenden hat.

(1) Unwahrscheinlichkeit der Zahlung

Nach Art. 178 Abs. 1 UAbs. 1 lit. a CRR gilt der Schuldnerausfall als gegeben, wenn das Kreditinstitut es als unwahrscheinlich ansieht, dass der Schuldner seine Verbindlichkeiten gegenüber dem Kreditinstitut[539] in voller Höhe begleichen wird, ohne dass das Institut eine Sicherheit des Schuldners verwertet (*„unlikely to pay"*). Dem Institut wird hiermit die Möglichkeit eingeräumt, die Ausfallwahrscheinlich-keit selbst zu schätzen. Art. 178 Abs. 3 CRR konkretisiert dies in der Form von „Hinweisen", bei deren Vorliegen davon auszugehen ist, dass der Schuldner seine Verbindlichkeiten nicht begleichen wird: wenn das Institut auf die laufende Belas-tung von Zinsen verzichtet (lit. a), eine deutliche Bonitätsverschlechterung (lit. b und c) oder Insolvenz (lit. e und f) eintritt. Die EBA hat weitere solcher Hinweise verfasst und den Instituten auferlegt, zusätzlich eigene Bedingungen festzulegen.[540] Sofern

---

[533] Siehe ausdrücklich Art. 178 Abs. 1 UAbs. 1 CRR.

[534] Die Ausnahme zu den Absätzen 25 und 26 in EBA/GL/2016/07 sind hier nicht weiter von Bedeutung, BaFin, Kreditrisiko, Rundschreiben 03/2019 (BA), 16.4.2019.

[535] Zum Anwendungsbereich siehe EBA/GL/2016/07, Rn. 6.

[536] EBA/GL/2016/07, Rn. 86, siehe aber die Ausnahme in Rn. 92.

[537] EBA/GL/2016/07, Rn. 109 lit. c, 113.

[538] EBA/GL/2016/07, Rn. 106.

[539] Beide gesetzlichen Fälle des Ausfalls gelten sowohl gegenüber dem Kreditinstitut als auch gegenüber der Mutter sowie auch Tochterunternehmen. Zur Vereinfachung wird hier nur von dem Kreditinstitut gesprochen.

[540] EBA/GL/2016/07, Rn. 58.

dem Institut intern Informationen vorliegen, kann ein Hinweis z. B. darin bestehen, dass der Schuldner seine ständige Einkommensquelle verliert, sich der Gesamtverschuldungsgrad des Kreditnehmers erhöht oder ernsthaft zu erhöhen droht oder der Kreditnehmer gegen den Kreditvertrag verstößt.[541] Selbst wenn das Institut für das Mengengeschäft auf den Risikopositionsausfall statt auf den Schuldnerausfall nach Art. 178 Abs. 1 UAbs. 2 CRR abstellt, kann der Ausfall eines erheblichen Teils der Gesamtverpflichtungen des Schuldners als Hinweis auf die Unwahrscheinlichkeit des Begleichens der Verbindlichkeiten gelten.[542] Insofern wird die Ausnahmemöglichkeit nach Art. 178 Abs. 1 UAbs. 2 CRR abgeschwächt.

Daneben soll das Institut auch externe Datenbanken konsultieren, um das *unlikely to pay*-Kriterium zu beurteilen. Hinweise auf die Unwahrscheinlichkeit des Begleichens der Verbindlichkeiten können sein, dass ein Kreditregister erhebliche Zahlungsverzüge des Kreditnehmers gegenüber einem anderen Gläubiger offenbart oder dass dem Institut bekannt wird, dass ein anderer Gläubiger einen Antrag zur Eröffnung des Insolvenzverfahrens über das Vermögen des Schuldners gestellt hat.[543] Hierunter fallen die weichen und harten Negativmerkmale, wie sie Auskunfteien herkömmlich von ihren Vertragspartnern oder über öffentliche Schuldnerverzeichnisse konsolidieren.[544]

(2) 90-Tage-Regel

Alternativ gilt der Schuldnerausfall als gegeben, wenn eine wesentliche Schuldnerverbindlichkeit gegenüber dem Institut mehr als 90 Tage überfällig ist, Art. 178 Abs. 1 UAbs. 1 lit. b CRR. Die Begriffe der Wesentlichkeit und Überfälligkeit werden in Art. 178 Abs. 2 CRR konkretisiert. Dort betreffen die lit. a–c den Beginn der Überfälligkeit bei Überziehung eines eingeräumten Kreditlimits. Nach lit. d wird die Erheblichkeit[545] der überfälligen Forderung von den zuständigen Behörden festgelegt, wobei ergänzend die Richtwerte des Art. 1 der Delegierten Verordnung (EU) 2018/171 zu beachten sind.[546]

Auf nationaler Ebene ist die Erheblichkeitsschwelle für Risikopositionen aus dem Mengengeschäft einheitlich in § 16 Abs. 2 und 3 SolvV festgelegt. Die Erheblichkeit setzt sich hiernach kumulativ aus einer absoluten und einer relativen Komponente zusammen, sodass das Vorliegen einer dieser Komponenten noch nicht die Erheblichkeit zu begründen vermag. Für die absolute Komponente liegt der Höchstbetrag

---

[541] EBA/GL/2016/07, Rn. 59 lit. a, c, d.

[542] EBA/GL/2016/07, Rn. 59 lit. a, c, d.

[543] EBA/GL/2016/07, Rn. 60 lit. a und d.

[544] Dazu oben § 2, C.II.1.c), S. 72.

[545] Das Gesetz spricht an dieser Stelle von Erheblichkeit anstatt von Wesentlichkeit, wobei es in der englischen Fassung der CRR sowohl in der Ausfalldefinition in Abs. 1 UAbs. 1 lit. b als auch in der Konkretisierung in Abs. 2 lit. d einheitlich *material credit obligation* bzw. *materiality* heißt.

[546] Technischer Regulierungsstandard aufgrund Art. 178 Abs. 6 CRR.

für alle überfälligen Verbindlichkeiten je Schuldner bei 100 EUR, § 16 Abs. 2 Satz 1 SolvV. In relativer Hinsicht ist die Erheblichkeit erreicht, wenn der Betrag der überfälligen Verbindlichkeiten 1 % aller Risikopositionen des Instituts gegenüber diesem Schuldner beträgt, § 16 Abs. 3 Satz 1 SolvV. Nur wenn ein Schuldnerbetrag in Höhe von 100 EUR und 1 % der Gesamtverbindlichkeiten überfällig ist, liegt eine erhebliche Schuldnerverbindlichkeit vor. Ist dieser Betrag mehr als 90 Tage überfällig, gilt der Schuldner nach Art. 178 Abs. 1 UAbs. 1 lit. b CRR als ausgefallen. Für die Zählung der Verzugstage haben die Institute schriftlich niedergelegte Grundsätze festzulegen (lit. e), die insbesondere auch die zwischenzeitliche Gesundung des Schuldnerausfalls regeln (*re-ageing*).[547]

Aufgrund der Festlegung auf 90 Tage wird diese Alternative auch als „algorithmisches Kriterium" bezeichnet.[548] Dies drückt aus, dass die Verzugstage automatisiert erfasst und der Schuldnerausfall – anders als nach lit. a – grundsätzlich ohne individuelle Bewertung und mithin als einfache „Wenn-Dann-Entscheidung" festgestellt werden kann. Ist eine Forderung hiernach überfällig, ist auch das Einholen einer zusätzlichen Expertenbeurteilung unzulässig.[549]

(3) Verwendung externer Daten

Berücksichtigt das Kreditinstitut externe Daten, die nicht mit der Ausfalldefinition nach Art. 178 Abs. 1 CRR sowie den zugehörigen institutseigenen Konkretisierungen übereinstimmen, hat das Kreditinstitut diese angemessen anzupassen, um eine „weitgehende Übereinstimmung" zu erreichen, Art. 178 Abs. 4 CRR. Hierdurch soll sichergestellt werden, dass das Institut die Schuldnerausfälle erfasst.[550] Abs. 4 ist seinem Wortlaut nach nicht auf externe Bonitätsbeurteilungen von Rating-Agenturen im Sinne des Art. 135 CRR begrenzt. Damit sind alle institutsexternen Daten erfasst, denen eine Bewertung mit Blick auf einen Schuldnerausfall zugrunde liegt.[551]

Externe Daten sind nur solche, die eine Bewertung mit Blick auf eine Ausfalldefinition darstellen, da die geforderten Anpassungsmaßnahmen kein geeignetes Mittel für Tatsachen wären. Die Geeignetheit der Anpassungsmaßnahme ist gegenüber der Aufsicht zu begründen.[552] Übermittelt daher eine Auskunftei einen Kreditscore, den sie als Schuldnerausfall bewertet, und will das Institut dieses externe Datum in seine Risikoparameterschätzung einfließen lassen, hat das Institut die der Scorewertberechnung zugrundeliegende Methodik mit Blick auf das Ereignis

---

[547] Fischer/Schulte-Mattler/*Daun*, CRR Art. 178 Rn. 22.

[548] Vgl. bereits Fachgremium IRBA, Ausfalldefinition, 2005, S. 1; Fischer/Schulte-Mattler/*Daun*, CRR Art. 178 Rn. 17.

[549] EBA/GL/2016/07, Rn. 22.

[550] BIS, Basel II, Rn. 456.

[551] Systematisch gilt Art. 135 CRR ohnehin nur für den KSA: „nach diesem Kapitel", Art. 135 Abs. 1 CRR.

[552] EBA/GL/2016/07, Rn. 69; Fischer/Schulte-Mattler/*Daun*, CRR Art. 178 Rn. 31.

„Schuldnerausfall" zu kennen. Anders wäre das Institut nicht in der Lage, Äquivalenzanpassungen vorzunehmen.

Die EBA hat die Verwendung externer Daten in ihren „Leitlinien zur Anwendung der Ausfalldefinition gemäß Art. 178 der Verordnung (EU) Nr. 575/2013" (CRR) konkretisiert.[553] Hiernach besteht eine Prüfpflicht des Instituts dahingehend, ob die in externen Daten verwendete Ausfalldefinition mit Art. 178 CRR mit den besonderen institutseigenen Anforderungen an die Ausfalldefinition nach Art. 178 Abs. 2 und 3 CRR übereinstimmt.[554] Im Zweifel hat die externe Datenquelle somit dem Institut die zugrundeliegende Zielvariable offenzulegen.[555] Das Institut ist zur Dokumentation[556] der externen Datenquelle, der verwendeten Ausfalldefinition der externen Datenquelle sowie aller ermittelten Differenzen in Bezug auf die Ausfalldefinition verpflichtet.[557] Dabei hat es die den externen Daten zugrunde liegende Ausfalldefinition nachzuvollziehen.[558] Insofern ergeben sich Transparenzanforderungen an die Kreditscoringmodelle von Auskunfteien, indem die Zielvariable bekannt, nachvollziehbar und Dritten erklärbar sein muss. Andernfalls könnten Differenzen nicht ermittelt werden. Die Äquivalenzprüfung ließe sich aber vermeiden, indem die Auskunftei lediglich die den Scorewert bildenden Tatsachen übermittelt, die das Institut in das interne Modell eingibt.

(4) Zwischenfazit

In den Grenzen des Art. 178 CRR darf das Kreditinstitut die Definition des Schuldnerausfalls selbst bestimmen. Aus dieser Regelung wird deutlich, dass der Begriff des Schuldnerausfalls von herausragender Bedeutung für die Zielvariable ist, denn das Kreditscoringmodell stellt schließlich die Prognose für dessen Eintritt im Laufe eines Jahres an. Gerade in Bezug auf das *unlikely to pay*-Kriterium könnte man auf den ersten Blick annehmen, dass das Institut für das Vorliegen des Schuldnerausfalls eine willkürliche Prognose anstellen soll. Tatsächlich legt die Auslegung der Hinweise in Art. 178 Abs. 3 CRR aber nahe, dass bereits konkrete Tatsachen vorliegen müssen, die eine erhebliche Bonitätsverschlechterung begründen und nicht bloß eine vermutete annehmen lassen. Dies erscheint angesichts der Folgen einer Einstufung als Schuldnerausfall angemessen. Auffallend ist aber, dass die Ausfalldefinition insbesondere Negativmerkmale wie den Insolvenzantrag berücksichtigt.

---

[553] EBA/GL/2016/07, Rn. 66.

[554] EBA/GL/2016/07, Rn. 67 lit. a und b.

[555] So wäre die Übermittlung des harten Negativmerkmals „Insolvenzantrag am TT.MM.JJJJ" ein äquivalentes Kriterium für Art. 178 Abs. 3 lit. e oder f CRR, allein die Übermittlung eines Kreditscorewertes, der nach der Scorekarte der Auskunftei als Schuldnerausfall eingestuft wird, dagegen nicht.

[556] Aufgrund des Übersetzungsfehlers ist die englische Fassung der Rn. 67 lit. c in EBA/GL/2016/07 maßgeblich (siehe „Dokumentenquellen" anstatt richtig „Dokumentation der externen Datenquellen"; dieser Fehler wirkt sich auf den gesamten lit. c aus).

[557] EBA/GL/2016/07, Rn. 67 lit. c.

[558] ECB, ECB guide to internal models, S. 70 Rn. 44.

In der Folge ergeben sich außerhalb des Schuldnerausfalls zahlreiche Bonitätsabstufungen, die das Kreditinstitut im Rahmen des IRB-Ansatzes berücksichtigen und nach eigenem Ermessen festlegen kann. Die Ausfalldefinition erfüllt damit nicht nur den Zweck, den Status eines Bestandskunden abzubilden, sondern ist zugleich Gegenstand der Risikoparameterschätzung zwecks Beurteilung der Angemessenheit der Eigenmittelausstattung.

cc) Interne PD-Schätzung

Die Quantifizierung des Kreditrisikos erfolgt neben der LGD- und der Umrechnungsfaktorenschätzung durch die PD-Schätzung. Die EBA hat zur Konkretisierung dessen Leitlinien verfasst,[559] die die BaFin zum 1.1.2021 in ihre Verwaltungspraxis übernommen hat[560]. In diesen bezeichnet die EBA den Schritt der Risikoquantifizierung auch als Kalibrierung.[561] Hierbei wird grundsätzlich nicht der Referenz-, sondern ein eigener Kalibrierungsdatensatz verwendet (PD-Kalibrierungsstichprobe), auf den die Kreditscoringmethode zwecks Kalibrierung angewendet wird.[562] Dieser Datensatz ist zu speichern, zu dokumentieren und muss mit dem Anwendungsportfolio vergleichbar sein.[563] Daneben ist die Kalibrierung durch qualitative Analysen wie Experteneinschätzungen zu ergänzen.[564] Zeitlich findet die Kalibrierung vor Berücksichtigung der Sicherheitsspanne gem. Art. 179 Abs. 1 lit. f CRR und des PD-Input-floor gem. Art. 163 Abs. 1 CRR statt.[565]

Ziel der Kalibrierung ist, die erwarteten Schätzwerte an die tatsächlichen Ausfallquoten anzupassen (Rückvergleich – *back-testing*)[566]. Es wird damit *ex post* betrachtet, ob der prognostizierte Output dem aktuellen Schuldnerstatus entspricht. Die Schätzwerte werden mithin an die tatsächlichen Rückzahlungsverhalten und damit „der Realität" angepasst. Dazu wird die durchschnittliche Ausfallwahrscheinlichkeit für die einzelnen Ratingstufen oder Risikopools anhand der „langfristigen Durchschnitte der jährlichen Ausfallraten" geschätzt, Art. 180 Abs. 2 UAbs. 1 lit. a CRR.[567] Dabei wird zunächst die einjährige Ausfallrate und sodann ihr beobachteter Durchschnitt bestimmt, um anschließend die langfristige durch-

---

[559] Leitlinien für die PD-Schätzung, die LGD-Schätzung und die Behandlung von ausgefallenen Risikopositionen, EBA/GL/2017/16.

[560] BaFin, Kreditrisiko, Rundschreiben 03/2019 (BA), 16.4.2019.

[561] EBA/GL/2017/16, S. 5; EBA, EBA Report on IRB modelling practices, 2017, S. 15; siehe auch Deutsche Bundesbank, Monatsbericht September 2003, S. 64.

[562] EBA/GL/2017/16, S. 5.

[563] EBA/GL/2017/16, Rn. 88.

[564] EBA/GL/2017/16, Rn. 87 lit. c.

[565] EBA/GL/2017/16, Rn. 89.

[566] Zum Begriff Deutsche Bundesbank, Monatsbericht September 2003, S. 65 f.

[567] Zusätzlich besteht nach lit. b und d die Wahlmöglichkeit, die PD-Schätzungen von der Gesamtverlustschätzung und geeigneten LGD-Schätzungen abzuleiten, EBA/GL/2017/16, Rn. 91 lit. c; Fischer/Schulte-Mattler/*Daun*, CRR Art. 180 Rn. 45 ff.

schnittliche Ausfallrate zu berechnen.[568] Die Kalibrierung ist mindestens jährlich durchzuführen und damit ein regelmäßiger, wiederkehrender Prozess, vgl. Art. 179 Abs. 1 UAbs. 1 lit. c Satz 3 CRR. Der aktuelle Schuldnerstatus muss dem Institut damit für die Kalibrierung mindestens jährlich bekannt sein, um den Schuldnerausfall nach Art. 178 CRR bestimmen zu können.

(1) Kreditscore als Grundlage für die implizite und explizite Kalibrierung

Nach der EBA eröffnen sich mehrere Arten der Kalibrierung, von denen das Institut die geeignete Methode anhand seiner jeweiligen Datenverfügbarkeit bestimmen soll.[569] Für das Mengengeschäft bestehen im Rahmen des Art. 180 Abs. 2 UAbs. 1 lit. a CRR nur zwei Kalibrierungsarten[570]: Das Institut kann die PD gem. Art. 180 Abs. 2 UAbs. 1 lit. a CRR oder alternativ direkt gem. Art. 169 Abs. 3 CRR in Verbindung mit Art. 180 Abs. 2 UAbs. 1 lit. a CRR schätzen.[571] Die endgültige Zuordnung der PD-Werte wird meist in einer tabellarischen Masterskala dargestellt.[572] Im zuerst genannten Fall der sog. impliziten PD-Schätzung wird die Ausfallwahrscheinlichkeit anhand der langfristigen Ausfallrate der einzelnen Ratingstufen oder Risikopools geschätzt.[573] Die Kalibrierung erfolgt damit für die jeweilige Ratingstufe bzw. den Risikopool.

Bei der direkten PD-Schätzung wird die Bildung von Risikostufen oder -pools hingegen fingiert, Art. 169 Abs. 3 CRR, weshalb die Kalibrierung direkt anhand der einzelnen Risikopositionen erfolgt und daher auch als explizite PD-Schätzung bezeichnet wird. Diese Form der Kalibrierung kann damit unmittelbar auf Kreditscorewerten basieren. Die Scorewerte geben als sog. „rohe PD" direkt die quanti-

---

[568] EBA/GL/2017/16, Rn. 73 ff., 79 ff., 82 ff.

[569] EBA/GL/2017/16, Rn. 91 ff.

[570] Grundsätzlich könnte die langfristige durchschnittliche Ausfallrate auch der einfache Mittelwert der Kreditscorewerte sein, wie dies gerade bei Verwendung der logistischen Regression üblich ist, Deutsche Bundesbank, Monatsbericht September 2003, S. 65. Diese Vereinfachung sieht Art. 180 Abs. 1 lit. g CRR explizit vor, der systematisch aber nicht für das Mengengeschäft gilt. Dies mag zunächst verwundern, da die CRR an das Mengengeschäft grundsätzlich geringere Anforderungen stellt. Bei Art. 180 Abs. 1 lit. g CRR handelt es sich jedoch um ein Zugeständnis des Gesetzgebers für den Fall, dass nur geringe Datenmengen verfügbar sind. Im Mengengeschäft wird aber gerade davon ausgegangen, dass das Institut über ausreichend Erfahrungswerte verfügt, vgl. auch ausdrücklich für die direkte PD-Schätzung, EBA/GL/2017/16, Rn. 96. Dies wird zuletzt auch dadurch bekräftigt, dass ein Institut, welches den IRB-Ansatz für das Mengengeschäft anwendet, immer auch eine eigene LGD-Schätzung anzustellen und damit über genügend Ausfallerfahrung zu verfügen hat, da für das Mengengeschäft kein Basis-IRB-Ansatz existiert, siehe oben § 3, C.II., S. 198.

[571] EBA/GL/2017/16, Rn. 91 lit. a.

[572] Gendrisch/Hahn/Klement/*Kayser*, Hdb. Solvabilität, 145 (149); siehe z.B. die Commerzbank-Masterskala, abrufbar unter https://www.commerzbank.de/media/cfcb_luxembourg/ deckungsstock_cfcb/Commerzbank_Masterskala_08_2017.pdf.

[573] EBA, EBA Report on IRB modelling practices, Rn. 110, Typ 1, wobei auf den inhaltsgleichen Art. 180 Abs. 1 lit. a CRR abgestellt wird.

fizierte Ausfallwahrscheinlichkeit wieder.[574] Daher sind auch zwingend die Datenanforderungen nach Art. 174 lit. a–c CRR zu berücksichtigen.[575] Die explizite Kalibrierung erfolgt, indem Scorewert-Intervalle gebildet werden, für die die geschätzte PD der einzelnen Risikopositionen mit der langfristigen durchschnittlichen Ausfallrate des Intervalls übereinstimmt, in den die Risikoposition aufgrund ihres Kreditscores fällt.[576] Mithilfe der logistischen Regression können solche direkten Ausfallwahrscheinlichkeiten generiert werden.[577] Folgendes fiktives Beispiel dient daher der Erläuterung: Die Masterskala verfügt über ein Punktespektrum von 100 Punkten, die in verschiedene Intervalle mit unterschiedlichen PD-Werten unterteilt sind. Bislang war den Risikopositionen mit einem Scorewert zwischen 100 bis 90 Punkten eine Ausfallwahrscheinlichkeit von 0,03 % zugeordnet, während den Schuldnern mit einem Kreditscore kleiner 90 eine höhere Ausfallwahrscheinlichkeit zugeordnet war. Die tatsächlichen Ausfallraten zeigen nun, dass die langfristige durchschnittliche Ausfallquote von 0,03 % in dem Intervall von 100 bis 93 Punkten liegt. Somit wird das Scorewert-Intervall mit der Zuordnung 0,03 % entsprechend kalibriert und die betroffenen Schuldner migrieren zu riskanteren Stufen. Sollte sich die Kreditscoringmethode zwischenzeitlich geändert haben, kann eine Neuberechnung der Scorewerte anhand des neuen Modells erforderlich sein.[578]

Da der Kreditscore somit zumindest mittelbar durch die Ratingzuordnung oder sogar unmittelbar bei direkter PD-Schätzung berücksichtigt werden kann, ergeben sich auch aus den Anforderungen an die Risikoquantifizierung gem. Art. 179 f. CRR Transparenzaspekte hinsichtlich des Kreditscorings.[579] Zu diesem Zweck sollen im Folgenden auch die Regelungen zur PD-Schätzung untersucht werden. Während Art. 179 CRR parameterunabhängige Anforderungen aufstellt, regelt Art. 180 CRR speziell die PD-Schätzung.

(2) Risikosensitivität

Das Institut kann „Hauptbestimmungsfaktoren" ergründen, die seiner langfristigen Erfahrung nach bedeutend für die Ausfallhäufigkeit und damit als Verlust-Erfahrungswerte einzustufen sind, Art. 179 Abs. 1 UAbs. 1 lit. b CRR. Diese umfassen alle Merkmale, die innerhalb des Beobachtungszeitraums aus Sicht des In-

---

[574] EBA, EBA Report on IRB modelling practices, Rn. 110, Typ 3, wobei auch auf den inhaltsgleichen Art. 180 Abs. 1 lit. a CRR abgestellt wird.

[575] EBA/GL/2017/16, Rn. 96.

[576] EBA, Report on IRB modelling practices, Rn. 110 Type 3; vgl. auch EBA/GL/2017/16, Rn. 90.

[577] Dagegen nicht etwa indirekte Verfahren wie die Diskriminanzanalyse, Deutsche Bundesbank, Monatsbericht September 2003, S. 65; auch nicht Random Forest-Methoden, *Fuster et al.*, 1 The Journal of Finance (2022), 5 (23).

[578] EBA/GL/2017/16, Rn. 98 lit. a.

[579] Vgl. in diesem Zusammenhang auch, dass Art. 174 CRR anwendbar ist, wenn die PD-Schätzung mithilfe eines statistischen Modells oder anderen algorithmischen Verfahrens erfolgt, Art. 46 Abs. 9 DelVO 2022/439.

stituts signifikant mit Schuldnerausfällen korrelieren und damit bonitätsrelevant sind. Dabei hat das Institut aufzuzeigen, dass die Schätzungen seine langfristigen Erfahrungen repräsentativ wiedergeben, lit. b Satz 2. Diese Hauptbestimmungs-faktoren können als erklärende Variablen dienen.[580] Für die Kalibrierungsdaten gelten grundsätzlich die gleichen Repräsentativitätsvorgaben wie für die Modell-entwicklungsdaten nach Art. 174 lit. c CRR, nämlich mit Blick auf Anwendungs-bereich, Ausfalldefinition, Risikofaktoren und internen Kreditvergaberichtlinien. Die Zielrichtung unterscheidet sich jedoch, da die mindestens jährlich anzustellende Kalibrierung auf die Anpassung des Risikoparameters PD an den langfristigen Durchschnitt der Ausfallquote abzielt. Zusätzlich sind daher wirtschaftliche Rah-menbedingungen zu berücksichtigen.[581] Die Genauigkeit und Solidität der Schät-zung wird sichergestellt, indem die Grundstruktur aus den historischen Daten mit der aktuellen Kreditstruktur des Instituts vergleichbar sein soll, lit. d.

Im Falle von Verzerrungen (*bias*) hat das Institut angemessene Korrekturmaß-nahmen vorzunehmen.[582] Als mögliche Fehler listet die EBA für Daten- oder me-thodische Mängel zwei separat zu behandelnde Fehlerkategorien auf. Zu Katego-rie A gehören unter anderem fehlerhafte oder ungenaue Daten, fehlende oder ver-altete Daten sowie unzureichende Repräsentativität infolge der Verwendung externer Daten.[583] Unter Kategorie B fallen nicht berücksichtigte Änderungen der Kredit-vergaberichtlinien oder der wirtschaftlichen oder rechtlichen Rahmenbedingun-gen.[584] Das Ziel besteht in der Erreichung der „besten Schätzung" durch regelmäßige Ermittlung sowie Behebung von Schätzfehlern und somit durch Vermeidung eines *bias*.[585] Der Grund dafür liegt darin, dass die genannten Fehlerkategorien für zu-sätzliche Unsicherheiten bei der PD-Schätzung sorgen.[586] Werden derartige Fehler ermittelt, hat das Institut angemessene Anpassungen vorzunehmen (*appropriate adjustment*).[587]

Zusätzlich hat das Institut eine Fehlertoleranz zu beachten, die in Abhängigkeit des seiner Erfahrung nach zu erwartenden Schätzfehlerbereichs zu wählen ist, lit. f. Diese sog. „Sicherheitsspanne" hat neben den gerade genannten Fehlerkategorien A und B auch allgemeine Schätzfehler (Kategorie C) zu berücksichtigen,[588] wird erst nach der Ermittlung der besten Schätzung hinzugefügt und soll größer Null sein.[589] Der daraus folgende sog. Konservativitätszuschlag (*„margin of conservatism"* –

---

[580] ECB, ECB guide to internal models, S. 73 Rn. 53 lit. c.

[581] EBA/GL/2017/16, Rn. 17, 28.

[582] EBA/GL/2017/16, Rn. 34.

[583] EBA/GL/2017/16, Rn. 37 (a)(i), (iii), (v), (viii).

[584] EBA/GL/2017/16, Rn. 37 (b)(i), (iii).

[585] EBA/GL/2017/16, Rn. 38 ff.

[586] EBA/GL/2017/16, 2017, S. 16 f.

[587] EBA/GL/2017/16, Rn. 38.

[588] EBA/GL/2017/16, Rn. 42.

[589] EBA/GL/2017/16, Rn. 46 f.; EBA/GL/2017/16, 2017, S. 17.

MoC) betrifft alle erwarteten Schätzfehler und quantifiziert diese.[590] Das Institut hat zur Behandlung solcher Risiken ein Rahmenkonzept für die Quantifizierung, Dokumentation und Überwachung von Schätzfehlern einzuführen.[591] Die Identifikation von Modellschwächen verpflichtet zur Modellanalyse und diese sind nach einem festzulegenden Plan zu beheben.[592] Die Sicherheitsspanne ist zu dokumentieren und damit einhergehend auch alle ermittelten Modellschwächen.[593] Insofern eröffnen die Anforderungen an eine risikosensitive Kalibrierung weitere aufsichtsadressierte Transparenzaspekte.

(3) Geeignetheit der Daten und Methoden

Die Schätzungen müssen auf einer geeigneten Datengrundlage basieren, vgl. Art. 179 Abs. 1 UAbs. 1 lit. a CRR. Hierbei wird mit der PD-Kalibrierungsstichprobe ein eigener Kalibrierungsdatensatz verwendet.[594] Dieser umfasst alle „einschlägigen" Daten und Informationen (lit. a Satz 1). Geringe Datenmengen haben zwingend eine konservative Schätzung zur Folge (lit. a Satz 4). Die historischen Werte und empirischen Nachweise, aus denen die Schätzungen abgeleitet werden, dürfen nicht allein wertende Erwägungen darstellen (lit. a Satz 2). Dies gestattet und beschränkt zugleich den Einsatz expertenbasierter Systeme.[595] Vor allem aber müssen die Input-Merkmale statistisch nachweisbar bonitätsrelevant sein. In Ausnahme zur primären Verwendung interner Daten zwecks Stufenzuordnung gem. Art. 180 Abs. 2 lit. c Satz 1 CRR dürfen Institute ausdrücklich auch externe Daten oder statistische Modelle verwenden, wenn eine hinreichend enge Verbindung beider Verfahren im Sinne von Art. 180 Abs. 2 lit. c Satz 2 CRR besteht.[596]

Ferner hat die Schätzung „plausibel und einleuchtend" zu sein (Art. 179 Abs. 1 UAbs. 1 lit. a Satz 3 CRR), sodass diese einer menschlichen Bewertung und Nachvollziehbarkeit zugänglich sein muss. Im Unterschied zu den Sätzen 1 und 2 des Art. 179 Abs. 1 UAbs. 1 lit. a CRR, die die Datengrundlage betreffen, hat nach Satz 3 die Schätzung selbst und somit der Output plausibel und einleuchtend zu sein. Lit. a begründet damit Transparenzanforderungen sowohl für den In- als auch für den Output des PD-Modells.

---

[590] Binder/Glos/Riepe/*Kämmler/Kleppe*, Hdb. Bankenaufsichtsrecht, § 7 Rn. 148; Fischer/Schulte-Mattler/*Daun*, CRR Art. 179 Rn. 23, 50 ff., für ein Beispiel zur Berechnung der Sicherheitsspanne siehe Rn. 25 f.

[591] EBA/GL/2017/16, Rn. 41 ff.

[592] EBA/GL/2017/16, Rn. 50; insbesondere ist die Sicherheitsspanne keine Alternative zu Modellanpassung, Erwg. (21) DelVO (EU) 2022/439.

[593] EBA/GL/2017/16, Rn. 49.

[594] EBA/GL/2017/16, S. 5.

[595] Zu diesen § 2, D.II.3., S. 106.

[596] Fischer/Schulte-Mattler/*Daun*, CRR Art. 180 Rn. 49 f.

(4) Aktualität der Daten und Methoden

Darüber hinaus hat das Kreditinstitut jede Änderung der Kreditvergabepraxis sowie technische Fortschritte zu berücksichtigen, Art. 179 Abs. 1 UAbs. 1 lit. c Satz 1, 2 CRR. Dies beinhaltet die Überprüfung in Bezug auf technische Fortschritte, neue Daten und sonstige Informationen und hat bei Vorliegen neuer Informationen, zumindest aber jährlich, stattzufinden, lit. c Satz 3. Der Nutzen neuer statistischer Verfahren und Daten ist hiernach proaktiv durch das Institut zu prüfen.[597] Lit. c fordert damit zum interinstitutionellen Wettbewerb auf und eröffnet die gesetzliche Grundlage für technologische Fortschritte, wie etwa im Forschungsgebiet der künstlichen Intelligenz. Einschränkend ist zu beachten, dass die neuen Methoden, Daten und Informationen ebenfalls im Einklang mit den übrigen aufsichtsrechtlichen Anforderungen stehen müssen. Das gilt nicht nur für die Risikoquantifizierung, sondern auch für die Ausführungen zu den qualitativen Vorgaben zur Risikodifferenzierung.[598]

(a) Fortgeschrittene Kreditscoringmethoden

Mit Blick auf fortgeschrittene Methoden ist festzuhalten, dass diese solange unzulässig sind, solange sie den technologieneutralen bankaufsichtsrechtlichen Transparenzanforderungen nicht standhalten. Zum einen betrifft dies das Problem der Modelladaptivität und der sich dadurch potenziell neuauslösenden Erlaubnispflicht gem. Art. 143 CRR.[599] Hierzu gehören auch das Erfordernis der menschlichen Beurteilung und Kontrolle im Rahmen der Modellentwicklung nach Art. 174 Abs. 1 lit. e CRR, die Möglichkeit der umfangreichen Dokumentation nach Art. 175 CRR, die In- und Output-Transparenz nach Art. 179 Abs. 1 UAbs. 1 lit. a CRR sowie die unabhängige Überprüfung durch die Validierungsfunktion, die Innenrevision und nicht zuletzt die Aufsicht.[600] Bieten die fortgeschrittenen Kreditscoringmethoden nur eine lokale Interpretierbarkeit durch Nachmodellierung eines zusätzlichen Surrogatmodells, sind sie damit aufgrund fehlender oder zumindest unzureichender globaler Modelltransparenz nicht der vollumfänglichen menschlichen Beurteilung und Kontrolle zugänglich. Auch die von Art. 174 lit. b CRR geforderte Datenqualität bereitet zusätzliche Probleme, da Mängel oder Ungenauigkeiten in den Daten aufgrund der Modellintransparenz verborgen bleiben könnten[601]. Dennoch können solche Methoden, die künstliche Intelligenz erklärbar machen sollen (XAI-Techniken),[602] die Black Box-Eigenschaften abmildern. Allerdings verfügen diese Me-

---

[597] Fischer/Schulte-Mattler/*Daun*, CRR Art. 179 Rn. 9 f., 12.

[598] Siehe oben § 3, C.II.4.a), S. 207 ff.

[599] Siehe oben § 3, C.II.1.b), S. 200.

[600] Vgl. auch EBA/DP/2021/04, S. 14 f.

[601] Deutsche Bundesbank, Discussion paper, The Use of Artificial Intelligence and Machine Learning in the Financial Sector, S. 6.

[602] Die Ausrede, das Modell sei eine Black Box, könne daher nicht gelten, vgl. BaFin, BDAI, S. 38.

thoden infolge der Nachmodellierung wiederum über eigene Modellannahmen und -schwächen, sodass Folgeprobleme nicht ausgeschlossen sind.[603] Daher befindet sich der Einfluss solcher Techniken derzeit noch in der praktischen Erprobungsphase. Festzuhalten bleibt aber, dass sich die Aufsicht gegenüber dem Einsatz alternativer Erklärungsansätze grundsätzlich offen zeigt.[604] Einbußen in der Nachvollziehbarkeit zugunsten der Performance können gerechtfertigt sein.[605] Auch kann maschinelles Lernen nur in einzelnen Phasen der Modellerstellung Anwendung finden.[606] Eine neue Regulierung, die spezifisch auf den Einsatz maschineller Lernmethoden für Risikomodelle im Sinne der Säulen I und II zugeschnitten ist, ist nach Ansicht der Aufsicht deshalb nicht erforderlich.[607] Stattdessen sind Institute dazu aufgerufen, den Umgang mit diesen Methoden nachzuweisen. Die Aufsicht sollte ihre Verwaltungspraxis in Bezug auf fortgeschrittene Modellmethoden formulieren, um Rechtssicherheit zu fördern.

(b) Alternative Daten

In Bezug auf neue Daten wird das Institut abwägen wollen, ob der mit den neuen Informationen einhergehende versprochene Nutzen den regulatorischen Kosten überwiegt. Eine positive Nutzungsentscheidung kann insbesondere daran scheitern, dass die Implementierung eines solchen PD-Modells eine grundlegende Änderung der PD-Schätzung oder die Überarbeitung der Ausfalldefinition nach sich ziehen würde, worin eine die Erlaubnispflicht auslösende wesentliche Änderung läge.[608] Unabhängig davon werden neue Datenarten aber von Bedeutung sein, wenn deren Nichteinbezug zu unzureichend oder wesentlich weniger signifikanten, repräsentativen, stabilen oder soliden PD-Schätzungen führt. Der Anreiz für das Institut für eine Implementierung alternativer Daten ist dabei umso größer, je eher die Nichtberücksichtigung einen Wettbewerbsnachteil hervorrufen kann. Beispiele können gesellschaftliche Wandel sein, etwa wenn früher das Fehlen eines häuslichen Telefonanschlusses als Stellvertretermerkmal für geringere Bonität gesehen wurden.[609]

---

[603] Deutsche Bundesbank/BaFin, Konsultation 11/2021, S. 15.

[604] Deutsche Bundesbank, Discussion paper, The Use of Artificial Intelligence and Machine Learning in the Financial Sector, S. 5 f.: „Black Box is not a ‚No Go‘ if risks remains under control", „Explainable Artificial Intelligence (XAI) is a promising answer"; Deutsche Bundesbank/BaFin, Konsultation 11/2021, S. 14 f.; EBA, EBA/DP/2021/04; die Rückmeldungen aus der Praxis zeigten kein geeintes Bild, vgl. Deutsche Bundesbank/BaFin, Maschinelles Lernen in Risikomodellen, Antworten, S. 13 f.

[605] Deutsche Bundesbank/BaFin, Konsultation 11/2021, S. 14; Deutsche Bundesbank/ BaFin, Maschinelles Lernen in Risikomodellen, Antworten, S. 6.

[606] EBA, EBA/DP/2021/04, S. 11.

[607] BaFin, Maschinelles Lernen in Risikomodellen: BaFin und Bundesbank konsultieren gemeinsames Diskussionspapier, 15.07.2021, abrufbar unter https://www.bafin.de/dok/16312 578.

[608] Art. 143 Abs. 3 CRR in Verbindung mit Anhang I, Teil II Abschnitt 1 Nr. 2 lit. f und Nr. 3 DelVO 529/2014.

[609] Fischer/Schulte-Mattler/Daun, CRR Art. 179 Rn. 10.

Würde das Institut dieses Merkmal weiterhin berücksichtigen, könnten zahlreiche Schuldner wegen mittlerweile unzureichender Bonitätsrelevanz dieses Merkmals falsch-negativ oder falsch-positiv eingestuft werden, sodass die Eigenmittelberechnung verzerrt werden könnte. Weitere Beispiele können aber auch alle übrigen alternativen Daten sein, sofern diese signifikante Korrelationen zur Kreditausfallwahrscheinlichkeit aufzeigen. Dass alternative Daten einen zusätzlichen Nutzen bieten können, wurde weiter oben ausführlich beschrieben.[610] Entscheidend wird daher sein, dass das Institut die Aufsicht auf der Grundlage empirischer Nachweise von dem Gebrauch alternativer Daten überzeugen kann. Die Aufsicht prüft die Methode der PD-Schätzung nämlich daraufhin, ob die Form der Schätzmethode, die auf ihr beruhenden Annahmen sowie die Risikofaktoren für die Risikopositionsart angemessen ist, Art. 46 Abs. 4 lit a, b, g DelVO 2022/439. Erfolgt die PD-Schätzung auf der Grundlage eines statistischen Modells oder eines anderen algorithmischen Verfahrens, finden darüber hinaus auch die Anforderungen des Art. 174 CRR Anwendung.[611] Damit gelten auch für die Kalibrierung die obigen Ausführungen zur Datenqualität im Rahmen der modellgestützten Ratingzuordnung sowie die Anforderungen nach § 10 Abs. 2 KWG.[612]

Einschränkend tritt jedoch hinzu, dass der Beobachtungszeitraum nach Art. 179 Abs. 1 UAbs. 1 lit. e CRR mindestens fünf Jahre betragen muss und nur in Ausnahmefällen nach gesonderter aufsichtlicher Genehmigung auf zwei Jahre reduziert werden kann (*data waiver*)[613]. Gerade FinTechs verwenden daher häufig den KSA, da wegen ihrer kurzen Geschäftstätigkeit zu wenige interne Daten vorhanden sind.[614] Sollten alternative Daten für die Beurteilung des Kreditrisikos einer Risikoposition genutzt werden, müssen diese Daten langfristig stabil sein, da das Institut die gewählten Risikofaktoren konsistent zu nutzen hat[615]. Daten, die schnelle gesellschaftliche Wandlungen reflektieren, sind damit grundsätzlich ungeeignete Merkmale. Unsicherheiten, die sich aus der Berücksichtigung der historischen Kreditantragsdaten ergeben, hat das Institut ohnehin zu berücksichtigen.[616] Insofern besteht für das Institut kein Anreiz, zusätzliche Unsicherheiten durch die Berücksichtigung kurzlebiger Korrelationen zu implementieren. Anders kann dies nur sein, sofern die Daten zur Beurteilung von saisonalen Effekten beitragen, vgl. Art. 179 Abs. 1 UAbs. 1 lit. f CRR.

---

[610] Zum Ganzen oben § 2, C.II.2., S. 74 ff.

[611] Art. 46 Abs. 9 DelVO 2022/439.

[612] Siehe oben § 3, C.II.4.a)cc), S. 210 ff.

[613] Die Voraussetzungen regelt die DelVO (EU) 2017/72 der Kommission vom 23. September 2016 zur Ergänzung der Verordnung (EU) Nr. 575/2013 des Europäischen Parlaments und des Rates durch technische Regulierungsstandards zur Präzisierung der Bedingungen für Genehmigungen zum Datenverzicht, ABl. (EU) 2017 L 10, 1.

[614] EZB, Leitfaden zur Beurteilung von Anträgen auf Zulassung als FinTech-Kreditinstitut, S. 10.

[615] EBA/GL/2017/16, Rn. 60.

[616] EBA/GL/2017/16, 2017, S. 20.

(5) Datenpooling

Art. 179 Abs. 2 CRR trägt dem Gedanken Rechnung, dass Schuldnerausfälle im Vergleich zu vertragsgemäß leistenden Schuldnern wesentlich seltener vorkommen. Dies kann zu einem *sampling bias* in den historischen Daten führen.[617] Zu diesem Zweck ermöglicht Art. 179 Abs. 2 CRR das Datenpooling zwischen mehreren Instituten.[618] Unter Datenpooling ist eine Methode für das institutsübergreifende Teilen einer internen Datenbank zu ausgefallenen Schuldnern zu verstehen. Dennoch nimmt dies das Kreditinstitut nicht aus der Pflicht, die qualitativen Anforderungen an das eigene Ratingsystem nachweisen zu können.[619] Daher begründet Art. 179 Abs. 2 CRR zusätzliche Anforderungen, die auf eine kritische Auseinandersetzung mit externen Datensätzen abzielen. Hierzu formuliert Art. 179 Abs. 2 CRR die Anforderungen, dass das Ratingsystem und die -kriterien mit denen der anderen Kreditinstitute vergleichbar (lit. a) und die gepoolten Daten für das eigene Portfolio repräsentativ sein müssen (lit. b) sowie dass die Daten über längere Zeit kohärent genutzt werden (lit. c). Hierdurch wird die Anforderung nach Art. 178 Abs. 4 CRR im Falle der interinstitutionellen Datenweitergabe erweitert. Das Datenpooling gleicht damit Wettbewerbsnachteile für kleinere Portfolios aus, die nicht über ausreichend Schuldnerausfälle verfügen, um eigene interne statistische Schätzungen durchzuführen.[620] Nichtsdestotrotz verbleibt die Verantwortlichkeit für die Integrität des eigenen Ratingsystems bei dem betreffenden Institut, welches an dem Datenpooling beteiligt ist, lit. d, und entbindet nicht von Überwachungs- und Prüfpflichten, lit. e. Ergänzend kann die privilegierte Datenübermittlung nach § 10 Abs. 2 Satz 6 KWG zu beachten sein.

(6) Zwischenfazit

Die Schätzung der Ausfallwahrscheinlichkeit PD ist nach der Vorstellung des Gesetzgebers grundsätzlich ein von der Risikodifferenzierung zu trennender Prozess. Dabei sind die Begriffe der Kalibrierung und der Risikoquantifizierung austauschbar. Finden bei der PD-Schätzung statistische Verfahren Anwendung, sind die Anforderungen des Art. 174 CRR zu berücksichtigen. Während dem Institut für die Modellentwicklung weitgehend eigenes Ermessen zugestanden wird, werden an die PD-Schätzung objektive und technische Prüfmaßstäbe gestellt.[621] Die CRR zeigt sich grundsätzlich offen für alternative Kreditscoringmethoden, indem sie eine Aktualität des Ratingsystems mit Blick auf Daten und Methoden einfordert. Gleichwohl führt dies nicht dazu, dass die übrigen Vorgaben außer Acht zu lassen wären. Daraus ergibt sich trotz Methodenneutralität eine grundsätzliche Unzulässigkeit von intransparenten Black Box-Modellen. Das Institut muss nachweisen und begründen können,

---

[617] Zur Stichprobenauswahl oben § 2, E.I.2.a)aa), S. 131.

[618] Fischer/Schulte-Mattler/*Daun*, CRR Art. 179 Rn. 18.

[619] Fischer/Schulte-Mattler/*Daun*, CRR Art. 179 Rn. 22.

[620] Fischer/Schulte-Mattler/*Daun*, CRR Art. 179 Rn. 18.

[621] EBA/GL/2017/16, 2017, S. 8.

dass das Modell CRR-konform ist. Alternative Daten sind verwendbar, sofern diese die qualitativen Anforderungen nach Art. 174 lit. a–c CRR erfüllen, zur risiko-sensitiven, einer die Berechnung der Eigenmittelausstattung förderlichen Schätzung beitragen und das Institut die Aufsicht von ihrer Bonitätsrelevanz auf der Grundlage von empirischen Nachweisen überzeugen kann. Schließlich soll das Kreditinstitut die „beste Schätzung" der Ausfallwahrscheinlichkeit erzielen. Die Länge der Da-tenhistorie nach Art. 179 Abs. 1 UAbs. 1 lit. e CRR erfordert, dass die Daten über einen langjährigen Zeitraum hinweg aussagekräftig sind. Demzufolge müssen al-ternative Daten längerfristig den Grundsätzen der Stabilität und der wiederkehrenden Datenaggregation entsprechen.

c) Laufende interne Validierung, Art. 185 CRR

Im Anschluss an die Modellentwicklung gem. Art. 169 ff. CRR ist dessen Pro-gnosegüte zu beurteilen.[622] Dies bezeichnet in erster Linie den hier als Testung,[623] nach der Terminologie des Gesetzgebers als Validierung bezeichneten Schritt, der einen umfangreichen Überprüfungsprozess darstellt und sich in qualitative und quantitative Aspekte unterteilt.[624]

Nach Art. 185 lit. a CRR hat das Institut ein robustes Validierungskonzept zur Gewährleistung der Genauigkeit und Konsistenz des PD-Modells vorzuweisen, sodass die Leistungsfähigkeit konsistent und aussagekräftig beurteilt werden kann.[625] Dies umfasst die Analyse der Trennschärfe, der Kalibrierung und der Stabilität des Modells.[626] Grundsätzlich soll das Institut für die Validierung die gleichen Methoden und Daten verwenden; Veränderungen sind zu dokumentieren, lit. d. Ein wesentli-cher Gegenstand der Validierung ist die regelmäßige, mindestens aber jährlich stattzufindende Kalibrierung, also die Analyse der tatsächlichen und erwarteten Ausfallrate, Art. 185 lit. b CRR.[627] Für den Fall, dass die geschätzten und tatsäch-lichen Ausfallraten signifikant voneinander abweichen, hat das Institut über solide interne Regeln zu verfügen, die auch konjunkturbedingten Schwankungen Rechnung tragen, lit. e. Weiterhin hat das Institut nach lit. c auch externe Datenquellen her-anzuziehen („Benchmarking"). Hierbei wird das interne PD-Modell mit externen Modellen verglichen, um die Performance mit Markstandards abzugleichen.[628]

---

[622] Fischer/Schulte-Mattler/*Daun*, CRR Art. 185 Rn. 1.

[623] Siehe oben § 2, E.I.6., S. 139.

[624] Vgl. die Übersicht: Deutsche Bundesbank, Monatsbericht September 2003, S. 62; Binder/Glos/Riepe/*Kämmler/Kleppe*, Hdb. Bankenaufsichtsrecht, § 7 Rn. 160.

[625] Fischer/Schulte-Mattler/*Daun*, CRR Art. 185 Rn. 4.

[626] Fischer/Schulte-Mattler/*Daun*, CRR Art. 185 Rn. 19; Binder/Glos/Riepe/*Kämmler/ Kleppe*, Hdb. Bankenaufsichtsrecht, § 7 Rn. 160.

[627] Dazu Fischer/Schulte-Mattler/*Daun*, CRR Art. 185 Rn. 22 f.

[628] Fischer/Schulte-Mattler/*Daun*, CRR Art. 185 Rn. 6, 26.

Zuständig hierfür ist die Validierungsfunktion, die gem. Art. 10 Abs. 1 DelVO (EU) 2022/439 unabhängig von Personal- und Managementfunktionen zu sein hat und weder für die Modellentwicklung noch für die Kreditrisikoüberwachung gem. Art. 190 CRR zuständig ist. Modellentwicklung und Modellvalidierung sind damit funktional voneinander getrennt. Das hat zur Folge, dass nicht nur der Modelloutput im Wege eines umfassenden *monitoring, review* und *testing*-Verfahrens nach dem Vier-Augen-Prinzip analysiert wird,[629] sondern dass der Prozess insgesamt für einen Dritten nachvollziehbar und anfechtbar sein muss. Darüber hinaus gilt der umfangreiche Bewertungskatalog der Aufsicht, der daneben zahlreiche organisatorische und prozessorientierte Elemente beinhaltet[630]. Die Modellvalidierung hat damit – wie die Modellentwicklung – ebenso insgesamt nachvollziehbar zu sein.

5. Fazit zum IRB-Ansatz

Das Kreditscoring dient als das risikodifferenzierende Element eines Ratingsystems und somit der wesentlichen Vorbereitung für die PD-Schätzung. Im Falle der direkten PD-Schätzung gibt der Kreditscore unmittelbar die quantifizierte Ausfallwahrscheinlichkeit wieder. Im Mengengeschäft kommen in der Regel standardisierte Verfahren zum Einsatz, weshalb modellgestützte Verfahren sowie die Einhaltung der an sie gestellten qualitativen Mindestanforderungen von überragender Bedeutung sind. Die Untersuchung zeigte eine hohe Reglungsdichte, die die Verwendung interner Modelle betrifft. Die CRR legt mit den Art. 174, 175, 179 Abs. 1 lit. a sowie den internen Governance-Strukturen hohe Transparenzanforderungen mit Blick auf die Nachvollziehbarkeit des Modells sowie der In- und Output-Beziehung fest. Hierbei wurden zudem spezifische Governance-Anforderungen an das Kreditinstitut identifiziert. Das Kreditscoringmodell selbst führt nämlich nicht nur gegenüber der Aufsicht, sondern auch innerhalb des Instituts zu Informationsasymmetrien.[631] Auf deren Überwinden zielen schließlich die regulatorischen Mindestanforderungen in der Form eines risikoadäquaten Regelungskonstrukts ab, damit das Institut bei Anwendung des IRB-Ansatzes die Angemessenheit seiner Eigenmittelanforderungen jederzeit bewerten kann. Infolge der Genehmigungspflichtigkeit und der umfassenden Prüfungskompetenzen wird dabei ein hohes Maß an aufsichtsadressierter Transparenz erreicht.

Festzuhalten bleibt jedoch, dass diese Regelungen allein für die bestehenden Risikopositionen des Instituts gelten. Positionen, die sich noch nicht im Kreditportfolio befinden, sind von den oben beschriebenen Voraussetzungen nicht direkt erfasst. Die Mindestanforderungen gelten nämlich für die Berechnung der Eigenkapitalanforderungen und damit noch nicht für die vorvertragliche Überwindung der Informationsasymmetrien zwischen dem Kreditinstitut und einem Kreditantrag-

---

[629] Zur Validierung durch die CRCU siehe oben § 3, C.II.4.a)cc)(5), S. 221.

[630] Art. 10 ff. DelVO (EU) 2022/439.

[631] Siehe oben § 2, Fn. 88.

steller. Hierzu gelten zunächst die qualitativen Vorgaben für das Kreditrisikoma-nagement nach Säule II.[632] Das IRB-Ratingsystem ist aber in den Kreditvergabe-prozess zu integrieren.[633] Damit ergibt sich eine Ausstrahlungswirkung mit Blick auf die Aufnahme neuer Risikopositionen und damit auch für das Antragsscoring, da von dem neuen Kreditnehmer all solche Informationen zu erheben sind, die für die PD-Schätzung erforderlich sind. Schließlich wäre es widersprüchlich, wenn der Kre-ditscore für die Kreditwürdigkeit und der PD-Wert divergieren. Insofern sollte zur Vermeidung von Interessenkonflikten seitens des Instituts grundsätzlich ein Gleichlauf des Prüfungsgegenstandes im Rahmen des § 10 Abs. 2 KWG und § 18a Abs. 1 KWG bzw. demnächst ggf. des umgesetzten Art. 6 CCD 2021-Komm-E hergestellt werden.

III. Institutsadressierte Transparenzpflichten der Auskunfteien

Die Normen des Bankenaufsichtsrecht gelten unmittelbar nur für beaufsichtigte Institute und (gemischte) Finanzholdinggesellschaften, vgl. Art. 1 CRR. Die Re-gulierung von Auskunfteien, die zu Verbrauchern Kreditscores berechnen, wurde ausdrücklich nicht vorgenommen.[634] Auskunfteien betreiben kein Einlagengeschäft und vergeben nicht selbst Kredite, sondern bieten lediglich eine Empfehlung, die als externes Datum in die bankinterne Risikobeurteilung einfließt. Dennoch erfüllen Auskunfteien zwischen Kreditnehmer und Kreditgeber eine Intermediärsfunktion, die zur Überwindung von Informationsasymmetrien, zur Wiedergabe der Marktre-putation des Verbrauchers und zur aktiven Negativauslese beiträgt, wodurch sie auch als ein den Marktzutritt beschränkender Gatekeeper fungieren können.[635] Will das Institut den externen Kreditscore als Input-Variable berücksichtigen, muss auch die den externen Kreditscore übermittelnde Auskunftei die beschriebenen Transpa-renzpflichten einhalten, da es sich hierbei um eine unwesentliche Auslagerung handelt.[636]

Dies betrifft einerseits genaue Angaben bezüglich der Ausfalldefinition, die die Auskunftei für ihr Modell verwendet, da das Kreditinstitut ansonsten keine Äqui-valenzprüfung im Sinne des Art. 178 Abs. 4 CRR vornehmen kann.[637] Andererseits bestehen allgemeine Transparenzpflichten, wenn das Kreditinstitut den externen Kreditscore im Rahmen der PD-Schätzung als Input-Variable im Sinne der Art. 171 Abs. 2 Satz 1, 174 lit. a Satz 2 CRR verwenden will. Hiernach hat das Institut die

---

[632] Dazu oben § 3, B.IV., S. 160 ff.

[633] EZB, ECB guide to internal models, S. 36 Rn. 84 lit. a Ziff. i.

[634] Vgl. Art. 4 Abs. 1 Nr. 98 CRR in Verbindung mit Art. 2 Abs. 2 lit. b, Erwg. (7) Rating-Verordnung.

[635] Dazu oben § 2, A.VI.4.c), S. 49.

[636] Dazu oben § 3, B.V.4., S. 191.

[637] Dazu oben § 3, C.II.4.b)bb)(3), S. 231.

wesentlichen Datenverarbeitungsprozesse, darunter Struktur, Wesen und Hauptrisikotreiber des externen Kreditscoringmodells, zu kennen.[638] Die Auskunftei oder ein sonstiger Finanzintermediär muss mithin in der Lage sein, dem Institut die Funktionsweise des Modells erklären zu können, weshalb das externe Modell ebenfalls global nachvollziehbar sein muss. Da der externe Kreditscore sogar die Hauptinput-Variable des institutseigenen Modells darstellen kann, gelten alle kreditscoringmodellbezogenen qualitativen Anforderungen, die das Institut der Aufsicht nachweisen und erklären können muss, auch für die Auskunftei, wenn der Auskunftei-Score Einzug in den Instituts-Score nehmen soll.

Die Auskunftei wird dadurch nicht unmittelbar zu einem Objekt der Bankenaufsicht, denn die Nachweispflicht und die Verantwortung für das Modell treffen weiterhin das beaufsichtigte Kreditinstitut, das den externen Kreditscore als Input-Variable verwendet. Das Institut wird sich daher von der Auskunftei ausreichende Garantien und begründete Nachweise zur Einhaltung der Transparenzpflichten einholen müssen. Diese Pflichten gliedern sich schließlich in die Dokumentationspflichten des Instituts gem. Art. 175 CRR ein, die Gegenstand der aufsichtlichen Prüfung sind, Art. 144 Abs. 1 UAbs. 1 lit. e CRR. Damit beaufsichtigt die Aufsicht das Kreditinstitut und das Kreditinstitut „beaufsichtigt" die Auskunftei. Insofern deckt sich diese Erkenntnis mit der obigen Darstellung zur unwesentlichen Auslagerung im Rahmen des § 25a Abs. 1 KWG nach Säule II.[639]

D. Institutionelle Transparenz durch Offenlegung

Die bisherigen Ausführungen fokussierten sich ausschließlich auf die Aspekte der aufsichtsadressierten Transparenz. Dabei fehlten Aspekte zur verbraucher- sowie marktadressierten Transparenz. Die Säule III begründet solche Vorschriften zur Offenlegung gegenüber der Öffentlichkeit zur Herstellung von Marktdisziplin,[640] deren Umsetzung in den Art. 431 ff. CRR erfolgt ist.[641] Hiernach haben Institute regelmäßig wesentliche Informationen im Sinne der Art. 435 ff. CRR in elektronischem Format und in einem einzigen Medium oder an einer einzigen Stelle offenzulegen und gem. Art. 434 Abs. 2 CRR z.B. über ihre Webseite zu archivieren, Art. 431 Abs. 1 CRR.[642] Die seit dem 28.6.2021 geltende DelVO (EU) 2021/637

---

[638] EZB, ECB guide to internal models, S. 67, Rn. 37, 38 lit. b; dazu oben § 3, C.II.4.a) cc)(1)(c), S. 213.

[639] Siehe oben § 3, B.V.5., S. 191.

[640] BIS, Basel II, Teil 4, Säule 3; Erwg. (76) CRR.

[641] Zuletzt geändert durch Art. 1 Nr. 119 CRR II; Fischer/Schulte-Mattler/*Hillen/Klotzbach*, CRR Art. 431 Rn. 1 ff.

[642] Zur Häufigkeit der Offenlegung, Hopt/Binder/Böcking/*Merkt*, Hdb. Corporate Governance von Banken und Versicherungen, § 19 Rn. 25.

stellt dazu einheitliche Offenlegungstabellen und Meldebögen bereit.[643] Adressat der Offenlegung ist die Öffentlichkeit.[644]

Durch die Offenlegung sollen Verhaltensanreize bei den Marktteilnehmern gesetzt werden, die das Institut präventiv zur Selbstdisziplin veranlassen und seine Risikostrategie verbessern sollen.[645] Die Offenlegung von Informationen zum Kreditrisiko verfolgt damit institutionelle Transparenz.[646] Insgesamt handelt es sich bei den offenzulegenden Informationen um solche, die dem Gläubiger- und Anlegerschutz dienen und für (potenzielle) Investoren von Interesse sind, da sie das Risikoprofil des Instituts wiedergeben.

I. Allgemeine Transparenzanforderungen an das Risikomanagement

Im Grundsatz sind nach Art. 435 Abs. 1 CRR Ziele und Politik für das Risikomanagement offenzulegen, worunter nach lit. a die Strategien und Verfahren für die Steuerung der Risiken zählen. Nach lit. f ist zusätzlich ein umfassender Überblick über das Risikomanagement zu bieten. Dies beinhaltet gem. Art. 8 Abs. 1 lit. a der Durchführungsverordnung (EU) 2021/637 für das Kreditrisiko nach den Anhängen XV und XVI dieser Durchführungsverordnung aber keine konkreten modellbezogenen Auskünfte, sondern qualitative Informationen in tabellarischer Auflistung. Allgemein sind dabei nur die Kriterien und der Ansatz für die Festlegung der Grundsätze für das Kreditrisikomanagement zu beschreiben.[647] Im Rahmen dessen ist somit darzulegen, wie das Kreditinstitut das Kreditrisiko im Mengengeschäft generell beurteilt. Die Praxis erläutert unter lit. a und f in ihren Offenlegungsberichten, dass Scoringverfahren im Mengengeschäft eingesetzt werden, wie oft diese Verfahren geprüft werden und dass Auskunfteien konsultiert werden. Konkrete system- oder datenbezogene Informationen zu den Scoringverfahren werden indes nicht offengelegt.

---

[643] Durchführungsverordnung (EU) 2021/637 der Kommission vom 15. März 2021 zur Festlegung technischer Durchführungsstandards für die Offenlegung der in Teil 8 Titel II und III der Verordnung (EU) Nr. 575/2013 des Europäischen Parlaments und des Rates genannten Informationen durch die Institute und zur Aufhebung der Durchführungsverordnung (EU) Nr. 1423/2013 der Kommission, der Delegierten Verordnung (EU) 2015/1555 der Kommission, der Durchführungsverordnung (EU) 2016/200 der Kommission und der Delegierten Verordnung (EU) 2017/2295 der Kommission, ABl. (EU) 2021 L 136, 1.

[644] Hopt/Binder/Böcking/*Merkt*, Hdb. Corporate Governance von Banken und Versicherungen, § 19 Rn. 25, 57 ff.

[645] Hopt/Binder/Böcking/*Merkt*, Hdb. Corporate Governance von Banken und Versicherungen, § 19 Rn. 25, 60 ff.

[646] In Abgrenzung zu transaktionsbezogenen Transparenzpflichten, Hopt/Binder/Böcking/ *Merkt*, Hdb. Corporate Governance von Banken und Versicherungen, § 19 Rn. 64.

[647] Anhang XVI Nr. 3 Zeilennummer b), Durchführungsverordnung (EU) 2021/637.

Es ist zudem eine Zusammenfassung des Ansatzes offenzulegen, nach dem das Institut seine Eigenmittelanforderungen nach Säule I berechnet, Art. 438 UAbs. 1 lit. a CRR. Demnach hat das Institut qualitative Informationen über den ICAAP anzugeben.[648] Darunter könnte zwar die Beschreibung der Kreditscoringmethode fallen. Diese ist jedoch nur eine Methode von vielen, die letztlich in die Berechnung der Eigenmittelanforderungen einfließt. Demnach fordert die „Zusammenfassung" des Ansatzes noch keine detaillierte Erläuterung des Kreditscoringsystems.

II. Kreditnehmeradressierte Transparenz

Einen besonderen Auskunftsanspruch sieht Art. 431 Abs. 5 CRR vor. Hiernach haben Institute die Entscheidung bezüglich der Kreditwürdigkeit nach Aufforderung schriftlich zu begründen. Der Adressatenkreis dieses Auskunftsanspruchs ist gem. Satz 1 ausdrücklich auf kleine und mittlere Unternehmen (KMU) begrenzt, die ein Darlehen beantragt haben. Obwohl die Art. 435 ff. CRR eigentlich Marktdisziplin herstellen sollen, findet sich hier ein spezieller kreditnehmeradressierter Auskunftsanspruch.[649] Verbrauchern steht dieser Anspruch aufgrund des eindeutigen Wortlauts aber nicht zu.

III. Besonderheiten bei Anwendung des IRB-Ansatzes

Besondere Publizitätspflichten bestehen gem. Art. 452 CRR für Institute, die den IRB-Ansatz anwenden[650].[651] Das Institut hat danach das Bestehen der IRB-Erlaubnis anzugeben sowie die interne Governance-Struktur zur Kontrolle des Ratingsystems darzustellen, Art. 452 UAbs. 1 lit. a, c CRR.

Modellbezogene Informationspflichten sieht grundsätzlich lit. f vor. Hiernach hat das Institut eine Beschreibung der internen Bewertungsverfahren für die jeweilige Risikopositionsklasse offenzulegen. Verwendet es dabei mehrere Hauptmodelle je Risikopositionsklasse ist auch dies anzugeben und die wichtigsten Unterschiede sind kurz zu erörtern. Für das Mengengeschäft ist damit z. B. anzugeben, ob das Institut neben dem Antragsscoring auch ein Modell zum Verhaltensscoring betreibt. Inhaltlich hat die Offenlegung gem. lit. f Ziff. i Informationen zu Definitionen, Methoden und Daten für die Schätzung und Validierung der PD zu enthalten. Das könnte nicht nur die bloße Aufzählung, sondern auch eine deskriptive Erläuterung der

---

[648] Anhang II Nr. 6, Durchführungsverordnung (EU) 2021/637.

[649] Fischer/Schulte-Mattler/*Hillen/Klotzbach*, CRR Art. 431 Rn. 23 („Fremdkörper").

[650] Ausgenommen sind Institute, die in Art. 2 Abs. 5 Nr. 5 CRD IV namentlich genannt sind, § 2 Abs. 9i KWG.

[651] Art. 452 CRR wurde zuletzt durch die CRR II geändert, Erwg. (56), Verordnung (EU) 2019/876.

Definitionen, Methoden und Daten beinhalten. Gegen ein solches Verständnis spricht aber lit. g, die die grundsätzliche Offenlegungspflicht nach lit. f abschwächt. Hiernach hat das Institut „gegebenenfalls" auch „etwaige" Modelle, Parameter oder Eingangswerte zu beschreiben, die seiner Erfahrung nach besonders der Risikodifferenzierung förderlich sind, Art. 452 UAbs. 1 lit. g Ziff. iv CRR. Wären derart konkrete Ausführungen bereits nach lit. f vorgesehen, hätte es dieses Zusatzes nicht bedurft. Damit erfasst lit. f *e contrario* nur abstrakte Beschreibungen für die Behandlung der jeweiligen Risikopositionsklasse ohne detaillierten oder abschließenden Bezug zu dem Modell, den Parametern oder den Input-Daten. Auch die Durchführungsverordnung (EU) 2021/637 sieht keine konkreteren modellbezogenen Angaben in ihren Meldebögen vor.[652]

Ein weiteres Argument für die Offenlegung nur abstrakter Beschreibungen besteht darin, dass die Offenlegung im Ermessen des Instituts liegt und gegenüber dem Schutz von Geschäftsgeheimnissen abzuwägen ist. Geschäftsgeheimnisse sind gem. Art. 432 CRR von den Offenlegungspflichten ausdrücklich ausgenommen, Art. 431 Abs. 1 CRR. Hierzu zählen gem. Art. 432 Abs. 2 UAbs. 2 Satz 1 CRR Informationen, „wenn ihre Offenlegung die Wettbewerbsposition des jeweiligen Instituts schwächen würde". Der Nachweis eines hypothetischen Nachteils genügt damit aufgrund der Verwendung des Konjunktivs („würde"). Zu Geschäftsgeheimnissen gehören auch Informationen über Produkte oder Systeme, deren Offenlegung die Wettbewerbsstellung signifikant beeinträchtigen würden, Art. 432 Abs. 2 UAbs.2 Satz 2 CRR.[653] Dass ein Institut ein Risikodifferenzierungsverfahren verwendet, ist kein Geheimnis, sondern eine regulatorische Bedingung im Rahmen des IRB-Ansatzes, über die zu informieren ist, Art. 452 UAbs. 1 lit. a CRR. Die konkrete Ausgestaltung, die genauen Datentypen und die Gewichtung einzelner Variablen könnte dagegen im Rahmen der Methodenfreiheit des Instituts zu Nachteilen im Wettbewerb mit anderen Instituten führen oder Verhaltensanreize im Kundenkreis hervorrufen. Schließlich könnten andere Institute die konkrete Vorgehensweise übernehmen und auf ihr Risiko anpassen, wie dies etwa bei gekauften Modellen der Fall ist. Eine zuverlässigere Prognose kann einen entscheidenden Marktvorteil bedeuten,[654] sodass die Offenlegung in einem Wettbewerbsnachteil resultieren kann.[655] Da die Risikotragfähigkeit maßgeblich von dem Adressenausfallrisiko abhängt und diese unter anderem mit der Hilfe von Kreditscoringmodellen als risikodifferen-

---

[652] Vgl. Anhang XXII Tabelle EU CRE, Durchführungsverordnung (EU) 2021/637.

[653] EBA/GL/2014/14, Rn. 15 lit. a. Die BaFin hat diese Leitlinie umgesetzt, BaFin, Rundschreiben 05/2015 (BA), 8.6.2015, geändert am 22.1.2020, abrufbar unter https://www. bafin.de/dok/7867776; siehe auch die Leitlinien der Deutschen Bundesbank und BaFin zur Bewertung der Erfüllung der Offenlegungsanforderungen nach § 26a KWG und Teil 8 der CRR, Juni 2017, abrufbar unter https://www.bundesbank.de/resource/blob/597872/f34ec03 cd04a9e2193746106f7adf998/mL/leitlinien-zur-bewertung-der-erfuellung-der-offenlegungsfor derungen-data.pdf.

[654] BaFin, BDAI, S. 85; vgl. auch Möslein/Omlor/*Siering*, FinTech-Hdb., § 24 Rn. 38.

[655] Zu den Folgen für das datenschutzrechtliche Auskunftsrecht siehe unten § 4, D.I.5.a), S. 342 ff.

zierendes Element des Ratingsystems bestimmt wird, handelt es sich um ein System, bei dessen Offenlegung ein Wettbewerbsnachteil entstehen kann. Die Schwelle des hypothetischen Wettbewerbsnachteils ist dagegen noch nicht im Falle einer abstrakten Beschreibungen überschritten, zum Beispiel im Hinblick darauf, mit welchem Verfahren modelliert wird oder welche abstrakten Datenkategorien berücksichtigt werden. Verwendet das Institut also maschinelle Lernverfahren oder alternative Daten, so liegt hierin kein Geschäftsgeheimnis im Sinne des Art. 432 Abs. 2 UAbs. 2 CRR, da aus der Offenlegung dieser Information noch kein potenzieller Wettbewerbsnachteil folgt.

Darüber spricht auch der Sinn und Zweck der Offenlegung, der für Marktdisziplin und Finanzstabilität,[656] nicht aber für eine Offenlegung des Kreditscoringmodells sorgen will. Stattdessen soll der (potenzielle) Investor über das Risikoprofil des Instituts informiert werden.[657] Eine detaillierte Beschreibung der Risikodifferenzierungsverfahren würde dieses Ziel nicht wesentlich fördern. So könnte vielmehr die Fähigkeit zur Risikodifferenzierung von Interesse sein. Dies belegt symptomatisch Art. 452 UAbs. 1 lit. h CRR, wonach der Rückvergleich der geschätzten und tatsächlichen Verluste offenzulegen ist. Die Fähigkeit zur Risikodifferenzierung allein kann jedoch nicht das entscheidende Kriterium sein, da dies bereits durch den SRP und die aufsichtliche Erlaubnis zur Anwendung des IRB-Ansatzes signalisiert wird.

Umgekehrt können aus Anlegersicht gerade Informationen über konkrete statistische Methoden und die zur Modellierung verwendeten Datenkategorien die Fähigkeit des Instituts zur Risikodifferenzierung und das Risikoprofil offenbaren. Würde ein Institut etwa offenlegen, dass es Daten aus sozialen Medien oder psychometrische Testverfahren zur Beurteilung von Ausfallwahrscheinlichkeiten heranzieht, könnten konservative Anleger dazu geneigt sein, von einer Investition abzusehen. In Zeiten gesteigerter Beachtung von Diversität, Gleichbehandlung, Fairness und ESG-Kriterien kann das Kreditscoringmodell sogar ein Investitionsrisiko darstellen, etwa wenn infolge seiner Anwendung Schadensersatzklagen durch abgelehnte Kreditnehmer und Verbraucherverbände oder Aufsichtsmaßnahmen und infolgedessen Reputationsschäden drohen. Andererseits könnten technologieaffine Anleger durch den technologischen Fortschritt gerade von einer Investition überzeugt werden. In jedem Fall besteht aus Anlegersicht ein intrinsisches Interesse an Beschreibungen der Definitionen, Methoden und Daten für die Schätzung und Validierung der PD, die sich nicht auf Universaldarstellungen beschränken sollte.

Dass aber dennoch keine detailliertere Offenlegung gefordert ist, zeigt zuletzt ein Blick auf die Schwarmfinanzierungsverordnung.[658] Dort sind in Art. 19 Abs. 6

---

[656] Erwg. (76) CRR.

[657] Erwg. (68) CRR.

[658] Verordnung (EU) 2020/1503 des Europäischen Parlaments und des Rates vom 7. Oktober 2020 über Europäische Schwarmfinanzierungsdienstleister für Unternehmen und zur

konkrete anlegerschützende Informationspflichten vorgesehen. Der Schwarmfinanzierungsdienstleister, der zum Beispiel ein Kreditvermittler sein kann,[659] hat hiernach die Methode zu beschreiben, mit der der Kreditscore berechnet wird. Auch sind die wichtigsten Elemente offenzulegen, ohne dabei sensible Geschäftsinformationen zu offenbaren oder Innovationen zu behindern.[660] Konkretisierend hat die EBA gem. Art. 19 Abs. 7 Schwarmfinanzierungsverordnung technische Regulierungsstandards veröffentlicht,[661] die detaillierte anlegerschutzorientierte Offenlegungspflichten vorsehen. Hiernach hat das Institut das Modell, die Eingabedaten sowie den Output zu beschreiben, um die Informationsasymmetrien zugunsten des Anlegers abzumildern, Erwg. (3) EBA/RTS/2022/05. Zum Inhalt der Offenlegung bieten die technischen Regulierungsstandards detaillierte Vorgaben.[662] Dass die CRR diese nicht vorsieht, ergibt sich aus dem unterschiedlichen Regulierungszweck. Anders als für den Gläubiger eines Kreditinstituts besteht dieser darin, dass die Anlegerinvestition im Rahmen der Schwarmfinanzierung in der Kreditvergabe selbst liegt. Kreditscoring ist dabei das Mittel zur Risikodifferenzierung, welches die Risikogeneigtheit der Investition in der Form der Kreditvergabe umschreibt. Insofern handelt es sich nach der Schwarmfinanzierungsverordnung um produktbezogene Informationen, die offengelegt werden müssen, damit der Anleger das Investitionsrisiko einschätzen kann. Bei der Investition in Kreditinstitute ist aber das Institut der Anlagegegenstand, sodass sich die anlegerorientierte Transparenz und die Herstellung von Marktdisziplin auf das Institut selbst, dessen Risikotragfähigkeit und folglich auch dessen Fähigkeit zur Risikodifferenzierung beziehen. Der Verzicht des Gesetzgebers auf vergleichbare CRR-Offenlegungspflichten spricht damit zusätzlich für abstrakte modellbezogene Informationspflichten.

E. Zusammenfassung der Ergebnisse

Das Bankaufsichtsrecht adressiert das Kreditscoring primär durch die Basler Säulen I und II. Dabei zeigte sich eine insgesamt hohe Regelungsdichte, die das Kreditinstitut in ein regulatorisches Korsett aus europarechtlichen sowie nationalrechtlichen Gesetzen, Richtlinien und normkonkretisierenden Verwaltungsvorschriften schnürt.

Einerseits bestehen nach der Säule II detaillierte qualitative Anforderungen im Rahmen des Kreditrisikomanagements. Es existiert kein genereller Erlaubnisvorbehalt für die Verwendung eines Kreditscoringsystems. Die Vorgabe qualitativer

---

Änderung der Verordnung (EU) 2017/1129 und der Richtlinie (EU) 2019/1937, ABl. (EU) 2020 L 347, 1.

[659] Art. 2 Abs. 1 lit. a Ziff. i Schwarmfinanzierungsverordnung.

[660] Erwg. (41) Schwarmfinanzierungsverordnung.

[661] EBA/RTS/2022/05.

[662] Siehe Art. 2–5, 13, 22 EBA/RTS/2022/05.

Anforderungen führt umgekehrt dazu, dass das Institut die Einhaltung eines wirksamen und angemessenen Risikomanagements positiv nachweisen und begründen können muss. Dabei wird insbesondere auch ein risikobewusster Umgang mit technologiegestützten Innovationen eingefordert. Es konnte gezeigt werden, dass bei modellgestützten oder automatisierten Prozessen in der Kreditvergabe strenge Governance-Anforderungen an das Kreditinstitut bestehen. Die qualitativen Vorgaben stehen insgesamt stets proportional zu dem Risiko, das das Kreditinstitut eingeht.

Andererseits sieht das Gesetz zahlreiche Vorgaben vor, sofern das Kreditinstitut Kreditscoringsysteme im Rahmen der Beurteilung des Kreditrisikos zur Berechnung der Eigenmittelausstattung verwendet. Der Anwendungsbereich begrenzt sich dabei auf Institute, die den IRB-Ansatz anwenden. Anders als für das qualitative Risikomanagement nach Säule II sehen insbesondere die Art. 174, 175, 179 Abs. 1 lit. a, c CRR konkrete gesetzliche Vorgaben statt nur normkonkretisierender Verwaltungsvorschriften in Konkretisierung des Art. 79 CRD IV bzw. § 25a KWG vor. Darin begründen sich zugleich hohe Anforderungen an das Verständnis des Instituts für das Ratingsystem, Prüf- und Qualitätssicherungspflichten sowie die Einrichtung von Governance-Strukturen zum Abbau von Informationsasymmetrien, die durch die Verwendung eines Modells drohen. Die modellspezifischen Anforderungen nach der CRR konstatieren insgesamt sehr detaillierte, nahezu lehrbuchartige Vorgaben, die sich mit den hier in § 2 beschriebenen Erkenntnissen zur Erstellung eines Kreditscoringmodells decken. Während dem Kreditinstitut bei der Modellentwicklung im Rahmen qualitativer Vorgaben weitgehend Ermessen eingeräumt wird, sind die Regelungen zur Modellkalibrierung mit dem Ziel der Qualitätssicherung sehr technisch gehalten[663].[664]

Beiden Basel-Säulen ist gemeinsam, dass sie grundsätzlich methodenneutral ausgestaltet sind und dem Institut weitgehend Ermessen einräumen. Die grundsätzliche Technologieneutralität erfordert keine grundlegende Gesetzesänderung mit Blick auf die Techniken künstlicher Intelligenz, da das Institut für die Einhaltung der qualitativen Vorgaben in der Begründungspflicht ist. Dem Institut werden Governance-Pflichten auferlegt, die faktisch auf ein globales Systemverständnis hinauslaufen und damit Black Box-Kreditscoringmodelle ausschließen.[665] Gegenüber der Verwendung alternativer Daten zeigt sich das Aufsichtsrecht offen. Das Institut muss aber begründen können, dass die Daten die qualitativen Vorgaben nach Art. 174, 179 CRR erfüllen. Durch die Auferlegung der Beweislast der Einhaltung der Vorgaben nach den Säulen I und II gegenüber dem Institut erzielt das Gesetz insgesamt ein sehr hohes Maß an aufsichtsadressierter Transparenz.

Das Kreditscoring wird nationalrechtlich als Teil der Kreditwürdigkeitsprüfung verbraucherschutzaufsichtsrechtlich in § 18a KWG sowie spezifisch für die Ei-

---

[663] Holzinger et al./*Hacker/Passoth*, xxAI, S. 343 (355 f.).

[664] EBA/GL/2017/16, 2017, S. 8.

[665] Holzinger et al./*Hacker/Passoth*, xxAI, S. 343 (356 f.).

genmittelberechnung in § 10 Abs. 2 KWG adressiert. Das Aufsichtsrecht gibt dabei jeweils konkrete Datenkategorien vor und benennt das Datenschutzrecht als Schranke. Unterschiede können sich mit Blick auf die Datengrundlage für die Kreditwürdigkeitsprüfung (§ 18a KWG) und die Beurteilung des Kreditrisikos (§ 10 Abs. 2 KWG) ergeben, sollte Art. 6 CCD 2021-Komm-E Richtliniengestalt annehmen. Hierbei sollte in der nationalen Umsetzung einer Neuen Verbraucherkreditrichtlinie ein Gleichlauf des Gegenstandes der Kreditwürdigkeits- und Kreditrisikoprüfung zumindest im Zeitpunkt der Kreditvergabe erzielt werden.

Externe Kreditscoringverfahren unterliegen den gleichen aufsichtsrechtlichen Vorgaben, die auch für das Institut gelten, woraus sich eine Ausstrahlungswirkung des Aufsichtsrechts auf externe Kreditscoringsysteme ergibt. Diese Erkenntnis stimmt mit dem bankaufsichtlichen Grundsatz *„same activity, same regulation"* überein.[666] Die an Auskunfteien delegierte Informationssuche und ihre statistische Auswertung wurde als unwesentliche Auslagerung eingestuft. Die Grenze dieser Auslagerung ist erreicht, wenn die Delegation der Informationssuche in eine Delegation der Kreditentscheidung übergeht. Hierin begründet sich dogmatisch das Erfordernis, dass sich das Institut stets auch einen eigenen Eindruck über das Kreditrisiko des Verbrauchers zu verschaffen und die Verantwortung für die Kreditentscheidung zu tragen hat. Ferner hat sich gezeigt, dass die Aufsicht die Institute beaufsichtigt, die wiederum die Auskunfteien im Rahmen ihrer Monitoring-Pflichten zur Gewährleistung der Ordnungsmäßigkeit ihrer eigenen Geschäftsorganisation „beaufsichtigen". Die Aufsicht unterliegt daher einem Zuständigkeitsdefizit, da sie zwar Auskunft von der Auskunftei verlangen kann. Soll die Auskunftei aber ihre Scoring-Praxis ändern, kann die Aufsicht nur Maßnahmen zur Herstellung der Ordnungsmäßigkeit der Geschäftsorganisation gegenüber demjenigen Kreditinstitut ergreifen, welches den externen Score berücksichtigt.

---

[666] Vgl. BIS, Annual Economic Report 2019, III. Big tech in finance: opportunities and risks, June 2019, S. 68, abrufbar unter https://www.bis.org/publ/arpdf/ar2019e3.htm.

§ 4 Transparenz durch Datenschutzrecht

Die Untersuchung zum Bankaufsichtsrecht verdeutlichte das Interesse an einer möglichst risikoadäquaten Kreditentscheidung. Dazu bedarf es diverser Informationen über den Kreditantragsteller, die sowohl von ihm selbst als auch von Dritten stammen können. Dem Kreditinstitut wird bei der Auswahl der Daten aus Sicht des Bankaufsichtsrechts ein weites Ermessen eingeräumt, welche Daten es für sachdienlich, schlüssig und angemessen hält. Infolgedessen steht das Persönlichkeitsrecht des Verbrauchers bzw. – in datenschutzrechtlicher Terminologie – des Betroffenen im Konflikt zu dem Interesse des Instituts.

Dabei wurde das Datenschutzrecht grundsätzlich als Schranke für das Institutsermessen identifiziert.[1] Dessen ungeachtet ist aber im Blick zu behalten, dass das Datenschutzrecht von den bankaufsichtsrechtlichen Vorgaben unberührt bleibt.[2] Es handelt sich somit nicht bloß um einen „Notnagel" des Betroffenen. Vielmehr begründet das Datenschutzrecht eigene Konsequenzen, die dadurch im Spannungsverhältnis zum Bankaufsichtsrecht stehen. Obwohl das Bankaufsichtsrecht kreditscoringspezifische Vorgaben mit Blick auf die Daten- und Systemtransparenz darbietet, sind diese auch am Maßstab des Datenschutzrechts zu messen. Die vorliegende Arbeit verfolgt dabei nicht das Ziel, das interne und externe Kreditscoring umfassend datenschutzrechtlich zu würdigen. Stattdessen gilt es, einzelne datenschutzrechtliche Implikationen mit Blick auf Daten- und Systemtransparenz zu untersuchen.

A. Datenschutzrechtliche Grundlagen

Das deutsche Datenschutzrecht ist heute maßgeblich durch die 2016 verabschiedete und am 25. 5. 2018 in Kraft getretene Datenschutzgrund-Verordnung (DS-GVO)[3] bestimmt, Art. 99 Abs. 2 DS-GVO. Damit löste die gem. Art. 288 Abs. 2 AEUV seitdem unmittelbar in den Mitgliedstaaten geltende Verordnung die nationalen Datenschutzgesetze der Mitgliedstaaten ab, die diese in Umsetzungen der EG-

---

[1] Siehe oben § 3, B.IV.3.c)cc), S. 174.

[2] Vgl. Erwg. (99) CRR; Erwg. (103) CRD IV; § 18a Abs. 9 KWG.

[3] Verordnung (EU) 2016/679 des Europäischen Parlaments und des Rates vom 27. April 2016 zum Schutz natürlicher Personen bei der Verarbeitung personenbezogener Daten, zum freien Datenverkehr und zur Aufhebung der Richtlinie 95/46/EG (Datenschutz-Grundverordnung), ABl. (EU) 2016 L 119, 1.

Datenschutzrichtlinie[4] erlassen hatten. Die DS-GVO verfolgt mit dem Verord-
nungscharakter das Ziel der Vollharmonisierung datenschutzrechtlicher Vorgaben
auf Unionsebene und innerhalb Mitgliedstaaten.[5] Im Falle einer Kollision mit nationalen datenschutzrechtlichen Vorschriften hat die DS-GVO nach europarechtlichen Grundsätzen Anwendungsvorrang, vgl. § 1 Abs. 5 BDSG.[6] Gleichzeitig sieht
die DS-GVO auch zahlreiche Öffnungsklauseln vor, um den Mitgliedstaaten nationalen Regelungsspielraum einzuräumen.[7] Dies gilt es mithin bei der Anwendung
des Bundesdatenschutzgesetzes (BDSG) oder anderer spezifischer datenschutzrechtlicher Gesetze zu beachten.

Mit Inkrafttreten der DS-GVO waren auch die bis dato geltenden nationalen
datenschutzrechtlichen Bestimmungen, darunter insbesondere § 28b BDSG a. F.
(„Scoring"), nicht mehr anwendbar. In diesen hatte der deutsche Gesetzgeber mit den
BDSG-Novellen 2009/2010[8] erstmals das Kreditscoring und die Tätigkeit des
Auskunfteiwesens konkret geregelt.[9] Die Forderung, kreditscoringspezifische Regelungen im europäischen Gesetzgebungsverfahren zu berücksichtigen, hat letzlich
keinen Niederschlag in der DS-GVO gefunden.[10] Um die bislang entwickelten
materiellen Schutzstandards auch nach Inkrafttreten der DS-GVO aufrecht zu erhalten, erließ der nationale Gesetzgeber mit dem DSAnpUG-EU[11] § 31 BDSG – wie
dessen amtlicher Überschrift zu entnehmen ist – zum „Schutz des Wirtschaftsverkehrs bei Scoring und Bonitätsauskünften".[12]

---

[4] Richtlinie 95/46/EG des Europäischen Parlaments und des Rates vom 24. Oktober 1995
zum Schutz natürlicher Personen bei der Verarbeitung personenbezogener Daten und zum
freien Datenverkehr, ABl. (EG) 1995 L 281, 31.

[5] Ehmann/Selmayr/*Selmayr/Ehmann*, DS-GVO, Einführung Rn. 75 ff.; Auer-Reinsdorff/
Conrad/*Conrad/Treeger*, Hdb. IT- und Datenschutzrecht, § 34 Rn. 74.

[6] Vgl. die ständige Rechtsprechung EuGH 3. 6. 1964 – Rs 6/64, ECLI:EU:C:1964:66
(Costa/ENEL); Auer-Reinsdorff/Conrad/*Conrad*, Hdb. IT- und Datenschutzrecht, § 34
Rn. 16 ff.; Hoeren/Sieber/Holznagel/*Helfrich*, Hdb. Multimedia-Recht,58. EL, Teil 16.1
Rn. 24.

[7] Auer-Reinsdorff/Conrad/*Conrad/Treeger*, Hdb. IT- und Datenschutzrecht, § 34 Rn. 139;
Moos/Schefzig/Arning/*Moos/Schefzig*, Praxishdb. DS-GVO, Kap. 1 Rn. 8 f.; krit. *Kühling/
Martini*, EuZW 2016, 448 (448): „Richtlinie im Verordnungsgewand"; *Roßnagel*, DuD 2017,
277 (278); *Kühling*, NJW 2018, 1985 (1985): Hybrid.

[8] Bei der Reform des BDSG im Jahr 2009 handelt es sich um drei Novellen, die stufenweise in Kraft traten. Die Regelungen zum Scoring wurden im Wesentlichen in der BDSG-
Novelle I getroffen, deren Regelungen ab dem 1. 4. 2010 galten, vgl. *Gola/Klug*, NJW 2009,
2577 (2579, 2583); *Abel*, ZD 2018, 103 (103 f.).

[9] *Abel*, ZD 2018, 103 (103 f.); *von Lewinski/Pohl*, ZD 2018, 17 (17 ff.).

[10] Vgl. den Antrag einzelner Abgeordneten und der Fraktionen der CDU/CSU und FDP,
BT-Drs. 17/11325, S. 3 Nr. 23.

[11] Gesetz zur Anpassung des Datenschutzrechts an die Verordnung (EU) 2016/679 und zur
Umsetzung der Richtlinie (EU) 2016/680 (Datenschutz-Anpassungs- und -Umsetzungsgesetz
EU – DSAnpUG-EU) vom 30. 6. 2017, BGBl. 2017 I 2097.

[12] RegE-DSAnpUG-EU, BT-Drs. 18/11325, S. 101 f.

I. Anwendungsbereich

Der sachliche Anwendungsbereich erfasst die Verarbeitung personenbezogener Daten, Art. 2 Abs. 1 DS-GVO.

1. Personenbezug

Unter „personenbezogenen Daten" versteht Art. 4 Nr. 1 DS-GVO alle Informationen, die sich auf eine identifizierte oder identifizierbare natürliche Person („betroffene Person") beziehen. Der Informationsbegriff umfasst sowohl Tatsachen als auch Meinungen.[13] Der Bezug zur betroffenen Person liegt vor, wenn die Person direkt oder durch Hinzuziehung weiterer Informationen identifizierbar ist, vgl. Art. 4 Nr. 1 Hs. 2 DS-GVO.[14] An einem Personenbezug fehlt es damit, wenn Daten anonymisiert sind, Erwg. (26) Satz 5.[15]

Sämtliche Informationen über den Kreditantragsteller, die im Rahmen der Kreditwürdigkeitsprüfung für das Kreditscoring verwendet werden, weisen in der Regel einen Bezug auf den Kreditantragsteller auf. Insbesondere werden die Daten regelmäßig im Zusammenhang mit dem Namen, Geburtsdatum und Wohnort erhoben, sodass der Verbraucher zumindest identifizierbar ist. Diese Daten sind somit personenbezogene Daten. Werden diese nun in ein Kreditscoringsystem eingespeist, so bildet auch der auf diese Weise generierte Kreditscore grundsätzlich ein personenbezogenes Datum.[16]

2. Datenverarbeitung

Eine Datenverarbeitung stellt gem. Art. 4 Nr. 2 DS-GVO „jeden mit oder ohne Hilfe automatisierter Verfahren ausgeführten Vorgang oder jede solche Vorgangsreihe im Zusammenhang mit personenbezogenen Daten" dar. Solche Vorgänge bezeichnet die DS-GVO als „das Erheben, das Erfassen, die Organisation, das Ordnen, die Speicherung, die Anpassung oder Veränderung, das Auslesen, das Abfragen, die Verwendung, die Offenlegung durch Übermittlung, Verbreitung oder eine andere Form der Bereitstellung, den Abgleich oder die Verknüpfung, die Einschränkung, das Löschen oder die Vernichtung". Damit ist grundsätzlich jeglicher

---

[13] NK/*Karg*, DS-GVO Art. 4 Nr. 1 Rn. 29; Ehmann/Selmayr/*Klabunde*, DS-GVO Art. 4 Rn. 9.

[14] NK/*Karg*, DS-GVO Art. 4 Nr. 1 Rn. 46.

[15] Taeger/Gabel/*Arning/Rothkegel*, DS-GVO Art. 4 Rn. 47; BeckOK Datenschutzrecht/ *Schild*, DS-GVO Art. 4 Rn. 15.

[16] Ehmann/Selmayr/*Klabunde*, DS-GVO Anhang 2 zu Art. 6 Rn. 33; *Lorentz*, Profiling, S. 114 f. m. w. N.; zurückhaltender *von Lewinski/Pohl*, ZD 2018, 17 (23); zum früheren Streit des Personenbezugs vor den BDSG-Novellen 2009/2010 siehe Forgó/Helfrich/Schneider/ *Helfrich*, Betrieblicher Datenschutz, Teil IX, Kap. 3 Rn. 7 ff. m. w. N.

Umgang mit personenbezogenen Daten eine Verarbeitung im Sinne des Art. 4 Nr. 2 DS-GVO.[17]

Beim Kreditscoring werden die personenbezogenen Daten des Verbrauchers in das Kreditscoringmodell eingegeben und somit zur Berechnung des Kreditscores verwendet. Diese Daten sind zuvor bei der betroffenen Person oder bei Dritten zu erheben. Diese Erhebung und die Verwendung dieser Daten zur Scorewertberechnung stellen mithin jeweils eine Datenverarbeitung dar. Dient der Kreditscore als Grundlage für die Kreditentscheidung, so liegt auch in der Verwendung des Kreditscore eine Datenverarbeitung.

Da es sich bei dem Kreditscore um die individuelle Prognose der Rückzahlungswahrscheinlichkeit handelt, handelt es sich zudem um Profiling im Sinne des Art. 4 Nr. 4 DS-GVO.[18] Unter Profiling fasst die DS-GVO „jede Art der automatisierten Verarbeitung personenbezogener Daten, die darin besteht, dass diese personenbezogenen Daten verwendet werden, um bestimmte persönliche Aspekte, die sich auf eine natürliche Person beziehen, zu bewerten, insbesondere um Aspekte bezüglich Arbeitsleistung, wirtschaftliche Lage, Gesundheit, persönliche Vorlieben, Interessen, Zuverlässigkeit, Verhalten, Aufenthaltsort oder Ortswechsel dieser natürlichen Person zu analysieren oder vorherzusagen".[19] Die Eingabe der bonitätsrelevanten Daten über den Verbraucher führt zu einer automatisierten Verwendung dieser Daten, die in der Berechnung des Kreditscores resultiert. Der Kreditscore dient dabei als Prognose der Rückzahlungsfähig- und -willigkeit des Betroffenen. Unabhängig davon, ob eine interne oder externe Scorewertberechnung vorliegt, handelt es sich damit um einen automatisierten Vorgang zur Anstellung einer Vorhersage über die wirtschaftliche Lage, Zuverlässigkeit und das Rückzahlungsverhalten der betroffenen Person. Zu beachten ist aber, dass sich die Zulässigkeit der Verwendung des Profiling-Outputs auch nach Art. 22 DS-GVO richtet, da Art. 4 DS-GVO nur die Begriffsbestimmungen regelt.[20]

---

[17] Hoeren/Sieber/Holznagel/*Helfrich*, Hdb. Multimedia-Recht, Teil 16.1 Kap. 3 Rn. 35.

[18] Allgemeine Ansicht: *Pikamäe*, C-634/21, ECLI:EU:C:2023:220, Rn. 33 (Schlussanträge OQ/Land Hessen); Taeger/Gabel/*Arning/Rothkegel*, DS-GVO Art. 4 Rn. 121 f.; Hoeren/Sieber/Holznagel/*Bitter*, Hdb. Multimedia-Recht, Teil 15.4 Rn. 47; Kühling/Buchner/*Buchner*, DS-GVO Art. 4 Nr. 4 Rn. 7; Auer-Reinsdorff/Conrad/*Conrad*, Hdb. IT- und Datenschutzrecht, § 34 Rn. 763; *Eichler*, RDV 2017, 10 (11); *Eschholz*, DuD 2017, 180 (184); *Härting*, ITRB 2016, 209 (209); Hoeren/Sieber/Holznagel/*Helfrich*, Hdb. Multimedia-Recht, Teil 16.1, Kap. 3 Rn. 16; BeckOK Datenschutzrecht/*Krämer*, BDSG § 31 Rn. 2; *Moos/Rothkegel*, ZD 2016, 561 (567); Gola/Heckmann/*Lapp*, BDSG § 31 Rn. 3; *Taeger*, RDV 2017, 3 (4); BeckOK Datenschutzrecht/*Schild*, DS-GVO Art. 4 Rn. 64.

[19] Zum Begriff Artikel-29-Datenschutzgruppe, Leitlinien zu automatisierten Entscheidungen im Einzelfall einschließlich Profiling für die Zwecke der Verordnung 2016/679, WP251.01, S. 7 f.

[20] Gola/Heckmann/*Gola*, DS-GVO Art. 4 Rn. 43.

3. Getrennte Verantwortlichkeit

Die Person, die allein oder gemeinsam mit anderen über die Zwecke und Mittel der Datenverarbeitung entscheidet, ist Verantwortlicher im Sinne des Art. 4 Nr. 7 DS-GVO. Diese Person hat für die Einhaltung des Datenschutzrechts einzustehen.[21] Die Entscheidung über Zweck und Mittel der Datenverarbeitung bezeichnet das „Warum" und das „Wie" der Datenverarbeitung.[22] Ist der Datenverarbeiter weisungsgebunden, kann dagegen eine Auftragsverarbeitung gem. Art. 4 Nr. 8 DS-GVO vorliegen.[23] In Abgrenzung hierzu bezeichnet das Gesetz Personen als „Dritte", die unter der unmittelbaren Verantwortung des Verantwortlichen oder des Auftragsverarbeiters befugt sind, Daten zu verarbeiten, Art. 4 Nr. 10 DS-GVO.

Das Kreditinstitut entscheidet im Rahmen seines Risikomanagements selbst für den Zweck der Kreditwürdigkeitsprüfung darüber, ob und welchen modellbasierten Ansatz es im konkreten Fall verwendet. Dabei legt es auch fest, welche Daten verarbeitet werden.[24] Damit entscheidet das Kreditinstitut selbst über die Zwecke und Mittel des internen Kreditscorings, sodass es Verantwortlicher nach Art. 4 Nr. 7 DS-GVO ist.

Die oben begründete Auslagerung der Informationssuche und deren statistische Auswertung wirft die Frage auf, ob die Tätigkeit der Auskunfteien eine Auftragsverarbeitung darstellt oder gar eine gemeinsame Verantwortlichkeit zusammen mit dem Kreditinstitut begründet.[25] Schließlich verarbeiten Auskunfteien ebenfalls wie das Kreditinstitut die personenbezogenen Daten mit dem Zweck, eine Prognose über die Ausfallwahrscheinlichkeit der betroffenen Personen zu treffen, sodass gleichgelagerte Verarbeitungszwecke vorliegen. Die Abgrenzung erfolgt insbesondere darüber, wer die Entscheidungshoheit für die Festlegung der Zwecke und Mittel der Datenverarbeitung innehat.[26] Nach den oben gewonnenen Erkenntnissen zum Bankaufsichtsrecht ist festzustellen, dass es sich um zwar gleichgelagerte, aber stets eigene Zwecke handelt, die beide Parteien für sich selbst festlegen und ausgestalten. Schließlich bestimmen die Auskunfteien selbst, welche Daten sie verarbeiten und wie das Kreditscoringsystem konkret zu modellieren ist. Insbesondere haben die Kreditinstitute auch keine Entscheidungsbefugnis gegenüber dem Finanzinterme-

---

[21] Artikel-29-Datenschutzgruppe, Stellungnahme 1/2010 zu den Begriffen „für die Verarbeitung Verantwortlicher" und „Auftragsverarbeiter", 16.2.2010, WP 169, S. 6; weiterhin EDSA, Leitlinien 07/2020 zu den Begriffen „Verantwortlicher" und „Auftragsverarbeiter" in der DS-GVO, Version 2.0, Rn. 6.

[22] EDSA, Leitlinien 07/2020 zu den Begriffen „Verantwortlicher" und „Auftragsverarbeiter" in der DS-GVO, Version 2.0, Rn. 35; Taeger/Gabel/*Arning/Rothkegel*, DS-GVO Art. 4 Rn. 181.

[23] Schwartmann et al./*Schwartmann/Herrmann*, DS-GVO Art. 4 Rn. 177.

[24] Siehe oben zum Ermessen des Instituts § 3, B.III.2., S. 159.

[25] Zur Auslagerung siehe oben § 3, B.V., S. 183 ff.

[26] EDSA, Leitlinien 07/2020 zu den Begriffen „Verantwortlicher" und „Auftragsverarbeiter" in der DS-GVO, Version 2.0, Rn. 20 ff.; NK/*Petri*, DS-GVO Art. 4 Nr. 7 Rn. 20.

diär. Stattdessen besteht zugunsten der Auskunftei wie auch für das Kreditinstitut selbst Ermessen im Rahmen der qualitativen Vorgaben des Bankaufsichtsrechts. Damit entscheiden die Auskunfteien ebenso wie die Kreditinstitute allein über die konkreten Zwecke und Mittel der Datenverarbeitung im Rahmen des externen Kreditscorings, sodass sie unabhängig von dem Kreditinstitut selbst Verantwortliche sind. Bei internem und externem Kreditscoring handelt es sich damit um zwei zu trennende Verantwortlichkeiten im Sinne des Art. 4 Nr. 7 DS-GVO.[27] Beide Verantwortlichen unterliegen damit getrennt im Rahmen ihres jeweiligen Verantwortungsbereichs der Rechenschaftspflicht nach Art. 5 Abs. 2 DS-GVO.

II. Kreditscoringrelevante Grundsätze des Datenschutzrechts

Diese Rechenschaftspflicht bezieht sich auf die in Art. 5 Abs. 1 DS-GVO dargelegten Grundprinzipien, die der Verantwortliche bei der Verarbeitung personenbezogener Daten zu beachten hat. Bei diesen handelt es sich um Grundpflichten, die innerhalb der DS-GVO zwar konkretisiert werden, deren Verletzung an sich aber bereits zu Sanktionen führen können.[28] Die Einhaltung dieser Pflichten muss der Verantwortliche nachweisen können, Art. 5 Abs. 2 DS-GVO.[29] Hieraus folgt zulasten des Verantwortlichen eine Beweislastumkehr für die Einhaltung der genannten Grundsätze.[30]

Art. 24 DS-GVO konkretisiert die Verantwortlichkeit. Gem. Abs. 1 Satz 1 hat sich der Verantwortliche bei der Wahl geeigneter technischer und organisatorischer Maßnahmen für die Nachweiserbringung zur Einhaltung der DS-GVO nach der Art, des Umfangs, der Umstände und der Zwecke der Verarbeitung zu richten und die Eintrittswahrscheinlichkeit und Schwere der Risiken für den Betroffenen zu berücksichtigen. Die Rechenschaftspflicht folgt somit einem risikobasierten Ansatz.[31] Das Kreditscoring wird grundsätzlich als datenschutzrechtliche Hochrisiko-Anwendung angesehen.[32] Aus dieser Nachweispflicht folgt unmittelbar auch eine

---

[27] A. A. *Horstmann/Dalmer*, ZD 2022, 260.

[28] Kühling/Buchner/*Herbst*, DS-GVO Art. 5 Rn. 1 f.; Taeger/Gabel/*Voigt*, DS-GVO Art. 5 Rn. 5, 7.

[29] Hoeren/Sieber/Holznagel/*Helfrich*, Hdb. Multimedia-Recht, Teil 16.1 Kap. 3 Rn. 41; Kühling/Buchner/*Herbst*, DS-GVO Art. 5 Rn. 79.

[30] Ehmann/Selmayr/*Heberlein*, DS-GVO Art. 5 Rn. 32; Hoeren/Sieber/Holznagel/*Helfrich*, Hdb. Multimedia-Recht, Teil 16.1 Kap. 3 Rn. 42; einschränkend *Veil*, ZD 2018, 9.

[31] Ehmann/Selmayr/*Heberlein*, DS-GVO Art. 5 Rn. 30; Gola/Heckmann/*Pötters*, DS-GVO Art. 5 Rn. 32.

[32] Artikel-29-Datenschutzgruppe, WP 248 rev.01, S. 9, 11; DSK, Liste der Verarbeitungstätigkeiten, für die eine DSFA durchzuführen ist, Version 1.1, Nr. 5.

Dokumentationspflicht der ergriffenen Maßnahmen im Sinne des Art. 24 Abs. 1 Satz 1 DS-GVO.[33]

1. Rechtmäßigkeit, Treu und Glauben und Transparenz (lit. a)

Zu diesen Pflichten gehört zuvörderst, dass die Datenverarbeitung rechtmäßig („*lawfully*"), nach Treu und Glauben („*fairly*") und für die betroffene Person in nachvollziehbarer Weise erfolgt („*in a transparent manner*"), vgl. Art 5 Abs. 1 lit. a DS-GVO. Das Kreditscoring untersteht damit als Datenverarbeitung neben der Rechtmäßigkeit insbesondere dem Grundsatz der Transparenz.

Für die Rechtmäßigkeit ist das in Art. 6 DS-GVO gefasste Verbot mit Erlaubnisvorbehalt zu berücksichtigen, Erwg. (40) Satz 1 DS-GVO.[34] Hiernach ist eine Verarbeitung nur rechtmäßig, wenn ein Erlaubnistatbestand erfüllt ist, Art. 6 Abs. 1 UAbs. 1 DS-GVO.[35] Zu diesen Rechtsgrundlagen zählt die DS-GVO in Art. 6 neben der Einwilligung noch weitere gesetzliche Bedingungen, die sich insbesondere aus der DS-GVO, sonstigem Unionsrecht oder nationalem Recht ergeben können, Erwg. (40) DS-GVO.[36]

Von einem Verstoß gegen Treu und Glauben geht der Europäische Datenschutzausschuss (EDSA) aus, wenn es sich um „unfaire" Situationen handelt. Als Beispiel nennt der Ausschuss, dessen Aufgabe gem. Art. 70 Abs. 1 Satz 1 DS-GVO u. a. die Sicherstellung der einheitlichen Anwendung der DS-GVO ist, den Fall, dass ein Kreditgeber gezielt Personen mithilfe eines Kreditscores aussucht, die sich in finanziellen Notlagen befinden, um überteuerte Kredite anzubieten.[37] Das Targeting von *underbanked* ist wohl nicht als solches treuwidrig, da diesem Personenkreis ansonsten der Zugang zum Finanzmarkt zusätzlich erschwert würde. Stattdessen begründet sich die Treuwidrigkeit in der bewussten Ausnutzung dieser Lage durch das Anbieten „ungewöhnlicher" Finanzprodukte.[38]

Nach dem Transparenzgrundsatz soll die Person im Zeitpunkt der Datenverarbeitung nachvollziehen können, dass und in welchem Umfang personenbezogene Daten derzeit oder künftig verarbeitet werden, Erwg. (39) Satz 2 DS-GVO. Dem-

---

[33] Ehmann/Selmayr/*Heberlein*, DS-GVO Art. 5 Rn. 32; Gola/Heckmann/*Pötters*, DS-GVO Art. 5 Rn. 31 ff.

[34] Hoeren/Sieber/Holznagel/*Helfrich*, Hdb. Multimedia-Recht, Teil 16.1 Kap. 3 Rn. 44; Kühling/Buchner/*Herbst*, DS-GVO Art. 5 Rn. 11; *Overbeck*, Datenschutz und Verbraucherschutz bei Bonitätsprüfungen, S. 253; zu weitgehend Paal/Pauly/*Frenzel*, DS-GVO Art. 5 Rn. 15 ff.

[35] *Von Lewinski/Pohl*, ZD 2018, 17 (17).

[36] Moos/Schefzig/Arning/*Arning*, Praxishdb. DS-GVO, Kap. 5 Rn. 1.

[37] Artikel-29-Datenschutzgruppe, Leitlinien zu automatisierten Entscheidungen im Einzelfall einschließlich Profiling für die Zwecke der Verordnung 2016/679, WP251.01, S. 11.

[38] Vgl. Artikel-29-Datenschutzgruppe, Leitlinien zu automatisierten Entscheidungen im Einzelfall einschließlich Profiling für die Zwecke der Verordnung 2016/679, WP251.01, S. 11.

nach soll die Datenverarbeitung nicht nur retrospektiv nachvollziehbar sein, wie es der Wortlaut des Art. 5 Abs. 1 lit. a DS-GVO nahelegt. Der Transparenzgrundsatz wirkt wie Erwg. (39) Satz 2 DS-GVO klarstellt auch prospektiv für solche Datenverarbeitungen, die noch in der Zukunft liegen.[39] Das Transparenzgebot erfordert dabei, dass die Informationen über die Datenverarbeitung leicht zugänglich, verständlich und in klarer und einfacher Sprache erfolgen, Erwg. (39) Satz 3 DS-GVO. Auch die Existenz der Datenverarbeitung selbst, der Verarbeitungszweck sowie das Stattfinden von Profiling sind mitzuteilen, Erwg. (60) Satz 1, 3 DS-GVO. Demnach soll die Verarbeitung nicht heimlich stattfinden und die betroffene Person umfassend über die Datenverarbeitung informiert werden.[40] Die Ausformung dieser Transparenzanforderungen findet sich in den Betroffenenrechten nach Kapitel 3 (Art. 12 – 22 DS-GVO), darunter insbesondere in den Art. 13 – 15 DS-GVO.[41]

2. Zweckbindung und Datenminimierung (lit. b, c)

Ein weiterer wichtiger Grundsatz ist der Zweckbindungsgrundsatz, Art. 5 Abs. 1 lit. b DS-GVO. Hiernach müssen die personenbezogenen Daten „für festgelegte, eindeutige und legitime Zwecke erhoben werden und dürfen nicht in einer mit diesen Zwecken nicht zu vereinbarenden Weise weiterverarbeitet werden". Die eindeutige Festlegung des Verarbeitungszwecks (engl. „*explicit*") erfordert eine ausdrückliche Benennung und darf nicht bloß in allgemeinen Angaben bestehen.[42] Der Zweck der Verarbeitung ist der eigentliche Grund, warum die Daten verarbeitet werden sollen.[43]

Das Kreditscoring dient als Profiling im Sinne des Art. 4 Nr. 4 DS-GVO der Beurteilung der Kreditausfallwahrscheinlichkeit einer Person und damit prognostischen Zwecken.[44] Daneben werden die Daten in anonymisierter Form auch für die Fort- und Weiterentwicklung des Kreditscoringsystems und damit aus statistischen Gründen in Betracht kommen. Zwar gilt die DS-GVO nicht für die Verarbeitung anonymer Daten zu statistischen Zwecken, Erwg. (26) Satz 6 DS-GVO. Die Anonymisierung selbst ist aber ein Verarbeitungsvorgang und erfordert damit einen Verarbeitungszweck.[45] Unter der Voraussetzung einer ausdrücklichen Erläuterung können dies insbesondere die Verarbeitungszwecke beim internen und externen

---

[39] Paal/Pauly/*Frenzel*, DS-GVO Art. 5 Rn. 21; Gola/Heckmann/*Lapp*, BDSG § 31 Rn. 19; BeckOK Datenschutzrecht/*Schantz*, DS-GVO Art. 5 Rn. 11; Taeger/Gabel/*Voigt*, DS-GVO Art. 5 Rn. 16.

[40] Kühling/Buchner/*Herbst*, DS-GVO Art. 5 Rn. 18.

[41] Siehe unten § 4, D.I., S. 335 ff.; Artikel-29-Datenschutzgruppe, Guidelines on transparency under Regulation 2016/679, WP 260 rev.01, Rn. 7; Kühling/Buchner/*Herbst*, DS-GVO Art. 5 Rn. 19; Moos/Schefzig/Arning/*Moos*, Praxishdb. DS-GVO, Kap. 4 Rn. 9.

[42] Vgl. Artikel-29-Datenschutzgruppe, Opinion 03/2013 on purpose limitation, WP 203, S. 15 f.; Taeger/Gabel/*Voigt*, DS-GVO Art. 5 Rn. 24.

[43] Artikel-29-Datenschutzgruppe, Stellungnahme 06/2014, WP 217, S. 30.

[44] Hoeren/Sieber/Holznagel/*Helfrich*, Hdb. Multimedia-Recht, Teil 16.1 Kap. 3 Rn. 16.

[45] Artikel-29-Datenschutzgruppe, WP216, S. 5 ff.; *Hornung/Wagner*, ZD 2020, 223.

Kreditscoring sein. Das Privileg nach Art. 5 lit. b Hs. 2 DS-GVO, wonach eine Weiterverarbeitung für im öffentlichen Interesse liegende statistische Zwecke in Betracht kommt, wird dem Kreditscoring nicht zuteil, da das Kreditscoring nicht den statistischen Zwecken im Sinne des Erwg. (162) DS-GVO dient, sondern nur eine statistische Datenverarbeitungsmethode darstellt.[46]

Eng verbunden mit dem Zweckbindungsgrundsatz ist das Prinzip der Datenminimierung nach Art. 5 Abs. 1 lit. c DS-GVO. Hiernach muss die Verarbeitung der personenbezogenen Daten „dem Zweck angemessen und erheblich sowie auf das für die Zwecke der Verarbeitung notwendige Maß beschränkt sein". Hieraus wird ein Verhältnismäßigkeitsgrundsatz abgeleitet, wonach die Datenverarbeitung im Verhältnis zum Verarbeitungszweck geeignet, erforderlich und angemessen sein muss.[47] Diesem Grundsatz ist insbesondere durch datenschutzfreundliche Technikgestaltung und Voreinstellungen (privacy by design and by default) Rechnung zu tragen, Art. 25 Abs. 1, 2 DS-GVO in Verbindung mit Erwg. (78) DS-GVO.[48]

Im Konflikt mit der Zweckbindung und der Datenminimierung stehen grundsätzlich Big Data-Analysen, da diesen im Zeitpunkt der Datenerhebung noch nicht zwingend ein konkreter Verarbeitungszweck innewohnt. Stattdessen werden die Daten des Betroffenen zunächst allgemein zur statistischen Auswertung und damit nicht zu konkreten Verarbeitungszwecken erhoben.[49] Der Zweckbindungsgrundsatz postuliert aber ein Verbot der vorratsmäßigen Datenerhebung zu noch unbekannten Zwecken.[50] Im Rahmen des Kreditscorings ist indes zu beachten, dass das Kreditscoringsystem bereits entwickelt und der Zweck mit der Scorewertberechnung genau bestimmt ist. Damit werden nur die personenbezogenen Daten für die Beurteilung der Ausfallwahrscheinlichkeit erhoben, für die das Modell eine Input-Variable vorsieht. Die Daten, die aber für die Modellerstellung genutzt werden, sind anonymisiert und somit außerhalb des Anwendungsbereichs der DS-GVO. Dabei können im Rahmen der Modellerstellung insbesondere auch erworbene anonyme Datensätze zum Einsatz kommen. Hierdurch entsteht ein Konflikt, all die Daten des Betroffenen, die das Modell als Input vorsieht, in Betracht zu ziehen. Der Modellersteller könnte somit einseitig bestimmen, welche Daten als relevant gelten. Daher ist einschränkend die Erforderlichkeit der Datenverarbeitung zu berücksichtigen.[51]

---

[46] Ehmann/Selmayr/*Heberlein*, DS-GVO Art. 5 Rn. 17 m. w. N.

[47] Gola/Heckmann/*Pötters*, DS-GVO Art. 5 Rn. 16; Taeger/Gabel/*Voigt*, DS-GVO Art. 5 Rn. 27.

[48] Taeger/Gabel/*Voigt*, DS-GVO Art. 5 Rn. 29.

[49] Kritisch *Culik/Döpke*, ZD 2017, 226; *Weichert*, ZD 2013, 251 (256); für ein weites Verständnis Ebers et al./*Krügel/Pfeiffenbring*, KI und Robotik, § 11 Rn. 24.

[50] Ehmann/Selmayr/*Heberlein*, DS-GVO Art. 5 Rn. 13; BeckOK Datenschutzrecht/*Schantz*, DS-GVO Art. 5 Rn. 13; Taeger/Gabel/*Voigt*, DS-GVO Art. 5 Rn. 23.

[51] Siehe unten § 4, B.III.2., S. 269.

3. Datenrichtigkeit (lit. d)

Zuletzt ist der Grundsatz der Datenrichtigkeit kreditscoringrelevant. Hiernach müssen die personenbezogenen Daten „sachlich richtig und erforderlichenfalls auf dem neuesten Stand sein", Art. 5 Abs. 1 lit. d DS-GVO. Auch der Kreditscore ist ein personenbezogenes Datum,[52] sodass sich die Frage anschließt, ob der Grundsatz der Datenrichtigkeit mit der Folge anwendbar ist, dass der Kreditscore „sachlich richtig" (engl. „accurate") sein muss.

Dabei ist zunächst festzustellen, dass Kreditscore ein Werturteil darstellt.[53] Der Grundsatz der Datenrichtigkeit ist aber nur auf Tatsachen anwendbar, da Werturteile nicht dem Beweis zugänglich sind und somit nicht „richtig" sein können.[54] Demzufolge ist zunächst nicht der Kreditscore, dafür aber die ihm zugrundeliegenden Tatsachen unmittelbar von dem Grundsatz der Datenrichtigkeit erfasst.[55] Sind die ihm zugrundeliegenden Daten sachlich unrichtig, so ist auch der Kreditscore wegen seiner Abhängigkeit von der Tatsachengrundlage sachlich unrichtig. Schließlich wäre mit den richtigen Daten ein anderer Kreditscore berechnet worden.[56] Umgekehrt führt die Annahme zu einem Trugschluss, dass ein Kreditscore durch die Berücksichtigung sachlich richtiger Tatsachen auch „sachlich richtig" würde. Schließlich gibt es kein universelles Verfahren zur Scorewertberechnung, sondern zahlreiche Möglichkeiten im Rahmen der Modell- und Datenauswahl sowie Parametergewichtung, die wesentlich von dem Modellersteller abhängen.[57] Dabei ist sowohl dem Kreditinstitut als auch der Auskunftei Ermessen eingeräumt. Ansonsten könnte auch jeder Kreditscore, dessen Prognose von dem tatsächlichen Rückzahlungsverhalten des Verbrauchers abweicht und somit im Nachhinein belegbar falsch ist, wegen der Verletzung des Datenrichtigkeitsprinzips Schadensersatzpflichten nach Art. 82 Abs. 1 DS-GVO begründen. Auch wenn der Kreditscore die abstrahierte Realität abbilden soll, hängt das tatsächliche Rückzahlungsverhalten des Kreditnehmers doch von mannigfaltigen und im Zeitpunkt der Kreditvergabe möglicherweise noch unbekannten Umständen ab.

---

[52] Siehe oben § 4, A.I.1., S. 255.

[53] BGH NJW 2011, 2204; unter Ablehnung eines Berichtigungsanspruchs nach § 35 BDSG a.F. BGHZ 200, 38, Rn. 30; *Hoeren*, RDV 2007, 93 (99).

[54] Kühling/Buchner/*Herbst*, DS-GVO Art. 5 Rn. 60; Schwartmann et al./*Jaspers/Schwartmann/Herrmann*, DS-GVO Art. 5 Rn. 61; NK/*Roßnagel*, DS-GVO Art. 5 Rn. 140; offen *Stevens*, CR 2020, 73 (Rn. 8 ff., 10); a. A. BeckOK Datenschutzrecht/*Schantz*, DS-GVO Art. 5 Rn. 27.

[55] Auch auf die Datengrundlage abstellend Artikel-29-Datenschutzgruppe, Leitlinien zu automatisierten Entscheidungen im Einzelfall einschließlich Profiling für die Zwecke der Verordnung 2016/679, WP251.01, S. 12 f.: „Fehlerhafte Angaben können zu unzutreffenden Prognosen oder Aussagen beispielsweise zur [...] Kreditwürdigkeit [...] einer Person führen".

[56] Vgl. zum Profiling Artikel-29-Datenschutzgruppe, Leitlinien zu automatisierten Entscheidungen im Einzelfall einschließlich Profiling für die Zwecke der Verordnung 2016/679, WP251.01, S. 12; so auch BeckOK Datenschutzrecht/*Schantz*, DS-GVO Art. 5 Rn. 27.

[57] Zur Modellerstellung siehe oben § 2, E., S. 128 ff.

Auch ergeben sich aus der Datenrichtigkeit keine direkten Anforderungen für die Datengrundlage, d. h. den Trainings-, Validierungs- und Testdatensatz des Kreditscoringmodells. Hierbei handelt es sich für gewöhnlich nicht um personenbezogene Daten. Nur diese unterfallen aber dem Datenrichtigkeitsprinzip nach Art. 5 Abs. 1 lit. d DS-GVO. Allerdings darf der Kreditscore als personenbezogener Output nicht „unrichtig" sein, sodass sich mittelbare Anforderungen an die Datengrundlage des Modells ergeben. Erwg. (71) Satz 6 DS-GVO fordert ein, dass geeignete mathematische oder statistische Verfahren zu verwenden sind, damit möglichst keine unrichtigen personenbezogenen Daten generiert werden. Aus der Geeignetheit eines solchen Verfahrens folgt aber kein richtiger, sondern höchstens ein nach wissenschaftlichen Grundsätzen fachlich vertretbarer Output. Damit wirkt sich nicht nur die Unrichtigkeit der Daten des Betroffenen auf den Kreditscore aus. Darüber hinaus bedarf es auch der Einhaltung bestimmter Mindeststandards, damit kein handwerklich falscher Kreditscore ermittelt wird. Dies stützt sich auch auf Art. 5 Abs. 1 lit. d DS-GVO, wenn man auf die „sachliche" Richtigkeit des Scorewertes abstellt.[58] Über die sachliche Richtigkeit fließen die technischen Prämisse nach Erwg. (71) Satz 6 DS-GVO ein.[59] Demzufolge kann etwa ein repräsentativer Trainingsdatensatz gefordert werden, der möglichst keinen bias enthält. Zudem muss der Kreditscore „auf dem neusten Stand" und damit aktuell sein.[60]

B. Datenschutzrechtliche Rechtmäßigkeit des internen Kreditscorings

Damit sich das Kreditscoring als eine rechtmäßige Datenverarbeitung qualifiziert, muss nach dem Wortlaut des Art. 6 Abs. 1 UAbs. 1 DS-GVO „mindestens eine" der dort geregelten Rechtsgrundlagen erfüllt sein. Die Rechtsgrundlagen nach Art. 6 Abs. 1 DS-GVO stehen nebeneinander.[61] Nur die Rechtmäßigkeit „besonderer Datenkategorien" richtet sich zusätzlich nach Art. 9 DS-GVO.[62] Im Unterschied zur Einwilligung ist nach den anderen Rechtsgrundlagen in Art. 6 Abs. 1 UAbs. 1 lit. b–f DS-GVO einschränkend die Erforderlichkeit der Datenverarbeitung zu beachten. Da die Verarbeitung nach Art. 6 Abs. 1 UAbs. 1 lit. b–f DS-GVO ohne oder

---

[58] In der englischen Fassung „*accurate*", die französische: „*exacte*".

[59] Siehe sogleich zur technischen Prämisse § 4, B.I., S. 264 ff.

[60] Vgl. Artikel-29-Datenschutzgruppe, Leitlinien zu automatisierten Entscheidungen im Einzelfall einschließlich Profiling für die Zwecke der Verordnung 2016/679, WP251.01, S. 13; *Weichert*, DANA 2018, 132 (135); allgemein für Werturteile auf der Basis künstlicher Intelligenz BeckOK Datenschutzrecht/*Schantz*, DS-GVO Art. 5 Rn. 27

[61] Siehe aber unten die Wechselwirkung zwischen lit. a und b–f, § 4, B.VII.1.a), S. 293; Kühling/Buchner/*Buchner/Petri*, DS-GVO Art. 6 Rn. 13; Gola/Heckmann/*Schulz*, DS-GVO Art. 6 Rn. 10; Plath/*Plath*, DS-GVO BDSG Art. 6 Rn. 5.

[62] Zum Normenverhältnis unten § 4, B.VIII., S. 300.

sogar gegen den Willen des Betroffenen erfolgt, sind diese Erlaubnistatbestände eng auszulegen.[63]

Die Rechtsgrundlage muss mit Blick auf Erwg. (40) DS-GVO bereits im Zeitpunkt der Verarbeitung klar benannt sein. Gleiches gilt nach den Grundsätzen der Transparenz und der Zweckbindung für den Verarbeitungszweck, da dieser „festgelegt" sein muss, Art. 5 Abs. 1 lit. b DS-GVO.[64] So kann sich der Verantwortliche nach dem Grundsatz von Treu und Glauben in Art. 5 Abs. 1 lit. a DS-GVO infolge der verweigerten Einwilligung nicht nachträglich auf eine andere Rechtsgrundlage berufen.[65] Im Zeitpunkt der Verarbeitung muss damit „mindestens eine" Rechtsgrundlage erfüllt sein.

I. Technische Prämisse für das Kreditscoring

Erwg. (71) Satz 6 DS-GVO sieht vor, dass der für die Verarbeitung Verantwortliche geeignete mathematische und statistische Verfahren für das Profiling verwenden sowie technische und organisatorische Maßnahmen treffen soll. Dies dient der Sicherstellung einer fairen und transparenten Verarbeitung, der Vermeidung und Korrektur unrichtiger personenbezogenen Daten sowie der Vorbeugung von Diskriminierungen auf der Grundlage besonderer Datenkategorien im Sinne des Art. 9 Abs. 1 DS-GVO, Erwg. (71) Satz 6 DS-GVO.

1. Modelltransparenz

Im Ausgangspunkt folgt aus Erwg. (71) Satz 6 DS-GVO, dass nicht jedes Verfahren zulässig ist.[66] Stattdessen ist seine Geeignetheit, die der Verantwortliche infolge der Rechenschaftspflicht gem. Art. 5 Abs. 2 DS-GVO nachzuweisen hat, spezifisch mit Blick auf das Kreditscoring zu beurteilen. Die Hessische Datenschutzaufsicht ist der Ansicht, dass Regressionsanalysen diese Voraussetzung erfüllen, sofern risikorelevante Merkmale berücksichtigt werden.[67] Die branchenübliche logistische Regression ist damit eine grundsätzlich geeignete Methode. Im Umkehrschluss laufen Black Box-Methoden dem Ziel eines fairen und transparenten Kreditscoring zuwider. Hieraus folgt, dass Grey Box-Methoden grundsätzlich auch

---

[63] *Rantos*, C-252/21, ECLI:EU:C:2022:704, Rn. 51 (Schlussanträge Meta/Bundeskartellamt).

[64] Erwg. (39) Satz 4 DS-GVO; Gola/Heckmann/*Pötters*, DS-GVO Art. 5 Rn. 17.

[65] EDSA, Leitlinien 05/2020 zur Einwilligung gemäß Verordnung 2016/679, Version 1.1, Rn. 122 f.

[66] Plath/*Kamlah*, DS-GVO Art. 22 Rn. 16.

[67] Hessischer Beauftragter für Datenschutz und Informationsfreiheit, 45. Tätigkeitsbericht, Ziff. 4.2.1.3.

als geeignet angesehen werden können, sofern der Verantwortliche die nötige Transparenz gewährleisten kann.

2. Keine bloße Korrelation

Nur Korrelationen anstatt auch Kausalitäten zu betrachten, ist aus statistischer Sicht „unsinnig".[68] So wäre es beispielsweise falsch, zu einem Feuerwehreinsatz deshalb wenige Feuerwehrleute zu schicken, um den Brandschaden zu reduzieren, nur weil in der Vergangenheit eine Korrelation zwischen der Anzahl der Feuerwehrleute und dem Brandschaden festgestellt wurde.[69] Deutlich wird, dass in der statistischen Analyse nicht bloß „Scheinabhängigkeiten" berücksichtigt werden dürfen, sondern ein empirischer Zusammenhang nachgewiesen werden muss.[70] Die Geeignetheit eines mathematischen oder statistischen Verfahrens nach Erwg. (71) Satz 6 DS-GVO fordert daher nicht nur, dass das Verfahren im engeren Sinne wie etwa die logistische Regression geeignet ist.[71] Sondern dies begründet auch die Prämisse, dass die berücksichtigten Beziehungen innerhalb der Daten dazu führen, dass der Kreditscore eine exogene Variable ergibt, die die Kreditwürdigkeit der jeweiligen Person abbildet.[72] Das Verfahren der Scorewertbildung muss daher insgesamt darauf ausgelegt sein, das Ziel der Berechnung einer aussagekräftigen Bonitätsbeurteilung zu erreichen, um der Geeignetheit nach Erwg. (71) Satz 6 DS-GVO zu genügen. Insofern sind solche Daten zu berücksichtigen, die für die Kreditwürdigkeit (mit-)ursächlich sind oder jedenfalls ein starkes Indiz darstellen und nicht bloß im weitesten Sinne korrelieren, um handwerklich falsche oder verzerrte Ergebnisse zu vermeiden.[73] Erwg. (71) Satz 6 DS-GVO sieht anders als § 31 BDSG oder § 10 Abs. 2 KWG aber nicht vor, dass die Daten für die Berechnung eines Kreditscore „nachweisbar erheblich" sein müssen. Daher ist einschränkend noch die Erforderlichkeit der Datenverarbeitung zu beachten.[74]

---

[68] So ausdrücklich *Leonhart*, Lehrbuch Statistik, S. 272 f.

[69] Mit weiteren Beispielen *Leonhart*, Lehrbuch Statistik, S. 271 ff.

[70] *Stocker/Steinke*, Statistik, S. 202 f.

[71] Zu eng daher *Gigerenzer/Rebitschek/Wagner*, WD 2018, 860 (864).

[72] Auch einschränkend Plath/*Kamlah*, DS-GVO Art. 22 Rn. 16; hierzu oben § 2, C.I.1., S. 62 f.; zu den Problemen der Endogenität *Róna-Tas/Hiss*, 33 Informatik Spektrum (2010), 241 (256 f.).

[73] (Zu § 31 BDSG) BeckOK Datenschutzrecht/*Krämer*, BDSG § 31 Rn. 8 l; vgl. am Beispiel der bloßen Mitgliedschaft in einem Fitnessstudio gegenüber der aktiven Teilnahme als Parameter für die Risikoeinstufung bei Krankenversicherungsverträgen, *Gigerenzer/Rebitschek/Wagner*, WD 2018, 860 (861), die die ähnliche Klausel in § 31 Abs. 1 Nr. 2 BDSG allerdings für „inhaltsleer" halten, S. 864; krit. mit Blick auf Big Data *Jandt*, K&R 2015/2, 6 (8); siehe auch DEK, Gutachten, S. 53.

[74] Siehe unten § 4, B.III.2., S. 269.

3. Teleologische Implikationen für das Profiling

Da Erwg. (71) Satz 6 DS-GVO explizit an die Verarbeitung und nicht die darauffolgende Entscheidung anknüpft, erstreckt sich diese Vorgabe auch auf das Kreditscoring als Profilingmaßnahme und nicht nur auf automatisierte Entscheidungen nach Art. 22 DS-GVO.[75] Als Verortung in den Erwägungsgrund darf diese Wertung aber nur im Rahmen der teleologischen Auslegung und nicht verbindlich berücksichtigt werden.[76] Insofern leuchtet auch ein, dass der EDSA die in Erwg. (71) Satz 6 DS-GVO genannten Elemente der Fairness, der Nichtdiskriminierung und der sachlichen Richtigkeit etwa als Kriterien für die Interessenabwägung im Rahmen des Art. 6 Abs. 1 UAbs. 1 lit. f DS-GVO und damit im Rahmen der Rechtmäßigkeit des Profiling heranzieht.[77] In der folgenden datenschutzrechtlichen Bewertung ist damit stets im Hinterkopf zu behalten, dass die DS-GVO in Erwg. (71) Satz 6 die Geeignetheit des konkreten Verfahrens sowie die Schutzmaßnahmen zur Vermeidung der Beeinträchtigung des Betroffenen einfordert, die über die Datenschutzgrundsätze der Rechtmäßigkeit, Transparenz, sachlichen Richtigkeit sowie Treu und Glauben nach Art. 5 Abs. 1 lit. a, d DS-GVO zu berücksichtigen sind. Aus der Perspektive des Verantwortlichen sind diese Transparenzanforderungen bereits im Stadium der Modellerstellung zu berücksichtigen, Art. 25 DS-GVO (*privacy by design*).[78]

II. Vertragliche Ausgangskonstellation

Für das interne Kreditscoring ist die Beziehung zwischen dem Kreditinstitut und dem Verbraucher als betroffene Person relevant. Hierbei treffen die Parteien zwecks Vertragsanbahnung im Sinne des § 311 Abs. 2 Nr. 2 BGB aufeinander,[79] wobei das Kreditinstitut insbesondere seiner vorvertraglichen Pflicht zur Kreditwürdigkeitsprüfung zivilrechtlich gem. § 505a BGB bzw. aufsichtsrechtlich nach § 18a KWG nachzukommen hat. Der Zweck der Verarbeitung liegt somit in der Ermittlung des Ausfallrisikos oder der Ausfallwahrscheinlichkeit des potenziellen Schuldners. Da nur die Einwilligung einen aktiven datenschutzrechtlichen Mitwirkungsakt der be-

---

[75] Diesen Erwg. für systemwidrig haltend Plath/*Kamlah*, DS-GVO Art. 22 Rn. 16; a. A. *Lorentz*, Profiling, S. 289 ff., 291.

[76] Vgl. Dauses/Ludwigs/*Pieper*, Hdb. des EU-Wirtschaftsrechts, B. I. Rechtsquellen, Rn. 35; Langenbucher/*Langenbucher/Donath*, Europäisches Privat- und Wirtschaftsrecht, § 1 Rn. 21.

[77] Zur Abwägung siehe unten § 4, B.VI.3.d), S. 283; vgl. zu „Garantien" Artikel-29-Datenschutzgruppe, Leitlinien zu automatisierten Entscheidungen im Einzelfall einschließlich Profiling für die Zwecke der Verordnung 2016/679, WP251.01, S. 16.

[78] Zur Datenaufbereitung oben § 2, E.I.2., S. 130 ff.; vgl. Artikel-29-Datenschutzgruppe, Guidelines on transparency under Regulation 2016/679, WP 260 rev.01, Rn. 43.

[79] Vgl. Münch-Komm/*Emmerich*, BGB § 311 Rn. 125; *Overbeck*, Datenschutz und Verbraucherschutz bei Bonitätsprüfungen, S. 15; ähnlich *Helfrich*, Kreditscoring und Scorewertbildung der SCHUFA, S. 26.

troffenen Person einfordert und dadurch ein Mehr an betroffenenadressierter Transparenz bietet, werden im Folgenden zuerst die übrigen Rechtsgrundlagen für das interne Kreditscoring untersucht, obwohl die Rechtsgrundlagen grundsätzlich nebeneinander stehen[80].

Zwischen dem Betroffenen und der Auskunftei besteht keine Vertragsbeziehung.[81] Vereinzelt wird angenommen, zwischen diesen Personen bestehe ein Schuldverhältnis nach § 311 Abs. 3 Satz 2 BGB.[82] Ein solches entsteht mit Pflichten nach § 241 Abs. 2 BGB insbesondere dann, wenn der Dritte, der nicht selbst Vertragspartei werden soll, in besonderem Maße Vertrauen für sich in Anspruch nimmt und dadurch die Vertragsverhandlungen oder den Vertragsschluss erheblich beeinflusst. Begründet wird diese Ansicht damit, dass die Auskunftei nach eigenen Aussagen besonderes Vertrauen für sich in Anspruch nehme und der externe Kreditscore für den Darlehensvertrag von erheblichem Einfluss sei.[83] Dagegen spricht, dass die in § 311 Abs. 3 BGB geforderte besondere Vertrauensfunktion, die eine Auskunftei als Finanzintermediär in Ausübung der delegierten Informationssuche durchaus wahrnimmt,[84] gerade nicht gegenüber dem Betroffenen, sondern gegenüber dem Kreditinstitut zum Ausdruck kommt. Letzteres ist Träger des kreditorischen Ausfallrisikos und erfragt aus diesem Grund die Marktreputation des Verbrauchers bei der Auskunftei. Die Beeinflussung durch die Auskunftei wirkt sich damit nicht auf die Vertragsentscheidung des Verbrauchers, sondern nur auf die der kreditgebenden Bank aus. Zwischen letzterer und der Auskunftei besteht aber ein Vertragsverhältnis.[85] Der Gang über § 311 Abs. 3 BGB ist aus diesen Gründen für eine Vertragskonstruktion im Auskunftei-Verbraucher-Verhältnis ungeeignet.

III. Zur Durchführung einer vorvertraglichen Maßnahme erforderlich (lit. b)

Aufgrund der vorvertraglichen Beziehung zwischen Kreditinstitut und Kreditantragsteller kommt für das Kreditscoring zunächst die Vertragserforderlichkeit der Datenverarbeitung gem. Art. 6 Abs. 1 UAbs. 1 lit. b DS-GVO als Rechtsgrundlage in Betracht. Hiernach ist die Verarbeitung rechtmäßig, wenn sie für die Erfüllung eines Vertrags, dessen Vertragspartei die betroffene Person ist, oder zur Durchführung vorvertraglicher Maßnahmen erforderlich ist, die auf Anfrage der betroffenen Person erfolgen.

---

[80] Siehe oben § 4, B., S. 263.

[81] *Helfrich*, Kreditscoring und Scorewertbildung der SCHUFA, S. 26; *Overbeck*, Datenschutz und Verbraucherschutz bei Bonitätsprüfungen, S. 15.

[82] So nur Gola/Heckmann/*Lapp*, BDSG § 31 Rn. 14 ff.; jurisPK-BGB/*ders.*, § 311 Rn. 120.

[83] Gola/Heckmann/*Lapp*, BDSG § 31 Rn. 14 ff.; jurisPK-BGB/*ders.*, § 311 Rn. 120.

[84] Zur Interessenlage siehe oben § 2, A.VI.4.c), S. 49.

[85] Ellenberger/Bunte/*Zahrte*, Bankrechts-Hbd., § 10 Rn. 60 ff.

1. Kreditscoring als vorvertragliche Maßnahme

Der Kreditwürdigkeitsprüfung geht der Kreditantrag des Verbraucher voraus. Mit Blick auf den nur leicht abgewandelten Wortlaut des Art. 7 lit. b der Datenschutzrichtlinie 95/46/EG[86] hat die nach Art. 29 dieser Richtlinie eingesetzte Gruppe zur Beratung der EU-Kommission in datenschutzrechtlichen Fragestellungen es abgelehnt, die Einholung von Kreditauskünften als eine im Rahmen vorvertraglicher Maßnahmen erforderliche Verarbeitung einzuordnen. Es fehle hierbei an einem „Ersuchen" der Einholung einer Kreditauskunft durch die betroffene Person. Das Kreditinstitut werde selbst tätig.[87] Demzufolge lehnen Teile der Literatur externe Bonitätsanfragen[88] oder sogar interne Risikoprüfungen[89] nach Art. 6 Abs. 1 UAbs. 1 lit. b DS-GVO ab.

Dem ist entgegenzuhalten, dass sich die Anfrage des Betroffenen gem. Art. 6 Abs. 1 UAbs. 1 lit. b Alt. 2 DS-GVO bzw. der „Antrag" nach Art. 7 lit. b der Datenschutzrichtlinie 95/46/EG nicht auf die Datenverarbeitung, sondern auf die Durchführung der vorvertraglichen Maßnahmen erstreckt.[90] Diese vorvertragliche Maßnahme besteht in der Kreditwürdigkeitsprüfung, die auf Initiative des Verbraucher angestoßen wird und ihre Datengrundlage gem. § 18a Abs. 3 KWG in den Auskünften des Verbrauchers sowie erforderlichenfalls der Auskunfteien findet. Der Kreditgeber kann den Betroffenen zudem vorvertraglich darauf hinweisen, dass die Inanspruchnahme einer bestimmten vertraglichen Leistung ausreichende Bonität voraussetzt. Als Korrektiv besteht ferner das Prinzip der Erforderlichkeit der Datenverarbeitung gem. lit. b. Damit stützt sich die externe Bonitätsabfrage,[91] aber auch

---

[86] Anders nur „Antrag" statt jetzt „Anfrage".

[87] Artikel-29-Datenschutzgruppe, Stellungnahme 06/2014, WP 217, S. 23 f.; die Stellungnahme der Artikel-29-Datenschutzgruppe ist weiterhin relevant, EDSA, Leitlinien 2/2019, Version 2.0, Rn. 6; unklar dann aber Artikel-29-Datenschutzgruppe, Leitlinien zu automatisierten Entscheidungen im Einzelfall einschließlich Profiling für die Zwecke der Verordnung 2016/679, WP251.01, S. 14, wonach die Frage im Rahmen der Erforderlichkeit zu berücksichtigen ist.

[88] Kühling/Buchner/*Buchner/Petri*, DS-GVO Art. 6 Rn. 48; Ehmann/Selmayr/*Heberlein*, DS-GVO Art. 6 Rn. 14.

[89] *Hacker*, Datenprivatrecht, S. 263; NK/*Schantz*, DS-GVO Art. 6 Rn. 42.

[90] Ähnlich *Abel*, ZD 2018, 103 (106).

[91] Die Rechtmäßigkeit der externen Scorewertbildung selbst ist davon unabhängig zu betrachten, siehe unten Fn. 93; für die Zulässigkeit der externen Bonitätsabfrage nach lit. b: *Pikamäe*, C-634/21, ECLI:EU:C:2023:220, Rn. 71 (Schlussanträge OQ/Land Hessen); Hessischer Beauftragter für Datenschutz und Informationsfreiheit, 45. Tätigkeitsbericht, Ziff. 4.3.1; *Abel*, ZD 2018, 103 (106); Moos/Schefzig/Arning/*Arning*, Praxishdb. DS-GVO, Kap. 5 Rn. 33; Auer-Reinsdorff/Conrad/*Conrad*, Hdb. IT- und Datenschutzrecht, § 34 Rn. 768; *Eichler*, RDV 2017, 10 (10); *von Lewinski/Pohl*, ZD 2018, 17 (18); *Overbeck*, Datenschutz und Verbraucherschutz bei Bonitätsprüfungen, S. 262; Plath/*Plath*, DS-GVO Art. 6 Rn. 12; Gola/Heckmann/*Schulz*, DS-GVO Art. 6 Rn. 32.

das interne Kreditscoring auf lit. b.[92] Nichtsdestotrotz bedarf auch die Übermittlung des externen Kreditscore durch die Auskunftei als Verantwortliche einer eigenen Rechtsgrundlage.[93] Der Transparenzgrundsatz nach Art. 5 Abs. 1 lit. a DS-GVO gebietet die Informierung des Betroffenen über das Stattfinden, den Umfang und den Zweck der Verarbeitung, Erwg. (39) Satz 2, 4 DS-GVO.[94]

2. Erforderlichkeit

Einschränkend ist die Erforderlichkeit der Datenverarbeitung zur Durchführung der vorvertraglichen Maßnahme zu beachten, Art. 6 Abs. 1 UAbs. 1 lit. b DS-GVO. Hierbei handelt es sich um einen eigenständigen Begriff des Unionsrechts, bei dessen Auslegung die Ziele des Datenschutzrechts zum Ausdruck kommen müssen.[95] Die Verarbeitung der personenbezogenen Daten muss dazu nach vernünftiger Würdigung objektiv in einem unmittelbaren Sachzusammenhang mit dem Verarbeitungszweck stehen.[96] Hieran fehlt es bei einer Erforschung „ins Blaue" hinein.[97] Auch wenn der Begriff eng auszulegen ist,[98] folgt aus dem Erforderlichkeitsgrundsatz nicht, dass eine absolute Notwendigkeit der Datenverarbeitung verlangt wird.[99] Der Verantwortliche hat somit ein Ermessen. Das Mindestmaß an Erforderlichkeit ist erreicht, wenn der Vertrag ansonsten nicht abgeschlossen werden

---

[92] *Abel*, ZD 2018, 103 (106); Hoeren/Sieber/Holznagel/*Bitter*, Hdb. Multimedia-Recht, Teil 15.4 Rn. 48; Auer-Reinsdorff/Conrad/*Conrad*, Hdb. IT- und Datenschutzrecht, § 34 Rn. 769; Möslein/Omlor/*Forgó/Škorjanc*, FinTech-Hdb., § 15 Rn. 29; Plath/*Plath*, DS-GVO Art. 6 Rn. 28; BeckOK Datenschutzrecht/*Spoerr*, Syst. J, Rn. 55; Taeger/Gabel/*Taeger*, DS-GVO Art. 6 Rn. 59; wohl auch für beide Fälle *Rohrmoser*, Auswirkungen des neuen BDSG und der DSGVO auf das Verbraucherschutzniveau bei der Datenerhebung und dem Scoringverfahren der SCHUFA, S. 83 f.; nur für das interne Kreditscoring auch Kühling/Buchner/*Buchner/Petri*, DS-GVO Art. 6 Rn. 4; auch *Lorentz*, Profiling, S. 191; krit. *Guggenberger*, ZBB 2021, 254 (261).

[93] Das externe Kreditscoring richtet sich nach Art. 6 Abs. 1 UAbs. 1 lit. f DS-GVO, Hessischer Beauftragter für Datenschutz und Informationsfreiheit, 48. Tätigkeitsbericht, S. 98; *Paal*, in: FS Taeger, S. 331 (338 f.). Es basiert auf dem berechtigten Interesse der Auskunfteien als Verantwortliche sowie der Kreditinstitute als Dritte im Sinne des lit. f; siehe auch unten § 4, B.VI.3.b), S. 280 ff.

[94] Gola/Heckmann/*Schulz*, DS-GVO Art. 6 Rn. 32; daher doch befürwortend, wenn der Betroffene die Angaben selbst bereitstellt, NK/*Schantz*, DS-GVO Art. 6 Rn. 42.

[95] EuGH 16. 12. 2008 – C-524/06, ECLI:EU:C:2008:724, Rn. 52 (Huber); EDSA, Leitlinien 2/2019, Rn. 23.

[96] Moos/Schefzig/Arning/*Arning*, Praxishdb. DS-GVO, Kap. 5 Rn. 40; Kühling/Buchner/*Buchner/Petri*, DS-GVO Art. 6 Rn. 38; Gola/Heckmann/*Schulz*, DS-GVO Art. 6 Rn. 38; Taeger/Gabel/*Taeger*, DS-GVO Art. 6 Rn. 57.

[97] Moos/Schefzig/Arning/*Arning*, Praxishdb. DS-GVO, Kap. 5 Rn. 39.

[98] Artikel-29-Datenschutzgruppe, Leitlinien zu automatisierten Entscheidungen im Einzelfall einschließlich Profiling für die Zwecke der Verordnung 2016/679, WP251.01, S. 14.

[99] Kühling/Buchner/*Buchner/Petri*, DS-GVO Art. 6 Rn. 45; Paal/Pauly/*Frenzel*, DS-GVO Art. 6 Rn. 14; Gola/Heckmann/*Schulz*, DS-GVO Art. 6 Rn. 38.

könnte.[100] Damit ist die Erforderlichkeit wertend zu betrachten.[101] Wegen der natürlichen Informationsasymmetrie hat das Kreditinstitut ein Interesse an der Kreditwürdigkeitsprüfung, sodass ein Ausbleiben dieser Datenverarbeitung dem Abschluss des Darlehensvertrages entgegensteht. Da das Kreditinstitut auch nicht ausschließlich auf die Angaben des Verbrauchers – insbesondere nicht bei Negativinformationen – vertrauen kann, sind auch grundsätzlich externe Bonitätsabfragen erforderlich.[102]

Die obige Untersuchung zum Bankaufsichtsrecht hat gezeigt, dass dem Kreditinstitut im Rahmen der qualitativen Vorgaben an das Risikomanagement ein weites Ermessen eingeräumt wird, welche Daten es für erforderlich hält, um eine risikoadäquate Beurteilung über die Kreditwürdigkeit des Verbrauchers abgeben zu können. Dies trägt insofern auch der unternehmerischen Freiheit nach Art. 16 GrCh Rechnung, die im Rahmen der Erforderlichkeit zu berücksichtigen ist[103]. Zwar lässt § 18a Abs. 9 KWG das Datenschutzrecht ausdrücklich unberührt. Dennoch ist es aus Sicht des Kreditinstituts wegen der Funktion eines sicheren Hafens aufsichtlicher Leitlinien zumindest objektiv vernünftig, die Daten und Informationen des Pflicht- und Fakultativkatalogs der EBA für die Zwecke der Kreditwürdigkeitsprüfung zu verarbeiten. Sofern schlüssig, angemessener, relevant und datenschutzrechtskonform steht es dem Institut darüber hinaus grundsätzlich frei, alternative Daten für das Kreditscoring zu verwenden.[104] Die Erforderlichkeit nach Säule II hält somit unter Beachtung des bankrechtlichen Proportionalitätsprinzips Einzug zumindest mit Blick auf den Pflicht- und Fakultativkatalog in die datenschutzrechtliche Erforderlichkeit.

Problematisch ist an dieser Feststellung aber, dass im Falle datengetriebener Geschäftsmodelle nahezu alles objektiv im Kontext der Vertragserforderlichkeit stehen könnte.[105] Die DS-GVO ist dagegen Ausfluss des Art. 8 GrCh, der den grundrechtlichen Schutz personenbezogener Daten konstatiert, Erwg. (1) DS-GVO. Die personenbezogenen Daten müssen daher in Ansehung des Grundsatzes der Datenminimierung gem. Art. 5 Abs. 1 lit. c DS-GVO dem jeweiligen Zweck an-

---

[100] Paal/Pauly/*Frenzel*, DS-GVO Art. 6 Rn. 14.

[101] Kühling/Buchner/*Buchner/Petri*, DS-GVO Art. 6 Rn. 45; Hoeren/Sieber/Holznagel/ *Bitter*, Hdb. Multimedia-Recht, Teil 15.4 Rn. 51.

[102] Zur Interessenlage siehe oben § 2, A.VI.4.c), S. 49.

[103] EDSA, Leitlinien 2/2019, Version 2.0, Rn. 2.

[104] Siehe oben § 3, B.IV.3.c)cc), S. 174.

[105] Kühling/Buchner/*Buchner/Petri*, DS-GVO Art. 6 Rn. 40 mit Verweis auf den Beschluss des Bundeskartellamtes, Beschluss vom 6. 2. 2019, B6–22/16, abrufbar unter https://www.bun deskartellamt.de/SharedDocs/Entscheidung/DE/Entscheidungen/Missbrauchsaufsicht/2019/ B6-22-16.pdf?__blob=publicationFile&v=8; zuletzt siehe auch die Entscheidung des EDSA, Facebook and Instagram decisions: „Important impact on use of personal data for behavioural advertising", 12. 1. 2023, abrufbar unter https://edpb.europa.eu/news/news/2023/facebook-and- instagram-decisions-important-impact-use-personal-data-behavioural_en.

gemessen und auf das notwendige Maß beschränkt sein.[106] Der Zweckbindungs-grundsatz begrenzt die Erforderlichkeit im Rahmen des Kreditscorings damit auf die für den konkreten Darlehensvertragstyp bonitätsrelevanten Daten. Das notwendige Maß im Sinne der Datenminimierung ist dafür als überschritten anzusehen, wenn die infrage stehende Datenkategorie nicht einen wesentlichen Beitrag zur Kreditwür-digkeitsprüfung leistet und damit eine unzureichende Signifikanz aufweist. Dabei ist in Abhängigkeit der Art, des Umfangs und der Risikohaftigkeit des konkret ge-planten Darlehensvertrages zu fragen, ob das avisierte Ziel der Verarbeitung mit weniger beeinträchtigenden Alternativen zu erreichen ist.[107] Auch die oben erläuterte Validierungs-, Informations- und erweiterte Analysefunktion der Daten kann rele-vant sein.[108] Das Kreditinstitut muss somit bereits vor der Scorewertberechnung wissen, welche Daten für die konkrete Art des Allgemein-Verbraucherdarlehens-vertrages bonitätsrelevant sind und ob von dieser Menge bonitätsrelevanter Daten eine Teilmenge existiert, die aus Betroffenensicht eine weniger intensive Daten-verarbeitung zur Folge hat. Diese Teilmenge hält sodann dem Erforderlichkeits-prinzip stand.

Die besondere Bonitätsrelevanz ist datenschutzrechtlich voll überprüfbar, dürfte aber regelmäßig durch den Nachweis des Kreditinstituts gegenüber der Banken-aufsicht im Rahmen des Risikomanagement nach Säule I indiziert sein. Der Grad der Intensität ist dagegen allein datenschutzrechtlich zu bewerten. Die Beurteilung hat sich dabei sowohl anhand der Datenarten als auch ihrer Quellen zu messen. Auch wenn die DS-GVO keine Pflicht zur Direkterhebung vorsieht, sollten vorrangig Daten unter Mitwirkung des Betroffenen verarbeitet werden,[109] etwa indem der Betroffene die Angaben formularmäßig in einem Pflichtfeld mitteilt. Erst nachrangig sind Dritte heranzuziehen. Die Konsultation von Auskunfteien ist bei Allgemein-Verbraucherdarlehen wegen des kreditorischen Risikos insbesondere bei Daten er-forderlich, die die Kredithistorie des Verbrauchers offenbaren, da das Kreditinstitut hier nicht allein den Angaben des Verbrauchers vertrauen kann.[110] Gleiches kann für die statistische Auswertung der Informationssuche, also die Scorewertberechnung gelten, da die Auskunftei hierfür eine besondere Expertise für sich in Anspruch nehmen kann. Dieses Abstufungsverhältnis ergibt sich auch aus § 18a Abs. 3 KWG, wonach Auskünfte des Verbrauchers im Sinne einer aktiven Mitwirkungshandlung zuvörderst und nur „erforderlichenfalls" Auskunfteien anzufragen sind. Will das Kreditinstitut Daten aus allgemein zugänglichen Quellen wie sozialen Medien verarbeiten, müssen diese Daten wegen der gesteigerten Intensität eine wesentlich erhöhte Signifikanz aufweisen und damit eine bedeutendere Informationsfunktion erfüllen. Offenkundig ist es weniger intensiv, den Kreditnehmer nach der Anzahl der

---

[106] EDSA, Leitlinien 2/2019, Version 2.0, Rn. 15.

[107] EDSA, Leitlinien 2/2019, Version 2.0, Rn. 25.

[108] Dazu oben § 2, C.II.2.f), S. 96 ff.

[109] Anders noch der Grundsatz in § 4 Abs. 2 Satz 1 BDSG a. F., Moos/Schefzig/Arning/ *Arning*, Praxishdb. DS-GVO, Kap. 6 Rn. 23.

[110] Zum Interesse des Kreditnehmers siehe oben § 2, A.V., S. 41.

unterhaltsberechtigter Haushaltsmitglieder direkt zu fragen als dies anhand seines Profils in einem sozialen Netzwerk zu erforschen. Milder ist es z. B. auch, die Validierungsfunktion in den Daten einer Auskunftei-Abfrage anstatt aus sozialen Medien zu suchen. Hinzukommt, dass Daten, die nicht der Auskunft des Verbrauchers oder einer Auskunftei entstammen, regelmäßig unstrukturiert sind. Das hat zur Folge, dass nicht gezielt Daten erhoben werden, sondern zunächst mithilfe einer Filterfunktion die bonitätsrelevanten Daten auszusortieren sind. Eine darüber hinausgehende, intensivere Datenverarbeitung, d. h. eine solche, die nicht mehr im Sinne des Art. 6 Abs. 1 UAbs. 1 lit. b DS-GVO „erforderlich" ist, kann mithilfe einer datenschutzrechtlichen Einwilligung gerechtfertigt werden. Insofern ist ein „Kreditscoring mit Einwilligung" und ein „Kreditscoring ohne Einwilligung" denkbar. Wird der Kreditantragsteller vor die Wahl gestellt, durch das „Kreditscoring mit Einwilligung" ggf. günstigere Kreditkonditionen erzielen zu können, so kann die Einwilligung in Ermangelung der Freiwilligkeit der Willensbekundung unwirksam sein, wenn die Verweigerung der Einwilligung allzu beträchtliche Nachteile mit sich zöge.[111]

Wegen der Rechenschaftspflicht in Art. 5 Abs. 2 DS-GVO muss das Kreditinstitut die Erforderlichkeit gegenüber der Datenschutzaufsicht und dem Betroffenen nachweisen können. Aus dem Erforderlichkeitsprinzip folgen somit unmittelbar Anforderungen an die erhöhte Signifikanz der Merkmale der Trainings-, Validierungs- und Testdaten im Rahmen der Modellerstellung.[112] Dabei sind auch die oben genannten kreditscoringrelevanten Grundprinzipien des Datenschutzrechts zu beachten.[113] Zuletzt soll der Betroffene die Erforderlichkeit der Datenverarbeitung mit Blick auf Treu und Glauben gem. Art. 5 Abs. 1 lit. a DS-GVO vernünftigerweise erwarten können.[114] Auch hierbei verringert sich der Erwartungshorizont, je intensiver die Datenverarbeitung im Verhältnis zu Art, Umfang und Risikohaftigkeit des Darlehensvertrages ausfällt. Unabhängig davon besteht ein zivilrechtlicher Schutz für überraschende Klauseln gem. § 305c BGB.[115]

IV. Verarbeitungspflicht (lit. c)

Ferner kommt für das Kreditscoring die Rechtmäßigkeit aufgrund einer Verarbeitungspflicht nach Art. 6 Abs. 1 UAbs. 1 lit. c DS-GVO in Betracht. Hiernach ist eine Verarbeitung rechtmäßig, wenn sie zur Erfüllung einer rechtlichen Verpflich-

---

[111] Zur Folge siehe unten § 4, B.VII., S. 292 ff., und insbesondere die Frage zum drohenden Nachteil bei Verweigerung der Einwilligung § 4, B.VII.1.b), S. 294.

[112] Zur Datenaufbereitung § 2, E.I.2., S. 130 ff.

[113] Siehe oben § 4, A.II., S. 258 ff.

[114] EDSA, Leitlinien 2/2019, Version 2.0, Rn. 12.

[115] Siehe den Verweis auf die Richtlinie 93/13/EWG über missbräuchliche Klauseln, EDSA, Leitlinien 2/2019, Version 2.0, Rn. 13; deren Umsetzung findet sich in den §§ 305 ff. BGB, MünchKomm-BGB/*Fornasier*, BGB Vor § 305 Rn. 17 ff.

tung erforderlich ist, welcher der Verantwortliche unterliegt. Lit. c erfasst nicht vertragliche Pflichten, da insofern lit. b einschlägig ist.[116] Stattdessen muss die Verpflichtung gesetzlich vorgeschrieben sein.[117] Nach Art. 6 Abs. 3 Satz 1 DS-GVO ist dazu eine unionale oder nationale Rechtsgrundlage erforderlich. Lit. c entfaltet damit Richtliniencharakter.[118] Diese Rechtsgrundlage muss verhältnismäßig und mit den Grundprinzipien des Datenschutzrechts vereinbar sein.[119]

1. Kreditwürdigkeitsprüfung, § 18a KWG

Das Kreditinstitut ist gem. § 18a Abs. 1 KWG aufsichtsrechtlich zur Kreditwürdigkeitsprüfung verpflichtet, da es den Allgemein-Verbraucherdarlehensvertrag ohne diesen Vorgang nicht abschließen darf.[120] Infolgedessen liegt mit § 18a Abs. 1 KWG eine nationale Rechtsgrundlage im Sinne des Art. 6 Abs. 3 Satz 1 lit. b DS-GVO vor, die eine Pflicht vorsieht. Damit lit. c die taugliche Grundlage für die Datenverarbeitung bildet, muss sich die Verpflichtung aus nationalem Recht unmittelbar auf eine Datenverarbeitung beziehen.[121] Aus dieser gesetzlichen Verpflichtung müssen sich klar und präzise die Anforderungen an die Datenverarbeitung ergeben, Erwg. (41) DS-GVO. Der Begriff der Datenverarbeitung muss nicht genannt werden.[122] Stattdessen müssen „Charakter und Gegenstand" der Verarbeitung erkennbar sein, ohne dem Verantwortlichen unangemessenen Ermessensspielraum zur Erfüllung der Verpflichtung einzuräumen.[123]

Aus dem Umkehrschluss in § 18a Abs. 1 Satz 2 KWG ergibt sich, dass eine Pflicht zur Kreditwürdigkeitsprüfung besteht. Die dazu einschlägige Grundlage bilden Auskünfte des Darlehensnehmers und der Auskunfteien, § 18a Abs. 3 Satz 1 KWG. Mit dieser Datengrundlage, die durch die EBA-Leitlinie GL/2020/06 ergänzt wird,[124]

---

[116] Der Wortlaut des lit. c ist insofern irreführend. Auf die englische und französische Fassung abstellend: Kühling/Buchner/*Buchner/Petri*, DS-GVO Art. 6 Rn. 77; Ehmann/Selmayr/*Heberlein*, DS-GVO Art. 6 Rn. 16.

[117] Artikel-29-Datenschutzgruppe, Stellungnahme 06/2014, WP 217, S. 24; Gola/Heckmann/*Schulz*, DS-GVO Art. 6 Rn. 45; Schwartmann et al./*Schwartmann/Jacquemain*, DS-GVO Art. 6 Rn. 71.

[118] Gola/Heckmann/*Schulz*, DS-GVO Art. 6 Rn. 45; *Kühling/Martini*, EuZW 2016, 448 (449); Schwartmann et al./*Schwartmann/Jacquemain*, DS-GVO Art. 6 Rn. 69.

[119] Artikel-29-Datenschutzgruppe, Stellungnahme 06/2014, WP 217, S. 24.

[120] Siehe RegE, BT-Drs., 18/5022, S. 135; a. A. nur Sydow/Marsch/*Reimer*, DS-GVO Art. 6 Rn. 35 Fn. 113 (Obliegenheit).

[121] BeckOK Datenschutzrecht/*Albers/Veit*, DS-GVO Art. 6 Rn. 48; Kühling/Buchner/ *Buchner/Petri*, DS-GVO Art. 6 Rn. 76; Paal/Pauly/*Frenzel*, DS-GVO Art. 6 Rn. 16; NK/*Roßnagel*, DS-GVO Art. 6 Rn. 51; Taeger/Gabel/*Taeger*, DS-GVO Art. 6 Rn. 76; vgl. auch die Beispiele bei Plath/*Plath*, DS-GVO Art. 6 Rn. 39; a. A. nur *Sander*, BKR 2019, 66 (73).

[122] Vgl. die Leitlinie des EDSA zum Kontoinformationsdienst EDSA, Leitlinien 06/2020, Version 2.0, Rn. 27 f.

[123] Artikel-29-Datenschutzgruppe, Stellungnahme 06/2014, WP 217, S. 25.

[124] Dazu oben § 3, B.IV.3.c), S. 172.

werden auch Charakter und Gegenstand der Datenverarbeitung hinreichend erkennbar und konkretisiert. § 18a Abs. 1, 3 KWG stellt damit eine taugliche rechtliche Verpflichtung nach lit. c dar.[125] Damit liegt mit § 18a KWG eine nationale Rechtsvorschrift gem. Art. 6 Abs. 3 Satz 1 lit. b DS-GVO vor. § 18a Abs. 1 Satz 2 KWG muss zudem ein im öffentlichen Interesse liegendes Ziel verfolgen und in einem angemessenen Verhältnis zu dem verfolgten legitimen Zweck stehen, vgl. Art. 6 Abs. 3 Satz 4 DS-GVO. Durch die Normierung als „Verbrauchschutzaufsichtsrecht"[126] dient die Kreditwürdigkeitsprüfung neben dem Schutz des Verbrauchers vor Überschuldung auch dem öffentlichen Interesse.[127]

Einschränkend ist auch nach Art. 6 Abs. 1 UAbs. 1 lit. c DS-GVO die Erforderlichkeit zu beachten. § 18a Abs. 9 KWG stellt klar, dass die datenschutzrechtlichen Vorschriften unberührt bleiben.[128] Insofern gebietet die Erforderlichkeit nach lit. c einschränkend, dass nur die personenbezogenen Daten zu verwenden sind, die zur Erfüllung der rechtlichen Verpflichtung notwendig sind.[129] Das Kreditinstitut hat daher wie für lit. b zu prüfen, welche personenbezogenen Daten im konkreten Fall erforderlich sind, um der in § 18a KWG auferlegten Pflicht gerecht zu werden.[130]

2. Beurteilung von Adressenausfallrisiken, Art. 176 Abs. 5 lit. a, c CRR in Verbindung mit § 10 Abs. 2 KWG

Weiterhin kommt § 10 Abs. 2 KWG als taugliche Rechtsgrundlage für das Kreditscoring in Betracht. Hiernach „dürfen" die Kreditinstitute personenbezogene Daten für die Zwecke der CRR und der SolvV verarbeiten. Insofern handelt es sich zunächst nur um eine Befugnis und nicht eine Pflicht zur Datenverarbeitung.[131] Das Institut, welches den IRB-Ansatz anwendet,[132] ist im Rahmen der Datenpflege für Risikopositionen aus dem Mengengeschäft jedoch dazu verpflichtet, die Daten zu erfassen und zu speichern, die bei der Zuordnung von Risikopositionen zu Rating-

---

[125] *Abel*, ZD 2018, 103 (106); *Hacker*, Datenprivatrecht, S. 263; Ellenberger/Bunte/*Kirschhöfer*, Bankrechts-Hbd., § 12 Rn. 55; BeckOK Datenschutzrecht/*Spoerr*, Syst. J, Rn. 129; Taeger/Gabel/*Taeger*, BDSG § 31 Rn. 8, 104; auch *Rohrmoser*, Auswirkungen des neuen BDSG und der DSGVO auf das Verbraucherschutzniveau bei der Datenerhebung und dem Scoringverfahren der SCHUFA, S. 96, der wohl versehentlich auf § 18 KWG abstellt; a. A. *Seiler*, jurisPR-BKR 8/2017 Anm. 1, A.II.1; Sydow/Marsch/*Reimer*, DS-GVO Art. 6 Rn. 35 Fn. 113, Rn. 37.

[126] *Klöhn/Adam*, WM 2022, 1097 (1103).

[127] RegE, BT-Drs. 18/5922, S. 62.

[128] BeckOK Datenschutzrecht/*Spoerr*, Syst. J, Rn. 129.

[129] Vgl. EuGH 1.8.2022 – C-184/20, ECLI:EU:C:2022:601, Rn. 93 (Vyriausioji tarnybinės etikos komisija); Ehmann/Selmayr/*Heberlein*, DS-GVO Art. 6 Rn. 17; Taeger/Gabel/*Taeger*, DS-GVO Art. 6 Rn. 88.

[130] Dazu siehe oben § 4, B.III.2., S. 269.

[131] Aus diesem Grund ablehnend Kühling/Buchner/*Buchner*, BDSG § 31 Rn. 5.

[132] Zum Anwendungsbereich des § 10 Abs. 2 KWG siehe oben § 3, C.II.4.a)cc)(4), S. 215 ff.

stufen oder Risikopools verwendet werden, Art. 176 Abs. 5 lit. a CRR. Auch Daten über ausgefallene Schuldner und Risikopositionen unterfallen dieser Pflicht, Art. 176 Abs. 5 lit. c CRR. Diese Pflicht knüpft an die qualitativen Vorgaben bei der Ratingzuordnung an, Art. 171 ff. CRR. Die CRR bildet daher mit Art. 176 Abs. 5 lit. a, c eine Rechtsgrundlage des Unionsrecht im Sinne des Art. 6 Abs. 3 lit. a DS-GVO, die Kreditinstitute, die den IRB-Ansatz anwenden, unmittelbar zur Datenverarbeitung verpflichtet. Insofern handelt es sich bei § 10 Abs. 2 KWG um eine Präzisierung durch eine mitgliedstaatliche Rechtsgrundlage im Sinne des Art. 6 Abs. 2, 3 Satz 1 lit. b DS-GVO. Indem die Verarbeitung auf die Fälle der Beurteilung von Adressenausfallrisiken für die Zwecke der CRR und SolvV beschränkt sind, liegt auch ein hinreichend festgelegter Verarbeitungszweck im Sinne des Art. 6 Abs. 3 Satz 2 Alt. 1 DS-GVO vor.

Gem. Art. 6 Abs. 3 Satz 4 DS-GVO muss die Rechtsgrundlage ein im öffentlichen Interesse liegendes Ziel verfolgen und in einem angemessenen Verhältnis zu dem verfolgten legitimen Zweck stehen. Art. 176 Abs. 5 lit. a, c CRR und § 10 Abs. 2 KWG dienen der Einrichtung und dem Betrieb bankinterner Risikomessverfahren im Rahmen des IRB-Ansatzes.[133] Mit Blick auf die Folgen der Finanzkrise 2007 und die Sicherung eines stabilen Finanzsystems liegt die Pflicht zu einem angemessenen Risikomanagement im öffentlichen Interesse, vgl. Erwg. (32) CRR, Erwg. (47) CRD IV. § 10 Abs. 2 KWG ist damit in Konkretisierung der qualitativen CRR-Vorgaben eine taugliche Rechtsgrundlage für die Datenverarbeitung nach Art. 6 Abs. 1 UAbs. 1 lit. c DS-GVO.[134] Kreditinstitute, die den KSA anwenden, bedürfen dieser Sonderregelung nicht, da sie keine eigenen internen Ratingmodelle für das Kreditrisiko verwenden und damit keine Datenpflege betreiben müssen, sondern für das Mengengeschäft die pauschalen Risikogewichte nach Art. 123 CRR berücksichtigen.[135]

Im Rahmen der Erforderlichkeit hat das Kreditinstitut abzuwägen, welche Daten es zur angemessenen Beurteilung von Adressenausfallrisiken benötigt. Mit Blick auf zulässige Datenkategorien hat der nationale Gesetzgeber konkrete Regelbeispiele in § 10 Abs. 2 Satz 4 KWG vorgegeben.[136] Die Erweiterung dieses Katalogs ist somit grundsätzlich möglich. Im Rahmen dieses Abwägungsprozesses ergeben sich aus Betroffensicht wegen der Datengetriebenheit dieses Vorgangs grundsätzlich die gleichen Probleme wie für die Erforderlichkeitsprüfung nach lit. b.[137]

---

[133] Fischer/Schulte-Mattler/*Glaser*, KWG § 10 Rn. 11, 14 Ziff. iii.

[134] I.E. auch die h.M., Gola/Heckmann/*Lapp*, § 31 Rn. 5; BeckOK Datenschutzrecht/ *Spoerr*, Syst. J, Rn. 132; vgl. Gola/Heckmann/*Schulz*, DS-GVO Art. 6 Rn. 96 Fn. 173; *Seiler*, jurisPR-BKR 8/2017 Anm. 1, A.II.1; Schwartmann et al./*Schwartmann/Jacquemain*, DS-GVO Art. 6 Rn. 77; Taeger/Gabel/*Taeger*, DS-GVO Art. 22 Rn. 56, BDSG § 31 Rn. 104; *Taeger*, ZRP 2016, 72 (73); a.A. Kühling/Buchner/*Buchner*, BDSG § 31 Rn. 5.

[135] Siehe oben § 3, C.I.2., S. 196.

[136] Dazu oben § 3, C.II.4.a)cc)(4)(d), S. 219.

[137] Dazu soeben im Rahmen des Art. 6 Abs. 1 UAbs. 1 lit. b DS-GVO, oben § 4, B.III.2., S. 269 ff.

V. Aufgabe im öffentlichen Interesse (lit. e)

Eine Datenverarbeitung ist ferner gem. Art. 6 Abs. 1 UAbs. 1 lit. e Alt. 1 DS-GVO rechtmäßig, wenn sie für die Wahrnehmung einer im öffentlichen Interesse liegenden Aufgabe erforderlich ist, die dem Verantwortlichen übertragen wurde. § 18a Abs. 1 KWG verpflichtet das Kreditinstitut bei Allgemein-Verbraucherdarlehensverträgen zur Kreditwürdigkeitsprüfung, weshalb das Kreditscoring als Aufgabe im öffentlichen Interesse zunächst in Betracht kommt. Diesem Gedanke steht grundsätzlich nicht entgegen, dass das Kreditinstitut kein Träger staatlicher Gewalt ist, da trotz des öffentlichen Interesses auch eine juristische Person des Privatrechts verantwortlich sein kann, Erwg. (45) Satz 6 Var. 3 DS-GVO[138]. Hoheitliches Handeln ist nicht notwendig, da für die Ausübung öffentlicher Gewalt insofern lit. e Alt. 2 einschlägig ist.

Nach Art. 6 Abs. 3 Satz 1 DS-GVO ist eine Rechtsgrundlage notwendig, wodurch der Richtliniencharakter des lit. e wie bei lit. c zum Ausdruck kommt.[139] Diese Rechtsgrundlage muss ein im öffentlichen Interesse liegendes Ziel verfolgen und in einem angemessenen Verhältnis zu dem verfolgten Zweck stehen, Art. 6 Abs. 3 Satz 4 DS-GVO. Was unter einem öffentlichen Interesse zu verstehen ist, wird in der DS-GVO nicht definiert.[140] Durch ihre aufsichtsrechtliche Verankerung in § 18a Abs. 1 KWG verfolgt die Pflicht zur Kreditwürdigkeitsprüfung aus makroprudenzieller Sicht die Sicherung der Finanzmarktstabilität, den Schutz von Ein- und Anlegern und trägt zu einem wirksamen Risikomanagement bei, vgl. Erwg. (32) CRR, Erwg. (47) CRD IV. Sie ist damit auch Ausfluss der Anforderungen an das bankinterne Risikomanagement zur Identifizierung, Beurteilung, Steuerung sowie Überwachung und Kommunikationen des Kreditrisikos, § 25a Abs. 1 Satz 3 Nr. 3 lit. b KWG. Andererseits verfolgt das Kreditinstitut im Rahmen seines Kreditrisikomanagements auch Eigen- und damit nicht ausschließlich Fremdinteressen.[141] Dies spricht dafür, das Kreditscoring als zumindest auch eine im öffentlichen Interesse liegende Aufgabe anzuerkennen.[142] Mit § 18a Abs. 3 KWG würde damit eine entsprechende Grundlage für das Kreditscoring gelten können.

Allerdings fordert Art. 6 Abs. 1 UAbs. 1 lit. e DS-GVO eine im öffentlichen Interesse liegende Aufgabe, die dem Verantwortlichen „übertragen" wurde. Insofern kann sich nicht jeder zum „Sachwalter öffentlicher Interessen" gerieren.[143] Vielmehr

---

[138] Ehmann/Selmayr/*Heberlein*, DS-GVO Art. 6 Rn. 21; Schwartmann et al./*Schwartmann/Jacquemain*, DS-GVO Art. 6 Rn. 92.

[139] Offenlassend BVerwGE 165, 111 (Rn. 46); Gola/Heckmann/*Schulz*, DS-GVO Art. 6 Rn. 52; *Kühling/Martini*, EuZW 2016, 448 (449).

[140] Schwartmann et al./*Schwartmann/Jacquemain*, DS-GVO Art. 6 Rn. 93.

[141] BeckOK Datenschutzrecht/*Spoerr*, Syst. J, Rn. 70.

[142] Vgl. zur Begründung der Einführung der zivilrechtlichen Pflicht in § 505a BGB, RegE, BT-Drs. 18/5922, S. 62; siehe bereits RegE, BT-Drs. 16/11643, S. 95 f.

[143] BVerwGE 165, 111 (Rn. 46).

muss der Verantwortliche „anstelle einer Behörde" handeln.[144] Der Begriff des öffentlichen Interesses reduziert sich daher auf Aufgaben, die herkömmlich als Staatsaufgaben gewertet werden.[145] Dies wird durch Erwg. (45) Satz 6 DS-GVO gestützt, der als Beispiel für eine im öffentlichen Interesse liegende Aufgabe gesundheitliche Zwecke wie die öffentliche Gesundheit, die soziale Sicherheit oder die Verwaltung von Leistungen der Gesundheitsfürsorge aufzählt.[146] Auch die in Erwg. (45) Satz 6 Var. 3 DS-GVO genannten Berufsvereinigungen sind dem öffentlichen Sektor zugehörig. So ist die Rechtsanwaltskammer in Deutschland etwa als Körperschaft des öffentlichen Rechts organisiert, § 62 Abs. 1 BRAO.[147] Insofern ist das „öffentliche Interesse" im Sinne des lit. e derart zu verstehen, dass es sich funktional um eine Aufgabe handelt, die dem Staat zukommt und die dieser auf einen Verantwortlichen überträgt.[148] Hieran fehlt es, wenn der Verantwortliche im Wettbewerb mit anderen Unternehmen steht.[149] Wenngleich die Lehren der Finanzkrise 2007 dafür sprechen, eine verantwortungsvolle Kreditvergabe im öffentlichen Interesse anzuerkennen, erfüllt diese Pflicht nach § 18a Abs. 1 KWG wegen ihrer grundsätzlichen Staatsferne und des herrschenden Wettbewerbs nicht die Anforderungen des Art. 6 Abs. 1 UAbs. 1 lit. e DS-GVO.

Zuletzt spricht für ein solches Verständnis, dass § 18a Abs. 9 KWG das Datenschutzrecht ausdrücklich unberührt lässt. Auch wenn sich die Bankenpraxis aktuell in ihren Datenschutzerklärungen darauf berufen mag,[150] ist die Kreditwürdigkeitsprüfung keine Aufgabe, die im öffentlichen Interesse an die Kreditinstitute im Sinne des lit. e übertragen wurde. Den Banken kommt damit keine Sonderrolle zu, die sie in ihrem Datenumgang zum Zwecke der Kreditwürdigkeitsprüfung nach lit. e privilegiert.

---

[144] BVerwGE 165, 111 (Rn. 46).

[145] *Pikamäe*, C-634/21, ECLI:EU:C:2023:220, Rn. 76 (Schlussanträge OQ/Land Hessen); Kühling/Buchner/*Buchner/Petri*, DS-GVO Art. 6 Rn. 111; Gola/Heckmann/*Schulz*, DS-GVO Art. 6 Rn. 54.

[146] Siehe auch die Beispiele in Artikel-29-Datenschutzgruppe, Stellungnahme 06/2014, WP 217, S. 27; Ehmann/Selmayr/*Heberlein*, DS-GVO Art. 6 Rn. 21.

[147] Vgl. mit Verweis auf Disziplinarmaßnahmen, auch Artikel-29-Datenschutzgruppe, Stellungnahme 06/2014, WP 217, S. 27.

[148] Kühling/Buchner/*Buchner/Petri*, DS-GVO Art. 6 Rn. 111; Gola/Heckmann/*Schulz*, DS-GVO Art. 6 Rn. 54; BeckOK Datenschutzrecht/*Albers/Veit*, DS-GVO Art. 6 Rn. 56; siehe auch den Verweis auf „öffentliche Stellen", EDSA, Leitlinien 3/2019, Rn. 41.

[149] Paal/Pauly/*Frenzel*, DS-GVO Art. 6 Rn. 24; Taeger/Gabel/*Taeger*, DS-GVO Art. 6 Rn. 103.

[150] Vgl. Deutsche Bank, Datenschutzhinweise gemäß EU-Datenschutz-Grundverordnung für „Natürliche Personen", Stand 05/2019, S. 2, abrufbar unter https://www.deutsche-bank.de/content/dam/deutschebank/de/shared/pdf/ser-DB_EU-Datenschutzhinweise_AG.pdf; ING, Datenschutzerklärung der ING-DiBa AG für Privatkundinnen und -kunden (V2.0), April 2022, S. 4, abrufbar unter https://www.ing.de/dokumente/datenschutz/; Landesbank Berlin, Datenschutzhinweise, Unser Umgang mit Ihren Daten und Ihre Rechte Informationen nach Artikeln 13, 14 und 21 Datenschutz Grundverordnung – DS-GVO, 1.11.2022, S. 2, abrufbar unter https://www.lbb.de/landesbank/de/hidden/datenschutzhinweise.pdf.

VI. Berechtigtes Interesse an der Datenverarbeitung (lit. f)

Weiterhin ist das interne Kreditscoring gem. Art. 6 Abs. 1 UAbs. 1 lit. f DS-GVO rechtmäßig, wenn es zur Wahrung der berechtigten Interessen des Verantwortlichen oder eines Dritten erforderlich ist, sofern nicht die Interessen oder Grundrechte und Grundfreiheiten der betroffenen Person überwiegen. Hieraus folgt eine Interessenabwägung im Lichte der Grundrechte-Charta.[151] Dabei sind die vernünftigen Erwartungen des Betroffenen zu berücksichtigen, Erwg. (47) Satz 1 Hs. 2 DS-GVO.[152] Das Kreditinstitut muss in der Folge ein berechtigtes Interesse haben, dessen Wahrung das Kreditscoring erforderlich macht, wobei die Interessen, Grundrechte oder Grundfreiheiten des Verbrauchers nicht überwiegen dürfen.

1. Berechtigtes Interesse des Kreditinstituts

Das Interesse kann grundsätzlich rechtlicher, wirtschaftlicher oder immaterieller Art sein.[153] Dieses ist anders als der Verarbeitungszweck nicht der eigentliche Verarbeitungsgrund, sondern der dahinter stehende Beweggrund für die Datenverarbeitung im weiteren Sinne oder der Nutzen, den der Verantwortliche daraus zieht.[154] Das Vorliegen des berechtigten Interesses ist in jedem Fall sorgfältig zu prüfen, Erwg. (47) Satz 3 DS-GVO. Nicht berechtigt ist ein Interesse, sofern es von der Rechtsordnung missbilligt wird oder die Datenschutzgrundsätze aus Art. 5 Abs. 1 DS-GVO verletzt.[155]

Das Kreditinstitut ist zur Kreditwürdigkeitsprüfung und im Rahmen dessen auch zur umfassenden Dokumentation verpflichtet, § 18a Abs. 1, 5 KWG. Des Weiteren besteht für Institute, die den IRB-Ansatz anwenden, gem. Art. 176 Abs. 5 lit. a, c CRR in Verbindung mit § 10 Abs. 2 KWG die Pflicht, bestimmte Daten zur Entwicklung und zum Betrieb des internen Ratingsystem zu verarbeiten. Für Institute, die den Kreditrisikostandardansatz anwenden, richtet sich die Pflicht zur Risikoklassifizierung und Beurteilung von Adressenausfallrisiken gem. § 25a KWG in Verbindung mit den MaRisk.[156] Das Kreditinstitut verfolgt somit ein rechtliches Interesse. Unabhängig davon begründen die kreditorischen Risiken bei Allgemein-Verbraucherdarlehensverträgen auch ein wirtschaftliches Eigeninteresse des Kre-

---

[151] Zum identischen Art. 7 lit. f Datenschutzrichtlinie 95/46/EG BVerfGE 152, 216 (Rn. 95 f.) (Recht auf Vergessen II); Kühling/Buchner/*Buchner/Petri*, DS-GVO Art. 6 Rn. 141.

[152] Taeger/Gabel/*Taeger*, DS-GVO Art. 6 Rn. 127.

[153] EDSA, Leitlinien 3/2019, Rn. 18; Moos/Schefzig/Arning/*Arning*, Praxishdb. DS-GVO, Kap. 5 Rn. 70; Kühling/Buchner/*Buchner/Petri*, DS-GVO Art. 6 Rn. 146a; Gola/Heckmann/*Schulz*, DS-GVO Art. 6 Rn. 61.

[154] Artikel-29-Datenschutzgruppe, Stellungnahme 06/2014, WP 217, S. 30 f.

[155] Gola/Heckmann/*Schulz*, DS-GVO Art. 6 Rn. 61; Taeger/Gabel/*Taeger*, DS-GVO Art. 6 Rn. 129.

[156] Schwennicke/Auerbach/*Auerbach*, KWG § 10 Rn. 43.

ditinstituts, um sich rechtzeitig vor Ausfallrisiken zu schützen.[157] Infolgedessen fehlt das Interesse am Kreditscoring etwa im Rahmen der Eröffnung eines Girokontos ohne Überziehungsmöglichkeit in Ermangelung kreditorischer Elemente.[158] Das Kreditinstitut verfolgt in den genannten Fällen seine unternehmerische Freiheit nach Art. 16 GrCh, sodass es ein berechtigtes rechtliches und wirtschaftliches, nicht von der Rechtsordnung missbilligtes Interesse hat.[159]

2. Erforderlichkeit des Kreditscorings

Das Kreditscoring muss zur Wahrung des berechtigten Interesses erforderlich sein. Die Verarbeitung muss dazu dem Zweck angemessen und unter Beachtung des Datenminimierungsgrundsatzes nach Art. 5 Abs. 1 lit. c DS-GVO auf das notwendige Maß beschränkt sein.[160] Der EuGH geht in ständiger Rechtsprechung zu dem gleichlautenden Art. 7 lit. f Datenschutzrichtlinie 95/46/EG davon aus, dass die Datenverarbeitung zur Wahrung des erforderlichen Interesses „absolut notwendig" sein muss.[161] Demzufolge wird wohl auch nach Art. 6 Abs. 1 UAbs. 1 lit. b DS-GVO streng zu beurteilen sein, ob weniger einschneidende Alternativen in Wahrung des berechtigten Interesses bestehen.[162] Hieraus folgt eine Datenminimierungsprüfung am Maßstab des berechtigten Interesses.[163] Wegen der Datengetriebenheit des Kreditscorings treten hierbei aus Betroffensicht grundsätzlich die gleichen Probleme bezüglich der erforderlichen Datenkategorien und -quellen zutage wie bei der Abwägung im Rahmen des Art. 6 Abs. 1 UAbs. 1 lit. b DS-GVO.[164]

3. Kein überwiegendes Interesse des Verbrauchers

Das Kreditscoring darf sich nur in dem Maße auf das Interesse des Kreditinstituts stützen, sofern nicht das Interesse des Verbrauchers überwiegt. Hieraus folgt eine umfassende Abwägung zwischen den Interessen des Verantwortlichen einerseits und denen des Betroffenen sowie seinen Grundrechten und -freiheiten andererseits.[165]

---

[157] Dazu oben § 2, A.IV., S. 40.

[158] DSK, Beschluss vom 11.6.2018, S. 1.

[159] Auch Moos/Schefzig/Arning/*Arning*, Praxishdb. DS-GVO, Kap. 5 Rn. 72; Taeger/Gabel/*Taeger*, DS-GVO Art. 6 Rn. 129.

[160] EDSA, Leitlinien 3/2019, Rn. 24.

[161] EuGH 4.5.2017 – C-13/16, ECLI:EU:C:2017:336, Rn. 30 (Rīgas satiksme); EuGH 11.12.2019 – C-708/18, ECLI:EU:C:2019:1064, Rn. 46 (Asociaţia de Proprietari bloc M5 A-ScaraA); Moos/Schefzig/Arning/*Arning*, Praxishdb. DS-GVO, Kap. 5 Rn. 75; weiter Gola/Heckmann/*Schulz*, DS-GVO Art. 6 Rn. 63, 20.

[162] Artikel-29-Datenschutzgruppe, Stellungnahme 06/2014, WP 217, S. 37.

[163] *Robrahn/Bremert*, ZD 2018, 291 (292); *Lorentz*, Profiling, S. 198.

[164] Siehe oben § 4, B.III.2., S. 269.

[165] Artikel-29-Datenschutzgruppe, Stellungnahme 06/2014, WP 217, S. 30, 43 ff.; Moos/Schefzig/Arning/*Arning*, Praxishdb. DS-GVO, Kap. 5 Rn. 77.

Grundsätzlich ist dabei zu fragen, welches Gewicht das berechtigte Interesse des Verantwortlichen für sich beansprucht,[166] und inwiefern die Datenverarbeitung die Interessen, Grundrechte und Grundfreiheiten des Betroffenen beeinträchtigt und ob hieraus eine Rechtsverletzung oder negative Folgen zulasten des Betroffenen entstehen können.[167] Dabei gilt, dass je zwingender das Interesse des Verantwortlichen und je eher die Datenverarbeitung im konkreten Kontext vernünftigerweise zu erwarten ist, desto stärker fällt das berechtigte Interesse im Abwägungsprozess ins Gewicht.[168] Hierbei handelt es sich um eine komplexe Einzelfallbeurteilung,[169] die angesichts ihres nötigen Umfangs an dieser Stelle nicht erfolgen kann. Stattdessen seien hier nur die in Betracht kommenden Abwägungsparameter dargestellt.[170]

a) Gewichtigkeit des Institutsinteresses

Das Gewicht des berechtigten Interesses, welches das Kreditinstitut an dem Kreditscoring hat, bemisst sich zweierlei. Einerseits verfolgt es damit das Ziel, die Kreditwürdigkeit des Verbrauchers einzuschätzen, um die bankaufsichtsrechtlich gebotene risikoadäquate Entscheidung über den Kreditantrag treffen zu können. Andererseits dient der Kreditscore, sollte der Darlehensvertrag zustande kommen, als Messwert für das Adressenausfallrisiko zur Risikoklassifizierung und fließt damit in das bankinterne Kreditrisikomanagement ein. In beiden Fällen handelt es sich um für das Kreditinstitut wesentliche Interessen, die die Verfolgung seines Hauptgeschäftsfeldes und die Ordnungsmäßigkeit der Geschäftsorganisation nach § 25a KWG betreffen.

b) Folgen für den Verbraucher

Mit Blick auf die Folgen für den Betroffenen sind sowohl positive wie auch negative Folgen der Datenverarbeitung zu berücksichtigen.[171] Je negativer die Folgen für den Betroffenen, desto weniger kommt lit. f in Betracht.[172]

Als positive Folge greift das paternalistische Element der Kreditwürdigkeitsprüfung, welches eine auf den Betroffenen gerichtete Schutzwirkung mit Blick auf

---

[166] Artikel-29-Datenschutzgruppe, Stellungnahme 06/2014, WP 217, S. 43 f.

[167] EDSA, Leitlinien 3/2019, Rn. 30.

[168] Artikel-29-Datenschutzgruppe, Stellungnahme 06/2014, WP 217, S. 46.

[169] Artikel-29-Datenschutzgruppe, Stellungnahme 06/2014, WP 217, S. 30; EDSA, Leitlinien 3/2019, Rn. 32.

[170] Siehe für das externe Kreditscoring etwa *Rohrmoser*, Auswirkungen des neuen BDSG und der DSGVO auf das Verbraucherschutzniveau bei der Datenerhebung und dem Scoringverfahren der SCHUFA, S. 97 ff.; allgemein für Profiling *Lorentz*, Profiling, S. 199 ff.

[171] Artikel-29-Datenschutzgruppe, Stellungnahme 06/2014, WP 217, S. 47; Artikel-29-Datenschutzgruppe, Leitlinien zu automatisierten Entscheidungen im Einzelfall einschließlich Profiling für die Zwecke der Verordnung 2016/679, WP251.01, S. 16.

[172] Artikel-29-Datenschutzgruppe, Stellungnahme 06/2014, WP 217, S. 51.

die Verhinderung seiner Zahlungsunfähigkeit und Überschuldung entfaltet.[173] Dieses reicht aber nur so weit, wie sich aus den für das Kreditscoring berücksichtigten Daten ein wesentlicher statistischer Mehrwert ergibt, da das Kreditscoring schließlich allein auf dem berechtigten Interesse des Kreditinstituts beruht. Diese Über-Signifikanz wird insbesondere bei alternativen Daten im engeren Sinne und ihren Quellen gegenüber herkömmlichen Daten zu bezweifeln sein. Darüber hinaus bildet eine existierende Kreditauskunfteienlandschaft die Marktreputation des Betroffenen ab, die im Vergleich bonitätsrelevantere Daten an das Kreditinstitut übermitteln kann. Schließlich befriedigt dies auch das berechtigte wirtschaftliche Interesse des Kreditinstituts, da reputationsbezogene Informationen über das vergangene Zahlungsverhalten typischerweise solche Daten sind, bei denen der Kreditgeber nicht allein auf die Angaben des Kreditnehmers vertrauen kann.[174] Andererseits sind derartige Schuldnerregister geeignet, die aktuelle Verschuldungssituation des Verbrauchers zu offenbaren und somit zum Schutze des Verbrauchers die Aufnahme neuer Schulden zu verhindern. Die Wahrung dieses Interesses umfasst daher auch grundsätzlich die Einholung externer Bonitätsauskünfte und damit den externen Kreditscore,[175] soweit eine aussagekräftige Datengrundlage besteht. Sofern alternative Daten den geforderten Mehrwert erbringen, dient auch die Berücksichtigung dieser dem Verbraucherschutzinteresse.

Negativ fällt ins Gewicht, dass der Betroffene bei einer Verarbeitung nach lit. f nicht selbstbestimmt mit seinen Daten umgehen kann. Dies wird insbesondere an der externen Bonitätsabfrage deutlich, da hier keine direkte Mitwirkung des Betroffenen notwendig ist. Diese Beeinträchtigung wird aber dadurch abgeschwächt, indem Auskunfteien selbst grundsätzlich nur ein Register mit negativen Daten führen dürfen, also mit solchen Daten, die ein nicht vertragsgemäßes oder anderes negatives Zahlungsverhalten nachweisen.[176] Auch mit Blick auf die Reform der Verbraucherkreditrichtlinie sollen Auskunfteien „mindestens" Daten über Zahlungsrückstände von Verbrauchern enthalten, Art. 19 Abs. 2, 3 CCD 2021-Komm-E. Darüber hinaus ist für die Verarbeitung von Positivdaten die Einwilligung des Betroffenen erforderlich[177].[178] Alleine mit dem Interesse an einem bestmöglichen Kreditscore des

---

[173] DSK, Beschluss vom 11.6.2018, S. 1.

[174] Siehe oben zur Interessenlage § 2, A.V., S. 41.

[175] Kühling/Buchner/*Buchner/Petri*, DS-GVO Art. 6 Rn. 48.

[176] DSK, Beschluss vom 11.6.2018; a.A. nur Kühling/Buchner/*Buchner/Petri*, DS-GVO Art. 6 Rn. 164.

[177] Diese Einwilligung wurde noch bis zur BDSG-Novelle 2009/2010 mit der in AGB enthaltenen sog. SCHUFA-Klausel gegenüber dem Kreditinstitut abgegeben. Der Gesetzgeber bezweifelte allerdings zu Recht die Freiwilligkeit dieser Einwilligung mangels zumutbaren Alternativverhaltens und ersetzte diese daher durch die Einführung der §§ 28a, 28b BDSG a.F., RegE, BT Drs. 16/10529, S. 15. Da die DS-GVO die dort geregelten materiellen Schutzstandards nicht vorsieht, kann die Freiwilligkeit einer solchen Einwilligung für Negativdaten auch weiterhin bezweifelt werden, siehe die Aufsichtspraxis: Hessischer Beauftragter für Datenschutz und Informationsfreiheit, 48. Tätigkeitsbericht, S. 97 f. Damit richtet sich die Rechtmäßigkeit des externen Kreditscorings, d.h. der Berechnung und Übermittlung des

Betroffenen lässt sich die Übermittlung von Positivdaten nicht begründen, da der Betroffene in diesem Fall selbst mitwirken kann.[179] Insofern ist die Reputation des Betroffenen in diesen Fällen zwar beeinträchtigt. Auskunfteien erfüllen als Finanzintermediär aber zur Überwindung von Informationsasymmetrien die wichtige Funktion der Negativauslese, setzen bei Verbrauchern Anreize zu vertragsgemäßem Verhalten und tragen damit zur Vermeidung von Kreditrationierung bei.[180] Darüber hinaus wird auch der mit der Verbraucherreditrichtlinie 2008/48/EG intendierte und in dem aktuellen Reformvorschlag der EU-Kommission aufrecht erhaltene Schutz des Verbrauchers vor Zahlungsunfähigkeit und Überschuldung sichergestellt.

c) Vernünftige Erwartungshaltung des durchschnittlichen Verbrauchers

Ferner ist die besondere Verarbeitungssituation, insbesondere Art und Umfang der Verarbeitung zu berücksichtigen.[181] Auch öffentlich zugängliche personenbezogene Daten sind nicht bedenkenlos zu verarbeiten.[182] Umgekehrt folgt hieraus aber, dass die Verwendung öffentlich zugänglicher Daten für die Zwecke des internen Kreditscorings nach lit. f nicht von Vornherein ausgeschlossen sein darf. Bei der Abwägung sind stattdessen die vernünftigen Erwartungen des Betroffenen zu berücksichtigen, die auf seiner Beziehung zu dem Verantwortlichen beruhen, Erwg. (47) Satz 1 Hs. 2 DS-GVO. Insofern hat sich das Kreditinstitut zu fragen, welche Daten ein durchschnittlicher Verbraucher im Rahmen der Kreditantragstellung erwarten würde. Diese hypothetische Erwartungshaltung spiegelt den datenschutzrechtlichen Zeitgeist wider und ist schließlich Ausfluss des Transparenzgrundsatzes nach Art. 5 Abs. 1 lit. a DS-GVO: All das, was nicht der vernünftigen Erwartungshaltung im Rahmen der Kreditantragstellung entspricht, kann grundsätzlich nicht rechtmäßig nach lit. f verarbeitet werden. Infolgedessen gilt, je alternativer und weniger kreditbezogen die Daten für das Kreditscoring, desto weniger würde ein vernünftiger Verbraucher deren Berücksichtigung erwarten und desto weniger richtet sich das Kreditscoring nach lit. f. Diese Anforderung kommt damit den Bedenken entgegen, dass nicht jedes Datum, das ursprünglich in einem anderen

---

Kreditscores durch die Auskunftei als Verantwortliche, nach Art. 6 Abs. 1 UAbs. 1 lit. f DS-GVO, dazu unten § 4, B.VI.3.e)bb)(4), S. 290 ff.; zur SCHUFA-Klausel zuletzt *Rohrmoser*, Auswirkungen des neuen BDSG und der DSGVO auf das Verbraucherschutzniveau bei der Datenerhebung und dem Scoringverfahren der SCHUFA, S. 30 ff. m.w.N.; zum Meinungsstand in der Literatur bezüglich der Scorewertbildung unter Berücksichtigung von Positivdaten nach lit. f *ebd.*, S. 134 ff. m.w.N.

[178] Zu den Anforderungen unten § 4, B.VII.1.b), S. 294.

[179] A. A. *Buchner*, in: FS Taeger, S. 95 (100); *Schulz*, RDV 2022, 117 (122); Taeger/Gabel/ *Taeger*, BDSG § 31 Rn. 26.

[180] Dazu oben § 2, A.VI.4.c), S. 49.

[181] Artikel-29-Datenschutzgruppe, Stellungnahme 06/2014, WP 217, S. 50; EDSA, Leitlinien 3/2019, Rn. 33.

[182] Keine „Blankogenehmigung", Artikel-29-Datenschutzgruppe, Stellungnahme 06/2014, WP 217, S. 50.

Kontext erhoben wurde, zu einem noch unbestimmten Zeitpunkt in die Kreditwürdigkeitsprüfung einfließen darf.[183]

d) Qualität des Kreditscorings

Da das Kreditscoring unter den Profiling-Begriff nach Art. 4 Nr. 4 DS-GVO fällt,[184] sind nach der Leitlinie der Artikel-29-Datenschutzgruppe auch die Garantien zur Gewährleistung von „fairem, nichtdiskriminierendem und sachlich richtigem Profiling" im Rahmen der Interessenabwägung zu berücksichtigen.[185] Woher dieser Grundsatz stammt und was hierunter konkret zu verstehen ist, nennt die Leitlinie nicht. Einen Hinweis gibt aber Erwg. (71) Satz 6 DS-GVO, wonach der Verantwortliche ein faires und transparentes Profiling unter Verwendung geeigneter mathematischer und statistischer Verfahren zu gewährleisten und das Risiko von Fehlern durch technische und organisatorischen Maßnahmen zu minimieren hat.[186] Dies soll eine diskriminierende Wirkung auf Grund der in Art. 9 Abs. 1 DS-GVO genannten Kategorien vorbeugen, Erwg. (71) Satz 6 DS-GVO. Demnach ist die Folgenbeurteilung mit Blick auf die potenziellen Beeinträchtigungen der Interessen, Grundfreiheiten und Grundrechte des Betroffenen auch spezifisch am Maßstab des konkreten Kreditscoringmodells zu beleuchten.

Die Fairness der Scorewertbildung ist ein Ausfluss des normativ geprägten Grundsatzes von Treu und Glauben nach Art. 5 Abs. 1 lit. a DS-GVO. Da eine positive Erfassung dieses Begriffs schwerfällt, wird häufig in negativer Abgrenzung danach gefragt, ob eine Datenverarbeitung treuwidrig ist.[187] Als Beispiel hierfür werden die Verletzung anderer Datenschutzgrundsätze genannt, etwa wenn eine verborgene Technik in Verletzung des Transparenzgrundsatzes genutzt wird.[188] Insbesondere die oben genannten Beispiele der erweiterten Analyse sind mit Blick auf eine potenzielle Treuwidrigkeit daher äußerst kritisch zu betrachten.[189] Der Verantwortliche müsste dem Betroffenen daher zumindest offenlegen, dass er diese

---

[183] Vgl. bereits gegenüber staatlichen Stellen: BVerfGE 65, 1 (41 ff.) (Volkszählung); siehe oben zur potenziellen verhaltensändernden Wirkung, § 2, C.I.4., S. 66.

[184] Siehe oben § 4, A.I.2., S. 256.

[185] Vgl. Artikel-29-Datenschutzgruppe, Leitlinien zu automatisierten Entscheidungen im Einzelfall einschließlich Profiling für die Zwecke der Verordnung 2016/679, WP251.01, S. 16; daneben fließen die Detailliertheit, der Umfang und die Folgen des Profiling ein, dazu bereits oben § 4, B.VI.3.b), S. 280.

[186] Vgl. oben die Prämisse § 4, B.I., S. 264.

[187] Gola/Heckmann/*Pötters*, DS-GVO Art. 5 Rn. 9; der Begriff ist europarechtlich autonom, Kühling/Buchner/*Herbst*, DS-GVO Art. 5 Rn. 13.

[188] Kühling/Buchner/*Herbst*, DS-GVO Art. 5 Rn. 15; Gola/Heckmann/*Pötters*, DS-GVO Art. 5 Rn. 10.

[189] Siehe oben die Beispiele § 2, C.II.2.c)hh), S. 90.

Analyse betreibt, wodurch allerdings die Bonitätsrelevanz verloren ginge und sich Manipulationspotenzial eröffnet (*gaming the system*[190]).

Die Gewährleistung der Nichtdiskriminierung steht auf den ersten Blick im Widerspruch dazu, dass Kreditscoringmodelle mit der Intention erstellt werden, „gute" von „schlechten" Kreditnehmern nach statistischen Gesichtspunkten zu unterscheiden und damit statistisch gesehen zu „diskriminieren". In Ansehung des Erwg. (71) Satz 6 DS-GVO wird mit der Gewährleistung der Nichtdiskriminierung jedoch die Vermeidung einer diskriminierenden Wirkungen des Kreditscoringsystems auf Grund einer der in Art. 9 Abs. 1 DS-GVO genannten Merkmale zu verstehen sein. Für die Verarbeitung dieser besonderen Datenkategorien reicht ein überwiegendes berechtigtes Interesse nicht aus, vgl. Art. 9 Abs. 2 DS-GVO, sodass das Kreditscoringsystem bei einer Verarbeitung nach Art. 6 Abs. 1 UAbs. 1 lit. f DS-GVO nicht die Schwelle des Art. 9 Abs. 1 DS-GVO erreichen darf.[191] Teilweise andere Merkmale schließt dagegen Art. 6 CCD 2021-Komm-E aus, der ein Verbot der unmittelbaren Diskriminierung im Rahmen der Kreditvergabe konstatiert und insbesondere das Geschlecht, das Alter und den Wohnsitz als unzulässige Merkmale definiert.[192]

Wie oben ausgeführt kann es wegen der Qualität eines Werturteils auch keinen „richtigen" Kreditscore geben.[193] Ein „sachlich richtiges Profiling" meint daher ein fachgerechtes Kreditscoringmodell, welches nach dem Stand der Technik und auf der Grundlage mathematisch-statistisch anerkannter Grundsätzen und Verfahren *lege artis* erstellt wurde. Dabei ist aber nicht zu verkennen, dass unterschiedliche Ansätze, auch wenn sie *denselben* Datensatz verwenden, zu unterschiedlichen Ergebnissen gelangen können.[194] Die Modellerstellung im Sinne eines „sachlichen richtigen Profiling" gewährleistet damit nur die Einhaltung von Mindestqualitätsstandards.[195] Der Output kann aber nicht im engeren Sinne „richtig", sondern nur auf der Grundlage der Statistik vertretbar sein.

Aus der Interessenabwägung nach Art. 6 Abs. 1 UAbs. 1 lit. f DS-GVO ergeben sich somit unmittelbare Anforderungen in Bezug auf das Kreditscoringmodell. Dazu, etwa mit Blick auf die Trainings-, Validierungs- und Testdaten, die Merkmalsauswahl und -gewichtung, schweigt die EDSA-Leitlinie dagegen. Insofern bleibt es dem Verantwortlichen überlassen und wird diesem aufgrund der Rechenschaftspflicht nach Art. 5 Abs. 2 DS-GVO sogar auferlegt, die genannten Garantien adäquat gewährleisten und eine rechtmäßige und interessengerechte Datenverarbeitung nach-

---

[190] Hierzu *Róna-Tas/Hiss*, 33 Informatik Spektrum (2010), 241.

[191] Hierzu sogleich unten § 4, B.VIII., S. 300 ff.

[192] Siehe oben § 3, B.IV.3.e), S. 179 ff.

[193] Siehe oben § 4, A.II.3., S. 262.

[194] Siehe die Übersicht der Auswertungsergebnisse in *Thomas/Crook/Edelman*, Credit Scoring and its Applications, S. 92 ff., 95, wonach die meisten Forschungsergebnisse auf einem bestimmten deutschen oder australischen Datensatz beruhen.

[195] Vgl. auch Plath/*Kamlah*, DS-GVO Art. 22 Rn. 17.

weisen zu können. Die Interessenabwägung bedeutet damit eine umfassende Input- und Outputkontrolle sowie ein hinreichendes Verständnis des Kreditscoringmodells. Im Ergebnis kann das Interesse des Kreditinstitutes daher nur durchschlagen, wenn die Anforderungen an eine ausreichende Daten- und Systemqualität erfüllt sind.[196] Umgekehrt überwiegt grundsätzlich das Betroffeneninteresse im Falle unzureichender Qualität der Trainingsdaten oder mangelhafter Modellerstellung.[197] Will das Kreditinstitut den externen Kreditscore einer Auskunftei als Input-Datum für das interne Kreditscoringsystem nutzen, erstrecken sich die genannten Anforderungen auch auf den externen Kreditscore, da das Kreditinstitut nach dem Rechtmäßigkeitsgrundsatz aus Art. 5 Abs. 1 lit. a DS-GVO nur rechtmäßig verarbeitete Daten berücksichtigen darf.

e) Keine unmittelbare Ausstrahlungswirkung des § 31 BDSG

Die Verwendung eines Scorewertes ist zusätzlich in § 31 Abs. 1 BDSG, im Besonderen auch die Verwendung eines von einer Auskunftei ermittelten externen Kreditscorewertes in § 31 Abs. 2 BDSG geregelt. Der Grundsatz der Vollharmonisierung, den die DS-GVO als Verordnung im Sinne des Art. 288 Abs. 2 AEUV verfolgt, wirft daher die Frage auf, welcher Wirkungsgehalt § 31 BDSG noch zukommt, wenn das Kreditinstitut einen internen oder externen Kreditscore im Rahmen der Kreditentscheidung verwenden will. § 31 BSDG wurde mit dem DSAnpUG-EU zum Schutz des Wirtschaftsverkehrs bei Scoring und Bonitätsauskünften und zur Aufrechterhaltung der materiellen Schutzstandards der §§ 28a, 28b BDSG a. F. erlassen.[198] Als nationale Vorschrift ist § 31 BDSG nur datenschutzrechtlich zu berücksichtigen, sofern die DS-GVO für diesen Fall eine Öffnungsklausel vorsieht. Andernfalls ist die DS-GVO nach dem Grundsatz des Anwendungsvorrangs einschlägig.[199] In einem Zwischenschritt wird daher die Kreditscoringrelevanz des § 31 BDSG aufgezeigt, um anschließend herauszuarbeiten, dass für diese Regelung *de lege lata* keine Öffnungsklausel innerhalb der DS-GVO besteht.

---

[196] Vgl. für das externe Kreditscoring Kühling/Buchner/*Buchner/Petri*, DS-GVO Art. 6 Rn. 165; vgl. auch allgemein für Profiling Kühling/Buchner/*Buchner*, DS-GVO Art. 4 Nr. 4 Rn. 8; ebenso *Lorentz*, Profiling, S. 219.

[197] Kühling/Buchner/*Buchner*, DS-GVO Art. 4 Nr. 4 Rn. 8; *Lorentz*, Profiling, S. 218.

[198] RegE-DSAnpUG-EU, BT-Drs. 18/11325, S. 101 f.; mit Blick auf Abs. 2 wird dies in der Literatur weitgehend kritisch gesehen: *Abel*, ZD 2018, 103 (104); NK/*Ehmann*, DS-GVO Anhang 2 zu Art. 6 Rn. 13, 15; *Kremer*, CR 2017, 367 (374); *Schulz*, zfm 2017, 91 (93); Taeger/Gabel/*Taeger*, BDSG § 31 Rn. 24.

[199] Zum Anwendungsvorrang *Roßnagel*, DuD 2017, 277 (277); zum Meinungsstand über die Europarechtskonformität des § 31 BDSG siehe Taeger/Gabel/*Taeger*, BDSG § 31 Rn. 38 ff.; bereits die Richtlinienkonformität der §§ 28a, 28b BDSG a. F. bezweifelnd *Moos/Rothkegel*, ZD 2016, 561 (567).

aa) Kreditscoringrelevanz des § 31 BDSG

§ 31 BDSG definiert Scoring in Abs. 1 als die „Verwendung eines Wahrscheinlichkeitswerts über ein bestimmtes zukünftiges Verhalten einer natürlichen Person
zum Zweck der Entscheidung über die Begründung, Durchführung oder Beendigung
eines Vertragsverhältnisses mit dieser Person" und nennt in den Nr. 1–4 die Voraussetzungen dafür, wann die Verwendung eines Scorewertes zulässig ist. Das
Kreditscoring, unabhängig ob intern oder extern, dient der Prognose des künftigen
Rückzahlungsverhaltens eines Verbrauchers als Grundlage für die Entscheidung
über einen Kreditantrag und unterfällt somit dem Scoring-Begriff des § 31 Abs. 1
BDSG.[200] Da die Verwendung der Scorewertberechnung zeitlich nachgelagert ist,
ergeben sich aus § 31 BDSG auch unmittelbar Anforderungen an die Scorewertberechnung selbst. Neben der deklaratorisch geforderten Einhaltung des Datenschutzrechts nach Nr. 1[201] dürfen „nicht ausschließlich Anschriftendaten" berücksichtigt werden (Nr. 3). Werden Anschriftendaten für die Scorewertberechnung
genutzt, ist die betroffene Person gem. Nr. 4 vor der Scorewertberechnung zu unterrichten. Gem. § 31 Abs. 1 Nr. 2 BDSG müssen die zur Berechnung des Wahrscheinlichkeitswerts genutzten Daten unter Zugrundelegung eines wissenschaftlich
anerkannten mathematisch-statistischen Verfahrens nachweisbar für die Berechnung
der Wahrscheinlichkeit des bestimmten Verhaltens erheblich sein. Wegen des nahezu
identischen Wortlauts kann auf die Ausführungen zu § 10 Abs. 2 Satz 1 Nr. 1 KWG
verwiesen werden.[202] Da § 10 Abs. 2 KWG aber nur für Institute gilt, die den IRB-
Ansatz anwenden, füllt § 31 Abs. 1 Nr. 2 BDSG eine Lücke aus, indem er spezifische
kreditscoringmodellbezogene Anforderungen formuliert.

§ 31 Abs. 2 Satz 1 BDSG betrifft den konkreten Fall, in dem ein von einer
Auskunftei berechneter Scorewert verwendet wird. Dies erfasst damit die Konstellation, in der das Kreditinstitut den externen Kreditscore entweder direkt in seinen
internen Kreditscore oder anderweitig in die Kreditentscheidung einfließen lässt.
§ 31 Abs. 2 Satz 1 BDSG begrenzt dabei die Informationen, die die Auskunftei für
ihren externen Kreditscore berücksichtigen darf, auf Forderungen über eine geschuldete Leistung, die trotz Fälligkeit nicht erbracht worden ist, sofern eine Forderung nach dem sog. „Fünfer-Katalog" vorliegt.[203] § 31 Abs. 2 Satz 2 BDSG verweist für die Verarbeitung „anderer bonitätsrelevanter Daten" wiederum auf die
Einhaltung des Datenschutzrechts. Umgekehrt heißt das, dass die Verarbeitung von

---

[200] Taeger/Gabel/*Taeger*, BDSG § 31 Rn. 3.

[201] Vgl. Kühling/Buchner/*Buchner/Petri*, BDSG § 31 Rn. 2; Gola/Heckmann/*Lapp*, BDSG
§ 31 Rn. 9.

[202] Im Unterschied zu § 10 Abs. 2 Satz 1 Nr. 1 KWG spricht § 31 Abs. 1 Nr. 2 BDSG nicht
von „Adressenausfallrisiken", sondern von der „Wahrscheinlichkeit des bestimmten Verhaltens"; zu den Anforderungen des § 10 Abs. 2 Satz 1 Nr. 1 KWG oben § 3, C.II.4.a)cc)(4),
S. 215.

[203] § 31 Abs. 2 Satz 1 Nr. 1–5 BDSG; *Jandt*, K&R 2015/2, 6 (7); Plath/*Kamlah*, BDSG
§ 31 Rn. 12.

Negativdaten allein und abschließend nach § 31 Abs. 2 Satz 1 BDSG zulässig sein soll.[204]

bb) Fehlen einer Öffnungsklausel

Da § 31 BDSG von der „Verwendung" spricht, soll die Frage nach dem Bestehen einer Öffnungsklausel im Folgenden auch aus Sicht des Verwenders und damit aus Sicht des Kreditinstituts betrachtet werden. Auf der Suche nach einer Öffnungsklausel wurden zunächst auch „implizite" Öffnungsklauseln vorgeschlagen[205], wonach der nationale Gesetzgeber bei Regelungslücken innerhalb der DS-GVO eigene Vorschriften erlassen dürfe. Dieser Ansatz widerspricht jedoch dem von der DS-GVO als unmittelbar geltende Verordnung im Sinne des Art. 288 Abs. 2 AEUV verfolgten Gedanken der Vollharmonisierung und wird daher mittlerweile allgemein abgelehnt.[206]

(1) Art. 6 Abs. 1 UAbs. 1 lit. c DS-GVO

Wie aufgezeigt beinhalten im Rahmen des Art. 6 Abs. 1 DS-GVO nur lit. c und e eine Öffnungsklausel. Dabei kann sich das Kreditinstitut nur auf lit. c in Verbindung mit Art. 176 Abs. 5 CRR, § 10 Abs. 2 KWG sowie § 18a KWG berufen, da in diesen Fällen eine Verpflichtung zur Datenverarbeitung besteht, die im öffentlichen Interesse liegt.[207] § 31 BDSG enthält dagegen keine Pflicht zur Datenverarbeitung, sondern konstatiert zusätzliche Zulässigkeitskriterien, die über Art. 6 Abs. 1 DS-GVO hinausgehen. Damit kann Art. 6 Abs. 1 UAbs. 1 lit. c DS-GVO keine Öffnungsklausel für § 31 BDSG darstellen.[208]

(2) Art. 6 Abs. 4 in Verbindung mit Art. 23 DS-GVO

Der Referentenentwurf zum DSAnpUG hatte sich noch auf eine „Zusammenschau" der Art. 6 Abs. 4 und Art. 23 Abs. 1 DS-GVO gestützt.[209] Art. 6 Abs. 4 DS-GVO betrifft den Fall der Zweckänderung, also wenn personenbezogene Daten zu einem anderen Zweck als zu demjenigen verarbeitet werden, zu dem sie ursprünglich erhoben wurden. Basiert dies nicht auf einer Einwilligung oder einer unionalen bzw.

---

[204] *Schulz*, zfm 2017, 91 (93).

[205] *Roßnagel*, Ausschussdrucksache 18(24)94, S. 6, abrufbar unter https://www.bundestag.de/resource/blob/409512/4afc3a566097171a7902374da77cc7ad/a-drs-18-24-94-data.pdf; *Taeger*, ZRP 2016, 72 (72 f.); zunächst offen *Schulz*, zfm 2017, 91 (92).

[206] *Moos/Rothkegel*, ZD 2016, 561, (567): „Lückenstopfen"; Taeger/Gabel/*Taeger*, BDSG § 31 Rn. 43; *Schulz*, zfm 2017, 91, (94).

[207] Siehe oben § 4, B.IV., S. 272.

[208] Ablehnend für das externe Kreditscoring *Abel*, ZD 2018, 103 (105); *Paal*, in: FS Taeger, S. 331 (340).

[209] RefE-DSAnpUG-EU, 2. Ressortabstimmung, Stand 11. 11. 2016, S. 93, abrufbar unter https://www.datenschutzverein.de/wp-content/uploads/2016/11/2016-11-11_DSAnpUG-EU-BDSG-neu_Entwurf-2_Ressortabstimmung.pdf.

nationalen Rechtsgrundlage, an die Abs. 4 besondere Anforderungen stellt, hat der Verantwortliche durch einen sog. Kompatibilitätstest unter Berücksichtigung der in Art. 6 Abs. 4 lit. a–e DS-GVO genannten Parameter abzuwägen, ob der Sekundärzweck mit dem Primärzweck in Einklang steht.[210] Umgekehrt bedeutet dies das Entfallen des Kompatibilitätstestes, wenn eine Einwilligung oder eine qualifizierte Rechtsgrundlage die zweckändernde Datenverarbeitung legitimiert.[211] Nach Art. 6 Abs. 4 DS-GVO muss eine solche Rechtsgrundlage eine in einer demokratischen Gesellschaft notwendige und verhältnismäßige Maßnahme zum Schutz der in Art. 23 Abs. 1 DS-GVO genannten Ziele regeln. Hierbei werden für das Kreditscoring Art. 23 Abs. 1 lit. e DS-GVO (Schutz sonstiger wichtiger Ziele des allgemeinen öffentlichen Interesses der Union oder eines Mitgliedstaats) oder lit. i (Schutz der betroffenen Person oder der Rechte und Freiheiten anderer Personen) vorgeschlagen.[212]

Da Art. 23 Abs. 1 DS-GVO selbst nur eine Modifikation der Betroffenenrechte nach Art. 12–22 DS-GVO zulässt, § 31 BDSG aber die Verwendung des Kreditscorewertes regelt, kann nur Art. 6 Abs. 4 DS-GVO als taugliche Öffnungsklausel in Betracht kommen. Mit Blick auf die Formulierung in Art. 6 Abs. 2 und 3, wo die Öffnungsklausel für die Art. 6 Abs. 1 UAbs. 1 lit. c und e DS-GVO ausdrücklich benannt und deren Voraussetzungen geregelt werden, erscheint die Einstufung des Art. 6 Abs. 4 DS-GVO als Öffnungsklausel ob der impliziten Formulierung *prima facie* bereits zweifelhaft. Würde man aber Art. 6 Abs. 4 DS-GVO als Öffnungsklausel verstehen,[213] müsste das Kreditscoring eine Zweckänderung darstellen. Diese ist aber nicht erkennbar.[214] Schließlich erhebt das Kreditinstitut die personenbezo-

---

[210] Paal/Pauly/*Frenzel*, DS-GVO Art. 6 Rn. 46; Ehmann/Selmayr/*Heberlein*, DS-GVO Art. 6 Rn. 48 f.

[211] BeckOK Datenschutzrecht/*Albers/Veit*, DS-GVO Art. 6 Rn. 100; Paal/Pauly/*Frenzel*, DS-GVO Art. 6 Rn. 46.

[212] Noch Gola/*Schulz*, DS-GVO Art. 6 Rn. 110; siehe auch *ders.*, zfm 2017, 91 (94); für lit. i *Kühling*, NJW 2017, 1985 (1988); wohl auch für lit. e Schantz/Wolff/*Wolff*, Das neue Datenschutzrecht, Rn. 695; zweifelnd *Lorentz*, Profiling, S. 323; a. A. auch BMJ, Stellungnahme zu DSAnpUG, 31.8.2016, S. 30, abrufbar unter https://netzpolitik.org/wp-upload/2016/09/BMJV_Stellungnahme_DSAnpUG_EU.pdf.

[213] Sehr strittig: dafür BGHZ 223, 168 (Rn. 35), der sogar von einem „acte claire" ausgeht, ebd. Rn. 43; NK/*Roßnagel*, DS-GVO Art. 6 Abs. 4 Rn. 2; Taeger/Gabel/*Taeger*, DS-GVO Art. 6 Rn. 167; a. A. BVerwG NVwZ 2019, 473 (Rn. 27); BfDI, Stellungnahme zu DSAnpUG, 31.8.2016, S. 44, abrufbar unter https://netzpolitik.org/wp-upload/2016/09/BfDI_Stellungnahme_DSAnpUG_EU.pdf; *Abel*, ZD 2018, 103 (105); Kühling/Buchner/*Buchner/Petri*, DS-GVO Art. 6 Rn. 200; NK/*Ehmann*, DS-GVO Anhang 2 zu Art. 6 Rn. 22; *Ehrig/Glatzner*, PinG 2016, 211 (213 f.); *Lorentz*, Profiling, S. 323; jetzt auch Gola/Heckmann/*Schulz*, DS-GVO Art. 6 Rn. 146; anders noch die Vorauflage Gola/*ders.*, DS-GVO Art. 6 Rn. 216; *ders.*, zfm 2017, 91 (94).

[214] *Abel*, ZD 2018, 103 (106); *Paal*, in: FS Taeger, S. 331 (340); *Schulz*, zfm 2017, 91 (94); Taeger/Gabel/*Taeger*, BDSG § 31 Rn. 47; a. A. ohne Begründung „regelmäßig" für das externe Kreditscoring Auernhammer/*Kramer*, BDSG § 31 Rn. 6; „typischerweise" *Kühling et al.*, Die DS-GVO und das nationale Recht, S. 442.

genen Daten beim internen Kreditscoring gezielt, um die Kreditwürdigkeitsprüfung des Betroffenen zu prüfen und den Kreditscore für die Kreditentscheidung zu verwenden. Für das externe Kreditscoring ließe sich anführen, dass die Daten zunächst in der Datenbank der Auskunftei gespeichert sind und man mit jeder Bonitätsabfrage eine Zweckänderung in Betracht ziehen könnte. Allerdings erheben die Auskunfteien die Daten bereits mit dem Zweck, diese für künftige Bonitätsabfragen zu verwenden.[215] Schließlich begründen sich gerade darin Funktion und Existenzberechtigung der Auskunftei, um als Finanzintermediär Informationsasymmetrien am Markt zu überwinden.[216] Damit liegt auch für das externe Kreditscoring ein Primärzweck vor. Eine Abweichung vom ursprünglichen Erhebungszweck ist auch dem Wortlaut des § 31 BDSG nicht zu entnehmen.

(3) Verbraucherschutzrechtliches Aliud

Ferner wird die Auffassung vertreten, § 31 BDSG sei keine datenschutzrechtrechtliche, sondern eine verbraucherschutzrechtliche[217] bzw. antidiskriminierungsrechtliche[218] Vorschrift. Es sei Sinn und Zweck der Einmeldevoraussetzungen nach § 31 Abs. 2 BDSG, dass der Betroffene nicht allein wegen der „Drohung mit der SCHUFA" zum Begleichen einer Forderung bewegt werde.[219] Für diese Ansicht spricht, dass § 31 Abs. 1 Nr. 1 BDSG die Einhaltung des Datenschutzrechts einfordert.[220] Würde § 31 BDSG damit etwa im AGG, KWG oder BGB geregelt sein, bliebe das Datenschutzrecht „unberührt", die datenschutzrechtliche Zulässigkeit wäre somit gesondert zu prüfen, vgl. § 18a Abs. 9 KWG, § 505b Abs. 5 BGB.

Gegen dieses Verständnis spricht, dass § 31 BDSG *expressis verbis* die „Verwendung" eines Scorewertes regelt. Im Umkehrschluss impliziert § 31 BDSG dadurch, dass die für die Berechnung dieses Scorewertes verwendeten Daten den genannten Zulässigkeitskriterien der späteren Verwendung entsprechen müssen. Schließlich soll nur die Verwendung eines Kreditscores zulässig sein, der mit Blick auf die Datengrundlage die in § 31 BDSG genannten Voraussetzungen erfüllt. Damit umfasst der Regelungsgehalt des § 31 BDSG nicht nur die „Verwendung", sondern darüber hinaus auch die vorgelagerten Datenverarbeitungsschritte. Als wäre dem Gesetzgeber selbst die datenschutzrechtliche Dimension bewusst gewesen, findet

---

[215] *Schulz*, zfm 2017, 91 (94); Taeger/Gabel/*Taeger*, BDSG § 31 Rn. 47.

[216] Die von der DSK genannte Kompatibilitätsprüfung betrifft das später an die Auskunftei übermittelnde Kreditinstitut als Verantwortlichen und damit nicht die übermittelnde Auskunftei, vgl. DSK, Beschluss vom 23.3.2018; zur Intermediärsfunktion der Auskunftei siehe oben § 2, A.VI.4.c), S. 49.

[217] Taeger/Gabel/*Taeger*, BDSG § 31 Rn. 51; wohl auch *Guggenberger*, ZBB 2021, 254 (256, 261); Sydow/Marsch/*Guggenberger*, BDSG § 31 Rn. 4 ff.; offen *Ehrig/Glatzner*, PinG 2016, 211 (214).

[218] *Kühling*, NJW 2017, 1985 (1988); noch Gola/*Schulz*, DS-GVO Art. 6 Rn. 110.

[219] BMJ, Stellungnahme zu DSAnpuG, 5.8.2016, S. 29 f., abrufbar unter https://netzpolitik.org/wp-upload/2016/09/BMJV_Stellungnahme_DSAnpUG_EU.pdf.

[220] Sydow/Marsch/*Guggenberger*, BDSG § 31 Rn. 4.

sich § 31 BDSG nicht nur im BDSG, sondern in „Kapitel 1, Rechtsgrundlagen der Verarbeitung personenbezogener Daten – Abschnitt 2, Besondere Verarbeitungssituationen". Auch die Systematik spricht damit für einen datenschutzrechtlichen Charakter.

Wenn man § 31 BDSG trotz Bedenken als verbraucherschutzrechtliches Aliud verstehen möchte, hätte § 31 BDSG jedenfalls keine datenschutzrechtliche Ausstrahlungswirkung. Der Gesetzgeber wollte sich durch die Wortwahl der „Verwendung" des Scorewertes dem sachlichen Anwendungsbereich des Datenschutzrechtes mit dem Argument entziehen, dass es sich nicht mehr um eine Datenverarbeitung, sondern eine dieser nachgelagerten „Verwendung" handele.[221] Die Verwendung stellt aber ausweislich der Legaldefinition einen Unterfall der Verarbeitung gem. Art. 4 Nr. 2 DS-GVO dar.[222] Diese umfasst jeden zweckgerichteten Gebrauch personenbezogener Daten.[223] Wird der Kreditscore für die Kreditentscheidung berücksichtigt, liegt damit grundsätzlich auch eine datenschutzrechtlich zu berücksichtigende Verarbeitung personenbezogener Daten vor. Um nicht in den Anwendungsbereich des Datenschutzrechtes zu fallen, müsste man die Verwendung im Sinne des § 31 BDSG dann konsequent als eine von der Datenverarbeitungssituation losgelöste (vertragliche) Verwendung des Scorewertes verstehen. Den Weg für ein janusköpfiges Verständnis datenschutzrechtlicher Terminologien hat der EDSA höchstpersönlich in Auslegung des § 59 Abs. 2 ZAG bereitet.[224] Nach einem solchen Verständnis hätte eine Verletzung des § 31 BDSG keine Konsequenzen, da es insofern an einem Sanktionsregime fehlt. Schließlich wäre keine Bedingung im Sinne der Art. 83 Abs. 4–6 DS-GVO erfüllt, sodass die Folgen aus § 41 BDSG nicht eingreifen. § 31 BDSG wäre ein sanktionsloses Verbot.

(4) Indiz für Art. 6 Abs. 1 UAbs. 1 lit. f DS-GVO durch best practice

Ein ähnliches Verständnis legt eine letzte Ansicht zugrunde. Da Art. 6 Abs. 1 UAbs. 1 lit. f DS-GVO selbst keine Öffnungsklausel vorsehe, finde die in § 31 BDSG gesetzlich vorgegebene Interessenabwägung keine direkte Anwendung.[225] § 31 BDSG diene aufgrund der dort niedergelegten anerkannten Grundsätze als Ausle-

---

[221] BReg, Unterrichtung, BT-Drs. 18/11655, S. 33; befürwortend Plath/*Kamlah*, BDSG § 31 Rn. 6; Taeger/Gabel/*Taeger*, BDSG § 31 Rn. 51.

[222] Siehe auch das sog. 5-Phasen-Modell, *Helfrich*, Kreditscoring und Scorewertbildung der SCHUFA, S. 229 ff.; *Overbeck*, Datenschutz und Verbraucherschutz bei Bonitätsprüfungen, S. 172 f.

[223] Paal/Pauly/*Ernst*, DS-GVO Art. 4 Rn. 29; Kühling/Buchner/*Herbst*, DS-GVO Art. 4 Nr. 2 Rn. 28.

[224] Dazu unten § 4, B.IX.2.a), S. 309.

[225] *Kühling et al.*, Die DS-GVO und das nationale Recht, S. 442 f.; Paal/Pauly/*Martini*, DS-GVO Art. 22 Rn. 24a; *Moos/Rothkegel*, ZD 2016, 561, (568); a. A. für eine unmittelbare Fortgeltung des § 28a BDSG a. F. unter Art. 6 Abs. 1 UAbs. 1 lit. f DS-GVO *Taeger*, ZRP 2016, 72 (74); anders aber *Taeger*, RDV 2017, 3 (7).

gungshilfe für die Abwägung nach Art. 6 Abs. 1 UAbs. 1 lit. f DS-GVO.[226] Die bisherige Rechtsprechung zu § 31 BDSG geht infolgedessen davon aus, dass das Vorliegen der Voraussetzungen des § 31 Abs. 2 BDSG die Rechtmäßigkeit der Datenverarbeitung indiziert.[227]

Aus Sicht des Rechtsanwenders vermittelt es zunächst ein hohes Maß an Rechtssicherheit, die Vorgaben des § 31 Abs. 2 BDSG als Indiz für die Interessen-abwägung zu berücksichtigen. Dennoch ist anzuerkennen, dass dem nationalen Gesetzgeber dazu keine datenschutzrechtliche Regelungskompetenz eingeräumt ist. Das bisherige Schutzniveau kann in der Folge aber nicht in Art. 6 Abs. 1 UAbs. 1 lit. f DS-GVO in einer Weise hineingelesen werden, dass sich hieraus unmittelbar die datenschutzrechtliche Rechtmäßigkeit ergibt. Hiergegen spricht der Verordnungs-charakter der DS-GVO, die die Interessenabwägung in lit. f zwar vage, aber ab-schließend regelt.[228] In Ermangelung einer Öffnungsklausel ist diese Vorgabe im Sinne des Art. 288 Abs. 2 AEUV unmittelbar geltend. Nichtsdestotrotz kennt das Recht Normen, die datenschutzrechtliche Terminologien enthalten, aber die wie § 18a KWG das Datenschutzrecht unberührt lassen oder wie § 59 ZAG erst gar nicht datenschutzrechtlicher Art sind.[229] Aus systematischer Sicht sollte § 31 Abs. 2 BDSG dann aber nicht im BDSG geregelt sein, sondern über eine überschießende Umsetzung des Vorhabens für eine Neue Verbraucherkreditrichtlinie nachgedacht werden.[230] In jedem Fall hat die datenschutzrechtliche Rechtmäßigkeit unabhängig und unter kritischer Einzelfallprüfung der überwiegenden Interessen, Grundrechte und Grundfreiheiten des Betroffenen zu erfolgen. § 31 Abs. 2 BDSG kann im Rahmen des Art. 6 Abs. 1 UAbs. 1 lit. f DS-GVO auch keine Indizwirkung zu-kommen, die im Einzelfall zu überprüfen wäre, da die DS-GVO für diese Regelung keine Öffnungsklausel vorsieht und dies insofern eine Auslegung *contra legem* darstellen würde. § 31 BDSG ist stattdessen unanwendbar.[231]

Beachtung kann der Beschluss der Datenschutzkonferenz (DSK) finden, wonach das Vorliegen der Tatbestandsmerkmale des § 31 Abs. 2 Satz 1 BDSG – wohlge-merkt ohne diese Norm zu zitieren –, ein berechtigtes Interesse zur Einmeldung an eine Auskunftei begründet. Trotzdem sei unbedingt im Einzelfall in Übereinstim-mung mit Art. 6 Abs. 1 UAbs. 1 lit. f DS-GVO zu prüfen, ob nicht die Interessen oder die Grundfreiheiten und Grundrechte des Betroffenen überwiegen.[232] Die DSK

---

[226] Kühling/Buchner/*Buchner/Petri*, DS-GVO Art. 6 Rn. 162; Kühling/Buchner/*Buchner*, BDSG § 31 Rn. 6; Plath/*Kamlah*, BDSG § 31 Rn. 6; *Lorentz*, Profiling, S. 323; *Paal*, in: FS Taeger, S. 331 (340 f.); *Schulz*, zfm 2017, 91 (95).

[227] OLG Naumburg ZD 2021, 432 (Rn. 28); LG Lüneburg ZD 2021, 275 (Rn. 29 f.); LG Mainz ZD 2022, 163 (Rn. 37).

[228] *Pikamäe*, C-634/21, ECLI:EU:C:2023:220, Rn. 84 (Schlussanträge OQ/Land Hessen).

[229] Siehe unten zu § 59 ZAG § 4, B.IX.2.a), S. 309.

[230] Siehe unten § 4, D.I.7., S. 350.

[231] *Pikamäe*, C-634/21, ECLI:EU:C:2023:220, Rn. 93 (Schlussanträge OQ/Land Hessen).

[232] DSK, Beschluss vom 23.3.2018; wenig später wurde auch die Aufsichtspraxis zur Verwendung von Positivdaten bekannt gegeben, DSK, Beschluss vom 11.6.2018.

veröffentlichte den Beschluss am 23.3.2018 und damit wenige Monate vor In-krafttreten der DS-GVO und des § 31 BDSG. Auch wenn der DSK-Beschluss keine Rechtskraft entfaltet, sondern nur die Aufsichtspraxis der deutschen Datenschutz-aufsichtsbehörden darstellt, liegt hierin die „datenschutzrechtliche Wachablösung" für die in § 28a f. BDSG a. F. gesetzgeberisch vorgegebene Interessenabwägung, die die von der herrschenden Meinung erkannte Indizwirkung begründen vermag.

cc) Zwischenfazit

Von der „Zusammenschau" der Art. 6 Abs. 4 und Art. 23 Abs. 1 DS-GVO wurde im weiteren Gesetzgebungsverfahren stillschweigend Abstand genommen.[233] Stattdessen benennt der Regierungsentwurf entgegen der gängigen Gesetzge-bungspraxis keine Öffnungsklausel für § 31 BDSG.[234] Der Gesetzgeber scheint die Entdeckung einer Öffnungsklausel somit Literatur und Rechtsprechung[235] überlas-sen zu wollen. Wie gezeigt, stellt § 31 BDSG zusätzliche und strengere Anforderung an die Zulässigkeit bzw. – nach dem Wortlaut des Art. 6 Abs. 1 DS-GVO – Rechtmäßigkeit des Kreditscorings, ohne sich dabei auf eine Öffnungsklausel stützen zu können. Wegen dieser Kollision mit Art. 6 DS-GVO findet § 31 BDSG im Rahmen der Frage der datenschutzrechtlichen Rechtmäßigkeit des Kreditscorings keine Anwendung. Die Beantwortung dieser ist stattdessen abschließend nach Art. 6 DS-GVO zu beurteilen.[236]

VII. Einwilligung (lit. a)

Schließlich kommt eine datenschutzrechtliche Einwilligung in das Kreditscoring gem. Art. 6 Abs. 1 UAbs. 1 lit. a DS-GVO in Betracht. Gem. Art. 4 Nr. 11 DS-GVO ist eine Einwilligung jede freiwillig für den bestimmten Fall, in informierter Weise und unmissverständlich abgegebene Willensbekundung in Form einer Erklärung oder einer sonstigen eindeutigen bestätigenden Handlung, mit der die betroffene Person zu verstehen gibt, dass sie mit der Verarbeitung der sie betreffenden perso-nenbezogenen Daten einverstanden ist. Der Verantwortliche trägt die Beweislast dafür, dass die an die Einwilligung gestellten Anforderungen erfüllt sind, Art. 7 Abs. 1 DS-GVO.[237] Die Bedingungen für die Einwilligung regelt Art. 7 DS-GVO.

---

[233] Hieraus wird bereits teilweise geschlossen, der Gesetzgeber selbst sehe diese Zusam-menschau als untauglich an, NK/*Ehmann*, DS-GVO Anhang 2 zu Art. 6 Rn. 22.

[234] Vgl. RegE, BT Drs., 18/11325, S. 101 f.; VG Wiesbaden BeckRS 2021, 30719 (Rn. 40); *Abel*, ZD 2018, 103 (105); *Schulz*, zfm 2017, 91 (94 f.).

[235] Siehe die Vorlage des VG Wiesbaden an den EuGH, VG Wiesbaden BeckRS 2021, 30719; dazu unten § 4, C.I.2.b)cc), S. 326.

[236] VG Wiesbaden BeckRS 2021, 30719 (Rn. 38 f.).

[237] EDSA, Leitlinien 05/2020 zur Einwilligung gemäß Verordnung 2016/679, Version 1.1, Rn. 104.

Die Grundsätze aus Art. 5 DS-GVO können durch das Einholen einer Einwilligung nicht abgeschwächt werden.[238]

1. Freiwilligkeit

Nach Art. 4 Nr. 11 DS-GVO muss die Einwilligung freiwillig sein. Von einer freiwilligen Einwilligung soll ausgegangen werden, wenn der Betroffene eine echte oder freie Wahl hat und somit in der Lage ist, die Einwilligung zu verweigern oder zurückzuziehen, ohne Nachteile zu erleiden, Erwg. (42) Satz 5 DS-GVO.[239]

a) Echte Wahl

Hieraus wird gefolgert, der Verantwortliche dürfe sich mit Blick auf den Grundsatz von Treu und Glauben in Art. 5 Abs. 1 lit. a DS-GVO nicht auf eine andere Rechtsgrundlage für die Datenverarbeitung stützen, sofern der Betroffene die Einwilligung verweigert. Das Einholen einer Einwilligung wäre gegenüber dem Betroffenen „in höchstem Maß missbräuchlich", wenn dann eine andere Rechtsgrundlage für die Datenverarbeitung herangezogen wird.[240] Demzufolge müsste der Verantwortliche die Verweigerung der Einwilligung im Zweifel akzeptieren und die Datenverarbeitung unterlassen, auch wenn er weiterhin ein Interesse hieran hat.

Hiergegen wird eingewendet, dass Art. 6 Abs. 1 UAbs. 1 DS-GVO das Vorliegen „mindestens" einer Rechtsgrundlage einfordert.[241] Die Verweigerung der Einwilligung begründe daher keine Sperrwirkung, sofern eine andere Rechtsgrundlage in Art. 6 Abs. 1 DS-GVO in Betracht kommt. Dies sei Art. 17 Abs. 1 lit. b DS-GVO zu entnehmen, wonach sogar im Falle des Widerrufs der Einwilligung die Löschung personenbezogener Daten nicht erforderlich ist, wenn eine anderweitige Rechtsgrundlage für die Datenverarbeitung vorliegt.[242] Nach dieser Logik müsste das erst recht für die Einwilligung gelten.

Allerdings verdeutlicht die ausdrückliche Regelung in Art. 17 Abs. 1 lit. b DS-GVO, dass es sich hierbei gerade nicht um einen Grundsatz, sondern um eine Ausnahme handelt. Zudem ist dem Betroffenen gem. Art. 13 Abs. 1 lit. c DS-GVO spätestens im Erhebungszeitpunkt die Rechtsgrundlage der Datenverarbeitung

---

[238] EDSA, Leitlinien 05/2020 zur Einwilligung gemäß Verordnung 2016/679, Version 1.1, Rn. 5.

[239] EDSA, Leitlinien 05/2020 zur Einwilligung gemäß Verordnung 2016/679, Version 1.1, Rn. 13.

[240] EDSA, Leitlinien 05/2020 zur Einwilligung gemäß Verordnung 2016/679, Version 1.1, Rn. 122; Kühling/Buchner/*Buchner/Petri*, DS-GVO Art. 6 Rn. 23; Ehmann/Selmayr/*Heberlein*, DS-GVO Art. 6 Rn. 7; *Lorentz*, Profiling, S. 167.

[241] Plath/*Plath*, DS-GVO BDSG Art. 6 Rn. 6.

[242] BeckOK Datenschutzrecht/*Albers/Veit*, DS-GVO Art. 6 Rn. 25; Gola/Heckmann/ *Schulz*, DS-GVO Art. 6 Rn. 11; anders nur für lit. f Hoeren/Sieber/Holznagel/*Helfrich*, Hdb. Multimedia-Recht, Teil 16.1, Rn. 63.

mitzuteilen, die der Verantwortliche auswählt. Bemerkt der Betroffene, dass für dieselbe Verarbeitung auch eine andere Rechtsgrundlage neben der Einwilligung besteht, fehlt es an einer echten Wahl.[243] Stattdessen erweckt das Nebeneinander der Rechtsgrundlagen eine Illusion über eine tatsächlich nicht bestehende Entscheidungsmacht.[244] Damit überzeugt es, eine Einwilligung nur einzuholen, sofern keine andere Rechtsgrundlage nach Art. 6 Abs. 1 DS-GVO für die Datenverarbeitung erfüllt ist. In der Folge ist die datenschutzrechtliche Einwilligung nur kreditscoringrelevant, wenn solche Daten verarbeitet werden sollen, die nicht im Sinne des Art. 6 Abs. 1 UAbs. 1 lit. b, c, f DS-GVO erforderlich sind. Dies betrifft solche Daten, die zwar eine hohe Bonitätsrelevanz aufweisen, für das konkrete Vertragsrisiko kann der Kreditgeber aber weniger beeinträchtigende Daten berücksichtigen, ohne dass er das Kreditausfallrisiko des Betroffenen erheblich schlechter beurteilen kann. Daneben betrifft dies für das externe Kreditscoring die Verarbeitung von Positivdaten und damit die Tätigkeit von Auskunfteien oder Kreditvermittlern.[245]

b) Verweigerung ohne Nachteil

Die Freiwilligkeit soll nicht vorliegen, wenn die Verweigerung der Einwilligung zu Nachteilen für den Betroffenen führt, Erwg. (42) Satz 5 DS-GVO. Würde jeder unwesentliche Nachteil die Freiwilligkeit der Einwilligung ausschließen, wäre der Anwendungsbereich der Einwilligung stark verkürzt, wodurch sich die Rechtmäßigkeit der Datenverarbeitung überwiegend nach Art. 6 Abs. 1 UAbs. 1 lit. b–f DS-GVO richten würde. Um der Einwilligung einen hinreichenden Anwendungsbereich zu eröffnen, darf der aus der Verweigerung erlittene Nachteil des Betroffenen daher nicht beträchtlich sein[246]. Die Grenze ist dabei zum Beispiel überschritten, wenn dem Betroffenen durch die Verweigerung der Einwilligung erhebliche Zusatzkosten entstünden.[247] Ob die Einwilligung freiwillig erfolgt, misst sich auch an etwaigem Zwang oder Druck durch den Verantwortlichen sowie durch ein klares Machtun-

---

[243] Vgl. zu Art. 6 Abs. 1 UAbs. 1 lit. b DS-GVO EDSA, Leitlinien 2/2019, Version 2.0, Rn. 19; EDSA, Leitlinien 05/2020 zur Einwilligung gemäß Verordnung 2016/679, Version 1.1, Rn. 31.

[244] Vgl. EDSA, Leitlinien 05/2020 zur Einwilligung gemäß Verordnung 2016/679, Version 1.1, Rn. 3; Kühling/Buchner/*Buchner/Petri*, DS-GVO Art. 6 Rn. 23; Gola/Heckmann/*Schulz*, DS-GVO Art. 6 Rn. 12.

[245] Wegen der Bezweiflung der Freiwilligkeit einer datenschutzrechtlichen Einwilligung mangels zumutbaren Alternativverhaltens hat der Gesetzgeber mit der Scoring-Novelle spezielle Erlaubnistatbestände geschaffen. Statt der Einwilligung in die sog. SCHUFA-Klausel wurden stattdessen Schutzstandards in das BDSG aufgenommen, siehe Begründung RegE-BDSG 2010, BT-Drs. 16/10529, S. 9, 12, 15; zur SCHUFA-Klausel zuletzt *Rohrmoser*, Auswirkungen des neuen BDSG und der DSGVO auf das Verbraucherschutzniveau bei der Datenerhebung und dem Scoringverfahren der SCHUFA, S. 30 ff. m. w. N.

[246] EDSA, Leitlinien 05/2020 zur Einwilligung gemäß Verordnung 2016/679, Version 1.1, Rn. 47.

[247] EDSA, Leitlinien 05/2020 zur Einwilligung gemäß Verordnung 2016/679, Version 1.1, Rn. 24.

gleichgewicht, Erwg. (43) Satz 1 DS-GVO.[248] Noch unter der Datenschutzrichtlinie 95/46/EG und nach wohl weiter gültigem Verständnis kann es an der Freiwilligkeit fehlen, „wenn die Einwilligung in einer Situation wirtschaftlicher oder sozialer Schwäche erteilt wird […] oder wenn der Betroffene durch übermäßige Anreize finanzieller oder sonstiger Natur zur Preisgabe seiner Daten verleitet wird".[249] Daher ist das Vorliegen der Freiwilligkeit, dessen Nachweis der Verantwortliche gem. Art. 7 Abs. 1 DS-GVO erbringen muss, stets im Einzelfall zu prüfen.[250] Grundsätzlich kommen im Rahmen des Kreditscorings zwei Nachteile in Betracht:

Ein Nachteil würde für den kreditantragstellenden Verbraucher einerseits darin liegen, wenn der Kreditantrag ohne die datenschutzrechtliche Einwilligung abgelehnt und der Darlehensvertrag damit nicht geschlossen werden würde. Schließlich hätte der Kreditinteressent ansonsten keine andere Wahl, als die Einwilligung zu erteilen. Diese Konsequenz adressiert das sog. Koppelungsverbot in Art. 7 Abs. 4 DS-GVO, wonach die Freiwilligkeit einer Einwilligung, die nicht für die Erfüllung eines Vertrages erforderlich ist, auch daran zu messen ist, ob die Vertragsdurchführung von der Einwilligung abhängig gemacht wird.[251] Da der Vertragsabschluss aber von dem Kreditscoring als vorvertragliche Maßnahme abhängig ist, ist Art. 6 Abs. 1 UAbs. 1 lit. b DS-GVO die taugliche Rechtsgrundlage. Scheitert der Vertragsabschluss bereits hiernach, hat die Verweigerung der Einwilligung keine andere Folge für den Betroffenen als die ohnehin stattfindende Datenverarbeitung nach Art. 6 Abs. 1 UAbs. 1 lit. b DS-GVO. Schließlich kommt es in beiden Konstellationen nicht zu einem Abschluss des Darlehensvertrages.

Ein Nachteil kann sich anderseits ergeben, wenn die Verweigerung der datenschutzrechtlichen Einwilligung zu wesentlich schlechteren Kreditkonditionen, insbesondere zu höheren Zinsen, führen würde. Wie aufgezeigt, kann sich das Kreditscoring als Datenverarbeitung auf die Erlaubnistatbestände gem. Art. 6 Abs. 1 UAbs. 1 lit. b, c und f DS-GVO stützen, sofern die Verarbeitung der jeweiligen Daten(-kategorien) erforderlich ist. Dabei gilt, dass die Daten, die zur Beurteilung des Ausfallrisikos am spezifischen Risikomaßstab des jeweiligen Darlehensvertrages relevant sind, auch grundsätzlich erforderlich sind.[252] Nur die Daten, deren Verarbeitung etwa mangels Signifikanz oder infolge ihrer Intensität nicht erforderlich ist, kommen für die Einwilligung in Betracht, da nur dann eine echte Wahl des Betroffenen besteht. Die Einwilligung ist daher als Rechtsgrundlage einschlägig, wenn durch die zusätzliche, d. h. insbesondere neben Art. 6 Abs. 1 UAbs. 1 lit. b DS-

---

[248] Vgl. EDSA, Leitlinien 05/2020 zur Einwilligung gemäß Verordnung 2016/679, Version 1.1, Rn. 24, 27.

[249] BGHZ 177, 253 (Rn. 21) (Payback); BGH NJW 2010, 864 (Rn. 21) (Happy Digits); Kühling/Buchner/*Buchner/Kühling*, DS-GVO Art. 7 Rn. 43.

[250] Kühling/Buchner/*Buchner/Kühling*, DS-GVO Art. 7 Rn. 44; BeckOK Datenschutzrecht/*Stemmer*, DS-GVO Art. 7 Rn. 53.

[251] Dazu sogleich § 4, B.VII.1.c), S. 296.

[252] Siehe oben die Erforderlichkeitsprüfung § 4, B.III.2., S. 269.

GVO stattfindende Verarbeitung personenbezogener Daten das vertragliche Angebot des Betroffenen verbessert werden soll.[253]

Mit Blick auf das doppelte Autonomieproblem, wonach sich der Betroffene entweder zugunsten informationeller Autonomie gegen oder zugunsten finanzieller Autonomie für eine erweiterte Datenpreisgabe entscheidet,[254] ist die Freiwilligkeit der Einwilligung daher grundsätzlich nicht ausgeschlossen, wenn es sich bei dem Betroffenen um eine Person handelt, die *unscorable* ist und daher keinen Kreditvertrag abschließen könnte, ohne ein Mehr an bonitätsrelevanten Daten zu offenbaren. Schließlich erleidet dieser Betroffene im Falle der Verweigerung der Einwilligung keinen anderen Nachteil als im Falle der Datenverarbeitung nach Art. 6 Abs. 1 UAbs. 1 lit. b DS-GVO. Willigt die Person ein, um einen gegenüber der Verarbeitung nach Art. 6 Abs. 1 UAbs. 1 lit. b DS-GVO besseren Zinssatz zu erzielen, so darf der Zinssatz nicht beträchtlich besser sein, denn sonst stünde der Einwilligende wesentlich besser als der die Einwilligung Verweigernde. Letzterem entstünde durch die Verweigerung der datenschutzrechtlichen Einwilligung ein beträchtlicher Nachteil, sodass die Freiwilligkeit der Erklärung wiederum in Frage steht. Schließlich würde ein beträchtlich besserer Zinssatz einen finanziellen Anreiz begründen, die Einwilligung abzugeben. Dadurch erfährt das doppelte Autonomieproblem nicht nur für *underbanked people,* sondern grundsätzlich für jeden Kreditinteressenten, dessen Kreditscore mithilfe zusätzlicher Daten verbessert werden kann, einerseits einen konkreten Anwendungsbereich innerhalb der DS-GVO und wird andererseits durch das Kriterium des beträchtlichen Nachteils begrenzt. Dies stärkt die informationelle Selbstbestimmung des Betroffenen und lässt gleichzeitig angemessenen Raum für die Wahl zwischen finanzieller Inklusion und *privacy.*

c) Konditionalität, Art. 7 Abs. 4 DS-GVO

Bei der Beurteilung der Freiwilligkeit ist auch dem Umstand in größtmöglichem Umfang Rechnung zu tragen, ob die Erfüllung eines Vertrages von der Einwilligung zu einer Verarbeitung von personenbezogenen Daten abhängig ist, die für die Erfüllung des Vertrags nicht erforderlich sind, Art. 7 Abs. 4 DS-GVO. Durch diese

---

[253] Der EDSA erläutert dies am Beispiel eines Unternehmens, welches individuell angefertigte Skibrillen mit Sehstärke anbietet. Die Sehstärke des Betroffenen unterfällt dem Begriff der Gesundheitsdaten in Art. 9 Abs. 1 DS-GVO, sodass im Laufe des Bestellprozesses die ausdrückliche Einwilligung des Betroffenen gem. Art. 9 Abs. 2 lit. a DS-GVO erforderlich sein wird. Verweigert der Betroffene die Einwilligung, kann die maßgeschneiderte Skibrille mit Sehstärke nicht angefertigt werden, worin sich für den Betroffenen ein Nachteil begründet. Dieser Nachteil kann ausgeglichen werden, wenn das Unternehmen neben individuellen Angeboten auch Skibrillen mit standardisierten Sehstärken anbietet, siehe Beispiel 20 EDSA, Leitlinien 05/2020 zur Einwilligung gemäß Verordnung 2016/679, Version 1.1, Rn. 101 f.

[254] Dazu oben § 2, C.II.2.f), S. 98.

grundsätzlich unzulässige Konditionalität[255] zwischen Einwilligung und Vertragserfüllung, die auch als „Koppelungsverbot" bezeichnet wird,[256] entsteht eine Wechselwirkung zu Art. 6 Abs. 1 UAbs. 1 lit. b DS-GVO, da hiervon gem. Art. 7 Abs. 4 DS-GVO nur solche Datenverarbeitungen betroffen sind, die nicht bereits vertragserforderlich sind.[257] Da diesem Umstand „in größtmöglichem Umfang" Rechnung zu tragen ist und somit in strengen Grenzen ausnahmsweise zulässige Koppelungen denkbar sind, handelt es sich um ein relatives Koppelungsverbot.[258] Die informationelle Selbstbestimmung in der Form der Einwilligung beginnt nach dem Gedanken des Art. 7 Abs. 4 DS-GVO grundsätzlich dort, wo eine Datenverarbeitung nicht mehr für die Erfüllung des Vertrages erforderlich ist. Wann dies mit Blick auf das Kreditscoring der Fall ist, wurde oben im Rahmen der Erforderlichkeitsprüfung ausgeführt.[259] Die Verknüpfung der Einwilligung mit der Aussicht, ggf. bessere Kreditkonditionen zu erhalten, kann daher ausnahmsweise zulässig sein, sofern der Kreditgeber insbesondere die Freiwilligkeit der Willensbekundung nachweisen kann.[260] Der Kreditantragsteller muss dafür hinreichend informiert werden,[261] dass das „Kreditscoring mit Einwilligung" nicht zwangsläufig zu besseren Kreditkonditionen führt, sondern auch eine Versagung des Kreditvertrages aufgrund nun festgestellter unzureichender Bonität zur Folge hat. Widerruft der betroffene Kreditantragsteller sodann die Einwilligung, hat dies auf die datenschutzrechtliche Rechtmäßigkeit der bereits erfolgten „Kreditwürdigkeitsprüfung mit Einwilligung" keine Auswirkung, Art. 7 Abs. 3 DS-GVO. Insofern bleiben hierdurch auch das in § 18a KWG und § 505a BGB normierte Verbraucherschutzelement der Kreditwürdigkeitsprüfung sowie das bankrechtliche Prinzip der risikoadäquaten Kreditvergabe unberührt.

2. Informierte und unmissverständliche abgegebene Willensbekundung

Weitere Voraussetzung ist gem. Art. 4 Nr. 11 DS-GVO, dass die Einwilligung für den bestimmten Fall, in informierter Weise und unmissverständlich gegeben wird.

---

[255] So EDSA, Leitlinien 05/2020 zur Einwilligung gemäß Verordnung 2016/679, Version 1.1, Rn. 25 ff.

[256] Kühling/Buchner/*Buchner/Petri*, DS-GVO Art. 7 Rn. 46; BeckOK Datenschutzrecht/ *Stemmer*, DS-GVO Art. 7 Rn. 43; Gola/Heckmann/*Schulz*, DS-GVO Art. 7 Rn. 22; *Lorentz*, Profiling, S. 170.

[257] EDSA, Leitlinien 05/2020 zur Einwilligung gemäß Verordnung 2016/679, Version 1.1, Rn. 31 f.; *Golland*, MMR 2018, 130 (131).

[258] „[A]bsolute Ausnahme", EDSA, Leitlinien 05/2020 zur Einwilligung gemäß Verordnung 2016/679, Version 1.1, Rn. 35; Kühling/Buchner/*Buchner/Kühling*, DS-GVO Art. 7 Rn. 46; *Guggenberger*, ZBB 2021, 254 (256); Gola/Heckmann/*Schulz*, DS-GVO Art. 7 Rn. 23.

[259] Siehe oben § 4, B.III.2., S. 269.

[260] Dazu soeben zum Nachteil im Falle der Verweigerung der Einwilligung § 4, B.VII.1.b), S. 294.

[261] Zu den Anforderungen sogleich § 4, B.VII.2., S. 297 ff.

Inhalt, Zweck und Tragweite der Einwilligung müssen hinreichend konkretisiert sein.[262] Durch den Zuschnitt auf den bestimmten Fall soll eine schleichende Ausweitung der Zweckbestimmung vermieden werden.[263] Die Willensbekundung soll eine eindeutige, bestätigende Handlung sein, die etwa durch das Ankreuzen oder Anklicken eines Kästchens zum Ausdruck kommen kann, Erwg. (32) Satz 1, 2 DS-GVO. Die Einwilligung kann nicht durch dieselbe Willenserklärung erteilt werden, mit der der Vertrag geschlossen wird,[264] sondern muss eine gesonderte Willensbekundung darstellen. Ein Stillschweigen genügt nicht, Erwg. (32) Satz 3 DS-GVO. Damit fordert die DS-GVO den sog. Opt-in, wonach der Betroffene seine Einwilligung aktiv abgibt.[265] Die Einwilligung muss ein eigener Vorgang neben der Willenserklärung zum Vertragsabschluss und darf nicht in AGB „versteckt" sein.[266] Vorformulierte Einwilligungserklärungen sollen in klarer und einfacher Sprache, müssen leicht zugänglich und dürfen nicht missbräuchlich sein, Erwg. (42) Satz 3 DS-GVO. Adressat ist der nicht notwendigerweise rechtskundige Durchschnittsbetroffene aus dem Adressatenkreis des Verantwortlichen.[267] Damit wird im Vergleich zu den übrigen Verarbeitungsvorgängen in Art. 6 Abs. 1 DS-GVO bereits auf tatbestandlicher Ebene der Einwilligung betroffenenadressierte Transparenz gefordert. Infolgedessen ist die Einwilligung bei unzureichender Transparenz unwirksam und die Datenverarbeitung bleibt nach dem Grundsatz des Erlaubnisvorbehalts in Art. 6 Abs. 1 DS-GVO rechtswidrig.

Auch wenn datenschutzrechtliche Einwilligungen rechtstatsächlich häufig aus Gründen wie rationaler Apathie[268] oder Klick-Müdigkeit[269] abgegeben werden mögen, ohne dass die Datenschutzerklärung oder der vorformulierte Einwilligungstext gelesen werden,[270] so erfordert das Merkmal der Informiertheit nicht, dass der Betroffene tatsächlich informiert ist. Schließlich ist die Einwilligung nach der Legaldefinition „in informierter Weise" abzugeben, Art. 4 Nr. 11, Erwg. (32) Satz 1 DS-GVO. Es genügt daher die Chance auf Informiertheit.[271] Diese setzt eine nach

---

[262] BGH NJW 2020, 2540 (Rn. 34); BeckOK Datenschutzrecht/*Schild*, DS-GVO Art. 4 Rn. 125.

[263] EDSA, Leitlinien 05/2020 zur Einwilligung gemäß Verordnung 2016/679, Version 1.1, Rn. 55 f.

[264] EDSA, Leitlinien 06/2020, Version 2.0, Rn. 33.

[265] Der umgekehrte Fall des aktiven Widerspruchs (Opt-out) ist daher unzulässig, *Buchner*, DuD 2016, 155 (158); *Lorentz*, Profiling, S. 167; Kühling/Buchner/*Buchner/Kühling*, DS-GVO Art. 7 Rn. 57 f.

[266] EDSA, Leitlinien 05/2020 zur Einwilligung gemäß Verordnung 2016/679, Version 1.1, Rn. 81, 67.

[267] EDSA, Leitlinien 05/2020 zur Einwilligung gemäß Verordnung 2016/679, Version 1.1, Rn. 67, 70; NK/*Klement*, DS-GVO Art. 7 Rn. 73.

[268] *Langenbucher*, 31 EBLR (2020), 527 (530).

[269] EDSA, Leitlinien 05/2020 zur Einwilligung gemäß Verordnung 2016/679, Version 1.1, Rn. 87.

[270] Krit. SVRV, Verbrauchergerechtes Scoring, S. 66; *Aggarwal*, 80 CLJ (2021), 42 (63 f.).

[271] NK/*Klement*, DS-GVO Art. 7 Rn. 72.

Treu und Glauben ausgerichtete zumutbare Möglichkeit der Kenntnisnahme durch den Betroffenen voraus.[272] Dieses Verständnis impliziert auch die DS-GVO, indem die Informationen bei vorformulierten Einwilligungserklärungen leicht zugänglich und bereitgestellt sein müssen, Erwg. (42) Satz 3 DS-GVO.[273] Ferner verweist der EU-Gesetzgeber für den Transparenzmaßstab und die Missbrauchskontrolle in Erwg. (42) Satz 3 DS-GVO auch auf die Richtlinie 93/13/EWG,[274] deren Umsetzung in den §§ 305 ff. BGB erfolgt ist[275]. Die tatsächliche Kenntnisnahme ist auch AGB-rechtlich nicht vorgesehen, § 305 Abs. 2 BGB.[276]

Die Informiertheit ist unmittelbarer Ausfluss des Transparenzgrundsatzes gem. Art. 5 Abs. 1 lit. a DS-GVO.[277] Als Orientierung dienen die Informationspflichten gem. Art. 13, 14 DS-GVO.[278] Dem Betroffenen ist daher vor der Erhebung der personenbezogenen Daten mitzuteilen, welche Daten zu welchem Zweck und durch wen verarbeitet werden, dass die Einwilligung jederzeit widerrufen werden kann, ob die Einwilligung auch eine automatisierte Entscheidung gem. Art. 22 Abs. 1, 2 lit. c DS-GVO umfasst und die Datenübermittlung in Drittländer gem. Art. 49 DS-GVO stattfindet.[279] Nicht erforderlich ist, dass der Betroffene den technischen Hintergrund der Datenverarbeitung nachvollziehen kann.[280] Stattdessen muss der Betroffene die Konsequenzen seiner Einwilligung klar bestimmen können.[281] Der Betroffene muss daher nicht das Kreditscoring als solches nachvollziehen können, sondern soll sich im Falle der Einwilligung des Umstandes bewusst sein, dass für ihn ein Kreditscore mithilfe bestimmter, durch den Verantwortlichen zu benennenden Daten(-arten) berechnet wird, der entweder als Entscheidungsgrundlage herangezogen oder eine automatisierte Entscheidung gem. Art. 22 DS-GVO herbeiführen wird.

---

[272] Kritisch zu betrachten sind daher sog. Dark Patterns, die Verbraucher unterbewusst zu einer Entscheidung bewegen sollen, DEK, Gutachten, S. 97.

[273] Vgl. EDSA, Leitlinien 05/2020 zur Einwilligung gemäß Verordnung 2016/679, Version 1.1, Rn. 64 ff., 66 ff.

[274] Richtlinie 93/13/EWG des Rates vom 5. April 1993 über mißbräuchliche Klauseln in Verbraucherverträgen, ABl. (EU) 1993 L 95, 29.

[275] MünchKomm-BGB/*Fornasier*, BGB Vor § 305 Rn. 17 ff.

[276] BeckOK BGB/*Becker*, § 305 Rn. 58 ff.; MünchKomm-BGB/*Fornasier*, BGB § 305 Rn. 80.

[277] EDSA, Leitlinien 05/2020 zur Einwilligung gemäß Verordnung 2016/679, Version 1.1, Rn. 62; Ehmann/Selmayr/*Heberlein*, DS-GVO Art. 6 Rn. 8; Paal/Pauly/*Ernst*, DS-GVO Art. 4 Rn. 81; NK/*Klement*, DS-GVO Art. 7 Rn. 72.

[278] Zur betroffenenadressierten Transparenz unten § 4, D.I., S. 335 ff.; Kühling/Buchner/*Buchner/Kühling*, DS-GVO Art. 7 Rn. 59; Ehmann/Selmayr/*Heberlein*, DS-GVO Art. 6 Rn. 8.

[279] EDSA, Leitlinien 05/2020 zur Einwilligung gemäß Verordnung 2016/679, Version 1.1, Rn. 64; NK/*Klement*, DS-GVO Art. 7 Rn. 72.

[280] Mit Verweis auf die Komplexität von Cookies *Szpunar*, C-673/17, ECLI:EU:C:2019:246, Rn. 114 (Schlussanträge Planet49/Verbraucherzentrale Bundesverband e. V.).

[281] Der Einschätzung des Generalanwaltes *Szpunar* folgend EuGH 1.10.2019 – C-673/17, ECLI:EU:C:2019:801, Rn. 74 (Planet49).

Anders als für Big Data-Analysen, bei denen der Zweck für die Verwendung des Outputs noch nicht explizit feststeht,[282] liegt der Zweck für das Kreditscoring konkret in der Beurteilung der Ausfallwahrscheinlichkeit des jeweiligen Betroffenen und damit des Ausfallrisikos für das konkrete Kreditengagement. Dass die freiwillige Preisgabe personenbezogener Daten sowohl positive als auch negative Folgen für die Entscheidung über den Kreditantrag des Betroffenen haben kann, entspricht der allgemeinen Lebenserfahrung und ist dem Betroffenen daher in seiner Konsequenz regelmäßig bewusst.[283] Problematisch ist aber, dass der Kreditscore ein neues personenbezogenes Datum darstellt, welches im Zuge der Einwilligung erst generiert wird. Da sich die Einwilligung in die Berechnung nicht von der Generierung des Kreditscores trennen lässt, stellt sich die Frage, ob der Betroffene auch mit Blick auf den generierten Kreditscore informiert sein muss. Überwinden ließe sich dies durch ein Stufenkonzept,[284] wonach dem Betroffenen der Kreditscore mitgeteilt wird, bevor dieser in die Entscheidung einfließt, um die Informiertheit der Willensbekundung aufrechtzuerhalten. Dies konfligiert allerdings mit dem bankaufsichtsrechtlichen Grundsatz der risikoadäquaten Entscheidung sowie dem Überschuldungsschutz nach der Verbraucherkreditrichtlinie, falls der „Kreditscore mit Einwilligung" schlechter wäre als der Kreditscore nach Art. 6 Abs. 1 UAbs. 1 lit. b, c, f DS-GVO. Schließlich könnte der Betroffene die Einwilligung noch vor der Kreditentscheidung gem. Art. 7 Abs. 3 Satz 1 DS-GVO widerrufen, sodass der schlechtere „Kreditscore mit Einwilligung" nicht berücksichtigt werden dürfte, obwohl der verbraucherkreditrechtliche Überschuldungsschutz dies gebietet. Diese gestufte Information des Betroffenen eignet sich daher allenfalls für Einwilligungen gegenüber Finanzintermediären wie Auskunfteien oder Kreditvermittler, die den genannten Grundsätzen nicht unterliegen.

VIII. Einschränkungen für die Verarbeitung besonderer Kategorien, Art. 9 DS-GVO

Art. 9 Abs. 1 DS-GVO begründet einen weiteren Erlaubnisvorbehalt für die Verarbeitung „besonderer Kategorien". Dort wird die Verarbeitung dieser Kategorien grundsätzlich „untersagt", um sodann Ausnahmefälle in Abs. 2 zu regeln. Noch unklar ist, ob die Verarbeitung sensibler Daten, für die eine solche Ausnahme nach Art. 9 Abs. 2 DS-GVO gegeben ist, zusätzlich eine Bedingung nach Art. 6 Abs. 1 UAbs. 1 DS-GVO erfüllen muss.[285] Nach seinem Wortlaut regelt Art. 9 DS-GVO streng genommen nicht die Rechtmäßigkeit der Verarbeitung, sondern untersagt

---

[282] Siehe bereits oben zum Zweckbindungsgrundsatz, oben § 4, A.II.2., S. 260; Ehmann/ *Schneider/Will*, ZD 2015, 6 (10); *Lorentz*, Profiling, S. 183.

[283] *Lorentz*, Profiling, S. 185 f.

[284] Vgl. dazu auch *Lorentz*, Profiling, S. 185 f.

[285] Siehe die dritte Frage der Vorlage zur Vorabentscheidung an den EuGH nach Art. 267 AEUV BAG ZD 2022, 56 (Rn. 28 ff.).

umgekehrt die Verarbeitung besonderer Daten. Die Ausnahmen nach Abs. 2 führen dazu, dass Abs. 1 „nicht gilt". Die Rechtmäßigkeit einer Datenverarbeitung ist dagegen ausschließlich in Art. 6 Abs. 1 DS-GVO geregelt.[286] Außerdem konstatiert Erwg. (51) Satz 1, 5 DS-GVO, dass für die Verarbeitung sensibler Daten „zusätzlich" die Bedingungen für eine rechtmäßige Verarbeitung gelten, da in dieser Verarbeitungssituation erhebliche Risiken für die Grundrechte und Grundfreiheiten des Betroffenen auftreten können.[287] Auch die höhere Verarbeitungsintensität spricht daher dafür, dass Art. 9 Abs. 2 DS-GVO zusätzlich zu Art. 6 DS-GVO zu beachten ist, sofern besondere Datenkategorien im Sinne des Art. 9 Abs. 1 DS-GVO vorliegen.[288]

1. Sensible Daten

Unter diesen Katalog fallen Daten, aus denen die rassische und ethnische Herkunft, politische Meinungen, religiöse oder weltanschauliche Überzeugungen oder die Gewerkschaftszugehörigkeit hervorgehen (Gruppe 1), sowie die Verarbeitung von genetischen Daten, biometrischen Daten zur eindeutigen Identifizierung einer natürlichen Person, Gesundheitsdaten oder Daten zum Sexualleben oder der sexuellen Orientierung einer natürlichen Person (Gruppe 2).[289] Diese besonderen Datenkategorien werden auch als sensible Daten bezeichnet, Erwg. (10) Satz 5 DS-GVO. Auffallend ist, dass die Merkmale Alter und Geschlecht nicht von Art. 9 Abs. 1 DS-GVO erfasst sind.[290] Sie sind daher aus datenschutzrechtlicher Perspektive nicht den strengen Anforderungen des Art. 9 DS-GVO unterworfen.[291]

Für die Gruppe 1 in Art. 9 Abs. 1 DS-GVO genügt es dem Wortlaut nach ausdrücklich, dass der genannte Informationsgehalt aus den Daten „hervorgeht". Dieser Begriff ist nicht in der Definition der Datenverarbeitung in Art. 4 Nr. 2 DS-GVO zu finden. Insofern kann nicht entscheidend sein, dass der Informationsgehalt erst durch

---

[286] „Die Verarbeitung ist nur rechtmäßig, wenn [...]", Art. 6 Abs. 1 UAbs. 1 DS-GVO; so auch *Matejek/Mäusezahl*, ZD 2019, 551 (554).

[287] DSK, Kurzpapier Nr. 17, Besondere Kategorien personenbezogener Daten, S. 2.

[288] Ohne die Auseinandersetzung Artikel-29-Datenschutzgruppe, Leitlinien zu automatisierten Entscheidungen im Einzelfall einschließlich Profiling für die Zwecke der Verordnung 2016/679, WP251.01, S. 16; DSK, Kurzpapier Nr. 17, Besondere Kategorien personenbezogener Daten, S. 2; BeckOK Datenschutzrecht/*Albers/Veit*, DS-GVO Art. 9 Rn. 11; *Lorentz*, Profiling, S. 224; *Matejek/Mäusezahl*, ZD 2019, 551 (554); *Robrahn/Bremert*, ZD 2018, 291 (295); Kühling/Buchner/*Weichert*, DS-GVO Art. 9 Rn. 4; offen Gola/Heckmann/*Schulz*, DS-GVO Art. 9 Rn. 5; a. A. Schantz/Wolff/*Schantz*, Das neue Datenschutzrecht, Rn. 705.

[289] BeckOK Datenschutzrecht/*Albers/Veit*, DS-GVO Art. 9 Rn. 27; *Schneider*, ZD 2017, 303 (303).

[290] Gola/Heckmann/*Schulz*, DS-GVO Art. 9 Rn. 22; Kühling/Buchner/*Weichert*, DS-GVO Art. 9 Rn. 15.

[291] Künftig auch Art. 6 CCD 2021-Komm-E, oben § 3, B.IV.3.e), S. 179 ff.

eine weitere Verarbeitungshandlung offenbart wird.[292] Stattdessen darf ein solcher Bezug weder direkt noch indirekt bestehen oder sich ableiten lassen.[293] Für dieses Verständnis spricht auch die englischsprachige Fassung („*revealing*").[294] Auch erst mit der Verknüpfung von Daten zu einem Profil, d. h. infolge einer weiteren Datenverarbeitung, können sensible Daten „hervorgehen".[295] Ein vorsätzliches Ableiten ist nicht notwendig, damit der Informationsgehalt nach Gruppe 1 hervorgeht.[296] *E contrario* hat der Verantwortliche im Sinne einer Erforschungspflicht präventiv zu prüfen, ob ein objektives Risiko des Hervorgehens im konkreten Verarbeitungszusammenhang besteht.[297] Entscheidend ist damit, ob ein den Daten inhärenter sensibler Informationsgehalt im Rahmen der jeweiligen Verarbeitung ein Risiko für die Grundrechte und Grundfreiheiten des Betroffenen hervorruft.[298]

Da in das Kreditscoringmodell nur diejenigen Merkmale in der Anwendungsphase eingegeben werden können, mit denen das Modell ursprünglich erstellt wurde, ist bereits mit Blick auf die Trainings-, Validierungs- und Testdaten darauf zu achten, ob hieraus sensible Daten der Gruppe 1 hervorgehen und ob sich dabei ein Risiko für die Rechte des Betroffenen ergeben könnte.[299] Zwar handelt es sich bei diesen Datensätzen um aggregierte, anonyme Daten, die nicht der DS-GVO unterfallen.[300]

---

[292] *Lorentz*, Profiling, S. 226; *Schneider*, ZD 2017, 303 (305); krit. BeckOK Datenschutzrecht/*Albers/Veit*, DS-GVO Art. 9 Rn. 29.

[293] DSK, Kurzpapier Nr. 17, Besondere Kategorien personenbezogener Daten, S. 1; *Lorentz*, Profiling, S. 226; *Schneider*, ZD 2017, 303 (305); Gola/Heckmann/*Schulz*, DS-GVO Art. 9 Rn. 13.

[294] Dazu auch im Rahmen des Art. 8 Datenschutzrichtlinie 95/46/EG die Artikel-29-Datenschutzgruppe, Advice paper on special categories of data („sensitive data"), Ref. Ares(2011)444105 – 20/04/2011: „The term ‚data revealing racial or ethnic origin, political opinions, religious or philosophical beliefs, trade-union membership' is to be understood that not only data which by its nature contains sensitive information is covered by this provision, but also data from which sensitive information with regard to an individual can be concluded", abrufbar unter https://ec.europa.eu/justice/article-29/documentation/other-document/files/2 011/2011_04_20_letter_artwp_mme_le_bail_directive_9546ec_annex1_en.pdf.

[295] *Rantos*, C-252/21, ECLI:EU:C:2022:704, Rn. 38 (Schlussanträge Meta/Bundeskartellamt); für Kreditscorewerte *Schneider*, ZD 2017, 303 (305); Artikel-29-Datenschutzgruppe, Leitlinien zu automatisierten Entscheidungen im Einzelfall einschließlich Profiling für die Zwecke der Verordnung 2016/679, WP251.01, S. 16 f.

[296] *Rantos*, C-252/21, ECLI:EU:C:2022:704, Rn. 41 (Schlussanträge Meta/Bundeskartellamt); Kühling/Buchner/*Weichert*, DS-GVO Art. 9 Rn. 22; unklar *Matejek/Mäusezahl*, ZD 2019, 551 (553): verobjektivierte Verwendungsabsicht; a. A. Gola/Heckmann/*Schulz*, DS-GVO Art. 9 Rn. 13.

[297] Vgl. *Rantos*, C-252/21, ECLI:EU:C:2022:704, Rn. 41 (Schlussanträge Meta/Bundeskartellamt): objektive Vorbeugung; BeckOK Datenschutzrecht/*Albers/Veit*, DS-GVO Art. 9 Rn. 30; Ehmann/Selmayr/*Schiff*, DS-GVO Art. 9 Rn. 13, 67; *Schneider*, ZD 2017, 303 (305), zu pauschal wiederum S. 306; Kühling/Buchner/*Weichert*, DS-GVO Art. 9 Rn. 22.

[298] Aufschlussreich in diesem Zusammenhang die Unterscheidung zwischen „Datum" und „Information" *Oster*, JZ 2021, 167 (170 ff.), zur Verarbeitung durch KI-Systeme (173 f.).

[299] *Schneider*, ZD 2017, 303 (305).

[300] Vgl. oben § 4, A.I.1., S. 255.

Allerdings werden die späteren Input-Merkmale die personenbezogenen Daten von betroffenen Kreditantragstellern sein, aus denen ein sensibler Informationsgehalt im Sinne der Gruppe 1 hervorgehen könnte.[301] Ferner kann der sensible Informationsgehalt bei maschinellen Lernverfahren auch erst im Laufe der Lernphase hervortreten, etwa wenn einzelne oder die Verknüpfung mehrerer Merkmale ein Profil bilden, aus denen ein sensibles Datum hervorgeht. Hierunter fallen die sogenannten Stellvertretermerkmale (*proxies*), die auf den ersten Blick neutral wirken.[302] Wird ein solches aus „gewöhnlichen" Daten generierte Datum mit sensiblem Informationsgehalt für das Kreditscoring verwendet, gilt ebenfalls der Grundsatz nach Art. 9 Abs. 1 DS-GVO.[303]

Für das Kreditscoring hat der Verantwortliche damit in der Lernphase des Modells zu untersuchen, ob sensible Daten der Gruppe 1 als Zwischenschritte innerhalb des Rechnungsprozesses oder aus dem Modell-Output hervorgehen können. Hierbei ist bewusst – und damit strenger als in Art. 9 Abs. 1 DS-GVO gefordert – bereits die Möglichkeit des Hervorgehens zu beachten, da in der konkreten Anwendungsphase des Kreditscoringmodells schließlich jedes objektive Risiko des Hervorgehens sensibler Daten im Einzelfall ausgeschlossen werden will, sofern nicht eine Ausnahme nach Art. 9 Abs. 2 DS-GVO greift. Ansonsten drohen möglicherweise Schadensersatzpflichten und empfindliche Geldbußen, Art. 82, 83 DS-GVO.[304] Schließlich ist auch nicht die Richtigkeit, sondern die Möglichkeit des Hervorgehens entscheidend.[305]

Die Gruppe 2 untersagt dagegen die Verarbeitung bestimmter besonderer Datenkategorien. Diese Informationen dürfen damit kein direktes Input-Merkmal darstellen. Mit Blick auf Gesundheitsdaten ist aber festzustellen, dass hierzu nach der Legaldefinition in Art. 4 Nr. 15 DS-GVO auch solche Merkmale gehören, aus denen Informationen über den Gesundheitszustand einer Person „hervorgehen".[306] Insofern

---

[301] Religion kann so ein sensibles Datum im Sinne der „religiösen Überzeugung" sein; Kühling/Buchner/*Weichert*, DS-GVO Art. 9 Rn. 26. Aber auch Name, Geburts- oder Wohnort können im Einzelfall einen Hinweis auf die ethnische Herkunft geben, BeckOK Datenschutzrecht/*Albers/Veit*, DS-GVO Art. 9 Rn. 34; Kühling/Buchner/*Weichert*, DS-GVO Art. 9 Rn. 26; wohl deshalb nutzen Auskunfteien diese Merkmale nicht für das Scoring, vgl. SCHUFA, Scoring bei der SCHUFA, abrufbar unter https://www.schufa.de/scoring-daten/sco ring-schufa/.

[302] Dazu oben § 2, C.II.2.b), S. 76.

[303] Für das Profiling allgemein auch *Lorentz*, Profiling, S. 227; vgl. auch *Rantos*, C-252/21, ECLI:EU:C:2022:704, Rn. 38 (Schlussanträge Meta/Bundeskartellamt).

[304] Bei der Festsetzung der Geldbuße, die bis zu 20 Mio. EUR oder 4 % des global erzielten Jahresumsatzes betragen kann, hat die Aufsicht die Kategorie der verarbeiteten Daten zu berücksichtigen, die von dem Verstoß betroffen ist, Art. 83 Abs. 2 Satz 2 lit. g, Abs. 5 lit. a DS-GVO, NK/*Petri*, DS-GVO Art. 9 Rn. 104.

[305] *Rantos*, C-252/21, ECLI:EU:C:2022:704, Rn. 40 (Schlussanträge Meta/Bundeskartellamt); bereits *Schneider*, ZD 2017, 303 (305); einschränkend Ehmann/Selmayr/*Schiff*, DS-GVO Art. 9 Rn. 14.

[306] *Matejek/Mäusezahl*, ZD 2019, 551 (553).

gelten hier dieselben Voraussetzungen wie für die Gruppe 1. Insgesamt bietet Art. 9 Abs. 1 DS-GVO durch den gegenüber Art. 6 DS-GVO zusätzlichen Erlaubnisvorbehalt und den Zuschnitt auf besondere Datenkategorien einen informationellen Diskriminierungsschutz[307], den es bei der Erstellung eines Kreditscoringmodells zu berücksichtigen gilt.

2. Ausdrückliche Einwilligung

Die Rechtfertigungsgründe für die Verarbeitung besonderer Datenkategorien finden sich in dem umfassenden Katalog des Art. 9 Abs. 2 DS-GVO. Anders als Art. 6 Abs. 1 DS-GVO – sowie in dem noch zu diskutierenden Art. 22 Abs. 2 DS-GVO[308] – kennt Art. 9 Abs. 2 DS-GVO die Vertragserforderlichkeit nicht explizit als Ausnahmetatbestand für eine Verarbeitung sensibler Daten.[309] Für das Kreditscoring kommt nur die ausdrückliche Einwilligung des Betroffenen gem. Art. 9 Abs. 1 lit. a DS-GVO in Betracht.[310]

Hierbei sind ebenso die strikten Bedingungen der Einwilligung nach Art. 7 DS-GVO, insbesondere die Freiwilligkeit, zu beachten,[311] die sich im Rahmen von Art. 9 DS-GVO auf das zu verarbeitende sensible Datum beziehen müssen. So kann es eine mildere Alternative darstellen, die Kreditwürdigkeitsprüfung ohne die Berücksichtigung sensibler Daten durchzuführen. Der Nachteil der Verweigerung der Einwilligung nach Art. 9 DS-GVO darf allerdings im Vergleich zur Verarbeitung nach Art. 6 DS-GVO nicht zu groß sein.[312] Die Ausdrücklichkeit der Einwilligung meint die Art und Weise der Willensbekundung.[313] Somit ist neben der ohnehin unzulässigen stillschweigenden Einwilligung,[314] auch eine konkludente Willensbekundung unzureichend.[315] Insofern reicht es nicht aus, wenn der Verantwortliche diese Daten in einem Kreditantrag angibt, sondern es ist darüber hinaus eine aus-

---

[307] BeckOK Datenschutzrecht/*Albers/Veit*, DS-GVO Art. 9 Rn. 23; *Matejek/Mäusezahl*, ZD 2019, 551 (552); Ehmann/Selmayr/*Schiff*, DS-GVO Art. 9 Rn. 14; Kühling/Buchner/*Weichert*, DS-GVO Art. 9 Rn. 2.

[308] Siehe unten § 4, C.II., S. 330 f.

[309] Dies wird aber vorausgesetzt, vgl. lit. b, d, h, *Schneider*, ZD 2017, 303 (305); Gola/Heckmann/*Schulz*, DS-GVO Art. 9 Rn. 6; Kühling/Buchner/*Weichert*, DS-GVO Art. 9 Rn. 4.

[310] Allgemein auch für den Privatsektor hervorhebend BeckOK Datenschutzrecht/*Albers/Veit*, DS-GVO Art. 9 Rn. 62.

[311] Zur Einwilligung oben § 4, B.VII., S. 292 ff.; EDSA, Leitlinien 05/2020 zur Einwilligung gemäß Verordnung 2016/679, Version 1.1, Rn. 103; Kühling/Buchner/*Weichert*, DS-GVO Art. 9 Rn. 53.

[312] Zur Freiwilligkeit oben § 4, B.VII.1.b), S. 294.

[313] EDSA, Leitlinien 05/2020 zur Einwilligung gemäß Verordnung 2016/679, Version 1.1, Rn. 93.

[314] Erwg. (32) Satz 3 DS-GVO; siehe auch oben § 4, B.VII.2., S. 297.

[315] Taeger/Gabel/*Mester*, DS-GVO Art. 9 Rn. 18; NK/*Petri*, DS-GVO Art. 9 Rn. 33.

drückliche, unmissverständliche Erklärung erforderlich.[316] Formerfordernisse bestehen nicht, allerdings wird mit Blick auf die Nachweispflicht des Verantwortlichen gem. Art. 7 Abs. 1 DS-GVO zwecks Dokumentation der Ausdrücklichkeit eine schriftliche Erklärung oder im Online-Kontext auch das entsprechende Ausfüllen eines elektronischen Formulars oder die elektronische Signatur empfohlen.[317]

3. Kein Ausschluss

Nach Art. 9 Abs. 2 lit. a Hs. 2 DS-GVO kann eine ausdrückliche Einwilligung in die Verarbeitung sensibler Daten nicht von dem Verbot nach Art. 9 Abs. 1 DS-GVO befreien, wenn das Unionsrecht oder das Recht der Mitgliedstaaten dies vorschreibt. Hierbei könnte an § 10 Abs. 2 S. 1 Nr. 3 KWG gedacht werden, der die Verarbeitung sensibler Daten im Sinne des Art. 9 DS-GVO für die Zwecke eines Ratingsystems unter Anwendung des IRB-Ansatzes ausschließt. Zum einen wird aber nicht die Einwilligung als Rechtfertigungsinstrument explizit untersagt. Zum anderen handelt es sich bei § 10 Abs. 2 KWG um eine datenschutzrechtliche *lex specialis*, die für sich genommen eine eigene Erlaubnisgrundlage in Verbindung mit Art. 176 Abs. 5 CRR bietet. Auch das Diskriminierungsverbot nach Art. 6 CCD 2021-Komm-E sowie die Herausnahme von Gesundheitsdaten nach Erwg. (47) CCD 2021-Komm-E unterfallen mangels Bezug zur Einwilligung nicht dem Ausschluss nach Art. 9 Abs. 2 lit. a Hs. 2 DS-GVO.

IX. Sonderfall: Digitale Kontoprüfung

Einen auf den ersten Blick datenschutzrechtlichen Sonderfall stellt die digitale Kontoprüfung dar,[318] die der nationale Gesetzgeber in Umsetzung der Zweiten Zahlungsdiensterichtlinie (PSD2)[319] erstmals als sog. Kontoinformationsdienst in das ZAG verortet hat.[320]

---

[316] Vgl. das Beispiel bei Paal/Pauly/*Frenzel*, DS-GVO Art. 9 Rn. 21.

[317] Auch eine mündliche Erklärung ist möglich, EDSA, Leitlinien 05/2020 zur Einwilligung gemäß Verordnung 2016/679, Version 1.1, Rn. 93 f.

[318] Dazu oben § 2, C.II.2.c)aa), S. 78.

[319] Richtlinie (EU) 2015/2366 des Europäischen Parlaments und des Rates vom 25. November 2015 über Zahlungsdienste im Binnenmarkt, zur Änderung der Richtlinien 2002/65/EG, 2009/110/EG und 2013/36/EU und der Verordnung (EU) Nr. 1093/2010 sowie zur Aufhebung der Richtlinie 2007/64/EG, ABl. (EU) 2015 L 337, 35.

[320] Gesetz zur Umsetzung der Zweiten Zahlungsdiensterichtlinie vom 17. Juli 2017, BGBl. 2017 I 2446; RegE-PSD2, BT-Drs. 18/11495, S. 107; EDSA, Leitlinien 06/2020, Version 2.0, Rn. 5; *Sander*, BKR 2019, 66 (66); *Weichert*, ZD 2021, 134 (135).

1. Kontoinformationsdienst

Ein Kontoinformationsdienst unterfällt dem Oberbegriff des Zahlungsdienstes, § 1 Abs. 1 Satz 2 Nr. 8 ZAG. In der Folge ist jeder Kontoinformationsdienstleister auch Zahlungsdienstleister im Sinne des ZAG. Erbringt ein Unternehmen einen solchen Dienst gewerbsmäßig oder in einem Umfang, der einen in kaufmännischer Weise eingerichteten Geschäftsbetrieb erfordert, ohne dass eine Ausnahme nach Nr. 2–5 zutrifft,[321] ist dieser Zahlungsdienstleister gem. § 1 Abs. 1 Satz 1 Nr. 1 ZAG ein Zahlungsinstitut und unterfällt grundsätzlich der Erlaubnispflicht gem. § 10 Abs. 1 Satz 1 ZAG.

Soweit aber ausschließlich die Tätigkeit als Kontoinformationsdienstleister verfolgt wird, bedarf es ausnahmsweise keiner Erlaubnis nach § 10 Abs. 1 Satz 1 ZAG. Für diesen sog. Nur-Kontoinformationsdienst genügt eine schriftliche Registrierung durch die BaFin, §§ 2 Abs. 6, 34 Abs. 1 Satz 1 ZAG.[322] Infolgedessen können auch Finanzintermediäre, die wie Auskunfteien weder zugelassene Zahlungs- oder Kreditinstitute sind, Kontoinformationsdienste betreiben und auf diese Weise zum Abbau von Informationsasymmetrien zwischen Kreditnehmern und Kreditinstituten beitragen.[323] Da zuvor nur eine Hausbank ihren Kunden eine solche digitale Kontoprüfung ohne größeren Aufwand anbieten konnte, fördert der durch den Kontoinformationsdienst angetriebene Datenaustausch den interinstitutionellen Wettbewerb.[324] Schließlich kann der Kreditnehmer nunmehr auch hausbankfremden Kreditinstituten sein Zahlungskonto zwecks Kreditwürdigkeitsprüfung digital offenbaren, wodurch seine Chancen auf günstigere Kreditkonditionen gestiegen sind.

Der Kontoinformationsdienst wird in § 1 Abs. 34 ZAG definiert als ein Online-Dienst zur Mitteilung konsolidierter Informationen über ein Zahlungskonto oder mehrere Zahlungskonten des Zahlungsdienstnutzers[325] bei einem oder mehreren anderen Zahlungsdienstleistern.[326] Unter einem Zahlungskonto ist ein auf den Namen eines Zahlungsdienstnutzers laufendes Konto zu verstehen, das für die Ausführung von Zahlungsvorgängen genutzt wird, § 1 Abs. 17 ZAG. Demnach fallen hierunter etwa Giro- oder Kreditkartenkonten,[327] nicht aber ein Sparkonto[328].

---

[321] Eine solche Ausnahme im Sinne des § 1 Abs. 1 Satz 1 Nr. 1 ZAG betrifft etwa in Deutschland zugelassene CRR-Institute im Sinne des § 1 Abs. 3d KWG, sofern sie Zahlungsdienste erbringen, § 1 Abs. 1 Satz 1 Nr. 3 ZAG. Eine gesonderte Zulassung nach dem ZAG ist in diesem Fall nicht erforderlich, vgl. § 10 Abs. 1 Satz 1 ZAG.

[322] BaFin, Merkblatt ZAG, F.III.; soll dagegen zusätzlich ein Zahlungsauslösedienst angeboten werden, bedarf es einer schriftlichen Erlaubnis durch die BaFin gem. § 10 Abs. 1 S. 1 ZAG.

[323] Siehe das Projekt SCHUFA CheckNow; zum Ganzen oben § 2, C.II.2.c)aa), S. 80.

[324] Vgl. *Kahlert*, DSRITB 2016, 579 (587).

[325] Hierbei handelt es sich um die Person, die den Zahlungsdienst in Anspruch nimmt, § 675f Abs. 1 BGB.

[326] Zum Begriff siehe auch *Terlau*, ZBB 2016, 122 (136); Möslein/Omlor/*Conreder*, Fin-Tech-Hdb., § 19 Rn. 19 ff.

[327] BaFin, Merkblatt ZAG, B.I.1.; Schwennicke/Auerbach/*Schwennicke*, ZAG § 1 Rn. 175.

Für die Erbringung eines Kontoinformationsdienstes muss das Konto online zugänglich sein.[329]

Die Kontoinformation im Sinne des § 1 Abs. 34 ZAG setzt voraus, dass der gewährte Zugang auf das Zahlungskonto einen Zugriff auf die Kundendaten ermöglicht.[330] Erfasst sind nur Informationen über das jeweilige Zahlungskonto. Dadurch soll ein Echtzeitüberblick über die finanzielle Situation des Zahlungsdienstnutzers ermöglicht werden, Erwg. (28) Satz 3 PSD2, um dem Zahlungsdienstnutzer Dienstleistungen wie eine Finanzplanung oder Ausgabenauswertung anbieten zu können[331]. Eine darüber hinausgehende Auswertung, die auch die Person des Zahlungsdienstleisters betrifft, verfolgt nicht mehr den Zweck der Kontoinformation. Damit erfasst § 1 Abs. 34 ZAG nicht das Kreditscoring.[332] Der Kontoinformationsdienst bildet lediglich einen Zwischenschritt für die Datenerhebung und damit für die Erlangung der Input-Daten zur anschließenden Kreditscorewertberechnung. Demzufolge werden dem Kontoinformationsdienstleister sowie dem Informationsempfänger personenbezogene Daten des Zahlungsdienstnutzers offenbart, sodass sich unweigerlich die Frage stellt, welche datenschutzrechtliche Rechtsgrundlage einschlägig ist.

2. „Ausdrückliche Einwilligung" im Sinne des § 59 Abs. 2 ZAG

Nach § 59 Abs. 2 ZAG darf der Kontoinformationsdienstleister die für den Kontoinformationsdienst notwendigen personenbezogenen Daten nur mit der „ausdrücklichen Einwilligung" des Zahlungsdienstnutzers erbringen. Hierbei handelt es sich um die nationale Umsetzung des Art. 94 Abs. 2 PSD2.[333] Ein Blick in die europäische Norm verrät, dass die deutschsprachige Fassung der PSD2 an dieser Stelle nicht von „Einwilligung", sondern von „Zustimmung" spricht. Die englische Sprachfassung spricht wiederum von *„explicit consent"*. Historisch betrachtet entstand die PSD2 parallel zur DS-GVO, sodass es naheliegend sein mag, dass die „ausdrückliche Einwilligung" gem. § 59 Abs. 2 ZAG bzw. *„explicit consent"* gem. Art. 94 Abs. 2 PSD2 an die Voraussetzungen der DS-GVO anknüpfen soll. In der Folge wären die strengen Voraussetzungen der Art. 4 Nr. 11, 6 Abs. 1 UAbs. 1 lit. a, 7, 9 Abs. 2 lit. a DS-GVO zu beachten. Für ein solches datenschutzrechtliches Verständnis spricht nicht zuletzt auch die amtliche Überschrift des § 59 ZAG sowie die Kapitelüberschrift zu Art. 94 PSD2: „Datenschutz".

---

[328] BaFin, Merkblatt ZAG, B.I.1.; EDSA, Leitlinien 06/2020, Version 2.0, Rn. 65.

[329] RegE-PSD2, BT-Drs. 18/11495, S. 107, 136.

[330] RegE-PSD2, BT-Drs. 18/11495, S. 108.

[331] EDSA, Leitlinien 06/2020, Version 2.0, Rn. 8.

[332] BaFin, Merkblatt ZAG, B.VII.; vgl. auch EDSA, Leitlinien 06/2020, Version 2.0, Rn. 8; *Seiler*, DSRITB 2016, 591 (601); vgl. zum Anwendungsbereich auch *Weichert*, BB 2018, 1161 (1162).

[333] RegE-PSD2, BT-Drs. 18/11495, S. 107, 143.

Der Regierungsentwurf zur Umsetzung der PSD2 nahm schlichtweg an, dass Art. 94 Abs. 2 PSD2 die „ausdrückliche Einwilligung" vorsehe.[334] Dass die deutsche Sprachfassung der PSD2 nicht von Einwilligung, sondern von Zustimmung spricht, wird dabei offensichtlich übersehen. Insofern fehlt auch die Auseinandersetzung, ob mit „consent" nicht doch eine Zustimmung gemeint sein könnte oder ob es sich schlichtweg um eine ungenaue Übersetzung der deutschen Sprachfassung der PSD2 handelt, die richtigerweise „Einwilligung" lauten müsste.[335] Unklar ist dann aber, weshalb § 51 Abs. 1 Satz 1 ZAG, der speziell die Pflichten des Kontoinformationsdienstleisters regelt, von der „ausdrücklichen Zustimmung" spricht. Schließlich dient § 51 Abs. 1 Satz 1 ZAG der Umsetzung des Art. 67 Abs. 2 lit. a PSD2, der in deutscher Sprachfassung von „ausdrücklicher Zustimmung" und in englischer Sprachfassung von „explicit consent" spricht. Insofern hätte eine einheitliche Übersetzung ins Deutsche nahegelegen.

Der Begriff „consent" ist schon bereits in der Ersten Zahlungsdiensterichtlinie (PSD)[336] vorhanden. Die Umsetzung des Art. 54 PSD findet sich in § 675j BGB,[337] wonach für die Autorisierung eines Zahlungsvorganges die Zustimmung des Zahlungsdienstnutzers erforderlich ist. Während die deutsche Fassung des Art. 54 PSD und die nationale Umsetzung in § 675j BGB von „Zustimmung" sprechen, heißt es in der englischen Fassung „consent". Für die Autorisierung eines Zahlungsvorganges finden sich, sofern ersichtlich, keine Befürworter dafür, dass hierbei die Anforderungen einer datenschutzrechtlichen Einwilligung zu beachten seien. Dies ist auch naheliegend, da dieser Verdacht erst durch die amtliche Überschrift „Datenschutz" in Art. 94 PSD2 aufkommen mag. Der Begriff „consent" kann damit nicht dafür entscheidend sein, ob datenschutzrechtliche Anforderungen einzuhalten sind. Deshalb ist es trotz der Überschrift des § 59 ZAG in einheitlicher Übersetzung naheliegender, „consent" zahlungsdienstrechtlich und damit als einen Akt der vertraglichen Willensbekundung des Zahlungsdienstnutzers zu verstehen, sofern nicht der nationale Gesetzgeber einen datenschutzrechtlichen Regelungsspielraum innehat. Wie auch für § 31 BDSG setzt eine außerhalb der DS-GVO befindliche Datenschutznorm voraus, dass für sie eine Öffnungsklausel besteht.[338] Ist dies nicht der Fall, misst sich die Rechtmäßigkeit der Datenverarbeitung zur Erbringung eines Kontoinformationsdienstes abschließend nach den Art. 5 ff. DS-GVO, insbesondere Art. 6 Abs. 1 UAbs. 1 DS-GVO.

---

[334] RegE-PSD2, BT-Drs. 18/11495, S. 107, 143.

[335] So *Seiler*, jurisPR-BKR 11/2016 Anm. 1; *ders.*, DSRITB 2016, 591 (596).

[336] Richtlinie 2007/64/EG des Europäischen Parlaments und des Rates vom 13. November 2007 über Zahlungsdienste im Binnenmarkt, zur Änderung der Richtlinien 97/7/EG, 2002/65/EG, 2005/60/EG und 2006/48/EG sowie zur Aufhebung der Richtlinie 97/5/EG, ABl. (EU) 2007 L 319, 1.

[337] EBJS/*Keßler*, BGB § 675j Rn. 1; BeckOK BGB/*Schmalenbach*, § 675j Rn. 1.

[338] Dazu oben § 4, B.VI.3.e), S. 285 ff.

a) Fehlende Öffnungsklausel für den Kontoinformationsdienst

Eine solche Öffnungsklausel könnte sich aus Art. 6 Abs. 1 UAbs. 1 lit. c DS-GVO ergeben, sofern eine Rechtsvorschrift den Verantwortlichen zur Datenverarbeitung verpflichtet. § 59 Abs. 2 ZAG sieht indes keine Verpflichtung, sondern vielmehr eine einschränkende Befugnis vor („dürfen"). Eine solche Verpflichtung ergibt sich allein mit Blick auf den kontoführenden Zahlungsdienstleister, der den Zugang zu dem Zahlungskonto zu gewähren hat.[339] Eine ausdrückliche Pflichtenregelung bietet das ZAG nicht. Eine Pflicht ergibt sich nach der Vorstellung des nationalen Gesetzgebers aber aus einem *argumentum e contrario* aus § 52 Abs. 1 ZAG sowie nach den „zivilrechtlichen Vorschriften"[340].[341] Hiernach bestehen nur in besonderen Ausnahmefällen Zugangsverweigerungsrechte des kontoführenden Zahlungsdienstleisters. Im Umkehrschluss besteht damit im Grundsatz die Pflicht des kontoführenden Zahlungsdienstleisters, Kontoinformationsdienstleistern Zugang zu dem Zahlungskonto zu gewähren.[342] Hierbei handelt es sich um eine Datenverarbeitung,[343] die dem Verarbeitungsbegriff der Offenlegung gem. Art. 4 Nr. 2 DS-GVO unterfällt.

Darüber hinaus bestehen indes keine Pflichten zur Datenverarbeitung. Da andere Öffnungsklauseln nicht einschlägig sind,[344] bleibt es bei dem Grundsatz, dass sich die datenschutzrechtliche Rechtmäßigkeit der Datenverarbeitung allein nach der DS-GVO zu richten hat. Im Übrigen bestätigt nicht zuletzt Art. 94 Abs. 1 Satz 2 Var. 3 PSD2 diesen Befund systematisch, da hiernach „jede andere Verarbeitung" für die Zwecke der PSD2 – und damit auch Verarbeitungen im Rahmen des Abs. 2 – nach der DS-GVO erfolgt.[345] In der Folge bedarf es mangels datenschutzrechtlicher Aus-

---

[339] EDSA, Leitlinien 06/2020, Version 2.0, Rn. 27; im Wege einer (nach hier vertretenen Auffassung nicht notwendigen) einschränkenden Auslegung des § 59 Abs. 2 ZAG i.E. auch *Indenhuck/Stein*, BKR 2018, 136 (138).

[340] Vgl. etwa das Recht des Zahlungsdienstnutzers, einen Kontoinformationsdienst zu nutzen, sofern das Zahlungskonto online zugänglich ist, § 675 f Abs. 3 Satz 1 BGB.

[341] RegE-PSD2, BT-Drs. 18/11495, S. 107, 138; vgl. auch *Weichert*, ZD 2021, 134 (135).

[342] Zu den Anforderungen an diese Zugangsschnittstelle siehe die Art. 30 ff. DelVO 2018/398 der Kommission vom 27.11.2017 zur Ergänzung der Richtlinie (EU) 2015/2366 des Europäischen Parlaments und des Rates durch technische Regulierungsstandards für eine starke Kundenauthentifizierung und für sichere offene Standards für die Kommunikation, ABl. (EU) 2018 L 69, 23.

[343] EDSA, Leitlinien 06/2020, Version 2.0, Rn. 27.

[344] *Sander*, BKR 2019, 66 (70 f.); für die Anwendung der Öffnungsklausel in Art. 6 Abs. 1 UAbs. 1 lit. e DS-GVO Casper/Terlau/*Störing*, ZAG § 59 Rn. 36; an lit. e sind jedoch strenge Anforderungen gestellt, wonach der Verantwortliche „anstelle einer Behörde" handeln muss, da sich ansonsten jeder zum Sachwalter öffentlicher Interessen gerieren könnte, BVerwGE 165, 111 (Rn. 46); zum Ganzen auch oben § 4, B.V., S. 276.

[345] Vgl. auch Erwg. (89) Satz 2 PSD2, wonach die DS-GVO für die Zwecke der PSD2 Anwendung findet. Die PSD2 verweist zwar auf die Datenschutzrichtlinie 95/46/EG. Die DS-GVO ist indes ihr Nachfolger, sodass die Wirkung des Art. 94 Abs. 2 Satz 1 DS-GVO gilt; siehe auch EDSA, Leitlinien 06/2020, Version 2.0, Rn. 1.

strahlungswirkung auch keiner einschränkenden Auslegung des § 59 Abs. 2 ZAG.[346]
Da Art. 6 Abs. 1 UAbs. 1 DS-GVO abschließend ist, dient Art. 94 Abs. 2 PSD2 nicht
als datenschutzrechtliche Rechtsgrundlage.[347] Die „ausdrückliche Einwilligung" ist
daher im Sinne einer vertraglichen Einwilligung zu verstehen.[348]

b) Datenschutzrechtliche Rechtmäßigkeit des Kontoinformationsdienstes

Mit Blick auf die datenschutzrechtliche Rechtmäßigkeit kommen für die Er-
bringung eines Kontoinformationsdienstes damit grundsätzlich die Tatbestände des
Art. 6 Abs. 1 UAbs. 1 lit. a oder b DS-GVO in Betracht.[349] Die PSD2 geht im
Grundsatz von vertraglichen Pflichten zwischen dem Zahlungsdienstnutzer und dem
Kontoinformationsdienstleister aus, Erwg. (87) Satz 1 PSD2.[350] In der Folge kann
der Kontoinformationsdienst gem. Art. 6 Abs. 1 UAbs. 1 lit. b DS-GVO datenschutzrechtlich rechtfertigt sein, sofern die Datenverarbeitung zur Durchführung des
Vertrages oder einer vorvertraglichen Maßnahme, die auf Anfrage des Betroffenen
erfolgen, erforderlich ist.[351] Demnach hat der Kontoinformationsdienstleister mit
Blick auf die Erforderlichkeit eingehend zu ermitteln, welches und wie viele Zahlungskonten des Zahlungsdienstnutzers berücksichtigt werden, welche Daten dabei
aggregiert werden und welche Zeitspanne als Beobachtungszeitraum zugrunde gelegt wird. Dabei kann es sich bei dem Kontoinformationsdienstleister einerseits um
das kreditgebende Kreditinstitut selbst[352] oder um einen Finanzintermediär handeln.
In beiden Fällen strahlt das Hauptvertragsverhältnis zwischen Verbraucher und
Kreditinstitut auf die Erforderlichkeit des Kontoinformationsdienstes aus. Schließlich handelt es sich dabei um das wesentliche Abwägungskriterium, welches die
Erforderlichkeit im Einzelfall begründet.[353] Ist die Erbringung eines Kontoinformationsdienstes damit für den konkreten Kreditvertrag erforderlich, darf der Kontoinformationsdienstleister die dazu notwendigen personenbezogenen Daten gem.
Art. 6 Abs. 1 UAbs. 1 lit. b DS-GVO verarbeiten. Zahlungsdienstrechtlich ist zu-

---

[346] So aber *Indenhuck/Stein*, BKR 2018, 136; auch *Seiler*, jurisPR-BKR 11/2016 Anm. 1;
ders., DSRITB 2016, 591 (597 ff.); für die Verfassungswidrigkeit der Norm *Sander*,
BKR 2019, 66 (70).

[347] EDSA, Leitlinien 06/2020, Version 2.0, Rn. 36; a.A. *Guggenberger*, ZBB 2021, 254
(257 f.).

[348] EDSA, Leitlinien 06/2020, Version 2.0, Rn. 36 ff.

[349] *Sander*, BKR 2019, 66 (72 f.); *Weichert*, BB 2018, 1161 (1163).

[350] EDSA, Leitlinien 06/2020, Version 2.0, Rn. 14.

[351] EDSA, Leitlinien 06/2020, Version 2.0, Rn. 14, 36, auch mit Blick auf die Übermittlung
der Daten an das kreditgebende Kreditinstitut, Rn. 67; BeckOK Datenschutzrecht/*Spoerr*,
Syst. J, Rn. 50.

[352] Ein CRR-Kreditinstitut benötigt keine Zulassung nach ZAG, § 10 Abs. 1 Satz 1 in
Verbindung mit § 1 Abs. 1 Satz 1 Nr. 3 ZAG.

[353] Zur Abwägung oben § 4, B.III.2., S. 269.

sätzlich die ausdrückliche (vertragliche) Einwilligung des Zahlungsdienstnutzers gem. § 59 Abs. 2 ZAG erforderlich.[354]

Erfolgt die Datenverarbeitung zu einem anderen als den vertraglichen Zweck, vgl. Art. 67 Abs. 2 lit. f PSD2, oder ist sie nicht im Sinne des Art. 6 Abs. 1 UAbs. 1 lit. b DS-GVO erforderlich, kommt eine datenschutzrechtliche Einwilligung in die Datenverarbeitung nach Art. 6 Abs. 1 UAbs. 1 lit. a DS-GVO in Betracht.[355] Diese Anforderung ergibt sich originär aus Art. 6 Abs. 1 UAbs. 1 lit. a DS-GVO und mangels Öffnungsklausel nicht aus § 59 Abs. 2 ZAG. In diesem Fall sind daher sowohl eine datenschutzrechtliche als auch eine vertragliche Einwilligung des betroffenen Zahlungsdienstnutzers erforderlich.

c) Grenzen der richtlinienkonformen Auslegung

In der Folge wurde die Frage aufgeworfen, ob der Einwilligungsbegriff in § 59 Abs. 2 ZAG angesichts der Wortwahl in Art. 94 Abs. 2 PSD2 im Sinne einer Zustimmung richtlinienkonform auszulegen ist.[356] Versteht man die Zustimmung in Art. 94 Abs. 2 PSD2 wie nach hier vertretener Auffassung als vertragliche Willensbekundung, finden die zivilrechtlichen Vorschriften Anwendung. Insofern bietet der bereits erwähnte § 675j BGB eine Differenzierung. Hiernach kann eine Zustimmung entweder als Einwilligung oder als Genehmigung erteilt werden, § 675j Abs. 1 Satz 2 BGB. Die Zustimmung unterteilt sich damit im Sinne der §§ 183, 184 BGB in die vorherige (Einwilligung) und die nachträgliche Zustimmung (Genehmigung).[357] § 675j BGB setzt Art. 54 PSD um,[358] der ausdrücklich die vorherige und die nachträgliche Zustimmung (engl. „consent") erfasst, Abs. 1 Satz 2. Damit beschränkt der nationale Gesetzgeber den Anwendungsbereich des § 59 Abs. 2 ZAG auf die Einwilligung im Sinne einer vorherigen Zustimmung, obwohl § 675j BGB beide Fälle erfasst. Für eine Auslegung als Genehmigung bleibt aufgrund der klaren Wortwahl de lege lata aber kein Raum.[359] Da der Oberbegriff der Zustimmung nicht in den Anwendungsbereich des § 59 Abs. 2 ZAG fällt, würde es die Grenzen der Wortlautauslegung überschreiten, wollte man die „ausdrückliche Zustimmung" in

---

[354] EDSA, Leitlinien 06/2020, Version 2.0, Rn. 44; dagegen für eine gänzliche Unanwendbarkeit *Sander*, BKR 2019, 66 (72).

[355] EDSA, Letter regarding the PSD2 Directive, EDPB-84-2018, S. 4, abrufbar unter https://edpb.europa.eu/sites/default/files/files/file1/psd2_letter_en.pdf; auch bei Zweckänderung, EDSA, Leitlinien 06/2020, Version 2.0, Rn. 23; Schäfer/Omlor/Mimberg/*Conreder*, ZAG § 59 Rn. 57; siehe auch *Weichert*, BB 2018, 1161 (1163); *ders.*, ZD 2021, 134 (136 f.).

[356] Vgl. Casper/Terlau/*Störing*, ZAG § 59 Rn. 26; Schäfer/Omlor/Mimberg/*Conreder*, ZAG § 59 Rn. 47.

[357] MünchKomm-BGB/*Jungmann*, § 675j Rn. 9; nach a. A. jedenfalls analog Grüneberg/*Sprau*, BGB § 675j Rn. 3.

[358] EBJS/*Keßler*, BGB § 675j Rn. 1; BeckOK BGB/*Schmalenbach*, § 675j Rn. 1.

[359] Auch *Sander*, BKR 2019, 66 (70); teilweise wird unterstellt, der Gesetzgeber wollte § 59 Abs. 2 ZAG an die deutschsprachige Fassung des Art. 6 Abs. 1 UAbs. 1 lit. a DS-GVO anpassen, in diese Richtung Casper/Terlau/*Störing*, ZAG § 59 Rn. 35.

den Einwilligungsbegriff nach § 59 Abs. 2 ZAG hineinlesen. Eine richtlinienkonforme Auslegung *contra legem* ist nach ständiger Rechtsprechung aber unzulässig.[360] Die Lösung einer solchen Normenkollision kann nur über eine Anpassung durch den nationalen Gesetzgeber erreicht werden.[361] Der Gesetzgeber ist daher aufgefordert, § 59 Abs. 2 ZAG richtlinienkonform in Ersetzung des Einwilligungs- mit dem Zustimmungsbegriff abzuändern.

3. Nichtvertragsparteien (*silent parties*)

Die Erbringung eines Kontoinformationsdienstes führt unweigerlich dazu, dass auch Daten Dritter verarbeitet werden. Mit der Möglichkeit eines Kontoinformationsdienstes hat der europäische Gesetzgeber die Grundlage dafür geschaffen. Hierbei spricht man von der sog. Nichtvertragspartei (*silent party*), deren personenbezogene Daten im Zuge des Zahlungsdienstes verarbeitet werden, obwohl die Person nicht Zahlungsdienstnutzer ist.[362] Insofern muss auch für diese Datenverarbeitung eine Rechtsgrundlage bestehen.

Diese kann grundsätzlich in Art. 6 Abs. 1 UAbs. 1 lit. f DS-GVO aufgrund des berechtigten Interesses des Kontoinformationsdienstleisters nach § 52 ZAG bestehen, sofern nicht die Interessen der Nichtvertragspartei überwiegen.[363] Insbesondere wegen der Datenminimierung sollen nur die Daten der Nichtvertragspartei verarbeitet werden, die nach dem Kontoinformationsdienst im Einzelfall erforderlich sind. Dabei lässt sich zunächst der Verarbeitungsvorgang der Erhebung und der Verwendung oder Übermittlung der Daten unterscheiden. Demnach kann es als erforderlich angesehen werden, die IBAN der Nichtvertragspartei zu erheben, nicht aber diese auch zum Zwecke des Kontoinformationsdienstes zu übermitteln[364]. Dazu könnten zum Schutz der betroffenen Nichtvertragspartei technische Maßnahmen einzurichten sein.[365] Hierunter kann etwa ein zwischengeschalteter Datenfilter fallen, der bestimmte Daten(-kategorien) herausnimmt oder schwärzt, um diese dem darauffolgenden Profiling als Input zu entziehen. Insbesondere, wenn der Kontoinfor-

---

[360] EuGH 6. 6. 2005 – C-105/3, ECLI:EU:C:2005:386, Rn. 47 (Pupino); 4. 7. 2006 – C-212/04, ECLI:EU:C:2006:443, Rn. 110 (Adeneler); 15. 4. 2008 – C-268/06, ECLI:EU:C:2008:223, Rn. 100 (Impact); 24. 1. 2012 – C-282/10, ECLI:EU:C:2012:33, Rn. 25 (Dominguez); 22. 1. 2019 – C-193/17, ECLI:EU:C:2019:43, Rn. 74 (Cresco Investigation); 11. 9. 2019, – C-143/18, ECLI:EU:C:2019:701, Rn. 39 (Romano); BVerfG NJW 2012, 669 (Rn. 47); BGHZ 225, 297 (Rn. 23); BGH WM 2020 838 (Rn. 11 f.); Langenbucher/*Langenbucher/Donath*, Europäisches Privat- und Wirtschaftsrecht, § 1 Rn. 112.

[361] Langenbucher/*Langenbucher/Donath*, Europäisches Privat- und Wirtschaftsrecht, § 1 Rn. 112.

[362] EDSA, Leitlinien 06/2020, Version 2.0, Rn. 45.

[363] EDSA, Leitlinien 06/2020, Version 2.0, Rn. 47; im Wege einer (nach hier vertretenen Auffassung nicht notwendigen) einschränkenden Auslegung des § 59 Abs. 2 ZAG i. E. auch *Indenhuck/Stein*, BKR 2018, 136 (138 f.).

[364] EDSA, Leitlinien 06/2020, Version 2.0, Rn. 63.

[365] EDSA, Leitlinien 06/2020, Version 2.0, Rn. 48.

mationsdienstleister ein Intermediär und nicht der Kreditgeber selbst ist, kann so dem überwiegenden Interesse der Nichtvertragspartei Rechnung getragen und berechtigten Bedenken entgegnet werden.[366] Der EDSA hat zudem technische Maßnahmen wie einen selektiven Zugang vorgeschlagen, wonach der Verantwortliche präventiv sicherstellen soll, dass bestimmte Datenkategorien erst gar nicht verarbeitet werden, um außerhalb des Anwendungsbereichs des Art. 9 DS-GVO zu bleiben.[367]

4. Sensible personenbezogene Daten

Anders als für die Nichtvertragspartei[368] können die Daten des kontoführenden Zahlungsdienstnutzers regelmäßig zu den besonderen Kategorien nach Art. 9 DS-GVO zuzuordnen sein.[369] Damit ist in diesen Fällen die ausdrückliche Einwilligung gem. Art. 9 Abs. 2 lit. a DS-GVO der einschlägige Erlaubnistatbestand.[370] In der Folge sind die strengen Anforderungen gem. Art. 4 Nr. 11, 6 Abs. 1 UAbs. 1 lit. a, 7, 9 Abs. 2 lit. a DS-GVO einzuhalten.[371] Mit Blick auf das Problem der Freiwilligkeit der Einwilligung bietet sich auch hier die Lösung eines Datenfilters an, sodass nur im Zwischenschritt sensible Daten verarbeitet werden, die anschließend nicht in die Kreditscorewertberechnung einfließen.[372]

X. Zwischenfazit

Es wurde gezeigt, dass sich das Kreditscoring trotz des Vorwurfs der Unterkomplexität[373] und Technikneutralität der DS-GVO auf verschiedene Erlaubnistat-

---

[366] Vgl. *Sander*, BKR 2019, 66 (70), i.E. aber befürwortend (72); *Weichert*, ZD 2021, 134 (138).

[367] EDSA, Leitlinien 06/2020, Version 2.0, Rn. 58.

[368] Die Nichtvertragspartei wird eine Gewerkschaft, kirchliche Einrichtung oder politische Partei sein, auf die die DS-GVO wegen des Zuschnitts auf personenbezogene Daten natürlicher Personen jedoch keine Anwendung findet, Art. 4 Nr. 1 DS-GVO, Gola/Heckmann/*Gola*, DS-GVO Art. 4 Rn. 26 ff. Der Geheimnisschutz nach § 203 StGB adressiert nur die Offenbarung durch die Nichtvertragspartei, nicht aber durch das Opfer selbst, vgl. den Täterkreis bei MünchKomm-StGB/*Cierniak/Niehaus*, § 203 Rn. 32 ff. Ein Berufsträger, der zum Täterkreis im Sinne des § 203 StGB gehört, wird regelmäßig ein gesondertes Geschäftskonto eingerichtet haben. Nur für dieses greifen die Anforderungen des Art. 9 DS-GVO mit Blick auf die Nichtvertragspartei, krit. *Weichert*, BB 2018, 1161 (1164); *ders.*, ZD 2021, 134 (136).

[369] Siehe die Beispiele bei EDSA, Leitlinien 06/2020, Version 2.0, Rn. 52; „sensible Zahlungsdaten" im Sinne des § 1 Abs. 26 ZAG unterfallen nicht zwangsläufig Art. 9 DS-GVO, da dieser Begriff in erster Linie zahlungsdienstrechtlich zu verstehen ist, *Weichert*, BB 2018, 1161 (1162).

[370] EDSA, Leitlinien 06/2020, Version 2.0, Rn. 57.

[371] Siehe oben § 4, B.VIII.2., S. 304.

[372] Siehe oben § 4, B.IX.3., S. 312.

[373] *Roßnagel/Nebel/Richter*, ZD 2015, 455 (460); *Roßnagel*, DuD 2017, 277 (277 f.); Gola/Heckmann/*Schulz*, DS-GVO Art. 6 Rn. 5; *Thüsing/Musiol*, RDV 2022, 189 (193).

bestände in Art. 6 DS-GVO stützen kann. Insbesondere an die Einwilligung nach Art. 6 Abs. 1 UAbs. 1 lit. a DS-GVO sind hohe Anforderungen gestellt, weshalb ihr für die Finanzpraxis eine untergeordnete Rolle zukommt.[374] Da mit Art. 6 Abs. 1 UAbs. 1 lit. b, c, f DS-GVO mehrere Rechtsgrundlagen in Betracht kommen, besteht aus Sicht des Einwilligenden keine „echte Wahl" und damit keine freiwillige Willensbekundung, sondern vielmehr ein ungeschriebenes Exklusivititätsverhältnis. Insofern richtet sich das interne Kreditscoring nach den genannten datenschutzrechtlichen Rechtsgrundlagen, das externe Kreditscoring nur nach lit. f. Nur wenn die Datenverarbeitung nicht erforderlich ist, bleibt für beide Fälle Raum für eine datenschutzrechtliche Einwilligung.[375] Die Verweigerung ohne beträchtlichen Nachteil ergab eine Lösung des doppelten Autonomieproblems in der Weise, dass das Kreditscoring nach Art. 6 Abs. 1 UAbs. 1 lit. b, c, f DS-GVO einen bestimmten „Grund-Kreditvertrag"[376] ermöglichen soll: Wären die Konditionen des Kreditvertrages bei „Kreditscoring mit Einwilligung" wesentlich besser, ergäbe die Verweigerung der Einwilligung einen beträchtlichen Nachteil, wenn schon nach dem „Kreditscoring ohne Einwilligung" ein Kreditvertrag geschlossen worden wäre. Scheitert aber dieser „Grund-Kreditvertrag" mangels ausreichender Bonität, ist das „Kreditscoring mit Einwilligung" hingegen erstmals ein Vorteil für den Betroffenen.

Dass zunächst nicht die Einwilligung, sondern andere datenschutzrechtliche Rechtsgrundlagen für das Kreditscoring in Betracht kommen, erweckt den Eindruck eines unzureichenden Datenschutzes, zumal die Rechtsgrundlagen nebeneinander stehen sollen.[377] Bei näherer Betrachtung verhält es sich indes genau umgekehrt. Durch das Merkmal der Erforderlichkeit hat der Verantwortliche streng zu prüfen, ob nicht gleich signifikante, aber weniger beeinträchtigende Daten für die Kreditwürdigkeitsprüfung berücksichtigt werden können. Die materiellen Vorgaben des § 31 Abs. 2 BDSG können durch den DSK-Beschluss allenfalls als verbraucherkreditrechtliche Auslegungshilfe im Sinne von *best practices* herangezogen werden. Art. 9 Abs. 1 DS-GVO fordert den Verantwortlichen im Stadium der Modellerstellung dazu auf, die Trainingsdaten aktiv nach Stellvertretermerkmalen, aus denen im Einzelfall sensible Daten hervorgehen können, zu untersuchen. Hält der Verantwortliche eine digitale Kontoprüfung für erforderlich, ist dafür zusätzlich eine Einwilligung des Kreditsuchenden gem. § 59 Abs. 2 ZAG notwendig, die aber vertragsrechtlicher Art ist. Der nationale Gesetzgeber sollte den Einwilligungsbegriff durch den Begriff der Zustimmung ersetzen.

Art. 6 Abs. 1 UAbs. 1 lit. b, c, f DS-GVO fordert auf den ersten Blick kein direktes Zutun des Betroffenen. Nichtsdestotrotz folgt aus dem Erforderlichkeitsgrundsatz mittelbar ein grundsätzliches Mitwirken des Betroffenen, indem dieser die vorran-

---

[374] *Von Lewinski/Pohl*, ZD 2018, 17 (17); BeckOK Datenschutzrecht/*Spoerr*, Syst. J, Rn. 44 ff.

[375] Krit. für das externe Kreditscoring *Schulz*, RDV 2022, 117.

[376] Siehe oben zum „Kreditscoring ohne Einwilligung" § 4, B.III.2., S. 269 ff.

[377] Siehe oben § 4, B., S. 263.

gige Auskunftsquelle sein soll. Das Kreditinstitut sollte sich auf alle drei genannten Rechtsgrundlagen stützen und sorgfältig die Erforderlichkeitsprüfung durchführen. Schließlich könnte die Datenschutzaufsicht oder die Rechtsprechung zur Ansicht gelangen, dass eine dieser Rechtsgrundlagen für das Kreditscoring ausscheidet oder die Erforderlichkeit im Einzelfall nicht vorliegt, sodass das konkrete Kreditscoringverfahren nach dieser Rechtsgrundlage nicht mehr rechtmäßig wäre. Insbesondere für Negativdaten, bei denen der Kreditgeber mit Blick auf den Risikogehalt des Kreditvertrages nicht allein die Angaben des Betroffenen vertrauen kann, ist es gerechtfertigt, ohne Mitwirkung des Betroffenen Finanzintermediäre zu konsultieren.

C. Restriktionen für automatisierte Kreditentscheidungen, Art. 22 DS-GVO

Während die vorigen Ausführungen der Frage nachgingen, welche Rechtsgrundlage für das Kreditscoring besteht, stellen sich bezüglich der Verwendung des berechneten Kreditscorewertes im Sinne des Modell-Outputs weitere Fragen, die vor allem Art. 22 DS-GVO betreffen. Hierbei handelt es sich nicht um einen eigenen Erlaubnistatbestand für eine rechtmäßige Datenverarbeitung bzw. ein rechtmäßiges Kreditscoring, sondern um im Einzelfall neben Art. 6 DS-GVO zu prüfende Anforderungen.[378]

I. Anwendungsbereich des Verbots automatisierter Einzelfallentscheidungen

Art. 22 Abs. 1 DS-GVO normiert das Recht der betroffenen Person, nicht einer ausschließlich auf einer automatisierten Verarbeitung – einschließlich Profiling – beruhenden Entscheidung unterworfen zu werden, die ihr gegenüber rechtliche Wirkung entfaltet oder sie in ähnlicher Weise erheblich beeinträchtigt. Entgegen dem umständlichen Wortlaut handelt es sich um ein generelles Verbot der automatisierten Einzelfallentscheidung, da Art. 22 DS-GVO dieses Recht nicht von einer individuellen Geltendmachung des Betroffenen abhängig macht.[379] Dieser Befund ergibt sich zusätzlich aus dem zugehörigen Erwg. (71) DS-GVO, wonach eine automatisierte Einzelfallentscheidung „erlaubt sein" soll, wenn die Voraussetzungen des

---

[378] Gola/Heckmann/*Schulz*, DS-GVO Art. 22 Rn. 3; *Eichler*, RDV 2017, 10 (11).

[379] *Pikamäe*, C-634/21, ECLI:EU:C:2023:220, Rn. 31 (Schlussanträge OQ/Land Hessen); Artikel-29-Datenschutzgruppe, Leitlinien zu automatisierten Entscheidungen im Einzelfall einschließlich Profiling für die Zwecke der Verordnung 2016/679, WP251.01, S. 21; *Guggenberger*, ZBB 2021, 254 (260); Sydow/Marsch/*Helfrich*, DS-GVO Art. 22 Rn. 43; Auernhammer/*Herbst*, DS-GVO Art. 22 Rn. 4; *Lorentz*, Profiling, S. 258; Gola/Heckmann/*Schulz*, DS-GVO Art. 22 Rn. 5; Taeger/Gabel/*Taeger*, DS-GVO Art. 22 Rn. 7, 25 f.

Art. 22 Abs. 2 DS-GVO vorliegen.[380] Im Umkehrschluss ist die automatisierte Einzelfallentscheidung im Grundsatz verboten. Als Musterbeispiel für den Anwendungsbereich des Art. 22 Abs. 1 DS-GVO benennt der europäische Gesetzgeber die automatisierte Ablehnung eines Online-Kreditantrages ohne menschliche Intervention, vgl. Erwg. (71) Satz 1 DS-GVO.

1. Qualität der Verarbeitung

Die erste Voraussetzung nach Art. 22 Abs. 1 DS-GVO ist, dass eine ausschließlich automatisierte Datenverarbeitung – einschließlich Profiling – stattfindet. Der Zusatz „Profiling" bezieht sich nicht auf die Entscheidung, sondern auf die Verarbeitung, wie der Einschub in Art. 22 Abs. 1 DS-GVO offenbart.[381] Die Unterscheidung ist bedeutend, da Art. 22 Abs. 1 DS-GVO die automatisierte Datenverarbeitung gerade nicht mit der automatisierten Entscheidung gleichsetzt. In der Folge handelt es sich um zwei getrennte Vorgänge.

Anknüpfungspunkt des Verbotes ist nach Art. 22 Abs. 1 DS-GVO aber nicht die automatisierte Verarbeitung, sondern erst die auf ihr beruhende und mithin nachgelagerte Entscheidung.[382] Da das Kreditscoring auch unter den Profiling-Begriff zu subsumieren ist und dieser, wie die DS-GVO zirkulär feststellt, gem. Art. 4 Nr. 4 DS-GVO jede automatisierte Datenverarbeitung darstellt,[383] ist der Anwendungsbereich des Abs. 1 im Rahmen einer Kreditentscheidungen, bei denen Kreditscoringverfahren zum Einsatz gelangen, mit Blick auf die Verarbeitungskomponente grundsätzlich eröffnet.[384]

2. Qualität der Entscheidung

Damit ist die Entscheidung im Sinne des Art. 22 Abs. 1 DS-GVO das zentrale Tatbestandsmerkmal. Diese wird nicht in der DS-GVO legaldefiniert. Die Literatur versteht darunter einen als ein gegenüber dem Betroffenen aus zwei oder mehr Optionen auswählenden, gestaltenden Akt mit teilweise oder überwiegend ab-

---

[380] Artikel-29-Datenschutzgruppe, Leitlinien zu automatisierten Entscheidungen im Einzelfall einschließlich Profiling für die Zwecke der Verordnung 2016/679, WP251.01, S. 21.

[381] *Kumkar/Roth-Isigkeit*, JZ 2020, 277 (278); Gola/Heckmann/*Schulz*, DS-GVO Art. 22 Rn. 4.

[382] Kühling/Buchner/*Buchner*, DS-GVO Art. 22 Rn. 23; Auernhammer/*Herbst*, DS-GVO Art. 22 Rn. 1; NK/*Scholz*, DS-GVO Art. 22 Rn. 17.

[383] Siehe oben § 4, A.I.2., S. 256; daher eine Differenzierung inhaltlich für unbedeutend haltend Kühling/Buchner/*Buchner*, DS-GVO Art. 22 Rn. 21; nur Symbolcharakter *Schantz*, NJW 2016, 1841 (1844); auch Taeger/Gabel/*Taeger*, DS-GVO Art. 22 Rn. 5.

[384] Kühling/Buchner/*Buchner*, DS-GVO Art. 22 Rn. 22.

schließendem Charakter.[385] Der Kreditscore führt, intern wie extern, zur Zuordnung zu einer Bonitätsstufe, die die Kreditwürdigkeit des Betroffenen auf der Grundlage statistischer Verfahren individuell und für den konkreten Fall wiedergeben soll. Nach dieser Definition könnte somit bereits der Kreditscore eine Entscheidung im Sinne des Art. 22 Abs. 1 DS-GVO darstellen. Allerdings vernachlässigt dies den in Art. 22 Abs. 1 DS-GVO angelegten Zweischritt, wonach ausdrücklich zwischen der automatisierten Datenverarbeitung und der darauf beruhenden Entscheidung zu differenzieren ist.[386] Von Bedeutung ist, ob die Entscheidung die in Art. 22 Abs. 1 DS-GVO vorgegebene Qualität annimmt. Das ist der Fall, wenn das Merkmal der Ausschließlichkeit vorliegt und der Wirkungsgrad der Entscheidung erreicht ist.

a) Ausschließlichkeit

Es unterfällt nur eine solche Entscheidung dem Verbot nach Art. 22 Abs. 1 DS-GVO, die ausschließlich (engl. „*solely*") auf der automatisierten Datenverarbeitung beruht. Der Wortlaut lässt keine differenzierende Auslegung zu,[387] sondern legt ein strenges Exklusivitätsverständnis zugrunde: Entweder beruht die Entscheidung ausschließlich auf der automatisierten Verarbeitung oder nicht. Im Ausgangspunkt bedeutet das Ausschließlichkeitskriterium, dass kein Mensch unmittelbar an der Einzelfallentscheidungsfindung beteiligt ist.[388] Die automatisierte Vorbereitung einer menschlichen Entscheidung unterfällt damit nicht dem Verbot nach Art. 22 Abs. 1 DS-GVO.[389] Demnach müsste die Kreditentscheidung einzig und allein auf der Grundlage des Kreditscores beruhen, um das Ausschließlichkeitskriterium zu erfüllen.

---

[385] *Kumkar/Roth-Isigkeit*, JZ 2020, 277 (279); BeckOK Datenschutzrecht/*von Lewinski*, DS-GVO Art. 22 Rn. 14; *Lorentz*, Profiling, S. 261; NK/*Scholz*, DS-GVO Art. 22 Rn. 17; Gola/Heckmann/*Schulz*, DS-GVO Art. 22 Rn. 17.

[386] Krit. VG Wiesbaden BeckRS 2021, 30719 (Rn. 22, 24)

[387] Die im Gesetzgebungsverfahren vorgeschlagene Erweiterung auf „vorrangig" automatisierte Entscheidungen hat keinen Niederschlag in Art. 22 DS-GVO gefunden, sodass eine Entscheidung, die nur teilweise oder überwiegend auf einer automatisierten Verarbeitung beruht, nicht vom Anwendungsbereich des Art. 22 Abs. 1 DS-GVO erfasst ist, vgl. die Version des Europäischen Parlaments in der ersten Lesung, Art. 20 Abs. 5 DS-GVO-EP-E, ABl. (EU) 2017 C 378, 399; Gola/Heckmann/*Schulz*, DS-GVO Art. 22 Rn. 11; *Roßnagel/Nebel/Richter*, ZD 2015, 455 (459); Taeger/Gabel/*Taeger*, DS-GVO Art. 22 Rn. 4.

[388] Artikel-29-Datenschutzgruppe, Leitlinien zu automatisierten Entscheidungen im Einzelfall einschließlich Profiling für die Zwecke der Verordnung 2016/679, WP251.01, S. 22; *Lorentz*, Profiling, S. 258; Gola/Heckmann/*Schulz*, DS-GVO Art. 22 Rn. 11.

[389] Sydow/Marsch/*Helfrich*, DS-GVO Art. 22 Rn. 45; Paal/Pauly/*Martini*, DS-GVO Art. 22 Rn. 20.

aa) Ausschluss durch echte menschliche Aufsicht

Dies hat zur Folge, dass eine menschliche Mitwirkung dazu führen kann, dass die Entscheidung nicht ausschließlich auf einer automatisierten Datenverarbeitung beruht. Insofern ist die menschliche Mitwirkung an der Entscheidung geeignet, das Verbot nach Art. 22 Abs. 1 DS-GVO zu umgehen. Art. 22 Abs. 1 DS-GVO soll damit den Schutz des Betroffenen vor Entscheidungsautomatismen ohne menschliche Beteiligung bezwecken.[390] Die MaRisk erlauben für sog. „nicht-risikobehaftete Kredite" eine Ausnahme von dem ansonsten geforderten Vier-Augenprinzip, wonach die Bereiche Markt und Marktfolge jeweils ein die Kreditgewährung befürwortendes Votum abzugeben haben.[391] Für „nicht-risikobehaftete Kredite", deren Einstufung dem Kreditinstitut obliegt, genügt indes ein Votum.[392] Bankaufsichtsrechtlich ist es mithin zulässig, nur eine Person an der Entscheidung mitwirken zu lassen.

Die *ratio legis* des Art. 22 DS-GVO wäre indes verfehlt, wenn die menschliche Intervention bloß in einer formalen Handlung bestünde.[393] Der Mensch wäre dann nur ein Bote der maschinellen Entscheidung und somit ein funktionsleerer Intermediär.[394] In der Folge muss dem Menschen auch eine inhaltliche Mitwirkung zukommen, um das Verbot der automatisierten Einzelentscheidung nach Abs. 1 zu umgehen.[395] Hierbei wird eine „echte Aufsicht" gefordert (engl. *„meaningful oversight"*).[396] Diese setzt voraus, dass der zwischen die automatisierte Datenverarbeitung und die darauffolgende Entscheidung geschaltete Mensch befugt, informiert und fachlich geeignet ist, die maschinelle Entscheidung zu ändern.[397] An-

---

[390] Auernhammer/*Herbst*, DS-GVO Art. 22 Rn. 1; *Lorentz*, Profiling, S. 258; Paal/Pauly/*Martini*, DS-GVO Art. 22 Rn. 20; vgl. auch *Albrecht/Jotzo*, Das neue Datenschutzrecht der EU, Teil 3 Rn. 61.

[391] Siehe § 25c Abs. 4a Nr. 3 lit. b KWG in Verbindung mit MaRisk, BTO Rn. 2 lit. a, b; zu den Anforderungen an das qualitative Risikomanagement siehe oben § 3, A.III.1., S. 156.

[392] MaRisk, BTO 1.1 Rn. 4.

[393] Keine bloße „symbolische Geste", Artikel-29-Datenschutzgruppe, Leitlinien zu automatisierten Entscheidungen im Einzelfall einschließlich Profiling für die Zwecke der Verordnung 2016/679, WP251.01, S. 22; *Horstmann/Dalmer*, ZD 2022, 260 (261 f.); Plath/*Kamlah*, DS-GVO Art. 22 Rn. 1b; *Lorentz*, Profiling, S. 262; Paal/Pauly/*Martini*, DS-GVO Art. 22 Rn. 17b; Taeger/Gabel/*Taeger*, DS-GVO Art. 22 Rn. 29.

[394] *Koch*, MMR 1998, 458 (460): „ausführendes Organ"; *Malgieri/Comandé*, 7 IDPL (2017), 243 (251): *„human or monkey?"*.

[395] Kühling/Buchner/*Buchner*, DS-GVO Art. 22 Rn. 15; *Horstmann/Dalmer*, ZD 2022, 260 (262).

[396] Artikel-29-Datenschutzgruppe, Leitlinien zu automatisierten Entscheidungen im Einzelfall einschließlich Profiling für die Zwecke der Verordnung 2016/679, WP251.01, S. 22.

[397] Artikel-29-Datenschutzgruppe, Leitlinien zu automatisierten Entscheidungen im Einzelfall einschließlich Profiling für die Zwecke der Verordnung 2016/679, WP251.01, S. 22; Sydow/Marsch/*Helfrich*, DS-GVO Art. 22 Rn. 43 f.; Plath/*Kamlah*, DS-GVO Art. 22 Rn. 1b; *Kumkar/Roth-Isigkeit*, JZ 2020, 277 (279); *Lorentz*, Profiling, S. 262 f.; Paal/Pauly/*Martini*,

dernfalls wäre der Mensch wiederum nur formaler Überbringer des Modell-Output. Umgekehrt bedeutet eine Aufsicht nicht, dass eine tatsächliche menschliche Intervention zu erfolgen hat. Stattdessen genügt die jederzeitige Möglichkeit der menschlichen Einflussnahme.[398] Hierbei hat der Mensch alle relevanten Daten zu berücksichtigen.[399] Damit ist eine inhaltliche Überprüfung des Kreditscores durch den Kreditsachbearbeiter bei der Kreditentscheidung erforderlich.[400] Diese darf sich nicht auf eine stichprobenartige Aufsicht einzelner Kreditanträge beschränken, sondern ist mit Blick auf den Wortlaut des Art. 22 DS-GVO im Einzelfall erforderlich.[401]

An einer echten Aufsicht fehlt es daher, wenn ein Sachbearbeiter automatisiert erstellte Profile auf Personen anwendet, ohne dass ihm ein eigener Einfluss auf die Entscheidung zukommt.[402] Demzufolge basiert auch die Kreditvergabe ausschließlich auf einer automatisierten Verarbeitung, wenn der Kreditscore ausschließlich und ohne zusätzliche menschliche Einflussmöglichkeit in die Kreditentscheidung einfließt.[403] Die gleiche Konstellation betrifft die Fälle, in denen ein Kredit nach den Kreditvergaberichtlinien des Kreditgebers nicht vergeben werden darf, etwa wenn der Kreditscore den Cut-Off-Score nicht übertrifft, weil dem Kreditsachbearbeiter dann keine eigene Entscheidungskompetenz zukommt.[404] Will das Kreditinstitut dies vermeiden, muss es vor Bekanntgabe der Kreditentscheidung prüfen, ob ein atypischer Fall vorliegt (sog. Override). Dieser Logik folgend könnte dies auch für den über jenem Cut-Off-Score liegenden Kreditscore gelten. Schließlich wird der Kreditscore einer jeweiligen Bonitätsstufe zugeteilt, die die Kreditkonditionen vorgibt und über eigene Unter- und Obergrenzen verfügt. Demnach könnte jeder berechnete Kreditscore grundsätzlich zu einer automatisierten Kreditentscheidung führen.

DS-GVO Art. 22 Rn. 18; *Malgierie/Comandé*, 7 IDPL (2017), 243 (251 f.); NK/*Scholz*, DS-GVO Art. 22 Rn. 30; Taeger/Gabel/*Taeger*, DS-GVO Art. 22 Rn. 29.

[398] Plath/*Kamlah*, DS-GVO Art. 22 Rn. 1c.

[399] Artikel-29-Datenschutzgruppe, Leitlinien zu automatisierten Entscheidungen im Einzelfall einschließlich Profiling für die Zwecke der Verordnung 2016/679, WP251.01, S. 22.

[400] Kühling/Buchner/*Buchner*, DS-GVO Art. 22 Rn. 16; Paal/Pauly/*Martini*, DS-GVO Art. 22 Rn. 19.

[401] *Kumkar/Roth-Isigkeit*, JZ 2020, 277 (279); Paal/Pauly/*Martini*, DS-GVO Art. 22 Rn. 19; *ders.*, Blackbox Algorithmus, S. 173; NK/*Scholz*, DS-GVO Art. 22 Rn. 27; ebenso, allerdings das Herausfiltern unplausibler Entscheidungen für ausreichend haltend Kühling/Buchner/*Buchner*, DS-GVO Art. 22 Rn. 15; a. A. *Horstmann/Dalmer*, ZD 2022, 260 (262); BeckOK Datenschutzrecht/*von Lewinski*, DS-GVO Art. 22 Rn. 25.1.

[402] Wegen sprachlicher Ungenauigkeiten in der deutschen Ausgabe ist hier die englische Fassung maßgeblich: Artikel-29-Datenschutzgruppe, Guidelines on Automated individual decision-making and Profiling for the purposes of Regulation 2016/679, WP251.01, S. 21.

[403] Kühling/Buchner/*Buchner*, DS-GVO Art. 22 Rn. 16.

[404] Plath/*Kamlah*, DS-GVO Art. 22 Rn. 1c; Paal/Pauly/*Martini*, DS-GVO Art. 22 Rn. 24; Schantz/Wolff/*Wolff*, Das neue Datenschutzrecht, Rn. 736; NK/*Scholz*, DS-GVO Art. 22 Rn. 29; ähnlich *Koch*, MMR 1998, 458 (460); im Rahmen eines K.O.-Kriteriums *Horstmann/Dalmer*, ZD 2022, 260 (262).

Umgekehrt folgt hieraus, dass ein Ermessensspielraum des Kreditsachbearbeiters die Ausschließlichkeit ausscheiden lässt. Dieser besteht nach den MaRisk ausdrücklich, indem zwischen dem Kreditscore und den Kreditkonditionen nur ein sachlich nachvollziehbarer Zusammenhang liegen soll.[405] Fraglich ist aber, welche Entscheidungsmacht dem Kreditsachbearbeiter noch zukommt, wenn der Kreditscore bereits abschließend die Kreditwürdigkeit bewertet.[406] Dann könnte eine inhaltliche Mitwirkung in eine formale Nachbearbeitung umschlagen, sodass die Kreditentscheidung letztlich ausschließlich auf dem Kreditscore beruht und damit automatisiert gefallen ist. Dies betrifft beispielsweise den aus der Verhaltensökonomie bekannten Bestätigungsfehler („*confirmation bias*"), wonach Menschen dazu tendieren, Tatsachen so zu wählen und zu suchen, die ihre gefasste Meinung bestätigen.[407] Auch tendieren Menschen dazu, automatisierten Entscheidungen Objektivität zuzuschreiben, sodass im schlimmsten Fall ein „Durchwinken" der Computerentscheidung droht („*automation bias*").[408] In Bezug auf die Kreditentscheidung besteht somit die Gefahr, dass der Kreditscore bereits ein festes Vorurteil darstellt, für das der Sachbearbeiter bestätigende Umstände sucht.[409] Zur Überprüfung der maschinellen Entscheidung besteht aber schon deswegen Anlass, da Modelle nicht selten falsche Entscheidungen treffen.[410] Dass die menschliche Interventionsmöglichkeit im Grundsatz besteht, setzt auch das Bankaufsichtsrecht im Rahmen der Ratingzuordnung voraus und ordnet in diesen Fällen besondere Dokumentationspflichten an, vgl. Art. 172 Abs. 3 CRR (sog. *overrides*).[411]

Die Grenze zur „symbolischen Geste"[412] ist noch nicht bei einer bloß untergeordneten menschlichen Mitwirkung erreicht. Schließlich hat der Gesetzgeber die auf einer nur „vorrangig" automatisierten Verarbeitung beruhenden Entscheidung als Tatbestandsmerkmal im Gesetzgebungsverfahren verworfen.[413] Der Mensch hat vielmehr weitere Faktoren in die Entscheidung einfließen zu lassen.[414] Mit Blick auf

---

[405] MaRisk, BTO 1.2 Rn. 9.

[406] Kritisch *Hoffmann-Riem*, AöR 2017, 1 (36); vgl. auch die Abstellung auf die Maßgeblichkeit des Kreditscorewertes bei NK/*Scholz*, DS-GVO Art. 22 Rn. 29.

[407] *Beck*, Behavioral Economics, S. 47.

[408] *Martini/Nink*, in: Bertelsmann Stiftung, Automatisch erlaubt?, S. 44 (50).

[409] Vgl. auch die Bedenken bei Auernhammer/*Herbst*, DS-GVO Art. 22 Rn. 6 a.E.; Schantz/Wolff/*Wolff*, Das neue Datenschutzrecht, Rn. 736.

[410] Siehe oben „*all models are wrong, but some are useful*", § 2, D.III.3.b), S. 123.

[411] Zu Art. 172 CRR § 3, C.II.4.a)cc)(7), S. 223; zur Modellerstellung, § 2, E.I., S. 128 ff.; die Entscheidungskompetenz grundsätzlich ablehnend *Glatzner*, DuD 2020, 312 (313).

[412] Artikel-29-Datenschutzgruppe, Leitlinien zu automatisierten Entscheidungen im Einzelfall einschließlich Profiling für die Zwecke der Verordnung 2016/679, WP251.01, S. 22.

[413] Vgl. noch die Version des Europäischen Parlaments in der ersten Lesung, Art. 20 Abs. 5 DS-GVO-EP-E, ABl. (EU) 2017 C 378, 399; Gola/Heckmann/*Schulz*, DS-GVO Art. 22 Rn. 11; *Roßnagel/Nebel/Richter*, ZD 2015, 455 (459); Taeger/Gabel/*Taeger*, DS-GVO Art. 22 Rn. 4.

[414] Artikel-29-Datenschutzgruppe, Leitlinien zu automatisierten Entscheidungen im Einzelfall einschließlich Profiling für die Zwecke der Verordnung 2016/679, WP251.01, S. 22.

das in Art. 22 Abs. 1 DS-GVO enthaltene strikte Exklusivitätsverhältnis bietet sich bezüglich der Frage der hinreichenden Qualität der menschlichen Intervention folgender Beurteilungsmaßstab an, der im Rahmen der für das Profiling gem. Art. 35 Abs. 3 lit. a DS-GVO erforderlichen Datenschutzfolgeabschätzung berücksichtigt werden kann und die technischen und organisatorischen Maßnahmen nach Erwg. (71) Satz 6 DS-GVO einschließt.[415]

(1) Modellstruktur

Im Ausgangspunkt ist die Modellstruktur zu bewerten. Nicht erforderlich ist, dass der das Modell anwendende Kreditsachbearbeiter über ein globales Modellverständnis und die Einzelheiten des Kreditscoringverfahrens verfügt.[416] Nichtsdestotrotz erfordert die Befugnis und Befähigung zur Änderung der Entscheidung ein Mindestverständnis mit Blick auf die Zusammenhänge des Modells, die Eingangsdaten und die Gewichtung der Parameter sowie die Methoden, auf denen das Modell basiert. Andernfalls könnte der Kreditsachbearbeiter die Modellentscheidung nicht inhaltlich bewerten und sich kein Bild über die Notwendigkeit zur Änderung der Modellentscheidung machen. Auch Modellschwächen und die Gefahr verzerrter Modellentscheidungen sind im Grundsatz zu kennen. Das bedeutet auch, dass der Kreditsachbearbeiter über hinreichende Erfahrung für die Durchführung einer Kreditwürdigkeitsprüfung verfügen muss.[417]

Dies schränkt die Verwendung bestimmter Modellierungsmethoden *prima facie* nicht notwendiger Weise aus. Auch eine nur lokale Erklärbarkeit kann demnach grundsätzlich genügen.[418] Dem Kreditsachbearbeiter, der ebenfalls an das Geschäftsgeheimnis gebunden ist, können dabei etwa schematische Erklärungen, Auswertungsbeispiele oder Visualisierungen dargereicht werden, um sein Verständnis über den Modell-Output zu schärfen. Die funktionale Mitwirkung im Sinne einer menschlichen Aufsicht mit Änderungsmöglichkeit der Modellentscheidung begründet kreditsachbearbeiterbezogene Transparenzanforderungen. Ein Black Box-Modell könnte der Sachbearbeiter nicht ordentlich beaufsichtigen.

Ein weiterer Aspekt besteht in der Gewichtung des externen Kreditscores sowie dessen Modellstruktur. Bildet dieser eine derart gewichtige Variable, dass sie die Modellentscheidung nicht unerheblich beeinflusst, so erstrecken sich Anforderungen an die Systemtransparenz und dem damit einhergehenden Grundsachverstand des Bankmitarbeiters auch auf den externen Kreditscore. Insgesamt fordert eine echte menschliche Aufsicht daher kreditgeberadressierte Systemtransparenz.

---

[415] Zur Erforderlichkeit der Datenschutzfolgeabschätzung Artikel-29-Datenschutzgruppe, Leitlinien zu automatisierten Entscheidungen im Einzelfall einschließlich Profiling für die Zwecke der Verordnung 2016/679, WP251.01, S. 22.

[416] NK/*Scholz*, DS-GVO Art. 22 Rn. 27, 30; Gola/Heckmann/*Schulz*, DS-GVO Art. 22 Rn. 15.

[417] NK/*Scholz*, DS-GVO Art. 22 Rn. 30; Gola/Heckmann/*Schulz*, DS-GVO Art. 22 Rn. 15.

[418] Zum Begriff oben § 1, B., S. 32 f.

(2) Modellkomplexität

Weiterhin ist die Komplexität des Modells zu betrachten. Dies umfasst die Quantität und Qualität der Input-Daten für die im Einzelfall zu treffende Modellentscheidung. Ist das Modell zu komplex, wird der Anwender es unter Umständen schwer haben, die Modellentscheidung inhaltlich bewerten und ändern zu können.

Ein anderer Aspekt der Modellkomplexität ist die Vollständigkeit des Modells. Oben wurde beschrieben, dass ein Modell *idealiter* die Realwelt simuliert.[419] In der Folge sollte das Modell auch alle relevanten Merkmale berücksichtigen, die für die jeweilige konkrete Kreditentscheidung erforderlich sind.[420] Nicht immer ist das allerdings möglich. Ein von einer Auskunftei übermittelter externer Kreditscore ist regelmäßig unvollständig, da dieser überwiegend nur die Kredithistorie zu einer Person verarbeitet. Erst wenn dieser externe Kreditscore in das interne Kreditscoringmodell eingegeben wird, mag sich in Kombination mit anderen Daten ein vollständigeres Bild ergeben. Daneben kann es aber noch andere Informationen wie zum Beispiel weiche Faktoren geben, die das Modell nicht verarbeiten kann und die eine Intervention des Kreditsachbearbeiters erfordern.

Ist das Kreditscoringmodell vollständig, aber besteht eine gewisse, bekannte Fehlerrate, so wird der Mensch die Modellentscheidung regelmäßig korrigieren und aktiv eingreifen. Übertrifft ein vollständiges Modell hingegen die menschliche Entscheidungsfähigkeit, so wird der Mensch die Modellentscheidung regelmäßig nicht abändern.[421] Demzufolge fehlt auch grundsätzlich eine inhaltliche Mitwirkung, wenn der Mensch regelmäßig nur die Modellentscheidung übernimmt und keinen eigenen Einfluss auf die Entscheidungen ausübt.[422] Das sollte aber nicht dazu führen, dass das Kreditinstitut absichtlich unvollständige Modelle erstellen soll. Stattdessen soll das Kreditinstitut dokumentieren, wie häufig der Sachbearbeiter von der Modellentscheidung abweicht, um dem Anwendungsbereich des Abs. 1 zu entfliehen. Schließlich kann der Sachbearbeiter neben dem Kreditscore auch die Kreditunterlagen bzw. die Input-Daten im Rahmen seiner Intervention berücksichtigen,[423] sofern es sich dabei um eine aussagekräftige Maßnahme handelt[424]. Hierfür spricht zuletzt

---

[419] Siehe oben § 2, E.I., S. 128.

[420] Zur Abwägung siehe oben § 4, B.III.2., S. 269.

[421] Vgl. *Veale/Edwards*, 34 Computer Law & Security Law (2018), 398 (400 f.).

[422] Siehe auch hier die englische Sprachfassung Artikel-29-Datenschutzgruppe, Guidelines on Automated individual decision-making and Profiling for the purposes of Regulation 2016/ 679, WP251.01, S. 21; *Veale/Edwards*, 34 Computer Law & Security Law (2018), 398 (400 f.).

[423] NK/*Scholz*, DS-GVO Art. 22 Rn. 30; vgl. auch Artikel-29-Datenschutzgruppe, Leitlinien zu automatisierten Entscheidungen im Einzelfall einschließlich Profiling für die Zwecke der Verordnung 2016/679, WP251.01, S. 22: weitere Faktoren (neben automatisierter Verarbeitung) sowie alle relevanten Daten.

[424] Artikel-29-Datenschutzgruppe, Leitlinien zu automatisierten Entscheidungen im Einzelfall einschließlich Profiling für die Zwecke der Verordnung 2016/679, WP251.01, S. 9; generell zweifelnd *Veale/Edwards*, 34 Computer Law & Security Law (2018), 398 (400 f.).

auch die *ratio legis*, da der Kreditsuchende unter diesen Umständen keinem Entscheidungsautomatismus unterworfen wird. Das Kreditinstitut muss dann aber umso mehr begründen, dass der Sachbearbeiter bei der Kreditentscheidung inhaltlich mitwirkt. Damit erfordert die menschliche Aufsicht auch kreditgeberadressierte Datentransparenz.

bb) Sekundäre Inklusion menschlicher Fehler im Einzelfall

In der Konsequenz, aber gesetzgeberisch durch Aufnahme des Ausschließlichkeitskriteriums in das Verbot nach Art. 22 Abs. 1 DS-GVO offenbar intendiert,[425] fließen menschliche Schwächen in der Entscheidungsfindung in die Kreditvergabe ein. Die Ausschließlichkeit fordert nämlich eine Durchbrechung der algorithmischen Logik durch menschliche Intervention. Neben dem bereits genannten *confirmation bias* treten daher weitere potenzielle Fehlerquellen hinzu, wie etwa der menschliche Hang zum Überoptimismus und der Überschätzung eigener Fähigkeiten (*overconfidence*).[426] Im Rahmen einer echten Aufsicht könnte der Kreditsachbearbeiter seine Fähigkeiten zur Abänderung der Modellentscheidung mithin positiv wie negativ überschätzen und einen zu teuren Kredit zulasten des Kreditnehmers vergeben. Andererseits könnte er auch einen Kredit an eine eigentlich nicht kreditwürdige Person zusagen, und damit die Risikotragfähigkeit des Kreditinstituts beeinträchtigen. Nicht zu vergessen ist aber, dass auch das Kreditscoringmodell menschengemacht und dem Einfluss seines Erstellers unterliegt. Auch das Modell ist damit ebenso anfällig für Fehler und Verzerrungen.[427] Diese Konsequenz entspricht auch der *ratio* des Art. 22 DS-GVO, die nicht vor unrichtigen, sondern vor automatisierten Entscheidung schützt.

cc) Zwischenfazit

In der Terminologie der Datenethikkommission sind damit grundsätzlich kreditscoringbasierte und kreditscoringgetriebene Entscheidungen nicht von Art. 22 Abs. 1 DS-GVO erfasst. Dies bezeichnet Fälle einer Kreditentscheidung, die sich nur auf den Kreditscore als algorithmisch berechnetes Ergebnis stützt oder die bereits grundsätzlich derart vorgeprägt ist, dass der menschliche Entscheidungsspielraum über die Kreditvergabe beschränkt wird. Demgegenüber handelt es sich um eine kreditscoringdeterminierte Entscheidung, wenn die algorithmische Auswertung bereits automatisch eine Konsequenz ohne menschliches Dazwischentreten her-

---

[425] Vgl. Schwartmann et al./*Atzert*, DS-GVO Art. 22 Rn. 4 („emotionaler Faktor ‚Mensch'"); Gola/Heckmann/*Schulz*, DS-GVO Art. 22 Rn. 2 („Unbehagen"); Taeger/Gabel/*Taeger*, DS-GVO Art. 22 Rn. 9.

[426] Dazu allgemein *Beck*, Behavioral Economics, S. 57 ff.; siehe auch die Studie *Rebitschek/Gigerenzer/Wagner*, 11 Scientific Reports (2021), 20171.

[427] Schwartmann et al./*Atzert*, DS-GVO Art. 22 Rn. 6; Taeger/Gabel/*Taeger*, DS-GVO Art. 22 Rn. 9.

vorruft.[428] Ein Online-Kredit mit sofortiger Bekanntgabe der Entscheidung gegenüber dem Antragsteller ist damit eine ausschließlich automatisierte Entscheidung.[429]

Allerdings wurde auch gezeigt, dass eine inhaltliche Mitwirkung in ein formales
Handeln umschlagen kann. Ob das der Fall ist, kann anhand des dargelegten Be-
urteilungsmaßstabes ermittelt werden. Aufgrund der Rechenschaftspflicht gem.
Art. 5 Abs. 2 DS-GVO besteht eine Dokumentationspflicht des Kreditinstituts, wenn
es den Anwendungsbereich des Art. 22 Abs. 1 DS-GVO umgehen will. Daneben
muss das Kreditinstitut seinen Kreditvergabeprozess klar strukturieren und die echte
menschliche Aufsicht im Einzelfall gewährleisten. Schließlich muss das Kreditinstitut über das Bestehen einer automatisierten Entscheidung bereits im Vorfeld informieren, Art. 13 Abs. 2 lit. f DS-GVO. Mit Blick auf Treu und Glauben (Art. 5
Abs. 1 lit. a DS-GVO) wäre es widersprüchlich, zur Sicherheit hilfsweise auf das
Bestehen einer automatisierten Entscheidung hinzuweisen, obwohl der Kreditgeber
eigentlich eine echte menschliche Aufsicht vorsieht.

b) Wirkung der automatisierten Entscheidung

Die Entscheidung im Sinne des Art. 22 Abs. 1 DS-GVO muss ferner gegenüber
dem Betroffenen entweder eine rechtliche Wirkung entfalten oder ihn in ähnlicher
Weise erheblich beeinträchtigen. Was unter dieser Wirkweise zu verstehen ist, wird
durch die DS-GVO nicht näher definiert. Es sollen im Grundsatz aber jedenfalls nur
schwerwiegende Wirkungen auf den Betroffenen umfasst sein.[430]

Eine rechtliche Wirkung setzt die Auswirkung auf die Rechte einer Person, ihren
rechtlichen Status oder ihre Rechte aus einem Vertrag voraus.[431] Umgekehrt kommt
damit allenfalls Art. 22 Abs. 1 Alt. 2 DS-GVO in Betracht, wenn zwischen den
Parteien noch kein Vertragsverhältnis besteht.[432] Schließlich „entfaltet" die Ablehnung eines Vertragsschlusses wegen des Grundsatzes der Privatautonomie noch
keine Einwirkung auf die Rechtsposition des Betroffenen.[433]

---

[428] Zu den Begriffen DEK, Gutachten, S. 24.

[429] EBA, EBA/Rep/2022, Rn. 135; *Lorentz*, Profiling, S. 263.

[430] *Pikamäe*, C-634/21, ECLI:EU:C:2023:220, Rn. 34 (Schlussanträge OQ/Land Hessen);
Artikel-29-Datenschutzgruppe, Leitlinien zu automatisierten Entscheidungen im Einzelfall
einschließlich Profiling für die Zwecke der Verordnung 2016/679, WP251.01, S. 23.

[431] Artikel-29-Datenschutzgruppe, Leitlinien zu automatisierten Entscheidungen im Ein-
zelfall einschließlich Profiling für die Zwecke der Verordnung 2016/679, WP251.01, S. 23;
Kühling/Buchner/*Buchner*, DS-GVO Art. 22 Rn. 24; Paal/Pauly/*Martini*, DS-GVO Art. 22
Rn. 26.

[432] *Lorentz*, Profiling, S. 264 f.; offen Kühling/Buchner/*Buchner*, DS-GVO Art. 22 Rn. 24;
a. A. Sydow/Marsch/*Helfrich*, DS-GVO Art. 22 Rn. 48.

[433] Plath/*Kamlah*, DS-GVO Art. 22 Rn. 7a; BeckOK Datenschutzrecht/*von Lewinski*, DS-
GVO Art. 22 Rn. 35 f.; Taeger/Gabel/*Taeger*, DS-GVO Art. 22 Rn. 45.

aa) Ablehnung oder erheblich verschlechternde Annahme des Kreditantrages

Infolgedessen stuft Erwg. (71) Satz 1 DS-GVO den Fall der automatischen Ablehnung eines Online-Kreditantrages auch als eine den Betroffenen in ähnlicher Weise erheblich beeinträchtigende Wirkung ein.[434] Gegen die eingewendete Kritik eines Kontrahierungszwangs spricht,[435] dass die Rechtsfolge des Art. 22 DS-GVO gerade nicht einen zwingenden Vertragsschluss, sondern nur das Recht des Betroffenen auf menschliche Intervention und die Anfechtung der Entscheidung vorsieht, vgl. Abs. 3.[436] Dass es zusätzlich auf Kriterien wie die Verfügbarkeit anderer Kreditangebote am Markt zu ggf. schlechteren Kondition ankommen soll,[437] widerspricht Erwg. (71) DS-GVO, der pauschal die Ablehnung des Online-Kreditantrages als erhebliche Beeinträchtigung einstuft.

An dieser Einstufung in Erwg. (71) DS-GVO wird zudem deutlich, dass der Gesetzgeber nicht den Kreditscore, sondern erst die Ablehnung des Kreditantrages als Entscheidung auffasst. Ob der Kreditscore, der zunächst nur eine automatisierte Datenverarbeitung darstellt, bereits die Entscheidung im Sinne des Art. 22 DS-GVO bildet, ist mithin eine Frage der Ausschließlichkeit.[438] Nichts anderes kann aber bei einem „Offline-Kreditantrag" gelten, da auch hier die Gefahr eines Entscheidungsautomatismus drohen kann, sofern keine echte menschliche Aufsicht gewährleistet ist.[439]

Eine Beeinträchtigung des Kreditsuchenden kann grundsätzlich auch in der automatisierten Kreditentscheidung unter verschlechternder Annahme des Kreditantrages liegen.[440] Einschränkend ist aber zu beachten, dass die hinter dem Begehren des Betroffenen zurückbleibende Annahme auch die Schwelle zur Erheblichkeit erreichen muss. Insofern genügt nicht jede Verschlechterung der Kreditkonditionen, insbesondere nicht, wenn erst durch die verschlechternde Annahme die Ziele der den Verbraucher vor Überschuldung zu schützenden Kreditwürdigkeitsprüfung gewahrt werden.[441]

---

[434] Artikel-29-Datenschutzgruppe, Leitlinien zu automatisierten Entscheidungen im Einzelfall einschließlich Profiling für die Zwecke der Verordnung 2016/679, WP251.01, S. 23; Kühling/Buchner/*Buchner*, DS-GVO Art. 22 Rn. 26a; NK/*Scholz*, DS-GVO Art. 22 Rn. 36.

[435] Gola/Heckmann/*Schulz*, DS-GVO Art. 22 Rn. 24.

[436] Schwartmann et al./*Atzert*, DS-GVO Art. 22 Rn. 58.

[437] Daher beschränkend auf die Angebote monopolartiger Unternehmen BeckOK Datenschutzrecht/*von Lewinski*, DS-GVO Art. 22 Rn. 39a.

[438] Dazu soeben § 4, C.I.2.a), S. 317 ff.

[439] Gola/Heckmann/*Schulz*, DS-GVO Art. 22 Rn. 26.

[440] Siehe bereits die Gegenäußerung der Bundesregierung zu der Stellungnahme des Bundesrates, BT-Drs., 16/10581, S. 1; Auernhammer/*Herbst*, DS-GVO Art. 22 Rn. 17.

[441] Plath/*Kamlah*, DS-GVO Art. 22 Rn. 7c.

bb) Ablehnung einer Zahlmethode

Die Beeinträchtigung ist erheblich, wenn sie den Betroffenen wie eine rechtliche Wirkung betrifft.[442] Das ist noch nicht der Fall, wenn eine Bezahlfunktion abgelehnt wird, die die Leistung kreditieren würde, aber der Vertrag grundsätzlich durchführbar bleibt.[443] Wird also der Kauf auf Rechnung abgelehnt,[444] könnte der Käufer dagegen in Vorleistung treten, liegt hierin keine erhebliche Beeinträchtigung im Sinne des Art. 22 Abs. 1 DS-GVO.[445] Daher ist der Anwendungsbereich für diese Fälle nicht eröffnet, sodass die Schutzmaßnahmen nach Art. 22 Abs. 3 DS-GVO sowie die erweiterten Transparenzpflichten nicht greifen.[446]

cc) Keine Auslagerung der Entscheidung durch Berücksichtigung des externen Kreditscores

In der Folge ist auch der externe Kreditscore noch nicht mit einer Entscheidung des Kreditgebers gem. Art. 22 Abs. 1 DS-GVO gleichzusetzen.[447] Dagegen hat das VG Wiesbaden in einer Vorlage an den EuGH eingewendet, dass der externe Kreditscore einer Auskunftei die Entscheidung des Kreditgebers derart beeinflusst, dass der externe Kreditscore *de facto* die Entscheidung im Sinne des Art. 22 Abs. 1 DS-GVO darstellt.[448] So würde ein negativer externer Auskunftei-Kreditscore regelmäßig zur Ablehnungsentscheidung durch den Kreditgeber führen.[449] Da dieser Kreditscore eine automatisierte Datenverarbeitung darstellt, sei der Anwendungs-

---

[442] Artikel-29-Datenschutzgruppe, Leitlinien zu automatisierten Entscheidungen im Einzelfall einschließlich Profiling für die Zwecke der Verordnung 2016/679, WP251.01, S. 23.

[443] Kühling/Buchner/*Buchner*, DS-GVO Art. 22 Rn. 26; Gola/Heckmann/*Schulz*, DS-GVO Art. 22 Rn. 25.

[444] Zur Einstufung als kreditierte Leistung siehe oben § 2, A.I.2., S. 36.

[445] Plath/*Kamlah*, DS-GVO Art. 22 Rn. 7c.

[446] Dazu unten § 4, C.III., S. 331.

[447] Vgl. bereits zum BDSG a.F. BGHZ 200, 38 (Rn. 34); zu Art. 22 DS-GVO *Blasek*, ZD 2022, 433 (438); Kühling/Buchner/*Buchner*, DS-GVO Art. 22 Rn. 38; *Glatzner*, DuD 2020, 312 (312 f.); *Horstmann/Dalmer*, ZD 2022, 260 (263); *Krämer*, NJW 2020, 497 (498); *Linderkamp*, ZD 2020, 506 (507); *Lorentz*, Profiling, S. 263; *Paal*, in: FS Taeger, S. 331 (337); *Rühlicke*, in: Maute/Mackenrodt, Recht als Infrastruktur für Innovation, S. 9 (34); NK/*Scholz*, DS-GVO Art. 22 Rn. 17; Gola/Heckmann/*Schulz*, DS-GVO Art. 22 Rn. 17; *Taeger*, RDV 2017, 3 (6); Taeger/Gabel/*Taeger*, DS-GVO Art. 22 Rn. 37; *Thüsing/Musiol*, RDV 2022, 189 (192); am Beispiel von Online-Kreditplattformen Möslein/Omlor/*Tschörtner*, FinTech-Hdb., § 3 Rn. 71.

[448] VG Wiesbaden BeckRS 2021, 30719 (Rn. 21).

[449] VG Wiesbaden BeckRS 2021, 30719 (Rn. 25): „Der dritte Verantwortliche muss seine Entscheidung zwar nicht allein vom Score-Wert abhängig machen, tut es in aller Regel jedoch maßgeblich. Eine Kreditvergabe mag zwar trotz eines grundsätzlich ausreichenden Score-Werts […] versagt werden, ein nicht ausreichender Score-Wert hingegen wird jedenfalls im Bereich der Verbraucherdarlehen in fast jedem Fall und auch dann zur Versagung eines Kredits führen, wenn etwa eine Investition im Übrigen als lohnend erscheint."

bereich des Art. 22 Abs. 1 DS-GVO eröffnet.[450] In seinen Schlussanträgen folgte der Generalanwalt des EuGH der Argumentation des VG Wiesbaden.[451]

In der Sache betrifft die Argumentation des Verwaltungsgerichts aber nicht die Automatisierung der Entscheidungsfindung, sondern die der Auskunftei zukommende Wissensmacht. Schließlich basiert ein schlechter externer Kreditscore darauf, dass der Auskunftei Negativmerkmale zu der kreditsuchenden Person bekannt sind. Die Erstellung einer Datenbank zur Kredithistorie natürlicher Personen ist aber nicht von dem Telos des Art. 22 DS-GVO umfasst, der schließlich Entscheidungsautomatismen untersagen will.[452] Die Erhebung kreditrelevanter Daten wird vielmehr von Art. 6 DS-GVO adressiert. Die Bedenken des VG Wiesbaden betreffen mithin die delegierte Informationssuche. Die Auslagerung dieser Informationssuche ist aber noch keine Auslagerung der Entscheidung.

Das offenbart sich, wenn man die Automatisierung hinwegdenkt oder – praktisch gesprochen – umgeht: Würde die Auskunftei Informationen zum Vorliegen eines eröffneten Insolvenzverfahrens über das Vermögen eines kreditsuchenden Verbrauchers an das Kreditinstitut übermitteln und würde der Bankmitarbeiter manuell die Kreditwürdigkeit des Antragstellers überprüfen, so liegt keine automatisierte Datenverarbeitung vor und der Anwendungsbereich des Art. 22 DS-GVO ist nicht eröffnet, auch wenn dem Kreditsachbearbeiter nach den Kreditvergaberichtlinien des Instituts kein eigener Entscheidungsspielraum mehr zukommen dürfte. Würde die Auskunftei stattdessen nur den Kreditscore übermitteln, der wegen der Insolvenz des Betroffenen äußerst negativ ausfallen würde, und würde das interne Kreditscoringmodell des Kreditinstituts wegen des niedrigen externen Kreditscore die Ablehnung der Kreditvergabe empfehlen, dann wäre der Anwendungsbereich des Art. 22 DS-GVO eröffnet. Der Unterschied dieser Ergebnisse manifestiert sich somit allein in dem automatisierten Ablauf der Entscheidungsfindung und gerade nicht durch den in beiden Fällen gleichgelagerten Wissensvorsprung der Auskunftei.

Dass der externe Kreditscore schon nicht die Entscheidung des Kreditgebers darstellt, zeigt sich an einem weiteren Beispiel: Ist der Kreditscore nur leicht unterdurchschnittlich, entscheidet die Risikotragfähigkeit des Kreditgebers darüber, ob er den Kredit vergeben möchte oder nicht. Für den einen Kreditgeber mag es wirtschaftlich tragbar sein, eine Ausfallwahrscheinlichkeit von 95 % zu tolerieren, während sich für einen anderen Kreditgeber eine Ausfallwahrscheinlichkeit von 90 % noch rentiert. Dies betrifft den Cut-Off-Score, den der Kreditgeber im Rahmen seiner internen Kreditvergaberichtlinien individuell nach seinem Risikoappetit festlegt. Der externe Kreditscore ist damit nur die Reduktion des Sachverhalts durch statistische Auswertung. Ob der Kreditscore für einen Vertragsschluss ausreichend

---

[450] VG Wiesbaden BeckRS 2021, 30719 (Rn. 21).

[451] *Pikamäe*, C-634/21, ECLI:EU:C:2023:220, Rn. 42 ff. (Schlussanträge OQ/Land Hessen).

[452] Siehe oben § 4, C.I.2.a)aa), S. 318.

ist, entscheidet der Kreditgeber selbst.[453] Selbst wenn dieser zu niedrig ist, kann der Kreditgeber ausnahmsweise eine positive Kreditentscheidung treffen (sog. Override).[454] Wenn der Kreditgeber den Vertragsschluss allein wegen des externen Kreditscores ablehnt, ist dies im Rahmen seines Verantwortungsbereichs aber eine Frage der Ausschließlichkeit.[455] Insofern erscheint die Schlussfolgerung des EuGH-Generalanwalts zunächst konsequent, die Entscheidung werde bei einem Kreditscore durch die Auskunftei in einer Weise „vorbestimmt", dass diese eigentlich die Entscheidung eigentlich treffe.[456] Diese basiert aber auf der insoweit undifferenzierten Vorlage des VG Wiesbaden, die den Eindruck einer regelmäßig nur formal stattfindenden Nachbearbeitung durch das Kreditinstitut erweckt.[457] Selbst dann läge die Entscheidung, ein Kredit werde z. B. erst ab einem Kreditscore von 90 % vergeben, bei dem Kreditinstitut. Die von dem VG Wiesbaden und dem EuGH-Generalanwalt befürchtete Rechtsschutzlücke[458] besteht im Falle der automatisierten Einzelfallentscheidung insoweit nicht, da den Kreditgeber auch spezifische Informationspflichten über die Scorewertberechnung durch den Finanzintermediär treffen.[459] Dass die Auskunftei schon nicht die Entscheidung trifft, wird auch dadurch gestützt, dass der europäische Gesetzgeber künftig bei jeder Kreditvergabe, die auf einem Kreditscore beruht, erweiterte Transparenzpflichten über die involvierte Logik und die Tragweite des Kreditscorings vorsieht, vgl. Art. 18 Abs. 6 lit. b CCD 2021-Komm-E.[460] Dieser Regulierung würde es nicht bedürfen, wenn der externe Kreditscore bereits *de lege lata* die „Entscheidung" im Sinne des Art. 22 Abs. 1 DS-GVO darstellen würde.

Zuletzt ist das Kreditinstitut auch bankaufsichtsrechtlich verpflichtet, neben dem externen Kreditscore immer eigene Informationen in die Kreditwürdigkeitsprüfung einfließen zu lassen.[461] Es darf die Entscheidung damit schon gar nicht auslagern.[462] Der EuGH-Anwalt betont, es handle sich bei der Frage der Ausschließlichkeit letztlich um eine „Tatsachenfragen", die von den nationalen Gerichten zu ent-

---

[453] So auch das VG Wiesbaden BeckRS 2021, 30719 (Rn. 18): Übermittlung des externen Kreditscores „an Dritte für deren Entscheidung"; *Glatzner*, DuD 2020, 312 (313); *Helfrich*, Kreditscoring und Scorewertbildung der SCHUFA, S. 233; *Hoeren*, RDV 2007, 93 (98); *Krämer*, NJW 2020, 497 (502); Gola/Heckmann/*Schulz*, DS-GVO Art. 22 Rn. 13; vgl. auch zu § 6a BDSG a. F. OLG Frankfurt a. M. NZI 2016, 188 (189).

[454] Dazu oben § 2, E.I.5., S. 138.

[455] Dazu oben § 4, C.I.2.a)aa), S. 318 ff.

[456] *Pikamäe*, C-634/21, ECLI:EU:C:2023:220, Rn. 47 (Schlussanträge OQ/Land Hessen).

[457] Ähnlich *Blasek*, ZD 2022, 433 (436 f.); vgl. die Ausführungen *Pikamäe*, C-634/21, ECLI:EU:C:2023:220, Rn. 46 f. (Schlussanträge OQ/Land Hessen).

[458] VG Wiesbaden BeckRS 2021, 30719 (Rn. 31 ff.); *Pikamäe*, C-634/21, ECLI:EU:C:2023:220, Rn. 48 (Schlussanträge OQ/Land Hessen).

[459] Siehe unten § 4, D.I.5.b)aa), S. 346.

[460] Dazu unten § 4, D.I.6., S. 348 f.

[461] Art. 79 lit. b Satz 2 CRD IV; dazu oben § 3, B.III., S. 155 f.; siehe die informelle Marktbefragung bei *Blasek*, ZD 2022, 433 (436).

[462] Anders aber für die Auslagerung der Informationssuche, siehe oben § 3, B.V., S. 183 ff.

scheiden ist.[463] Es bietet sich daher an, die dargelegte Differenzierung zu berücksichtigen.

dd) Übermittlung des externen Kreditscores als unerhebliche Entscheidung

Etwas anderes könnte sich ergeben, wenn man die Übermittlung eines externen Kreditscores als Entscheidung der Auskunftei auffassen würde. Dieser Entscheidung müsste sodann die von Art. 22 DS-GVO vorgesehene Wirkung zukommen.[464] Als Indizien für eine erhebliche Beeinträchtigung nennt der EDSA etwa die Dauer der Beeinträchtigung oder die Möglichkeit der Diskriminierung.[465] Die Erheblichkeit der Beeinträchtigung muss eine umfassende und nennenswerte Wirkung auf den Betroffenen haben, worunter auch der Einfluss auf die finanzielle Situation des Betroffenen, insbesondere seine Kreditwürdigkeit, gehört.[466] Dass auch tatsächliche Vorgänge eine „Entscheidung" darstellen, wird daran deutlich, dass die Schaltung einer Online-Werbung in den Anwendungsbereich des Art. 22 Abs. 1 DS-GVO fallen kann.[467]

Allerdings beeinträchtigt der externe Kreditscore, der *lege artis* erstellt wurde, auch wenn er eine noch so schlechte Bonität ausdrücken mag, den Betroffenen grundsätzlich nicht in ähnlich erheblicher Weise wie eine rechtliche Wirkung. Schließlich soll der Verbraucher durch die Vorgaben der Verbraucherkreditrichtlinie vor Überschuldung und Zahlungsunfähigkeit geschützt werden.[468] Gerade ein negativer Kreditscore führt zweckerfüllend dazu, dass der Kreditgeber den Kredit nicht vergibt und sich der Verbraucher nicht weiter verschuldet. Daher wäre es widersprüchlich, wenn man eine die Ziele des Verbraucherschutzes erfüllende Tätigkeit als grundsätzlich erhebliche Beeinträchtigung verstünde.[469]

---

[463] *Pikämäe*, C-634/21, ECLI:EU:C:2023:220, Rn. 45 (Schlussanträge OQ/Land Hessen).

[464] Dafür *Albrecht/Jotzo*, Das neue Datenschutzrecht der EU, Teil 3 Rn. 63; Sydow/Marsch/*Guggenberger*, BDSG § 31 Rn. 5; ablehnend für die Scorewertberechnung *Thüsing/Musiol*, RDV 2022, 189 (192).

[465] Artikel-29-Datenschutzgruppe, Leitlinien zu automatisierten Entscheidungen im Einzelfall einschließlich Profiling für die Zwecke der Verordnung 2016/679, WP251.01, S. 23.

[466] Artikel-29-Datenschutzgruppe, Leitlinien zu automatisierten Entscheidungen im Einzelfall einschließlich Profiling für die Zwecke der Verordnung 2016/679, WP251.01, S. 24.

[467] Vgl. Artikel-29-Datenschutzgruppe, Leitlinien zu automatisierten Entscheidungen im Einzelfall einschließlich Profiling für die Zwecke der Verordnung 2016/679, WP251.01, S. 24; BeckOK Datenschutzrecht/*von Lewinski*, DS-GVO Art. 22 Rn. 37.

[468] Siehe etwa § 18a Abs. 3 Satz 1 KWG oder Art. 19 des CCD 2021-Komm-E, wonach die Speicherung von Zahlungsrückständen eines Verbrauchers als Mindestvorgabe für Auskunfteien vorgesehen sind.

[469] Etwas anderes kann mit Blick auf Diskriminierungsfragen gelten, insbesondere inwiefern Anschriftendaten verwendet werden, vgl. § 31 Abs. 1 Nr. 3, 4 BDSG; schwieriger ist diese Frage für *proxies* im Allgemeinen zu beantworten, dazu *Langenbucher*, ECGI Law Working Paper N° 663/2022.

II. Verbotsausnahmen, Art. 22 Abs. 2 DS-GVO

Von dem Verbot der automatisierten Einzelentscheidung bestehen drei Ausnahmen nach Art. 22 Abs. 2 lit. a–c DS-GVO. Eine Rückausnahme hiervon sieht Art. 22 Abs. 4 DS-GVO für den Fall der Berücksichtigung besonderer Datenkategorien vor. Dann darf nur von dem Verbot nach Abs. 1 abgewichen werden, wenn der Betroffene gem. Art. 9 Abs. 2 lit. a DS-GVO ausdrücklich in die automatisierte Entscheidung einwilligt.[470]

Die Verbotsausnahme sieht in Art. 22 Abs. 2 lit. b DS-GVO eine Öffnungsklausel vor, wonach dem Gesetzgeber ein Regelungsspielraum für weitere Ausnahmen eingeräumt wird. Daher wird teilweise vertreten, § 31 BDSG könne sich auf diese Öffnungsklausel stützen.[471] Hiernach käme es aber zu einer Ungleichbehandlung, sofern eine nichtautomatisierte Kreditentscheidung stattfindet, da § 31 BDSG aufgrund der Öffnungsklausel nur für automatisierte Entscheidungen anwendbar wäre.[472]

Dass der nationale Gesetzgeber aber bewusst nicht von dieser Öffnungsklausel Gebrauch gemacht hat, ergibt ein Blick in § 37 BDSG. Unter dem ausdrücklichem Verweis auf Art. 22 DS-GVO beschränkt der Gesetzgeber das Recht aus dessen Abs. 1 in bestimmten versicherungsvertraglichen Fällen, vgl. § 37 Abs. 1 Nr. 1, 2 BDSG. Dieser Verweis fehlt aber in § 31 BDSG und spricht somit gegen einen entsprechenden Umsetzungswillen des nationalen Gesetzgebers. Ferner stellt Art. 22 DS-GVO zusätzliche Anforderungen an die ausschließlich auf einer automatisierten Verarbeitung beruhenden Entscheidung und regelt damit noch nicht die Rechtmäßigkeit der automatisierten Verarbeitung selbst.[473] § 31 BDSG kann sich daher nicht auf Art. 22 Abs. 2 lit. b DS-GVO stützen.

Das Verbot nach Art. 22 Abs. 1 DS-GVO gilt ferner nicht, wenn die automatisierte Entscheidung für den Abschluss oder die Erfüllung eines Vertrags zwischen der betroffenen Person und dem Verantwortlichen erforderlich ist, Art. 22 Abs. 2 lit. a DS-GVO. Der Verantwortliche muss hierbei begründen, dass nicht gleich wirksame,

---

[470] Dazu siehe oben § 4, B.VIII.2., S. 304; die zusätzliche Rechtfertigung aus Gründen eines erheblichen öffentlichen Interesses gem. Art. 9 Abs. 2 lit. g DS-GVO ist nicht einschlägig, so auch für das Profiling allgemein *Lorentz*, Profiling, S. 274.

[471] Zur Diskussion im Rahmen des Art. 6 DS-GVO siehe oben § 4, B.VI.3.e)bb), S. 287 ff.; für möglich haltend *Härting*, Datenschutz-Grundverordnung, Teil C Rn. 641; ebenso Roßnagel/*Richter*, Europäische Datenschutz-Grundverordnung, § 4 Rn. 116; dem folgend *Taeger*, ZRP 2016, 72 (74 f.); eher ablehnend aber *ders.*, RDV 2017, 3 (7); offenbar wiederum befürwortend Taeger/Gabel/*ders.*, DS-GVO Art. 22 Rn. 17; auch Schwartmann et al./*Atzert*, DS-GVO Art. 22 Rn. 93; *Krämer*, NJW 2020, 497 (498); kritisch *Kühling et al.*, Die DS-GVO und das nationale Recht, S. 68, 440 ff.

[472] *Pikamäe*, C-634/21, ECLI:EU:C:2023:220, Rn. 65 (Schlussanträge OQ/Land Hessen); *Horstmann/Dalmer*, ZD 2022, 260 (265); ähnlich auch VG Wiesbaden BeckRS 2021, 30719 (Rn. 38 ff.); Plath/*Kamlah*, DS-GVO Art. 22 Rn. 9; vgl. auch *Paal*, in: FS Taeger, S. 331 (340).

[473] Gola/Heckmann/*Schulz*, DS-GVO Art. 22 Rn. 3; *Eichler*, RDV 2017, 10 (11).

aber weniger eingreifende Mittel verfügbar sind.[474] Am Maßstab der Vertrags-pflichten ist somit zu entscheiden, ob die Entscheidung auch auf einer nicht auto-matisierten Verarbeitung beruhen kann.[475] Dies kann grundsätzlich bei zeitkritischen Geschäften wie im Massengeschäft oder im Online-Bereich abgelehnt werden.[476] Der interne Kreditscore bildet in diesen Fällen die wesentliche Grundlage für die Kreditkonditionen, weshalb die automatisierte Kreditentscheidung regelmäßig als zum Abschluss des Kreditvertrages erforderlich im Sinne des Art. 22 Abs. 2 lit. a DS-GVO angesehen werden kann.[477] Damit scheidet in Ermangelung der Freiwil-ligkeit in der Regel auch eine ausdrückliche Einwilligung gem. Art. 22 Abs. 2 lit. c DS-GVO als taugliche Ausnahme aus.[478] Ist die Einwilligung mangels Erforder-lichkeit einschlägig, erstreckt sich die Informiertheit insbesondere auch auf die in-volvierte Logik der Entscheidungsfindung sowie die Tragweite der Entscheidung.[479]

III. Erforderliche Schutzmaßnahmen, Art. 22 Abs. 3 DS-GVO

Wenn je nach Ausgestaltung durch den Kreditgeber bei Konsum- und Online-Krediten regelmäßig die Verbotsausnahmen nach Art. 22 Abs. 2 lit. a DS-GVO eingreifen können, stellt sich die Frage, weshalb die Tatbestandsmerkmale in Abs. 1 hier derart differenziert betrachtet wurden. Die Antwort auf diese Frage einerseits liegt darin, dass sich die Kreditvergabepraxis in ihren Datenschutzerklärungen oder allgemeinen Geschäftsbedingungen in der Regel darauf beruft, keine automatisierte Einzelfallentscheidung zu treffen.[480] Dem Erfordernis der echten Aufsicht kommt daher eine gewichtige Rolle zu. Andererseits hat der Verantwortliche bei Vorliegen einer Verbotsausnahme nach Art. 22 Abs. 2 lit. a oder c DS-GVO für bestimmte Schutzmaßnahmen zu sorgen, um die Rechte und Freiheiten sowie die berechtigten Interessen des Betroffenen zu wahren, Art. 22 Abs. 3 DS-GVO. Hierzu zählt zu-

---

[474] Artikel-29-Datenschutzgruppe, Leitlinien zu automatisierten Entscheidungen im Ein-zelfall einschließlich Profiling für die Zwecke der Verordnung 2016/679, WP251.01, S. 25.

[475] Paal/Pauly/*Martini*, DS-GVO Art. 22 Rn. 31, 31a; NK/*Scholz*, DS-GVO Art. 22 Rn. 42.

[476] Hessischer Beauftragter für Datenschutz und Informationsfreiheit, 45. Tätigkeitsbe-richt, Ziff. 4.2.1.3; Auernhammer/*Herbst*, DS-GVO Art. 22 Rn. 19; Ellenberger/Bunte/*Kirschhöfer*, Bankrechts-Hbd., § 12 Rn. 100; Paal/Pauly/*Martini*, DS-GVO Art. 22 Rn. 31; BeckOK Datenschutzrecht/*von Lewinski*, DS-GVO Art. 22 Rn. 43; Taeger/Gabel/*Taeger*, DS-GVO Art. 22 Rn. 53; wohl generell *Linderkamp*, ZD 2020, 506 (508).

[477] Kühling/Buchner/*Buchner*, DS-GVO Art. 22 Rn. 30; Ehmann/Selmayr/*Hladjk*, DS-GVO Art. 22 Rn. 11; NK/*Scholz*, DS-GVO Art. 22 Rn. 43; Gola/Heckmann/*Schulz*, DS-GVO Art. 22 Rn. 29; Taeger/Gabel/*Taeger*, DS-GVO Art. 22 Rn. 52; grundsätzlich auch Auern-hammer/*Herbst*, DS-GVO Art. 22 Rn. 6, 19; jedenfalls bei einem Online-Sofortkredit Mös-lein/Omlor/*Forgó/Škorjanc*, FinTech-Hdb., § 15 Rn. 89.

[478] Zum Erfordernis der „echten Wahl" siehe oben § 4, B.VII.1.a), S. 293.

[479] Dazu sogleich unten § 4, D.I.5.b), S. 345 ff.; Kühling/Buchner/*Buchner*, DS-GVO Art. 22 Rn. 42; Gola/Heckmann/*Schulz*, DS-GVO Art. 22 Rn. 31.

[480] *Horstmann/Dalmer*, ZD 2022, 260 (261).

mindest das Recht des Betroffenen auf Erwirkung des Eingreifens einer Person, auf Darlegung des eigenen Standpunkts und auf Anfechtung der Entscheidung. Der durch die Entscheidung beeinträchtigte Kreditantragsteller hat damit das Recht, dass ein Mensch in die Entscheidung eingreift und die Aufsichtsfunktion wahrnimmt. Auch Abs. 3 erfordert somit, dass der Kreditsachbearbeiter befähigt und befugt ist, die Entscheidung zu ändern, und dass dieser alle relevanten Daten prüft.[481] Somit sind die oben dargestellten Transparenzanforderungen auch dann zu berücksichtigen, wenn eine Verbotsausnahme gem. Art. 22 Abs. 2 lit. a, c DS-GVO eingreift.[482]

Zwingende Voraussetzung ihrer Geltendmachung ist, dass der Betroffene über das Bestehen dieser Rechte vor der Entscheidung in Kenntnis gesetzt wird.[483] Nach Erwg. (71) Satz 4 DS-GVO erfordert dies eine spezifische Unterrichtung.[484] Hierzu fasst Erwg. (71) Satz 4 DS-GVO ausdrücklich auch die Erläuterung der getroffenen Entscheidung. Insofern könnte ein Recht des Betroffenen auf Erklärung der Entscheidung eine erforderliche Schutzmaßnahme im Sinne des Art. 22 Abs. 3 DS-GVO sein. Dagegen spricht jedoch, dass Art. 22 Abs. 3 DS-GVO dieses Recht nicht enthält. Vielmehr wurde ein solches Recht während des Gesetzgebungsverfahrens zur DS-GVO in Art. 22 DS-GVO zunächst erwogen, aber letztlich gestrichen.[485] Da den Erwägungsgründen selbst kein verbindlicher Charakter zukommt,[486] ist damit davon auszugehen, dass das Recht auf Erklärung nicht zwingend zu den erforderlichen Schutzmaßnahmen gehört und Abs. 3 grundsätzlich abschließend ist.[487] Die speziell die automatisierte Einzelfallentscheidung betreffenden Informations- und Auskunftspflichten richten sich somit grundsätzlich nach Art. 13 Abs. 2 lit. f, 14 Abs. 2 lit. g, 15 Abs. 1 lit. h DS-GVO.[488] Damit soll auch im Falle der automatisierten Einzelfallentscheidungen den Grundsätzen der Transparenz sowie Treu und Glauben nach Art. 5 Abs. 1 lit. a DS-GVO Rechnung getragen werden.[489]

---

[481] Vgl. Artikel-29-Datenschutzgruppe, Leitlinien zu automatisierten Entscheidungen im Einzelfall einschließlich Profiling für die Zwecke der Verordnung 2016/679, WP251.01, S. 30.

[482] Zur menschlichen Aufsicht siehe oben § 4, C.I.2.a)aa), S. 318.

[483] Kühling/Buchner/*Buchner*, DS-GVO Art. 22 Rn. 32; Gola/Heckmann/*Schulz*, DS-GVO Art. 22 Rn. 33.

[484] Kühling/Buchner/*Buchner*, DS-GVO Art. 22 Rn. 32.

[485] Siehe die abgedruckten Passagen bei *Wachter/Mittelstadt/Floridi*, 7 International Data Privacy Law (2017), 76 (81).

[486] Dauses/Ludwigs/*Pieper*, Hdb. des EU-Wirtschaftsrechts, B. I. Rechtsquellen, Rn. 35; Langenbucher/*Langenbucher/Donath*, Europäisches Privat- und Wirtschaftsrecht, § 1 Rn. 21.

[487] *Wachter/Mittelstadt/Floridi*, 7 International Data Privacy Law (2017), 76 (80 f.); *Kumkar/Roth-Isigkeit*, JZ 2020, 277 (281) weisen darauf hin, dass der Gesetzgeber auch nicht ein „insbesondere" eingefügt hat; Holzinger et al./*Hacker/Passoth*, xxAI, S. 343 (347 ff.); *H. Hoffmann/Kevekordes*, DuD 2021, 609 (611); *Malgieri/Comandé*, 7 IDPL 2017, 243 (247, 254 f.).

[488] Dazu unten § 4, D.I.5.b), S. 345 ff.

[489] Kühling/Buchner/*Buchner*, DS-GVO Art. 22 Rn. 34; NK/*Scholz*, DS-GVO Art. 22 Rn. 43.

Die in Art. 22 Abs. 3 DS-GVO genannten Maßnahmen sind dennoch eine Mindestvorgabe und somit nicht abschließend. Der EDSA zieht aus dem Umstand der potenziellen Beeinträchtigung zulasten des Betroffenen durch mögliche Verzerrungen und Fehler in der automatisierten Entscheidungsfindung den Schluss, dass der Verantwortliche regelmäßig den Datensatz zu überprüfen hat.[490] Insofern ergeben sich Untersuchungs- und Bewertungspflichten mit Blick auf die Daten, mit denen das Kreditscoringmodell erstellt wurde (Trainings-, Validierungs- und Testdaten).[491] Inhaltlich hat der Verantwortliche Verfahren einzurichten, die eine Verzerrung (*bias*) vorbeugen, etwa dass sich nicht zu sehr auf Korrelationen gestützt wird.[492] Ferner zählt der EDSA zu den geeigneten Schutzmaßnahmen regelmäßig stattfindende Qualitätskontrollen, Überprüfungen des zugrundeliegenden Algorithmus sowie die Prüfung durch unabhängige Dritte.[493] In den Fällen der automatisierten Entscheidungsfindung besteht damit ein gegenüber nicht oder nur vorrangig automatisierten Kreditentscheidungen verschärfter Pflichtenmaßstab des Verantwortlichen im Umgang mit dem Kreditscoringmodell.

IV. Zwischenfazit

Art. 22 Abs. 1 DS-GVO statuiert mit dem Verbot der automatisierten Einzelfallentscheidung eine zusätzliche, neben Art. 6 DS-GVO zu prüfende Bedingung, die es bei der Verwendung von Kreditscoringverfahren stets zu berücksichtigen gilt. Der Kreditgeber kann das Verbot umgehen, indem er eine echte menschliche Aufsicht bei der Entscheidungsfindung gewährleistet. Es ist damit streng zwischen der Verarbeitung (Kreditscoring) und der Entscheidung (Kreditentscheidung) zu differenzieren. Dieses Privileg setzt voraus, dass der Kreditsachbearbeiter zur Abänderung der Modellentscheidung befugt und befähigt ist. Hierin begründen sich kreditgeberadressierte System- und Datentransparenzanforderungen. Der Kreditgeber muss dabei *ex ante* den Kreditvergabeprozess entsprechend organisieren, da er ansonsten Gefahr läuft, seinen Transparenzpflichten gem. Art. 13, 14, 15 DS-GVO falsch oder irreführend nachzukommen.

Der Kreditgeber kann sich insbesondere bei Konsum- und Online-Krediten regelmäßig darauf berufen, dass eine automatisierte Entscheidung für den Abschluss des Darlehensvertrages gem. Art. 22 Abs. 2 lit. a DS-GVO erforderlich ist. In der Folge hat das Kreditinstitut angemessene Schutzmaßnahmen nach Art. 22 Abs. 3

---

[490] Artikel-29-Datenschutzgruppe, Leitlinien zu automatisierten Entscheidungen im Einzelfall einschließlich Profiling für die Zwecke der Verordnung 2016/679, WP251.01, S. 30 f.

[491] Zur Datenaufbereitung oben § 2, E.I.2., S. 130 ff.

[492] Zur Prämisse auch oben, § 4, B.I.2., S. 265; Artikel-29-Datenschutzgruppe, Leitlinien zu automatisierten Entscheidungen im Einzelfall einschließlich Profiling für die Zwecke der Verordnung 2016/679, WP251.01, S. 31.

[493] Artikel-29-Datenschutzgruppe, Leitlinien zu automatisierten Entscheidungen im Einzelfall einschließlich Profiling für die Zwecke der Verordnung 2016/679, WP251.01, S. 36 f.

DS-GVO zur Wahrung der Rechte des Betroffenen einzurichten, die unter anderem das Recht des Betroffenen auf menschliche Intervention sowie einen verschärften Pflichtenmaßstab vorsehen. Insofern ergibt sich auch für die automatisierte Kreditentscheidung kein nach Art. 22 Abs. 2 lit. a DS-GVO unaufhaltbarer und undurchsichtiger Entscheidungsautomatismus. Stattdessen fordern die Schutzmaßnahmen nach Art. 22 Abs. 3 DS-GVO auch in diesem Fall kreditgeberadressierte System- und Datentransparenzanforderungen sowie Qualitätssicherungsmaßnahmen ein.

Diese Rechte aus Abs. 3 gelten indes nur im Falle der ausschließlich automatisierten Kreditentscheidung.[494] Dient das Kreditscoring – wie in der Kreditvergabepraxis noch üblich[495] – nur als eine die Kreditentscheidung vorbereitende Maßnahme, bestehen diese Betroffenenrechte nicht. Der aktuelle Vorschlag der EU-Kommission für eine Neue Verbraucherkreditrichtlinie schließt diese Lücke und erweitert die Rechte des Kreditnehmers auf die der Entscheidung vorgehende automatisierte Kreditwürdigkeitsprüfung, Art. 18 Abs. 6 CCD 2021-Komm-E. Dieses Recht, welches im Gesetzgebungsverfahren zur DS-GVO verworfen wurde,[496] steht damit zumindest im Anwendungsbereich der Neuen Verbraucherkreditrichtlinie wieder zur Diskussion.

D. Funktionale Transparenz

Das Kreditinstitut ist als Verantwortlicher zur Einhaltung der Grundsätze in Art. 5 Abs. 1 DS-GVO verpflichtet und muss diese Einhaltung infolge der Rechenschaftspflicht gem. Art. 5 Abs. 2 DS-GVO nachweisen können.[497] Hierunter fällt mit dem Transparenzgrundsatz nach Art. 5 Abs. 1 lit. a DS-GVO auch der Nachweis über die Einhaltung der Informationspflichten.[498] Die hierdurch hergestellte Transparenz ist kein Selbstzweck, sondern begründet eine wichtige Bedingung für die Ausübung von Rechten und Pflichten: Während die DS-GVO der betroffenen Person Betroffenenrechte einräumt, sieht sie zugunsten der Datenschutzaufsicht Aufgaben und Befugnisse vor. In der Folge zielt die DS-GVO auf die Herstellung adressatenspezifischer Transparenz.

---

[494] Art. 22 Abs. 3 DS-GVO verweist auf die Fälle des Abs. 2 lit. a und c. Diese Verbotsausnahmen greifen wiederum nur, sofern es sich um eine Entscheidung im Sinne des Abs. 1 handelt. Findet Profiling statt, ohne dass es zu einer automatisierten Einzelfallentscheidung kommt, greifen die Maßnahmen nach Abs. 3 hingegen nicht.

[495] *Horstmann/Dalmer*, ZD 2022, 260 (261).

[496] Vgl. Art. 20 Abs. 5 DS-GVO-EP-E, ABl. (EU) 2017 C 378, 399; Gola/Heckmann/ *Schulz*, DS-GVO Art. 22 Rn. 11; *Roßnagel/Nebel/Richter*, ZD 2015, 455 (459); Taeger/Gabel/ *Taeger*, DS-GVO Art. 22 Rn. 4.

[497] Siehe oben § 4, A.II., S. 258.

[498] DSK, Kurzpapier Nr. 10, Informationspflichten bei Dritt- und Direkterhebung, S. 3.

I. Betroffenenadressierte Transparenz

Die betroffene Person hat ein subjektives Transparenzinteresse, um ihre Rechte aus der DS-GVO in Wahrnehmung des Grundrechts nach Art. 8 Abs. 1 GrCh geltend zu machen.[499] Von zentraler Bedeutung sind daher die Informationspflichten des Verantwortlichen gem. Art. 13, 14 DS-GVO sowie der Auskunftsanspruch des Betroffenen nach Art. 15 DS-GVO. Hierbei handelt es sich aus Betroffenensicht um eine grundlegende Voraussetzung, um andere Rechte wie Berichtigungs- oder Löschungsansprüche geltend zu machen, Art. 16, 17 DS-GVO.[500]

1. Grundsatz der Transparenzpflichten des Verantwortlichen

Hierzu normiert Art. 12 DS-GVO den Grundsatz, dass der Verantwortliche dem Betroffenen die erforderlichen Informationen[501] und Mitteilungen[502] in präziser, transparenter, verständlicher und leicht zugänglicher Form in einer klaren und einfachen Sprache übermittelt, Abs. 1 Satz 1 Hs. 1, Erwg. (58) Satz 1 DS-GVO. Diese Pflichten hat der Verantwortliche grundsätzlich unentgeltlich zu erbringen, Art. 12 Abs. 5 Satz 1 DS-GVO.[503] Der Verantwortliche soll dabei Informationsüberlastung vermeiden, was etwa durch eine mehrschichtige Informationsdarbietung erzielt werden kann, und den Durchschnittsbetroffenen adressieren.[504] Ziel ist es, dass der Betroffene die Auswirkungen der Verarbeitungen erkennen kann.[505]

2. Direkterhebung, Art. 13 DS-GVO

Erhebt der Verantwortliche die personenbezogenen Daten direkt bei dem Betroffenen, so hat er den Betroffenen zum Erhebungszeitpunkt darüber zu informieren, Art. 13 DS-GVO. Der Verantwortliche muss daher bereits vor der Erhebung die erforderlichen Informationen, etwa in Form einer Datenschutzerklärung, zusam-

---

[499] Vgl. Artikel-29-Datenschutzgruppe, Guidelines on transparency under Regulation 2016/679, WP 260 rev.01, Rn. 2, 4; DSK, Kurzpapier Nr. 10, Informationspflichten bei Dritt- und Direkterhebung, S. 1.

[500] Vgl. Taeger/Gabel/*Mester*, DS-GVO Art. 13 Rn. 1.

[501] Art. 13, 14 DS-GVO.

[502] Insbesondere Art. 15 DS-GVO.

[503] Artikel-29-Datenschutzgruppe, Guidelines on transparency under Regulation 2016/679, WP 260 rev.01, Rn. 22; Gola/Heckmann/*Franck*, DS-GVO Art. 12 Rn. 36.

[504] Artikel-29-Datenschutzgruppe, Guidelines on transparency under Regulation 2016/679, WP 260 rev.01, Rn. 8 f., 11.

[505] Artikel-29-Datenschutzgruppe, Guidelines on transparency under Regulation 2016/679, WP 260 rev.01, Rn. 10.

mengestellt haben, um rechtzeitig informieren zu können.[506] Das bedeutet, dass das Kreditinstitut vor der Kreditwürdigkeitsprüfung wissen muss, welche Daten(-kategorien) für die Kreditvergabe relevant sind. Die Informationen hat das Kreditinstitut dem Kreditsuchenden spätestens mit der Erhebung der relevanten Daten zu übermitteln, wobei die Möglichkeit der Kenntnisnahme genügt[507].

Im Falle der Direkterhebung hat der Verantwortliche die Zwecke und die Rechtsgrundlage der Datenverarbeitung, bei einer Verarbeitung nach Art. 6 Abs. 1 UAbs. 1 lit. f DS-GVO auch die berechtigten Interessen mitzuteilen, Art. 13 Abs. 1 lit. c, d DS-GVO. Der Verantwortliche hat auch darüber zu informieren, ob Profiling stattfindet und welche Auswirkungen sich für den Betroffenen ergeben, Erwg. (60) Satz 3 DS-GVO.[508] Für die Kreditwürdigkeitsprüfung folgt hieraus, dass das Kreditinstitut grundsätzlich darüber informieren muss, dass Kreditscoring aufgrund der Art. 6 Abs. 1 UAbs. 1 lit. a oder b, c, f DS-GVO stattfindet, dass ein berechtigtes Interesse an der Beurteilung von Ausfallrisiken besteht und dass der zu berechnende Kreditscore als Grundlage für die Kreditentscheidung herangezogen wird. Nur wenn das Profiling zu einer automatisierten Kreditentscheidung führen soll, treffen den Kreditgeber erweiterte Informationspflichten gem. Art. 13 Abs. 2 lit. f DS-GVO.[509]

Übermittelt das Kreditinstitut die Daten an Auskunfteien oder einen anderen Finanzintermediär, so hat es dem Betroffenen die Empfänger oder Empfängerkategorien mitzuteilen, Art. 13 Abs. 1 lit. e DS-GVO. Darüber hinaus hat der Verantwortliche solche Informationen zur Verfügung zu stellen, die notwendig sind,[510] um eine faire und transparente Verarbeitung zu gewährleisten, Art. 13 Abs. 2 DS-GVO. Dazu zählt Art. 13 Abs. 2 DS-GVO einen abschließenden Katalog auf, wonach der Verantwortliche u. a. über das Bestehen der Betroffenenrechte (lit. b–d) zu informieren hat und mitteilen muss, ob zur Angabe der personenbezogenen Daten eine vertragliche oder gesetzliche Verpflichtung besteht (lit. e). Der Kreditantragsteller würde somit erkennen, ob es sich um eine Pflichtangabe handelt oder ob er eine freiwillige Einwilligung erteilen darf. Im Kreditantragsformular müsste das

---

[506] Artikel-29-Datenschutzgruppe, Guidelines on transparency under Regulation 2016/679, WP 260 rev.01, Rn. 24, 26; Gola/Heckmann/*Franck*, DS-GVO Art. 12 Rn. 12; Plath/*Kamlah*, DS-GVO Art. 13 Rn. 8.

[507] Gola/Heckmann/*Franck*, DS-GVO Art. 12 Rn. 9.

[508] Artikel-29-Datenschutzgruppe, Guidelines on transparency under Regulation 2016/679, WP 260 rev.01, Rn. 41.

[509] Zur automatisierten Kreditentscheidung siehe unten § 4, D.I.5., S. 342 ff., beachte aber die Pläne für eine Neue Verbraucherkreditrichtlinie, § 4, D.I.6., S. 348.

[510] Der Begriff der Notwendigkeit erfordert keine einschränkende Abwägung. Vielmehr steht Art. 13 Abs. 2 DS-GVO gleichwertig neben dessen Abs. 1, sodass die dort genannten Informationen stets mitzuteilen sind, Artikel-29-Datenschutzgruppe, Guidelines on transparency under Regulation 2016/679, WP 260 rev.01, Rn. 23; Kühling/Buchner/*Bäcker*, DS-GVO Art. 13 Rn. 20; NK/*Dix*, DS-GVO Art. 13 Rn. 13; Gola/Heckmann/*Franck*, DS-GVO Art. 13 Rn. 7; Taeger/Gabel/*Mester*, DS-GVO Art. 13 Rn. 17; BeckOK Datenschutzrecht/*Schmidt-Wudy*, DS-GVO Art. 13 Rn. 59; a. A. Plath/*Kamlah*, DS-GVO Art. 13 Rn. 16; Ehmann/Selmayr/*Knyrim*, DS-GVO Art. 13 Rn. 28 ff., 51; *Schantz*, NJW 2016, 1841 (1845).

Kreditinstitut mithin kennzeichnen, ob es sich um ein auszufüllendes Pflichtfeld handelt und welche Konsequenz das Offenlassen dieses Feldes für die Kreditwürdigkeitsprüfung hat.[511]

Art. 13 DS-GVO erwähnt nicht, dass der Verantwortliche auch über die konkreten personenbezogenen Daten, die der Verantwortliche erhebt, oder zumindest die Datenkategorien zu informieren hat. In den Erwägungsgründen geht der Gesetzgeber indes davon aus, dass der Betroffene über die Existenz eines Datenverarbeitungsvorganges informiert wird und dass der Verantwortliche alle Informationen bereit stellt, die notwendig sind, damit eine faire und transparente Datenverarbeitung gewährleistet wird, Erwg. (60) Satz 1, 2 DS-GVO. Die Direkterhebung betrifft neben der bewussten Datenpreisgabe durch den Betroffenen aber auch jede Form der Beobachtung des Betroffenen durch den Verantwortlichen.[512] Insofern könnte der Betroffene darüber im Unklaren bleiben, welche Daten der Verantwortliche genau erhebt. Mit dem Ziel einer fairen und transparenten Datenverarbeitung erfordert die Informationspflicht bei Direkterhebung aber erst recht, dass der Verantwortliche in Auflistung des Zweckes und der Rechtsgrundlage offenbart, welche Daten und Datenkategorien erhoben werden. Dies begründet sich zudem systematisch, da der Verantwortliche auch im Falle der Dritterhebung über die Datenkategorien zu informieren hat, Art. 14 Abs. 1 lit. d DS-GVO.[513] Zuletzt spricht hierfür auch die Wertung des Art. 15 DS-GVO, wonach der Verantwortliche nach der Erhebung der Daten und damit zeitlich nach Art. 13 DS-GVO über die verarbeiteten Daten sowie die diesen zugehörigen Kategorien informieren müsste, Abs. 1 Hs. 2, lit. b. Indem diese Informationspflicht in Art. 13 DS-GVO fehlt, muss die Erhebung damit umso transparenter gestaltet sein. Damit darf auch die Direkterhebung nicht „hinter dem Rücken" der betroffenen Person stattfinden.[514]

Problematisch hieran ist, dass Betroffenen die Auswirkungen der Datenverarbeitung gerade im Online-Kontext selten bewusst sind, insbesondere wenn sich hieraus bereits ein Input für das Kreditscoring bietet. Der Kreditantragsteller wird noch wissen, dass er dem Kreditinstitut durch das Ausfüllen des Kreditantrages Informationen zwecks Kreditwürdigkeitsprüfung zur Verfügung stellt. Ihm wird regelmäßig aber nicht bekannt sein, dass die Dauer der Antragsausfüllung, die Anzahl an Tippfehlern und Korrekturen, die Groß- und Kleinschreibung, der Klick-Stream oder die Wahl der E-Mail-Adresse eine Auswirkung auf die Kreditentscheidung haben kann.[515] Das Potenzial der erweiterten Analysefunktion alternativer Daten konfligiert damit mit dem Grundsatz der transparenten Datenerhebung. Zwar

---

[511] Vgl. Artikel-29-Datenschutzgruppe, Guidelines on transparency under Regulation 2016/679, WP 260 rev.01, Annex I, S. 40.

[512] Artikel-29-Datenschutzgruppe, Guidelines on transparency under Regulation 2016/679, WP 260 rev.01, Rn. 26.

[513] Gola/Heckmann/*Franck*, DS-GVO Art. 13 Rn. 4; Ehmann/Selmayr/*Knyrim*, DS-GVO Art. 14 Rn. 28.

[514] Gola/Heckmann/*Franck*, DS-GVO Art. 13 Rn. 4.

[515] Siehe oben die Beispiele zur erweiterten Datenanalyse, § 2, C.II.2.c)hh), S. 90.

könnte man argumentieren, dies betreffe das Kreditscoring als Profiling-Maßnahme, wofür die DS-GVO spezifische Informations- und Auskunftspflichten mit eigenen Voraussetzungen vorsieht.[516] Allerdings handelt es sich hierbei unabhängig von einer späteren Profilbildung um die Erhebung personenbezogener Daten zu einem bestimmten Zweck und damit um eine Datenverarbeitung im Sinne des Art. 4 Nr. 2 DS-GVO. In der Folge hat der Verantwortliche auch in diesen Fällen spätestens im Zeitpunkt der Erhebung transparent mitzuteilen, dass diese Datenkategorien für die Zwecke des Kreditscorings erhoben werden. Die Informationspflicht eröffnet aus Sicht des Verantwortlichen dadurch Manipulationspotenzial, da der Betroffene sein Verhalten zugunsten einer positiven Modellentscheidung anpassen kann (*gaming the system*).[517] Daher wird das Kreditinstitut entweder Datenkategorien wählen müssen, die schwer zu manipulieren sind, oder das Institut muss darauf hoffen, dass der Betroffene die Datenschutzerklärung nicht wahrnimmt. Der Transparenzgrundsatz fordert zumindest, dass das Kreditinstitut auch über das Stattfinden dieser Datenverarbeitung in präziser, transparenter, verständlicher und leicht zugänglicher Form in einer klaren und einfachen Sprache zu informieren hat, vgl. Erwg. (60) Satz 1, 2 DS-GVO.

3. Dritterhebung, Art. 14 DS-GVO

Erhebt der Verantwortliche die Daten nicht direkt bei der betroffenen Person, so richten sich die Informationspflichten nach Art. 14 DS-GVO. Die Informationspflicht bei Dritterhebung entspricht dabei weitgehend der Informationspflicht bei Direkterhebung.[518] Im Unterschied zu Art. 13 DS-GVO hat der Verantwortliche dem Betroffenen zusätzlich den Quellenursprung mitzuteilen, Art. 14 Abs. 2 lit. f DS-GVO. Damit muss der Verantwortliche offenbaren, ob die Daten von Dritten wie Datenhändlern und Auskunfteien oder aus öffentlichen Quellen stammen.[519] Da der Betroffene die Daten nicht selbst preisgibt, hat der Verantwortliche auch über die Kategorien der zu verarbeitenden Daten zu informieren, Art. 14 Abs. 1 lit. d DS-GVO.[520] Erhebt die Bank mithin Daten über den Kreditantragsteller von einer Auskunftei, so ist dieser hierüber zu informieren. In zeitlicher Hinsicht hat die Information spätestens binnen eines Monats nach Erhebung der Daten zu erfolgen,

---

[516] Siehe Art. 13 Abs. 2 lit. f, 14 Abs. 2 lit. g, 15 Abs. 1 lit. h DS-GVO, dazu § 4, D.I.5.b), S. 345 ff.

[517] *Róna-Tas/Hiss*, 33 Informatik Spektrum (2010), 241.

[518] Gola/Heckmann/*Franck*, DS-GVO Art. 14 Rn. 1.

[519] Artikel-29-Datenschutzgruppe, Guidelines on transparency under Regulation 2016/679, WP 260 rev.01, Rn. 26.

[520] Kühling/Buchner/*Bäcker*, DS-GVO Art. 14 Rn. 17; Gola/Heckmann/*Franck*, DS-GVO Art. 14 Rn. 7.

Art. 14 Abs. 3 DS-GVO.[521] Fließt der externe Kreditscore in eine automatisierte Kreditentscheidung ein, hat der Kreditgeber darüber zu informieren und es sind die zusätzlichen Anforderungen nach Art. 14 Abs. 2 lit. g DS-GVO zu beachten.[522]

§ 30 Abs. 2 Satz 1 BDSG ergänzt die datenschutzrechtliche Informationspflicht in Umsetzung des Art. 9 Abs. 2 CCD für den Fall, dass ein Verbraucherdarlehensvertrag oder eine entgeltliche Finanzierungshilfe mit einem Verbraucher aufgrund einer Auskunftei-Auskunft abgelehnt wird.[523] Der Kreditgeber hat den Betroffenen dann nicht binnen eines Monats, Art. 14 Abs. 3 DS-GVO, sondern unverzüglich zu informieren und über die konkret erhaltene Auskunft, also nicht nur die Datenkategorien, zu unterrichten. Trifft die Bank dagegen eine positive Kreditentscheidung, greifen die Informationspflichten nach § 30 Abs. 2 Satz 1 BDSG nicht und es bleibt bei Art. 14 DS-GVO.[524] Nur im Falle einer Ablehnungsentscheidung wird der Kreditgeber mithin verbraucheradressierte Transparenz darüber schaffen müssen, welche Daten der Auskunftei ausschlaggebend für die negative Kreditentscheidung waren.[525]

Sofern der Verbraucher die Richtigkeit dieser Daten unabhängig von der ablehnenden Kreditentscheidung überprüfen möchte, hat er daher zunächst seinen Auskunftsanspruch gegenüber der Auskunftei gem. Art. 15 DS-GVO geltend zu machen. Auch der Kommissionsvorschlag für eine Neue Verbraucherkreditrichtlinie hält hieran fest, Art. 19 Abs. 4 CCD 2021-Komm-E. Aus Transparenzgründen ist es indes nicht ersichtlich, weshalb die Informationspflichten des Kreditgebers nur auf die Fälle einer ablehnenden Kreditentscheidung beschränkt sind, die auf eine Auskunftei-Auskunft zurückgeht. Schließlich könnte der Verbraucher unerkannt schlechtere Kreditkonditionen erhalten, weil die Auskunftei oder ein anderer Dritter veraltete, falsche oder andere rechtswidrig gespeicherte Daten übermittelt. Um dies zu vermeiden müsste der Verbraucher regelmäßig von seinem Auskunftsrecht gem. Art. 15 DS-GVO Gebrauch machen und ggf. auch Datenbanken in anderen EU-Mitgliedstaaten in Betracht ziehen, vgl. § 30 Abs. 1 BDSG. Zwischen dem Auskunftsersuchen und dem Kreditantrag entsteht damit ein künstliches Zeitfenster von bis zu einem Monat,[526] welches den Verbraucher gerade bei eiligen Kreditanträgen davon abhalten wird, eine vorherige Auskunft einzuholen. Der Verbraucher, der sich regelmäßig über seine Auskunftei-Auskunft erkundigt, läuft darüber hinaus Gefahr, dass die Auskunftei sein regelmäßiges Auskunftsersuchen als exzessiv einstuft und daher nur noch gegen ein angemessenes Entgelt zur Auskunft bereit sein wird oder

---

[521] Artikel-29-Datenschutzgruppe, Guidelines on transparency under Regulation 2016/679, WP 260 rev.01, Rn. 28; DSK, Kurzpapier Nr. 10, Informationspflichten bei Dritt- und Direkterhebung, S. 3.

[522] Zur automatisierten Kreditentscheidung siehe unten § 4, D.I.5., S. 342 ff.

[523] Siehe zu § 29 Abs. 7 BDSG a.F. RegE, BT-Drs. 16/11643, S. 140; Kühling/Buchner/*Buchner*, BDSG § 30 Rn. 4.

[524] Auernhammer/*Kramer*, BDSG § 30 Rn. 12.

[525] Paal/Pauly/*Pauly*, BDSG § 30 Rn. 2; Taeger/Gabel/*Taeger*, BDSG § 30 Rn. 7.

[526] Art. 12 Abs. 3 Satz 1 DS-GVO.

die Auskunft gar verweigert, Art. 12 Abs. 5 Satz 2 DS-GVO. Ferner weiß der Verbraucher unter Umständen gar nicht, welche externen Datenquellen der Kreditgeber berücksichtigt und kennt somit keinen Anspruchsgegner für seinen Auskunftsanspruch. Aus Transparenz- und Verbraucherschutzgründen sollte der nationale Gesetzgeber, der sich der Aufgabe eines transparenteren Kreditscorings angenommen hat,[527] daher erwägen, Art. 19 Abs. 4 CCD 2021-Komm-E überschießend dahingehend umzusetzen, dass der Kreditgeber nach jeder Kreditentscheidung unverzüglich über die externen Daten zu informieren hat. Schließlich besitzt der Kreditgeber einerseits diese Daten bereits. Andererseits könnte der Kreditnehmer dieses Ergebnis nach der Kreditentscheidung auch selbst über Art. 15 DS-GVO erreichen, sofern er seinen Anspruchsgegner kennt.

4. Auskunftsanspruch, Art. 15 DS-GVO

Auch das Auskunftsrecht nach Art. 15 DS-GVO entspricht inhaltlich weitgehend den Pflichten nach Art. 13, 14 DS-GVO.[528] Insofern geht der EDSA davon aus, dass der Verantwortliche dem Betroffenen die Informationen nach Art. 15 DS-GVO bereits zur Verfügung gestellt hat.[529] Anders als die bisherige Rechtslage nach BDSG a.F. ist Art. 15 DS-GVO allgemein und ohne kreditscoringspezifische Elemente formuliert.[530]

Der Betroffene hat hiernach das Recht, von dem Verantwortlichen eine Bestätigung darüber zu verlangen, ob ihn betreffende personenbezogene Daten verarbeitet werden, Art. 15 Abs. 1 Hs. 1 DS-GVO. Der Verantwortliche muss damit auch negativ mitteilen, dass keine Daten verarbeitet werden.[531] Findet eine Datenverarbeitung statt, hat der Verantwortliche Auskunft über diese verarbeiteten Daten zu erteilen, Art. 15 Abs. 1 Hs. 2 DS-GVO.[532] Hierzu hat das Kreditinstitut dem Betroffenen eine Datenkopie zu übermitteln, Art. 15 Abs. 3 Satz 1 DS-GVO. Zur Auskunft gehören wiederum die sog. Metadaten, darunter u.a. die Verarbeitungszwecke

---

[527] Koalitionsvertrag 2021–2025 zwischen SPD, BÜNDNIS 90/DIE GRÜNEN und FDP, S. 170, abrufbar unter https://www.wiwo.de/downloads/27830022/8/koalitionsvertrag-2021-2025.pdf.

[528] Moos/Schefzig/Arning/*Arning*, Praxishdb. DS-GVO, Kap. 6 Rn. 187; Gola/Heckmann/*Franck*, DS-GVO Art. 15 Rn. 3.

[529] Artikel-29-Datenschutzgruppe, Leitlinien zu automatisierten Entscheidungen im Einzelfall einschließlich Profiling für die Zwecke der Verordnung 2016/679, WP251.01, S. 29.

[530] Zum spezifischen Auskunftsrecht nach § 34 Abs. 4 BDSG a.F. *Rühlicke*, in: Maute/Mackenrodt, Recht als Infrastruktur für Innovation, S. 9 (24 ff., 28).

[531] „Negativauskunft", DSK, Kurzpapier Nr. 6, Auskunftsrecht der betroffenen Person, Art. 15 DS-GVO, S. 1; Moos/Schefzig/Arning/*Arning*, Praxishdb. DS-GVO, Kap. 6 Rn. 185; Ehmann/Selmayr/*Ehmann*, DS-GVO Art. 15 Rn. 13.

[532] Ehmann/Selmayr/*Ehmann*, DS-GVO Art. 15 Rn. 15.

(lit. a), die Kategorien der verarbeiteten Daten (lit. b), die Empfänger(-kategorien[533]) der Daten (lit. c) und die Datenquelle, sofern die Daten nicht direkt bei dem Betroffenen erhoben wurden (lit. g), Art. 15 Abs. 1 DS-GVO.[534]

Die Auskunftserteilung bezieht sich auf alle tatsächlich verarbeiteten und dem Verantwortlichen im Zeitpunkt der Geltendmachung des Auskunftsanspruchs vorliegenden Daten.[535] Insofern erfährt der Betroffene grundsätzlich dieselben Daten, die dem Verantwortlichen als rohe Input-Daten für das Kreditscoringmodell dienen. Verarbeitet der Verantwortliche eine große Menge an Daten, wie dies typischerweise bei Kreditinstituten der Fall ist,[536] muss der Betroffene seinen Auskunftsanspruch präzisieren, Erwg. (63) Satz 7 DS-GVO. Der Betroffene kann seinen Auskunftsanspruch damit gezielt auf die für die Kreditwürdigkeitsprüfung berücksichtigten Daten konzentrieren und somit Einblick in die jeweiligen Input-Daten erhalten.

Musste der Verantwortliche eine Information vorher löschen, ist diese nicht mehr von dem Auskunftsanspruch umfasst.[537] Ist ein Kreditscore noch gar nicht berechnet, so liegt dieser dem Verantwortlichen auch dann nicht vor, wenn der Kreditscore hypothetisch berechnet werden könnte. Der Betroffene hat damit weder gegenüber dem Kreditgeber noch gegenüber der Auskunftei einen Anspruch auf die noch anzustellende Berechnung eines tagesaktuellen,[538] dafür aber auf Übermittlung bereits errechneter Kreditscorewerte[539]. Auch für den Auskunftsanspruch sind im Falle automatisierter Kreditentscheidung die erweiterten Transparenzpflichten nach Art. 15 Abs. 1 lit. h DS-GVO zu beachten.[540]

---

[533] Der Verantwortliche muss die Identität der bisherigen oder potenziellen Empfänger benennen können, da der Betroffene sonst seine Rechte nicht hinreichend ausüben könnte, EuGH 12. 1. 2023 – C-154/21, ECLI:EU:C:2023:3 (RW/Österreichische Post).

[534] Ehmann/Selmayr/*Ehmann*, DS-GVO Art. 15 Rn. 15 f.

[535] Taeger/Gabel/*Mester*, DS-GVO Art. 15 Rn. 3.

[536] DSK, Kurzpapier Nr. 6, Auskunftsrecht der betroffenen Person, Art. 15 DS-GVO, S. 2.

[537] Moos/Schefzig/Arning/*Arning*, Praxishdb. DS-GVO, Kap. 6 Rn. 188 f.

[538] NK/*Dix*, DS-GVO Art. 13 Rn. 16; Plath/*Kamlah*, DS-GVO Art. 15 Rn. 14; *von Lewinski/Pohl*, ZD 2018, 17 (23); Auernhammer/*Stollhoff*, DS-GVO Art. 15 Rn. 22; a.A. Kühling/Buchner/*Bäcker*, DS-GVO Art. 15 Rn. 9a, anders aber in Art. 13 Rn. 54; Taeger/Gabel/*Mester*, DS-GVO Art. 15 Rn. 3; a.A. *Rühlicke*, in: Maute/Mackenrodt, Recht als Infrastruktur für Innovation, S. 9 (29 f., 32 f.), wonach der Kreditscore bereits „prozedural" gespeichert sei und die Berechnung mithin nur ein formaler Schritt wäre; dem folgend BeckOK Datenschutzrecht/*Schmidt-Wudy*, DS-GVO Art. 15 Rn. 78.3; jetzt auch Gola/Heckmann/*Franck*, DS-GVO Art. 15 Rn. 19.

[539] Anders nur *von Lewinski/Pohl*, ZD 2018, 17 (23).

[540] Zur automatisierten Kreditentscheidung siehe sogleich § 4, D.I.5., S. 342 ff.

5. Erweiterte Transparenzpflichten im Falle automatisierter Kreditentscheidungen

Nach Art. 13 Abs. 2 lit. f, 14 Abs. 2 lit. g, 15 Abs. 1 lit. h DS-GVO bestehen besondere Informationspflichten und Auskunftsrechte im Falle einer automatisierten Entscheidungsfindung einschließlich Profiling gemäß Art. 22 DS-GVO. Hiernach übermittelt der Verantwortliche aussagekräftige Informationen über die involvierte Logik sowie die Tragweite und die angestrebten Auswirkungen einer derartigen Verarbeitung für die betroffene Person. Da die Kreditentscheidung nur durch den Kreditgeber getroffen wird,[541] ist der Adressat dieser Norm das Kreditinstitut.

Anders als für die Informationspflichten gem. Art. 13, 14 DS-GVO kann der Verantwortliche den Auskunftsanspruch kürzen, sofern durch die Auskunft Geschäftsgeheimnisse beeinträchtigt würden, Art. 15 Abs. 4, Erwg. (63) Satz 5 DS-GVO.[542] Der Verantwortliche soll aber nicht jegliche Auskunft verweigern dürfen, Erwg. (63) Satz 6 DS-GVO. Dass diese Abwägung nur im Falle des Auskunftsrechts anzustellen ist, erklärt sich dadurch, dass der Verantwortliche im Falle der Art. 13, 14 DS-GVO proaktiv informiert und damit grundsätzlich selbst über den Informationsgehalt bestimmt. Im Falle des Art. 15 DS-GVO fordert indes der Betroffene Informationen ein, die sich auf eine konkrete Entscheidung beziehen können und deren Offenlegung der Verantwortliche im Falle der Beeinträchtigung von Geschäftsgeheimnissen verweigern dürfen soll. Insofern wäre es widersprüchlich, dem Verantwortlichen im Rahmen der passiven Informationspflicht nach Art. 15 DS-GVO einen weiteren Schutz als nach Art. 13, 14 DS-GVO zu gewähren.[543] Da der europäische Gesetzgeber anders als in § 34 Abs. 4 BSDG a. F. keine kreditscoringspezifischen Vorgaben getroffen hat,[544] ist zunächst entscheidend, inwiefern das Kreditscoring ein schutzwürdiges Geschäftsgeheimnis darstellt.

a) Kreditscoring als Geschäftsgeheimnis

In Umsetzung der Richtline (EU) 2016/943 (Geschäftsgeheimnisrichtlinie)[545] wurde der Schutz von Geschäftsgeheimnissen national im Gesetz zum Schutz von

---

[541] Nur die Informationssuche wird ausgelagert, siehe oben § 3, B.V., S. 183 ff.

[542] DSK, Kurzpapier Nr. 6, Auskunftsrecht der betroffenen Person, Art. 15 DS-GVO, S. 3.

[543] Stattdessen für eine allgemeine Rechtsgüterabwägung nach Treu und Glauben Gola/Heckmann/*Franck*, DS-GVO Art. 13 Rn. 31.

[544] Zu § 34 Abs. 4 BDSG a. F. *Rühlicke*, in: Maute/Mackenrodt, Recht als Infrastruktur für Innovation, S. 9 (24 ff., 28).

[545] Richtlinie (EU) 2016/943 des Europäischen Parlaments und des Rates vom 8. Juni 2016 über den Schutz vertraulichen Know-hows und vertraulicher Geschäftsinformationen (Geschäftsgeheimnisse) vor rechtswidrigem Erwerb sowie rechtswidriger Nutzung und Offenlegung, Abl. (EU) 2016 L 157, 1.

Geschäftsgeheimnissen (GeschGehG)[546] geregelt. Hiernach ist eine Information ein Geschäftsgeheimnis, wenn die Voraussetzungen gem. § 2 Nr. 1 lit. a–c GeschGehG kumulativ vorliegen.

aa) Kreditscoringsystem

Es muss sich um eine Information handeln, die weder insgesamt noch in der genauen Anordnung und Zusammensetzung ihrer Bestandteile den Personen in den Kreisen, die üblicherweise mit dieser Art von Informationen umgehen, allgemein bekannt oder ohne Weiteres zugänglich ist und daher von wirtschaftlichem Wert ist, § 2 Nr. 1 lit. a GeschGehG. Nach der Begründung des Regierungsentwurfs gehören hierzu u. a. auch Marktanalysen und Formeln.[547] Die zu schützende Information muss Gegenstand von Geheimhaltungsmaßnahmen durch ihren rechtmäßigen Inhaber sein, die den Umständen nach angemessen sind, und der Inhaber muss ein berechtigtes Interesse an der Geheimhaltung haben, § 2 Nr. 1 lit. b, c GeschGehG.

Die Scoreformel ist regelmäßig nur für dazu betraute Personen des Unternehmens oder der Aufsicht zugänglich[548] und damit nicht öffentlich.[549] Der wirtschaftliche Wert bestimmt sich danach, ob ein unbefugter Zugriff auf die Information den rechtmäßigen Inhaber schädigen kann, indem zum Beispiel seine Wettbewerbsposition untergraben wird, Erwg. (14) Satz 4 Geschäftsgeheimnisrichtline. Bei Offenlegung des Kreditscoringsystems könnte ein anderes Kreditinstitut oder eine andere Auskunftei den Kreditscore berechnen und müsste somit nicht den rechtmäßigen Inhaber beauftragen, sodass dem System auch ein wirtschaftlicher Wert zukommt. Kreditinstitute und Auskunfteien halten ihre Scoreformel auch durch technische Zugangshürden oder vertragliche Absicherungen berechtigt geheim,[550] da die Qualität der Beurteilung von Ausfallrisiken ihre wirtschaftliche Leistungsfähigkeit wesentlich mitbestimmt. Das Kreditscoringsystem ist damit, inklusive Scoreformel, Variablen und Gewichtungen, eine geschützte Information.[551]

---

[546] Gesetz zur Umsetzung der Richtlinie (EU) 2016/943 zum Schutz von Geschäftsgeheimnissen vor rechtswidrigem Erwerb sowie rechtswidriger Nutzung und Offenlegung vom 18. 4. 2019, BGBl. I 2019 466.

[547] RegE-GeschGehG, BT-Drs. 19/4724, S. 24.

[548] Dazu unten § 4, D.II., S. 351 ff.

[549] *Rühlicke*, in: Maute/Mackenrodt, Recht als Infrastruktur für Innovation, S. 9 (22).

[550] Zu den Anforderungen siehe RegE-GeschGehG, BT-Drs. 19/4724, S. 24 f.

[551] Auch *Pikamäe*, C-634/21, ECLI:EU:C:2023:220, Rn. 56 (Schlussanträge OQ/Land Hessen); Sydow/Marsch/*Bienemann*, DS-GVO Art. 15 Rn. 38; Auernhammer/*Eßer*, DS-GVO Art. 13 Rn. 48; Auernhammer/*Stollhoff*, DS-GVO Art. 15 Rn. 22; für externes Kreditscoring *Eichler*, RDV 2017, 10 (13); *Rühlicke*, in: Maute/Mackenrodt, Recht als Infrastruktur für Innovation, S. 9 (20 ff.); Ellenberger/Bunte/*Zahrte*, Bankrechts-Hbd., § 10 Rn. 121; a. A. Gola/Heckmann/*Lapp*, BDSG § 31 Rn. 22 f.; allgemein für den Schutz von KI-Modellen, *Apel/Kaulartz*, RDi 2020, 24 (Rn. 33 ff.); *Ehinger/Stiemerling*, CR 2018, 761 (Rn. 67); *Hacker*, GRUR 2020, 1025 (1032); zum Schutz der Betreiber algorithmischer Systeme vor Offenlegung siehe OLG München NJW-RR 2020, 611 (Ls. 2); nach BDSG a. F. ausdrücklich für

bb) Roh- und Trainingsdaten

Fraglich ist, ob zu der geschützten Information auch die Rohdaten bzw. die Trainingsdaten für das Kreditscoringmodell gehören. Wäre dies nicht der Fall, könnte der nach Art. 15 DS-GVO Verantwortliche die Herausgabe nicht mit dem Argument verweigern, es handele sich um ein Geschäftsgeheimnis. Umgekehrt würde das bedeuten, dass der Betroffene ein Recht auf Auskunft über die Daten haben würde, mit denen das Kreditscoringmodell trainiert wurde. Insbesondere mit Blick auf die Trainingsdaten würde der Betroffene erfahren, zu welcher Scorekarte oder zu welcher Vergleichsgruppe er zugeordnet wurde.[552] Nach der Datenstrategie der EU-Kommission sind zumindest maschinell erzeugte Rohdaten regelmäßig noch nicht schützenswert. Allerdings können Daten als Geschäftsgeheimnis anerkannt werden, sofern es sich hierbei um das „intellektuelle Kapital" eines Unternehmens handelt.[553]

Die Verfügbarkeit der Rohdaten allein würde noch nicht dazu führen, dass das Kreditscoringmodell identisch kopiert werden könnte.[554] Da die Rohdaten jedoch noch einen Personenbezug aufweisen, würden bereits die Rechte dieser betroffenen Personen dem Auskunftsanspruch des Betroffenen auf Herausgabe der Rohdaten entgegenstehen, Art. 15 Abs. 4 DS-GVO. Sofern man einwenden würde, die Rohdaten schwärzen zu können, würde der Auskunftsanspruch auf die anonymisierten Trainingsdaten abzielen.

Aber auch mit Blick auf die anonymisierten Trainingsdaten stellt es erheblichen Aufwand dar, die Rohdaten zu erheben, zu strukturieren, zu bereinigen und die Merkmale für die Modellierungsphase aufzubereiten.[555] Betrachtet man mithin nicht den einzelnen Informationsaustausch zwischen einem Kreditgeber und einer Auskunftei oder den Eintrag von Personendaten zu einzelnen Verbrauchern, sondern den gesamten Informationsgehalt, der sich aus einer solchen Datenbank ergibt, so handelt es sich bei einem solchen Trainingsdatensatz um eine Information, die für andere Marktteilnehmer gem. § 2 Nr. 1 lit. a GeschGehG üblicherweise nicht ohne Weiteres zugänglich ist. Vielmehr müssten repräsentative Daten über das Zahlungsverhalten von Verbrauchern zunächst selbst erhoben werden. Dass der Zuordnung des Zahlverhaltens zu bestimmten Eigenschaften einer Person auch ein wirtschaftlicher Wert

---

das Kreditscoring BGHZ 200, 38 (Ls. 3, Rn. 26 ff.); die dagegen erhobene Verfassungsbeschwerde wurde nicht zur Entscheidung angenommen, siehe die Antwort der Bundesregierung auf eine kleine Anfrage einzelner Abgeordneter und der Fraktion DIE LINKE, BT-Drs. 19/18641, S. 5.

[552] Zur Notwendigkeit spezifischer Scorekarten je nach Zielgruppe siehe oben § 2, E.I.2.a) bb), S. 131 ff.

[553] Europäische Kommission, COM(2017) 9 final, S. 11.

[554] Vgl. die Übersicht der Auswertungsergebnisse in *Thomas/Crook/Edelman*, Credit Scoring and its Applications, S. 92 ff., 95, wonach die meisten Forschungsergebnisse auf einem bestimmten deutschen oder australischen Datensatz beruhen.

[555] Siehe oben zur Modellerstellung § 2, E.I., S. 128 ff.

zukommt, belegt zuletzt die Geschäftätigkeit der Auskunfteien.[556] Erst die Verfügbarkeit eines solchen Datensatzes erlaubt es, ein Kreditscoringmodell zu erstellen, wodurch sich der wirtschaftliche Wert des Datensatzes im Sinne des § 2 Nr. 1 lit. a GeschGehG ergibt.[557] Da die Roh- und Trainingsdaten für das Kreditscoring und damit für eine wettbewerbsfähige, risikoadäquate Bonitätsbeurteilung eine unerlässliche Rolle einnehmen, handelt es sich nicht um nur belanglose Informationen im Sinne des Erwg. (14) Satz 5 Geschäftsgeheimnisrichtline. Vielmehr sind diese Datensätze ein wesentlicher Bestandteil des intellektuellen Kapitals der Banken und Auskunfteien und eine unabdingbare Vorstufe zur Generierung monetären Kapitals. Auch die Trainingsdaten unterstehen folglich grundsätzlich dem Geheimnisschutz[558].[559]

b) Reichweite der Informations- und Auskunftspflichten

Damit steht der Schutz des Geschäftsgeheimnisses dem datenschutzrechtlichen Transparenzinteresse des Betroffenen gegenüber. Die Offenlegung eines Geschäftsgeheimnisses ist u. a. zulässig, sofern dies durch Gesetz gestattet ist, § 3 Abs. 2 GeschGehG. Insofern ist die durch den Gesetzgeber in Art. 13 Abs. 2 lit. f, 14 Abs. 2 lit. g, 15 Abs. 1 lit. h DS-GVO vorgenommene Abwägung zu beachten, wonach sich der Auskunftsinhalt auf aussagekräftige Informationen über die involvierte Logik sowie die Tragweite und die angestrebten Auswirkungen des Kreditscorings für die betroffene Person bezieht.[560] Anders als die Informationspflichten

---

[556] Zur SCHUFA siehe oben § 2, B.I.2., S. 54.

[557] Der wirtschaftliche Wert muss sich aus dem Geheim-Sein der Information ergeben, siehe „daher" in § 2 Nr. 1 lit. a GeschGehG; über die zu ergreifenden Maßnahmen *Apel/Kaulartz*, RDi 2020, 24 (Rn. 34 ff.).

[558] Eine geheimnisschutzrechtlich erlaubte Handlung liegt grundsätzlich in dem sog. Reverse Engineering gem. § 3 Abs. 1 Nr. 2 lit. b GeschGehG, dazu *Ohly*, GRUR 2019, 441 (447). Das dem Geschäftsgeheimnis unterstehende Kreditscoringmodell darf somit grundsätzlich – wie etwa in dem Versuchsprojekt „OpenSCHUFA" – durch Rückbauen und Testen nacherstellt werden, sofern der Besitz an den Daten rechtmäßig erlangt wurde. Hierbei hatten Betroffene die Daten aus ihrer SCHUFA-Auskunft an die Projektleiter übermittelt, damit diese das Scoringverfahren der SCHUFA nachsimulieren, zu OpenSCHUFA, abrufbar unter https://openschufa.de; dazu *Rühlicke*, in: Maute/Mackenrodt, Recht als Infrastruktur für Innovation, S. 9 (37 f.); siehe auch allgemein *Hacker*, GRUR 2020, 1025 (1032).

[559] Allgemein für den Schutz von Trainingsdaten *Hacker*, GRUR 2020, 1025 (1032); für Rohdaten *Alexander*, WRP 2017, 1034 (Rn. 34, 48); *Ohly*, GRUR 2019, 441 (443) auf den Einzelfall abstellend MünchKomm-Lauterkeitsrecht/*Hauck*, GeschGehG § 2 Rn. 5; ebenso Fritzsche/Münker/Stollwerck/*Hohn-Hein/Barth*, GeschGehG § 2 Rn. 15; siehe auch BGHZ 200, 38 (Rn. 32); a. A. LG Berlin ZD 2012, 74; *Gärtner*, ZD 2012, 76.

[560] Beachte in diesem Zusammenhang das Vorabentscheidungsersuchen des Landesverwaltungsgericht Wien, Beschluss vom 11. Februar 2022 – VGW-101/042/791/2020-44, eingereicht am 16. März 2022 – CK (Rechtssache C-203/22); Hoeren/Sieber/Holznagel/*Drescher*, Hdb. Multimedia-Recht, Teil 7.9 Rn. 21; BeckOK GeschGehG/*Hiéramente*, GeschGehG § 3 Rn. 36.

gem. Art. 13, 14 DS-GVO betrifft der Auskunftsanspruch auch Datenverarbeitungen aus der Vergangenheit und damit den berechneten Kreditscorewert.[561]

aa) Involvierte Logik des Kreditscorings

Die involvierte Logik erfasst begrifflich die inneren Zusammenhänge, Regeln, Strukturen und Muster der maschinellen Entscheidungsfindung.[562] Der Wortlaut der Art. 13 Abs. 2 lit. f, 14 Abs. 2 lit. g, 15 Abs. 1 lit. h DS-GVO zielt nicht auf die Offenbarung dieser Logik, sondern fordert aussagekräftige Informationen *über* diese Logik.[563] Demnach sind die der Entscheidungsfindung zugrundeliegenden Überlegungen, Methoden und Funktionsweisen mitzuteilen, nicht hingegen detaillierte Erläuterungen über oder die Offenlegung des Algorithmus.[564] Die Entscheidungsgründe sowie ihre Faktoren und Gewichtung sollen aus Betroffenensicht in einer Weise nachvollziehbar sein, die diesem sein Anfechtungsrecht aus Art. 22 Abs. 3 DS-GVO geltend zu machen erlaubt, Erwg. (63) Satz 6 DS-GVO[565].[566] In der Folge muss die Entscheidung zumindest aus Sicht des Modellnutzers lokal erklärbar sein.[567] Teleologisch betrachtet bezieht sich die Aussagekraft der Informationen über die involvierte Logik damit auf die mögliche Geltendmachung von Betroffenenrechten unter Wahrung des Geheimnisschutzes. Im Gegenzug folgt hieraus, dass die Erläuterungen über die involvierte Logik den Betroffenen in die Lage versetzen

---

[561] Siehe oben § 4, D.I.4., S. 340; Kühling/Buchner/*Bäcker*, DS-GVO Art. 15 Rn. 27; NK/*Dix*, DS-GVO Art. 15 Rn. 25.

[562] NK/*Dix*, DS-GVO Art. 13 Rn. 16.

[563] Siehe auch den englischen Wortlaut *„about the logic involved"* sowie die französische Sprachfassung *„concernant la logique sous-jacente"*.

[564] Artikel-29-Datenschutzgruppe, Leitlinien zu automatisierten Entscheidungen im Einzelfall einschließlich Profiling für die Zwecke der Verordnung 2016/679, WP251.01, S. 28, 35; Kühling/Buchner/*Bäcker*, DS-GVO Art. 13 Rn. 54; Kühling/Buchner/*Buchner*, DS-GVO Art. 22 Rn. 35a; mit Blick auf die englische und französische Sprachfassung Ehmann/Selmayr/*Ehmann*, DS-GVO Art. 15 Rn. 19; Auernhammer/*Eßer*, DS-GVO Art. 13 Rn. 48; *von Lewinski/Pohl*, ZD 2018, 17 (22); *Martini*, JZ 2017, 1017 (1020); *Wachter/Mittelstadt/Floridi*, 7 International Data Privacy Law (2017), 76 (82, 84) sprechen von „systemischer Funktionalität"; diff. NK/*Scholz*, DS-GVO Art. 22 Rn. 54; a. A. NK/*Dix*, DS-GVO Art. 13 Rn. 17.

[565] Vgl. auch Art. 18 Abs. 6 lit. b in Verbindung mit Erwg. (48) Satz 3 CCD 2021-Komm-E: Information über die wichtigsten Variablen.

[566] *Pikamäe*, C-634/21, ECLI:EU:C:2023:220, Rn. 58 (Schlussanträge OQ/Land Hessen); Artikel-29-Datenschutzgruppe, Leitlinien zu automatisierten Entscheidungen im Einzelfall einschließlich Profiling für die Zwecke der Verordnung 2016/679, WP251.01, S. 28, 30; NK/*Dix*, DS-GVO Art. 13 Rn. 16; in dem Sinne zu § 34 BDSG a. F. auch BGHZ 200, 38 (Rn. 25 f.).

[567] Holzinger et al./*Hacker/Passoth*, xxAI, S. 343 (349 f.).

müssen, eine hinreichend substantiierte Anfechtungsbegründung vortragen zu können.[568]

Die genaue Angabe der Gewichtungen, Parameter oder Trainingsdaten, mithin die Offenbarung des globalen Modellverständnisses, ist dazu nicht erforderlich. Der Verantwortliche kann diese Auskunft daher aus Gründen des Geheimnisschutzes verweigern, Erwg. (63) Satz 5 DS-GVO.[569] Er muss aber nachvollziehen können, ob ihn die Entscheidung im Sinne des Art. 22 DS-GVO erheblich beeinträchtigt. Die Tatsache, dass das Modell komplex ist, privilegiert den Verantwortlichen nicht zu einer Verweigerung dieser Auskunft, Erwg. (58) Satz 3 DS-GVO.[570] Auch hat der Verantwortliche seine Erläuterungen in leichter und präziser Sprache an den durchschnittlichen Kreditnehmer anzustellen. Somit werden Transparenzanforderungen an das Kreditscoringmodell begründet, die betroffenenadressierte und einzelfallbezogene Elemente enthalten.[571] Diese funktionale Betrachtungsweise als rechteermöglichende Transparenzpflichten eröffnet dem Verantwortlichen zugleich die Möglichkeit, seine Entscheidung mithilfe von XAI-Techniken zu erläutern.[572]

Im Falle einer ausschließlich auf dem Kreditscore beruhenden Kreditentscheidung bedeutet das nach dem EDSA, dass dem Betroffenen die Quelle sowie die Relevanz der berücksichtigten Informationen und die für die Entscheidung wichtigen Merkmale zu benennen sind. Sofern der Kreditgeber einen externen Kreditscore nutzt, dürfen sich für den Verantwortlichen hieraus keine anderen, abgeschwächten Auskunftsanforderungen zulasten des Betroffenen ergeben.[573] Der Finanzintermediär ist damit gegenüber dem Kreditgeber zur Herausgabe angemessener Informationen verpflichtet.

bb) Tragweite und angestrebte Auswirkung eines derartigen Kreditscorings

Die Informationen über die Tragweite und die angestrebten Auswirkungen beziehen sich dem Wortlaut nach auf eine „derartige Verarbeitung", Art. 13 Abs. 2 lit. f, 14 Abs. 2 lit. g, 15 Abs. 1 lit. h DS-GVO. Da das Ergebnis der Verarbeitung im Rahmen des Art. 22 DS-GVO unmittelbar in eine Entscheidung mündet, betreffen

---

[568] *Pikamäe*, C-634/21, ECLI:EU:C:2023:220, Rn. 58 (Schlussanträge OQ/Land Hessen); Kühling/Buchner/*Buchner*, DS-GVO Art. 22 Rn. 35a; NK/*Dix*, DS-GVO Art. 15 Rn. 25, Art. 13 Rn. 16; Holzinger et al./*Hacker/Passoth*, xxAI, S. 343 (348 ff.); *Thüsing/Musiol*, RDV 2022, 189 (193).

[569] A. A. *Overbeck*, Datenschutz und Verbraucherschutz bei Bonitätsprüfungen, S. 299.

[570] Artikel-29-Datenschutzgruppe, Leitlinien zu automatisierten Entscheidungen im Einzelfall einschließlich Profiling für die Zwecke der Verordnung 2016/679, WP251.01, S. 28 Fn. 40.

[571] Kühling/Buchner/*Bäcker*, DS-GVO Art. 13 Rn. 55; *Kumkar/Roth-Isigkeit*, JZ 2020, 277 (284).

[572] Holzinger et al./*Hacker/Passoth*, xxAI, S. 343 (349).

[573] Artikel-29-Datenschutzgruppe, Leitlinien zu automatisierten Entscheidungen im Einzelfall einschließlich Profiling für die Zwecke der Verordnung 2016/679, WP251.01, S. 28.

die Tragweite und die Auswirkungen einer derartigen Verarbeitung auch die automatisierte Entscheidung. Für die automatisierte Kreditentscheidung ist mithin zu erläutern, welche Tragweite und angestrebten Auswirkungen ein derartiges Kreditscoring aus Betroffensicht auf das Ob und Wie der Kreditvergabe haben kann. Damit die Informationen hierüber aussagekräftig sind, hat der Verantwortliche anhand greifbarer Beispiele darzustellen, welches Verhalten grundsätzlich zu welcher Entscheidung führt.[574] Erwg. (60) und (63) DS-GVO sind hier jeweils in Satz 3 deutlicher und fordern, dass der Verantwortliche darlegen muss, welche Folgen das Profiling, also das Kreditscoring, haben kann. Sowohl die Informationspflichten *ex ante* nach Art. 13, 14 DS-GVO als auch *ex post* nach Art. 15 DS-GVO sprechen dabei von der „angestrebten", nicht aber von der bestimmten oder tatsächlichen Wirkung.[575] Der Kreditgeber kann somit, auch unter Zuhilfenahme visueller Darstellungen, aufzeigen, welche Verbrauchereigenschaften seiner Erfahrung nach zu welchen Kreditkonditionen führen können.[576] Das verbessert auch die Qualität des Kreditscores, da dieser ein exogenes Merkmal sein soll, sodass der Kreditnehmer seine Eigenschaften oder sein Verhalten an seine tatsächliche und für das Kreditscoringmodell erfassbare Kreditwürdigkeit anpassen kann.[577] Umgekehrt heißt das aber, dass die konkrete Kreditentscheidung aus datenschutzrechtlichen Gründen nicht *en detail* zu erklären ist.[578]

6. Kreditentscheidung unter menschlicher Aufsicht

Die Art. 13–15 DS-GVO besagen, dass den Verantwortlichen die erweiterten Transparenzpflichten „zumindest" in den Fällen einer Entscheidung nach Art. 22 DS-GVO treffen. Teilweise wird aus dieser Formulierung geschlussfolgert, dass die genannten Transparenzpflichten erst recht auch im Falle sonstiger Profilingmaß-

---

[574] Artikel-29-Datenschutzgruppe, Leitlinien zu automatisierten Entscheidungen im Einzelfall einschließlich Profiling für die Zwecke der Verordnung 2016/679, WP251.01, S. 28.

[575] Artikel-29-Datenschutzgruppe, Leitlinien zu automatisierten Entscheidungen im Einzelfall einschließlich Profiling für die Zwecke der Verordnung 2016/679, WP251.01, S. 30; Gola/Heckmann/*Franck*, DS-GVO Art. 15 Rn. 18; *Kumkar/Roth-Isigkeit*, JZ 2020, 277 (283).

[576] Vgl. Erwg. (58) Satz 1 DS-GVO; siehe auch Artikel-29-Datenschutzgruppe, Leitlinien zu automatisierten Entscheidungen im Einzelfall einschließlich Profiling für die Zwecke der Verordnung 2016/679, WP251.01, S. 29.

[577] Zur Verhaltensänderung auch oben § 2, C.I.4., S. 66.

[578] Vgl. die Diskussion um ein *„right to explanation"*, die sich im Wesentlichen um die Reichweite eines Auskunftsanspruchs dreht, siehe: Artikel-29-Datenschutzgruppe, Leitlinien zu automatisierten Entscheidungen im Einzelfall einschließlich Profiling für die Zwecke der Verordnung 2016/679, WP251.01, S. 30; NK/*Dix*, DS-GVO Art. 15 Rn. 25; *Kumkar/Roth-Isigkeit*, JZ 2020, 277 (285 f.); *Wachter/Mittelstadt/Floridi*, 7 International Data Privacy Law (2017), 76; krit., aber i.E. wie hier für ein funktionales Transparenzverständnis *Selbst/Powells*, 7 IDPL (2017), 233; für das Konzept der Lesbarkeit (*legibility*) der maschinellen Entscheidung *Malgieri/Comandé*, 7 IDPL (2017), 243.

nahmen verbindlich sein sollen.[579] Der Sprachgebrauch für das Wort „zumindest" legt indes nahe, dass die erweiterten Informations- und Auskunftspflichten jedenfalls im Falle einer automatisierten Entscheidung, in anders gelagerten Fällen aber gerade nicht erforderlich sind.[580] Daher ist davon auszugehen, dass nur ausschließlich automatisierte Entscheidungen von dem Anwendungsbereich der Art. 13 Abs. 2 lit. f, 14 Abs. 2 lit. g, 15 Abs. 1 lit. h DS-GVO umfasst sind.[581]

Dass auch der Gesetzgeber dieses Verständnis zugrunde legt, wird durch Art. 18 Abs. 6 lit. b CCD 2021-Komm-E deutlich. Dieser sieht vor, dass der kreditsuchende Verbraucher klare Erläuterungen zu der Kreditwürdigkeitsprüfung verlangen kann, einschließlich der Logik und der Risiken der automatisierten Verarbeitung personenbezogener Daten sowie ihrer Bedeutung für die Entscheidung und ihrer Auswirkungen auf sie. Voraussetzung hierfür ist, dass die Kreditwürdigkeitsprüfung automatisiert oder durch Profiling erfolgt. Anders als in Art. 22 DS-GVO käme es damit nicht mehr darauf an, dass die Entscheidung ausschließlich auf einer automatisierten Datenverarbeitung beruht. Stattdessen erstrecken sich die erweiterten Transparenzpflichten, wie sie in Art. 13 Abs. 2 lit. f, 14 Abs. 2 lit. g, 15 Abs. 1 lit. h DS-GVO geregelt sind, dann auch auf den Fall, dass die Kreditwürdigkeitsprüfung zumindest teilweise automatisiert erfolgt, Erwg. (48) Satz 2 CCD 2021-Komm-E. Ob die Entscheidung ausschließlich auf dem Kreditscore beruht oder unter menschlicher Aufsicht erfolgt, ist somit unerheblich. Vielmehr treffen die erweiterten Transparenzpflichten den Kreditgeber bei jeder auf Kreditscoring beruhenden Kreditwürdigkeitsprüfung.[582] Art. 18 Abs. 6 lit. b CCD 2021-Komm-E unterscheidet nicht danach, wer den Kreditscore berechnet, adressiert aber nur den Kreditgeber. Aus Verbrauchersicht entsteht dadurch eine einheitliche Informationsquelle, was zu begrüßen ist. Der Kreditgeber muss damit nicht nur über das interne, sondern gleichermaßen auch über das externe Kreditscoring Auskunft erteilen. Den Mitgliedstaaten steht es ferner offen, Art. 18 Abs. 6 lit. b CCD 2021-Komm-E überschießend umzusetzen und detaillierte Auskunftspflichten zu regeln. Im Übrigen könnte man dies ebenfalls zum Anlass nehmen, § 31 BDSG in ein europarechtskonformes Gewand einer verbraucherkreditrechtlichen Norm zu gießen.[583]

---

[579] Kühling/Buchner/*Bäcker*, DS-GVO Art. 13 Rn. 52; NK/*Dix*, DS-GVO Art. 13 Rn. 16; Gola/Heckmann/*Franck*, DS-GVO Art. 13 Rn. 30; *H. Hoffmann/Kevekordes*, DuD 2021, 609 (610); Taeger/Gabel/*Mester*, DS-GVO Art. 13 Rn. 28; offenlassend *Thüsing/Musiol*, RDV 2022, 189 (193).

[580] Für „gute Praxis" haltend Artikel-29-Datenschutzgruppe, Leitlinien zu automatisierten Entscheidungen im Einzelfall einschließlich Profiling für die Zwecke der Verordnung 2016/679, WP251.01, S. 27; BeckOK Datenschutzrecht/*Schmidt-Wudy*, DS-GVO Art. 15 Rn. 77.

[581] *Kumkar/Roth-Isigkeit*, JZ 2020, 277 (282); *Malgierie/Comandé*, 7 IDPL (2017), 243 (250); *Martini*, Blackbox Algorithmus, S. 183 ff.; BeckOK Datenschutzrecht/*Schmidt-Wudy*, DS-GVO Art. 15 Rn. 77; vgl. auch VG Wiesbaden BeckRS 2021, 30719 (Rn. 29).

[582] Krit. ob mangelnder Proportionalität EBA, EBA/Rep/2022, S. 76.

[583] Siehe sogleich die Überlegungen *de lege ferenda* § 4, D.I.7., S. 350.

7. Zwischenfazit und Überlegungen *de lege ferenda*

Funktional betrachtet besteht das subjektive Transparenzinteresse des Betroffenen in der Ermöglichung der Wahrnehmung seiner Rechte.[584] Die DS-GVO normiert dieses Interesse unter Abwägung mit den Geheimhaltungsinteressen der Kreditgeber und Finanzintermediäre.

Im Falle einer jeden Kreditentscheidung hat das Kreditinstitut *ex ante* u. a. über die Rechtsgrundlage und den Zweck des Kreditscoring sowie das berechtigte Interesse gem. Art. 6 Abs. 1 UAbs. 1 lit. f DS-GVO zu informieren. Nur im Falle einer Dritterhebung kommt hinzu, dass der Verantwortliche über die Quelle und die Datenkategorien zu informieren hat. Umgekehrt impliziert Art. 13 DS-GVO, dass die Direkterhebung in einer Weise erfolgt, dass der Betroffene entweder hieran mitwirkt oder beobachtet wird. Mit Blick auf den Transparenzgrundsatz muss der Verantwortliche auch über diese Datenkategorien *ex ante* informieren. Durch den Auskunftsanspruch gem. Art. 15 DS-GVO erfährt der Betroffene *ex post,* ob und welche Daten(-kategorien) verarbeitet werden. Hierzu gehört auch der Kreditscore. Dadurch offenbaren sich die Input-Daten, die der Kreditgeber für die Kreditwürdigkeitsprüfung berücksichtigt hat, worin ein hohes Maß an betroffenenadressierter Datentransparenz zu erkennen ist.

Im Anwendungsbereich des Art. 22 DS-GVO treten modellspezifische Transparenzanforderungen über die involvierte Logik sowie die Tragweite und angestrebten Auswirkungen des Kreditscoring hinzu. Das Modell sowie die Trainingsdaten sind als Geschäftsgeheimnis geschützt. Unter Berücksichtigung der gesetzgeberischen Wertung müssen die allgemeinen Entscheidungsgründe sowie ihre Faktoren und Gewichtung und die Auswirkungen des angestrebten Kreditscorings auch unter Zuhilfenahme greifbarer Beispiele und visueller Darstellungen nachvollziehbar sein, sodass der Betroffene seine Betroffenenrechte wirksam geltend machen kann. Diese Erläuterungspflicht besteht unabhängig davon, ob der Kreditgeber seine Entscheidung automatisiert auf der Grundlage eines internen oder externen Kreditscores fällt. Eine spezifische Erklärung der Kreditentscheidung ist hingegen nicht erforderlich.

Für die meisten Kreditentscheidungen bestehen die erweiterten Transparenzpflichten indes nicht, da in der Praxis meist keine ausschließlich automatisierte Kreditentscheidung gem. Art. 22 DS-GVO stattfindet. Aus Verbrauchersicht zu begrüßen ist daher, dass Art. 18 Abs. 6 lit. b CCD 2021-Komm-E die erweiterten Informationspflichten auf solche Kreditwürdigkeitsprüfungen ausweitet, die auf Kreditscoring beruhen. Dies führt dazu, dass der Verbraucher Kreditentscheidungen künftig besser nachvollziehen können wird. *De lege ferenda* ist zu erwägen, die Informationspflichten gem. § 30 Abs. 2 BDSG sowie Art. 18 Abs. 6 lit. b CCD 2021-Komm-E zu erweitern bzw. auf nationaler Ebene überschießend dahingehend umzusetzen, dass der Verbraucher bei jeder Kreditentscheidung über die bei

---

[584] Holzinger et al./*Hacker/Passoth*, xxAI, S. 343 (347 ff.).

der Auskunftei gespeicherten Daten zu informieren ist, um das Kreditscoring transparenter zu gestalten.

Zeitgleich könnte man dies zum Anlass nehmen, § 31 BDSG als verbraucherkreditrechtliche Datengrundlage für die Kreditwürdigkeitsprüfung aufsichtsrechtlich in § 18a KWG und zivilrechtlich in den §§ 505a ff. BGB zu implementieren. Ein normativer Anknüpfungspunkt findet sich für diesen Gedanken in Art. 19 Abs. 3 CCD 2021-Komm-E. Hiernach sollen öffentliche wie private Datenbanken „zumindest Informationen über Zahlungsrückstände der Verbraucher enthalten". Dem nationalen Gesetzgeber wird damit ein Regelungsspielraum für die Normierung weiterer Datenkategorien eröffnet. Daher könnte erwogen werden, den Regelungsgehalt in § 31 BDSG verbraucherkreditrechtlich in § 18a KWG und §§ 505a ff. BGB zu normieren. Der Schutz personenbezogener Daten bliebe davon unberührt. Wie § 59 ZAG zeigt kann ein Gesetz schließlich auch datenschutzrechtliche Terminologien enthalten, ohne datenschutzrechtlicher Natur zu sein.[585] In der Folge würden sich aus Sicht des Kreditinstituts verbraucherkreditrechtliche Implikationen für die Erforderlichkeit der Datenverarbeitung gem. Art. 6 Abs. 1 UAbs. 1 lit. b, c DS-GVO sowie rechtssichere Vorgaben für die Abwägung nach lit. f im Rahmen des Datenaustausches mit Auskunfteien ergeben. Dennoch bliebe die datenschutzrechtliche Konformität gesondert zu prüfen. Zusätzliche Sicherheit könnte die Datenschutzaufsicht durch die Formulierung von *best practices* erzielen. Je nach Umsetzung würden Auskunfteien künftig auch zur Datenspeicherung verpflichtet sein, Art. 6 Abs. 1 UAbs. 1 lit. c DS-GVO.

II. Aufsichtsadressierte Transparenz

Der Verantwortliche wird von der Datenschutzaufsicht überwacht. Hierbei handelt es sich gem. Art. 4 Nr. 21 DS-GVO um die nach Art. 51 DS-GVO eingerichtete unabhängige Stelle.

1. Zuständigkeit der Landesbehörden

Art. 51 Abs. 1 DS-GVO verpflichtet die Mitgliedstaaten zur Einrichtung einer oder mehrerer Aufsichtsbehörden, wodurch die Möglichkeit der zentralen, föderalen oder auch sektoralen Aufsichtsorganisation eröffnet wird.[586] In Deutschland ist dies zunächst der Bundesbeauftragte für den Datenschutz und die Informationsfreiheit, der grundsätzlich für die Aufsicht der öffentlichen Stellen zuständig ist, § 9 Abs. 1 BDSG, sowie für jedes Bundesland jeweils die nach Landesrecht organisierte Landesdatenschutzbehörde, die für die Aufsicht der nichtöffentlichen Stellen zu-

---

[585] Siehe oben zum janusköpfigen Begriffsverständnis § 4, B.IX.2.a), S. 309.

[586] Kühling/Buchner/*Boehm*, DS-GVO Art. 51 Rn. 13b; Gola/Heckmann/*Nguyen*, DS-GVO Art. 51 Rn. 5.

ständig ist, § 40 Abs. 1 BDSG.[587] Unter eine nichtöffentliche Stelle fällt jede natürliche oder juristische Person des Privatrechts, sofern sie nicht eine öffentliche Stelle ist oder Aufgaben der öffentlichen Verwaltung wahrnimmt, vgl. § 2 Abs. 4 BDSG. Für private Kreditinstitute und Finanzintermediäre ist mithin die Landesdatenschutzaufsicht desjenigen Bundeslandes zuständig, in welchem sich der Sitz der Hauptniederlassung des Verantwortlichen befindet, § 40 Abs. 1, 2 Satz 1 BDSG.[588] Nichtsdestotrotz können die Finanzaufsicht oder die Gewerbeaufsicht, sollten ihnen datenschutzrechtliche Bedenken bei der bankaufsichtsrechtlichen Prüfung eines Kreditinstituts oder der gewerberechtlichen Prüfung einer Auskunftei aufkommen, die zuständigen Landesstellen zu entsprechenden Untersuchungen anregen, Art. 57 Abs. 1 lit. h DS-GVO.

2. Untersuchungsbefugnisse

Gem. Art. 57 lit. a DS-GVO ist es Aufgabe der zuständigen Aufsichtsbehörde, die Anwendung der DS-GVO zu überwachen. Im Falle eines Verstoßes gegen die DS-GVO kann die Aufsichtsbehörde zur Durchsetzung der Einhaltung der DS-GVO Abhilfemaßnahmen gegen den Verantwortlichen richten, Art. 58 Abs. 2 DG-GVO. Zur Wahrnehmung dieser Aufgaben werden der Aufsichtsbehörde die Untersuchungsbefugnisse nach Art. 58 Abs. 1 DG-GVO eingeräumt.[589] Zu diesem Befugniskatalog gehört, dass der Verantwortliche alle Informationen zur Verfügung zu stellen hat, die für die Erfüllung der Aufsichtsaufgabe erforderlich sind (lit. a), aber auch dass die Aufsichtsbehörde von dem Verantwortlichen verlangen kann, Zugang zu allen Informationen und personenbezogenen Daten, die zur Erfüllung ihrer Aufgabe notwendig sind (lit. e), zu erhalten. Hiervon sind sämtliche Akten, Verfahren und Programme umfasst.[590] Sofern erforderlich und notwendig[591] unterfallen damit auch Geschäftsgeheimnisse der aufsichtlichen Prüfung.[592] Der Verantwortliche ist durch die Verschwiegenheitspflicht der Mitarbeiter der Aufsichtsbehörde gem. Art. 54 Abs. 2 DS-GVO hinreichend geschützt. In örtlicher Hinsicht kann eine Datenschutzüberprüfung auch in den Geschäftsräumen des Verantwortlichen statt-

---

[587] Ferner noch die Ausnahmen nach Art. 85 DS-GVO für Rundfunkanstalten und Presse sowie gem. Art. 91 DS-GVO für die Kirchen, Gola/Heckmann/*Nguyen*, Art. 51 Rn. 5; krit. und für eine Zentralisierung der Aufsicht über nichtöffentliche Stelle auf Bundesebene *Martini/Botta*, DÖV 2022, 605.

[588] Vgl. Kühling/Buchner/*Dix*, BDSG § 40 Rn. 6.

[589] NK/*Polenz*, DS-GVO Art. 57 Rn. 8.

[590] Kühling/Buchner/*Boehm*, DS-GVO Art. 58 Rn. 18; BeckOK Datenschutzrecht/*Eichler*, DS-GVO Art. 58 Rn. 14.

[591] Hierin soll kein materieller Unterschied liegen Sydow/Marsch/*Ziebarth*, DS-GVO Art. 58 Rn. 30; Taeger/Gabel/*Grittmann*, DS-GVO Art. 58 Fn. 55.

[592] Allgemeine Ansicht BeckOK Datenschutzrecht/*Eichler*, DS-GVO Art. 58 Rn. 13; Taeger/Gabel/*Grittmann*, DS-GVO Art. 58 Rn. 18; Paal/Pauly/*Körffer*, DS-GVO Art. 58 Rn. 13; Schwartmann et al./*Kugelmann*, DS-GVO Art. 58 Rn. 65; Ehmann/Selmayr/*Selmayr*, DS-GVO Art. 58 Rn. 16.

finden, lit. b, f. Dieser Audit darf anlasslos nach pflichtgemäßem Ermessen der Aufsicht durchgeführt werden.[593] Dabei, sowie bei jeder anderen Maßnahme, muss die Behörde aber verhältnismäßig handeln, Erwg. (129) Satz 5 DS-GVO. Die Aufsicht hat mithin ein objektives Transparenzinteresse, um die Einhaltung der DS-GVO überwachen zu können.

Der Aufsicht werden somit in materiell-rechtlicher Hinsicht wirksame Instrumente eingeräumt, die es ihr erlauben, die Scoringverfahren sowohl bei Banken als auch bei Finanzintermediären zu überprüfen. Da von dieser Prüfung auch Geschäftsgeheimnisse nicht ausgenommen sind, kann die Aufsicht anders als die betroffene Person auch die Trainingsdaten sowie interne Abläufe und Vorgänge, wie etwa die Dokumentation des Modellierungsprozesses, einsehen und datenschutzrechtlich überprüfen. In dieser Hinsicht besteht volle aufsichtsadressierte Transparenz. Dazu muss die Aufsicht auch personell, technisch und finanziell hinreichend ausgestattet sein, um ihre Aufgaben und Befugnisse wahrzunehmen, Art. 52 Abs. 4 DS-GVO. Qualitativ ist somit eine ordnungsgemäße Überprüfung der Scoringverfahren gewährleistet. Ob diese aufsichtliche Zielvorgabe auch der Praxis entspricht, steht indes auf einem anderem Blatt.[594] Mit Blick auf das Erfordernis einer qualitativen Aufsicht in personeller, technischer und finanzieller Sicht darf sich die Aufsicht jedenfalls nicht aus der Verantwortung ziehen, sondern muss sich die nötige Kompetenz aneignen.[595] Schließlich stellt die Sicherstellung der qualitativen aufsichtlichen Überprüfung den unerlässlichen Ausgleich für die Beschneidung der Betroffenenrechte aufgrund des Geschäftsgeheimnisschutzes dar.[596]

---

[593] Kühling/Buchner/*Boehm*, DS-GVO Art. 58 Rn. 15; Taeger/Gabel/*Grittmann*, DS-GVO Art. 58 Rn. 14.

[594] Krit. *Krämer*, NJW 2020, 497 (497); *Schulzki-Haddouti*, c't 2014, 38; *Weichert*, ZD 2013, 251 (257); *Gigerenzer/Rebitschek/Wagner*, WD 2018, 860 (866); siehe auch die Rückmeldungen in SVRV, Verbrauchergerechtes Scoring, S. 89; ULD, Scoring nach der Datenschutz-Novelle 2009 und neue Entwicklungen, S. 134.

[595] Siehe dazu exemplarisch Der Hamburgische Beauftragte für Datenschutz und Informationsfreiheit, 25. Tätigkeitsbericht Datenschutz 2014/2015 S. 212 f.: „Für Datenschutzaufsichtsbehörden ist es nahezu nicht möglich, selbst zu prüfen, ob die zur Berechnung eines Wahrscheinlichkeitswerts genutzten Daten bei Zugrundelegung eines wissenschaftlich anerkannten mathematisch-statistischen Verfahrens nachweisbar für die Berechnung der Wahrscheinlichkeit des bestimmten Verhaltens erheblich sind. [...] Eine vollständige Überprüfung dieses Erfordernisses ist außerordentlich schwierig und setzt eine entsprechende Ausbildung voraus, die in den Aufsichtsbehörden regelmäßig nicht verfügbar ist." Daher wurde von der Auskunftei ein Gutachten zwecks Nachweis angefordert: „Das endgültige Gutachten lag dann erst im März 2015 vor. Eine inhaltliche Bewertung des Gutachtens konnte von uns zwar nicht vollständig vorgenommen werden. Allerdings erscheint es plausibel und kommt zu dem Ergebnis, dass die gesetzlichen Vorgaben beachtet werden"; SVRV, Verbrauchergerechtes Scoring, S. 89.

[596] *Wachter/Mittelstadt/Floridi*, 7 International Data Privacy Law (2017), 76 (98); zu diesen Rechten siehe oben § 4, D.I., S. 335 ff., insbesondere bei automatisierten Kreditentscheidungen § 4, D.I.5., S. 342 ff.

In der Praxis werden der Aufsicht daher Gutachten vorgelegt, die die Daten-schutzkonformität und insbesondere die Einhaltung eines mathematisch-statisti-schen Verfahrens belegen sollen.[597] Die Grundlage dazu bildet die Rechenschafts-pflicht des Verantwortlichen gem. Art. 5 Abs. 2 DS-GVO. Problematisch ist hieran, dass die Gutachter im Auftrag des Verantwortlichen handeln und von diesem vergütet werden. Dies eröffnet aus Gutachtersicht einen Interessenkonflikt zwischen einer unabhängigen und einer mandatsorientierten Begutachtung.[598] Schließlich kann der Verantwortliche einerseits den Gutachter jederzeit wechseln oder für das nächste Gutachten einen anderen Gutachter bestellen. Andererseits handelt es sich bei einem privaten Gutachtenvertrag um einen Werkvertrag gem. § 631 BGB.[599] Die auftrag-gebende Bank oder die auftraggebende Auskunftei ist somit nur zur Abnahme und zur Vergütung des Gutachtens verpflichtet, sofern das Gutachten vertragsmäßig erstellt wurde, §§ 640, 641 Abs. 1 Satz 1 BGB. In der Vorleistung begründet sich eine finanzielle Abhängigkeit des Gutachters, die ihn zu einer mandatsorientierten Be-gutachtung verleiten kann. Andererseits kann die auftraggebende Bank oder die auftraggebende Auskunftei eine „Nachbesserung" des Gutachtens zu ihren Gunsten verlangen, sodass bestimmte Passagen gelöscht oder verändert werden. Die Aufsicht würde damit ein unvollständiges oder jedenfalls abgewandeltes Gutachten erhalten, ohne dass ihr das Bestehen einer ursprünglich anderen Gutachtenversion bekannt wäre. Diese Gutachterlösung ist daher kein geeignetes Mittel zur Gewährleistung einer qualitativen Beaufsichtigung.[600]

Diesem Interessenkonflikt könnte mit der Prüfung durch zertifizierte Stellen nach Art. 42 DS-GVO begegnet werden.[601] Hierdurch erhält die Aufsicht ein Druckmittel gegenüber dem Gutachter, da sie seine Zertifizierung gem. Art. 58 Abs. 2 lit. h DS-GVO widerrufen kann. Der Gutachter erhält damit einen zusätzlichen Anreiz zur unabhängigen Begutachtung. Der Verantwortliche sollte dann aber verpflichtet sein, der Aufsicht die Beauftragung einer zertifizierten Stelle anzuzeigen, damit die Gefahr des plötzlichen Gutachterwechsels und somit das Druckmittel zur „Nach-besserung" des Gutachtenergebnisses untergraben wird.

---

[597] Für Auskunfteien siehe *Hoeren*, RDV 2007, 93 (97); SVRV, Verbrauchergerechtes Scoring, S. 186.

[598] *Rühlicke*, in: Maute/Mackenrodt, Recht als Infrastruktur für Innovation, S. 9 (20).

[599] Ständige Rechtsprechung BGHZ 67, 1 (4); 127, 378 (384); 167, 139 (Rn. 5); Münch-Komm-BGB/*Busche*, § 631 Rn. 150; Staudinger/*Peters*, § 631 Rn. 6; Grüneberg/*Retzlaff*, Einführung vor § 631 Rn. 24; BeckOK BGB/*Voit*, § 631 Rn. 31.

[600] *Gigerenzer/Rebitschek/Wagner*, WD 2018, 860 (864).

[601] Siehe allgemein für die Kontrolle von Algorithmen *Weichert*, DANA 2018, 132 (137); für ein Zulassungsverfahren von Kreditscoringverfahren *ders.*, ZRP 2014, 168 (171), auch *Wachter/Mittelstadt/Floridi*, 7 International Data Privacy Law (2017), 76 (98).

E. Ergebnis

Auch wenn Erwg. (6) DS-GVO Big Data indirekt adressiert, bleibt die DS-GVO bewusst technologieneutral, Erwg. (15) Satz 1 DS-GVO, und sieht keine risikoad-äquate Abwägung für das Kreditscoring vor, sondern überlässt diese vielmehr dem Verantwortlichen. Kritiker haben der DS-GVO aufgrund ihrer Technikneutralität daher Unterkomplexität bescheinigt.[602] Diese Erkenntnis ist umso gravierender, wenn man bedenkt, dass die DS-GVO in ihrer Wortwahl einerseits sehr allgemeine Begriffe verwendet, andererseits auf der Rechtsfolgenseite aber mit empfindlichen Sanktionen droht.[603]

Die datenschutzrechtliche Untersuchung zeigte, dass sich die Rechtmäßigkeit des Kreditscorings auf die Art. 6 Abs. 1 UAbs. 1 lit. b, c, f DS-GVO stützen kann. Über Erwg. (71) Satz 6 DS-GVO in Verbindung mit den Datenschutzgrundsätzen wird eine technische Prämisse für das Kreditscoring geschaffen, wonach geeignete ma-thematisch-statistische Verfahren anzuwenden sowie Vorkehrungen zur Qualitäts-sicherung einzurichten sind. Eine datenschutzrechtliche Einwilligung ist regelmäßig nicht einzuholen. Gleichwohl es auf den ersten Blick weniger schützend erscheinen mag, adressiert die DS-GVO dadurch das doppelte Autonomieproblem des Be-troffenen, denn seinem Schutzinteresse wird über das Erforderlichkeitskriterium hinreichend Rechnung getragen. Der Verantwortliche muss dabei eine strenge Er-forderlichkeitsprüfung betreiben und dem Betroffenen sowie auch der Aufsicht die Erforderlichkeit einer jeden einzelnen Datenkategorie nachweisen können. In der Folge darf nur diejenige Teilmenge der für den Kreditvertrag erheblichen Daten berücksichtigt werden, welche gleich signifikant, aber weniger beeinträchtigend ist. Da es grundsätzlich milder ist, die Daten direkt bei der betroffenen Person und unter ihrer aktiven Mitwirkung zu erheben, kommen Dritte als Informationsquelle ins-besondere dann in Betracht, wenn der Verantwortliche nicht auf die Daten des Be-troffenen vertrauen kann. Unter ökonomischer Betrachtung sind dies die Fälle, in denen der Verbraucher einen Anreiz hat, Informationen zurückzuhalten (*hidden information*).[604] Für § 31 BDSG besteht keine Öffnungsklausel innerhalb der DS-GVO.

Der Betroffene genießt ein subjektives Transparenzinteresse zur Wahrnehmung seiner Betroffenenrechte. Mit Blick auf die Datentransparenz begründet insbeson-dere die durch das Erforderlichkeitskriterium implizierte grundsätzliche Mitwirkung an der Datenverarbeitung – sei es durch aktive Mitteilung oder passive Preisgabe – betroffenenadressierte Transparenz. Zusätzlich treffen den Verantwortlichen *ex ante* diverse Transparenzpflichten, sodass der Betroffene immerhin die Möglichkeit der Kenntnisnahme hat, wenngleich der Verantwortliche die anzugebenen Datenkate-

---

[602] *Roßnagel/Nebel/Richter*, ZD 2015, 455 (460); *Roßnagel*, DuD 2017, 277 (277 f.); Gola/Heckmann/*Schulz*, DS-GVO Art. 6 Rn. 5; *Thüsing/Musiol*, RDV 2022, 189 (193).

[603] *Langenbucher*, 31 EBLR (2020), 527 (539).

[604] Siehe oben § 2, A.VI.1., S. 43.

gorien allgemein halten kann. Nur über den Auskunftsanspruch nach Art. 15 DS-GVO erfährt der Betroffene, welche Daten der Verantwortliche konkret berücksichtigt hat.

Im Falle einer automatisierten Kreditentscheidung treten die erweiterten Informations- und Auskunftspflichten gem. Art. 13 Abs. 2 lit. f, 14 Abs. 2 lit. g, 15 Abs. 1 lit. h DS-GVO sowie die Schutzmaßnahmen nach Art. 22 Abs. 3 DS-GVO hinzu. Die hieraus folgende Systemtransparenz steht im Spannungsverhältnis zu dem Geheimhaltungsinteresse des Verantwortlichen. Unter Beachtung der gesetzgeberischen Wertung reduziert sich der Umfang des Informations- und Auskunftsrechts des Betroffenen auf die Beschreibung der allgemeinen Entscheidungsgründe sowie ihrer Faktoren, Gewichtungen und die Auswirkungen des angestrebten Kreditscorings unter Zuhilfenahme greifbarer Beispiele und visueller Darstellungen. Eine detaillierte Erklärung der konkreten automatisierten Kreditentscheidung ist nicht gefordert. Diese erweiterten Transparenzpflichten finden in der Kreditvergabepraxis derzeit aber noch keine überwiegende Anwendung, da Kreditentscheidungen regelmäßig unter einer echten menschlichen Aufsicht und damit außerhalb der Reichweite des Art. 22 DS-GVO getroffen werden. Abhilfe kann hier in Zukunft die Umsetzung des Art. 18 Abs. 6 CCD 2021-Komm-E schaffen. *De lege ferenda* wurde vorgeschlagen, diese Transparenzpflichten überschießend umzusetzen und den Regelungsgehalt des § 31 BDSG in § 18a KWG und in den §§ 505a ff. BGB zu implementieren sowie § 30 Abs. 2 BDSG auf jede Kreditentscheidung zu erweitern.

Aus Sicht der Aufsicht besteht in der Theorie volle Daten- und Systemtransparenz, da Geschäftsgeheimnisse der aufsichtlichen Überprüfung nicht vorenthalten werden. Der Grundsatz der qualitativen Datenschutzaufsicht erfordert, dass die Aufsicht fachlich, personell und technisch dazu in der Lage ist, die ihr übertragenen Aufgaben effektiv wahrnehmen zu können. Da sie die gem. Art. 57 Abs. 1 lit. a DS-GVO zuständige Stelle zur Überwachung der Einhaltung der DS-GVO ist, genießt die Aufsicht ein objektives Transparenzinteresse. Für eine effektivere Aufsicht könnten zusätzlich gem. Art. 42 DS-GVO zertifizierte Stellen die DS-GVO-Konformität des Verantwortlichen nachweisen und insbesondere die Einhaltung der mathematisch-statistischen Verfahren, Schutzmaßnahmen sowie Qualitätssicherungen belegen.

§ 5 Zusammenfassung und Ausblick

A. Zusammenfassung der wesentlichen Ergebnisse

Die Untersuchung ging der Frage nach, welche Transparenzanforderungen an das Kreditscoring *de lege lata* bestehen. Damit verbunden war auch die Frage, welche regulatorischen Vorgaben das Recht an das Kreditscoring stellt. Dazu wurde zunächst eine interdisziplinäre Einführung in das Kreditscoring gegeben. Dabei zeigte sich das Kreditscoring ökonomisch betrachtet als eine geeignete Screening-Methode für den standardisierten Abbau von Informationsasymmetrien zwischen den Kreditvertragsparteien, was zu einer schnelleren und effizienteren Kreditentscheidung führen und die Transaktionskosten senken kann.[1] Funktional betrachtet ist das Kreditscoring eine Methode zur Quantifizierung des Vertrauens, da es auf die „Vertrauensfrage Kreditvergabe" eine numerische Antwort bezüglich der Kreditausfallwahrscheinlichkeit gibt. Die Delegation der Informationssuche an Finanzintermediäre befördert den Effekt der Kostensenkung. Die Einschaltung von Intermediären wie Auskunfteien ist insbesondere dann effizient, wenn der Kreditgeber nicht allein auf die Angaben des Kreditsuchenden vertrauen kann. Durch die weitere Senkung der Transaktionskosten liegt die Delegation der Informationssuche grundsätzlich im beiderseitigen Interesse der Kreditvertragsparteien.[2] Die historische Entstehung kommerzieller, zentraler Informationsquellen unterstützt diese Anreizkonstruktion und das ständige Interesse an genaueren Methoden für risikoadäquate, massengeschäftstaugliche Kreditentscheidungen.[3]

Phänomenologisch wurde zwischen dem herkömmlichen und dem alternativen Kreditscoring unterschieden. Dabei wurde herausgearbeitet, dass das alternative Kreditscoring alle Daten als bonitätsrelevant anerkennen will (*„all data is credit data"*). Es wurde dargestellt, dass alternative Daten eine Validierungs-, Informations- und erweiterte Analysefunktion zukommen kann, wodurch Informationsdefizite, die bei einem ausschließlich online abgeschlossenen Kreditvertrag entstehen mögen, ausgeglichen werden können. Für *underbanked people* begründet der alternative Ansatz ein doppeltes Autonomieproblem, welches sie vor die dilemmatische Wahl zwischen *privacy* und finanzieller Inklusion stellt. Sollten alternative Daten bessere Kreditkonditionen bieten oder zum Standardprüfgegenstand einer

---

[1] Siehe oben § 2, A.VI.3., S. 46.

[2] Siehe oben § 2, A.VI.4.c), S. 49.

[3] Siehe oben § 2, B.IV., S. 62.

Kreditwürdigkeitsprüfung werden, wird dieses Problem auch auf *scorables* zukommen.

Alternative Kreditscoringverfahren berufen sich auch darauf, komplexere Algorithmen zu verwenden. Die Untersuchung zeigte, dass diese Methoden nicht alle alternativen Daten in der Scorewertberechnung berücksichtigen, sondern ebenfalls nur bestimmte Merkmale verarbeiten können, um einen „Fluch der Dimensionalität" zu vermeiden.[4] Das algorithmische Spannungsverhältnis zwischen Transparenz und Performance eines Kreditscoringmodells wird derzeit zugunsten der Erklärbarkeit entschieden.

I. Transparenz durch Bankaufsichtsrecht

Das Kreditscoring ist ein bankaufsichtsrechtlich streng reguliertes Problemfeld. Die regulatorischen Anforderungen gehen vorwiegend auf das Basler Rahmenwerk zurück. Direkter Adressat sind Kreditinstitute. Diesen wird grundsätzlich ein weites Ermessen bei der Wahl und Ausgestaltung des Kreditscoringsystems eingeräumt. Eine Erlaubnispflicht für Kreditscoringmodelle besteht nicht. Dem Kreditinstitut werden dafür qualitative Vorgaben gemacht, deren Einhaltung es gegenüber der Aufsicht vollumfänglich nachzuweisen hat.[5] Die Vorgaben hierzu ergeben sich aus Art. 79 CRD IV bzw. § 25a KWG in Verbindung mit den normkonkretisierenden Verwaltungsvorschriften der Aufsicht. Sofern der Kreditscore im Rahmen des IRB-Ansatzes auch zur Berechnung der Eigenmittelausstattung herangezogen wird, ist das Modell erlaubnispflichtig und es bestehen detaillierte qualitative und quantitative Vorgaben.[6] Das Bankaufsichtsrecht gibt konkrete Datenkategorien vor, die für die Kreditwürdigkeitsprüfung nach § 18a KWG bzw. die Beurteilung von Adressenausfallrisiken nach § 10 Abs. 2 KWG zu berücksichtigen sind. Das Datenschutzrecht fungiert aus bankaufsichtsrechtlicher Perspektive als Schranke. Insgesamt werden durch das Bankaufsichtsrecht sehr hohe Anforderungen an die Daten- und Systemtransparenz gesetzt, die über den Grundsatz der „lückenlosen Überwachung" in hohem Maße aufsichtsadressiert sind. Verbraucheradressierte Transparenz kennt das Bankaufsichtsrecht nicht. Stattdessen kann der Kreditnehmer nur minimal von den Offenlegungsvorschriften zur Herstellung von Marktdisziplin profitieren, sofern das Institut den IRB-Ansatz anwendet.[7] Das Bankaufsichtsrecht konzentriert sich auf eine die Finanzstabilität sichernde Transparenz. Black Box-Modelle sind unzulässig.

Berücksichtigen Kreditinstitute einen externen Kreditscore, kann dies eine unwesentliche Auslagerung darstellen. In der Folge haben die bankaufsichtsrechtlichen Transparenzvorgaben eine Ausstrahlungswirkung auf diese Finanzintermediäre, da

---

[4] Siehe oben § 2, D.II.4., S. 108.

[5] Siehe oben § 3, B.III., S. 155 ff.

[6] Siehe oben § 3, C.II.5., S. 243.

[7] Siehe oben § 3, D.III., S. 247 ff.

das Kreditinstitut ansonsten Gefahr läuft, seine Ordnungsmäßigkeit der Geschäftsorganisation zu gefährden. Der externe Kreditscore muss damit ebenso transparent wie der des Kreditinstituts sein. Die Aufsicht unterliegt einem Zuständigkeitsdefizit, da sie zwar Auskunft von dem Finanzintermediär verlangen kann. Maßnahmen kann sie aber nur gegenüber dem Kreditinstitut zur Herstellung der Ordnungsmäßigkeit der Geschäftsorganisation dieses Kreditinstitutes ergreifen.[8]

II. Transparenz durch Datenschutzrecht

Die datenschutzrechtliche Rechtmäßigkeit des internen Kreditscoring kann sich auf Art. 6 Abs. 1 UAbs. 1 lit. b, c, f DS-GVO stützen. Hierbei hat das Institut eine Erforderlichkeitsprüfung anzustellen und anhand des Risikogehalts des Darlehensvertrages darzulegen, dass mildere Daten nicht genauso geeignet sind.[9] Da eine andere datenschutzrechtliche Rechtsgrundlage für das Kreditscoring besteht, hat der Betroffene keine echte Wahl zur Datenverarbeitung, sodass eine Einwilligung mangels Freiwilligkeit regelmäßig ausscheiden wird. Zugleich löst die DS-GVO damit das doppelte Autonomieproblem zwischen *privacy* und finanzieller Inklusion, indem der Kreditgeber im Massengeschäft einen „Grund-Vertrag" und einen weiteren Kreditvertrag vorsehen kann, der eine datengetriebenere Kreditwürdigkeitsprüfung erfordert. Allerdings darf der Kostenunterschied zwischen diesen Alternativen nicht zu groß sein, da die Verweigerung der Einwilligung ansonsten mit erheblichen Nachteilen verbunden wäre.[10]

Unabhängig davon, ob eine automatisierte Kreditentscheidung vorliegt, stellt Art. 22 DS-GVO Daten- und Systemtransparenzanforderungen auf, da entweder die Entscheidung nicht ausschließlich automatisiert erfolgen darf oder aber die Schutzmaßnahmen nach Art. 22 Abs. 3 DS-GVO einzuhalten sind. Wenn die Kreditvergabepraxis derzeit noch nicht vollständig automatisiert erfolgt, muss sie eine echte menschliche Aufsicht gewährleisten, um dem Anwendungsbereich des Art. 22 DS-GVO zu entfliehen. Das erfordert eine Befugnis und Befähigung zur Änderung der Modellentscheidung im Einzelfall, die kreditgeberadressierte Transparenzanforderungen begründet.[11]

Kreditnehmeradressierte Transparenz ergibt sich *ex ante* aus Art. 13, 14 DS-GVO. Hierdurch erfährt der Kreditsuchende, welche Daten der Kreditgeber für die Kreditwürdigkeitsprüfung für erforderlich im Sinne von Art. 6 Abs. 1 UAbs. 1 lit. b, c, f DS-GVO hält. *Ex post* entsteht Transparenz über Art. 15 DS-GVO, wonach die betroffene Person die möglichen Input-Daten sowie den Kreditscore in Erfahrung bringen kann. Nur für den Fall einer automatisierten Kreditentscheidung im Sinne

---

[8] Siehe oben § 3, D.V.5., S. 191.

[9] Siehe oben § 4, B.III.2., S. 269.

[10] Siehe oben § 4, B.VII.1.b), S. 294.

[11] Siehe oben § 4, C.I.2.a)aa), S. 318 ff.

des Art. 22 DS-GVO ergeben sich erweiterte Transparenzvorgaben gem. Art. 13 Abs. 2 lit. f, 14 Abs. 2 lit. g, 15 Abs. 1 lit. h DS-GVO. Zwar folgt hieraus kein Recht des Betroffenen auf die individuelle Erklärung der Kreditentscheidung. Immerhin treffen den Verantwortlichen aber modellspezifische Transparenzpflichten über die involvierte Logik sowie die Tragweite und angestrebten Auswirkungen des Kreditscorings, die die allgemeinen Entscheidungsgründe sowie ihre Faktoren und Gewichtung und die Auswirkungen des angestrebten Kreditscorings umfassen, sodass der Betroffene seine Betroffenenrechte wirksam ausüben kann. Das Datenschutzrecht zielt zugunsten des subjektiven Interesses des Betroffenen auf eine rechtefördernde Transparenz. Da die Praxis Kreditentscheidungen regelmäßig unter menschlicher Aufsicht trifft, kommen die erweiterten Transparenzpflichten nicht oder nur freiwillig zur Anwendung. Mit dem Ziel eines transparenteren Kreditscorings ist daher die geplante Neue Verbraucherkreditrichtlinie zu begrüßen, die diese erweiterten Transparenzpflichten auch auf Kreditentscheidung unter menschlicher Aufsicht ausdehnen will, sofern sie auf Kreditscoring beruht. *De lege ferenda* ist zu erwägen, den Regelungsgehalt aus § 31 BDSG, für den keine Öffnungsklausel innerhalb der DS-GVO identifiziert werden konnte, in § 18a KWG und §§ 505a ff. BGB zu implementieren. Um das Kreditscoring aus Betroffenenperspektive transparenter zu gestalten, könnte zudem § 30 Abs. 2 Satz 1 BDSG auf alle Kreditentscheidungen ausgeweitet werden.[12]

Zugunsten der Datenschutzaufsicht besteht in der Theorie volle aufsichtsadressierte Transparenz. Zur Vermeidung von Interessenkonflikten und zur Herstellung einer angemessenen Aufsichtspraxis, die aufgrund der beschränkten verbraucheradressierten Transparenz notwendig erscheint, könnten statt der bisherigen privaten Gutachtenlösung zertifizierte Stellen die Datenschutzkonformität der Scoringverfahren bescheinigen. Nichtsdestotrotz muss auch die Aufsicht in der Lage sein, ihre Untersuchungsbefugnisse wirksam ausführen können.

B. Ausblick: Transparenz durch KI-Recht

In Zukunft werden sich KI-spezifische Anforderungen nach unmittelbar geltendem Unionsrecht ergeben. Am 21. 4. 2021 veröffentlichte die Europäische Kommission ihren Vorschlag für eine Verordnung des Europäischen Parlamentes und des Rates zur Festlegung harmonisierter Vorschriften für künstliche Intelligenz (Gesetz über künstliche Intelligenz) und zur Änderung bestimmter Rechtsakte der Union[13].[14] Dieser Vorschlag für eine KI-Verordnung (KI-VO-Komm-E) ist Teil einer größeren

---

[12] Siehe oben § 4, D.I.7., S. 350.

[13] Europäische Kommission, COM(2021) 206 final.

[14] Im Zeitpunkt des Entstehens dieser Arbeit haben das EU-Parlament, der Rat der EU und die EU-Kommission noch nicht mit den Trilog-Verhandlungen begonnen. Im Folgenden wird sich daher auf den Vorschlag der Kommission bezogen, sofern nicht anders gekennzeichnet.

unionalen Anstrengung, die insgesamt den Weg in eine „digitale Dekade" ebnen soll.[15]

Die Kommission verfolgt einen horizontalen, risikobasierten Regulierungsansatz, der durch den Charakter einer Verordnung im Sinne des Art. 288 Abs. 2 AEUV die Entstehung eines europäischen Flickenteppichs bei der Regulierung künstlicher Intelligenz vermeiden soll.[16] Die DS-GVO soll ausdrücklich unberührt bleiben.[17] Der KI-VO-Komm-E zielt dazu auf die Festlegung harmonisierter Vorschriften für das Inverkehrbringen, die Inbetriebnahme und die Verwendung von KI-Systemen ab, Art. 1 lit. a KI-VO-Komm-E, und adressiert Anbieter und Nutzer von KI-Systemen, Art. 2 Abs. 1 KI-VO-Komm-E. Ein Anbieter ist eine Person, die ein KI-System entwickelt oder entwickeln lässt, um es in Verkehr zu bringen oder in Betrieb zu nehmen, Art. 3 Nr. 2 KI-VO-Komm-E. Ein Nutzer ist dagegen grundsätzlich eine Person, die ein KI-System in eigener Verantwortung verwendet, Nr. 3. Entwickelt ein Kreditinstitut oder ein Finanzintermediär somit selbst ein KI-System, um es anschließend zu verwenden, treffen es zugleich Anbieter- und Nutzerpflichten. Umgekehrt wird auch der Modellersteller als Anbieter in die Pflicht genommen, selbst wenn dieser das Modell nicht selbst in Betrieb nimmt.[18] Beeinträchtigt das KI-System die Rechte natürlicher Personen, stellt der KI-VO-Komm-E dieser geschädigten Person keine speziellen Möglichkeiten der privaten Rechtsdurchsetzung zur Verfügung.[19] Hierzu plant die EU ein eigenes Gesetzesvorhaben zur zivilrechtlichen Haftung, welches insbesondere eine Beweislastumkehr zugunsten des Geschädigten vorsieht, um Beweisschwierigkeiten zu begegnen.[20]

Das Kreditscoring[21] stellt im Bereich „grundlegender privater und öffentlicher Dienste und Leistungen" ein sog. Hochrisiko-KI-System dar, Art. 6 Abs. 2 in Ver-

---

[15] Europäische Kommission, COM(2021) 206 final, S. 6; *Veale/Zuiderveen Borgesius*, CRi 2021, 97 (97 f.).

[16] Zuvor erwog sie verschiedene Optionen, die auch einen sektoralen Ansatz beinhalteten, siehe Europäische Kommission, COM(2021) 206 final, S. 3, 7, 11.

[17] Europäische Kommission, COM(2021) 206 final, S. 4; unklar ist insofern, ob die Kommission Art. 10 Abs. 5 KI-VO-Komm-E auf eine Öffnungsklausel stützen will; für eine Einschränkung des Verarbeitungsverbotes nach Art. 9 DS-GVO *Spindler*, CR 2021, 361 (Rn. 19 f., 37).

[18] *Ebert/Spiecker gen. Döhmann*, NVwZ 2021, 1188 (1188); *Spindler*, CR 2021, 361 (Rn. 14).

[19] Krit. *Langenbucher*, ECB Legal Conference 2021, 362 (382).

[20] Vorschlag für eine Richtlinie des Europäischen Parlamentes und des Rates zur Anpassung der Vorschriften über außervertragliche zivilrechtliche Haftung an künstliche Intelligenz (Richtlinie über KI-Haftung), COM(2022) 496 final, 28.9.2022.

[21] Das Social Scoring stellt nach dem Kommissionsentwurf nur dann eine verbotene Praxis dar, wenn Behörden ein solches KI-System verwenden, Art. 5 Abs. 1 lit. c KI-VO-Komm-E; krit. *Ebert/Spiecker gen. Döhmann*, NVwZ 2021, 1188 (1189); der Ratsentwurf sieht hingegen eine Ausweitung auch auf Private vor, Art. 5 Abs. 1 lit. c KI-VO-Ratsentwurf; zum Social Scoring oben § 2, C.I.4., S. 66 ff.

bindung mit Anhang III Nr. 5 lit. b KI-VO-Komm-E.[22] Die Einstufung als Hochri-
siko-Anwendung erscheint bei einer normativer Betrachtungsweise konsequent, da
das Kreditscoring auch bankaufsichtsrechtlich streng reguliert ist und datenschutz-
rechtlich ebenfalls als *„high risk"* eingestuft wird[23]. In der Folge muss ein solches
KI-System die besonderen Anforderungen nach Kapitel 2 erfüllen, Art. 8 Abs. 1 KI-
VO-Komm-E. Hierzu gehört die Einrichtung eines Risikomanagementsystem, Art. 9
KI-VO-Komm-E, die Beachtung qualitativer Vorgaben im Umgang mit Daten,
Art. 10 KI-VO-Komm-E, Dokumentations- und Transparenzpflichten, Art. 11–13
KI-VO-Komm-E[24], die Gewährleistung menschlicher Aufsicht, Art. 14, KI-VO-
Komm-E, sowie modellkonstruktionsbezogene Vorgaben, Art. 15 KI-VO-Komm-E.

Darüber hinaus bestehen adressatenbezogene Pflichten für den Anbieter[25] und den
Nutzer[26] eines Kreditscoringmodells. Auch wenn der Kommissionsvorschlag zahlreiche Transparenzanforderungen vorsieht,[27] die viele Aspekte der obigen Einführung zum Kreditscoring aufnehmen[28] und an die modellbezogenen Anforderungen
im Rahmen des IRB-Ansatzes erinnern,[29] war eine tiefergehende Auseinandersetzung im Angesicht des laufenden Gesetzgebungsverfahrens an dieser Stelle nicht
Gegenstand der vorliegenden Arbeit.[30]

---

[22] Sog. „sonstiges eigenständiges KI-System", Europäische Kommission, COM(2021) 206
final, S. 15; zum Anwendungsbereich *Langenbucher*, ECB Legal Conference 2021, 362
(367 ff.); Kleinanbieter, die KI-Systeme für den Eigengebrauch verwenden, sind tatbestand-
lich ausgenommen; insbesondere die Definition des „KI-Systems" stellt eine strittige Frage
dar, vgl. die Unterschiede in Art. 3 Nr. 1 in Verbindung mit Anhang I des Kommissionsentwurfs und Art. 3 Abs. 1 des Ratsentwurfs.

[23] Vgl. die regelmäßige Verpflichtung zur Durchführung einer Datenschutz-Folgeabschät-
zung gem. Art. 35 DS-GVO wegen des voraussichtlichen hohen Risikos für die Rechte und
Freiheiten der betroffenen Personen, Artikel-29-Datenschutzgruppe, WP 248 rev.01, S. 9, 11;
DSK, Liste der Verarbeitungstätigkeiten, für die eine DSFA durchzuführen ist, Version 1.1,
Nr. 5.

[24] Indem das einzelne Modellergebnis interpretiert werden können muss, deutet Art. 13
Abs. 1 Satz 1 KI-VO-Komm-E an, dass keine globale Erklärbarkeit vonnöten ist, auch Holzinger et al./*Hacker/Passoth*, xxAI, S. 343 (359); der Ratsentwurf scheint dagegen in diese
Richtung zu gehen, siehe dort Art. 13 Abs. 1: *„High-risk AI systems shall be designed and
developed in such a way to ensure that their operation is sufficiently transparent with a view to
[…] enabling users to understand and use the system appropriately"*.

[25] Art. 16 ff. KI-VO-Komm-E.

[26] Art. 29 KI-VO-Komm-E.

[27] Siehe insbesondere Art. 13 und 14 KI-VO-Komm-E; dazu *Langenbucher*, ECB Legal
Conference 2021, 362 (370 ff.); allgemeiner Holzinger et al./*Hacker/Passoth*, xxAI, S. 343
(357 ff.).

[28] Siehe insbesondere § 2 E.I., S. 128 ff.

[29] Ähnlich Holzinger et al./*Hacker/Passoth*, xxAI, S. 343 (357): Blaupause.

[30] Zum Kommissionsentwurf in Bezug auf Kreditscoring siehe *Langenbucher*, ECB Legal
Conference 2021, 362; allgemein *Ebers*, RDi 2021, 588; *Ebert/Spiecker gen. Döhmann*,
NVwZ 2021, 1188; Holzinger et al./*Hacker/Passoth*, xxAI, S. 343 (357 ff.); *Rostalski/Weiss*,
ZfDR 2021, 329; *Spindler*, CR 2021, 361; *Veale/Zuiderveen Borgesius*, CRi 2021, 97.

Literatur- und Quellenverzeichnis[*]

Abel, Ralf B.: Rechtsfragen von Scoring und Rating, RDV 2006, 108–115.

Abel, Ralf B.: Automatisierte Entscheidungen im Einzelfall gem. Art. 22 DS-GVO, Anwendungsbereich und Grenzen im nicht-öffentlichen Bereich, ZD 2018, 304–307.

Abel, Ralf B.: Einmeldung und Auskunfteitätigkeit nach DS-GVO und § 31 BDSG, Frage der Rechtssicherheit im neuen Recht, ZD 2018, 103–108.

Adolff, Johannes/*Langenbucher*, Katja: Kreditscoring: von Auskunfteien zu künstlicher Intelligenz, in: Hoffmann-Becking, Michael/Hommelhoff, Peter (Hrsg.), Festschrift für Gerd Krieger zum 70. Geburtstag, München 2020, S. 1–14.

Aggarwal, Nikita: Machine Learning, Big Data and the Regulation of Consumer Credit Markets: The Case of Algorithmic Credit Scoring, in: Aggarwal, Nikita/Eidenmüller, Horst/Enriques, Luca/Payne, Jennifer/van Zwieten, Kristen (Hrsg.), Autonomous Systems and the Law, 2019, S. 37–44, zitiert: *Aggarwal*, in: Aggarwal et al., Autonomous Systems and the Law.

Aggarwal, Nikita: The Norms of Algorithmic Credit Scoring, 80 CLJ (2021), 42–73.

Aigner, Dennis J./*Sprenkle*, Case M.: A simple Model of Information and Lending Behavior, 23 Journal of Finance (1968), 151–166.

Aitken, Rob: ‚All data is credit data': Constituting the unbanked, C&C 2017, 274–300.

Akerlof, George A.: The Market for „Lemons": Quality Uncertainty and the Market Mechanism, 84 The Quarterly Journal of Economics (1970), 488–500.

Albrecht, Jan Philipp/*Jotzo*, Florian: Das neue Datenschutzrecht der EU, Baden-Baden 2017.

Alexander, Christian: Gegenstand, Inhalt und Umfang des Schutzes von Geschäftsgeheimnissen nach der Richtlinie (EU) 2016/943, WRP 2017, 1034–1045.

Alonso, Andrés/*Carbó*, José Manuel: Machine Learning in Credit Risk: Measuring the Dilemma between Prediction and Supervisory Cost, BDE Documentos de Trabajo N.° 2032, 2020, abrufbar unter https://www.bde.es/f/webbde/SES/Secciones/Publicaciones/PublicacionesSeriadas/DocumentosTrabajo/20/Files/dt2032e.pdf.

Ampudia, Miguel/*Ehrmann*, Michael: Financial inclusion: what's it worth?, ECB WP 1990, 2017, abrufbar unter https://www.ecb.europa.eu/pub/pdf/scpwps/ecbwp1990.en.pdf.

Anderson, Raymond: The Credit Scoring Toolkit: Theory and Practice for Retail Credit Risk Management and Decision Automation, New York 2007.

Apel, Simon/*Kaulartz*, Markus: Rechtlicher Schutz von Machine Learning-Modellen, RDi 2020, 24–34.

---

[*] Alle Internetquellen wurden zuletzt am 23.3.2023 abgerufen.

Armour, John/*Hansmann*, Henry/*Kraakman*, Reinier: Agency Problems and Legal Strategies, in: Kraakman, Reinier/Armour, John/Davies, Paul/Enriques, Luca/Hansmann, Henry/Hertig, Gerhard/Hopt, Klaus/Kanda, Hideki/Pargendler, Mariana/Ringe, Wolf-Georg/Rock, Edward (Hrsg.), The Anatomy of Corporate Law, A Comparative and Functional Approach, 3. Aufl., Oxford 2017, S. 29–47, zitiert: *Armour/Hansmann/Kraakman*, in: Kraakman et al., The Anatomy of Corporate Law.

Arráiz, Irani/*Bruhn*, Miriam/*Stucchi*, Rodolfo: Psychometrics as a Tool to Improve Screening and Access to Credit, IDB-WP-625 (2015), abrufbar unter https://publications.iadb.org/en/psychometrics-tool-improve-screening-and-access-credit.

Artikel-29-Datenschutzgruppe: Stellungnahme 1/2010 zu den Begriffen „für die Verarbeitung Verantwortlicher" und „Auftragsverarbeiter", 16. 2. 2010, WP 169.

Artikel-29-Datenschutzgruppe: Opinion 03/2013 on purpose limitation, WP 203, Adopted on 2 April 2013.

Artikel-29-Datenschutzgruppe: Stellungnahme 06/2014 zum Begriff des berechtigten Interesses des für die Verarbeitung Verantwortlichen gemäß Artikel 7 der Richtlinie 95/46/EG, WP 217, Angenommen am 9. April 2014.

Artikel-29-Datenschutzgruppe: Stellungnahme 5/2014 zu Anonymisierungstechniken, WP216, Angenommen am 10. April 2014.

Artikel-29-Datenschutzgruppe: Guidelines on Data Protection Impact Assessment (DPIA) and determining whether processing is „likely to result in a high risk" for the purposes of Regulation 2016/679, WP 248 rev.01, Adopted on 4 April 2017, As last Revised and Adopted on 4 October 2017.

Artikel-29-Datenschutzgruppe: Leitlinien zu automatisierten Entscheidungen im Einzelfall einschließlich Profiling für die Zwecke der Verordnung 2016/679, WP251.01rev.01, angenommen am 3. Oktober 2017, zuletzt überarbeitet und angenommen am 6. Februar 2018.

Artikel-29-Datenschutzgruppe: Guidelines on Automated individual decision-making and Profiling for the purposes of Regulation 2016/679, WP251.01rev.01, Adopted on 3 October 2017, As last Revised and Adopted on 6 February 2018.

Artikel-29-Datenschutzgruppe: Guidelines on transparency under Regulation 2016/679, WP 260 rev.01, 11. 4. 2018, Adopted on 29 November 2017 As last Revised and Adopted on 11 April 2018.

Auer-Reinsdorff, Astrid/*Conrad*, Isabell (Hrsg.): Handbuch IT- und Datenschutzrecht, 3. Aufl., München 2019, zitiert: Auer-Reinsdorff/Conrad/*Bearbeiter*, Hdb. IT- und Datenschutzrecht.

Baesens, B./*Van Gestel*, T./*Viaene*, S./*Stepanova*, M./*Suykens*, J./*Vanthienen*, J.: Benchmarking state-of-the-art classification algorithms for credit scoring, 54 Journal of the Operational Research Society (2003), 627–635.

Bank for International Settlements (BIS): International Convergence of Capital Measurement and Capital Standards, Juli 1998, abrufbar unter https://www.bis.org/publ/bcbs04a.htm, zitiert: BIS, Basel I.

Bank for International Settlements (BIS): Basel II: International Convergence of Capital Measurement and Capital Standards – A Revised Framework, Juni 2004, abrufbar unter https://www.bis.org/publ/bcbs107.htm, zitiert: BIS, Basel II.

Bank for International Settlements (BIS): Basel III: A global regulatory framework for more resilient banks and banking systems, Dezember 2010, überarbeitet Juni 2011, abrufbar unter https://www.bis.org/publ/bcbs189.htm, zitiert: BIS, Basel III.

Bank for International Settlements (BIS): Basel III: Finalising post-crisis reforms, Dezember 2017, abrufbar unter https://www.bis.org/bcbs/publ/d424.htm, zitiert: BIS, Basel III: Finalising post-crisis reforms, 2017.

Bank for International Settlements (BIS): The Basel Framework, abrufbar unter https://www.bis.org/basel_framework, zitiert: BIS, The Basel Framework.

Bankenfachverband: Jahresbericht 2004/2005.

Bankenfachverband: Stellungnahme zum Referentenentwurf eines Gesetzes zur Umsetzung der Wohnimmobilienkreditrichtlinie, Az.: I B 2–3430/13-7-11 1323/2014 an das Bundesministerium der Justiz und für Verbraucherschutz, 13. 2. 2015, abrufbar unter https://ssl.bfach.de/media/file/7485.BFACH_Stellungnahme_RefE_WIKRL_15-02-13.pdf, zitiert: Bankenfachverband, Stellungnahme zum Referentenentwurf eines Gesetzes zur Umsetzung der Wohnimmobilienkreditrichtlinie.

Barocas, Solon/*Selbst*, Andrew D.: Big Data's Disparate Impact, 104 California Law Review (2016), 671–732.

Barth, Armin P.: Algorithmik für Einsteiger, 2. Aufl., Wiesbaden 2013.

Beck, Hanno: Behavioral Economics, Eine Einführung, Wiesbaden 2014.

Beck, Heinz/*Samm*, Carl-Theodor/*Kokemoor*, Axel (Hrsg.): Kreditwesengesetz mit CRR, 229. Lieferung, Stand 12/2022, Heidelberg 2022, zitiert: Beck/Samm/Kokemoor/*Bearbeiter.*

Becker, Ina: Datenschutzrechtliche Fragen des SCHUFA-Auskunftsverfahren, Unter besonderer Berücksichtigung des sogenannten „Scorings", Dissertation, Hamburg 2006.

Beckhusen, G. Michael: Der Datenumgang innerhalb des Kreditinformationssystems der SCHUFA – Unter besonderer Berücksichtigung des Scoring-Verfahrens ASS und der Betroffenenrechte, Dissertation, Baden-Baden 2004.

Beckhusen, G. Michael: Das Scoring-Verfahren der SCHUFA im Wirkungsbereich des Datenschutzrechts, BKR 2005, 335–344.

Behr, Patrick/*Sonnekalb*, Simon: The effect of information sharing between lenders on access to credit, cost of credit, and loan performance – Evidence from a credit registry introduction, 36 Journal of Banking & Finance (2012), 3017–3032.

Berg, Susen Claire: Zur aufsichtsrechtlichen Berücksichtigung des Kreditrisikos – Eine Analyse gegenwärtiger und möglicher künftiger Regulierungsvorschriften, Masterarbeit, Wiesbaden 2019.

Berg, Tobias/*Burg*, Valentin/*Gombović*, Ana/*Puri*, Manju: On the Rise of FinTechs: Credit Scoring using Digital Footprints, 33 The Review of Financial Studies (2020), 2845–2897.

Binder, Jens-Hinrich/*Glos*, Alexandra/*Riepe*, Jan (Hrsg.): Handbuch Bankenaufsichtsrecht, 2. Aufl. 2020.

BITKOM e. V.: Big Data im Praxiseinsatz – Szenarien, Beispiele, Effekte, 2012, abrufbar unter https://www.bitkom.org/sites/default/files/file/import/BITKOM-LF-big-data-2012-online1. pdf.

BITKOM e. V.: Big-Data-Technologien – Wissen für Entscheider, Leitfaden, 2014, abrufbar unter https://www.bitkom.org/sites/default/files/file/import/140228-Big-Data-Technologien-Wissen-fuer-Entscheider.pdf.

Bizer, Johann: Scoring: Ein Desaster der Kreditwirtschaft, DuD 2006, 396.

Blasek, Katrin: Auskunfteiwesen und Kredit-Scoring in unruhigem Fahrwasser, Ein Spagat zwischen Individualschutz und Rechtssicherheit, ZD 2022, 433 – 438.

Borchert, Manfred: Geld und Kredit, Einführung in die Geldtheorie und Geldpolitik, 8. Aufl., München 2003.

Braun, Daniel/*Allgeier*, Burkhard/*Cremers*, Heinz: Ratingverfahren: Diskriminanzanalyse versus Logistische Regression, Frankfurt School – Working Paper Series, No. 179, 2011, abrufbar unter: https://d-nb.info/1019770538/34.

Bräutigam, Peter/*Rücker*, Daniel (Hrsg.): E-Commerce, Rechtshandbuch, München 2017.

Buchner, Benedikt: Grundsätze und Rechtmäßigkeit der Datenverarbeitung unter der DS-GVO, DuD 2016, 155 – 161.

Buchner, Benedikt: Auskunfteien – alte Herausforderungen, neue Lösungsansätze?, in: Specht-Riemenschneider, Louisa/Buchner, Benedikt/Heinze, Christian/Thomsen, Oliver (Hrsg.), Festschrift für Jürgen Taeger, IT-Recht in Wissenschaft und Praxis, Frankfurt am Main 2020, S. 95 – 110.

Buck-Heeb, Petra: Rechtsfolgen fehlender oder fehlerhafter Kreditwürdigkeitsprüfung, Das neue Verbraucherkreditrecht nach Umsetzung der Wohnimmobilienkreditrichtlinie, NJW 2016, 2065 – 2070.

Buck-Heeb, Petra/*Lang*, Volker: Kreditwürdigkeitsprüfung, Exploration und Beratung bei Immobiliar-Verbraucherdarlehen nach der Umsetzung der Wohnimmobilienkreditrichtlinie, ZBB 2016, 320 – 326.

Bülow, Peter/*Artz*, Markus: Unentgeltliche Kreditverträge – ein neues Paradigma im deutschen Verbraucherprivatrecht, ZIP 2016, 1204 – 1208.

Bülow, Peter/*Artz*, Markus: Verbraucherkreditrecht, Entgeltliche und unentgeltliche Darlehen und Finanzierungshilfen Verbraucher und Unternehmer Widerruf und verbundene Geschäfte Kreditvermittlung; IPR (Rom I-VO) Mahnverfahren; Art. 17 EuGVVO, 10. Aufl., München 2019.

Bundesanstalt für Finanzdienstleistungsaufsicht (BaFin): Rundschreiben 11/2001 – Auslagerung von Bereichen auf ein anderes Unternehmen gem. § 25a Abs. 2 KWG, abrufbar unter BaFin, Geschäftsbericht 2001 des Bundesaufsichtsamtes für das Kreditwesen, Anhang 2, https://www.bafin.de/SharedDocs/Downloads/DE/Jahresbericht/dl_jb_2001_bakred.pdf?__blob=publicationFile.

Bundesanstalt für Finanzdienstleistungsaufsicht (BaFin): Merkblatt zur Erlaubnispflicht von Kreditvermittlungsplattformen, 14.05.2007, abrufbar unter https://www.bafin.de/dok/7852 546.

Bundesanstalt für Finanzdienstleistungsaufsicht (BaFin): Merkblatt Factoring, 05.01.2009, abrufbar unter https://www.bafin.de/dok/7866848.

Bundesanstalt für Finanzdienstleistungsaufsicht (BaFin): Merkblatt – Hinweise zum Zahlungsdiensteaufsichtsgesetz (ZAG), 22.12.2011, geändert am 14.02.2023, abrufbar unter https://www.bafin.de/dok/7846622, zitiert: BaFin, Merkblatt ZAG.

Bundesanstalt für Finanzdienstleistungsaufsicht (BaFin): Merkblatt zu den Geschäftsleitern gemäß KWG, ZAG und KAGB, 04.01.2016, geändert am 24.06.2021, abrufbar unter https://www.bafin.de/dok/7851680.

Bundesanstalt für Finanzdienstleistungsaufsicht (BaFin): Merkblatt Kreditgeschäft, 08.01.2009, geändert am 02.05.2016, abrufbar unter https://www.bafin.de/dok/7866820.

Bundesanstalt für Finanzdienstleistungsaufsicht (BaFin): Crowdfunding: Aufsichtsrechtliche Pflichten und Verantwortung des Anlegers, 02.06.2014, abrufbar unter https://www.bafin.de/dok/7848892.

Bundesanstalt für Finanzdienstleistungsaufsicht (BaFin): Big Data trifft auf künstliche Intelligenz, Herausforderungen und Implikationen für Aufsicht und Regulierung von Finanzdienstleistungen, 15.06.2018, abrufbar unter https://www.bafin.de/dok/10985478, zitiert: BaFin, BDAI.

Bundesanstalt für Finanzdienstleistungsaufsicht (BaFin): Risikotragfähigkeit, Neuer Leitfaden der Bankenaufsicht, BaFin Journal, Juli 2018, S. 7–10.

Bundesanstalt für Finanzdienstleistungsaufsicht (BaFin): Rolle der Aufsicht bei der Verwendung von Kreditscores, Die BaFin beaufsichtigt weder Auskunfteien noch kontrolliert sie deren Bewertungssysteme, BaFin Journal, März 2019, S. 22–23.

Bundesanstalt für Finanzdienstleistungsaufsicht (BaFin): Kreditrisiko, Rundschreiben 03/2019 (BA) zur Anwendung der Ausfalldefinition gemäß Artikel 178 der Verordnung (EU) Nr. 575/2013 (CRR) und zur PD-Schätzung, LGD-Schätzung und Behandlung von ausgefallenen Risikopositionen, 16.04.2019, abrufbar unter https://www.bafin.de/dok/12347680.

Bundesanstalt für Finanzdienstleistungsaufsicht (BaFin): Generelle Billigung von Algorithmen durch die Aufsicht? Nein, aber es gibt Ausnahmen, BaFin Journal, März 2020, S. 32–33.

Bundesanstalt für Finanzdienstleistungsaufsicht (BaFin): Rundschreiben 10/2021 (BA) – Mindestanforderungen an das Risikomanagement – MaRisk, 16.08.2021, geändert am 04.05.2022, abrufbar unter https://www.bafin.de/dok/16502162.

Bundesanstalt für Finanzdienstleistungsaufsicht (BaFin): Erläuterungen zum Rundschreiben 10/2021 MaRisk, 16.08.2021, geändert am 07.09.2021, abrufbar unter https://www.bafin.de/dok/16506590.

Buntins, Matthias: Psychologische Tests und mehrwertige Logik, Ein alternativer Ansatz zur Quantifizierung psychologischer Konstrukte, Wiesbaden 2014.

Calliess, Christian/*Ruffert*, Matthias (Hrsg.): EUV / AEUV, Das Verfassungsrecht der Europäischen Union mit Europäischer Grundrechtecharta, 6. Aufl., München 2022.

Casper, Matthias/*Terlau*, Matthias (Hrsg.): Zahlungsdiensteaufsichtsgesetz (ZAG), Das Aufsichtsrecht des Zahlungsverkehrs und des E-Geldes, 2. Aufl., München 2020.

Citron, Danielle Keats/*Pasquale*, Frank: The Scored Society: Due Process for Automated Predictions, 89 Washington Law Review (2014), 1–33.

Cosci, Stefania: Credit Rationing and Asymmetric Information, Adlershot u. a. 1993.

Crook, Jonathan N./*Edelman*, David B./*Thomas*, Lyn C.: Recent developments in consumer credit risk assessment, 183 European Journal of Operational Research (2007), 1447 – 1465.

Culik, Nicolai/*Döpke*, Christian: Zweckbindungsgrundsatz gegen unkontrollierten Einsatz von Big Data-Anwendungen, Analyse möglicher Auswirkungen der DS-GVO, ZD 2017, 226 – 230.

Dastile, Xolani/*Celik*, Turgay/*Potsane*, Moshe: Statistical and machine learning models in credit scoring: A systematic literature survey, 91 Applied Soft Computing Journal (2020), 106263, 1.

Dastile, Xolani/*Celik*, Turgay: Making Deep Learning-Based Predictions for Credit Scoring Explainable, 9 Institute of Electrical and Electronics Engineers (2021), 50426 – 50440.

Datenethikkommission (DEK): Gutachten der Datenethikkommission der Bundesregierung, Oktober 2019, abrufbar unter https://www.bmi.bund.de/SharedDocs/downloads/DE/publika tionen/themen/it-digitalpolitik/gutachten-datenethikkommission.pdf?__blob=publicationFi le&v=7, zitiert: DEK, Gutachten.

Datenschutzkonferenz (DSK): Kurzpapier Nr. 10 Informationspflichten bei Dritt- und Direkt-erhebung, Stand 16. 1. 2018.

Datenschutzkonferenz (DSK): Beschluss der DSK vom 23. 03. 2018 Einmeldung offener und unbestrittener Forderungen in eine Wirtschaftsauskunftei unter Geltung der DS-GVO.

Datenschutzkonferenz (DSK): Kurzpapier Nr. 17, Besondere Kategorien personenbezogener Daten, Stand 27. 03. 2018.

Datenschutzkonferenz (DSK): Beschluss vom 11. 6. 2018, Verarbeitung von Positivdaten zu Privatpersonen durch Auskunfteien.

Datenschutzkonferenz (DSK): Liste der Verarbeitungstätigkeiten, für die eine DSFA durch-zuführen ist, Version 1.1, 17. 10. 2018, ersetzt die Liste vom 18. 07. 2018.

Datenschutzkonferenz (DSK): Kurzpapier Nr. 6, Auskunftsrecht der betroffenen Person, Art. 15 DS-GVO, Stand 17. 12. 2018.

De Cnudde, Sofie/*Moeyersoms*, Julie/*Stankova*, Marija/*Tobback*, Ellen/*Javaly*, Vinaya/*Mar-tens*, David: What does your Facebook profile reveal about your creditworthiness? Using alternative data for microfinance, 70 Journal of the Operational Research Society (2019), 353 – 363.

Del Giudice, Manlio/*Campanella*, Francesco/*Dezi*, Luca: The bank of things – An empirical investigation on the profitability of the financial services of the future, 22 Business Process Management Journal (2016), 324 – 340.

Deloitte (Hrsg.): Basel II, Handbuch zur praktischen Umsetzung des neuen Bankenauf-sichtsrechts, Berlin 2005.

Der Hamburgische Beauftragte für Datenschutz und Informationsfreiheit: 25. Tätigkeitsbericht Datenschutz 2014/2015, abrufbar unter https://datenschutz-hamburg.de/taetigkeitsberichte/ TB-D-2014-2015/.

Derleder, Peter/*Knops*, Kai-Oliver/*Bamberger*, Heinz Georg (Hrsg.): Deutsches und europäi-sches Bank- und Kapitalmarktrecht, Band 1, 3. Auflage 2017.

Deutsche Bundesbank: Monatsbericht April 2001.

Deutsche Bundesbank: Monatsbericht September 2003.

Deutsche Bundesbank: Monatsbericht Januar 2018.

Deutsche Bundesbank: Discussion paper, The Use of Artificial Intelligence and Machine Learning in the Financial Sector, November 2020, abrufbar unter https://www.bundesbank. de/resource/blob/598256/5e89d5d7b7cd236ad93ed7581800cea3/mL/2020-11-policy-dp-aiml-data.pdf.

Deutsche Bundesbank/Bundesanstalt für Finanzdienstleistungsaufsicht: Aufsichtliche Beurteilung bankinterner Risikotragfähigkeitskonzepte und deren prozessualer Einbindung in die Gesamtbanksteuerung („ICAAP") – Neuausrichtung, 24.5.2018, abrufbar unter https://www.bundesbank.de/de/aufgaben/bankenaufsicht/einzelaspekte/risikomanagement/icaap-ilaap/risikotragfaehigkeit-598768, zitiert: Deutsche Bundesbank/BaFin, ICAA-Leitfaden.

Deutsche Bundesbank/Bundesanstalt für Finanzdienstleistungsaufsicht: Konsultation 11/ 2021 – Diskussionspapier: Maschinelles Lernen in Risikomodellen, 15.07.2021, geändert am 15.02.2022, abrufbar unter https://www.bafin.de/dok/16342436, zitiert: Deutsche Bundesbank/BaFin, Konsultation 11/2021.

Deutsche Bundesbank/Bundesanstalt für Finanzdienstleistungsaufsicht: Maschinelles Lernen in Risikomodellen – Charakteristika und aufsichtliche Schwerpunkte Antworten auf das Konsultationspapier, 15.07.2021, geändert am 15.02.2022, abrufbar unter https://www. bafin.de/dok/16342436, zitiert: Deutsche Bundesbank/BaFin, Maschinelles Lernen in Risikomodellen, Antworten.

Djeundje, Viani B./*Crook*, Jonathan/*Calabrese*, Raffaella/*Hamid*, Mona: Enhancing credit scoring with alternative data, 163 Expert Systems with Applications (2021), 113766.

Di Maggio, Marco/*Ratnadiwakara*, Dimuthu/*Carmichael*, Don: Invisible Primes: Fintech Lending with Alternative Data, 13.6.2022, abrufbar unter https://ssrn.com/abstract=3937438.

Diamond, Douglas W.: Financial Intermediation and Delegated Monitoring, 51 The Review of Economic Studies (1984), 393–414.

Dittombée, Holger: Credit-Scoring in der Praxis, in: Sokol, Bettina (Hrsg.): Living by numbers, Leben zwischen Statistik und Wirklichkeit, Düsseldorf 2005, S. 86–97.

Döbel, Inga/*Leis*, Miriam/*Molina*, Manuel/*Neustroev*, Dmitry/*Petzka*, Henning/*Rüping*, Stefan/ *Voss*, Angelika/*Wegele*, Martin/*Welz*, Juliane: Maschinelles Lernen – Kompetenzen, Anwendungen und Forschungsbedarf, 2018, abrufbar unter: https://www.bigdata-ai.fraunhofer. de/content/dam/bigdata/de/documents/Publikationen/BMBF_Fraunhofer_ML-Ergebnisbe richt_Gesamt.pdf, zitiert: *Döbel et al.*, Maschinelles Lernen.

Dokko, Jane/*Li*, Geng/*Hayes*, Jessica: Credit Scores and Committed Relationships, Finance and Economics Discussion Series 2015–081, Washington: Board of Governors of the Federal Reserve System, Washington 2015, abrufbar unter http://dx.doi.org/10.17016/FEDS.2015. 081.

Durand, David: Risk Elements in Consumer Instalment Financing, Technical Edition, New York 1941.

Dzida, Boris/*Groh*, Noemi: Diskriminierung nach dem AGG beim Einsatz von Algorithmen im Bewerbungsverfahren, NJW 2018, 1917–1922.

Ebers, Martin: Standardisierung Künstlicher Intelligenz und KI-Verordnungsvorschlag, RDi 2021, 588–597.

Ebers, Martin/*Heinze*, Christian/*Krügel*, Tina/*Steinrötter*, Björn (Hrsg.): Künstliche Intelligenz und Robotik, Rechtshandbuch, München 2020, zitiert: Ebers et al./*Bearbeiter*, KI und Robotik.

Ebert, Andreas/*Spiecker gen. Döhmann*, Indra: Der Kommissionsentwurf für eine KI-Verordnung der EU Die EU als Trendsetter weltweiter KI-Regulierung, NVwZ 2021, 1188–1193.

Edelman, David B./*Lawrence*, John: Credit Scorecard Development and Maintenance – a Handbook, 2021.

EHI Retail Institute: Online-Payment 2021, Zahlungsarten im E-Commerce, Strategien, Herausforderungen und Perspektiven, 2021, abrufbar unter https://www.ehi.org/wp-content/uploads/Downloads/Leseproben/EHI-Online-Payment_2021_Leseprobe.pdf.

Ehinger, Patrick/*Stiemerling*, Oliver: Die urheberrechtliche Schutzfähigkeit von Künstlicher Intelligenz am Beispiel von Neuronalen Netzen, Welche Strukturelemente und welche Entwicklungsphasen sind urheberrechtlich geschützt?, CR 2018, 761–770.

Ehmann, Eugen (Hrsg.): Der weitere Weg zur Datenschutzgrundverordnung, Näher am Erfolg, als viele glauben?, ZD 2015, 6–12.

Ehmann, Eugen/*Selmayr*, Martin (Hrsg.): DS-GVO, Datenschutz-Grundverordnung, Kommentar, 2. Aufl., München 2018.

Ehrig, Lina/*Glatzner*, Florian: Kreditscoring nach der Datenschutz-Grundverordnung: Sollen – und können – die bisherigen Regelungen des BDSG erhalten bleiben?, PinG 2016, 211–214.

Eichler, Carolyn: Zulässigkeit der Tätigkeit von Auskunfteien nach der DS-GVO, RDV 2017, 10–13.

Ellenberger, Jürgen/*Bunte*, Hermann-Joseph (Hrsg.): Bankrechts-Handbuch, 6. Aufl., München 2022, zitiert: Ellenberger/Bunte/*Bearbeiter*, Bankrechts-Hbd.

Engelmann, Bernd/*Rauhmeier*, Robert (Hrsg.): The Basel II Risk Parameters – Estimation, Validation and Stress Testing, Berlin/Heidelberg/New York 2006.

Erb, Volker/*Schäfer*, Jürgen (Hrsg.): Münchener Kommentar zum StGB, Band 4, §§ 185–262, 4. Aufl., München 2021, zitiert: MünchKomm-StGB/*Bearbeiter*.

Ernst, Christian: Algorithmische Entscheidungsfindung und personenbezogene Daten, JZ 2017, 1026–1036.

Ertel, Wolfgang: Grundkurs Künstliche Intelligenz, Eine praxisorientierte Einführung, 4. Aufl., Wiesbaden 2016.

Eschholz, Stefanie: Big Data-Scoring unter dem Einfluss der Datenschutz-Grundverordnung, DuD 2017, 180–185.

Eschholz, Stefanie/*Djabbarpour*, Jonathan: Big Data and Scoring in the Financial Sector, in: Hoeren, Thomas/Kolany-Raiser, Barbara (Hrsg.), Big Data in Context – Legal, Social and Technological Insights, Cham 2018, S. 63–71.

Eßer, Martin/*Kramer*, Philipp/*Lewinski*, Kai von (Hrsg.): Auernhammer DSGVO/BDSG – Kommentar, 7. Aufl., Köln 2020, zitiert: Auernhammer/*Bearbeiter*.

Europäische Bankenaufsichtsbehörde (EBA): Leitlinien zu gemeinsamen Verfahren und Methoden für den aufsichtlichen Überprüfungs- und Bewertungsprozess (SREP), EBA/GL/ 2014/13, 19.12.2014.

Europäische Bankenaufsichtsbehörde (EBA): Guidelines on materiality, proprietary and confidentiality and on disclosure frequency under Articles 432(1), 432(2) and 433 of Regulation (EU) No 575/2013, EBA/GL/2014/14, 23.12.2014.

Europäische Bankenaufsichtsbehörde (EBA): EBA-Leitlinien zur Kreditwürdigkeitsprüfung, EBA/GL/2015/11, 19.8.2015.

Europäische Bankenaufsichtsbehörde (EBA): Leitlinien, zur Anwendung der Ausfalldefinition gemäß Artikel 178 der Verordnung (EU) Nr. 575/2013, EBA/GL/2016/07, 18.1.2017.

Europäische Bankenaufsichtsbehörde (EBA): EBA Report on IRB modelling practices, Impact assessment for the GLs on PD, LGD and the treatment of defaulted exposures based on the IRB survey results, 20.11.2017.

Europäische Bankenaufsichtsbehörde (EBA): Guidelines on PD estimation, LGD estimation and the treatment of defaulted exposures, EBA/GL/2017/16, 20.11.2017, zitiert: EBA/GL/ 2017/16, 2017.

Europäische Bankenaufsichtsbehörde (EBA): Leitlinien zur internen Governance, EBA/GL/ 2017/11, 21.3.2018.

Europäische Bankenaufsichtsbehörde (EBA): Leitlinien für die PD-Schätzung, die LGD-Schätzung und die Behandlung von ausgefallenen Risikopositionen, EBA/GL/2017/16, 23.4.2018, zitiert: EBA/GL/2017/16.

Europäische Bankenaufsichtsbehörde (EBA): Leitlinien zu Auslagerungen, EBA/GL/2019/02, 25.2.2019.

Europäische Bankenaufsichtsbehörde (EBA): EBA Report on Big Data and Advanced Analytics, January 2020, EBA/REP/2020/01.

Europäische Bankenaufsichtsbehörde (EBA): Leitlinien für die Kreditvergabe und Überwachung, EBA/GL/2020/06, 29.5.2020.

Europäische Bankenaufsichtsbehörde (EBA): EBA Analysis of Regtech in the EU financial sector, June 2021, EBA/REP/2021/17.

Europäische Bankenaufsichtsbehörde (EBA): EBA discussion paper on machine learning for IRB Models, EBA/DP/2021/04, 11.11.2021.

Europäische Bankenaufsichtsbehörde (EBA): Final Report on response to the non-bank lending request from the CfA on digital finance, EBA/Rep/2022, 8.4.2022.

Europäische Bankenaufsichtsbehörde (EBA): Final Report, Draft Regulatory Technical Standards on credit scoring and pricing disclosure, credit risk assessment and risk management requirements for crowdfunding service providers under Article 19(7) Regulation (EU) 2020/ 1503, EBA/RTS/2022/05, 29.4.2022.

Europäische Kommission: Mitteilung der Kommission an das Europäische Parlament, den Rat, den Europäischen Wirtschafts- und Sozialausschuss und den Ausschuss der Regionen, „Aufbau einer europäischen Datenwirtschaft", COM(2017) 9 final, 10.1.2017.

Europäische Kommission: Vorschlag der Europäischen Kommission für eine Verordnung des Europäischen Parlamentes und des Rates zur Festlegung harmonisierter Vorschriften für künstliche Intelligenz (Gesetz über künstliche Intelligenz) und zur Änderung bestimmter Rechtsakte der Union, COM(2021) 206 final, 21.4.2021.

Europäische Kommission: Vorschlag für eine Richtlinie des Europäischen Parlamentes und des Rates über Verbraucherkredite, COM(2021) 347 final, 30.6.2021.

Europäische Kommission: Impact Assessment Report, Accompanying the Proposal for a Directive of the European Parliament and of the Council on consumer credits, SWD(2021) 170 final, 30.6.2021.

Europäische Kommission: Vorschlag für eine Richtlinie des Europäischen Parlaments und des Rates zur Änderung der Richtlinie 2013/36/EU im Hinblick auf Aufsichtsbefugnisse, Sanktionen, Zweigstellen aus Drittländern sowie Umwelt-, Sozial- und Unternehmensführungsrisiken und zur Änderung der Richtlinie 2014/59/EU, COM/2021/663 final, 27.10.2021.

Europäische Kommission: Vorschlag für eine Verordnung des Europäischen Parlaments und des Rates zur Änderung der Verordnung (EU) Nr. 575/2013 im Hinblick auf Vorschriften für das Kreditrisiko, das Risiko einer Anpassung der Kreditbewertung, das operationelle Risiko, das Marktrisiko und die Eigenmitteluntergrenze (Output-Floor), COM(2021) 664 final, 27.10.2021.

Europäische Kommission: Vorschlag für eine Richtlinie des Europäischen Parlamentes und des Rates zur Anpassung der Vorschriften über außervertragliche zivilrechtliche Haftung an künstliche Intelligenz (Richtlinie über KI-Haftung), COM(2022) 496 final, 28.9.2022.

Europäische Zentralbank (EZB): Leitfaden zur Beurteilung von Anträgen auf Zulassung als FinTech-Kreditinstitut, März 2018.

Europäische Zentralbank (EZB): ECB guide to internal models, Oktober 2019, abrufbar unter https://www.bankingsupervision.europa.eu/ecb/pub/pdf/ssm.guidetointernalmodels_consoli dated_201910~97fd49fb08.en.pdf.

Europäischer Datenschutzausschuss (EDSA): Leitlinien 2/2019 für die Verarbeitung personenbezogener Daten gemäß Artikel 6 Absatz 1 Buchstabe b DSGVO im Zusammenhang mit der Erbringung von Online-Diensten für betroffene Personen, Version 2.0, 8.10.2019.

Europäischer Datenschutzausschuss (EDSA): Leitlinien 3/2019 zur Verarbeitung personenbezogener Daten durch Videogeräte, Version 2.0, Angenommen am 29. Januar 2020.

Europäischer Datenschutzausschuss (EDSA): Leitlinien 05/2020 zur Einwilligung gemäß Verordnung 2016/679, Version 1.1, angenommen am 4.5.2020.

Europäischer Datenschutzausschuss (EDSA): Leitlinien 06/2020 zum Zusammenspiel zwischen der zweiten Zahlungsdiensterichtlinie und der DSGVO Version 2.0 Angenommen am 15. Dezember 2020.

Europäischer Datenschutzausschuss (EDSA): Leitlinien 07/2020 zu den Begriffen „Verantwortlicher" und „Auftragsverarbeiter" in der DS-GVO, Version 2.0, Angenommen am 7.7.2021.

Europäisches Parlament: Bericht über den Vorschlag für eine Richtlinie des Europäischen Parlaments und des Rates über Verbraucherkredite, 25.8.2022, abrufbar unter https://www.

europarl.europa.eu/doceo/document/A-9-2022-0212_DE.html, zitiert: Europäisches Parlament, Bericht – A9–0212/2022.

Everling, Oliver (Hrsg.): Social Credit Rating, Reputation und Vertrauen beurteilen, Wiesbaden 2020.

Experian: The State of Alternative Credit Data, 2018, abrufbar unter https://www.experian.com/assets/consumer-information/white-papers/alternative-credit-data-paper.pdf.

Facebook: Authorization and authentication based on an individual's social network, Patent US9,798,777 B2, abrufbar unter https://patentimages.storage.googleapis.com/3a/10/73/beb1 bdffff5d83/US9798777.pdf.

Fachgremium IRBA: Ausfalldefinition, 22.2.2005.

Fei Shen, Chris: Social Credit System in China, in: Konrad-Adenauer-Stiftung, Panorama, Insights into Asian and European Affairs: Digital Asia, 2019, abrufbar unter: https://www.kas.de/documents/288143/4843367/Panorama_Digital+Asia.pdf/4c349c16-c63a-62d1-831 7-299309732db9?version=1.0&t=1554790261475.

FICO: Can Alternative Data Expand Credit Access, White Paper No. 90, 2015, abrufbar unter https://www.fico.com/en/resource-access/download/4005.

FICO: Expanding credit access with alternative data, 4941WP 01/21, 2021, abrufbar unter https://www.fico.com/en/resource-access/download/15431.

Financial Stability Board (FSB): Artificial intelligence and machine learning in financial services, Market developments and financial stability implications, 2017, abrufbar unter https://www.fsb.org/wp-content/uploads/P011117.pdf, zitiert: FSB, AI and ML in financial services.

Finlay, Steven: Credit Scoring, Response Modeling, and Insurance Rating, A Practical Guide to Forecasting Consumer Behavior, 2. Aufl., London 2012.

Fischer, Jan-Benedikt/*Schuck*, Jonas: Die Einrichtung von Corporate Governance-Systemen nach dem FISG, NZG 2021, 534–541.

Fischer, Reinfrid/*Schulte-Mattler*, Hermann (Hrsg.): KWG, CRR-VO, Kommentar zu Kreditwesengesetz, VO (EU) Nr. 575/2013 (CRR) und Ausführungsvorschriften, 6. Aufl., München 2023.

Fisher, Ronald Aylmer: The Use of multiple Measurements in taxonomic Problems, 7 Annals of Eugenics (1936), 179–188.

Fleischer, Holger: Informationsasymmetrie im Vertragsrecht, München 2001.

Forgó, Nikolaus/*Helfrich*, Marcus/*Schneider*, Jochen (Hrsg.): Betrieblicher Datenschutz, Rechtshandbuch, 3. Aufl., München 2019.

Frank, Alexander: Die Level-3-Verlautbarungen der ESMA – ein sicherer Hafen für den Rechtsanwender?, ZBB 2015, 213–220.

Franzen, Martin/*Gallner*, Inken/*Oetker*, Hartmut (Hrsg.): Kommentar zum europäischen Arbeitsrecht, 4. Aufl., München 2022, zitiert: Franzen/Oetker/*Bearbeiter.*

Freitag, Robert: Fernabsatz von Bankdienstleistungen im Digitalkanal, ZIP 2018, 1805–1813.

Fritzsche, Jörg/*Münker*, Reiner/*Stollwerck*, Christoph (Hrsg.): Beck'scher Online-Kommentar UWG, 18. Edition, Stand 1.10.2022, München 2022, zitiert: Fritzsche/Münker/Stollwerck/ *Bearbeiter.*

Fuhlrott, Michael/*Hiéramente*, Mayeul (Hrsg.): Beck'scher Online-Kommentar GeschGehG, 13. Edition, Stand 15.9.2022, München 2021, zitiert: BeckOK GeschGehG/*Bearbeiter.*

Füser, Karsten: Intelligentes Scoring und Rating – Moderne Verfahren zur Kreditwürdigkeitsprüfung, Wiesbaden 2001.

Fuster, Andreas/*Goldsmith-Pinkham*, Paul/*Ramadorai*, Tarun/*Walther*, Ansgar: Predictably Unequal? The Effects of Machine Learning on Credit Markets, 1 The Journal of Finance (2022), 5–47.

Gärtner, Stephan: Anmerkung zu LG Berlin: Umfang des Auskunftsanspruchs beim Scoring, Teilurteil vom 1.11.2011 – 6 O 479/10, ZD 2012, 76.

Gendrisch, Thorsten/*Hahn*, Ronny/*Klement*, Jochen (Hrsg.): Handbuch Solvabilität, Aufsichtliche Kapitalanforderungen an Kreditinstitute, 3. Aufl., München 2020.

Giesswein, Claudia: Die Verfassungsmäßigkeit des Scoringverfahrens der Schufa, Dissertation, Hamburg 2012.

Gigerenzer, Gerd/*Rebitschek*, Felix G./*Wagner*, Gert G.: Eine vermessene Gesellschaft braucht Transparenz, WD 2018, 860–868.

Gillis, Talia B.: The Input Fallacy, 106 Minnesota Law Review (2022), 1175–1263.

Gillis, Talia B./*Spiess*, Jann L.: Big Data and Discrimination, 86 The University of Chicago Law Review (2019), 459–487.

Gischer, Horst/*Herz*, Bernhard/*Menkhoff*, Lukas: Geld, Kredit und Banken – Eine Einführung, 4. Aufl., Berlin, Heidelberg 2020.

Glatzner, Florian: Profilbildung und algorithmenbasierte Entscheidungen, Regulierungsbedarf aus Verbrauchersicht, DuD 2020, 312–315.

Gola, Peter (Hrsg.): Datenschutz-Grundverordnung, VO (EU) 2016/679, Kommentar, 2. Aufl., München 2018, zitiert: Gola/*Bearbeiter.*

Gola, Peter/*Heckmann*, Dirk (Hrsg.): Datenschutz-Grundverordnung, VO (EU) 2016/679, Bundesdatenschutzgesetz, Kommentar, 3. Aufl., München 2022, zitiert: Gola/Heckmann/ *Bearbeiter.*

Gola, Peter/*Klug*, Christoph: Die Entwicklung des Datenschutzrechts in den Jahren 2008/2009, NJW 2009, 2577–2583.

Golland, Alexander: Das Kopplungsverbot in der Datenschutz-Grundverordnung Anwendungsbereich, ökonomische Auswirkungen auf Web 2.0-Dienste und Lösungsvorschlag, MMR 2018, 130–135.

Gontermann, Andreas: Die realwirtschaftliche Bedeutung von Banken, Frankfurt am Main 2003.

Görz, Günther/*Schmid*, Ute/*Braun*, Tanya: Handbuch der Künstlichen Intelligenz, 6. Aufl., Berlin/Boston 2021, zitiert: Görz/Braun/Schmid/*Bearbeiter*, Hdb. KI.

Griesbeck, Markus: Neue Kreditwürdigkeitsprüfung für eine Neue Welt, Die Zukunftspotenziale des Mittelstands treffsicher einschätzen, Frankfurt am Main 2013.

Grömping, Ulrike: South German Credit Data: Correcting a Widely Used Data Set, 2019, abrufbar unter http://www1.beuth-hochschule.de/FB_II/reports/Report-2019-004.pdf.

Groth, Franz-Josef: Das Branchen- und Kundenrating, Die Verantwortung für das Rating trägt der Mensch selbst und nicht der Computer, Der Schweizer Treuhänder 1999, 945–952.

Grottel, Bernd/*Justenhoven*, Petra/*Schubert*, Wolfgang J./*Störk*, Ulrich (Hrsg.): Beck'scher Bilanz-Kommentar, Handels- und Steuerbilanz, §§ 238 bis 339, 342 bis 342a HGB, 13. Aufl., München 2022, zitiert: BeckBilanzKomm/*Bearbeiter.*

Grüneberg, Christian (Hrsg.): Bürgerliches Gesetzbuch, 81. Aufl., München 2022.

Guidotti, Riccardo/*Monreale*, Anna/*Ruggieri*, Salvatore/*Turini*, Franco/*Pedreschi*, Dino/*Giannotti*, Fosca: A Survey Of Methods For Explaining Black Box Models, 21.6.2018, https://arxiv.org/abs/1802.01933v3, zitiert: *Guidotti et al.*, A Survey Of Methods For Explaining Black Box Models.

Gunnarsson, Björn Rafn/*vanden Broucke*, Seppe/*Baesens*, Bart/*Óskarsdóttir*, María/*Lemahieu*, Wilfried: Deep learning for credit scoring: Do or don't?, 295 European Journal of Operational Research (2021), 292–305.

Guggenberger, Nikolas: Datenverarbeitung durch Banken im Endkundengeschäft: Grundsätze, Forderungsabtretung und Scoring, ZBB 2021, 254–261.

Habschick, Marco/*Evers*, Jan/*Jung*, Martin: Auswirkungen von BASEL II für Verbraucher, Gutachten im Auftrag des VZBV, Hamburg 2003.

Hacker, Philipp: Datenprivatrecht, Neue Technologien im Spannungsfeld von Datenschutzrecht und BGB, Habilitationsschrift, Tübingen 2020.

Hacker, Philipp: Europäische und nationale Regulierung von Künstlicher Intelligenz, NJW 2020, 2142–2147.

Hacker, Philipp: Immaterialgüterrechtlicher Schutz von KI-Trainingsdaten, GRUR 2020, 1025–1033.

Hacker, Philipp/*Krestel*, Ralf/*Grundmann*, Stefan/*Naumann*, Felix: Explainable AI under contract and tort law: legal incentives and technical challenges, 28 Artificial Intelligence and Law (2020), 415–439.

Hacker, Philipp/*Passoth*, Jan-Hendrick: Varieties of AI Explanations Under the Law. From the GDPR to the AIA, and Beyond, in: Holzinger, Andreas/Goebel, Randy/Fong, Ruth/Moon, Taesup/Müller, Klaus-Robert/Samek, Wojciech (Hrsg.), xxAI, Beyond Explainable AI, International Workshop, Held in Conjunction with ICML 2020 July 18, 2020, Vienna, Austria Revised and Extended Papers, Cham 2022, S. 343–373.

Handl, Andreas/*Kuhlenkasper*, Torben: Multivariate Analysemethoden, Theorie und Praxis mit R, 3. Aufl., Berlin 2017.

Hannemann, Ralf/*Weigl*, Thomas/*Zaruk*, Marina: Mindestanforderungen an das Risikomanagement (MaRisk), 6. Aufl., Stuttgart 2022.

Härting, Niko: Datenschutz-Grundverordnung, Köln 2016.

Härting, Niko: Big Data und Profiling nach der DSGVO, ITRB 2016, 209–211.

Hartmann-Wendels, Thomas/*Pfingsten*, Andreas/*Weber*, Martin: Bankbetriebslehre, 7. Aufl., Berlin 2019.

Hau, Wolfgang/*Poseck*, Roman (Hrsg.): BeckOK BGB, 64. Edition, Stand 1.11.2022, München 2022, zitiert: BeckOK BGB/*Bearbeiter*.

Heermann, Peter W./*Schlinglhoff*, Jochen (Hrsg.): Münchener Kommentar zum Lauterkeitsrecht, Band 2, 3. Aufl., München 2022, zitiert: MünchKomm-Lauterkeitsrecht/*Bearbeiter*.

Heesen, Jessica (Hrsg.): Handbuch Medien und Informationsethik, Stuttgart 2016.

Helfrich, Marcus: Kreditscoring und Scorewertbildung der SCHUFA, Datenschutzrechtliche Zulässigkeit im Rahmen der praktischen Anwendungen, Dissertation, Baden-Baden 2010.

Helfrich, Marcus: DSAnpUG-EU: Ist der sperrige Name hier schon Programm?, ZD 2017, 97–98.

Henking, Andreas/*Bluhm*, Christian/*Fahrmeir*, Ludwig: Kreditrisikomessung, Statistische Grundlagen, Methoden und Modellierung, Berlin, Heidelberg 2006.

Herasymovych, Mykola/*Märka*, Karl/*Lukason*, Oliver: Using reinforcement learning to optimize the acceptance threshold of a credit scoring model, 84 Applied Soft Computing Journal (2019), 105697.

Herberger, Maximilian: „Künstliche Intelligenz" und Recht – Ein Orientierungsversuch, NJW 2018, 2825–2829.

Herberger, Maximilian/*Martinek*, Michael/*Rüßmann*, Helmut/*Weth*, Stephan/*Würdinger*, Markus (Hrsg.): juris Praxiskommentar BGB, Schuldrecht, Band 2, 9. Aufl., Stand 9.2.2022, Saarbrücken 2020, zitiert: jurisPK-BGB/*Bearbeiter*.

Hessischer Beauftragter für Datenschutz und Informationsfreiheit: Fünfundvierzigster Tätigkeitsbericht des Hessischen Datenschutzbeauftragten, vorgelegt zum 31.12.2016.

Hessischer Beauftragter für Datenschutz und Informationsfreiheit: Achtundvierzigster Tätigkeitsbericht zum Datenschutz und Zweiter Tätigkeitsbericht zur Informationsfreiheit des Hessischen Beauftragten für Datenschutz und Informationsfreiheit, vorgelegt zum 31.12.2019.

Heydn, Truiken: Internet of Things: Probleme und Vertragsgestaltung Softwareverträge im digitalen Zeitalter – „Schubladen" des BGB III, MMR 2020, 503–508.

Hjelkrem, Lars Ole/*de Lange*, Petter Eilif/*Nesset*, Erik: The Value of Open Banking Data for Application Credit Scoring: Case Study of a Norwegian Bank, 15 Journal of Risk and Financial Management (2022), 597, S. 1–15.

Hoene, Eberhard: Präventiver Kreditschutz und Zwangsvollstreckung durch Private, Berlin 1971.

Hoeren, Thomas: Rechtliche Grundlagen des SCHUFA-Scoring-Verfahrens, in: SCHUFA Grundlagenschrift, 2007, 63–91.

Hoeren, Thomas: Rechtliche Grundlagen des SCHUFA-Scoring-Verfahrens, RDV 2007, 93–99.

Hoeren, Thomas/*Sieber*, Ulrich/*Holznagel*, Bernd (Hrsg.): Handbuch Multi-Mediarecht, Rechtsfragen des elektronischen Geschäftsverkehrs, 58. Ergänzungslieferung, München März 2022, zitiert: Hoeren/Sieber/Holznagel/*Bearbeiter*, Hdb. Multimedia-Recht.

Hoffmann, Hanna/*Kevekordes*, Johannes: Das Right to Explanation, DuD 2021, 609–615.

Hoffmann-Riem, Wolfgang: Verhaltenssteuerung durch Algorithmen – Eine Herausforderung für das Recht, AöR 2017, 1–42.

Hofmann, Franz/*Freiling*, Felix: Personalisierte Preise und das Datenschutzrecht, Anforderungen an die datenschutzrechtliche Einwilligung, ZD 2020, 331–335.

Holzner, Nelson: Old School und New School: Der Kauf auf Rechnung, Interview durchgeführt von Jacqueline Preußer, in: Freytag, Michael (Hrsg.), Gestern. Heute. Zukunft. Ideen, die bewegen, Frankfurt am Main 2017, S. 126–133.

Homonoff, Tatiana/*O'Brien*, Rourke/*Sussman*, Abigail B.: Does Knowing Your FICO Score Change Financial Behavior? Evidence from a Field Experiment with Student Loan Borrowers, 103 The Review of Economics and Statistics (2021), 236–250.

Hopt, Klaus Jürgen/*Binder*, Jens-Hinrich/*Böcking*, Hans-Joachim (Hrsg.): Handbuch Corporate Governance von Banken und Versicherungen, 2. Aufl., München 2020.

Hornung, Gerrit/*Wagner*, Bernd: Anonymisierung als datenschutzrelevante Verarbeitung? Rechtliche Anforderungen und Grenzen für die Anonymisierung personenbezogener Daten, ZD 2020, 223–228.

Horstmann, Jan/*Dalmer*, Stefan: Automatisierte Kreditwürdigkeitsprüfung, ZD 2022, 260–265.

Hurley, Mikella/*Adebayo*, Julius: Credit Scoring in the Era of Big Data, 18 Yale Journal of Law & Technology (2016), 148–216.

Indenhuck, Moritz/*Stein*, Philipp: Datenschutzvorgaben für Kreditinstitute nach PSD2 und DSGVO – Zur Reichweite des Einwilligungserfordernisses nach Art. 94 Abs. 2 PSD2 bzw. § 59 Abs. 2 ZAG, BKR 2018, 136–141.

Institute of International Finance (IIF): Explainability in Predictive Modeling, November 2018, abrufbar unter https://www.iif.com/portals/0/Files/private/32370132_machine_learning_exp lainability_nov_2018.pdf.

Institute of International Finance (IIF): Machine Learning in Credit Risk Report, 2019, August 2019, abrufbar unter https://www.iif.com/Portals/0/Files/content/Research/iif_mlcr_2nd_8_1 5_19.pdf, zitiert: IIF, ML in Credit Risk Report.

Jaffee, Dwight M./*Russel*, Thomas: Imperfect Information, Uncertainty, and Credit Rationing, 90 The Quarterly Journal of Economics (1976), 651–666.

Jakl, Bernhard: Das Recht der Künstlichen Intelligenz, Möglichkeiten und Grenzen zivilrechtlicher Regulierung, MMR 2019, 711–715.

Jandt, Silke: Big Data und die Zukunft des Scoring, K&R 2015, Beihefter 2/2015 zu Heft 6, 6–8.

Jarass, Hans D.: Charta der Grundrechte der Europäischen Union – unter Einbeziehung der sonstigen Grundrechtsregelungen des Primärrechts und der EMRK, 4. Aufl., München 2021.

Jentzsch, Nicola: Financial Privacy, An International Comparison of Credit Reporting Systems, 2. Auflage, Berlin u. a. 2007.

Jentzsch, Nicola: Kreditwürdigkeitsanalysen in Zeiten von Big Data: Innovation oder Revolution?, WD 2016, 644–647.

Joint European Supervisory Authority (ESA): Joint European Supervisory Authority response to the European Commission's February 2021 Call for Advice on digital finance and related issues: regulation and supervision of more fragmented or non-integrated value chains, platforms and bundling of various financial services, and risks of groups combining different activities, ESA 2022 01, 31.1.2022, zitiert: ESA, ESA 2022 01.

Jungmann, Carsten: § 502 BGB – Ausgleich der Interessen von Darlehensgeber und Darlehensnehmer durch einen „Sonderling" im Reich von Vorfälligkeitsentschädigung & Co., BKR 2020, 629–635.

Käde, Lisa/*Maltzan*, Stephanie von: Die Erklärbarkeit von Künstlicher Intelligenz (KI), Entmystifizierung der Black Box und Chancen für das Recht, CR 2020, 66–72.

Kahlert, Fabian: Neue Regelwerke für den Online-Zahlungsverkehr: Auswirkungen von MaSI und PSD II auf Verbraucher, Zahlungsdienstleister und die FinTech-Branche, DSRITB 2016, 579–590.

Kamlah, Wulf: Das SCHUFA-Verfahren und seine datenschutzrechtliche Zulässigkeit, MMR 1999, 395–404.

Kamlah, Wulf: Das Scoring-Verfahren der SCHUFA, MMR 2003, V.

Kamlah, Wulf/*Wilken*, Michael: Scoring im Praxistest: Aussagekraft und Anwendung von Scoringverfahren in der Kreditvergabe und Schlussfolgerungen, GP Forschungsgruppe, 2008, abrufbar unter https://mp-befragung-evaluation.de/images/downloads/Bericht%20Sco ring%20im%20Praxistest.pdf.

Kamlah, Wulf/*Wilken*, Michael: Verbraucherinformation Scoring, Bericht, 2009, abrufbar unter https://gp-f.com/de/pdf/ak_visco.pdf*Kamp*, Meike/*Weichert*, Thilo: Scoringsysteme zur Beurteilung der Kreditwürdigkeit – Chancen und Risiken für Verbraucher, Unabhängigen Landeszentrum für Datenschutz Schleswig-Holstein, 2005, abrufbar unter https://www.daten schutzzentrum.de/uploads/projekte/scoring/2005-studie-scoringsysteme-uld-bmvel.pdf, zitiert: *Kamp/Weichert*, Scoringsysteme zur Beurteilung der Kreditwürdigkeit.

Kaulartz, Markus/*Braegelmann*, Tom (Hrsg.): Rechtshandbuch Artificial Intelligence und Machine Learning, München 2020, zitiert: Kaulartz/Braegelmann/*Bearbeiter*, Rechtshbd. AI und ML.

Keeton, William R.: Equilibrium Credit Rationing, New York/London 1979.

Keysberg, Gerhard: Die Anwendung der Diskriminanzanalyse zur statistischen Kreditwürdigkeitsprüfung im Konsumentenkreditgeschäft, Dissertation, Köln 1989.

Klöhn, Lars/*Adam*, Jannik Adam: Grenzen des Verbraucherschutzes durch die BaFin – eine Untersuchung zu § 4 Abs. 1a FinDAG, Teil I, WM 2022, 1097–1104.

Koch, Christian: Scoring-Systeme in der Kreditwirtschaft, Einsatz unter datenschutzrechtlichen Aspekten, MMR 1998, 458–462.

Korczak, Dieter: Verantwortungsvolle Kreditvergabe, Forschungsprojekt, 2005, abrufbar unter https://gp-f.com/de/pdf/ak_kredi.pdf.

Kosinski, Michal/*Stillwell*, David/*Graepel*, Thore: Private traits and attributes are predictable from digital records of human behavior, 110 PNAS (2013), 5802–5805.

Krämer, Walter: Die Verarbeitung personenbezogener Daten durch Wirtschaftsauskunfteien, NJW 2012, 3201–3207.

Krämer, Walter: Die Verarbeitung personenbezogener Daten durch Inkassounternehmen und Auskunfteien nach der DS-GVO, NJW 2018, 347–352.

Krämer, Walter: Die Rechtmäßigkeit der Nutzung von Scorewerten, NJW 2020, 497–502.

Kremer, Sascha: Wer braucht warum das neue BDSG? Auseinandersetzung mit wesentlichen Inhalten des BDSG n. F., CR 2017, 367–378.

Kühling, Jürgen: Neues Bundesdatenschutzgesetz – Anpassungsbedarf bei Unternehmen, NJW 2018, 1985–1990.

Kühling, Jürgen/*Buchner*, Benedikt (Hrsg.): Datenschutz-Grundverordnung, Bundesdatenschutzgesetz: DS-GVO/BDSG, Kommentar, 3. Aufl., München 2020.

Kühling, Jürgen/*Martini*, Mario: Die Datenschutz-Grundverordnung: Revolution oder Evolution im europäischen und deutschen Datenschutzrecht?, EuZW 2016, 448–454.

Kühling, Jürgen/*Martini*, Mario/*Heberlein*, Johanna/*Kühl*, Benjamin/*Nink*, David/*Weinzierl*, Quirin/*Wenzel*, Michael, Die DS-GVO und das nationale Recht, Münster 2016.

Kumkar, Lea/*Roth-Isigkeit*, David: Erklärungspflichten bei automatisierten Datenverarbeitungen Aufsätze nach der DSGVO, JZ 2020, 277–286.

Kümpel, Siegfried/*Mülbert*, Peter O./*Früh*, Andreas/*Seyfried*, Thorsten (Hrsg.): Bankrecht und Kapitalmarktrecht, 6. Aufl., Köln 2022.

Langenbucher, Katja: Vorstandshaftung und Legalitätspflicht in regulierten Branchen, ZBB 2013, 16–23.

Langenbucher, Katja: Responsible A.I.-based Credit Scoring – A Legal Framework, 31 EBLR (2020), 527–571.

Langenbucher, Katja: Zur Regulierung des Kreditscoring, EuZW 2021, 691–692.

Langenbucher, Katja: AI credit scoring and evaluation of creditworthiness – a test case for the EU proposal for an AI Act, in: ECB, Continuity and change – how the challenges of today prepare the ground for tomorrow, ECB Legal Conference 2021, April 2022, 326–386, zitiert: *Langenbucher*, ECB Legal Conference 2021.

Langenbucher, Katja: Consumer Credit in The Age of AI – Beyond Anti-discrimination Law, ECGI Law Working Paper N° 663/2022, 13. 11. 2022, last revised 7. 2. 2023.

Langenbucher, Katja (Hrsg.): Europäisches Privat- und Wirtschaftsrecht, 5. Aufl., Baden-Baden 2022.

Langenbucher, Katja/*Bliesener*, Dirk H./*Spindler*, Gerald (Hrsg.): Bankrechts-Kommentar, 3. Aufl., München 2020.

Langenbucher, Katja/*Corcoran*, Patrick: Avgouleas, Responsible AI Credit Scoring – A Lesson from Upstart.com, in: Avgouleas, Emilios/Marjosola, Heikki (Hrsg.), Digital Finance in Europe: Law, Regulation, and Governance, ECFR Special Volume 5, Berlin, Boston 2022, 142–179, zitiert: *Langenbucher/Corcoran*, in: Avgouleas/Marjosola, 5 Digital Finance in Europe (2022), 141–179.

Lauer, Josh: Creditworthy – A History of Consumer Surveillance and Financial Identity in America, New York 2017.

Lenddo: Systems and methods for using online social footprint for affecting lending performance and credit scoring, Patent US 8,694,401 B2, abrufbar unter https://patentimages.sto

rage.googleapis.com/35/69/5b/8a8ebb82e48ee5/US8694401.pdf, zitiert: Lenddo, Patent US 8,694,401 B2.

Leonard, Kevin J.: The development of credit scoring quality measures for consumer credit applications, 12 International Journal of Quality & Reliability Management (1995), 79–85.

Leonhart, Rainert: Lehrbuch Statistik, Einstieg und Vertiefung, 4. Aufl., Bern 2017.

Lessmann, Stefan/*Baesens*, Bart/*Seow*, Hsin-Vonn/*Thomas*, Lyn C.: Benchmarking state-of-the-art classification algorithms for credit scoring: An update of research, 247 European Journal of Operational Research (2015), 124–136.

Lewinski, Kai von/*Pohl*, Dirk: Auskunfteien nach der europäischen Datenschutzreform Brüche und Kontinuitäten der Rechtslage, ZD 2018, 17–23.

Linderkamp, Jörn: Der digitale Preis – eine automatisierte Einzelfallentscheidung? Personalisierte Preisgestaltungen im Kontext des Datenschutzrechts, ZD 2020, 506–511.

Lipton, Zachary C.: The Mythos of Model Interpretation, Version 3, 6. März 2017, abrufbar unter https://doi.org/10.48550/arXiv.1606.03490, zitiert: *Lipton*, The Mythos of Model Interpretability.

Loeper, Erich: Aufsichtsrechtlicher Überprüfungsprozess im Rahmen des neuen Baseler Akkords, in: Hofmann, Gerhard (Hrsg.), Basel II und MaRisk, Regulatorische Vorgaben, bankinterne Verfahren, Risikomanagement, Frankfurt am Main 2007, S. 317–338.

Lorentz, Nora: Profiling – Persönlichkeitsschutz durch Datenschutz? Eine Standortbestimmung nach Inkrafttreten der DSGVO, Dissertation, Tübingen 2020.

Ludwigs, Markus (Hrsg.): Handbuch des EU-Wirtschaftsrechts, 57. Edition, München 2022, zitiert: Dauses/Ludwigs/*Bearbeiter*, Hdb. des EU-Wirtschaftsrechts.

Maamar, Niklas: Social Scoring, Eine europäische Perspektive auf Verbraucher-Scores zwischen Big Data und Big Brother, CR 2018, 820–828.

Mackenthun, Thomas: Datenschutzrechtliche Voraussetzungen der Verarbeitung von Kundendaten beim zentralen Rating und Scoring im Bankkonzern, WM 2004, 1713–1717.

Malgierie, Gianclaudio/*Comandé*, Giovanni: Why a Right to Legibility of Automated Decision-Making Exists in the General Data Protection Regulation, 7 IDPL 2017, 243–265.

Martini, Mario: Algorithmen als Herausforderung für die Rechtsordnung, JZ 2017, 1017–1025.

Martini, Mario: Blackbox Algorithmus – Grundfragen einer Regulierung Künstlicher Intelligenz, Berlin 2019.

Martini, Mario/*Nink*, David: Strafjustiz ex machina? Zu den Grenzen algorithmenbasierter Assistenzsysteme bei Haftentscheidungen, in: Bertelsmann Stiftung, Automatisch erlaubt?, Fünf Anwendungsfälle algorithmischer Systeme auf dem juristischen Prüfstand, 2020, S. 44–62, abrufbar unter https://www.bertelsmann-stiftung.de/fileadmin/files/BSt/Publikationen/GrauePublikationen/Automatisch_erlaubt_final.pdf.

Martini, Mario/*Botta*, Jonas: Reform der Datenschutzaufsicht: Optionen und Grenzen einer Zentralisierung, DÖV 2022, 605–616.

Matejek, Michael/*Mäusezahl*, Steffen: Gewöhnliche vs. sensible personenbezogene Daten Abgrenzung und Verarbeitungsrahmen von Daten gem. Art. 9 DS-GVO, ZD 2019, 551–556.

Mays, Elizabeth/*Lynas*, Niall: Credit Scoring for Risk Managers: The Handbook for Lenders, 2. Aufl., 2011.

Meincke, Eberhard/*Hingst*, Kai-Michael: Der Kreditbegriff im deutschen Recht – de lege lata und de lege ferenda, WM 2011, 633–640.

Mellerowicz, Konrad/*Jonas*, Hans: Bestimmungsfaktoren der Kreditfähigkeit, Berlin 1954.

Mietzner, Lars: Anwendungsfelder für mikrogeographische Daten, in: Sokol, Bettina (Hrsg.), Living by numbers, Leben zwischen Statistik und Wirklichkeit, Düsseldorf 2005, S. 38–52.

Milkau, Udo: Banken am digitalen Scheideweg, Verharren in der Vergangenheit oder Mut zur Zukunft?, Frankfurt am Main 2020.

Miller, Tim: Explanation in artificial intelligence: Insights from the social sciences, 267 Artificial Intelligence (2019), 1–38.

Möller, Jan/*Florax*, Björn-Christoph: Kreditwirtschaftliche Scoring-Verfahren, Verbot automatisierter Einzelentscheidungen gem. § 6a BDSG, MMR 2002, 806–810.

Möller, Jan/*Florax*, Björn-Christoph: Datenschutzrechtliche Unbedenklichkeit des Scoring von Kreditrisiken?, NJW 2003, 2724–2726.

Moos, Flemming/*Rothkegel*, Tobias: Nutzung von Scoring-Diensten im Online-Versandhandel Scoring-Verfahren im Spannungsfeld von BDSG, AGG und DS-GVO, ZD 2016, 561–568.

Moos, Flemming/*Schefzig*, Jens/*Arning*, Marian Alexander (Hrsg.): Praxishandbuch DSGVO – einschließlich BDSG und spezifischer Anwendungsfälle, 2. Aufl., Frankfurt am Main 2021.

Möslein, Florian/*Omlor*, Sebastian (Hrsg.): FinTech-Handbuch, Digitalisierung, Recht, Finanzen, 2. Aufl., München 2021, zitiert: Möslein/Omlor/*Bearbeiter*, FinTech-Hdb.

Nam, Rachel J.: Open Banking and Customer Data Sharing: Implications for FinTech Borrowers, SAFE Working Paper No. 364, December 2022, zitiert: *Nam*, SAFE Working Paper No. 364.

Neuberger, Doris: Kreditvergabe durch Banken, Mikroökonomische Theorie und gesamtwirtschaftliche Implikationen, Dissertation, Tübingen 1994.

Neuberger, Doris: Verbraucherkreditzinsen und gesetzliche Wuchergrenze in der Niedrigzinsphase, VuR 2021, 403–408.

Nick, Franz Josef: Kreditscoring und Datenschutz, in: Geiss, Karlmann/Gerstenmaier, Klaus-A./Winkler, Rolf M./Mailänder, Peter O. (Hrsg.), Festschrift für Karl Peter Mailänder zum 70. Geburtstag am 23. Oktober 2006, Berlin 2006, S. 45–63.

Ohly, Ansgar: Das neue Geschäftsgeheimnisgesetz im Überblick, GRUR 2019, 441–451.

Organisation für wirtschaftliche Zusammenarbeit und Entwicklung (OECD): Künstliche Intelligenz in der Gesellschaft, 16.7.2020, Paris 2020, abrufbar unter https://doi.org/10.1787/6b89dea3-de.

Orwat, Christian: Diskriminierungsrisiken durch Verwendung von Algorithmen, Eine Studie, 16.9.2019, abrufbar unter https://www.antidiskriminierungsstelle.de/SharedDocs/downloads/DE/publikationen/Expertisen/studie_diskriminierungsrisiken_durch_verwendung_von_algorithmen.html.

Ory, Stephan/*Weth*, Stephan (Hrsg.): juris PraxisKommentar Elektronischer Rechtsverkehr, Band 1, 2. Aufl., Stand 23.11.2022, Saarbrücken 2022, zitiert: jurisPK-ERV/*Bearbeiter*.

Oster, Jan: „Information" und „Daten" als Ordnungsbegriffe des Rechts der Digitalisierung, JZ 2021, 167–175.

Ots, Henri/*Liiv*, Innar/*Tur*, Diana: Mobile Phone Usage Data for Credit Scoring, in: Robal, Tarmo/Haav, Hele-Mai/Penjam, Jaan/Matulevičius, Raimundas (Hrsg.), Databases and Information Systems, 14th International Baltic Conference, DB&IS 2020, Talinn, Estonia, June 16–19, 2020, Proceedings, Cham 2020, S. 82–95, zitiert: *Ots/Liiv/Tur*, in: Robal et al., 14th International Baltic Conference, DB&IS 2020, S. 82.

Overbeck, Alice: Datenschutz und Verbraucherschutz bei Bonitätsprüfungen durch Wirtschaftsauskunfteien mittels Scoring, Dissertation, Münster 2017.

Paal, Boris P.: Scoring im Spannungsfeld von DS-GVO und BDSG, in: Specht-Riemenschneider, Louisa/Buchner, Benedikt/Heinze, Christian/Thomsen, Oliver (Hrsg.), Festschrift für Jürgen Taeger, IT-Recht in Wissenschaft und Praxis, Frankfurt am Main 2020, S. 331–350.

Paal, Boris P./*Pauly*, Daniel A. (Hrsg.): Datenschutz-Grundverordnung, Bundesdatenschutzgesetz, 3. Aufl., München 2021.

Packin, Nizan Geslevich/*Lev-Aretz*, Yafit: On Social Credit and the Right to be Unnetworked, Columbia Business Law Review 2016, 339–425.

Padilla, A. Jorge/*Pagano*, Marco: Sharing default information as a borrower discipline device, 44 European Economic Review (2000), 1951–1980.

Pagano, Marco/*Japelli*, Tullio: Information Sharing in Credit Markets, 48 The Journal of Finance (1993), 1693–1718.

Pallay, Christian: Vom Turing-Test zum General Problem Solver. Die Pionierjahre der künstlichen Intelligenz, in: Mainzer, Klaus (Hrsg.): Philosophisches Handbuch Künstliche Intelligenz, Wiesbaden 2020, S. 1–20, zitiert: *Pallay*, in: Mainzer, Philosophisches Hdb. KI.

Paul, Stephan: Basel II im Überblick, in: Hofmann, Gerhard (Hrsg.), Basel II und MaRisk, Regulatorische Vorgaben, bankinterne Verfahren, Risikomanagement, Frankfurt am Main 2007, S. 5–66.

Paul, Stephan: Umbruch der Bankenregulierung: Die Entwicklung des Baseler Regelwerks im Überblick, in: Hofmann, Gerhard (Hrsg.), Basel III und MaRisk, Regulatorische Vorgaben, bankinterne Verfahren, Risikomanagement, Frankfurt am Main 2011, S. 9–63.

Peilert, Andreas: Das Recht des Auskunftei- und Detekteigewerbes, Empirische Untersuchung, verfassungsrechtlicher Rahmen, rechtliche Befugnisse und gewerberechtlicher Novellierungsvorschlag, Dissertation, Berlin 1996.

Perridon, Louis/*Steiner*, Manfred/*Rathgeber*, Andreas: Finanzwirtschaft der Unternehmung, 18. Aufl., München 2022.

Petri, Thomas B.: Sind Scorewerte rechtswidrig?, DuD 2003, 631–636.

Plath, Kai-Uwe (Hrsg.): DS-GVO/BDSG, Kommentar zu DSGVO, BDSG und den Datenschutzbestimmungen von TMG und TKG, 3. Aufl., Köln 2018.

Preußer, Jacqueline: Die Gründung der SCHUFA: Eine gute Idee setzt sich durch, in: Freytag, Michael (Hrsg.), Gestern. Heute. Zukunft. Ideen, die bewegen, Frankfurt am Main 2017, S. 148–155.

Provenzano, A. R./*Trifirò*, D./*Datteo*, A./*Giada*, L./*Jean*, N./*Riciputi*, A./*Le Pera*, G./ *Spadaccino*, M./*Massaron*, L./*Nordio*, C.: Machine Learning approach for Credit Scoring, 20.7.2020, abrufbar unter https://arxiv.org/abs/2008.01687v1, zitiert: *Provenzano et al.*, Machine Learning approach for Credit Scoring, WP 2020.

Rabecca, Hartarti/*Dwi Atmaja*, Novan/*Safitri*, Shahnaz: Psychometric Credit Scoring in Indonesia Microfinance Industry: A Case Study in PT Amartha Mikro Fintek, International Conference on Manufacturing Engineering and Materials 2018, 620–631.

Rat der Europäischen Union: Vorschlag für eine Richtlinie des Europäischen Parlamentes und des Rates über Verbraucherkredite – Allgemeine Ausrichtung, 9.6.2022, abrufbar unter https://eur-lex.europa.eu/legal-content/DE/TXT/PDF/?uri=CONSIL:ST_10053_2022_IN IT&from=EN, zitiert: Rat der EU, Allgemeine Ausrichtung, 10053/22.

Rat der Europäischen Union: Proposal for a directive of the European Parliament and of the Council on consumer credits – General approach, 9.6.2022, abrufbar unter https://eur-lex.eu ropa.eu/legal-content/EN/TXT/PDF/?uri=CONSIL:ST_10053_2022_INIT&from=EN, zitiert: Rat der Europäischen Union, General approach, 10053/22.

Rat der Europäischen Union: Proposal for a Regulation of the European Parliament and of the Council laying down harmonised rules on artificial intelligence (Artificial Intelligence Act) and amending certain Union legislative acts, 2021/0106(COD), 25.11.2022.

Raykov, Tenko/*Marcoulides*, George A.: Introduction to Psychometric Theory, New York, London 2010.

Rebitschek, Felix G./*Gigerenzer*, Gerd/*Wagner*, Gert G.: People underestimate the errors made by algorithms for credit scoring and recidivism prediction but accept even fewer errors, 11 Scientific Reports (2021), 20171, 1–10.

Reichwald, Julian/*Pfisterer*, Dennis: Autonomie und Intelligenz im Internet der Dinge – Möglichkeiten und Grenzen autonomer Handlungen, CR 2016, 208–212.

Reifner, Udo: Das auffällige Missverhältnis bei Verbraucherdarlehensverträgen, BKR 2021, 409–416.

Ribeiro, Marco Tulio/*Singh*, Sameer/*Guestrin*, Carlos: „Why Should I Trust You?": Explaining the Predictions of Any Classifier, Version 3, 9.8.2016, abrufbar unter https://doi.org/10.4 8550/arXiv.1602.04938, zitiert: *Ribeiro/Singh/Guestrin*, arXiv:1602.04938.

Richter, Stefan: Statistisches und maschinelles Lernen, Gängige Verfahren im Überblick, Berlin 2019.

Robinson+Yu: Knowing the Score: New Data, Underwriting, and Marketing in the Consumer Credit Marketplace, A Guide for Financial Inclusion Stakeholders, 2014, abrufbar unter https://www.upturn.org/static/files/Knowing_the_Score_Oct_2014_v1_1.pdf, zitiert: *Robinson+Yu*, Knowing the Score.

Robrahn, Rasmus/*Bremert*, Benjamin: Interessenskonflikte im Datenschutzrecht, Rechtfertigung der Verarbeitung personenbezogener Daten über eine Abwägung nach Art. 6 Abs. 1 lit. f DS-GVO, ZD 2018, 291–297.

Rohrmoser, Raphael: Auswirkungen des neuen BDSG und der DSGVO auf das Verbraucherschutzniveau bei der Datenerhebung und dem Scoringverfahren der SCHUFA, Dissertation, Hamburg 2020.

Róna-Tas, Ákos/*Hiss*, Stefanie: Das Kreditrating von Verbrauchern und Unternehmen und die Subprime-Krise in den USA mit Lehren für Deutschland, 33 Informatik Spektrum (2010), 241–261.

Rosamond, Emily: „All Data is Credit Data", Reputation, Regulation and Character in the Entrepreneurial Imaginary, 25 Paragrana (2016), 112–124.

Rosenblatt, Eric: Credit Data and Scoring, The First Triumph of Big Data and Big Algorithms, London 2020.

Roßnagel, Alexander: Gesetzgebung im Rahmen der Datenschutz-Grundverordnung, Aufgaben und Spielräume des deutschen Gesetzgebers?, DuD 2017, 277–281.

Roßnagel, Alexander (Hrsg.): Europäische Datenschutz-Grundverordnung, Vorrang des Unionsrechts – Anwendbarkeit des nationalen Rechts, Baden-Baden 2017.

Roßnagel, Alexander/*Nebel*, Maxi/*Richter*, Philipp: Was bleibt vom Europäischen Datenschutzrecht?, Überlegungen zum Ratsentwurf der DS-GVO, ZD 2015, 455–460.

Rostalski, Frauke/*Weiss*, Erik: Der KI-Verordnungsentwurf der Europäischen Kommission, ZfDR 2021, 329–357.

Rothemund, Marc/*Gerhardt*, Maria: The European Credit Information Landscape, An Analysis of a survey of credit bureaus in Europe, 2011, abrufbar unter http://aei.pitt.edu/33375/1/ACCIS-Survey_FinalReport_withCover.pdf, zitiert: *Rohemund/Gerhardt*, The European Credit Information Landscape.

Rott, Peter: Kleinkredite über Online-Plattformen, BKR 2021, 453–459.

Röttgen, Charlotte: Big Data and Scoring in the Financial Sector, in: Hoeren, Thomas/Kolany-Raiser, Barbara (Hrsg.), Big Data in Context – Legal, Social and Technological Insights, Cham 2018, S. 73–79.

Rudakova, Olga Stepanovna/*Ipatyev*, Konstantin: Some Approaches to the Calibration of Internal Rating Models, 7 Review of European Studies (2015), 25–36.

Rühlicke, Lars, Die Geheimhaltung von Alorithmen, in: Maute, Lena/Mackenrodt, Mark-Oliver (Hrsg.), Recht als Infrastruktur für Innovation, Baden-Baden 2019, S. 9–39, zitiert: *Rühlicke*, in: Maute/Mackenrodt, Recht als Infrastruktur für Innovation.

Sachverständigenrat für Verbraucherfragen (SVRV): Verbrauchergerechtes Scoring, 2018, abrufbar unter https://www.svr-verbraucherfragen.de/wp-content/uploads/SVRV_Verbrauchergerechtes_Scoring.pdf.

Säcker, Franz Jürgen/*Rixecker*, Roland/*Oetker*, Hartmut/*Limperg*, Bettina (Hrsg.): Münchener Kommentar zum Bürgerlichen Gesetzbuch, Band 3, Schuldrecht – Allgemeiner Teil II, §§ 311–432 BGB, 9. Aufl., München 2022, Band 4, Schuldrecht – Besonderer Teil II, §§ 433–534 BGB, Finanzierungsleasing, CISG, 9. Aufl., München 2023, Band 6, Schuldrecht – Besonderer Teil III, §§ 631–704 BGB, 9. Aufl., München 2023, zitiert: Münch-Komm-BGB/*Bearbeiter.*

Sander, Stefan: DS-GVO vs. PSD 2: Was dürfen die Betreiber von Kontoinformationsdiensten?, BKR 2019, 66–76.

Schacht, Sigurd/*Lanquillon*, Carsten (Hrsg.): Blockchain und maschinelles Lernen, Wie das maschinelle Lernen und die Distributed-Ledger-Technologie voneinander profitieren, Berlin 2019, zitiert: Schacht/Lanquillon/*Bearbeiter*, Blockchain und ML.

Schäfer, Frank A./*Omlor*, Sebastian/*Mimberg*, Jörg (Hrsg.): ZAG, Zahlungsdiensteaufsichtsgesetz, München 2021.

Schantz, Peter: Die Datenschutz-Grundverordnung – Beginn einer neuen Zeitrechnung im Datenschutzrecht, NJW 2016, 1841–1847.

Schantz, Peter/*Wolff*, Heinrich Amadeus: Das neue Datenschutzrecht, Datenschutz-Grundverordnung und Bundesdatenschutzgesetz in der Praxis, München 2017.

Schmidt, Karsten/*Ebke*, Werner F. (Hrsg.): Münchener Kommentar zum Handelsgesetzbuch, Band 4, Drittes Buch. Handelsbücher, §§ 238–342e HGB, 4. Aufl. 2020, Band 6, Bankvertragsrecht, 4. Aufl., München 2019, zitiert: MünchKomm-HGB/*Bearbeiter*.

Schmidt, Reinhard H./*Terberger*, Eva: Grundzüge der Investitions- und Finanzierungstheorie, 3. Aufl., Wiesbaden 1996.

Schneider, Jochen: Schließt Art. 9 DS-GVO die Zulässigkeit der Verarbeitung bei Big Data aus?, Überlegungen, wie weit die Untersagung bei besonderen Datenkategorien reicht, ZD 2017, 303–308.

Scholz-Fröhlich, Sabine: FinTechs und die bankaufsichtsrechtlichen Lizenzpflichten, BKR 2017, 133–139.

Schröder, Michael/*Taeger*, Jürgen (Hrsg.): Scoring im Fokus, Ökonomische Bedeutung und rechtliche Rahmenbedingungen im internationalen Vergleich, 2014, zitiert: *Bearbeiter*, in: Schröder/Taeger, Scoring im Fokus.

Schulte-Mattler, Hermann/*Daun*, Ulrich: Basel II: Logistische Regression als das Herz einer Rating-Maschine, RATINGaktuell 2004, 66–71.

Schulz, Sebastian: Datenverarbeitungen im Auskunfteienwesen nach neuem Datenschutzrecht, Bringt § 31 BDSG-neu mehr Klarheit?, zfm 2018, 91–96.

Schulz, Sebastian: Verarbeitung von Positivdaten durch Auskunfteien – wirklich nur mit Einwilligung?, RDV 2022, 117–123.

Schulze, Reiner (Schriftl.): Bürgerliches Gesetzbuch, Handkommentar, 11. Aufl., Baden-Baden 2022, zitiert: Schulze/*Bearbeiter*.

Schulzki-Haddouti, Christiane: Zügelloses Scoring, Kaum Kontrolle über Bewertung der Kreditwürdigkeit, c't 2014, 38–39.

Schürnbrand, Jan: Verbraucherschutz bei unentgeltlichen Finanzierungen, WM 2016, 1105–1110.

Schwartmann, Rolf/*Jaspers*, Andreas/*Thüsing*, Gregor/*Kugelmann*, Dietmar (Hrsg.): DS-GVO/BDSG: Datenschutz-Grundverordnung, Bundesdatenschutzgesetz, 2. Aufl., Heidelberg 2020, zitiert: Schwartmann et al./*Bearbeiter*.

Schwennicke, Andreas/*Auerbach*, Dirk (Hrsg.): Kreditwesengesetz (KWG) mit Zahlungsdiensteaufsichtsgesetz (ZAG), 4. Aufl., München 2019.

Schwintowski, Hans-Peter (Hrsg.): Bankrecht, 6. Aufl., Köln 2022, zitiert: Schwintowski/*Bearbeiter*, Bankrecht.

Seiler, David: Scoring im neuen EU-Datenschutzrecht – Eine wertende Zusammenschau der Regelungen von KWG, neuer DSGVO und neuem BDSG m. W. v. 25.05.2018, jurisPR-BKR 8/2017 Anm. 1.

Seiler, David: Die Datenschutzregelungen in der PSD II – insbesondere Art. 94 – Einwilligungserfordernis statt gesetzlicher Erlaubnis und mögliche praktische Auswirkungen, DSRITB 2016, 591–602.

Selbst, Andrew D./*Powells*, Julia: Meaningful information and the right to explanation, 7 IDPL (2017), 233–242.

Shi, Si/*Tse*, Rita/*Luo*, Wuman/*D'Addona*, Stefano/*Pau*, Giovanni: Machine learning-driven credit risk: a systemic review, 34 Neural Computing and Applications (2022), 14327–14339.

Siddiqi, Naeem (Hrsg.): Intelligent Credit Scoring, Building and Implementing Better Credit Risk Scorecards, 2. Auflage, New Jersey 2017, zitiert: *Bearbeiter*, in: Siddiqi, Intelligent Credit Scoring.

Simitis, Spiros/*Hornung*, Gerrit/*Spiecker genannt Döhmann*, Indra (Hrsg.): Datenschutzrecht – DSGVO mit BDSG, Baden-Baden 2019, zitiert: NK/*Bearbeiter*.

Söbbing, Thomas: Rechtsfragen an die digitale Bank, Juristische Rahmenbedingungen für die digitale Transformation in der Bankindustrie, BKR 2019, 443–449.

Spindler, Gerald: Der Vorschlag der EU-Kommission für eine Verordnung zur Regulierung der Künstlichen Intelligenz (KI-VO-E), Ansatz, Instrumente, Qualität und Kontext, CR 2021, 361–374.

Staudinger, Julius von (Begr.): J. von Staudingers Kommentar zum Bürgerlichen Gesetzbuch: Staudinger BGB – Buch 2: Recht der Schuldverhältnisse: §§ 631–651 (Werkvertragsrecht), Neubearbeitung 2019, Berlin 2019, zitiert: Staudinger/*Bearbeiter*.

Steege, Hans: Algorithmenbasierte Diskriminierung durch Einsatz von Künstlicher Intelligenz Rechtsvergleichende Überlegungen und relevante Einsatzgebiete, MMR 2019, 715–721.

Steinebach, Martin/*Winter*, Christian/*Halvani*, Oren/*Schäfer*, Marcel/*Yannikos*, York: Begleitpapier Bürgerdialog, Chancen durch Big Data und die Frage des Privatsphärenschutzes, Fraunhofer Institut, März 2015, abrufbar unter https://www.sit.fraunhofer.de/fileadmin/doku mente/studien_und_technical_reports/Big-Data-Studie2015_FraunhoferSIT.pdf, zitiert: *Steinebach et al.*, Begleitpapier Bürgerdialog.

Stevens, Jeremy: Datenqualität bei algorithmischen Entscheidungen, Überlegungen aus Anlass des Gutachtens der Datenethikkommission, CR 2020, 73–79.

Stiemerling, Oliver: „Künstliche Intelligenz" – Automatisierung geistiger Arbeit, Big Data und das Internet der Dinge, Eine technische Perspektive, CR 2015, 762–765.

Stiglitz, Joseph E./*Weiss*, Andrew: Credit Rationing in Markets with Imperfect Information, 71 The American Economic Review (1981), 393–410.

Stocker, Toni C./*Steinke*, Ingo: Statistik, Grundlagen und Methodik, 2. Aufl., Berlin/Boston 2022.

Stoetzer, Matthias-W.: Regressionsanalyse in der empirischen Wirtschafts- und Sozialforschung, Komplexe Verfahren, Bd. 2, Berlin 2020.

Stürner, Rolf (Hrsg.): Bürgerliches Gesetzbuch – mit Rom-I-VO, Rom-II-VO, Rom-III-VO, EG-UnthVO/HUntProt und EuErbVO, Kommentar, 18. Aufl., München 2021, zitiert: Jauernig/*Bearbeiter*.

Sydow, Gernot/*Marsch*, Nikolaus (Hrsg.): DS-GVO / BDSG, Europäische Datenschutz-grundverordnung, Bundesdatenschutzgesetz, Handkommentar, 3. Aufl., Baden-Baden u. a. 2022.

Taeger, Jürgen: Scoring in Deutschland nach der EU-Datenschutzgrundverordnung, ZRP 2016, 72–75.

Taeger, Jürgen: Verbot des Profiling nach Art. 22 DS-GVO und die Regulierung des Scoring ab Mai 2018, RDV 2017, 3–9.

Taeger, Jürgen/*Gabel*, Detlev (Hrsg.): Kommentar DSGVO – BDSG – TTDSG, 4. Aufl., Frankfurt am Main 2022, zitiert: Taeger/Gabel/*Bearbeiter*.

Tài, Lê Quý/*Huyền*, Giang Thị Thu: Deep Learning Techniques for Credit Scoring, 7 Journal of Economics, Business and Management (2019), 93–96.

Teich, Irene: Meilensteine der Entwicklung Künstlicher Intelligenz, 43 Informatik Spektrum (2020), 276–284.

Terberger, Eva: Kreditvertrag als Instrument zur Lösung von Anreizproblemen, Dissertation, Heidelberg 1987.

Terlau, Matthias: Die zweite Zahlungsdiensterichtlinie – zwischen technischer Innovation und Ausdehnung des Aufsichtsrechts, ZBB 2016, 122–137.

Thamm, Alexander/*Gramlich*, Michael/*Borek*, Alexander: The Ultimate Data and AI Guide, München 2020, zitiert: *Thamm/Gramlich/Borek*, Data and AI Guide.

Thomas, Lyn C.: Consumer Credit Models: Pricing, Profit and Portfolios, New York 2009.

Thomas, Lyn C.: Consumer finance: challenges for operational research, 61 Journal of the Operational Research Society (2010), 41–52.

Thomas, Lyn C./*Crook*, Jonathan N./*Edelman*, David B.: Credit Scoring and Its Applications, 2. Aufl., Philadelphia 2017.

Thüsing, Gregor/*Musiol*, Philip: Scoretransparenz vor dem EuGH – Zu den Grenzen des Auskunftsrechts nach Art. 15 DS-GVO, RDV 2022, 189–197.

Truby, Jon/*Brown*, Rafael/*Dahl*, Andrew: Banking on AI: mandating a proactive approach to AI regulation in the financial sector, 14 Law and Financial Markets Review (2020), 110–120.

Turner, Michael A./*Walker*, Patrick D./*Chaudhuri*, Sukanya/*Varghese*, Robin: A New Pathway to Financial Inclusion: Alternative Data, Credit Building, and Responsible Lending in the Wake of the Great Recession, 2012, abrufbar unter https://www.perc.net/wp-content/uplo ads/2013/09/WEB-file-ADI5-layout1.pdf.

Unabhängiges Landeszentrum für Datenschutz Schleswig-Holstein (ULD): Verbraucher-Sco-ring, 2010, abrufbar unter https://www.datenschutzzentrum.de/uploads/blauereihe/blauerei he-scoring.pdf, zitiert: ULD, Verbraucher-Scoring.

Unabhängiges Landeszentrum für Datenschutz Schleswig-Holstein (ULD): Scoring nach der Datenschutz-Novelle 2009 und neue Entwicklungen, Abschlussbericht, 2014.

Urban, Dieter/*Mayerl*, Jochen: Angewandte Regressionsanalyse: Theorie, Technik und Praxis, 5. Aufl., Wiesbaden 2018.

Urbatsch, René-Claude: Die Entwicklung von Credit-Scoring-Systemen, in: Sokol, Bettina (Hrsg.), Living by numbers, Leben zwischen Statistik und Wirklichkeit, Düsseldorf 2005, S. 68–85.

Veale, Michael/*Edwards*, Lilian: Clarity, surprises, and further questions in the Article 29 Working Party draft guidance on automated decision-making and profiling, 34 Computer Law & Security Law (2018), 398–404.

Veale, Michael/*Zuiderveen Borgesius*, Frederik: Demystifying the Draft EU Artificial Intelligence Act – Analysing the good, the bad, and the unclear elements of the proposed approach, CRi 2021, 97–112.

Veil, Winfried: Accountability – Wie weit reicht die Rechenschaftspflicht der DS-GVO? Praktische Relevanz und Auslegung eines unbestimmten Begriffs, ZD 2018, 9–16.

Wachter, Sandra/*Mittelstadt*, Brent/*Floridi*, Lucia: Why a Right to Explanation of Automated Decision-Making Does Not Exist in the General Data Protection Regulation, 7 International Data Privacy Law (2017), 76–99.

Wagner, Gerhard/*Eidenmüller*, Horst: Down by Algorithms? Siphoning Rents, Exploiting Biases, and Shaping Preferences: Regulating the Dark Side of Personalized Transactions, 86 The University of Chicago Law Review (2019), 581–609.

Wagner, Jens: Legal Tech und Legal Robots, Der Wandel im Rechtsmarkt durch neue Technologien und künstliche Intelligenz, 2. Aufl., Wiesbaden 2020.

Waltl, Bernhard: Erklärbarkeit und Transparenz im Machine Learning, in: Mainzer, Philosophisches Handbuch Künstliche Intelligenz, Wiesbaden 2019, https://doi.org/10.1007/978-3-658-23715-8_31-1, zitiert: *Waltl*, in: Mainzer, Philosophisches Hdb. KI.

Wang, Chongren/*Xiao*, Zhuoyi: A Deep Learning Approach for Credit Scoring Using Feature Embedded Transformer, 12 Applied Sciences (2022), 10995.

Wang, Yilun/*Kosinski*, Michal: Deep Neural Networks Are More Accurate Than Humans at Detecting Sexual Orientation From Facial Images, 114 Journal of Personality and Social Psychology (2018), 246–257.

Wäßle, Florian/*Heinemann*, Oliver: Scoring im Spannungsfeld von Datenschutz und Informationsfreiheit, Rechtliche Rahmenbedingungen für den Einsatz von Scoringverfahren nach der Novellierung des Bundesdatenschutzgesetzes, CR 2010, 410–416.

Wei, Yanhao/*Yildirim*, Pinar/*Van den Bulte*, Christoph/*Dellarocas*, Chrysanthos: Credit Scoring with Social Network Data, 35 Marketing Science (2014), 234–258.

Weichert, Thilo: Big Data und Datenschutz, Chancen und Risiken einer neuen Form der Datenanalyse, ZD 2013, 251–259.

Weichert, Thilo: Scoring in Zeiten von Big Data, ZRP 2014, 168–171.

Weichert, Thilo: Die Payment Service Directive 2 und der Datenschutz, BB 2018, 1161–1167.

Weichert, Thilo: Die verfassungsrechtliche Dimension der Algorithmenkontrolle, DANA 2018, 132–138.

Weichert, Thilo: „Trojanisches Pferd" Kontoinformationsdienst? Anwendung des Datenschutzrechts auf Zahlungsdienstedienstleister, ZD 2021, 134–139.

Wiginton, John C.: A Note on the Comparison of Logit and Discriminant Models of Consumer Credit Behavior, 15 Journal of Financial and Quantitative Analysis (1980), 757–770.

Wittig, Judith/*Wittig*, Arne: Weitere Regulierung des Konsumentenkredits, Der Vorschlag der Europäischen Kommission vom 30.6.2021 zur Überarbeitung der Verbraucherkreditrichtlinie (COM(2021) 347 final), WM 2021, 2369–2379.

Wohlschlägl-Aschberger, Doris: Bankgeschäft und Finanzmarkt – Praxiswissen kompakt, Wiesbaden 2019.

Wolber, Tanja: Datenschutzrechtliche Zulässigkeit automatisierter Kreditentscheidungen, Rechtliche Rahmenbedingungen für eine elektronische Risikobewertung, CR 2003, 623–626.

Wolff, Heinrich Amadeus/*Brink*, Stefan (Hrsg.): Beck'scher Online-Kommentar Datenschutz, 42. Edition, München 1.11.2022, zitiert: BeckOK Datenschutzrecht/*Bearbeiter*.

World Bank Group: Credit Reporting Knowledge Guide 2019, 2019, abrufbar unter http://hdl.handle.net/10986/31806.

World Bank Group: World Bank Group, Credit Scoring Approaches Guidelines, 2019, abrufbar unter https://thedocs.worldbank.org/en/doc/935891585869698451-0130022020/original/CREDITSCORINGAPPROACHESGUIDELINESFINALWEB.pdf.

World Bank Group: How Regulators Respond to Fintech, Evaluating the Different Approaches – Sandboxes and Beyond, 2020, abrufbar unter http://documents1.worldbank.org/curated/en/579101587660589857/pdf/How-Regulators-Respond-To-FinTech-Evaluating-the-Different-Approaches-Sandboxes-and-Beyond.pdf.

Wuermeling, Ulrich: Scoring von Kreditrisiken, NJW 2002, 3508–3510.

Wuermeling, Ulrich: Scoring rechtmäßig gestalten, in: Sokol, Bettina (Hrsg.), Living by numbers, Leben zwischen Statistik und Wirklichkeit, Düsseldorf 2005, S. 98–110.

Wunderlich, Nils-Christian: Permanent Partial Use: Möglichkeiten der Rückkehr zum Kreditrisikostandardansatz, WM 2019, 1585–1592.

Yang, Fan/*Qiao*, Yanan/*Huang*, Cheng/*Wang*, Shan/*Wang*, Xiao: An Automatic Credit Scoring Strategy (ACSS) using memetic evolutionary algorithm and neural architecture search, 113 Applied Soft Computing (2021), 107871, S. 1–15.

Yudkowsky, Eliezer: Artificial Intelligence as a Positive and Negative Factor in Global Risk, 2008, abrufbar unter https://intelligence.org/files/AIPosNegFactor.pdf.

Zest AI: System and Method for providing Credit to underserved Borrowers, Patentantrag US 2016/0155194 A1, abrufbar unter https://patentimages.storage.googleapis.com/95/7e/66/02c6d5cd35561c/US20160155194A1.pdf, zitiert: Zest AI Patentantrag US 2016/0155194 A1.

Zest AI: Systems and Methods for generating and using optimized Ensemble Models, Patentantrag US 2018/0260891 A1, unter https://patentimages.storage.googleapis.com/f5/f4/29/5b95a303c93af0/US20180260891A1.pdf, zitiert: Zest AI, Patentantrag US 2018/0260891 A1.

Zieger, Christoph/*Smirra*, Nikolas: Fallstricke bei Big Data-Anwendungen Rechtliche Gesichtspunkte bei der Analyse fremder Datenbestände, MMR 2013, 418–421.

Stichwortverzeichnis